司法書士 田口 真一郎・司法書士 黒川 龍・名取 克彦 | 著

# 公益法人改革と
# 定款作成・
# 変更・登記
## の全実務 !

清文社

## まえがき

　本書は、日々商業・法人登記の実務に接している司法書士が、平成20年12月1日に施行されたいわゆる公益法人関連三法及びその委任を受けた政令・府省令に基づく登記手続について、Q&A形式による解説を行ったものです。新たな非営利法人制度は、明治時代以来の旧制度を根幹から改めるものであり、民間非営利事業を促進するものとして期待されていますが、これに対応を迫られる実務家・学習者のニーズに応えることを目的としています。

　本書には、以下のような特徴を持たせてあります。

　まず第1に、Q&A形式を採用したことです。実務書として情報検索の便宜を図るとともに、問題意識を持って内容を読んでいただくことで、学習効果を高めることを意識しています。

　第2に、特に総論的な一部を除き、各単元を「実体手続」と「登記手続」とに分け、実体法上の手続・制度趣旨にも多く言及していることです。これは、「登記は実体の鏡である」という理念に基づくものですが、近年、資格者代理人の事実確認義務・助言義務が厳格化していることも動機の一因となっています。

　第3に、関連する政令または府省令委任事項については、なるべく省略することなく記述していることです。公益法人関連三法は、それぞれ政令・府省令への委任事項を多く持ち、しかもそれらが相互に準用し合うという構成をとっており、実務処理や学習にあたって頻繁に複数の法令を参照することが予想されますが、その負担をできる限り軽減できればと考えています。

　第4に、営利法人（会社）の登記に関する論点で、一般社団法人等にも妥当すると思われるものは、積極的に解説の対象としたことです。「一般

社団法人及び一般財団法人に関する法律（平成18年法律第48号）」には、「会社法（平成17年法律第86号）」と類似する規定振りが多く見られますが、さる高名な商法学者の方にお話しを伺ったところでは、会社法の専門家は必ずしも新制度を研究対象として見ていない、という現状があるようです。登記実務は、公益法人関連三法施行の2年半前に会社法への対応を経験しており、新制度の円滑な施行に寄与できるところは大きいと考えます。

　第5に、書式例・資料を充実させたことです。本書の準拠する法務省民事局長による基本通達（平成20年9月1日民商第2351号通達）も掲載していますので、併せて参照ください。

　以上のような目的がどの程度達成されたかは、読者からのご意見を待つしかありませんが、本書が新制度の普及に少しでも役立つことができれば、筆者としては望外の喜びです。

　末筆になりましたが、本書の執筆にあたり多大なご尽力をいただいた株式会社清文社の東海林良氏に、この場を借りて感謝を申し上げます。

平成21年1月

司法書士
田口　真一郎

# 公益法人改革と定款作成・変更・登記の全実務

## CONTENTS

まえがき
第1章　総　論

第1節　改正のポイント …………………………………………………… 3
　　　　1．許可主義から準則主義へ　3
　　　　2．「寄附行為」の廃止　4
　　　　3．中間法人制度の発展的解消　4
　　　　4．法人制度に関する規定の整理　5
第2節　定　款 ……………………………………………………………… 7
　　第1款　概　説 ────────────────────────── 7
　　　　Q1　定款の意義　7
　　　　Q2　定款を作成すべき者　8
　　　　Q3　定款の絶対的記載（記録）事項　10
　　　　Q4　定款の相対的記載（記録）事項　12
　　　　Q5　定款の任意的記載（記録）事項　21
　　　　Q6　定款の無益的記載（記録）事項　24
　　　　Q7　法人の「目的」　25
　　　　Q8　一般社団法人等の「名称」　34
　　　　Q9　一般社団法人等の「主たる事務所の所在地」　43
　　　　Q10　収益事業課税制度の概要　44
　　　　Q11　非営利性が徹底された法人（完全非営利法人）　50
　　　　Q12　共益的事業を行うことを目的とする法人（共益法人）
　　　　　　　　　　　　　　　　　　　　　　　　　　　　　55
　　　　Q13　一般社団法人等に対する寄附についての非課税措置
　　　　　　　　　　　　　　　　　　　　　　　　　　　　　60

　　　　　**Q14** 定款の認証(1)　*64*
　　　　　**Q15** 定款の認証(2)　*65*
　　　　　**Q16** 定款の備置き　*70*
　　　　　**Q17** 定款の閲覧等　*71*
　　第 2 款　定款モデル例 ───────────────── *74*
　　　　　**Q18** 一般社団法人の定款モデル例　*74*
　　　　　**Q19** 一般財団法人の定款モデル例　*94*
　第 3 節　一般社団法人の意思決定 ·················· *106*
　　第 1 款　概　説 ─────────────────── *106*
　　　　　**Q1** 一般社団法人の意思決定　*106*
　　第 2 款　社員総会 ──────────────────── *107*
　　　　　**Q2** 社員総会の決議権限　*107*
　　　　　**Q3** 社員総会の種類　*108*
　　　　　**Q4** 社員総会の招集者　*109*
　　　　　**Q5** 裁判所の命令による社員総会の招集　*110*
　　　　　**Q6** 社員総会の招集に際して決定すべき事項　*112*
　　　　　**Q7** 社員総会の招集に必要な期間　*115*
　　　　　**Q8** 社員総会の招集手続の省略　*116*
　　　　　**Q9** 社員総会の招集通知の方法　*116*
　　　　　**Q10** 社員総会参考書類　*118*
　　　　　**Q11** 社員総会参考書類の修正　*120*
　　　　　**Q12** 書面による議決権の行使　*121*
　　　　　**Q13** 議決権行使書面　*121*
　　　　　**Q14** 議決権行使書面による議決権の行使の期限　*124*
　　　　　**Q15** 電磁的方法による議決権の行使　*125*
　　　　　**Q16** 電磁的方法による議決権の行使の期限　*127*
　　　　　**Q17** 社員提案権　*128*

- **Q18** 議決権の数 *129*
- **Q19** 社員総会の決議 *130*
- **Q20** 社員総会の特別決議を要する事項 *131*
- **Q21** 議決権の代理行使 *132*
- **Q22** 社員総会の議長 *134*
- **Q23** 理事（及び監事）の社員総会における説明義務 *135*
- **Q24** 社員総会の決議の省略（みなし決議）*137*
- **Q25** 社員総会に対する報告の省略 *139*
- **Q26** 社員総会議事録 *139*
- **Q27** 社員総会議事録の作成者 *142*
- **Q28** 社員総会議事録への署名、押印 *143*
- **Q29** 社員総会議事録の備置き *147*
- **Q30** 社員総会議事録の公開 *149*

### 第3款　理　事 —— *151*

- **Q31** 理事による業務の執行及びその決定 *151*
- **Q32** 理事の（過半数の）一致を証する書面 *154*

### 第4款　理事会 —— *157*

- **Q33** 理事会の設置 *157*
- **Q34** 理事会の権限 *157*
- **Q35** 理事会の招集者 *160*
- **Q36** 理事会の招集手続 *160*
- **Q37** 理事会の決議要件 *161*
- **Q38** 理事会の決議の省略（みなし決議）*162*
- **Q39** 理事会に対する報告の省略 *163*
- **Q40** 理事会議事録 *163*
- **Q41** 理事会議事録の作成者 *165*
- **Q42** 理事会議事録への署名、押印 *166*

- **Q43** 理事会議事録等の備置き *167*
- **Q44** 理事会議事録等の公開 *168*

### 第4節　一般財団法人の意思決定 …………………………………… *170*

#### 第1款　概説 ——————————————————————— *170*

- **Q1** 一般財団法人の意思決定 *170*

#### 第2款　評議員会 ——————————————————————— *171*

- **Q2** 評議員会の権限 *171*
- **Q3** 評議員会の設置 *172*
- **Q4** 評議員会の種類 *172*
- **Q5** 評議員会の招集者 *173*
- **Q6** 裁判所の命令による評議員会の招集 *174*
- **Q7** 評議員会の招集に際して決定すべき事項 *175*
- **Q8** 評議員会の招集に必要な期間 *176*
- **Q9** 評議員会の招集通知の方法 *177*
- **Q10** 評議員会の招集手続の省略 *178*
- **Q11** 評議員提案権 *179*
- **Q12** 議決権の数 *180*
- **Q13** 評議員会の決議 *181*
- **Q14** 評議員会の特別決議を要する事項 *182*
- **Q15** 書面または電磁的方法による議決権の行使 *183*
- **Q16** 代理人による議決権の行使 *184*
- **Q17** 評議員会の議長 *184*
- **Q18** 理事及び監事の評議員会における説明義務 *185*
- **Q19** 評議員会の決議の省略（みなし決議） *186*
- **Q20** 評議員会に対する報告の省略 *187*
- **Q21** 評議員会議事録 *188*
- **Q22** 評議員会議事録の作成者 *190*

　　　　　　**Q23** 評議員会議事録への署名、押印　*191*
　　　　　　**Q24** 評議員会議事録の備置き　*192*
　　　　　　**Q25** 評議員会議事録の公開　*193*
　　　第3款　理事会 ───────────────────────── *194*
　　　　　　**Q26** 理事会の設置　*194*
　　　　　　**Q27** 理事会の権限等　*194*
第5節　清算法人の意思決定 ……………………………………… *196*
　　　第1款　概　説 ────────────────────────── *196*
　　　　　　**Q1** 清算法人の意思決定　*196*
　　　　　　**Q2** 清算法人の意思決定機関　*196*
　　　　　　**Q3** 清算法人の業務の執行及びその決定　*197*
　　　第2款　清算人 ─────────────────────────── *199*
　　　　　　**Q4** 清算人の一致を証する書面　*199*
　　　第3款　清算人会 ────────────────────────── *199*
　　　　　　**Q5** 清算人会の権限　*199*
　　　　　　**Q6** 清算人会の招集　*201*
　　　　　　**Q7** 清算人会の招集手続の省略　*202*
　　　　　　**Q8** 清算人会の決議　*203*
　　　　　　**Q9** 清算人会の決議の省略（みなし決議）　*203*
　　　　　　**Q10** 清算人会に対する報告の省略　*204*
　　　　　　**Q11** 清算人会議事録　*205*
　　　　　　**Q12** 清算人会議事録の作成者　*207*
　　　　　　**Q13** 清算人会議事録への署名、押印　*208*
　　　　　　**Q14** 清算人会議事録等の備置き　*209*
　　　　　　**Q15** 清算人会議事録等の公開　*209*

# 第2章 一般社団・財団法人の設立登記

## 第1節 一般社団法人の設立 ……………………………………………… 213

### 1．実体手続 *213*

- **Q1** 一般社団法人の設立手続 *213*
- **Q2** 設立時社員の意義 *214*
- **Q3** 設立時社員の員数 *214*
- **Q4** 法人等が設立時社員となることの可否 *215*
- **Q5** 公証人の認証後における定款変更の可否 *215*
- **Q6** 設立時役員等の選任方法 *216*
- **Q7** 設立時役員等の解任 *217*
- **Q8** 理事会設置一般社団法人における設立時代表理事の選定方法 *218*
- **Q9** 非理事会設置一般社団法人における設立時代表理事の選定方法 *218*
- **Q10** 設立時理事・設立時監事による設立手続の調査 *219*
- **Q11** 一般社団法人の成立前における業務執行の決定 *219*
- **Q12** 一般社団法人における支配人の選任 *220*
- **Q13** 設立時における基金の募集 *220*
- **Q14** 一般社団法人の設立費用 *221*
- **Q15** 設立の意思表示に欠缺・瑕疵があった場合 *222*

### 2．登記手続 *222*

- **Q16** 一般社団法人の設立登記の申請事項 *222*
- **Q17** 一般社団法人の設立登記事項（電子データ入力例） *225*
- **Q18** 設立時社員全員の同意またはある設立時社員の一致を証する書面 *227*
- **Q19** 設立時代表理事の選定・設立時役員等の就任承諾を証

　　　　　する書面　*229*

　　　**Q20**　印鑑の提出　*231*

　　　**Q21**　従たる事務所における設立登記事項　*232*

　　　**Q22**　従たる事務所における設立登記の添付書面・登録免許税　*233*

　　　**Q23**　設立登記の申請期間　*234*

第2節　一般財団法人の設立 ………………………………………………… *235*

　　1．実体手続　*235*

　　　**Q1**　一般財団法人の設立手続　*235*

　　　**Q2**　生前行為による一般財団法人の設立　*236*

　　　**Q3**　遺言による一般財団法人の設立　*236*

　　　**Q4**　公証人の認証後における定款変更の可否　*237*

　　　**Q5**　設立者または遺言執行者による財産の拠出　*238*

　　　**Q6**　金銭以外の財産の過大評価の防止　*239*

　　　**Q7**　財産の拠出に意思の欠缺・瑕疵があった場合　*240*

　　　**Q8**　設立時評議員等の選任方法　*240*

　　　**Q9**　設立時代表理事の選定方法　*241*

　　　**Q10**　設立時理事・設立時監事による設立手続の調査　*241*

　　　**Q11**　一般財団法人の成立前における業務執行の決定　*242*

　　　**Q12**　一般財団法人の設立費用　*243*

　　2．登記手続　*243*

　　　**Q13**　一般財団法人の設立登記の申請事項　*243*

　　　**Q14**　一般財団法人の設立登記事項（電子データ入力例）

　　　　　　　*247*

　　　**Q15**　設立者全員の同意またはある設立者の一致を証する書面　*248*

　　　**Q16**　財産の拠出の履行があったことを証する書面　*250*

- **Q17** 設立時評議員等の選任（設立時代表理事の選定）に関する書面 *251*
- **Q18** 設立時評議員等の就任承諾を証する書面 *253*
- **Q19** 印鑑の提出 *253*
- **Q20** 従たる事務所における設立登記事項 *254*
- **Q21** 設立登記の申請期間 *254*

# 第3章　一般社団・財団法人の機関に関する変更登記

## 第1節　一般社団法人の機関設計・役員等の変更 …………………………… 257

### 第1款　理事会の設置及び廃止 ──────────────── 257

1．実体手続　*257*
- **Q1** 一般社団法人の機関設計 *257*
- **Q2** 理事会の設置（廃止）の手続 *258*
- **Q3** 理事会の設置（廃止）による法的効果 *260*
- **Q4** 重要な財産の処分及び譲受け・多額の借財 *263*
- **Q5** 内部統制システムの構築義務 *264*

2．登記手続　*266*
- **Q6** 理事会設置の登記の申請事項 *266*
- **Q7** 理事会の設置と代表理事の登記 *268*
- **Q8** 理事会の設置と同時にすべき登記 *268*
- **Q9** 社員総会議事録及び理事会議事録 *269*
- **Q10** 理事会廃止の登記の申請事項 *270*
- **Q11** 社員総会議事録 *271*
- **Q12** 理事会の廃止と代表理事の登記 *272*

第 2 款　監事の設置及び廃止 ──────────── *272*

　　1．実体手続　*272*

　　**Q13**　監事の設置義務　*272*

　　**Q14**　監事の権限・職務　*273*

　　**Q15**　監事設置一般社団法人における社員の監督是正権限

　　　　　　　　　　　　　　　　　　　　　　　　　　*274*

　　**Q16**　監事の設置（廃止）の手続　*275*

　　2．登記手続　*276*

　　**Q17**　監事設置の登記の申請事項　*276*

　　**Q18**　社員総会議事録　*277*

　　**Q19**　監事廃止の登記の申請事項　*278*

　　**Q20**　社員総会議事録　*279*

　　**Q21**　監事の廃止と同時にすべき登記　*280*

第 3 款　会計監査人の設置及び廃止 ──────────── *281*

　　1．実体手続　*281*

　　**Q22**　会計監査人の設置義務　*281*

　　**Q23**　会計監査人の権限・職務　*282*

　　**Q24**　会計監査人設置一般社団法人における計算書類の確定

　　　　　　　　　　　　　　　　　　　　　　　　　　*283*

　　**Q25**　会計監査人の設置（廃止）の手続　*284*

　　2．登記手続　*285*

　　**Q26**　会計監査人設置の登記の申請事項　*285*

　　**Q27**　社員総会議事録　*287*

　　**Q28**　会計監査人廃止の登記の申請事項　*288*

　　**Q29**　社員総会議事録　*289*

第4款　理事、監事及び会計監査人の変更 —————————— 290
　　　1．実体手続　290
　　　　Q30　役員等の選任の方法　290
　　　　Q31　役員等の資格　291
　　　　Q32　監事の兼任禁止事由　293
　　　　Q33　役員等の員数　293
　　　　Q34　役員等の任期　294
　　　　Q35　任期途中における任期に関する定款の定めの変更
　　　　　　　　295
　　　　Q36　補欠役員の選任　296
　　　　Q37　役員等の予選　299
　　　　Q38　役員等の報酬等　299
　　　　Q39　役員等の退任事由　301
　　　　Q40　役員等の辞任の手続　303
　　　　Q41　役員等の解任の手続　304
　　　　Q42　法人が破産手続開始の決定を受けた場合の役員等の地位　305
　　　　Q43　役員の権利義務を有する者　307
　　　　Q44　一時役員・一時会計監査人の職務を行うべき者　308
　　　　Q45　役員の職務執行停止・職務代行者　309
　　　2．登記手続　310
　　　　Q46　理事（監事、会計監査人）の就任登記の申請事項
　　　　　　　　310
　　　　Q47　社員総会議事録　312
　　　　Q48　就任承諾を証する書面　312
　　　　Q49　理事（監事、会計監査人）の退任登記の申請事項
　　　　　　　　313

- Q50 任期満了を証する書面 *314*
- Q51 辞任を証する書面 *315*
- Q52 解任を証する書面 *316*
- Q53 死亡を証する書面 *317*
- Q54 役員の権利義務を有する者の退任登記 *318*
- Q55 理事（監事、会計監査人）の重任登記の申請事項 *319*
- Q56 社員総会議事録 *321*
- Q57 一時会計監査人の職務を行うべき者の選任登記の申請事項 *321*
- Q58 一時会計監査人の職務を行うべき者の選任を証する書面 *323*
- Q59 役員等の氏名（名称）の変更登記 *324*
- Q60 会計監査人の合併による変更登記の申請事項 *325*
- Q61 定時社員総会が開かれなかった場合の退任日付 *326*

## 第5款 代表理事の変更 ——— *327*

### 1．実体手続 *327*

- Q62 代表理事の意義 *327*
- Q63 代表理事の選定方法 *327*
- Q64 定款の定めまたは社員総会決議による代表理事の選定 *328*
- Q65 定款の定めに基づく理事の互選による代表理事の選定 *329*
- Q66 理事会決議による代表理事の選定 *330*
- Q67 代表権の付与 *330*
- Q68 代表理事の選定方法の変更 *331*
- Q69 代表理事の予選 *332*

- Q70 代表理事の退任事由 *332*
- Q71 唯一の代表理事の退任と代表権の帰属 *333*
- Q72 代表理事の権利義務を有する者 *334*
- Q73 一時代表理事の職務を行うべき者・代表理事の職務代行者 *335*

2．登記手続 *335*

- Q74 代表理事の就任登記の申請事項 *335*
- Q75 代表理事の選定を証する書面 *337*
- Q76 就任承諾を証する書面 *340*
- Q77 代表理事の重任登記の意義 *341*
- Q78 代表理事の退任登記の申請事項 *341*
- Q79 辞任を証する書面 *343*
- Q80 解職を証する書面 *344*
- Q81 代表理事の氏名または住所の変更登記 *344*
- Q82 理事の権利義務を有する者から選定された代表理事の退任登記 *345*

## 第2節　一般財団法人の機関設計・評議員等の変更 *347*

### 第1款　会計監査人の設置及び廃止 ― *347*

1．実体手続 *347*

- Q1 一般財団法人の機関設計 *347*
- Q2 旧財団法人の機関の取扱い *348*
- Q3 会計監査人の設置義務 *349*
- Q4 会計監査人の設置（廃止）の手続 *350*

2．登記手続 *350*

- Q5 会計監査人の設置（廃止）の登記手続 *350*

第 2 款　評議員の変更 ──────────── *351*

　　1．実体手続　*351*

　　**Q6**　評議員及び評議員会の意義　*351*

　　**Q7**　評議員の選任　*353*

　　**Q8**　評議員の資格・員数　*353*

　　**Q9**　評議員の任期　*354*

　　**Q10**　評議員の報酬等　*355*

　　**Q11**　評議員の退任事由　*355*

　　**Q12**　評議員に欠員を生じた場合の措置　*356*

　　2．登記手続　*357*

　　**Q13**　評議員の就任登記の申請事項　*357*

　　**Q14**　評議員の退任登記の申請事項　*358*

　　**Q15**　評議員の重任登記の申請事項　*359*

第 3 款　理事（代表理事を含む）、監事及び会計監査人の変更 ── *361*

　　1．実体手続　*361*

　　**Q16**　一般社団法人の役員等に関する規定の準用　*361*

　　**Q17**　評議員会決議による役員等の解任　*362*

　　**Q18**　代表理事の選定・解職　*363*

　　2．登記手続　*363*

　　**Q19**　一般財団法人の役員等（代表理事を含む）の変更の登記手続　*363*

第 3 節　役員等の責任免除・責任限定契約についての定め ………… *365*

　　1．実体手続　*365*

　　**Q1**　役員等または評議員の法人に対する損害賠償責任　*365*

　　**Q2**　最低責任限度額　*367*

- **Q3** 社員総会（評議員会）の決議による責任の免除の手続 *369*
- **Q4** 理事の過半数の同意または理事会の決議による責任の免除の手続 *370*
- **Q5** 責任限定契約の締結による責任の限定の手続 *371*
- **Q6** 外部理事・外部監事の意義 *372*

2. 登記手続 *373*

- **Q7** 役員等の責任の免除に関する定めの登記の申請事項 *373*
- **Q8** 社員総会議事録・評議員会議事録 *375*
- **Q9** 理事が1名の一般社団法人における役員等の責任の免除に関する規定の設定の登記 *376*
- **Q10** 外部役員等の責任限定契約に関する定めの登記の申請事項 *376*
- **Q11** 外部理事・外部監事の登記 *379*
- **Q12** 社員総会議事録・評議員会議事録 *379*
- **Q13** 外部理事がその資格を喪失したことによる変更登記の申請事項 *380*

## 第4章　その他の変更登記

### 第1節　名称及び目的の変更 …………………………………… *385*

1. 実体手続 *385*

- **Q1** 名称の変更の手続 *385*
- **Q2** 名称選定の自由とその例外 *385*
- **Q3** 目的の変更の手続 *386*
- **Q4** 目的の制限 *387*

　　　　　**Q5** 定款所定の目的による権利能力の制限　*387*

　　　2．登記手続　*388*

　　　　　**Q6** 名称・目的の変更登記の申請事項　*388*

　　　　　**Q7** 社員総会議事録・評議員会議事録　*390*

　　　　　**Q8** 事業譲渡と競業の禁止　*391*

　　　　　**Q9** 名称の譲受けと免責の登記　*392*

　第2節　公告方法の変更 …………………………………………………… *394*

　　　1．実体手続　*394*

　　　　　**Q1** 公告方法の変更の手続　*394*

　　　　　**Q2** 公告方法を電子公告とする場合の決算公告に関する特則　*395*

　　　　　**Q3** 公告方法の適法性　*395*

　　　2．登記手続　*396*

　　　　　**Q4** 公告方法の変更登記の申請事項　*396*

　　　　　**Q5** 社員総会議事録・評議員会議事録　*398*

　　　　　**Q6** 公告掲載紙の題字の変更　*399*

　第3節　決算公告に代わる電磁的方法による措置 …………………… *400*

　　　1．実体手続　*400*

　　　　　**Q1** 決算の手続の概要　*400*

　　　　　**Q2** 決算公告とそれに代わる電磁的方法による措置の意義　*402*

　　　　　**Q3** 決算公告に代わる電磁的方法による措置の採用または廃止の手続　*403*

　　　　　**Q4** 決算公告に代わる電磁的方法による措置を採用する法人が公告方法を電子公告とした場合　*404*

　　　2．登記手続　*404*

　　　　　**Q5** 決算公告に代わる電磁的方法による措置の設定または

　　　　　廃止の登記の申請事項　*404*

第4節　主たる事務所の移転、従たる事務所の設置、移転及び廃止 …… *407*

　　　　1．実体手続　*407*

　　　　**Q1**　主たる事務所の移転の手続　*407*

　　　　**Q2**　従たる事務所の設置、移転または廃止の手続　*408*

　　　　2．登記手続　*409*

　　　　**Q3**　主たる事務所の移転登記の経由同時申請　*409*

　　　　**Q4**　主たる事務所の移転登記の申請事項　*410*

　　　　**Q5**　社員総会議事録・評議員会議事録　*413*

　　　　**Q6**　理事会議事録・理事の一致を証する書面　*414*

　　　　**Q7**　主たる事務所の移転登記と他の事項の変更登記との一括申請　*414*

　　　　**Q8**　従たる事務所の所在地における主たる事務所の移転登記　*415*

　　　　**Q9**　破産手続開始の決定後の主たる事務所の移転登記　*415*

　　　　**Q10**　従たる事務所の設置、移転または廃止の登記の申請事項　*416*

　　　　**Q11**　理事会議事録・理事の一致を証する書面　*418*

　　　　**Q12**　従たる事務所の所在地における従たる事務所の設置、移転または廃止の登記　*419*

　　　　**Q13**　行政区画の変更等による主たる事務所または従たる事務所の所在場所の変更　*420*

第5節　解散事由及び存続期間の定めの変更 ……………………………… *421*

　　　　1．実体手続　*421*

　　　　**Q1**　解散事由または存続期間の定めの設定、変更または廃止の手続　*421*

　　　　　　Q2　存続期間の定めと期限付解散決議　*422*
　　　　　2．登記手続　*422*
　　　　　　Q3　解散事由・存続期間の定めの設定、変更または廃止の
　　　　　　　　登記の申請事項　*422*
　　　　　　Q4　社員総会議事録・評議員会議事録　*424*

## 第 5 章　解散及び清算に関する登記

第 1 節　解　散 ……………………………………………………………… *429*
　　　　　1．実体手続　*429*
　　　　　　Q1　解散の意義　*429*
　　　　　　Q2　一般社団法人の解散原因　*429*
　　　　　　Q3　一般財団法人の解散原因　*431*
　　　　　　Q4　休眠法人のみなし解散　*432*
　　　　　　Q5　一般財団法人の法定純資産額の不保持による解散
　　　　　　　　　　　　　　　　　　　　　　　　　　　　　　*433*
　　　　　2．登記手続　*434*
　　　　　　Q6　解散の登記の申請事項　*434*
　　　　　　Q7　社員総会議事録　*436*
第 2 節　清算法人の機関設計・清算人等の変更 ……………………………… *438*
　　　　　1．実体手続　*438*
　　　　　　Q1　清算の開始原因　*438*
　　　　　　Q2　清算法人の機関設計　*438*
　　　　　　Q3　最初の清算人の就任　*440*
　　　　　　Q4　最初の代表清算人の就任　*441*
　　　　　　Q5　清算人の資格・任期　*442*
　　　　　　Q6　清算人の選任　*442*

- **Q7** 清算人の退任 *443*
- **Q8** 代表清算人の選定 *444*
- **Q9** 代表清算人の退任 *445*

2．登記手続 *446*

- **Q10** 最初の清算人及び代表清算人の就任登記ならびに清算人会の設置登記の申請事項 *446*
- **Q11** 社員総会議事録・評議員会議事録 *449*
- **Q12** 代表清算人の選定を証する書面 *450*
- **Q13** 清算人・代表清算人の退任の登記の申請事項 *451*

第3節 清算の結了及び法人の継続 ……………………………………… *453*

1．実体手続 *453*

- **Q1** 清算手続の概要 *453*
- **Q2** 清算の結了 *455*
- **Q3** 法人の継続 *456*

2．登記手続 *457*

- **Q4** 清算結了の登記の申請事項 *457*
- **Q5** 社員総会議事録・評議員会議事録 *458*
- **Q6** 清算結了の登記の申請時期 *459*
- **Q7** 清算結了登記を申請により抹消する場合の添付書面 *460*
- **Q8** 債務超過の決算報告書を添付した清算結了登記 *460*
- **Q9** 継続の登記の申請事項 *461*
- **Q10** 社員総会議事録・評議員会議事録 *463*
- **Q11** 清算開始時の機関設計に関する定款の定めの効力 *464*
- **Q12** 解散登記未了のまま法人を継続した場合 *465*
- **Q13** 法人継続の登記申請と印鑑証明書の添付 *465*

# 第6章　合併に関する登記

## 第1節　吸収合併 ……………………………………………………………… 469

### 1．実体手続　469

**Q1** 合併の意義と態様　*469*

**Q2** 合併当事者たる法人の種類　*470*

**Q3** 吸収合併の手続の概要　*471*

**Q4** 吸収合併契約の締結　*472*

**Q5** 吸収合併契約の内容等の事前開示　*473*

**Q6** 吸収合併契約の承認決議　*477*

**Q7** 債権者の異議手続　*478*

**Q8** 吸収合併の効力の発生　*482*

**Q9** 吸収合併に関する事項の事後開示　*483*

### 2．登記手続　484

**Q10** 吸収合併による解散の登記の申請方法　*484*

**Q11** 吸収合併の登記の申請期間　*485*

**Q12** 吸収合併の登記の申請事項　*486*

**Q13** 吸収合併契約書　*488*

**Q14** 社員総会議事録・評議員会議事録　*491*

**Q15** 債権者保護手続関係書面　*491*

## 第2節　新設合併 ……………………………………………………………… 494

### 1．実体手続　494

**Q1** 新設合併の手続の概要　*494*

**Q2** 新設合併契約の締結　*495*

**Q3** 新設合併契約の内容等の事前開示　*495*

**Q4** 新設合併契約の承認決議　*498*

**Q5** 債権者の異議手続　*498*

- **Q6** 新設合併設立法人の手続 *500*
- **Q7** 新設合併の効力の発生 *502*
- **Q8** 新設合併に関する事項等の事後開示 *502*

2．登記手続 *504*
- **Q9** 新設合併による解散の登記の申請方法 *504*
- **Q10** 新設合併の登記の申請期間 *504*
- **Q11** 新設合併の登記の申請事項 *505*
- **Q12** 新設合併契約書 *509*
- **Q13** 社員総会議事録・評議員会議事録 *511*
- **Q14** 債権者保護手続関係書面 *511*

## 第7章　公益認定による公益法人への変更登記

1．実体手続 *517*
- **Q1** 公益認定制度の概要 *517*
- **Q2** 公益認定の効果 *518*
- **Q3** 行政庁の意義 *519*
- **Q4** 「公益目的事業」「収益事業等」の意義 *519*
- **Q5** 公益認定の基準 *521*
- **Q6** 公益認定の欠格事由 *531*
- **Q7** 公益法人における定款の記載（記録）例 *532*
- **Q8** 公益認定の申請書記載事項及び添付書面 *533*
- **Q9** 変更の認定の申請または変更の届出 *535*
- **Q10** 公益目的事業比率の算定 *537*
- **Q11** 遊休財産額の算定 *538*
- **Q12** 公益目的事業財産 *539*
- **Q13** 公益法人の計算等 *541*

- **Q14** 合併等の届出または地位の承継の認可 *543*
- **Q15** 解散・清算結了等の届出 *545*
- **Q16** 公益法人の監督 *546*
- **Q17** 公益認定の取消し *547*
- **Q18** 公益目的取得財産残額 *548*
- **Q19** 公益認定等委員会及び都道府県に置かれる合議制の機関 *550*

2. 登記手続 *551*
- **Q20** 公益法人への名称の変更登記の申請事項 *551*
- **Q21** 公益認定の取消しの処分を受けた場合の登記手続 *552*

# 第8章 特例民法法人に関する登記

## 第1節 特例民法法人に関する特則 …………………………………… *555*
- **Q1** 特例民法法人の意義 *555*
- **Q2** 移行期間の満了によるみなし解散 *556*
- **Q3** 特例民法法人の名称 *556*
- **Q4** 特例民法法人の定款の記載（記録）事項 *557*
- **Q5** 特例民法法人の定款の変更 *559*
- **Q6** 特例民法法人の機関設計 *560*
- **Q7** 役員の損害賠償責任に関する特例 *561*
- **Q8** 計算に関する特例 *562*
- **Q9** 解散及び清算に関する特例 *563*
- **Q10** 合併に関する特例 *564*
- **Q11** 登記に関する特例 *565*
- **Q12** 公告に関する特例 *567*

第2節　特例民法法人から公益法人への移行 568
　　1．実体手続　568
　　　Q1　公益法人への移行手続の概要　568
　　　Q2　移行の認定を行う行政庁の区分　569
　　　Q3　移行の認定の基準及び欠格事由　570
　　　Q4　定款の変更の案の作成　571
　　　Q5　計算書類等の作成　572
　　　Q6　移行の認定の申請書記載事項及び添付書面　573
　　　Q7　移行の登記後における届出書記載事項及び添付書面　575

　　2．登記手続　575
　　　Q8　特例民法法人から公益法人への移行の登記の申請事項　575
　　　Q9　定款の変更の手続をしたことを証する書面　581

第3節　特例民法法人から通常の一般社団・財団法人への移行 583
　　1．実体手続　583
　　　Q1　一般社団・財団法人への移行手続の概要　583
　　　Q2　移行の認可を行う行政庁の区分　585
　　　Q3　移行の認可の基準　586
　　　Q4　定款の変更の案・計算書類等の作成　586
　　　Q5　公益目的財産額・公益目的支出計画の意義　587
　　　Q6　公益目的財産額の算定　588
　　　Q7　公益目的支出計画の作成　589
　　　Q8　移行の認可の申請書記載事項及び添付書面　590
　　　Q9　公益目的支出計画の実施　592
　　　Q10　公益目的支出計画の実施の完了　594
　　　Q11　公益目的支出計画等の変更　595

- **Q12** 移行法人の合併 *597*
- **Q13** 移行法人の清算 *599*
- 2．登記手続 *600*
- **Q14** 特例民法法人から通常の一般社団・財団法人への移行の登記の申請事項 *600*
- **Q15** 定款の変更の手続をしたことを証する書面 *606*

## 第9章　旧中間法人に関する登記

### 第1節　旧中間法人に関する特則 …………………………………… 609
- **Q1** 旧中間法人の取扱い *609*
- **Q2** 存続後の旧中間法人の名称 *610*
- **Q3** 存続後の旧中間法人の定款の記載（記録）事項 *611*
- **Q4** 存続後の旧中間法人の定款の変更 *612*
- **Q5** 存続後の旧中間法人の機関設計 *612*
- **Q6** 役員の損害賠償責任に関する特例 *614*
- **Q7** 計算に関する特例 *615*
- **Q8** 解散及び清算に関する特例 *616*
- **Q9** 合併に関する特例 *616*
- **Q10** 登記に関する特例 *617*

### 第2節　旧有限責任中間法人から通常の一般社団法人への名称の変更 …………………………………… 619
- 1．実体手続 *619*
- **Q1** 旧有限責任中間法人から通常の一般社団法人への名称の変更の手続 *619*
- **Q2** 名称の変更に伴う登記事項の変更 *620*
- 2．登記手続 *620*

- **Q3** 旧有限責任中間法人から通常の一般社団法人への名称変更登記の申請事項 *620*
- **Q4** 社員総会議事録 *622*

第3節　特例無限責任中間法人から通常の一般社団法人への名称の変更 ……………………………………………………… *623*

　1．実体手続 *623*
- **Q1** 特例無限責任中間法人から通常の一般社団法人への名称の変更の手続の概要 *623*
- **Q2** 総社員の同意 *624*
- **Q3** 債権者異議手続 *624*

　2．登記手続 *625*
- **Q4** 特例無限責任中間法人から通常の一般社団法人への移行の登記の申請期間 *625*
- **Q5** 特例無限責任中間法人から通常の一般社団法人への名称変更による移行の登記の申請事項 *626*
- **Q6** 社員全員の同意を証する書面 *630*
- **Q7** 債権者保護手続関係書面 *630*
- **Q8** 移行による設立登記と主たる事務所の移転登記との一括申請 *632*
- **Q9** 移行による設立登記と従たる事務所の設置、移転または廃止の登記との一括申請 *632*

---

【資料編】
- ・参考資料①：一般社団法人及び一般財団法人に関する法律等の施行に伴う法人登記事務の取扱いについて（通達）*637*
- ・参考資料②：移行認定又は移行認可の申請に当たって定款の変更の案を作成するに際し特に留意すべき事項について *738*

[凡例]

| | |
|---|---|
| 一般社団・財団法人法（法人法） | 一般社団法人及び一般財団法人に関する法律（平成18年法律第48号） |
| 法人令 | 一般社団法人及び一般財団法人に関する法律施行令（平成19年政令第38号） |
| 法人規則 | 一般社団法人及び一般財団法人に関する法律施行規則（平成19年法務省令第28号） |
| 認定法 | 公益社団法人及び公益財団法人の認定等に関する法律（平成18年法律第49号） |
| 認定令 | 公益社団法人及び公益財団法人の認定等に関する法律施行令（平成19年政令第276号） |
| 認定規則 | 公益社団法人及び公益財団法人の認定等に関する法律施行規則（平成19年内閣府令第68号） |
| 整備法 | 一般社団法人及び一般財団法人に関する法律及び公益社団法人及び公益財団法人の認定等に関する法律の施行に伴う関係法律の整備等に関する法律（平成18年法律第50号） |
| 整備令 | 一般社団法人及び一般財団法人に関する法律及び公益社団法人及び公益財団法人の認定等に関する法律の施行に伴う関係法律の整備等に関する法律施行令（平成19年政令第277号） |
| 整備規則 | 一般社団法人及び一般財団法人に関する法律及び公益社団法人及び公益財団法人の認定等に関する法律の施行に伴う関係法律の整備等に関する法律施行規則（平成19年内閣府令第69号） |
| 改正前民 | 整備法による改正前の民法（明治29年法律第89号） |
| 中間法人法 | 整備法により廃止された中間法人法（平成13年法律第49号） |
| 商登法 | 商業登記法（昭和38年法律第125号） |
| 商登規則 | 商業登記規則（昭和39年法務省令第23号） |
| 一般登記規則 | 一般社団法人等登記規則（平成20年法務省令第48号） |
| 関係省令整備省令 | 一般社団法人及び一般財団法人に関する法律及び公益社団法人及び公益財団法人の認定等に関する法律の施行に伴う関係法律の整備等に関する法律の施行に伴う関係省令の整備及び経過措置に関する省令（平成20年法務省令第49号） |
| 民 | 民法 |
| 商 | 商法 |
| 会 | 会社法 |
| 会施規 | 会社法施行規則 |
| 措法 | 租税特別措置法 |
| 措令 | 租税特別措置法施行令 |
| 民保 | 民事保全法 |
| 登税法 | 登録免許税法 |

＊本書では、（　）内の参照法令等につき、例えば法人法第320条第3項第二号は、法人法320③二と表示している。

＊参考文献等略記について

| | |
|---|---|
| ・最高裁判所民事判例集 | 民集 |
| ・高等裁判所民事判例集 | 高裁例集 |
| ・判例時報 | 判時 |
| ・判例タイムズ | 判タ |
| ・金融・商事判例 | 金融商事 |

# 第1章

# 総論

第1節 改正のポイント
第2節 定　款
　　　第1款　概　説
　　　第2款　定款モデル例
第3節 一般社団法人の意思決定
　　　第1款　概　説
　　　第2款　社員総会
　　　第3款　理　事
　　　第4款　理事会
第4節 一般財団法人の意思決定
　　　第1款　概　説
　　　第2款　評議員会
　　　第3款　理事会
第5節 清算法人の意思決定
　　　第1款　概　説
　　　第2款　清算人
　　　第3款　清算人会

# 第1節

# 改正のポイント

## 1．許可主義から準則主義へ

　改正前民法の下では、学術、技芸、慈善、祭祀、宗教その他の公益に関する社団または財団であって営利を目的としないものを法人とするためには、主務官庁※の許可を得なければならなかった（改正前民34）。

　※公益法人の目的・事業に関連する事務を所掌している内閣府及び13省庁の中央官庁を指す。ある公益法人の目的・事業が（内閣府を含む）複数の中央官庁の所掌事務に関連する場合には、当該複数の中央官庁が共管して主務官庁となる。

　すなわち、改正前民法の下では、公益法人の設立について許可主義が採られていた。その結果、主務官庁が事業の公益性を認定した社団または財団でない限り、法人とすることはできなかった。

　また、民法法人については、①事業の公益性の判断基準が不明確、②営利法人に類似する法人や共益的な法人が、公益法人として税制上の優遇措置を受けている、等の問題が指摘されていた（新公益法人制度研究会『一問一答 公益法人関連三法』商事法務（以下『一問一答 公益法人関連三法』という）3頁）。

　そうした種々の社会的背景を踏まえ、政府は、平成15年6月に「公益法人制度の抜本的改革に関する基本方針」を示し、次いで、平成16年12月に「公益法人制度改革の基本的枠組み」を閣議決定した。これらにより、

①剰余金の分配を目的としない社団または財団は、設立の登記をすることによって、主務官庁の裁量に左右されることなく一律に法人化できるものとすること、②事業の公益性の認定は、民間の有識者で構成される委員会の意見に基づいて行うこと、等の枠組みが新たな法人制度として導入されることとなった。

## 2．「寄附行為」の廃止

　改正前民法の下では、財団法人の設立者は、当該財団法人の設立に際し、同法の規律に従い「寄附行為」を定めなければならないものとされていた（改正前民39、37一ないし五）。

　しかし、「寄附行為」の語は、①財団法人の組織、運営及び管理に関する事項を定めた自治規範を意味する言葉として、また、②その自治規範の内容を記載し、または記録した書面または電磁的記録を指す言葉として用いられていたほか、③財団法人の設立に関する一切の行為それ自体を表している場合もあった。

　そこで、一般社団・財団法人法は、①または②の意味で用いられる「寄附行為」の語を「定款」に置き換え、「寄附行為」の多義性に由来する概念の分かりにくさの解消を図っている（法人法152等）。

## 3．中間法人制度の発展的解消

　一般社団・財団法人法の施行前は、学術、技芸、慈善、祭祀、宗教その他の公益に関する社団（改正前民34）以外の社団であって「社員に共通する利益を図ることを目的とし、かつ、剰余金を社員に分配することを目的としないもの」は、中間法人とすることができた（中間法人法2一）。

　中間法人には、社員が法人の債務について法人に拠出した財産の範囲内でのみ責任を負うもの（有限責任中間法人）と、その範囲を超えて一切の責任を負うもの（無限責任中間法人）との2種類があり、いずれも所定の

※要件を備えた上で設立の登記をすることによって成立するものとされていた（準則主義。中間法人法6）。

> ※＜参考＞中間法人の定款の必要的記載（記録）事項
> ① 有限責任中間法人（中間法人法10③、7①一・二、②一ないし四）
>   一 目的、名称、基金（代替基金を含む）の総額、基金の拠出者の権利に関する規定及びその返還の手続、公告の方法
>   二 社員の氏名または名称及び住所
>   三 主たる事務所の所在地
>   四 社員たる資格の得喪に関する規定
>   五 事業年度
> ② 無限責任中間法人（中間法人法93③、7①一・二）
>   一 目的、名称
>   二 社員の氏名及び住所
>   三 主たる事務所及び従たる事務所の所在地

しかし、営利（剰余金を社員に分配すること）を目的としない法人についての一般規定である一般社団・財団法人法の施行に伴い、中間法人の制度は廃止されることとなった。

もっとも、既存の中間法人その他の利害関係人を保護するため、一般社団・財団法人法と同時に施行された整備法において、所要の経過措置が定められている（**第9章**「旧中間法人に関する登記」参照）。

## 4．法人制度に関する規定の整理

一般社団・財団法人法の施行に伴い、民法中、法人の設立、組織、運営及び管理に関する事項を定めた規定は削除されたが、次に掲げる事項については、引き続き民法において定めることとされた。

(1) **法人制度に関する基本的事項**
　ア　法人は、民法その他の法律の規定によらなければ成立せず、その設立、組織、運営及び管理については、民法その他の法律の定めるところによる（民33）。
　イ　法人は、法令の規定に従い、定款その他の基本約款で定められた目的の範囲内において、権利を有し、義務を負う（民34）。
　ウ　法人は、民法その他の法令の定めるところにより、登記をするものとする（民36）。

(2) **外国法人に関する基本的事項**
　ア　外国法人は、国、国の行政区画及び外国会社を除き、法律または条約の規定によらなければ成立を認許されない（民35①）。
　　なお、外国会社は、会社法第6編の定めるところにより、日本国内に事務所（及び日本における代表者）を置いて事業活動を行うことが認められている。
　イ　成立を認許された外国法人は、原則として、日本において成立する同種の法人と同一の私権を有する（民35②）。
　ウ　外国法人は、民法その他の法令の定めるところにより、登記をするものとする（民36）。
　　外国会社以外の外国法人であって法律または条約の規定により成立を認許されたものについての登記手続は、民法及び各種法人等登記規則の定めるところによる（民37等、各種法人等登記規則1）。

# 第2節

# 定　款

### 第1款　概説

**Q1** 定款の意義

「定款」とは何か。

**Answer. 1**

「定款」の語は、一般に、実質的意義の定款と形式的意義の定款という2つの概念を包含する趣旨で用いられる。

「実質的意義の定款」とは、一般社団・財団法人法その他の法令の定めるところにより、一般社団法人または一般財団法人の設立、組織、運営及び管理に関する事項を定めた自治規範の内容それ自体を表象する概念である。

これに対し、「形式的意義の定款」とは、実質的意義の定款の内容を（任意の言語、数式、図表等を用いて）記載し、または記録した書面または電磁的記録をいう。

※「電磁的記録」とは、「電子的方式、磁気的方式その他人の知覚によっては認識することができない方式で作られる記録であって、電子計算機による情報処理の用に供されるものとして法務省令で定めるもの」をいい（法人法10②）、法務省令では「磁気ディスクその他これに準ずる方法により一定の情報を確実に記録しておくことができる物をもって調製するファイルに情報を記録したもの」と定められている（法人規則89）。

　実務上は、磁気ディスク（ハードディスク、フロッピーディスク）のほ

か、光ディスク（CD‐R等）、光磁気ディスク（MO）、USBメモリー等の記録媒体が利用されている。

　もっとも、法文上は、これらの概念の使い分けが明確に行われているとは言い難い。例えば一般社団・財団法人法第10条は、一般社団法人の社員になろうとする者、すなわち設立時社員は「共同して定款を作成し」、各自が「これに署名し、または記名押印しなければならない」と規定している。

---

## Q2　定款を作成すべき者

> 法人設立時の定款は、だれが作成するのか。

### Answer.2

(1)　**一般社団法人の定款**

　一般社団法人の定款は、設立時社員が共同して作成し、各自これに署名し、または記名押印しなければならない（法人法10①）。定款が電磁的記録をもって作成されている場合には、「法務省令で定める署名又は記名押印に代わる措置」すなわち電子署名を行う（法人法10②、法人規則90）。

　なお、設立時社員は、（形式的意義の）定款を代理人に作成させることができる。この場合においては、代理人が当該定款に署名し、もしくは記名押印し、または電子署名を行わなければならない（本章では、以下これらを総称して「署名等」という）。

(2)　**一般財団法人の定款**

①　生前行為による場合

　一般財団法人の定款は、当該一般財団法人の設立者が作成する（法人法152①）。設立者が2人以上あるときは、全員が共同して作成しなければ

ならない。その他、電磁的記録をもって定款を作成することができること、設立者（設立者が2人以上ある場合にあっては、その全員）が定款に署名等をしなければならないことは、一般社団法人を設立する場合と同様である（法人法152①③）。

② 遺言による場合

設立者は、一般財団法人を設立する意思を遺言で表示することもできる（法人法152②。共同遺言が禁止されているため（民975）、設立者は1人に限られるであろう※）。

> ※例えば、A及びBが各自遺言で「一般財団法人X」を設立する意思を表示し、ともにCを遺言執行者に指定していたところ、先にAが死亡したため、CがAの遺言を執行して「一般財団法人X」を設立した場合において、後にBが死亡したときは、Bの遺言に基づく「一般財団法人X」設立の登記は受理されない（法人法330、商登法27）。もっとも、遺言中の文言を断片的に解釈するだけではなく、遺言者の遺志（とりわけ、遺言に現れた篤志）を可能な限り尊重すべきであると解する判例の基本的立場からは、例えば、CがBの遺産の全部または一部を「一般財団法人X」のために拠出（寄附）するといった柔軟な対応まで当然のごとく否定してしまうべきではないと考える。

設立者が遺言で一般財団法人を設立する意思を表示したときは、遺言執行者は、当該遺言の効力が生じた後、遅滞なく、遺言者が当該遺言で定めた事項を記載し、または記録した定款を作成し、これに署名等をしなければならない（法人法152②③※）。

また、遺言が公正証書によってされたものでないときは、家庭裁判所の検認を受けなければならない（民976④、979③、1004参照）。

なお、遺言執行者は、その権限を第三者に委任することを許容する趣旨の遺言（民1016参照）がされていない場合においても、代理人に（形式的

意義の）定款を作成させることができる。この定款への署名等は、設立者が生前の意思表示によって一般財団法人を設立する場合と同様に、代理人が行うこととなる。

※遺言は、遺言者の死亡の時から効力を生じる（民985①）。ただし、遺言者が遺言に停止条件を付した場合において、条件が遺言者の死亡後に成就したときは、遺言は、その成就の時から効力を生じる（民985②）。

※改正前民法は、「財団法人を設立しようとする者が、その名称、事務所の所在地または理事の任免の方法を定めないで死亡したときは、裁判所は、利害関係人または検察官の請求により、これを定めなければならない」旨を規定していたが(改正前民40)、法人法は、このような制度を設けていない。

---

## Q3 定款の絶対的記載（記録）事項

> 一般社団法人等（一般社団法人及び一般財団法人をいう。特に断りのない限り、以下同じ）の定款に必ず記載（記録）しなければならない事項として、どのようなものがあるか。

### Answer. 3

定款に必ず記載（電子定款にあっては「記録」。以下本章において同じ）しなければならず、それを欠くと定款自体が無効となる事項を「絶対的（必要的）記載事項」という。一般社団法人等の定款の絶対的記載事項は、次表のとおりである（法人法11①、153①）。

<定款の絶対的記載事項>

| | 一般社団法人 | 一般財団法人 |
|---|---|---|
| 目的 | ○ | ○ |
| 名称 | ○ | ○ |
| 主たる事務所の所在地 | ○ | ○ |
| 公告方法 | ○（※1） | ○（※1） |
| 事業年度 | ○ | ○ |
| 設立時社員の氏名または名称及び住所 | ○ | × |
| 社員の資格の得喪に関する規定 | ○ | × |
| 設立者の氏名または名称及び住所 | × | ○ |
| 設立に際して設立者（設立者が2人以上ある場合にあっては、各設立者）が拠出をする財産及びその価額 | × | ○ |
| 設立時評議員、設立時理事及び設立時監事の選任に関する事項 | × | ○ |
| 設立時会計監査人の選任に関する事項 | × | ○（※2） |
| 評議員の選任及び解任の方法 | × | ○ |

※1 一般社団法人等は、その公告方法として、次のいずれかの方法を定めなければならない（法人法331①）。
　　ア　官報に掲載する方法
　　イ　時事に関する事項を掲載する日刊新聞紙に掲載する方法
　　ウ　電子公告（法人規則96）
　　エ　当該一般社団法人等の主たる事務所の公衆の見やすい場所に掲示する方法（法人規則88①）
　なお、エの方法による公告は、貸借対照表等の公告（法人法128①、199）にあっては当該公告の開始後1年を経過する日まで、吸収合併の効力発生日を変更した場合における公告（法人法249②）にあっては原則として変更前の効力発生日まで、継続して行わなければならない（法人規則88②）。

※2 設立しようとする一般財団法人が会計監査人設置一般財団法人である場合において、必要的な記載となる。

## Q4 定款の相対的記載（記録）事項

> 一般社団法人等の定款に記載（記録）しなければ効力が生じない事項として、どのようなものがあるか。

### Answer. 4

一般社団・財団法人法上（解釈による相対的記載事項を認めるかについては、争いがあり得る）、定款の定めがなければ効力が生じないとされる事項を「相対的記載事項」という。一般社団法人等の定款の相対的記載事項には、次のものがある（法人法12等）。

＜定款の相対的記載事項＞（表中（　）内数字は法人法）

| | 一般社団法人 | 一般財団法人 |
|---|---|---|
| 設立時役員等の選任における各設立時社員の議決権の数に関する別段の定め（17②） | ○（※1） | × |
| 定款で設立時評議員または設立時役員等を定めていない場合におけるその選任の方法（159①） | × | ○ |
| 社員が支払う経費の定め（27） | ○ | × |
| 社員が退社することができる時期に関する別段の定め（28①ただし書） | ○ | × |
| 社員の退社事由（29一） | ○ | × |
| 理事会設置一般社団法人における社員総会、または評議員会が決議することができる事項（35②、178②） | ○ | ○ |
| 社員総会の招集を請求し、または自らその招集をすることができる社員の議決権の数についての別段の定め（37） | ○（※2） | × |
| 社員または評議員が、裁判所の許可を得て、自ら社員総会または評議員会を招集することができる場合についての別段の定め（37②二、180②二） | ○（※3） | ○（※3） |
| 社員総会または評議員会の招集通知を発する時期についての別段の定め（39①本文、182①） | ○（※4） | ○（※4） |

※1　原則として、設立時役員等の選任に際し、設立時社員は各自「1個」の議決権を有するところ、設立時社員ごとに異なる数の議決権を与えることができる。

※2　原則として、総社員の議決権の「10％」以上を有する社員でなければ社員総会の招集を請求することができないところ、「10％」を上回る割合を定めることができる。ただし、「20％」が上限である。

※3　原則として、※2の社員、または評議員は、それぞれ社員総会または評議員会の招集を請求した日から「6週間」以内の日を社員総会または評議員会の日とする招集通知が発せられない場合は、自ら社員総会または評議員会の招集をすることができるところ、この期間を短縮することができる。

※4　原則として、社員総会の招集通知は、その開催日の「1週間」前までに発しなければならないところ、理事会設置一般社団法人以外の一般社団法人は、この期間を短縮することができる。もっとも、書面または電磁的方法による議決権の行使を認める場合には、この期間は2週間を下回ることができない。

　　他方、評議員会の招集通知は、その開催日の「1週間」前までに書面で発しなければならないところ、この期間を短縮することも可能である。

※5　原則として、理事会設置一般社団法人においては、総社員の議決権の「30分の1」以上を有する社員に限り社員総会の議題を提出することができるところ、「30分の1」を下回る割合を定めることができる。

※6　原則として、理事会設置一般社団法人においては、社員は、社員総会の議題を当該社員総会の日の「6週間」前までに提出しなければならないところ、この期間を短縮することができる。

　　他方、一般財団法人においては、評議員は、評議員会の議題を当該評議員会の日の「4週間前」までに提出しなければならないところ、この期間を短縮することも可能である。

| | | |
|---|---|---|
| 社員総会に議題を提出することができる社員の議決権の数についての別段の定め（43②前段） | ○（※5） | × |
| 社員または評議員が、それぞれ社員総会または評議員会の議題を提出することができる時期についての別段の定め（43②後段、184） | ○（※6） | ○（※6） |
| 社員が社員総会に提出し、または評議員が評議員会に提出することができる議案についての別段の定め（44、185） | ○（※7） | ○（※7） |
| 社員が提出する議案の要領を各社員に通知し、または評議員が提出する議案の要領を各評議員に通知すべき時期についての別段の定め（45①本文、186①） | ○（※8） | ○（※8） |
| 社員総会の招集手続及び決議の方法を調査する検査役（総会検査役）の選任の申立てをすることができる社員についての別段の定め（46①）。 | ○（※9） | × |
| 社員の議決権の数についての別段の定め（48①ただし書） | ○（※10） | × |
| 社員総会の普通決議の定足数及び可決要件についての別段の定め（49①） | ○（※11） | × |
| 社員総会の特別決議の可決要件についての別段の定め（49②） | ○（※12） | × |
| 理事会を置く旨の定め（60②） | ○ | × |
| 監事を置く旨の定め（60②） | ○（※13） | × |
| 会計監査人を置く旨の定め（60②、170②） | ○（※14） | ○（※14） |
| 役員等（理事、監事及び会計監査人）の員数の下限の定め（63②、75①④、177） | ○（※15） | ○（※15） |
| 理事の任期の短縮についての別段の定め（66ただし書、177） | ×（※16） | ○（※16） |
| 監事の任期の短縮についての別段の定め（67①②、177） | ○ | ○ |
| 理事の業務の執行についての別段の定め（76①②） | ○（※17） | × |

※7　原則として、社員が社員総会に提出しようとする議案（社員提案）は、その議案と実質的に同一の議案が総社員の議決権の「10%」以上の賛成を得られずに否決された日から3年を経過するまでの間、社員総会に提出することができないところ、「10%」を下回る割合を定めることができる。

　　　この取扱いは、評議員が評議員会に提出しようとする議案についても同様にあてはまる。

※8　原則として、社員は、社員総会の日の「6週間」前までに、その提出しようとする議案の要領を各社員に通知することを請求することができるところ、この期間を短縮することができる。

　　　他方、評議員は、評議員会の日の「4週間」前までに、その提出しようとする議案の要領を各評議員に通知することを請求することができるところ、この期間を短縮することも可能である。

※9　原則として、総社員の議決権の「30分の1」以上を有する社員は、社員総会に先立ち、裁判所に総会検査役の選任の申立てをすることができるところ、「30分の1」を下回る割合を定めることができる。

※10　原則として、各社員は「1個」の議決権を有するところ、社員ごとに異なる数の議決権を与え、または特定の事項について議決権を有しないものとすることができる（法人法48②により、社員総会の決議事項の全部について議決権を有しないものとすることはできない）。

※11　原則として、社員総会の普通決議（法人法49①）は、総社員の議決権の「過半数」を有する社員が出席し、出席した当該社員の議決権の「過半数」をもって行うところ、これらと異なる割合を定めることができる。もっとも、定足数の大幅な緩和や撤廃は、公益性の認定の審査にあたり否定的な評価を受けるようである（内閣府公益認定等委員会「移行認定又は移行認可の申請に当たって定款の変更の案を作成するに際し特に留意すべき事項について」（以下「留意事項」）12頁参照）。

※12　原則として、社員総会の特別決議（法人法49②）は、総社員の半数以上であって、総社員の議決権の「3分の2」以上に当たる多数をもって行わなければならないところ、「3分の2」を上回る割合を定めることができる。

| | | |
|---|---|---|
| 理事の互選により代表理事を定める旨（77③） | ○ | × |
| 代表理事の員数の定め（79①、197） | ○ | ○ |
| 業務及び財産の状況を調査する検査役の選任の申立てをすることができる社員についての別段の定め（86①） | ○（※18） | × |
| 理事の報酬等（報酬、賞与その他の職務執行の対価として受ける財産上の利益をいう）の額（89、197） | × | ○ |
| 代表理事及び執行理事（代表理事以外の理事であって、理事会の決議により業務を執行する理事として選定されたものをいう）がその職務の執行の状況を理事会に報告すべき時期についての別段の定め（91②、197） | ○（※19） | ○（※19） |
| 理事会を招集する理事の定め（93①、197） | ○ | ○ |
| 理事会の招集通知を発する時期についての別段の定め（94①、197） | ○（※20） | ○（※20） |
| 理事会の決議の定足数及び可決要件についての別段の定め（95①、197） | ○（※21） | ○（※21） |
| 理事会の議事録に署名（電子署名を含む）し、または記名押印しなければならない理事を、当該理事会に出席した代表理事とする旨の定め（95③、197） | ○（※22） | ○（※22） |
| 理事会の決議の省略についての定め（96、197） | ○ | ○ |
| 監事の報酬等の額（105①、197） | × | ○ |
| 理事（責任の免除を受ける理事を除く）の過半数の同意による役員等の責任の免除についての定め（114） | ○（※23） | × |
| 理事会の決議による役員等の責任の免除についての定め（114、198） | ○ | ○ |

※13　理事会設置一般社団法人（法人法61）及び会計監査人設置一般社団法人（同15②二）においては、監事を置かなければならない（同61）。

※14　大規模一般社団法人（法人法2二）及び大規模一般財団法人（同2三）においては、会計監査人を置かなければならない（同62、171）。

※15　理事会設置一般社団法人及び一般財団法人においては、理事は3人以上でなければならない（法人法65③、177）。

※16　一般社団法人の理事の任期の定めは、社員総会決議によっても短縮することができる。

※17　理事会設置一般社団法人、または一般財団法人では代表理事及び業務執行理事が業務を執行する（法人法91①、197）。

※18　原則として、一般社団法人の業務の執行に関し、不正の行為または法令もしくは定款に違反する重大な事実があることを疑うに足りる事由があるときは、総社員の議決権の「10％」以上を有する社員は、当該一般社団法人の業務及び財産の状況を調査させるため、裁判所に検査役の選任の申立てをすることができるところ、「10％」を下回る割合を定めることができる。

※19　原則として、代表理事及び業務執行理事は、「3か月に1回以上」自己の職務の執行の状況を理事会に報告しなければならないところ、「3か月に1回以上」という頻度を「毎事業年度に4か月を超える間隔で2回以上」に変更することができる。

※20　原則として、理事会の招集通知は、その開催日の「1週間」前までに発しなければならないところ、この期間を短縮することができる。

※21　原則として、理事会の決議は、議決に加わることができる理事の「過半数」が出席し、その「過半数」をもって行うところ、これらを上回る割合を定めることができる。

※22　原則として、理事会に出席した理事及び監事は、当該理事会の議事録に署名し、または記名押印しなければならない。

※23　監事設置一般社団法人以外の一般社団法人は、この定めを設けることができない。また、監事設置一般社団法人であっても、理事が1人である場合は、この定めは認められない。

| | | |
|---|---|---|
| 理事（責任の免除を受ける理事を除く）の過半数の同意または理事会の決議による役員等の責任の免除を禁じることができる社員または評議員についての別段の定め（114④、198） | ○（※24） | ○（※25） |
| 責任限定契約についての定め（115、198） | ○ | ○ |
| 会計帳簿の閲覧等をすることができる社員についての別段の定め（121） | ○（※26） | × |
| 基金を引き受ける者の募集に関する定め（131） | ○ | × |
| 存続期間（148一、202①一） | ○ | ○ |
| 解散の事由（148二、202①二） | ○ | ○ |
| 基本財産の定め及びその維持の方法（172②） | × | ○（※27） |
| 評議員の任期の伸長についての定め（174①） | × | ○（※28） |
| 評議員の補欠として選任された者の任期についての定め（174②） | × | ○（※29） |
| 評議員の員数の定め（175①） | × | ○（※30） |
| 評議員会の普通決議の定足数及び可決要件についての別段の定め（189①） | × | ○（※31） |
| 評議員会の特別決議の可決要件についての別段の定め（189②） | × | ○（※32） |
| 評議員の報酬等の額（196） | × | ○ |
| 目的、または評議員の選任及び解任の方法を、評議員会の決議をもって変更することができる旨の定め（200②） | × | ○（※33） |
| 清算を開始した場合において清算人会を置く旨の定め（208②） | ○ | ○ |
| 清算を開始した場合において監事を置く旨の定め（208②） | ○（※34） | ○（※35） |
| 清算人の業務の執行についての別段の定め（213②） | ○（※36） | ○（※36） |
| 清算人の互選により代表清算人を定める旨（214③） | ○（※37） | ○（※37） |

※24 原則として、総社員（責任の免除を受ける役員等であるものを除く）の議決権の「10％」以上を有する社員が一定の期間（法人法114③参照）内に異議を述べたときは、理事（責任の免除を受ける理事を除く）の過半数の同意による役員等の責任の免除が許されないところ、「10％」を下回る割合を定めることができる。

※25 原則として、総評議員の「10％」以上が一定の期間（法人法198において準用する114③参照）内に異議を述べたときは、理事会の決議による役員等の責任の免除が許されないところ、「10％」を下回る割合を定めることができる。

※26 原則として、総社員の議決権の「10％」以上を有する社員は、一般社団法人の業務時間内にその会計帳簿の閲覧等を請求することができるところ、「10％」を下回る割合を定めることができる。

※27 「基本財産」とは、一般財団法人の財産のうち、当該一般財団法人の目的である事業を行うために不可欠なものとして定款で定めたものをいう。

※28 原則として、評議員の任期は、選任後「4年」以内に終了する事業年度のうち最終のものに関する定時評議員会の終結の時までとされているところ、選任後「6年」以内に終了する事業年度のうち最終のものに関する定時評議員会の終結の時まで伸長することができる。

※29 任期の満了前に退任した評議員の補欠として選任された評議員の任期は、退任した評議員の任期の満了する時までとすることができる。

※30 ただし、評議員は、3人以上でなければならない（法人法173③）。

※31 原則として、評議員会の普通決議（法人法189①）は、議決に加わることができる評議員の「過半数」が出席し、その「過半数」をもって行うところ、これらを上回る割合を定めることができる。

※32 原則として、評議員会の特別決議（法人法189②）は、議決に加わることができる評議員の「3分の2」以上に当たる多数をもって行わなければならないところ、「3分の2」を上回る割合を定めることができる。

※33 原則として、一般財団法人の原始定款（法人法152①または②）で定められた「目的」と「評議員の選任及び解任の方法」は、一般財団法人の成立後は変更することができないところ、当該原始定款にこの定めを

| | | |
|---|---|---|
| 代表清算人及び執行清算人（代表清算人以外の清算人であって、清算人会の決議により清算法人の業務を執行する清算人として選定されたものをいう）がその職務の執行の状況を清算人会に報告すべき時期についての別段の定め（220⑨） | ○（※38） | ○（※38） |
| 残余財産の帰属についての定め（239①） | ○（※39） | ○（※39） |
| 解散の訴えを提起することができる社員についての別段の定め（268①） | ○（※40） | × |
| 理事または監事の解任の訴えを提起することができる社員についての別段の定め（284一） | ○（※41） | × |

　　設けることにより、一般財団法人の成立後も、これらの事項を変更することが可能となる（定款の変更であるため、評議員会の特別決議を要する。法人法189②三）。

※34　もっとも、一般社団法人における監事を置く旨の定めは、清算の開始後も引き続きその効力を維持し、その定めに基づいて選任された監事は、解散に際して当然には退任しない。

※35　原則として、一般財団法人（解散の時に大規模一般財団法人であるものを除く）の監事は、当該一般財団法人の解散に伴い、任期の満了により退任するものとされているところ、清算の開始前に、清算一般財団法人となった場合には監事を置くこととする旨の定めを設けておくことにより（解散前の一般財団法人については、監事を置くことが法人法上明らかであるため、定款にその旨の定めを設ける余地はない）、解散の際、現に在任している監事の退任を回避することができる（平成20年9月1日民商2351号通達）。なお、清算法人の監事については、その任期が法定されていないが（法人法211②一）、解散前から引き続き監事である者の任期の定めがある場合には、その定めに従って当該監事は退任する。

※36　原則として、清算人会設置法人以外の清算法人の業務は、清算人が2人以上ある場合には、その「過半数」をもって決定されるところ、これと異なる割合を定めることができる。

※37 清算人会設置法人は、この定めを設けることができない。また、裁判所が選任した清算人（法人法 209 ②ないし④）は、代表清算人の互選に加わることができない（「互選」である以上、他の清算人の協議によって代表清算人に選ばれることもない）。

※38 原則として、代表清算人及び業務執行清算人は、「3か月に1回以上」自己の職務の執行の状況を清算人会に報告しなければならないところ、「3か月に1回以上」という頻度を「毎事業年度に4か月を超える間隔で2回以上」に変更することができる。

※39 残余財産を清算一般社団法人にあっては社員、清算一般財団法人にあっては設立者に帰属させる旨の定めは、その効力を有しない（法人法 11 ②、153 ③二）。

※40 原則として、総社員の議決権の「10%」以上を有する社員でなければ、一般社団法人の解散の訴えを提起することができないところ、「10%」を下回る割合を定めることができる。

※41 原則として、総社員（社員総会にその解任を求める議案が提出された理事または監事である社員を除く）の議決権の「10%」以上を有する社員でなければ、当該理事または監事の解任の訴えを提起することができないところ、「10%」を下回る割合を定めることができる。

---

## Q5 定款の任意的記載（記録）事項

一般社団法人等が任意に定款に記載（記録）することができる事項として、どのようなものがあるか。

## Answer. 5

絶対的記載事項、相対的記載事項のいずれにも該当しないが、法人法その他の法令に基づく規律に違反しない事項及び一般社団法人または一般財団法人が社員総会、評議員会、理事、理事会その他の機関に当該事項の決定を委ねることができるものを「任意的記載事項」という（法人法 12、

154)。具体的には、例えば次表に掲げる事項が考えられる。

<任意的記載事項の例（表中（　）内数字は法人法）>

| | 一般社団法人 | 一般財団法人 |
|---|---|---|
| 法人の成立前における定款の備置場所（14①、156①） | ○ | ○ |
| 定款の謄本または抄本の交付の請求に要する費用（14②、156②） | ○ | ○ |
| 従たる事務所の所在地（または所在場所）（76③一、90④四） | ○ | ○ |
| 社員の呼称（「会員」等）についての定め | ○（※1） | × |
| 代議員その他の者を法人法上の「社員」として扱う旨の定め | ○（※1） | × |
| 社員総会または評議員会の議事運営に関する定め（議長の選解任の方法を含む） | ○（※2） | ○（※2） |
| 役員等の呼称（「理事長」等）についての定め | ○（※3） | ○（※3） |
| 理事の職務分掌についての定め | ○（※4） | ○（※4） |
| 法人法に規定された役員等以外の機関（「相談役」「顧問」等）を置く旨の定め | ○（※5） | ○（※5） |
| 代表理事の選定または解職について社員総会を関与させる旨の定め | ○（※6） | × |
| 事務局を置く旨及びその組織、権限についての定め | ○（※7） | ○（※7） |

※1　一般社団法人は「社員」の団体であるが、各法人の実情に応じ、社員に別の呼称（「会員」等）を付すことや、客観的に見て一般社団法人の構成員となるべき地位にある者が多数存在する場合に、組織運営の効率化及び事務費の節減を図るため、法人法上の「社員」として扱う者を選挙その他の公正な方法によって絞り込むことが認められる。後者の典型が、いわゆる代議員制度である。

　一般社団法人は、これらの定めを設けるにあたり、その構成員となるべき地位にある者のうちいずれの者が法人法上の「社員」として扱われるか、を明らかにしなければならない（内閣府「移行認定のための定款

の変更の案作成の案内」4頁)。
※2　社員総会(評議員会)の議長を定めることは、法人法上、必須の要件とはされていない。しかし、公正かつ円滑な議事運営を担保し、決議の成否、効力に疑義を生じさせかねない議場の混乱を避けるためにも、議長を置く旨及びその選出方法その他の議事運営に関する規律を定款で明確にしておくことが望ましい。
※3　この場合には、各機関が法人法の規定する役員等のいずれに該当するか(例えば、「理事長」が代表理事の職務を行う旨)を明らかにしなければならない。
※4　理事の職務分掌については、法人法上、特段の規定がない。そのため、社員総会の決議または理事の過半数の一致(理事会設置一般社団法人及び一般財団法人にあっては、理事会の決議)をもって定めることも可能と解されるが、定款でその基本的な枠組みを明確にしておくことは、いわゆる内部統制システム(法人法76③三等)の整備、充実を図る観点から有益であるといえよう。
※5　これらの機関に付与する権限は、法人法その他の法令に基づく各機関(社員総会、評議員会、理事、理事会等)の権限と矛盾抵触するものであってはならず、例えば、理事会において、相談役である特定の理事に過大な議決権を付与するような定めを設けることはできないと解される)。
※6　理事会設置一般社団法人においては、代表理事を選定し、または解職する権限は、理事会に属する(法人法90②三、③)。しかし、例えば、社員総会の決議をもって代表理事となるべき者の候補を選任し、理事会がその候補の中から代表理事を選定する、という定めを設けることが認められる(内閣府公益認定等委員会「留意事項」22頁)。

　ところで、取締役会設置会社(会2七)においては、原則として、取締役会の決議をもって代表取締役を選定し、または解職しなければならないものとされているが(会362②三、③)、株主総会の決議をもって代表取締役を選定し、または解職する旨の定款の定めも有効であると解されている。理事会設置一般社団法人が、社員総会の決議をもって代表理事を選定し、または解職する旨の定めを設けることの可否についても、

同様に解される（ただし、公益性の認定にあたっては、前掲の内閣府公益認定等委員会による「留意事項」21頁以下は、「代表理事を選定等する権限を理事会に付与した法の趣旨は、理事会による代表理事の職務執行の監督権限の実効性を確保するところにある」と指摘しており、消極的な立場を採っている）。

※7　事務の運営上必要な細則を理事会その他の機関に制定させる旨の定め（いわゆる「委任規定」）を設けることも可能である。

---

### Q6　定款の無益的記載（記録）事項

> 一般社団法人等の定款に記載しても効力を生じない事項として、どのようなものがあるか。

### Answer. 6

　定款に記載しても、強行法規に違反するため、一般社団・財団法人法上の効力を生じない事項を、「無益的記載事項」という。無益的記載事項の例としては、次表のようなものがある。

<定款に記載してもその効力を有しない事項>

| 一般社団法人 | ・社員に剰余金の配当または残余財産の分配を受ける権利を与える旨の定め（法人法11②）<br>・法人法の規定により社員総会の決議を必要とする事項について、理事、理事会その他の社員総会以外の機関が決定することができることを内容とする定め（法人法35④）<br>・理事の選任にあたり、常に候補者全員を一括して採決の対象とする旨の定め<br>　　例えば、「理事の選任に際しては、候補者全員を一括して採決する」旨の定めを設けることはできないと解する。 |
| --- | --- |
| 一般財団法人 | ・理事または理事会が評議員を選任し、または解任する旨の定め（法人法153③一、①八）<br>・設立者に剰余金の配当または残余財産の分配を受ける権利を与える旨の定め（法人法153③二）<br>・法人法の規定により評議員会の決議を必要とする事項について、理事、理事会その他の評議員会以外の機関が決定することができることを内容とする定め（法人法178③）<br>・理事の選任にあたり、常に候補者全員を一括して採決の対象とする旨の定め<br>　　例えば、「理事の選任に際しては、候補者全員を一括して採決する」旨の定めを設けることはできないと解する。 |

## Q7　法人の「目的」

一般社団法人等が定款に記載（記録）しなければならない「目的」とは、何か。

### Answer. 7

　一般社団法人等が定款に記載し、または記録しなければならない「目的」とは、当該一般社団法人等が行う事業目的のことである（ただし、個々の

事業の前提となる、より抽象的な理念を含めて「目的」と呼ぶこともある。認定法別表参照）。

　一般社団法人の設立時社員、一般財団法人の設立者は、原則として、その設立しようとする法人の「目的」を自由に選択することができ、当該法人が行うことができる事業の数に制限はない。また、会社のように、収益事業を「目的」とすることも可能である。

　ただし、定款に記載し、または記録すべき「目的」は、以下の要件を満たすものでなければならない。

(1) **適法性**

　一般社団法人等は、強行法規その他公序良俗に反する行為をその目的である事業として掲げることができない。「強行法規その他公序良俗に反する行為」の典型は、刑法その他の法律の規定により罪となるべき行為（犯罪行為）である。

　これに対し、法令上、一定の資格を有する者、許可等を受けた者以外の者が行うことを禁止されている業務（独占業務）については、一般社団法人等が自らの事業として当該独占業務を行うことが可能である（当該法令に抵触しない）場合には、当該独占業務を「目的」として定款に記載し、または記録することができる。

<独占業務の例>

| | 具体的な業務の内容（例） | 一般社団法人等による業務の可否 |
|---|---|---|
| | 根拠法条 | |
| 弁護士業務 | 報酬を得る目的で訴訟事件等の法律事件に関して鑑定、代理等の法律事務を取り扱うこと | × |
| | 弁護士法3①、72 | |
| 公認会計士業務 | ① 報酬を得て財務書類の監査または証明をすること<br>② 報酬を得て財務書類の調製をし、財務に関する調査、立案をし、または財務に関する相談に応ずること | × |
| | 公認会計士法2、47の2 | |
| 司法書士業務 | ① 登記、供託に関する手続について代理すること<br>② 法務局等に提出（提供）する書類（電磁的記録）を作成すること<br>③ 裁判所、検察庁に提出する書類を作成すること<br>④ 簡易裁判所における民事訴訟、少額債権執行等の手続について代理すること<br>⑤ 簡易裁判所の扱う民事紛争（目的の価額が140万円を超えないもの）について、相談に応じ、または仲裁事件の手続もしくは裁判外の和解について代理すること | × |
| | 司法書士法3、73 | |
| 土地家屋調査士業務 | ① 不動産の表示に関する登記について必要な土地または家屋に関する調査、測量をすること<br>② 不動産の表示に関する登記の申請手続等について代理すること<br>③ 筆界特定の手続について代理し、または法務局等に提出（提供）する書類（電磁的記録）を作成すること<br>④ 土地の筆界が現地において明らかでないことを原因とする民事に関する紛争に関し、裁判外紛争解決手続（ADR）について相談に応じ、または当該手続について代理すること | × |

| | | |
|---|---|---|
| | 土地家屋調査士法3、68 | |
| 税理士業務 | ① 他人の求めに応じ、租税等に関し、税務代理または税務書類の作成を行うこと<br>② 税務相談に応じること | × |
| | 税理士法2、52 | |
| 弁理士業務 | ① 他人の求めに応じ、特許等に関する特許庁における手続等を行うこと<br>② 特許等に関する事件、著作物に関する権利に関する事件の裁判外紛争解決手続（ＡＤＲ）について代理すること<br>③ 弁理士の名称を用いて、他人の求めに応じ、特許等に関する権利、技術上の秘密の売買契約等の締結の代理等を行い、またはこれらに関する相談に応じること<br>④ 特許等に関する権利について日本国内に住所等を有する者が外国の行政官庁等に対して行う手続に関し、資料の作成等の事務を行うこと | × |
| | 弁理士法4、75 | |
| 行政書士業務 | ① 報酬を得て、官公署に提出する書類（電磁的記録）その他権利義務または事実証明に関する書類（実地調査に基づく図面類を含む）を作成すること<br>② 報酬を得て、①に掲げる書類を官公署に提出する手続、当該官公署に提出する書類に係る許認可等に関して行われる聴聞、弁明の機会の付与の手続等において、当該官公署に対してする行為（弁護士法72に規定する法律事件に関する法律事務に該当するものを除く）について代理すること<br>③ 報酬を得て、①に掲げる書類を代理人として作成し、またはその相談に応じること<br>④ 行政書士の名称を用いてゴルフ場利用税、自動車税、軽自動車税、自動車取得税、事業所税等に関し、税務書類の作成を行うこと | × |
| | 行政書士法1の2、19、税理士法51の2 | |

| | | |
|---|---|---|
| 社会保険<br>労務士業務 | ① 労働及び社会保険に関する法令（以下「労働社会保険諸法令」という）に基づく申請書等を作成すること<br>② ①に掲げる申請書等の提出に関する手続を本人に代わってすること<br>③ 個別労働関係紛争の解決の促進に関する法律に基づくあっせんの手続、雇用の分野における男女の均等な機会及び待遇の確保等に関する法律等に基づく調停の手続等について、紛争の当事者を代理すること<br>④ 労働社会保険諸法令に基づく帳簿書類（申請書等を除く）を作成すること<br>⑤ 事業における労務管理その他の労働に関する事項及び労働社会保険諸法令に基づく社会保険に関する事項について相談に応じ、または指導すること | × |
| | 社会保険労務士法2、27 | |
| 不動産鑑定<br>業務 | ① 不動産の鑑定評価を行うこと<br>② 不動産鑑定士の名称を用いて、不動産の客観的価値に作用する諸要因に関して調査、分析を行い、または不動産の利用、取引もしくは投資に関する相談に応じること | ○（※） |
| | 不動産の鑑定評価に関する法律3、35、36 | |
| | ※「不動産鑑定士」に業務を行わせなければならない。 | |
| 債権管理<br>回収業務 | ① 弁護士または弁護士法人以外の者が委託を受けて法律事件に関する法律事務である特定金銭債権の管理及び回収を行うこと<br>② 他人から譲り受けて訴訟、調停、和解その他の手段によって特定金銭債権の管理及び回収を行うこと | × |
| | 債権管理回収業に関する特別措置法3 | |
| 貸金業務 | 金銭の貸付けまたは金銭の貸借の媒介（手形の割引、売渡担保等によってする金銭の交付等を含む）を行うこと | △（※） |
| | 貸金業法2①、3、11、貸金業法施行令1の2ニイ | |

第2節 定款　29

| | | |
|---|---|---|
| | ※「内閣総理大臣（または都道府県知事）の登録」を受けなければならない。ただし、公益社団法人または公益財団法人が行う場合には、原則として登録を受ける必要がない。 | |
| 銀行業務 | ① 預金または定期積金の受入れと資金の貸付けまたは手形の割引とを併せ行うこと<br>② 為替取引を行うこと | × |
| | 銀行法2②、4、4の2 | |
| 信託業務 | 信託の引受け（他の取引に係る費用に充てるべき金銭の預託を受けるもの等、委託者及び受益者の保護のため支障を生ずることがないと認められるものを除く）を行うこと | × |
| | 信託業法2①、3、5② | |
| 金融商品取引・仲介業務 | 金融商品取引法第2条第8項に揚げる行為のいずれかを行うこと | △（※） |
| | 金融商品取引法29、29の4、66 | |
| | ※「内閣総理大臣の登録」を受けなければならない。ただし、第一種金融商品取引業または投資運用業を行おうとする者は株式会社またはこれに準ずる外国法人でなければならない。 | |
| 病院等運営業務 | 病院、診療所または助産所を開設すること | ○（※） |
| | 医療法7 | |
| | ※「都道府県知事（等）の許可」を受けなければならない。 | |
| 学校運営業務 | 幼稚園、小学校、中学校、高等学校、大学、高等専門学校等を設置すること | × |
| | 学校教育法1、2 | |
| 労働者派遣業務 | 自己の雇用する労働者を、当該雇用関係の下に、かつ、他人の指揮命令を受けて、当該他人のために労働に従事させること（当該他人に対し当該労働者を当該他人に雇用させることを約してするものを含まない） | ○（※） |
| | 労働者派遣事業の適正な運営の確保及び派遣労働者の就業条件の整備等に関する法律5以下 | |
| | ※「厚生労働大臣の許可」を受け、またはこれに対する届出をしなければならない。 | |
| 建設業務 | 建設工事の完成を請け負うこと | ○（※） |
| | 建設業法3以下 | |

| | | |
|---|---|---|
| | ※「国土交通大臣または都道府県知事の許可」を受けなければならない（例外あり）。 | |
| 宅地建物取引業務 | 宅地もしくは建物（建物の一部を含む）の売買もしくは交換または宅地もしくは建物売買、交換もしくは貸借の代理もしくは媒介をすること<br>宅地建物取引業法3以下 | ○（※） |
| | ※「国土交通大臣または都道府県知事の免許」を受けなければならない。 | |
| 電気工事業務 | 一般用電気工作物または自家用電気工作物を設置し、または変更する工事を行うこと<br>電気工事士法3、14 | ○（※） |
| | ※「電気工事士」に業務を行わせなければならない。 | |
| 建築設計等業務 | 学校、病院、劇場、映画館、観覧場、公会堂等の建築物であって延べ面積が500㎡を超えるものを新築する者から報酬を得て、当該建築物を設計し、または工事を監理すること<br>建築士法3ないし3の3、23 | ○（※） |
| | ※「一級建築士」に業務を行わせなければならない。また、一級建築士等を使用する者は、報酬を得て設計等に関する事務等を業として行うにあたり、「都道府県知事の登録」を受けなければならない。 | |
| 旅客自動車運送業務 | 事業用自動車を使用して、有償で旅客を運送すること<br>道路運送法4、43 | ○（※） |
| | ※「国土交通大臣の許可」を受けなければならない。 | |
| 貨物自動車運送業務 | 事業用自動車を使用して、有償で貨物を運送すること<br>貨物自動車運送事業法3、35 | ○（※） |
| | ※「国土交通大臣の許可」を受けなければならない（例外あり）。 | |
| 自家用車有償運送業務 | 公共の福祉を確保するためやむを得ない場合において、自家用自動車を使用し、かつ、地域または期間を限定して、有償で人または貨物を運送すること<br>道路運送法78三 | ○（※） |
| | ※「国土交通大臣の許可」を受けなければならない。 | |

| | | |
|---|---|---|
| 自家用車レンタル業務 | 自家用自動車を有償で貸し渡すこと（当該自動車の使用者である借受人に貸し渡す場合を除く） | ○（※） |
| | 道路運送法80 | |
| | ※「国土交通大臣の許可」を受けなければならない。 | |
| 海事代理士業務 | 他人の委託により、国土交通省の機関その他の行政機関に対し、船舶法等の規定に基づく申請等の手続をし、及びこれらの手続に関し書類（電磁的記録）の作成をすること | × |
| | 海事代理士法1、17① | |
| 旅客定期航路業務 | 旅客船（13人以上の旅客定員を有する船舶をいう）により人の運送をする事業であって、一定の航路に船舶を就航させて一定の日程表に従って運送する旨を公示して行うもの | ○（※） |
| | 海上運送法3、19の3 | |
| | ※「国土交通大臣の許可」を受けなければならない。 | |
| 航空運送業務 | 他人の需要に応じ、航空機を使用して有償で旅客または貨物を運送すること | ○（※） |
| | 航空法100 | |
| | ※「国土交通大臣の免許」を受けなければならない。 | |
| 酒類製造等業務 | 酒類を製造し、販売し、または販売の代理もしくは媒介をすること | ○（※） |
| | 酒税法7、9 | |
| | ※「所轄税務署長の免許」を受けなければならない（例外あり）。 | |
| 古物取引業務 | 古物の売買または交換（委託による売買または交換を含む）をすること（単に古物を売却し、または自ら売却した古物をその相手方から買い受ける行為を除く） | ○（※） |
| | 古物営業法2②一、3 | |
| | ※「都道府県公安委員会の許可」を受けなければならない。 | |
| 廃棄物処理業務 | 廃棄物の収集または運搬を行うこと | ○（※） |
| | 廃棄物の処理及び清掃に関する法律7、14 | |
| | ※「市町村長の許可」（一般廃棄物処理）または「都道府県知事の許可」（産業廃棄物処理）を受けなければならない（それぞれ例外あり）。 | |

| | | |
|---|---|---|
| 医薬品等<br>製造販売<br>業務 | 医薬品、医薬部外品、化粧品または医療機器を製造し、または販売すること | ○（※） |
| | 薬事法12 | |
| | ※「厚生労働大臣の許可」を受けなければならない。 | |
| 医薬品等<br>販売業務 | 医薬品を販売し、授与し、または販売もしくは授与の目的で貯蔵（陳列、配置）すること | ○（※） |
| | 薬事法24、26、28、30、35 | |
| | ※「都道府県知事（等）の許可」を受けなければならない（例外あり）。 | |
| たばこ販売<br>業務 | 製造たばこの小売販売を行うこと | ○（※） |
| | たばこ事業法22 | |
| | ※「財務大臣の許可」を受けなければならない。 | |
| 保険業務 | 生命保険、損害保険等の引受けを行うこと | △（※） |
| | 保険業法2①、3、保険業法施行令1の4 | |
| | ※「内閣総理大臣の免許」を受けた法人でなければ、することができない。ただし、相手方を1,000人以下とする保険の引受けは、免許が必要となる「保険業」から除外されている。 | |
| 飲食店<br>営業等 | 飲食店営業、喫茶店営業、菓子製造業、乳製品製造業、乳類販売業、食肉販売業、魚介類販売業、魚介類せり売営業、清涼飲料水製造業、酒類製造業、そうざい製造業、缶詰または瓶詰食品製造業等、公衆衛生に与える影響が著しい営業を行うこと | ○（※） |
| | 食品衛生法51、52、食品衛生法施行令35 | |
| | ※「都道府県知事の許可」を受けなければならない（各施設）。 | |

(2) **明確性**

　一般社団法人等の「目的」は、当該一般社団法人等が行う事業を、第三者において客観的かつ容易に特定できる程度に記載し、または記録しなければならない。

　例えば、一般社団法人等が前述した独占業務を行おうとする場合には、当該独占業務と他の事業との区別が定款上明確になっていることが求めら

れよう。

　また、一般社団法人及び一般財団法人は、その行う事業について公益認定（認定法4）を受けようとするときは、当該事業がいずれの「公益目的事業」（認定法2四）に該当するものであるか、行政庁において容易に特定することができるようにしておくべきである。

---

## Q8　一般社団法人等の「名称」

> 一般社団法人等（ここでは、一般社団法人、一般財団法人、公益社団法人、公益財団法人及び特例民法法人その他の法人であって法人法、認定法または整備法の適用を受けるものをいう）の「名称」には、どのような規制があるか。

### Answer. 8

　一般社団法人等の「名称」とは、当該一般社団法人等を他人に識別させるための言語表現であって、自然人の「氏名」や会社の「商号」に相当するものをいう。一般社団法人等は、その名称を定款に記載し、または記録しなければならない（法人法11①二、153①二）。

　一般社団法人等の名称は、原則として、その設立を企図する者（一般社団法人にあっては、設立時社員、一般財団法人にあっては、設立者）が自由に定めることができる。しかし、一般社団法人等と取引を始めようとする者その他の利害関係人を保護するため、一般社団法人等の名称については、以下のような規律が及ぶ。

(1) **法定文字の使用義務**

　一般社団法人等は、その種類に従い、その名称中にそれぞれ次表に掲げる文字（以下「法定文字」という）を用いなければならない（法人法5①、認定法9③⑥、整備法25①）。

<法定文字>

| (法人の種類) | (使用すべき文字) | |
|---|---|---|
| 一般社団法人 | 一般社団法人 | |
| 一般財団法人 | 一般財団法人 | |
| 公益社団法人 | 公益社団法人 | |
| 公益財団法人 | 公益財団法人 | |
| 特例無限責任中間法人 | 無限責任中間法人 ※1 | |
| 旧有限責任中間法人 | ① 施行日の属する事業年度の終了後最初に招集される定時社員総会の終結の時まで | 有限責任中間法人 |
| | ② ①の時を経過した後 ※2 | 一般社団法人 |
| 特例社団法人 | ① 公益法人となることについての認定（整備法44）を受けた場合における移行の登記（同106①）前 | 社団法人 |
| | ② ①の登記後 | 公益社団法人 |
| | ③ 通常の一般社団法人となることについての認可（整備法45）を受けた場合における移行の登記（同121①、106①）前 | 社団法人 |
| | ④ ③の登記後 | 一般社団法人 |
| 特例財団法人 | ① 公益法人となることについての認定（整備法44）を受けた場合における移行の登記（同106①）前 | 財団法人 |
| | ② ①の登記後 | 公益財団法人 |
| | ③ 通常の一般財団法人となることについての認可（整備法45）を受けた場合における移行の登記（同121①、106①）前 | 財団法人 |
| | ④ ③の登記後 | 一般財団法人 |

※1　中間法人法の廃止後も一般社団法人として存続する無限責任中間法人（特例無限責任中間法人）は、整備法の施行の日から起算して1年を経過する日までの間、その名称中に「一般社団法人」の文字を用いる定款の変更をすることができる（整備法30）。この移行期限までの間に当該変更に係る移行の登記（整備法33①）の申請をしないときは、移行期限が

経過した時に解散したものとみなされる（同 37 ①）。

※2　整備法の施行の日の属する事業年度の終了後最初に招集される定時社員総会の終結の時までの間に名称を変更する場合には、その変更の時から「一般社団法人」の文字を用いなければならない（整備法 3 ①ただし書）。

(2) **法定文字の使用禁止**

　法定文字の使用を義務づけられた一般社団法人等以外の者は、法定文字その他一般社団法人等と誤認されるおそれのある文字を用いてはならない（法人法 5 ②③、6、認定法 9 ④、整備法 25 ③、42 ⑤⑥）。

　また、特例無限責任中間法人は、その名称中に、特例無限責任中間法人以外の一般社団法人と誤認されるおそれのある文字を用いてはならず（整備法 25 ②）、特例無限責任中間法人以外の一般社団法人は、その名称中に、特例無限責任中間法人であると誤認されるおそれのある文字を用いてはならない（同③）。

　特例民法法人は、以上のほか、その種類に応じて次表に掲げる規制を受ける（整備法 42）。

| ＜特例民法法人の名称使用制限＞ | |
| --- | --- |
| 特例社団法人 | 「一般社団法人」、「公益社団法人」または「公益財団法人」という文字の使用禁止 |
| 特例財団法人 | 「一般財団法人」、「公益財団法人」または「公益社団法人」という文字の使用禁止 |

　これらの規制のうち、法定文字の使用制限または他の一般社団法人等と誤認されるおそれのある名称または商号の使用制限に違反した者は、次頁上表のとおり罰則の適用を受ける。

(3) **同一名称の使用制限**

　一般社団法人等は、主たる事務所の所在場所を同じくする他の一般社団

| <法定文字等の使用制限に違反した場合の罰則> ||
| --- | --- |
| 公益社団法人または公益財団法人の名称に関する規制に違反した者 | 50万円以下の過料（認定法63、整備法145） |
| その他の一般社団法人等の名称に関する規制に違反した者 | 20万円以下の過料（法人法344一ないし三、整備法3②、25④、152） |

法人等と同一の名称を用いて登記をすることができない（法人法330、商登法27）。そのような登記が認められると、第三者において一般社団法人等を識別することが困難となり、誤認混同の危険が増大するからである。※

※例えば、一般社団法人等の代表理事が登記所に届け出た印鑑（法人法330、商登法20）についての証明書には、当該一般社団法人等の名称及び主たる事務所の所在場所が表示されるところ（一般登記規則3、商登規則32の2、9①四）、これらを同じくする2以上の一般社団法人等の登記が存在する場合には、その証明書がいずれの一般社団法人等について発行されたものか、見分けることが難しくなる（「会社法人等番号」を確認する等、識別の方法がないわけではない）。

(4) **不正目的による名称等の使用制限**

一般社団法人等は、不正の目的※をもって、他の一般社団法人等であると誤認されるおそれのある名称を使用してはならない（法人法7①、認定法9⑤。会社その他一般社団法人等以外の者も、この規制に服する）。

※ここでいう「不正の目的」とは、一般社団法人等が他の一般社団法人等の名称を使用することにより、その事業を当該他の一般社団法人等が行うものであると第三者に誤認させようとする意思をいうと解される（『一問一答公益法人関連三法』（前掲）24頁参照）。

一般社団法人等は、不正目的使用規制に違反する行為によってその事業上の利益を侵害され、または侵害されるおそれがあるときは、その違反行

為者に対し、当該侵害の停止または予防を請求することができる（法人法7②）。また、不正目的使用規制に違反した者は、20万円以下の過料に処せられる（法人法344四）。

なお、自己の名称を使用して事業または営業を行うことを他人（名板借人）に許諾した一般社団法人等（名板貸人）は、名板貸人が当該事業を行うものと誤認して名板借人と取引をした者に対し、名板借人と連帯して、当該取引によって生じた債務を弁済する責任を負う（法人法8）。

(5) 他の法令等による規制

① 会社と誤認させる名称等の使用の禁止

会社でない者は、その名称中に、会社（株式会社（特例有限会社を含む）、合名会社、合資会社または合同会社をいう）と誤認されるおそれのある文字を用いてはならない（会7）。また、不正の目的をもって、他の会社（外国会社を含む）と誤認されるおそれのある名称を使用してはならない（会8）。

② 不正競争にあたる名称等の使用の禁止

次表中A欄に掲げる目的をもって、対応するB欄の不正競争を行った者は、5年以下の懲役もしくは500万円以下の罰金に処し、またはこれらを併科することとされている（不正競争防止法21①一・二）。その者が一般社団法人等の代表者であって、当該一般社団法人等の業務に関して当該不正競争を行ったものであるときは、当該一般社団法人等は3億円以下の罰金刑を科される（不正競争防止法22①）。

| （A　欄） | （B　欄） |
|---|---|
| 不正の目的 | 他人の商品等表示として需要者の間に広く認識されているものと同一または類似の商品等表示※を使用する行為 |
| 次のいずれかの目的<br>① 他人の著名な商品等表示に係る信用または名声を利用して不正の利益を得る目的<br>② ①の信用または名声を害する目的 | 自己の商品等表示として他人の著名な商品等表示と同一または類似のものを使用する行為 |

※人の業務に係る氏名、商号、商標、標章、商品の容器もしくは包装その他の商品または営業を表示するものをいう。

　また、一般社団法人等は、上表中Ｂ欄に掲げる行為（以下「不正競争」という）によって営業上の利益を侵害され、または侵害されるおそれがあるときは、当該利益を侵害し、または侵害するおそれがある者に対し、侵害の停止または予防を請求することができる（差止請求権。不正競争防止法3）。差止請求権には、特定商号の変更登記手続を請求する権利が含まれる（最判昭和42年4月11日民集21巻3号598頁）。

　※不正競争防止法のいう「営業」は、必ずしも営利性のある業務に限られないと解されている。例えば、公益法人の音楽普及事業を「営業」と認定した裁判例（大阪高決昭和54年8月29日判タ396号138頁）や、「不正競争防止法にいう『営業』の概念には経済収支の計算の上に立って行われる事業一般が含まれるものと解されるところ、被告が私立学校として国や地方公共団体から補助金を受けているとしても、その補助金の収入も勘案した収支決算の下で学校法人の運営が行われている以上、不正競争防止法の『営業』に当たることに疑いはない」と判示した裁判例がある（東京地判平成13年7月19日判時1815号148頁）。

③ 業法等による制限

次表中A欄に掲げるものは、同表中対応するB欄の名称等を使用することが許されない。

| （A　欄） | （B　欄） |
|---|---|
| 疾病の治療、助産をする場所であって病院または診療所でないもの | 病院、病院分院、産院、療養所、診療所、診察所、医院その他病院または診療所に紛らわしい名称（医療法3①） |
| 助産所でないもの | 助産所その他助産師がその業務を行う場所に紛らわしい名称（医療法3③） |
| 銀行でない者 | 銀行であることを示す文字（銀行法6②） |
| 保険会社でない者 | 保険会社であると誤認されるおそれのある文字（保険業法7②） |
| 信託会社でない者 | 信託会社であると誤認されるおそれのある文字（信託業法14②本文） |
| 弁護士または弁護士法人でない者 | ア　弁護士または法律事務所の標示または記載（弁護士法74①）<br>イ　利益を得る目的で行う法律相談その他法律事務を取り扱う旨の標示または記載（弁護士法74②） |
| 弁護士法人でない者 | 弁護士法人またはこれに類似する名称（弁護士法74③） |
| 弁理士または特許業務法人でない者<br>特許業務法人でない者<br>日本弁理士会でない団体 | 弁理士もしくは特許事務所またはこれらに類似する名称<br>特許業務法人またはこれに類似する名称<br>日本弁理士会またはこれに類似する名称<br>　（以上につき弁理士法76） |
| 監査法人でない者 | 監査法人または監査法人と誤認させるような文字（公認会計士法48の2①） |
| 司法書士でない者<br>司法書士法人でない者<br>公共嘱託登記司法書士協会でない者 | 司法書士またはこれに紛らわしい名称<br>司法書士法人またはこれに紛らわしい名称<br>公共嘱託登記司法書士協会またはこれに紛らわしい名称<br>　（以上につき司法書士法73③ないし⑤） |

| | |
|---|---|
| 土地家屋調査士でない者 | 土地家屋調査士またはこれに紛らわしい名称 |
| 土地家屋調査士法人でない者 | 土地家屋調査士法人またはこれに紛らわしい名称 |
| 公共嘱託登記土地家屋調査士協会でない者 | 公共嘱託登記土地家屋調査士協会またはこれに紛らわしい名称<br>（以上につき土地家屋調査士法68③ないし⑤） |
| 行政書士でない者 | 行政書士またはこれと紛らわしい名称 |
| 行政書士法人でない者 | 行政書士法人またはこれと紛らわしい名称 |
| 行政書士会または日本行政書士会連合会でない者 | 行政書士会もしくは日本行政書士会連合会またはこれらと紛らわしい名称<br>（以上につき行政書士法19の2） |
| 税理士でない者 | 税理士もしくは税理士事務所またはこれらに類似する名称 |
| 税理士法人でない者 | 税理士法人またはこれに類似する名称 |
| 税理士会及び日本税理士会連合会でない団体 | 税理士会もしくは日本税理士会連合会またはこれらに類似する名称<br>（以上につき税理士法53①ないし③） |
| 社会保険労務士でない者 | 社会保険労務士またはこれに類似する名称 |
| 社会保険労務士法人でない者 | 社会保険労務士法人またはこれに類似する名称 |
| 社会保険労務士会または連合会でない団体 | 社会保険労務士会もしくは全国社会保険労務士会連合会またはこれらに類似する名称<br>（以上につき社会保険労務士法26） |
| 不動産鑑定士でない者 | 不動産鑑定士の名称（不動産の鑑定評価に関する法律51） |
| 債権回収会社でない者 | 債権回収会社であると誤認されるおそれのある文字（債権管理回収業に関する特別措置法13②） |
| 特定目的会社でない者 | 特定目的会社であると誤認されるおそれのある文字（資産の流動化に関する法律15③） |
| 有限責任事業組合でないもの | 有限責任事業組合という文字（有限責任事業組合契約に関する法律9②） |
| 認定こども園でないもの | 認定こども園という名称またはこれと紛らわしい名称（就学前の子どもに関する教育、保育等の総合的な提供の推進に関する法律9） |

| | |
|---|---|
| 専修学校、各種学校その他幼稚園、小学校、中学校、高等学校、中等教育学校、特別支援学校、大学及び高等専門学校以外の教育施設 | 幼稚園、小学校、中学校、高等学校、中等教育学校、特別支援学校、大学及び高等専門学校の名称または大学院の名称（学校教育法135①） |
| 国立大学法人でない者 | 国立大学法人という文字（国立大学法人法8） |
| 特定非営利活動法人以外の者 | 「特定非営利活動法人」またはこれに紛らわしい文字（特定非営利活動促進法4） |
| 限定責任信託でないもの | 限定責任信託であると誤認されるおそれのある文字（信託法218②） |
| 独立行政法人でない者 | 独立行政法人という文字（独立行政法人通則法10） |
| 管理組合法人でないもの | 管理組合法人という文字（建物の区分所有等に関する法律48②） |
| マンション建替組合でない者 | マンション建替組合という文字（マンションの建替えの円滑化等に関する法律8②） |
| 更生保護法人以外の者 | 更生保護法人という文字（更生保護事業法4） |
| 社会福祉法人以外の者 | 「社会福祉法人」またはこれに紛らわしい文字（社会福祉法23） |
| 投資法人でない者 | 投資法人であると誤認されるおそれのある文字（投資信託及び投資法人に関する法律64③） |
| 認定投資者保護団体でない者 | 認定投資者保護団体という名称またはこれに紛らわしい名称（金融商品取引法79の15） |
| 投資者保護基金でない者 | 投資者保護基金という文字（金融商品取引法79の23②） |
| 消費生活協同組合または消費生活協同組合連合会でない者 | 消費生活協同組合もしくは消費生活協同組合連合会であることを示す文字またはこれらと紛らわしい文字（消費生活協同組合法3②） |
| 認定個人情報保護団体でない者 | 認定個人情報保護団体という名称またはこれに紛らわしい名称（個人情報の保護に関する法律45） |
| 適格消費者団体でない者 | 適格消費者団体であると誤認されるおそれのある文字または適格消費者団体であると誤認されるおそれのある表示（消費者契約法16③） |

| 地域保健法により設置された保健所でないもの | 保健所たることを示すような文字（地域保健法13） |
|---|---|
| 犯罪被害者等を援助する者 | 公安委員会指定という文字を冠した名称（公安委員会から「犯罪被害者等早期援助団体」としての指定を受けたものを除く。犯罪被害者等給付金の支給等による犯罪被害者等の支援に関する法律23③） |

## Q9 一般社団法人等の「主たる事務所の所在地」

一般社団法人等の「主たる事務所の所在地」には、どのような規制があるか。

### Answer. 9

一般社団法人等の「主たる事務所の所在地」とは、当該一般社団法人等の主要な活動拠点であり、その設立を企図する者（一般社団法人にあっては、設立時社員、一般財団法人にあっては、設立者）が自由に定めることができる。

一般社団法人等は、その「主たる事務所の所在地」を定款に記載し、または記録しなければならないが（法人法11①三、153①三）、会社の「本店の所在地」（会27三等）と同様に、最小行政区画をもって特定すれば足りる。

※各市町村（東京都にあっては、特別区を含む）をいう。ただし、政令指定都市（具体的には、大阪市、名古屋市、京都市、横浜市、神戸市、北九州市、札幌市、川崎市、福岡市、広島市、仙台市、千葉市、さいたま市、静岡市、堺市、新潟市及び浜松市である。地方自治法252の19①、地方自治法第252条の19第1項の指定都市の指定に関する政令）にあっては、その各区がこれに相当する。

なお、当然ながら、定款で主たる事務所の具体的な所在場所までを定めること（具体的には、例えば「東京都新宿区本塩町○番地」のように町名、番地まで特定すること）も可能である。ただし、こうした定め方をした場合には、主たる事務所を同一の最小行政区画内で移転するときでも、必ず定款変更の手続（法人法146、200①）が必要となる。

　さらに、名称を同じくする他の一般社団法人等と同一の場所に「主たる事務所」を置く旨の登記は、認められない（法人法330、商登法27）。

## Q10　収益事業課税制度の概要

> 一般社団法人等（ここでは、一般社団法人または一般財団法人であって、「公益認定」を受けたもの以外のものをいう）が「非営利型法人」に該当する場合の収益事業課税による法人税の優遇制度とは、どのようなものか。

### Answer. 10

(1)　一般社団法人等は、法人税法の適用を受ける「普通法人」として、法人税の納税義務を負い、各事業年度のすべての所得に対して法人税が課されるのが原則である（法人税法4本文、5。全所得課税）。

(2)　その例外として、定款に所定の事項を定めること等により、①非営利性が徹底された法人（完全非営利法人）、または②共益的活動を目的とする法人（共益法人）に該当したものについては、「非営利型法人」として、各事業年度の所得のうち法人税法の定める収益事業※から生じたものに対してのみ法人税が課されるという措置が講じられている（法人税法4①ただし書、7）。これを、「収益事業課税（制度）」という。

※「収益事業」とは、次表に掲げる事業（その性質上その事業に付随して行われる行為を含む）で継続して事業場を設けて行われるものをいう（法人税法2十三、同施行令5。なお、特定の法人のみが適用を受けることが明

44　第1章　総論

らかな規定については、記述を割愛している）。

(1) 物品販売業（動植物その他通常物品といわないものの販売業を含む）のうち次に掲げるもの以外のもの
　ア　公益社団法人等が行う児童福祉施設の児童の給食用の輸入脱脂粉乳（関税暫定措置法9①の規定の適用を受けたものに限る）の販売業
　イ　小規模企業者等設備導入資金助成法に規定する貸与機関が設備貸与事業として行う設備（同法12①に規定する事業計画に係るものに限る）の販売業
(2) 不動産販売業のうち次に掲げるもの以外のもの
　ア　次に掲げる法人で、その業務が地方公共団体の管理の下に運営されているもの（以下「特定法人」という）の行う不動産販売業
　　一　その社員総会における議決権の総数の2分の1以上の数が当該地方公共団体により保有されている公益社団法人または一般社団法人（非営利型法人であるものに限る）
　　二　その拠出をされた金額の2分の1以上の金額が当該地方公共団体により拠出をされている公益財団法人または一般財団法人（非営利型法人であるものに限る）
　　三　その社員総会における議決権の全部が一または二に掲げる法人により保有されている公益社団法人または一般社団法人（非営利型法人であるものに限る）
　　四　その拠出をされた金額の全額が一または二に掲げる法人により拠出をされている公益財団法人または一般財団法人（非営利型法人であるものに限る）
　イ　日本勤労者住宅協会等が法令上の業務として行う不動産販売業
(3) 金銭貸付業のうち次に掲げるもの以外のもの
　ア　独立行政法人農業・食品産業技術総合研究機構等が法令上の業務として行う金銭貸付業
　イ　特定退職金共済団体が行う金銭貸付業
(4) 物品貸付業（動植物その他通常物品といわないものの貸付業を含む）のうち次に掲げるもの以外のもの

ア　土地改良事業団体連合会が会員に対して事業として行う物品貸付業
　　　イ　特定法人が農業者団体等に対し農業者団体等の行う農業または林業の目的に供される土地の造成及び改良ならびに耕うん整地その他の農作業のために行う物品貸付業
　　　ウ　小規模企業者等設備導入資金助成法の定める貸与機関が設備貸与事業として行う設備（同法12①に規定する事業計画に係るものに限る）の貸付業
　(5)　不動産貸付業のうち次に掲げるもの以外のもの
　　　ア　特定法人が行う不動産貸付業
　　　イ　日本勤労者住宅協会等が法令上の業務として行う不動産貸付業
　　　ウ　宗教法人または公益社団法人または公益財団法人が行う墳墓地の貸付業
　　　エ　国または地方公共団体に対し直接貸し付けられる不動産の貸付業
　　　オ　主として住宅の用に供される土地の貸付業（アからウまで及びオに掲げる不動産貸付業を除く）で、その貸付けの対価の額が低廉であることその他の財務省令で定める要件を満たすもの
　　　カ　商工会等が基盤施設事業として行う不動産（小規模事業者に貸し付けられるものとして財務省令で定めるものに限る）の貸付業
　(6)　製造業（電気またはガスの供給業、熱供給業及び物品の加工修理業を含むものとする）
　(7)　通信業（放送業を含む）
　(8)　運送業（運送取扱業を含む）
　(9)　倉庫業（寄託を受けた物品を保管する業を含むものとし、(31)の事業に該当するものを除く）
　(10)　請負業（事務処理の委託を受ける業を含む）のうち次に掲げるもの以外のもの
　　　ア　法令の規定に基づき国または地方公共団体の事務処理を委託された法人の行うその委託に係るもので、その委託の対価がその事務処理のために必要な費用を超えないことが法令の規定により明らかなことその他の財務省令で定める要件に該当するもの

イ　特定法人が農業者団体等に対し農業者団体等の行う農業または林業の目的に供される土地の造成及び改良ならびに耕うん整地その他の農作業のために行う請負業
(11)　印刷業
(12)　出版業（特定の資格を有する者を会員とする法人がその会報その他これに準ずる出版物を主として会員に配布するために行うもの及び学術、慈善その他公益を目的とする法人がその目的を達成するため会報を専らその会員に配布するために行うものを除く）
(13)　写真業
(14)　席貸し業のうち次に掲げるもの
　　ア　不特定または多数の者の娯楽、遊興または慰安の用に供するための席貸し業
　　イ　アに掲げる席貸し業以外の席貸し業（次に掲げるものを除く）
　　　一　国または地方公共団体の用に供するための席貸し業
　　　二　社会福祉事業として行われる席貸し業
　　　三　職業訓練法人がその主たる目的とする業務に関連して行う席貸し業
　　　四　法人がその主たる目的とする業務に関連して行う席貸し業で、当該法人の会員その他これに準ずる者の用に供するためのもののうちその利用の対価の額が実費の範囲を超えないもの
(15)　旅館業
(16)　料理店業その他の飲食店業
(17)　周旋業
(18)　代理業
(19)　仲立業
(20)　問屋業
(21)　鉱業
(22)　土石採取業
(23)　浴場業
(24)　理容業
(25)　美容業

(26) 興行業
(27) 遊技所業
(28) 遊覧所業
(29) 医療保健業（血液事業を含む）のうち次に掲げるもの以外のもの
　ア　公益社団法人等が政府または独立行政法人年金・健康保険福祉施設整理機構の委託を受けて行う健康保険法その他の法令上の事業または施設の運営もしくは管理に係る医療保健業
　イ　公益社団法人等で、結核に係る健康診断、予防接種及び医療を行い、かつ、これらの医学的研究（その研究につき国の補助があるものに限る）を行うもののうち法人格を異にする支部を含めて全国的組織を有するもの及びその支部であるものが行う当該健康診断及び予防接種に係る医療保健業
　ウ　公益社団法人等が行うハンセン病患者の医療（その医療費の全額が国の補助によっているものに限る）に係る医療保健業
　エ　専ら学術の研究を行う公益社団法人もしくは公益財団法人または非営利型法人である一般社団法人もしくは一般財団法人で専ら学術の研究を行い、かつ、当該研究を円滑に行うための体制が整備されているものとして財務省令で定めるものが、その学術の研究に付随して行う医療保健業
　オ　一定の地域内の医師または歯科医師を会員として設立された法人で、その残余財産が国または地方公共団体に帰属すること、当該法人の開設する病院または診療所が当該地域内のすべての医師または歯科医師の利用に供されることとなっており、かつ、その診療報酬の額が低廉であることその他の財務省令で定める要件を備えるものが行う医療保健業
　カ　公益社団法人等で、看護師等の人材確保の促進に関する法律による指定を受けた法人が、介護保険法に規定する訪問看護、介護予防訪問看護、指定訪問看護または訪問看護の研修に付随して行う医療保健業
　キ　以上に掲げるもののほか、残余財産が国または地方公共団体に帰属すること、一定の医療施設を有していること、診療報酬の額が低廉で

あることその他の財務省令で定める要件に該当する法人が行う医療保健業

(30) 洋裁、和裁、着物着付け、編物、手芸、料理、理容、美容、茶道、生花、演劇、演芸、舞踊、舞踏、音楽、絵画、書道、写真、工芸、デザイン（レタリングを含む）、自動車操縦もしくは小型船舶の操縦（以下「技芸」という）の教授（通信教育による技芸の教授及び技芸に関する免許の付与その他これに類する行為を含む）のうちアからウまでに掲げるもの以外のものまたは学校の入学者を選抜するための学力試験に備えるためもしくは学校教育の補習のための学力の教授（通信教育による当該学力の教授を含む）のうちアに掲げるもの以外のものもしくは公開模擬学力試験を行う事業

ア 社会教育法の定めるところにより文部科学大臣の認定を受けた通信教育として行う技芸の教授または学力の教授

イ 理容師法または美容師法の定めるところにより厚生労働大臣の指定を受けた施設において養成として行う技芸の教授（財務省令で定めるもの）ならびに当該施設に設けられた通信課程に係る通信及び添削による指導を専ら行う法人の当該指導として行う技芸の教授

ウ 技芸に関する国家試験（法令において、国家資格を取得し、もしくは維持し、または当該国家資格に係る業務もしくは行為を行うにつき、試験、検定その他これらに類するもの（以下「試験等」という）を受けることが要件とされている場合における当該試験等をいう）の実施に関する事務（法令において当該国家資格を取得し、もしくは維持し、または当該国家資格に係る業務もしくは行為を行うにつき、登録、免許証の交付その他の手続（以下「登録等」という）を経ることが要件とされている場合における当該登録等に関する事務を含む。以下「国家資格付与事務」という）を行う者として法令において定められ、または法令に基づき指定された法人が法令に基づき当該国家資格付与事務として行う技芸の教授（国の行政機関の長または地方公共団体の長が当該国家資格付与事務に関し監督上必要な命令をすることができるものに限る）で、次のいずれかの要件に該当するもの

一　その対価の額が法令で実費を勘案して定めることとされているものであることまたはその対価の額が当該国家資格付与事務の処理のために必要な費用の額を超えないと見込まれるものであること。
　二　国の行政機関の長または地方公共団体の長以外の者で当該国家資格付与事務を行う者が、公益法人等または一般社団法人もしくは一般財団法人に限られていることが法令で定められているものであること。
(31)　駐車場業
(32)　信用保証業のうち次に掲げるもの以外のもの
　ア　信用保証協会法その他財務省令で定める法令の規定に基づき行われる信用保証業
　イ　アに掲げる信用保証業以外の信用保証業で、その保証料が低額であることその他の財務省令で定める要件を満たすもの
(33)　その有する工業所有権その他の技術に関する権利または著作権（出版権及び著作隣接権その他これに準ずるものを含む）の譲渡または提供（以下「無体財産権の提供等」という）のうち次に掲げるもの以外のものを行う事業
　ア　国または地方公共団体（港務局を含む）に対して行われる無体財産権の提供等
　イ　その主たる目的とする事業に要する経費の相当部分が無体財産権の提供等に係る収益に依存している公益法人等として財務省令で定めるものが行う無体財産権の提供等
(34)　労働者派遣業

---

## Q11　非営利性が徹底された法人（完全非営利法人）

> 一般社団法人等が完全非営利法人として収益事業課税の適用を受けるためには、どのような要件を満たさなければならないか。

## Answer. 11

　収益事業課税の対象となる「非営利性が徹底された法人(完全非営利法人)」とは、その行う事業により利益を得ることまたはその得た利益を分配することを目的としない法人であって、その事業を運営するための組織が適正であるものをいう。

　具体的には、次表に掲げる要件を満たす一般社団法人等である(法人税法施行令3①)。

＜完全非営利法人の要件＞

① 定款に、剰余金の分配を行わない旨の定めがあること。※1
② 定款に、解散したときはその残余財産が国もしくは地方公共団体または次に掲げる法人(認定法5十七イないしト、認定令8)に帰属する旨の定めがあること。※2

　一　公益社団法人または公益財団法人(法人税法施行令3①二イ)
　二　学校法人(法人税法施行令3①二ロ(以下十まで同じ)、私立学校法3)
　三　社会福祉法人(社会福祉法22)
　四　更生保護法人(更生保護事業法2⑥)
　五　独立行政法人(独立行政法人通則法2①)
　六　国立大学法人(国立大学法人法2①)
　七　大学共同利用機関法人(国立大学法人法2③)
　八　地方独立行政法人(地方独立行政法人法2①)
　九　特殊法人(特別の法律により特別の設立行為をもって設立された法人であって、総務省設置法第4条第十五号の規定の適用を受けるものをいう。認定令5二ヘ)のうち、株式会社でないもの
　十　一から九までに掲げる法人以外の法人であって、次のいずれにも該当するもの
　　ア　法令の規定により、当該法人の主たる目的が、学術、技芸、慈善、祭祀、宗教その他の公益に関する事業を行うものであることが定められていること。
　　イ　法令または定款その他の基本約款の規定により、各役員について、当該役員及びその配偶者または3親等内の親族である役員の合計数が

役員の総数の3分の1を超えないことが定められていること。
　　ウ　社員その他の構成員に剰余金の分配を受ける権利を与えることができないものであること。
　　エ　社員その他の構成員または役員及びこれらの者の配偶者または3親等内の親族に対して特別の利益を与えないものであること。
　　オ　法令または定款その他の基本約款の規定により、残余財産を当該法人の目的に類似する目的のために処分し、または国もしくは地方公共団体に帰属させることが定められていること。
③　①または②の定款の定めに反する行為を行うことを決定し、または行ったことがないこと。※3
④　各理事（清算人を含む）について、当該理事及び当該理事と特殊の関係のある者である理事の合計数の、理事の総数のうちに占める割合が、3分の1以下であること。※4

　　例えば、「理事の総数」が6名（A、B、C、D、E、F）である場合において、CがAまたはBの子であり、A及びBが婚姻関係にある間は、「当該理事及び当該理事と特殊の関係のある者である理事の合計数」が3名となり、「3分の1以下」という要件を満たさない。EがDの使用人であり、Eの実親であるFがEと生計を同じくしている間も同様である。

　　なお、一般社団法人等の使用人（職制上使用人としての地位のみを有する者に限る）以外の者で当該一般社団法人等の経営に従事しているものは、当該一般社団法人等の理事とみなされる（法人税法施行令3③）。
⑤　清算中に①から④までに掲げる要件のすべてに該当することとなったものでないこと。

※1　もっとも、この定款の定めがあるかどうかにかかわらず、一般社団法人は社員に対し、一般財団法人は設立者に対し、それぞれ剰余金の配当をすることができない（法人法11②、35③、153③二、178②）。なお、社員総会（評議員会）の決議をもって剰余金の配当をすることが認められない以上、これらの下位機関である理事会等の決議をもって剰余金の配当をすることができないのは当然とされる。『一問一答 公益法人関連三法』（前掲）42頁）。

※2　一般社団法人にあっては社員に、一般財団法人にあっては設立者に残

余財産の分配を受ける権利を与える旨の定款の定めは、その効力を有しない（法人法11②、153③二）。しかし、一般社団法人が社員総会の決議をもって社員に残余財産を分配し、または一般財団法人が評議員会の決議をもって設立者に残余財産の分配をすることは、一般社団・財団法人法上、禁止されていない（法人法239②、『一問一答 公益法人関連三法』（前掲）160頁、登記研究 テイハン723号15頁）。

　そのため、「非営利型法人」は、この定款の定めを設けることにより、一般社団法人にあっては社員が、一般財団法人にあっては設立者が、当該一般社団法人または当該一般財団法人の事業活動から生じた利益（事業収益）の分配を受ける余地がないことを明確にしなければならない。残余財産には、一般社団法人等がその設立の時から清算の結了に至るまでの間に蓄積した剰余金としての性格を有する部分が混在している。したがって、一般社団法人等がその残余財産を社員または設立者に分配することは、実質的な剰余金の配当と見ることも不可能ではなく、「非営利型法人」においてはこれを認めるべきでないからである。

※3　①、②、④のすべてに該当していた期間において、剰余金の配当または残余財産の分配もしくは引渡し以外の方法（合併による資産の移転を含む）により、特定の個人または団体に特別の利益を与えることを含む。

※4　「当該理事と特殊の関係のある者」とは、次に掲げる者である（法人税法施行規則2の2①）。
　一　当該理事（清算人を含む。以下同じ）の配偶者
　二　当該理事の3親等以内の親族
　三　当該理事と婚姻の届出をしていないが事実上婚姻関係と同様の事情にある者
　四　当該理事の使用人
　五　一から四までに掲げる者以外の者で当該理事から受ける金銭その他の資産によって生計を維持しているもの
　六　三から五までに掲げる者と生計を同じくするこれらの者の配偶者または3親等以内の親族

第2節　定款　53

以上を踏まえた定款の規定例は、次のようになる。

| | <完全非営利法人の定款> |
|---|---|
| ①要件 | （剰余金の配当の禁止）<br>第○条　当法人は、社員（社員の相続人、吸収合併その他の組織再編行為により社員の権利及び義務の全部を承継した者ならびに社員が行う事業の全部を譲り受けた者を含む）に対し、剰余金の配当をすることができない。 |
| | （剰余金の配当の禁止）<br>第○条　当法人は、設立者（設立者の相続人その他設立者の地位を承継したものとして別表に掲げるものを含む）に対し、剰余金の配当をすることができない。＊別表略＊ |
| ②要件 | （残余財産の帰属）<br>第○条<br>1.　当法人の残余財産は、学校法人○○学園またはその事業の全部を承継した学校法人に帰属する。<br>2.　前項の規定により残余財産の帰属先を定めることができないときは、残余財産は、社員総会の決議をもって、前項に規定する学校法人と同一または類似の事業を行う学校法人に帰属させるものとする。 |
| | （残余財産の分配を受ける者）<br>第○条　当法人の残余財産の分配を受ける者ならびにその者が分配を受ける財産の種類及びその価額は、評議員会の決議をもって定める。この場合において、評議員会は、次に掲げる者以外の者に対して残余財産を分配する旨の決議をすることができない。<br>　一　国または○県もしくはその域内にある市区町村<br>　二　公益財団法人であって当法人が行う事業の全部または一部と同一または類似の事業を行うもの<br>　三　国立大学法人○○大学<br>　四　独立行政法人国民生活センター |

## Q12 共益的事業を行うことを目的とする法人（共益法人）

一般社団法人等が共益法人として収益事業課税の適用を受けるためには、どのような要件を満たさなければならないか。

## Answer.12

収益事業課税の対象となる「共益的事業を行うことを目的とする法人（共益法人）」とは、その会員から受け入れる会費により当該会員に共通する利益を図るための事業を行う法人であって、その事業を運営するための組織が適正であるものをいう。

具体的には、次表に掲げる要件を満たす一般社団法人等である（法人税法施行令3②）。

＜共益法人の要件＞
① 会員の相互の支援、交流、連絡その他の当該会員に共通する利益を図る活動を行うことをその主たる目的としていること。
② 定款に、会員が会費として負担すべき金銭の額の定めまたは当該金銭の額を社員総会（評議員会）の決議により定める旨の定めがあること。
③ 主たる事業として収益事業を行っていないこと。
④ 定款に、特定の個人または団体に剰余金の配当を受ける権利を与える旨の定めがないこと。
⑤ 定款に、解散したときはその残余財産が特定の個人または団体（国もしくは地方公共団体、次に掲げる法人（認定法5十七イないしト、認定令8）またはその目的と類似の目的を有する他の一般社団法人もしくは一般財団法人を除く）に帰属する旨の定めがないこと。
　一　公益社団法人または公益財団法人（法人税法施行令3①二イ）
　二　学校法人（法人税法施行令3①二ロ（以下十まで同じ）、私立学校法 3）
　三　社会福祉法人（社会福祉法22）
　四　更生保護法人（更生保護事業法2⑥）

五　独立行政法人（独立行政法人通則法2①）
　六　国立大学法人（国立大学法人法2①）
　七　大学共同利用機関法人（国立大学法人法2③）
　八　地方独立行政法人（地方独立行政法人法2①）
　九　特殊法人（特別の法律により特別の設立行為をもって設立された法人であって、総務省設置法第4条第十五号の規定の適用を受けるものをいう。認定令5二ヘ）のうち、株式会社でないもの
　十　一から九までに掲げる法人以外の法人であって、次のいずれにも該当するもの
　　ア　法令の規定により、当該法人の主たる目的が、学術、技芸、慈善、祭祀、宗教その他の公益に関する事業を行うものであることが定められていること。
　　イ　法令または定款その他の基本約款の規定により、各役員について、当該役員及びその配偶者または3親等内の親族である役員の合計数が役員の総数の3分の1を超えないことが定められていること。
　　ウ　社員その他の構成員に剰余金の分配を受ける権利を与えることができないものであること。
　　エ　社員その他の構成員または役員及びこれらの者の配偶者または3親等内の親族に対して特別の利益を与えないものであること。
　　オ　法令または定款その他の基本約款の規定により、残余財産を当該法人の目的に類似する目的のために処分し、または国もしくは地方公共団体に帰属させることが定められていること。
⑥　①から⑤まで及び⑦に掲げる要件のすべてに該当していた期間において、特定の個人または団体に剰余金の分配その他の方法（合併による資産の移転を含む）により特別の利益を与えることを決定し、または与えたことがないこと。
⑦　各理事（清算人を含む）について、当該理事及び当該理事と特殊の関係※のある者である理事の合計数の、理事の総数のうちに占める割合が、3分の1以下であること。
　　なお、一般社団法人等の使用人（職制上使用人としての地位のみを有す

る者に限る）以外の者で当該一般社団法人等の経営に従事しているものは、当該一般社団法人等の理事とみなされる（法人税法施行令3③）

⑧　清算中に①から⑦までに掲げる要件のすべてに該当することとなったものでないこと。

※「当該理事と特殊の関係のある者」とは、次に掲げる者である（法人税法施行規則2の2①）。

一　当該理事（清算人を含む。以下同じ）の配偶者

二　当該理事の3親等以内の親族

三　当該理事と婚姻の届出をしていないが事実上婚姻関係と同様の事情にある者

四　当該理事の使用人

五　一から四までに掲げる者以外の者で当該理事から受ける金銭その他の資産によって生計を維持しているもの

六　三から五までに掲げる者と生計を同じくするこれらの者の配偶者または3親等以内の親族

以上を踏まえた定款の規定例は、次のようになる。

| <共益法人の定款> | |
|---|---|
| 要件①<br>要件③ | （目的及び事業）<br>第○条　当法人は、会員（第○条に規定する正会員及び準会員をいう。以下本条において同じ）間の交流を促進し、会員相互の親睦を深め、及び会員が行う事業の発展に寄与することを目的として、次に掲げる事業を行う。<br>　一　機関紙の発刊及び当該機関紙の会員に対する無償頒布<br>　二　会員が行う事業に関する研修会の開催またはその企画立案<br>　三　親睦会その他の催事の実施<br>　四　会員から委託を受けて行う、会員以外の者に対する物品の販売<br>　五　前各号に掲げる事業に付帯関連する一切の事業 |

| ※1<br>要件② | （会費）<br>第〇条<br>1. 正会員及び準会員（第〇条に規定する正会員及び準会員をいう。以下同じ）は、本条及び理事会が別に定めるところにより、当法人が行う事業の経費（以下「会費」という）を負担する。<br>2. 会費は、次の各号に掲げる区分に応じ、当該各号に定める額の金銭をもって支払わなければならない。<br>　　一　正会員　金〇円を超えない範囲内で定時社員総会の決議をもって定める額<br>　　二　準会員　金〇円<br>3. 前項各号に掲げる額は、当該各号に掲げる者が一事業年度において支払うべき会費の額とする。<br><br>（経費の負担）<br>第〇条<br>1. 当法人の社員は、本条の定めるところにより、当法人が第〇条に掲げる事業を行うため必要な経費を負担する。<br>2. 前項の規定により社員に負担させる経費の額は、事業年度ごとに、定時社員総会の決議をもって定める。ただし、やむを得ない事由があるときは、第〇条に規定する決議（社員総会の特別決議）をもって、定時社員総会が定めた経費の額を変更することができる。<br>3. 理事は、第1項に規定する経費の支払いの時期及び方法を定め、またはその変更をしたときは、遅滞なく、各社員にその内容を通知しなければならない。 |
|---|---|
| ※2<br>要件④ | （剰余金）<br>第〇条　当法人は、特定の個人または団体に対し、剰余金の配当を受ける権利を与えることができない。<br><br>（剰余金の配当の禁止）<br>第〇条　当法人は、剰余金の配当をすることができない。 |

| ※3<br>要件⑤ | （残余財産の帰属）<br>第○条<br>1. 当法人の残余財産の帰属は、社員総会の決議をもって定める。<br>2. 前項の決議においては、特定の個人または団体（国、地方公共団体その他の別表に掲げる個人または団体を除く）に残余財産を帰属させることとすることができない。＊別表略＊ |
|---|---|
| | （残余財産の帰属）<br>第○条　当法人の残余財産は、社会福祉法人○○会に帰属する。 |

※1　社員は、定款で定めるところにより、一般社団法人に対し、経費を支払う義務を負う（法人法27）。

　「経費」とは、法人の事業活動において経常的に生じる費用であり、それ以外の会費等とは異なる。

※2　一般社団法人が社員に剰余金の配当を受ける権利を与える旨の定款の定めは、その効力を有しない（法人法11②）。しかし、一般社団・財団法人法上、特定の個人または団体（当該個人または団体が社員である場合を含む）に対する剰余金の配当を禁止する旨の規定はなく、第三者に対して剰余金の配当を受ける権利を与えることも、不可能ではない。

　そこで、法人税法の定める必須要件ではないが、剰余金の配当の可否に関して疑義が生じることを避けるため、これらのような定款の定めを設けておくことも一案である。

※3　残余財産の帰属は、定款で定めるところによる（法人法239①）。定款の定めによって残余財産の帰属を定めることができないときは、社員総会（評議員会）の決議をもって定める（法人法239②）。

　この社員総会の決議をもって（法人法239②。なお11②参照）、各社員の経費負担の割合等に応じ、残余財産の分配をすることは妨げられないと解される。

## Q13 一般社団法人等に対する寄附についての非課税措置

> 一般社団法人等（ここでは、一般社団法人または一般財団法人であって、「公益認定」を受けたもの以外のものをいう）に対する財産の贈与または遺贈（一般財団法人の設立者として行う財産の拠出を含み、以下「寄附」という）について、所得税の非課税措置（以下「寄附特例」という）の適用を受けるためには、当該寄附を受ける一般社団法人等において、どのような事項を定款に記載し、または記録しなければならないか。

### Answer. 13

　個人がその取得した財産を一般社団法人等に寄附した場合には、原則として、当該財産（以下「寄附財産」という）の時価相当額の譲渡所得が発生したものとされ、その額に応じて所得税が課される（所得税法59①一）。

　しかし、寄附の相手方が完全非営利法人（法人税法2①九の二イ）であって、当該法人が次表に掲げる事項をその定款に記載し、または記録したものであるときは、当該寄附をした個人は、寄附特例の適用を受けることができる（措法40、同令25の17⑥、平成20年7月8日「『租税特別措置法第40条第1項後段の規定による譲渡所得等の非課税の取扱いについて』の一部改正について」（法令解釈通達）18項）。

| <寄附をした個人が寄附特例の適用を受けるための要件として、完全非営利法人が定款に記載し、または記録すべき事項> |
|---|
| ①　役員等（理事、監事、評議員その他これらの者に準ずるものをいう）のうち、親族関係を有する者及び以下の一から四までに掲げる特殊の関係がある者（以下「親族等」という）の数がそれぞれの役員等の数のうちに占める割合について、いずれも3分の1以下とする旨の定め |

60　第1章　総論

一　当該親族関係を有する役員等と婚姻の届出をしないが事実上婚姻関係と同様の事情にある者（いわゆる内縁配偶者）
　二　当該親族関係を有する役員等の使用人及び使用人以外の者で当該役員等から受ける金銭その他の財産によって生計を維持しているもの
　三　一または二に掲げる者の親族でこれらの者と生計を同じくしているもの
　四　当該親族関係を有する役員等及び一から三までに掲げる者のほか、以下のアまたはイに掲げる法人の会社役員（法人税法2十五）または使用人である者
　　ア　当該親族関係を有する役員等が会社役員となっている他の法人
　　イ　当該親族関係を有する役員等及び一から三までに掲げる者ならびにこれらの者と法人税法第2条第十号に規定する特殊の関係のある法人を判定の基礎にした場合に「同族会社」に該当する他の法人
② 当該完全非営利法人が解散した場合にその残余財産が国もしくは地方公共団体または他の公益を目的とする事業を行う法人に帰属する旨の定め
③ 当該完全非営利法人が一般社団法人である場合には、以下に掲げる事項
　一　理事の定数を6人以上とし、監事の定数を2人以上とする旨の定め
　二　理事会を設置する旨の定め
　三　理事会の決議は、六に該当する場合を除き、理事会において理事総数（理事現在数）の過半数の決議を必要とする旨の定め
　四　社員総会の決議は、法令に別段の定めがある場合を除き、総社員の議決権の過半数を有する社員が出席し、その出席した社員の議決権の過半数の決議を必要とする旨の定め
　五　基本財産に関する定め
　六　次に掲げるウ及びエ以外の事項の決議は、社員総会の決議を必要とする旨の定め。この場合において、オ、カ及びキ（事業の一部の譲渡を除く）以外の事項については、予め理事会における理事総数（理事現在数）の3分の2以上の議決を必要とすること。なお、贈与し、または遺贈する財産が贈与者もしくは遺贈者またはこれらの者の親族が会社役員となっている会社の株式または出資である場合には、当該株式または出資に基づく議決権の行使にあたっては、予め理事会において理事総数（理事現在数）の3分の2以上の承認を得ることを必要とすること。
　　ア　収支予算（事業計画を含む）

イ　決算
　　ウ　重要な財産（基本財産を含む）の処分及び譲受け
　　エ　借入金（その事業年度内の収入をもって償還する短期の借入金を除く）その他新たな義務の負担及び権利の放棄
　　オ　定款の変更
　　カ　解散
　　キ　合併、事業の全部または一部の譲渡
　　ク　公益目的事業以外の事業に関する重要な事項
　　　ただし、会計監査人設置一般社団法人（法人法15②二）にあっては、イについて定時社員総会の決議を要しない場合がある（法人法127）。
　七　役員等には、その地位にあることのみに基づき給与等（所得税法28①）を支給しない旨の定め
　八　監事には、理事（その親族その他特殊の関係がある者を含む）及びその法人の職員が含まれてはならず、また、監事は、相互に親族その他特殊の関係を有しないものでなければならない旨の定め
　　　なお、社員総会における社員の議決権は各1個とし、社員総会において行使できる議決権の数、議決権を行使することができる事項、議決権の行使の条件その他の社員の議決権に関する事項（議決権の代理行使または書面もしくは電磁的方法による議決権の行使を許容する旨の定め（法人法50ないし52）を除く）について定款に別段の定めがある場合には、③の一般社団法人として取り扱われない。
④　当該完全非営利法人が一般財団法人である場合には、以下に掲げる事項
　一　理事の定数を6人以上とし、監事の定数を2人以上とし、評議員の定数を6人以上とする旨の定め
　二　評議員の定数は、理事の定数と同数以上とする旨の定め
　三　評議員は、その地位にあることが適当と認められる者が公正に選任される旨の定め（例えば、評議員の選任のために設置された委員会の議決により選任される旨の定め）
　四　理事会の決議は、六に該当する場合を除き、理事会において理事総数（理事現在数）の過半数の決議を必要とする旨の定め
　五　評議員会の決議は、法令に別段の定めがある場合を除き、評議員会において評議員総数（評議員現在数）の過半数の決議を必要とする旨の定め

六　基本財産に関する定め
七　次に掲げるウ及びエ以外の事項の決議は、評議員会の決議を必要とする旨の定め。この場合において、オ及びカ（事業の一部の譲渡を除く）以外の事項については、予め理事会における理事総数（理事現在数）の3分の2以上の決議を必要とすること。なお、贈与し、または遺贈する財産が贈与者もしくは遺贈者またはこれらの者の親族が会社役員となっている会社の株式または出資である場合には、当該株式または出資に基づく議決権の行使にあたっては、予め理事会において理事総数（理事現在数）の3分の2以上の承認を得ることを必要とすること。
　　ア　収支予算（事業計画を含む）
　　イ　決算
　　ウ　重要な財産（基本財産を含む）の処分及び譲受け
　　エ　借入金（その事業年度内の収入をもって償還する短期の借入金を除く）その他新たな義務の負担及び権利の放棄
　　オ　定款の変更
　　カ　合併、事業の全部または一部の譲渡
　　キ　公益目的事業以外の事業に関する重要な事項
　　　ただし、会計監査人設置一般財団法人（法人法153①七）にあっては、イについて定時評議員会の決議を要しない場合がある（法人法199、127）。
八　役員等には、その地位にあることのみに基づき給与等を支給しない旨の定め
九　監事には、理事（その親族その他特殊の関係がある者を含む）及び評議員（その親族その他特殊の関係がある者を含む）ならびにその法人の職員が含まれてはならず、また、監事は、相互に親族その他特殊の関係を有しないものでなければならない旨の定め。

※公益社団法人、公益財団法人または完全非営利法人その他の公益目的事業を行う法人（以下「公益法人等」という）に対する財産（国外にある土地もしくは土地の上に存する権利または建物及びその附属設備もしくは構築物を除く）の贈与または遺贈（公益財団法人または完全非営利法人である一般財団法人の設立者による財産の拠出を含む）で、①当該贈与または遺

贈が教育または科学の振興、文化の向上、社会福祉への貢献その他公益の増進に著しく寄与すること、②当該贈与または遺贈に係る財産（または代替資産）が、当該贈与または遺贈があった日から2年を経過する日までの期間（当該期間内に当該公益法人等の当該公益目的事業の用に直接供することが困難である事情があるときは、当該贈与または遺贈があった日から国税庁長官が認める日までの期間）内に、当該公益法人等の当該公益目的事業の用に直接供され、または供される見込みであること等の要件を満たすものとして国税庁長官の承認を受けたものは、所得税法第59条第1項第一号の規定の適用については、当該財産の贈与または遺贈がなかったものとみなされる（措法40、措令25の17）。

なお、公益法人等に財産の贈与または遺贈をすることにより、当該贈与もしくは遺贈をした者の所得についての所得税の負担を不当に減少させ、または当該贈与もしくは遺贈をした者の親族その他これらの者と特別の関係（相続税法64①）がある者の相続税もしくは贈与税の負担を不当に減少させる結果となる場合は、国税庁長官の承認を受けることができない。

## Q14 定款の認証(1)

定款の認証とは何か。

## Answer. 14

「定款の認証」とは、新たに設立される一般社団法人または一般財団法人の主たる事務所の所在地（法人法11①三、153①三）を管轄する法務局または地方法務局に所属する公証人が、当該法人の設立当初の定款（原始定款）が適式かつ有効に成立した（と認めるべき相当の理由がある）こと、具体的には、定款の必要的記載事項がすべて記載されていること等を確認し、定款作成の事実及びその内容を証明（公証）することによって、当該

法人の設立行為に関する後日の紛争を防止しようとする制度である。

以上に述べた趣旨を徹底するため、一般社団法人にあっては設立時社員、一般財団法人にあっては設立者が作成した定款（遺言執行者または代理人に作成させたものを含む）は、公証人の認証を受けなければ、その効力を生じないものとされている（法人法13、155）。

なお、定款の認証は、公証人が公証人法及びこれに基づく命令に基づいて実施する「公権力の行使」と解される。したがって、公証人が故意または過失により違法に認証をし、または認証をしなかったために損害を被った者は、国に対し、その賠償を請求することができる（国家賠償法1）。

## Q15 定款の認証(2)

> 定款の認証は、具体的にはどのような手続の流れになるのか。

## Answer. 15

**(1) 書面をもって作成された定款（書面定款）の認証**

① 公証人との事前協議

一般社団法人の設立時社員または一般財団法人の設立者もしくは遺言執行者は、その作成した定款の認証を受けようとするときは、実務上、事件を担当する公証人との間で、予め当該定款の内容について協議し、その適式性等（例えば、必要的記載事項の遺漏がないかどうか）を確認することが一般的である（公証人法施行規則13参照）。

なお、書面定款を代理人に作成させた場合には、その認証の嘱託は代理人が自己の名で行うこととなる。

② 公証役場への出頭

書面定款の認証を嘱託する者は、次に掲げる携行品を持参し、担当公証

第2節 定款　65

人の公証役場に出頭しなければならない。

| <携行品> | |
|---|---|
| 書面定款2通<br>(公証人法62の3①) | 認証後、1通は担当公証人が原本として保管し、他の1通は正本として嘱託人に返還される。同時に謄本の交付を求める場合には、必要な通数（設立登記の申請書に添付するため、少なくとも1通は必要である）を加算する。 |
| 本人確認書類等[1] | <設立時社員等が嘱託するとき><br>・書面定款に押された印鑑についての証明書及び印章[2]（いわゆる「実印」）、自動車運転免許証、旅券、住民基本台帳カード（顔写真が印刷されているもの）等 |
| | <代理人に嘱託させるとき><br>・書面定款及び代理人の権限を証する書面（委任状等）に押された印鑑についての証明書及び印章[2]<br>・代理人の権限を証する書面（委任状等）<br>・代理人の自動車運転免許証、旅券、住民基本台帳カード（顔写真が印刷されているもの）等 |
| | <代理人が自己の名で嘱託するとき><br>・書面定款に押された代理人の印鑑についての証明書及び印章[2]、代理人の自動車運転免許証、旅券、住民基本台帳カード（顔写真が印刷されているもの）等<br>・代理人の権限を証する書面（書面定款の作成の代理に関する委任状等）に押された印鑑についての証明書及び印章[2] |
| 現金等 | 認証手数料、印紙税等相当額[3] |

※1　担当公証人が面識を有する等の理由により、本人確認書類の携行を要しない場合もある。
※2　印鑑についての証明書
　　ア　設立時社員等が個人であるとき
　　　　その居住する市区町村の長が作成した印鑑登録証明書
　　イ　設立時社員等が会社その他の法人であるとき
　　　　その本店または主たる事務所の所在地を管轄する登記所の登記官が作成した証明書（商登法12等）

ア、イのいずれも、作成後3か月以内の原本に限る。なお、押印の慣習がないため印鑑の登録をしていない外国人が書面定款に署名をした場合にあっては、その署名について本国官憲が作成した証明書（訳文付き）が必要となる。
※3　認証手数料、印紙税等の金額
　　　ア　認証手数料　　　　　　1件　52,500円（公証人手数料令35）
　　　イ　印紙税額　　　　　原本1通　40,000円（印紙税法2、別表第1）
　　　ウ　正本・謄本の交付　　　1枚　　　250円（公証人手数料令40）
　　　印紙税を納付するには、書面定款の原本に相当額の収入印紙を貼り付け、嘱託人が原本と彩紋にかけて押印し、または署名する方法により、判明に消さなければならない（印紙税法8、印紙税法施行令5）。

③　嘱託人の本人性確認、書面定款の審査等
　担当公証人は、嘱託人が出頭したときは、その携行した本人確認書類等を調査し、嘱託人が真に書面定款の認証を嘱託する権限を有する者であること（いわゆる「なりすまし」でないこと。本人性）及び当該書面定款の認証の嘱託を求める意思を確認する。
　嘱託人の本人性及び嘱託の意思を確認したときは、担当公証人は、嘱託に係る書面定款の適式性等（例えば、必要的記載事項の遺漏がないか）を審査する。また、書面定款の原本については、嘱託人に印紙税を納付させる（公証人法43参照）。
④　嘱託人の自認及びその旨の記載
　公証人は、嘱託人が書面定款に押された印鑑（外国人にあっては、印鑑または署名）を自認したときは、当該書面定款の末尾にその旨を記載する（公証人法62の3②）。

(2) **電磁的記録をもって作成された定款（電子定款）の認証**
①　公証人との事前協議
　基本的な内容は「(1)　**書面をもって作成された定款（書面定款）**」の認証で述べたとおりである。ただし、定款の電子認証（「電子公証」とも呼ば

れる）を公証人に嘱託する場合には、必ず法務省のオンライン申請システムを利用しなければならない。したがって、「(1) **書面をもって作成された定款（書面定款）の認証**」で述べたもののほか、以下の事項について、予め担当公証人と協議しておくことが望ましい。

| <協議事項> | |
|---|---|
| 担当公証人の氏名 | 電子公証は、電磁的記録の認証に係る事務を取り扱う公証人として法務大臣の指定を受けた者（以下「指定公証人」という）でなければ、することができない。 |
| 公証役場に出頭する年月日（認証予定日） | 電子公証は、嘱託人またはその代理人が公証役場に出頭し、担当公証人の面前で自認をした際の日付で行われる。 |

② 法務省のオンライン申請システムを利用して行う情報の送信

嘱託人またはその代理人は、認証を受けようとする電子定款（法務省令の定めるところにより電子署名をしたものに限る）を、認証の嘱託に係る申請情報に添付し、当該申請情報に電子署名をした上で、オンライン申請システムを経由して担当公証人に送信する。

③ 公証役場への出頭

嘱託人またはその代理人は、事前に打ち合わせておいた認証予定日に、次に掲げる携行品を持参し、担当公証人の公証役場へ出頭する。

| <携行品> | |
|---|---|
| 本人確認書類 | 設立時社員等またはその代理人自身のものが必要となる。 |
| 印鑑証明書 | 代理人が嘱託をする場合において、その権限を証する委任状等に押された印鑑（または署名鑑）についての証明書が必要となる。 |
| 認証済みの電子定款を記録する媒体 | 携帯性に優れた光ディスク（CD-R）やUSBメモリー等が利用されている。 |
| 電子定款の内容を記載した書面 | 電子定款の謄本の交付（書面による同一情報の提供。公証人法62の7③二、④）を希望する場合に必要となる。※<br>2通以上の交付を希望するときは、その通数分を用意する。 |

※　法人が種々の手続を行うにあたり、申請書類の一部として書面定款を添付すべき場合等には、特段の事情がない限り、書面定款に代わるものとしてこの謄本を用いることができる。

　なお、電子定款の認証を受ける際に謄本の交付を受けようとする者は、その旨を認証の嘱託情報に記録しなければならない。

④　嘱託人の本人性確認等

　基本的な内容は「(1)　**書面をもって作成された定款（書面定款）の認証**」で述べたとおりである。ただし、電子定款には印紙税が課されない。

⑤　電子公証の実施（嘱託人の自認及び認証情報の付与）

　基本的な内容は「(1)　**書面をもって作成された定款（書面定款）の認証**」で述べたとおりである。

　なお、電子定款の認証においては、公証人は、オンライン申請システムを経由して嘱託人から送信された電子定款に、電磁的方法によって認証情報を記録することとなる。

## Q16 定款の備置き

> 一般社団法人等（ここでは、設立中の一般社団法人または一般財団法人を含む）の定款は、どのように保管すればよいか。

### Answer.16

一般社団法人等は、その定款を次表の区分に従って備え置かなければならない（法人法14①、156①）。

＜定款の備置場所＞

| 法人の種類 | 法人の状態 | 備え置くべき者 | 備置場所 |
| --- | --- | --- | --- |
| 一般社団法人 | 設立中※1 | 設立時社員 | 設立時社員が定めた場所 |
|  | 成立後 | 一般社団法人 | 主たる事務所及び従たる事務所※2 |
| 一般財団法人 | 設立中※1 | 設立者※3 | 設立者が定めた場所※4 |
|  | 成立後 | 一般財団法人 | 主たる事務所及び従たる事務所※2 |

※1 定款の作成後、設立の登記（法人法22、163）が完了するまでの間をいう。

※2 定款が電磁的記録をもって作成されている場合（法人法10②、152③）において、従たる事務所で定款の閲覧等の請求（法人法14②三・四、156②三・四）に応じることを可能とするための措置（法人規則93）を講じているときは、定款を従たる事務所に備え置く必要がない（法人法14③、156③）。

※3 設立者が遺言によって一般財団法人を設立しようとするとき（法人法152②）は、遺言執行者が定款の備置義務を負うものと解する。

※4 設立者が遺言によって一般財団法人を設立しようとする場合（法人法152②）において、設立者が備置場所を定めていなかったときは、遺言執行者が定めるものと解する。

## Q17 定款の閲覧等

一般社団法人等(ここでは、設立中の一般社団法人または一般財団法人を含む)の定款は、いつ、だれに対し、どのように開示すればよいか。

## Answer. 17

一般社団法人等は、次表の区分に応じ、定款を開示しなければならない(法人法14②、156②)。

| 法人の種類 | 法人の状態 | 開示請求権者 | 開示請求ができる時期 |
|---|---|---|---|
| 一般社団法人 | 設立中 | 設立時社員 | 設立時社員が定めた時間内は、いつでも |
| | 成立後 | 社員及び債権者 | 業務時間内は、いつでも |
| 一般財団法人 | 設立中 | 設立者※1 | 設立者が定めた時間内は、いつでも※2 |
| | 成立後 | 評議員及び債権者 | 業務時間内は、いつでも |

※1 設立者が2人以上ある場合において、1人が定款の正本を保管している場合に他の一方がその開示を求める場合を想定したものと考えられる。なお、設立者が遺言によって一般財団法人を設立しようとする場合(法人法152②)には、設立者の相続人が開示を請求することも想定される。

※2 設立者が遺言によって一般財団法人を設立しようとする場合(法人法152②)において、設立者が定款の開示に応じる時間を定めていなかったときは、定款の備置場所と同様に、遺言執行者がその時間を定めるものと解する。

また、定款の開示は、その記録媒体に応じて、次表に掲げる要領に従って行う。

<定款の開示>

| | 開示の方法 | | | 費用 |
|---|---|---|---|---|
| 書面定款 | 閲覧 | | | |
| | 謄本または抄本の交付 | 一般社団法人 | | 必要 |
| | | 一般財団法人 | 評議員 | |
| | | | 債権者 | 必要 |
| 電子定款 | 電磁的記録に記録された事項を紙面または映像面に表示したものの閲覧 | | | |
| | 一般社団法人 | ① 電磁的記録に記録された事項を電磁的方法※1であって設立時社員（一般社団法人の成立後は、当該一般社団法人）の定めたものによる提供<br>② 電磁的記録に記録された事項を記載した書面の交付 | | 必要 |
| | 一般財団法人 | ① 電磁的記録に記録された事項を電磁的方法であって設立者※1（一般財団法人の成立後は、当該一般財団法人）の定めたものによる提供※2<br>② 電磁的記録に記録された事項を記載した書面の交付 | 評議員 | |
| | | | 債権者 | 必要 |

※1　電子情報処理組織を使用する方法その他の情報通信の技術を利用する方法であって、次に掲げるものをいう（法人規則92）。

①　電子情報処理組織を使用する方法のうち、一または二に掲げるもの

一　送信者の使用に係る電子計算機と受信者の使用に係る電子計算機とを接続する電気通信回線を通じて送信し、受信者の使用に係る電子計算機に備えられたファイルに記録する方法

具体的には、メール送受信の方法等が考えられる。

二　送信者の使用に係る電子計算機に備えられたファイルに記録された情報の内容を、電気通信回線を通じて情報の提供を受ける者の閲覧に供し、当該情報の提供を受ける者の使用に係る電子計算機に備えられたファイルに当該情報を記録する方法

　　　　具体的には、ウェブサイト上で公開する方法等が考えられる。
　②　磁気ディスクその他これに準ずる方法により一定の情報を確実に記録しておくことができる物（以下「電子媒体」という）をもって調製するファイルに情報を記録したものを交付する方法
　　なお、①、②いずれの方法も、受信者または電子媒体の交付を受けた者がファイルへの記録を出力することにより書面を作成することができるものでなければならない。
※2　設立者が遺言によって一般財団法人を設立しようとする場合（法人法152②）において、設立者が電磁的方法を定めていなかったときは、定款の備置場所と同じく、遺言執行者が定めるものと解する。

　なお、表中の「費用」の額は、設立中の一般社団法人にあっては「設立時社員」が、成立後の一般社団法人にあっては当該一般社団法人が、設立中の一般財団法人にあっては「設立者」が、成立後の一般財団法人にあっては当該一般財団法人が定める（法人法14②、156②）。
　※設立者が遺言によって一般財団法人を設立しようとする場合（法人法152②）において、設立者が費用の額を定めていなかったときは、定款の備置場所と同じく、遺言執行者が定めるものと解する。

## 第2款 定款モデル例

**Q18** 一般社団法人の定款モデル例

> 一般社団法人の定款は、具体的にはどのようなものであるか。

**Answer.18**

一般社団法人の定款の例は、以下のとおりである。

なお、下線を付した部分は、一般社団法人が登記すべき事項の全部または一部（ただし、必ずしも原文どおり登記されるとは限らない）である。

(1) 理事会を置かない一般社団法人の場合

---

一般社団法人○○会　定款

第1章　総　則

（名称）
第1条　当法人は、<u>一般社団法人○○会</u>と称する。
（事務所）
第2条　当会は、主たる事務所を<u>○県○市○町○丁目○番○号</u>に置く。
（公告方法）
第3条　当会の公告は、当会の主たる<u>事務所の公衆の見やすい場所に掲示する方法</u>により行う。
② 　前項の規定による掲示は、その開始の日から1か月を経過する日まで継続して行う。ただし、一般社団法人及び一般財団法人に関する法律（以下「法人法」という）その他の法令に別段の定めがある場合には、その定めに従う。
（規則）

第4条　当会は、この定款に基づき、及びこの定款を施行するため必要な事項について、規則を定めることができる。
②　規則は、設立時会員（当会の設立に際して当会の社員になろうとする者をいう。以下同じ）の過半数または理事の過半数の一致により定める。
③　前項の規定は、総会（第14条第1項に規定する定時総会または臨時総会をいう。以下同じ）において規則を改定し、または廃止することを妨げない。

## 第2章　目的及び事業

（目的）
第5条　当会は、登記、供託、戸籍及び裁判の制度に関し、調査研究、書籍の著作、講演会の開催その他の事業を行い、国民の権利の保全及び公正かつ自由な経済活動の促進に寄与することを目的とする。
（事業）
第6条　当会は、前条の目的を達するため、次の事業を行う。
　一　登記、供託、戸籍及び裁判の制度についての調査研究
　二　登記、供託、戸籍及び裁判の制度に関する資料作成の受託及び図書の刊行
　三　登記、供託、戸籍及び裁判の制度に関する講演会の開催、研修の実施その他の教育事業
　四　前各号に掲げるほか、前条の目的の達成に必要な一切の事業

## 第3章　会　　員

（呼称及び資格の得喪）
第7条　当会の社員は、会員と称する。
②　当会に入会することを承認された者は、会員の資格を取得する。
③　当会を退会した者は、会員の資格を失う。
④　前項の規定は、同項に規定する者またはその相続人その他の承継人に

対する当会の権利の行使を妨げない。

（経費の負担）

第8条　会員は、この条の定めるところにより、当会が行う事業活動について経常的に発生する費用（以下「経費」という）を負担する。

②　当会は、会員から会費を徴収し、これを経費に充当する。

③　前項の会費の額は、事業年度ごとに、総会の決議をもって定める。

④　前項に規定するほか、会費を徴収する時期、方法その他会費の徴収事務に関して必要な事項は、規則で定める。

⑤　当会が会費として徴収した金銭は、返還しない。

（入会）

第9条　当会に入会しようとする者（以下「入会希望者」という）は、規則の定めるところにより入会の申込みをし、当会の承認を得なければならない。

②　当会は、入会希望者が次に掲げる者のいずれかに該当すると認めたときは、その入会を承認しないことができる。

　一　未成年者、成年被後見人または被保佐人

　二　法人でない団体

　三　法令の規定に違反し、禁錮以上の刑に処せられ、その執行を終わるまで、またはその執行を受けることがなくなるまでの者（刑の執行猶予中の者を除く）

　四　当会または当会が所属し、加盟し、または賛助する団体から除名された者

　五　前条の定めるところにより経費を負担する資力がない者またはその負担を拒む者

　六　故意または重大な過失により、当会もしくは当会の他の会員に損害を与え、またはそのおそれのある者

　七　前各号に掲げる者のほか、会員となることにより当会の他の会員に共通する利益を著しく害するおそれのある者

（印鑑の届出）

第10条　会員は、入会を承認されたときは、遅滞なく、当会において使用

する印鑑を届け出なければならない。
② 前項の印鑑（以下「届出印」という）は、照合に適するものでなければならない。
③ 第1項の規定は、入会の申込みに際して同項の届出をした会員については、適用しない。
④ 第1項及び第2項の規定は、改印の場合について準用する。
（退会）
第11条　会員は、規則の定めるところにより、当会を退会する旨の届出（以下「退会届」という）をすることができる。
② 退会届をした会員は、当該届出のあった日の属する事業年度の末日をもって、当会を退会する。ただし、急病、不慮の事故その他やむを得ない事情があるときは、その事情を明らかにして、直ちに退会することができる。
③ 前2項の規定にかかわらず、会員は、次に掲げる事由によって当会を退会する。
　一　第9条第2項第一号から第四号までに掲げる者のいずれかに該当したこと
　二　総会員の同意
　三　死亡または解散
　四　除名
（除名）
第12条　当会は、会員が次の各号のいずれかに該当する場合には、総会の決議によって当該会員を除名することができる。
　一　法令または当会の定款、規則もしくは総会の決議に違反する行為その他の非違行為があったとき。ただし、違反の程度が軽微であるときを除く。
　二　第9条第2項第五号から第七号までに掲げる者のいずれかに該当したとき。
② 前項の決議は、第17条第2項の規定により行わなければならない。この場合において、決議に特別の利害関係を有する会員は、議決に加わる

第2節　定　款

ことができないものとする。

③　当会は、第1項の総会において除名しようとする会員に対し、同項の決議を行う前に、弁明の機会を与える。この場合において、相当と認めるときは、議長は、補佐人（通訳を含む）の同席及びその発言を許すことができる。

④　前項の規定により弁明をする会員は、同項の補佐人（通訳を除く）として会員以外の者を同席させることができない。

（会員名簿）

第13条　会員名簿（当会が法人法の定めるところにより作成する社員名簿をいう。以下同じ）は、電磁的記録をもって作成する。

②　会員名簿の取扱いに関して必要な事項は、規則で定める。

## 第4章　総　　会

（定時総会及び臨時総会）

第14条　当会の社員総会は、すべての会員により構成されるものとし、次に掲げる区分に応じ、定時総会または臨時総会と称する。
　一　定時総会　法人法に規定された定時社員総会
　二　臨時総会　前号の定時社員総会以外の社員総会

②　定時総会は、毎事業年度の末日の翌日から3か月以内に招集し、臨時総会は、その必要があるときに随時招集する。

③　総会は、法令に別段の定めがある場合を除き、理事長が招集する。ただし、理事長に事故があるときは、規則の定める順序に従って、他の理事が招集する。

（議長）

第15条　総会の議長は、法令に別段の定めがある場合を除き、規則の定めるところにより、当該総会に出席した会員または理事の中から選出する。

（議決権の数）

第16条　会員は、法令またはこの定款に別段の定めがある場合を除き、各1個の議決権を有する。

(総会の決議)
第17条　総会の決議は、法令またはこの定款に別段の定めがある場合を除き、出席した会員の議決権の過半数をもって行う。
②　法人法第49条第2項に規定する総会の決議は、総会員の半数以上であって、総会員の議決権の3分の2以上に当たる多数をもって行う。
(議事録)
第18条　総会の議事については、議事録を作成し、議長及び出席した理事の全員がこれに署名し、押印しなければならない。
②　前項の議事録は、題名を社員総会議事録とする。
③　第1項の議事録は、電磁的記録をもって作成することができる。この場合においては、議長及び出席した理事の全員は、議事録に電子署名をする。
④　前各項に規定するほか、議事録の様式、電子署名の仕様その他議事録の作成及び保管の方法に関して必要な事項は、規則で定める。

## 第5章　機　関

(理事及び監事の員数)
第19条　当会は、理事2名以上及び監事1名以上を置く。
②　当会は、解散後も、引き続き監事1名以上を置くものとする。
(理事の任期)
第20条　理事の任期は、選任後2年以内に終了する事業年度のうち最終のものに関する定時総会の終結の時までとする。
②　前項の規定にかかわらず、任期の満了前に退任した理事の補欠として選任された理事は、当該退任した理事の任期の満了時に退任するものとする。
(監事の任期)
第21条　監事の任期は、法令またはこの定款に別段の定めがある場合を除き、選任後4年以内に終了する事業年度のうち最終のものに関する定時総会の終結の時までとする。

② 任期の満了前に退任した監事の補欠として選任された監事は、当該退任した監事の任期の満了時に退任する。

(報酬等)

第22条 理事の報酬等（報酬、賞与その他の職務執行の対価として当会から受ける財産上の利益をいう。以下同じ）の額及びその支給の時期は、事業年度ごとに、定時総会の決議により定める。

② 前項の規定は、監事の報酬等について準用する。

(理事長)

第23条 当会の代表理事は、理事長と称する。

② 理事は、互選により理事長1名を定める。

③ 理事長以外の理事は、法令に別段の定めがある場合を除き、当会を代表することができない。

(業務の執行)

第24条 当会の業務の執行は、理事の過半数の一致により決する。

② 当会の業務は、理事長が執行する。

③ 前項の規定にかかわらず、理事長は、相当と認めるときは、当会の業務の一部を他の理事に執行させ、または他の理事と共同して執行することができる。

(役職名等使用の制限)

第25条 理事長でない者は、理事長、会長、代表理事、代表社員、総代その他当会を代表する者と誤認されるおそれのある役職名または肩書を用いてはならない。

## 第6章　計　算

(会計の原則)

第26条 当会は、第6条に掲げる事業の内容に応じ、一般に公正妥当と認められる会計の慣行に従うものとする。

(事業年度)

第27条 当会の事業年度は、年1期とし、毎年1月1日から12月31日

までとする。
（剰余金の配当）
第28条　当会は、剰余金の配当を行わない。
（残余財産の帰属）
第29条　当会の残余財産は、総会の決議により、次に掲げるものの全部または一部に帰属させるものとする。
　一　国
　二　東京都、○県もしくは○県またはこれらの域内にある市区町村
　三　独立行政法人国民生活センター
　四　当会と類似の目的を有する公益社団法人

第7章　基　　金

（基金）
第30条　当会は、法人法第2章第5節の定めるところにより、基金を引き受ける者（以下「引受人」という）の募集をすることができる。
②　当会に基金を拠出した引受人は、当会が解散した場合を除き、拠出した基金の返還を受けることができない。
③　基金の返還の手続は、規則で定める。この場合においては、次に掲げる事項を規則の内容としなければならない。
　一　返還する基金の総額は、定時総会の決議により定めるものとすること
　二　基金の返還を行う時期及び場所
　三　引受人の氏名または名称及び住所、電話番号その他の連絡先を記載し、または記録した帳簿の取扱いに関する事項
　四　前各号のほか、基金の返還を適正かつ円滑に行うため必要な事項

第8章　準拠法

第31条　この定款（第4条の規則を含む）に定めのない事項は、法人法その他の法令の定めるところによる。

附　　則

(設立時会員の氏名または名称及び住所)
第1条　当会の設立時会員(当会の設立に際し、会員になろうとする者をいう)は、次に掲げる個人及び法人とする。
　　○県○市○町○丁目○番○号　甲野一郎
　　○県○市○町○丁目○番○号　甲野二郎
　　○県○市○町○丁目○番○号　株式会社甲野商店
(設立時理事、設立時理事長及び設立時監事)
第2条　当会の設立に際して理事、理事長または監事となる者は、それぞれ次の各号に掲げるとおりとする。
　一　当会の設立に際して理事となる者　　<u>乙野太郎、乙野次郎</u>
　二　当会の設立に際して理事長となる者　<u>乙野太郎</u>
　三　当会の設立に際して監事となる者　　<u>丙野花子</u>
(最初の事業年度)
第3条　第27条の規定にかかわらず、当会の最初の事業年度は、当会の成立の日から平成○年12月31日までとする。

以上は、一般社団法人○○会の定款に相違ない。
　平成○年○月○日
　　　　　　　　　一般社団法人○○会　理事長　乙野太郎　㊞

※1　法人でない団体のうち、いわゆる「権利能力なき社団」または「権利能力なき財団」が当該社団または財団名義で一般社団法人の社員になることの可否については、民事訴訟手続における当事者能力の肯定(民事訴訟法29)を踏まえて積極に解する立場と、当該社団または財団が法人格を有しないことを強調して消極に解する立場がある(この見解によれば、権利能力なき社団にあってはその各構成員が、権利能力なき財団にあってはその代表者または管理人が、自ら一般社団法人の社員となる)。

※2　代表理事が急病その他やむを得ない事情によりその職務を行うことができなくなった場合には、代表理事が予め定めた順序に従って他の理事がその職務を代行する旨の定款の定めは、無効である（内閣府公益等委員会「留意事項」22頁参照）。

(2) **理事会設置一般社団法人の場合**

なお、理事会を置かない一般社団法人の定款モデル例と同様の定めについては、記載を省略している。

---

一般社団法人○○協会　定款

第1章　総　則

（名称）
第1条　当法人は、<u>一般社団法人○○協会</u>と称する。
（事務所）
第2条　当会は、主たる事務所を<u>東京都○区</u>に置く。
②　当会は、必要に応じ、都道府県ごとに1個を超えない数の従たる事務所を置くことができる。
③　当会は、主たる事務所を本部事務所と称し、従たる事務所を支部事務所と称する。
（公告方法）
第3条　当会の公告の方法は、<u>電子公告とする。</u>
②　<u>事故その他やむを得ない事由によって前項の公告をすることができないときは、当会の公告は、官報に掲載してする。</u>
（規則）
第4条　当会は、この定款に基づき、及びこの定款を施行するため必要な事項について、規則を定める。
②　規則は、法人法第10条第1項に規定する設立時社員（当会において「設

立発起人」と称する）の一致または理事会の決議により定める。
③　理事会は、その決議により、設立発起人が定めた規則を改定し、または廃止することができる。

第2章　目的及び事業

（目的）
第5条　当会は、登記、供託、戸籍及び裁判の制度に関し、調査研究、書籍の著作、講演会の開催その他の事業を行う株式会社その他の法人に対して助言及び指導を行い、また、一般消費者への知識の普及に努め、我が国司法制度の健全な発展に寄与することを目的とする。

（事業）
第6条　当会は、前条の目的を達するため、次の事業を行う。
　一　登記、供託、戸籍及び裁判の制度についての調査研究
　二　＜以下略＞

第3章　会　　員

（会員区分）
第7条　当会は、次に掲げる会員によって構成される。
　一　正会員　　第9条の定めるところにより、同条第3項の規定に基づく理事会の承認を得て当会に入会した者（次号に該当する者を除く）
　二　名誉会員　永年にわたり当会の事業活動に多大な貢献を行い、その功績が顕著である者として、理事会が正会員の中から指名したもの
　三　賛助会員　第9条の定めるところにより当会に入会した者であって、正会員または名誉会員でないもの
②　正会員は、前項第二号の規定による指名を受けたときは、その指名を受諾し、または受諾しないことができる。
③　前項の定めるところにより第1項第二号の規定による指名を受諾した正会員は、その正会員としての資格を失い、名誉会員となる。

（経費の負担）

第8条　正会員は、当会が行う事業活動について経常的に発生する費用（以下「経費」という）を負担する義務を負う。

②　当会は、前項の規定に基づいて正会員から会費を徴収し、これを経費に充当する。

③　前項の会費の額は、事業年度ごとに、第19条第1項第一号に規定する定時総会の決議をもって定める。

④　＜以下略＞

（入会）

第9条　本条の定めるところにより当会に入会した者は、当会の会員の資格を得る。

②　当会の会員になろうとする者は、規則の定めるところにより当会に入会の申込みをし、理事会の承認を得なければならない。

③　理事会は、前項の規定により入会の申込みをした者（以下「入会希望者」という）が次に掲げるもののいずれかに該当すると認めたときは、その入会を承認しないことができる。

　一　未成年者、成年被後見人及び被保佐人

　二　破産手続開始の決定を受け、復権を得ない者

　三　解散した法人

　四　法人法、会社法、不正競争防止法、破産法、民事再生法、刑法その他の法令の規定により禁錮以上の刑に処せられ、その執行を終えまたはその執行を受けることがなくなった後〇年を経過しない者

　五　＜以下略＞

④　理事会は、入会希望者から正会員として入会することの承認を求められた場合において、当該入会希望者が次に掲げるもののいずれかに該当し、かつ、前項各号に掲げるもののいずれにも該当しないと認めたときは、その承認を拒むことができない。

　一　当会の目的に賛同し、当会に金〇円以上の基金を拠出した株式会社その他の法人

　二　前号に規定する法人の取締役、監査役、会計参与、理事、監事その

他の役員または株主、社員その他の構成員である個人
　　三　＜以下略＞
（印鑑の届出）
第10条　会員は、入会を承認されたときは、遅滞なく、当会において使用する印鑑を届け出なければならない。
②　＜以下略＞
（退会）
第11条　会員は、いつでも当会を退会することができる。この場合には、規則の定めるところにより、その届出をしなければならない。
②　前項の規定にかかわらず、会員は、次に掲げる事由によって当会を退会する。
　　一　総会員の同意
　　二　死亡または解散
　　三　除名
　　四　＜以下略＞
（除名）
第12条　当会は、会員が次の各号のいずれかに該当する場合には、総会の決議によって当該会員を除名することができる。
　　一　法令または当会の定款、規則もしくは総会の決議に違反する行為その他の非違行為があったとき。ただし、違反の程度が軽微であるときを除く。
　　二　＜以下略＞
②　前項の決議は、第22条第2項の規定により行わなければならない。この場合において、決議に特別の利害関係を有する会員は、議決に加わることができないものとする。
③　＜以下略＞
（会員名簿）
第13条　会員名簿（当会が法人法の定めるところにより作成する社員名簿をいう。以下同じ）は、電磁的記録をもって作成する。
②　＜以下略＞

## 第4章　代議員

(定義)

第14条　当会は、正会員100人中1人以上の割合で選出される代議員をもって、一般社団法人及び一般財団法人に関する法律(以下「法人法」という)に規定された社員(以下「社員」という)とする。

②　前項の規定により端数を生じた場合の取扱いについては、規則で定める。

(代議員の選出)

第15条　代議員は、規則で定めるところにより、正会員を選挙人とする選挙によって定める。この選挙(以下「代議員選挙」という)においては、代議員が欠けた場合または代議員の員数を欠くこととなった場合に備えて、補欠の代議員(以下「補欠代議員」という)を定めることができる。

②　前項の規定により補欠代議員を定める場合には、次に掲げる事項をも定めなければならない。

一　立候補をした者が補欠代議員として選挙されるものであること。

二　前号に掲げる者(以下「補欠候補者」という)が特定の代議員の補欠として選挙されるものである場合にあっては、その旨及び当該特定の代議員の氏名(当該特定の代議員に対して2人以上の補欠候補者を選挙するときは、当該補欠候補者相互の優先順位を含む)

③　代議員選挙(補欠候補者を選出するものに限る。以下この項において同じ)及び前項の定めは、当該代議員選挙の日後2年以内に終了する事業年度のうち最終のものに関する定時総会の終結の時まで、その効力を有する。

④　正会員以外の者は、代議員選挙において、代議員(補欠代議員を含む)に立候補することができない。

⑤　正会員は、代議員選挙において、等しく選挙権及び被選挙権を与えられる。

⑥　代議員選挙は、前回の代議員選挙の日から2年を経過する日の前2か月以内に行うものとする。

（理事または理事会による代議員の決定の禁止）

第16条　理事または理事会は、代議員または補欠代議員を定めることができない。

（任期等）

第17条　代議員の任期は、その選出後2年以内に行われる代議員選挙によって後任者が選出される時までとし、補欠代議員の任期は、任期の満了前に退任した代議員の任期の満了の時までとする。

② 前項の規定にかかわらず、代議員（任期の満了前に退任した代議員の後任を務めることとなった補欠代議員を含む。以下この項、次項及び次条において同じ）が次の各号に掲げる訴えを提起した場合（法人法の定めるところにより、その請求した場合を含む）においては、当該訴えの提起により開始された訴訟手続が判決の確定、取下げその他の事由により終結するまでの間、当該代議員は、当会の社員の資格を失わないものとする。

　一　法人法第266条第1項の規定に基づく総会（第19条第1項に規定する定時総会または臨時総会をいう。以下同じ）の決議の取消しの訴え

　二　法人法第268条の規定に基づく解散の訴え

　三　法人法第278条の規定に基づく責任追及の訴え

　四　法人法第284条の規定に基づく解任の訴え

③ 前項の規定により当会の社員の資格を失わないものとされた代議員は、役員等（理事、監事及び会計監査人をいう。以下同じ）の選任もしくは解任または定款の変更については、議決権を有しない。

（正会員による権利の行使等）

第18条　第14条から前条までの規定は、正会員（代議員でないものに限る）が次の各号に掲げる権利を行使することを妨げない。

　一　法人法第14条第2項に規定する権利

　二　法人法第32条第2項に規定する権利

　三　法人法第50条第6項に規定する権利

四　法人法第 52 条第 5 項に規定する権利

　五　法人法第 57 条第 4 項に規定する権利

　六　法人法第 129 条第 3 項に規定する権利

　七　法人法第 229 条第 2 項に規定する権利

　八　法人法第 246 条第 3 項、同法第 250 条第 3 項または同法第 263 条第 3 項に規定する権利

② 　法人法第 112 条の規定にかかわらず、第 30 条に規定する役員等の責任は、すべての正会員の同意を得た場合でなければ、免除することができない。

第 5 章　総　　会

（定時総会及び臨時総会）

第 19 条　当会の社員総会は、代議員（代議員が欠けた場合または代議員が任期の途中で退任した場合にあっては、補欠代議員を含む。以下この章において同じ）により構成されるものとし、次に掲げる区分に応じ、定時総会または臨時総会と称する。

　一　定時総会　法人法に規定された定時社員総会

　二　臨時総会　前号の定時社員総会以外の社員総会

② 　＜以下略＞

（議長）

第 20 条　総会の議長は、法令に別段の定めがある場合を除き、規則の定めるところにより、当該総会に出席した代議員の中から選出する。

（議決権の数）

第 21 条　代議員は、各 1 個の議決権を有する。

（総会の決議）

第 22 条　総会の決議は、法令またはこの定款に別段の定めがある場合を除き、総代議員の議決権の過半数を有する代議員が出席し、出席した代議員の議決権の過半数をもって行う。

② 　法人法第 49 条第 2 項に規定する総会の決議は、総代議員の半数以上で

あって、総代議員の議決権の3分の2以上に当たる多数をもって行う。
（議事録）
第23条　総会の議事については、議事録を作成し、議長及び出席した理事の全員がこれに署名し、押印しなければならない。
②　＜以下略＞

第6章　役員等

（役員等）
第24条　当会は、理事5名以上、監事2名以上及び<u>会計監査人</u>1名以上<u>を置く。</u>
②　当会は、解散後も、引き続き監事2名以上を置くものとする。
（理事の任期）
第25条　理事の任期は、選任後2年以内に終了する事業年度のうち最終のものに関する定時総会の終結の時までとする。
②　＜以下略＞
（監事の任期）
第26条　監事の任期は、法令またはこの定款に別段の定めがある場合を除き、選任後4年以内に終了する事業年度のうち最終のものに関する定時総会の終結の時までとする。
②　＜以下略＞
（報酬等）
第27条　理事の報酬等（報酬、賞与その他の職務執行の対価として当会から受ける財産上の利益をいう。以下同じ）の額及びその支給の時期は、事業年度ごとに、定時総会の決議により定める。
②　前項の規定は、監事及び会計監査人の報酬等について準用する。
（会長その他の役付理事）
第28条　当会は、会長1名、副会長2名以内を置き、必要に応じ、専務理事1名、常務理事若干名を置くことができる。
②　前項に掲げる者は、理事会の決議により、理事の中から選定しなけれ

ばならない。
③　当会は、第1項に掲げる会長及び副会長をもって、法人法に規定された代表理事とする。

（顧問）

第29条　当会は、この定款に基づく任意の機関として、顧問5名以内を置くことができる。ただし、顧問のうち3名以上は、当会の名誉会員でなければならない。

②　顧問は、理事会の指名に従い、会長が任命する。

③　顧問の職務は、次に掲げるものとする。
　一　理事会の諮問に対し、答申を行うこと。
　二　会長の求めに応じ、必要かつ適切な助言を行うこと。
　三　当会が行う事業活動の現況及び将来の展望について調査及び分析を行い、理事会にその結果を報告し、または理事会において意見を述べること。

④　当会は、顧問に対して報酬等を支給しようとするときは、その額及び時期について、定時総会の承認を得なければならない。

（役員等の責任）

第30条　役員等は、その任務を怠ったときは、これによって当会が被った損害を賠償する責任を負う。

第7章　理事会

第31条　当会は、理事の全員によって構成する理事会を置く。

②　理事会は、法令に別段の定めがある場合を除き、会長が招集する。ただし、会長に事故があるときは、規則の定めるところにより、他の理事が招集する。

③　理事会の決議は、法人法の定めるところにより、議決に加わることができる理事の過半数が出席し、その過半数をもって行う。

④　前項の規定にかかわらず、理事が理事会の決議の目的である事項について提案をした場合において、当該提案につき理事（当該事項について

議決に加わることができるものに限る）の全員が書面または電磁的記録により同意の意思表示をしたとき（監事が当該提案について異議を述べたときを除く）は、当該提案を可決する旨の理事会の決議があったものとみなす。

⑤　理事会の議事については、法人法の定めるところにより議事録を作成しなければならない。

⑥　理事会に出席した各理事及び各監事は、その議事録に署名（記名を含む。次項において同じ）押印し、または電子署名する。

⑦　前項の規定は、理事会に出席した会長及び各監事が第4項の議事録に署名押印し、または電子署名をしたときは、適用しない。

⑧　前各項に規定するほか、理事会の運営に関する事項及び前項に規定する議事録の様式、電子署名の仕様その他同項の議事録の作成及び保管に関して必要な事項は、規則で定める。

（業務の執行）
第32条　当会の業務は、会長が執行する。

②　前項の規定にかかわらず、会長は、理事会の承認を得て、当会の業務の一部を専務理事または常務理事に執行させることができる。

③　前各項に規定するほか、理事の職務分掌に関して必要な事項は、規則で定める。

（役職名等使用の制限）
第33条　会長でない者は、会長、理事長、代表理事、代表社員、総代その他当会を代表する者と誤認されるおそれのある役職名または肩書を用いてはならない。

第8章　計　算

（会計の原則）
第34条　当会は、第6条に掲げる事業の内容に応じ、一般に公正妥当と認められる会計の慣行であって、理事会の決議により定めたものに従うものとする。

（事業年度）
第35条　当会の事業年度は、毎年4月1日から翌年3月31日までとする。
（剰余金の配当）
第36条　当会は、剰余金の配当を行わない。
（残余財産の帰属）
第37条　当会の残余財産は、総会の決議により、次に掲げるものの全部または一部に帰属させるものとする。
　一　国
　二　＜以下略＞

## 第9章　基　　金

（基金）
第38条　当会は、法人法第2章第5節の定めるところにより、基金を引き受ける者（以下「引受人」という）の募集をすることができる。
②　＜以下略＞

## 第10章　準拠法

第39条　この定款（第4条の規則を含む）に定めのない事項は、法人法その他の法令の定めるところによる。

## 附　　則

（設立発起人の氏名または名称及び住所）
第1条　設立発起人は、次に掲げる個人及び法人とする。
　　○県○市○町○丁目○番○号　甲野一郎
　　＜以下略＞
（設立時役員等）
第2条　当会の設立に際して理事、会長、監事または会計監査人となる者

は、それぞれ次の各号に掲げるとおりとする。
一　当会の設立に際して理事となる者
　　　<u>乙野太郎、乙野次郎、乙野三郎、乙野四郎、乙野五郎</u>
二　当会の設立に際して会長となる者
　　　<u>乙野太郎</u>
三　当会の設立に際して監事となる者
　　　<u>丙野花子、丙野さくら</u>
四　当会の設立に際して会計監査人となる者
　　　<u>丁野監査法人</u>

（最初の事業年度）
第3条　第35条の規定にかかわらず、当会の最初の事業年度は、当会の成立の日から平成〇年3月31日までとする。


以上は、一般社団法人〇〇協会の定款に相違ない。
　平成〇年〇月〇日
　　　　　　　　　　一般社団法人〇〇協会　　会長　乙野 太郎　㊞

---

## Q19　一般財団法人の定款モデル例

> 一般財団法人の定款は、具体的にはどのようなものであるか。

### Answer. 19

　一般財団法人の定款の例は、以下のとおりである。
　なお、下線を付した部分は、一般財団法人が登記すべき事項の全部または一部（ただし、必ずしも原文どおり登記されるわけではない）である。

一般財団法人○○センター　　定款

第1章　総　　則

(名称)
第1条　当法人は、一般財団法人○○メディア芸術館と称し、英文においては△△ Media Art Pavilion of Japan と表記する。

(事務所)
第2条　当法人は、主たる事務所を東京都○区に置く。
②　当法人は、必要に応じ、従たる事務所を置くことができる。
③　前項の規定により従たる事務所を置くときは、次の各号に掲げる地のいずれかに置かなければならないものとする。
　一　○県○市○区（同区に置くことができないときは、同市の他の区）
　二　○県○町（同町に置くことができないときは、同県の他の市または町）

(公告方法)
第3条　当法人の公告は、官報及び○県において発行する○○新聞に掲載してする。

第2章　目的及び事業

(目的)
第4条　当法人は、映画、漫画、アニメーション及びコンピュータその他の電子機器を利用した芸術に関し、調査研究、指導奨励その他の活動を通じてその振興を図り、心豊かな国民生活及び活力ある社会の実現に寄与することを目的とする。

(事業)
第5条　当センターは、前条の目的を達するため、次の事業を行う。
　一　映画、漫画、アニメーション及びコンピュータその他の電子機器を利用した芸術の作品を収集し、保管し、及び一般公衆の観覧に供する

施設の設置、運営及び管理
　二　映画、漫画、アニメーション及びコンピュータその他の電子機器を利用した芸術に関する調査研究及び指導奨励
　三　前各号に掲げるほか、前条の目的達成に必要な事業

　　　　　　　　第3章　基本財産

（基本財産）
第6条　当法人は、当法人の目的である事業を行うため不可欠な財産として別表に掲げるものを、基本財産とする。
②　基本財産は、第4条に掲げる目的を達成するため、善良な管理者の注意をもって維持管理されるものとする。
③　理事は、基本財産の一部について、処分し、または基本財産から除外しようとするときは、予め処分し、または除外する財産の名称その他当該処分または除外を行うため必要な事項について、理事会の決議及び評議員会の承認を得なければならない。

　　　　　　　　第4章　評議員

（員数）
第7条　当法人は、評議員3名以上10名以内を置く。
（選任及び解任）
第8条　評議員は、指名委員会において選任し、または解任する。
②　指名委員会を構成する者（以下「指名委員」という）の資格及びその員数は、次の各号に掲げるとおりとする。
　一　評議員　〇名
　二　監事　〇名
　三　当法人の設立者またはその委嘱を受けた弁護士もしくは司法書士（第5項において「設立者等」という）　〇名
③　前項の規定にかかわらず、次に掲げる者は、指名委員になることがで

きない。
　一　当法人の業務を執行する者もしくは当法人の職員またはこれらに該当したことがあるもの
　二　前号に掲げるものの配偶者もしくは3親等内の親族（これらの者に雇用される者を含む）またはこれらに該当したことがあるもの
④　評議員である指名委員の選任及び解任は、評議員会の決議により、監事である指名委員の選任及び解任は、監事の互選により行う。
⑤　指名委員会の決議は、指名委員の過半数以上が出席し、その3分の2以上の多数をもって行う。ただし、設立者等のうち1名以上の出席及び賛成がない決議は、その効力を生じないものとする。
⑥　評議員会または理事会は、評議員に選任することが適当と思料する者（以下「評議員候補」という）の名簿を指名委員会に提出して、評議員候補の推薦をすることができる。
⑦　指名委員会は、前項の規定により評議員候補の推薦を受けたときは、その推薦をした評議員会または理事会に対し、推薦の理由及び次に掲げる事項についての説明を求めることができる。
　一　当該評議員候補の経歴
　二　当該評議員候補と当法人との関係（当法人の理事または監事との関係を含む）
　三　当該評議員候補が当法人以外の法人その他の団体の業務を執行する者またはその職員を兼ねるときは、当該団体における地位及び職務の内容
⑧　指名委員会は、前条に規定する評議員の最低員数を欠くこととなったときに備えて、補欠の評議員（次項において「補欠評議員」という）を選任する決議をすることができる。この場合については、第5項から第7項までの規定を準用する。
⑨　指名委員会は、補欠評議員を選任しようとするときは、次に掲げる事項をも定めなければならない。
　一　被選任者が補欠評議員として選任されるものであること。
　二　被選任者が特定の評議員の補欠として選任されるものである場合に

あっては、その旨及び当該特定の評議員の氏名（当該特定の評議員の補欠として2人以上の補欠評議員を選任するときは、当該補欠評議員相互間の優先順位を含む）
⑩　第8項に規定する決議は、その決議後4年以内に終了する事業年度のうち最終のものに関する定時評議員会の終結の時まで、その効力を有するものとする。

（評議員の任期）
第9条　評議員の任期は、選任後4年以内に終了する事業年度のうち最終のものに関する定時評議員会の終結の時までとする。
②　前項の規定にかかわらず、前条の定めるところにより任期の満了前に退任した評議員の補欠として選任された評議員の任期は、当該退任した評議員の任期の満了の時までとする。

（評議員に対する報酬等）
第10条　当法人は、評議員に対し、事業年度ごとに、評議員会が別に定める基準及び方法に従って、報酬等（報酬、賞与その他の職務執行の対価として当法人から受ける財産上の利益をいう。以下同じ）を支給する。

第5章　評議員会

（構成）
第11条　評議員会は、すべての評議員をもって構成する。
（招集の時期及び招集者）
第12条　定時評議員会は、毎年〇月に1回招集する。
②　臨時評議員会（定時評議員会以外の評議員会をいう。以下同じ）は、必要があるときに随時招集する。
③　評議員会は、法令に別段の定めがある場合を除き、代表理事が招集する。この場合においては、一般社団法人及び一般財団法人に関する法律（以下「法人法」という）の定めるところにより、理事会の決議を経なければならない。
（決議）

第13条　評議員会の決議は、法令に別段の定めがある場合を除き、評議員（決議に特別の利害関係を有する評議員を除く。次項において同じ）の過半数が出席し、その過半数をもって行う。

② 　前項の規定にかかわらず、法人法第189条第2項に規定する決議（当法人において特別決議と称する）は、評議員の4分の3以上に当たる多数をもって行う。

③ 　評議員会は、理事または監事（以下「役員」という）の選任に関する議案について第1項の規定による決議をするときは、候補者ごとに決議を行わなければならない。

④ 　前項の場合において、理事または監事の候補者の合計数が第15条第1項各号に規定する員数の上限を超えるときは、候補者（過半数の票を得たものに限る）のうち得票数の多いものから順に、当該員数の上限に達するまで、理事または監事として選任するものとする。

（議事録）

第14条　評議員会の議事については、法令の定めるところにより議事録を作成し、出席した評議員及び理事の全員が署名（記名を含む）押印し、または電子署名をする。

　　　　　　　　第6章　役員等

（役員及び会計監査人の設置）

第15条　当法人は、次の各号に掲げる役員及び会計監査人を、当該各号に掲げる員数の範囲内で置く。

　一　理事　5名以上15名以内

　二　監事　2名以上3名以内

　三　<u>会計監査人　2名以内</u>

② 　監事のうち1名以上は、公認会計士または税理士の業務を行うことができるものでなければならない。

③ 　監事であって前項に規定するものは、評議員会の決議により、非常勤とすることができる。この場合においては、非常勤とする監事が職務を

行うべき日時、場所その他当該監事の職務の遂行に関して必要な事項をも定めなければならない。

(理事の任期)

第16条　理事の任期は、選任後2年以内に終了する事業年度のうち最終のものに関する定時評議員会の終結の時までとする。

②　前項の規定に関わらず、任期の満了前に退任した理事の補欠として選任された理事の任期は、当該退任した理事の任期の満了時までとする。

③　前2項の規定は、理事の再任を妨げない。ただし、同一の者を連続して理事に選任することができる回数は、○回以内とする。

(監事の任期)

第17条　監事の任期は、法令またはこの定款に別段の定めがある場合を除き、選任後4年以内に終了する事業年度のうち最終のものに関する定時評議員会の終結の時までとする。

②　前条第2項の規定は、監事について準用する。

③　監事は、再任されることができない。

(会計監査人の任期)

第18条　会計監査人の任期は、選任後1年以内に終了する事業年度のうち最終のものに関する定時評議員会の終結の時までとする。

②　前項の規定は、会計監査人の再任を妨げない。

(報酬等)

第19条　役員は、事業年度ごとに、定時評議員会の決議により定めた額の報酬等を受ける。

②　会計監査人の報酬等は、監事の過半数の同意を得て、理事会の決議により定める。

③　前各項の規定により理事、監事または会計監査人(以下「役員等」という)が受ける報酬等の額の算定の基準及びその支給の時期は、評議員会の決議により定める。

(代表理事及び役付理事)

第20条　当法人は、代表理事2名以内を置く。

②　代表理事は、理事会の決議により、理事の中から選定する。

③　代表理事が2名あるときは、代表理事は、その互選により、うち1名を理事長とし、他の1名を当法人がこの定款に基づいて設置する施設の長としなければならない。この場合においては、理事会の決議により、代表理事の職務分掌に関する事項を定めるものとする。

④　代表理事（前項の場合にあっては、各代表理事）は、当法人の業務に関する一切の裁判上または裁判外の行為をする権限を有し、当法人を代表する。

⑤　当法人は、理事会の決議により、理事（代表理事であるものを除く）の中から専務理事○名、常務理事○名以内及び常任理事○名以内を選定し、これらの者に当法人の業務の執行を分掌させることができる。

⑥　前項の規定により当法人の業務の執行を分掌する理事が遵守すべき事項その他当該理事の職務分掌に関する事項は、規則で定める。

（役員等の責任の免除等）

第21条　当法人は、法人法第198条において準用する同法第114条の規定に従い、理事会の決議により理事（理事であった者を含む）の責任の一部を免除することができるものとする。

第7章　理事会

（招集者）

第22条　理事会は、代表理事（代表理事が2名ある場合にあっては、理事長。以下本章において同じ）が招集する。

②　代表理事が急病、出張その他のやむを得ない事由により前項に規定する権限を行使することができないときは、規則の定める順序に従い、他の理事が理事会を招集する。

（決議）

第23条　理事会の決議は、法人法の定めるところにより、議決に加わることができる理事の過半数が出席し、その過半数をもって行う。

②　前項の規定にかかわらず、当センターは、理事が理事会の決議の目的である事項について提案をした場合において、当該提案につき理事（当

該事項について議決に加わることができるものに限る）の全員が書面または電磁的記録により同意の意思表示をしたとき（監事が当該提案について異議を述べたときを除く）は、当該提案を可決する旨の理事会の決議があったものとみなす。
③　前項の電磁的記録は、法人法及び同法に基づく命令の定めるところにより作成しなければならないものとする。

（規則の制定及び改廃）
第24条　理事会は、この定款の定めに基づき、及びこの定款を施行するため必要な事項について、規則を制定し、改定し、または廃止することができる。ただし、評議員または評議員会に関する事項を定めた規則は、その制定、改定または廃止について評議員会の承認を得なければ、その効力を有しないものとする。

（議事録）
第25条　理事会の議事については、法人法及び同法に基づく命令の定めるところにより議事録を作成し、出席した各理事及び各監事が記名し、押印しなければならない。
②　前項に規定する議事録を電磁的記録により作成した場合にあっては、同項の各理事及び各監事は、当該議事録に電子署名をしなければならない。
③　前項に規定する電子署名の仕様は、規則で定める。

第8章　計　算

（会計の原則）
第26条　当法人は、第5条に掲げる事業に応じ、一般に公正妥当と認められる会計の慣行であって評議員会の決議により定めたものに従って、貸借対照表及び損益計算書（これらの附属明細書を含む）を作成する。

（事業年度）
第27条　当センターの事業年度は、毎年4月1日から翌年3月31日までとする。

（設立者に対する剰余金の配当等の禁止）

第28条　当法人は、設立者に対し、剰余金の配当をし、または残余財産の分配をすることができない。

（残余財産の帰属）

第29条　当法人の残余財産は、評議員会の決議により、次に掲げるものの全部または一部に帰属させる。

一　国、東京都または○県

二　東京都または○県に主たる事務所を置く学校法人

三　当法人と同一または類似の目的を掲げ、かつ、当法人と同一または類似の事業を行う公益財団法人

②　前項の規定にかかわらず、当法人の評議員、理事または監事（これらの職にあった者を含む）が同項第二号または第三号に掲げる法人の理事、監事その他の役職に就いているとき、もしくは当該法人の職員その他の従業者であるときは、当該法人に対しては、残余財産を帰属させることができない。

　　　　　　　　　　第9章　準拠法

第30条　この定款（この定款に基づく規則を含む）に定めのない事項は、法人法その他の法令の定めるところによる。

　　　　　　　　　　　附　　則

（設立時評議員）

第1条　当法人の設立時評議員（法人法に規定された設立時評議員をいう）は、次に掲げる者とする。

　　　　○県○市○町○丁目○番○号　　甲野　一郎
　　　　○県○市○町○丁目○番○号　　甲野　二郎
　　　　○県○市○町○丁目○番○号　　甲野　三郎

　　　　○県○市○町○丁目○番○号　　甲野 四郎
　　　　○県○市○町○丁目○番○号　　甲野 五郎
(設立時役員等)
第2条　当法人の設立時理事、設立時監事及び設立時会計監査人(それぞれ、法人法に規定された設立時理事、設立時監事または設立時会計監査人をいう)は、次の各号に掲げる者とする。
　一　設立時理事
　　　<u>睦月一郎</u>、<u>如月二郎</u>、<u>弥生三郎</u>、<u>卯月四郎</u>、<u>五月晴子</u>
　二　設立時監事
　　　<u>夏山陽子及び秋月夕子</u>。なお、夏山陽子は○税理士会所属の税理士であり、非常勤とする。
　三　<u>設立時会計監査人</u>
　　　丁野監査法人
② 　当法人の設立に際して当法人を代表する理事は、設立時理事の過半数の一致により定める。
③ 　定款第15条第3項の規定により非常勤とする監事について定めるべき事項であって第1項第二号の監事がその適用を受けるものは、設立者の過半数の一致により定める。
(最初の事業年度)
第3条　定款第27条の規定にかかわらず、当法人の最初の事業年度は、当法人の成立の日から平成○年3月31日までとする。


別表　当法人の目的である事業を行うため不可欠な財産(定款第6条関係)

|   | 種別、名称、型番等 | 保管場所、数量等 |
|---|---|---|
| 1 | 土地(宅地) | 東京都○区○町○番<br>地積　○㎡ |
| 2 | 建物(居宅)<br>家屋番号○番 | ○県○市○町○番<br>木造平家建て、床面積　○㎡ |
| 3 | <以下略> | <以下略> |

以上は、一般財団法人〇〇メディア芸術館の定款に相違ない。
　　平成〇年〇月〇日
　　　一般財団法人〇〇メディア芸術館　代表理事　睦月 一郎　㊞

# 第3節

# 一般社団法人の意思決定

## 第1款 概説

**Q1** 一般社団法人の意思決定

一般社団法人の意思決定とは、何か。

**Answer. 1**

　一般社団法人は、営利を目的としない特定の事業の遂行に参画しようとする者が結成した人的集合体（社団）に対し、その名において権利を有し、または義務を負うことができる法律上の地位（法人格）が付与されたものであり、それ自体が独立して事業活動の主体となるものである。したがって必然的に、各社員の思惑を超えた、社団法人としての統一的な意思の存在を認めることが求められる。

　もっとも、法人が生身の人間ではない以上、その意思の具体的な決定は、一般社団法人の内部機関たる特定の自然人により、または会議体における多数決原理に従って、行うことになる。これが、一般社団法人の意思決定ということになる。

　一般社団法人の意思決定は、社員全員の同意を要するものから個々の業務執行者に委ねられるものまで多岐にわたるが、それが登記事項に影響を及ぼすときは、登記申請の際に当該決定を添付書面によって証明しなければならない（法人法317）。

## 第2款 社員総会

### Q2 社員総会の決議権限

> 社員総会は、いかなる事項について決議することができるか。

### Answer. 2

社員総会は、定款の変更・理事の選任その他の基本的な事項について決議権限を有し、定款によってもその権限を他の機関に委譲できないという意味において（法人法35④参照）、一般社団法人の「最高意思決定機関」に位置付けられている。もっとも、その権限の範囲は、一般社団法人が理事会を置いているか否かにより異なっている。

(1) **非理事会設置一般社団法人の場合**

理事会を設置しない一般社団法人の社員総会は、一般社団・財団法人法に規定する事項及び一般社団法人の組織、運営、管理その他一般社団法人に関する一切の事項について決議をすることができる（法人法35①）。しかも、その招集に際して定められた「社員総会の目的である事項」（議題）以外の事項を決議することも可能である（法人法49③参照）。社員総会は、最高でかつ万能の機関といえる。

(2) **理事会設置一般社団法人の場合**

理事会設置一般社団法人の社員総会の決議事項は、一般社団・財団法人法に規定する事項及び定款で定めた事項に限られる（法人法35②）。また、次表の例外を除き、招集決定の際に会議の目的とされた事項以外の事項を決議することはできない。

> ＜理事会設置一般社団法人において、社員総会の招集に際して決定されなかった場合であっても、当該社員総会の決議の目的とすることができる事項＞
> ① 次に掲げる者を選任すること（法人法55参照）
> 　ア　理事、監事及び会計監査人が当該社員総会に提出し、または提供した資料を調査する者
> 　イ　一般社団法人の業務及び財産の状況を調査する者（少数社員からの請求によって招集され、または当該招集社員が自ら裁判所の許可を得て招集した社員総会（法人法37参照）において決議する場合に限る）
> ② 当該社員総会において会計監査人の出席を求めること（法人法109②参照）

※改正前民法は、社員総会において決議できる事項は、その招集通知に記載した事項に限られる旨を規定していた（改正前民64）。

　しかし、当時の裁判例の中にも、招集通知に記載のない事項に関する社員総会の決議の効力は、その「招集手続の瑕疵の種類、程度その他総会における提案並びに決議の方法等諸般の事情」に照らし、改正前民法が「総会を通じてする社員の社団管理の権限を確保しようとした趣旨を著しく没却することになるかどうか」によって判断することが妥当と解し、当該決議を有効としたものがある（東京高判昭和26年12月22日高裁例集4巻14号449頁）。

---

## Q3　社員総会の種類

　社員総会には、どのような種類があるか。

### Answer. 3

　社員総会は、主として計算書類の承認等（法人法126）及び任期が満了した役員等の後任者の選任（法人法66、67①、69①②参照）を目的とする「定時（社員）総会」と、その他の事項について意思決定を行う社員総会（一般に「臨時（社員）総会」と称される）とに分類することができる。

定時総会は、毎事業年度の終了後一定の時期に招集しなければならないが（法人法36①）、臨時総会は、必要がある場合には、いつでも招集することができる（法人法36②）。

## Q4 社員総会の招集者

社員総会は、だれが招集するのか。

### Answer. 4

社員総会は、次に掲げる者が招集する。

(1) **理事（法人法36③）**

社員総会の招集は、一般社団法人の業務の執行（法人法76①、90②一・二）には当たらず、代表権を有する理事が招集しなければならないという性格のものではないと解されている。しかし、実務上は代表権を有する理事の名で招集することが慣行となっており、また、定款で（任意的記載（記録）事項として）社員総会の招集をすべき理事を特に定めている場合には、その定めに従うことが求められる。

(2) **少数社員（法人法37）**

総社員の議決権の10分の1（5分の1以下の割合を定款で定めた場合にあっては、その割合）以上の議決権を有する社員（本章において「少数社員」という）は、理事に対し、社員総会の目的である事項（議題）及び招集の理由を示して、社員総会の招集を請求することができる。数人の社員の議決権数を合算すれば要件が満たされるという場合には、その社員が共同して招集の請求をすることも可能である。

少数社員が社員総会の招集を請求した場合において、次の事由があるときは、その少数社員は、裁判所の許可を得て、自ら社員総会を招集することができる。

> ＜少数社員自ら社員総会を招集することができる事由＞
> ① 理事に対する招集請求の後、遅滞なく招集の手続が行われない場合
> ② 理事に対する招集請求の日から6週間（これを下回る期間を定款で定めた場合にあっては、その期間）以内の日を社員総会の日とする社員総会の招集の通知が発せられない場合

なお、会社法施行前における有限会社の臨時社員総会の招集に関するものであるが、その招集は有限会社の「常務」には属さないことを理由として、代表取締役の職務代行者により招集された臨時社員総会の決議は、取消しの訴えの対象になると解した判例がある（最判昭和39年5月21日民集18巻4号608頁。もっとも、上告人は決議の無効を主張していた）。

一般社団法人の理事（代表理事を含む）の職務代行者（法人法80）についても、同様の取扱いになると考えられる。

## Q5 裁判所の命令による社員総会の招集

> 裁判所が一般社団法人の理事に社員総会の招集を命じるのは、どのような場合か。

### Answer. 5

裁判所は、一般社団法人の社員総会の招集の手続及び決議の方法を調査させるために選任した検査役（以下「総会検査役」という）から報告を受けた場合において、必要があると認めるときは、当該一般社団法人の理事に対し、一定の期間内に社員総会を招集することを命じなければならない（法人法47①一）。

(1) **総会検査役の選任及び調査結果の報告**

一般社団法人または総社員の議決権の30分の1（これを下回る割合を定

款で定めた場合にあっては、その割合）以上の議決権を有する社員は、社員総会の招集の手続及び決議の方法を調査させるため、当該社員総会に先立ち、裁判所に対し、総会検査役の選任の申立てをすることができる（法人法46①）。

　総会検査役は、必要な調査を行い、その結果を記載し、または記録した書面または電磁的記録を裁判所に提供して報告をしなければならない（法人法46④）。また、一般社団法人（総会検査役の選任の申立てをした者（以下「総会検査役選任申立人」という）が当該一般社団法人でない場合にあっては、その者及び当該一般社団法人）に対しても、裁判所に提出した報告書の写しを交付し、またはその内容を記録した電磁的記録を提供しなければならない（法人法46⑥、法人規則95 一）。

　※1・※2　フレキシブルディスクカートリッジ（FD）または日本工業規格（JIS）X 0606に適合する120mm光ディスク（商登規則36①）のいずれかに該当する構造の磁気ディスク（電磁的記録に限る）及びその提供を受ける者（※1にあっては裁判所、※2にあっては当該一般社団法人または総会検査役選任申立人）が定める電磁的記録をいう（法人規則94 一）。

　裁判所または一般社団法人（総会検査役選任申立人が当該一般社団法人でない場合にあっては、当該一般社団法人及び総会検査役選任申立人）は、裁判所に対する報告の内容を記録した電磁的記録の提供を受けるにあたり、総会検査役に対し、電子メディアの種別（FD、CD-R等）及び電磁的記録（テキストファイル、PDFファイル等）を指定することができる。

## (2) 理事に対する措置命令

　総会検査役から調査結果の報告を受けた裁判所は、必要があると認めるときは、理事に対し、次に掲げる措置の全部または一部を命じなければならない（法人法47①）。

<理事に対して命令すべき措置>
① 一定の期間内に社員総会を招集すること
② 総会検査役による調査の結果を社員に通知すること

　裁判所から①の措置を命じられた場合には、理事は、総会検査役の報告の内容を、①の社員総会において開示しなければならない（法人法47②）。また、理事（監事設置一般社団法人にあっては、理事及び監事）は、総会検査役の報告の内容を調査し、その結果を①の社員総会に報告しなければならない（法人法47③）。

---

**Q6** 社員総会の招集に際して決定すべき事項

社員総会の招集にあたり、どのような事項を定めることが必要か。また、その決定はだれが行うのか。

**Answer. 6**

　社員総会を招集するには、次表のA欄に掲げる者または機関が、B欄に掲げる事項（以下「招集事項」という）を定めなければならない（法人法38）。

*112　第1章　総　論*

| A欄（招集事項の決定機関） | B欄（招集事項） |
| --- | --- |
| ＜非理事会設置一般社団法人＞<br>・理事<br>・少数社員（少数社員が裁判所の許可を得て招集する場合に限る）<br><br>＜理事会設置一般社団法人＞<br>・理事会<br>・少数社員（少数社員が裁判所の許可を得て招集する場合に限る） | ① 社員総会の日時及び場所<br>② 社員総会の目的である事項（議題）があるときは、当該事項<br>③ 社員総会に出席しない社員が書面によって議決権を行使することができることとするときは、その旨<br>④ 社員総会に出席しない社員が電磁的方法によって議決権を行使することができることとするときは、その旨<br>⑤ 以上に掲げるもののほか、法務省令で定める事項 |

＜招集事項のうち、法務省令で定める事項（上表⑤）＞

ア 当該社員総会において書面または電磁的方法による議決権の行使を認めるときは、次に掲げる事項

　a 社員総会参考書類（法人法41①）に記載すべき事項
　　具体的には、議案及び議案につき社員総会に報告すべき調査の結果があるときは、その結果の概要である（法人規則4一イ、5①）。

　b 書面による議決権の行使について期限を設けるときは、その期限
　　期限は、社員総会の日時（法人法38①一）以前の時であって、当該社員総会の招集通知（法人法39①）を発した日から2週間を経過した日以後の時でなければならない（法人規則4一ロ）。
　　したがって、例えば、社員総会の日時を「平成21年6月25日午後1時」と定めた場合には、遅くとも「平成21年6月10日」のうちに招集通知を発しなければならないが、この場合の議決権行使の期限は、社員総会の開催日である「平成21年6月25日」の午前零時から午後1時までの間の特定の時とすればよい（もとより、「午前零時」または「午後1時」とすることも可能である）。

　c 電磁的方法による議決権の行使について期限を設けるときは、その期限
　　期限は、社員総会の日時（法人法38①一）以前の時であって、当該社

員総会の招集通知（法人法39①）を発した日から2週間を経過した日以後の時でなければならない（法人規則4一ハ）。

　なお、一般社団法人は、議決権行使の期限（b、c）に関する事項の決定を理事に委任することができる。ただし、当該事項について定款に別段の定めがあるときは、その定めに従う。

イ　代理人による議決権の行使（法人法50①）について、代理権（代理人の資格を含む）を証明する方法、代理人の数その他代理人による議決権の行使に関する事項を定めるとき（定款に当該事項についての定めがある場合を除く）は、その事項

　具体的には、例えば、代理人がその資格を証明するにあたり、社員総会の会場で本人確認書類（顔写真入りの公的身分証明書等）を提示すべき旨、社員でないものを代理人とする場合には、事前にその届出をすべき旨、社員が代理人となる場合において、当該社員に代理権を授与し得る社員の数の上限、といった事項を定めることが考えられる。

ウ　アに掲げる場合以外の場合において、次に掲げる事項が社員総会の目的である事項であるときは、当該事項に係る議案の概要（議案が確定していない場合にあっては、その旨）

　a　役員等（理事、監事または会計監査人。法人法111①）の選任
　b　役員等の報酬等（報酬、賞与その他の職務執行の対価として一般社団法人から受ける財産上の利益をいう。法人法89）

　　もっとも、会計監査人の報酬等は、法人法上、社員総会において決議すべき事項とはされておらず、業務執行の一環として理事が監事の同意を得て定める（法人法110。民事月報62.10.36頁）。したがって、会計監査人の報酬等を社員総会の決議事項とする旨の定款の定めがない限り、当該報酬等に関する議案の概要は、招集事項から除外してよいと考えられる。

　c　事業の全部の譲渡（法人法147参照）
　d　定款の変更（法人法146参照）
　e　合併（法人法247、251、257参照）

※監事設置一般社団法人においては、監事は、理事が社員総会に提出しようとする議案、書類、電磁的記録その他の資料を調査しなければならず、当該議案等の内容が法令もしくは定款に違反し、またはその内容に著しく不当な事項があると認めるときは、その調査の結果を社員総会に報告しなければならない（法人法102、法人規則17）。

## Q7 社員総会の招集に必要な期間

社員総会の招集には、どの程度の期間が必要か。

### Answer. 7

社員総会を招集するには、理事は、社員総会の日の1週間前までに、社員に対してその通知（招集通知）を発しなければならない。「発信」の時が基準となる点に注意を要する。ただし、理事会設置一般社団法人以外の一般社団法人は、定款で定めることにより、この期間を短縮することができる（法人法39①本文）。

なお、社員総会において書面または電磁的方法による議決権の行使を認めるときは、当該社員総会の日の2週間前までに招集通知を発しなければならない（法人法39①ただし書）。

以上をまとめると、次表のようになる。

<社員総会の招集に必要な期間>

|  | 原則 | 書面または電磁的方法による議決権の行使を認める場合 |
|---|---|---|
| 非理事会設置一般社団法人 | 1週間（定款で短縮可） | 2週間 |
| 理事会設置一般社団法人 | 1週間 | 2週間 |

第3節　一般社団法人の意思決定

## Q8 社員総会の招集手続の省略

社員総会の招集手続を省略することは可能か。

### Answer. 8

可能である。

書面または電磁的方法による議決権の行使（法人法38①三・四）を認める場合を除き、社員の全員の同意があるときは、招集手続を省略して直ちに社員総会を開催することができる（法人法40）。

社員総会においてその延期または続行を決議した場合には、それらの決議に基づいて開催される社員総会（延期の決議に基づいて開催されるものを「延会」、続行の決議に基づいて開催されるものを「継続会」と称する）については、あらためて招集事項を決定することも、招集通知を発することも必要でない（法人法56）。

---

## Q9 社員総会の招集通知の方法

社員総会の招集通知は、どのような方法で行えばよいか。

### Answer. 9

(1) 原則として、書面、口頭その他適宜の方法によることができる（定款に別段の定めがある場合は、その定めに従う）。ただし、次に掲げる場合には、必ず書面をもって行わなければならない（法人法39②）。

＜書面により招集通知を行うべき場合＞
① 理事会設置一般社団法人の理事または少数社員が社員総会を招集する場合
② 当該招集通知により招集される社員総会において、書面または電磁的方法による議決権の行使を認める場合

なお、社員の承諾を得たとき※は、電磁的方法（例えば、社員が指定するメールアドレス宛に、招集通知の内容を記録したPDFファイルを送信する方法）によることができる（法人法39③）。

　※電磁的方法による招集通知を発しようとする理事または少数社員（招集通知の発出者）は、予め当該招集通知の相手方である社員に対し、当該招集通知において用いる電磁的方法の種類及び内容を示し、書面または電磁的方法による承諾を得なければならない（法人令1一）。承諾が社員本人の明確な意思に基づいて行われることを担保し、後日の紛争を予防する趣旨である（民事月報62.10.31頁）。

　なお、社員に示すべき「電磁的方法の種類及び内容」は、以下のとおりである（法人規則97）。
① 次に掲げる方法のうち、送信者が使用するもの
　ア　電子情報処理組織を使用する方法のうち次に掲げるもの
　　(1)　送信者の使用に係る電子計算機（以下「送信者側サーバ」という）と受信者の使用に係る電子計算機（以下「受信者側サーバ」という）とを接続する電気通信回線を通じて送信し、受信者側サーバに備えられたファイルに記録する方法。例えば、招集者と社員との間で電子メールを送受信する方法が考えられる。
　　(2)　送信者側サーバに備えられたファイルに記録された情報の内容を電気通信回線を通じて情報の提供を受ける者の閲覧に供し、当該情報の提供を受ける者の使用に係る電子計算機に備えられたファイルに当該情報を記録する方法。例えば、招集者がウェブサイト上に招集事項を掲示する方法が考えられる。
　イ　磁気ディスクその他これに準ずる方法により一定の情報を確実に記録しておくことができる物をもって調製するファイルに情報を記録したものを交付する方法。例えば、招集者と社員との間でＦＤ、ＣＤ－Ｒ、ＵＳＢメモリー等を交換する方法が考えられる。
② ファイルへの記録の方式。具体的には、特定のファイル形式（PDFファ

イル、テキストファイル等）を指定することや、電子署名を求めること等が考えられる。

ただし、電磁的方法による招集通知を発することについて社員の承諾を得た場合であっても、当該社員から電磁的方法による招集通知を受けない旨の申出（承諾の撤回）を受けた後は、当該社員が再び承諾したときを除き、電磁的方法による招集通知を発してはならない（法人令1②）。

(2) 招集通知を書面または電磁的方法により発する場合には、社員総会参考書類に記載された事項を除き、当該招集通知の内容として招集事項（法人法38①。113頁参照）を記載し、または記録しなければならない（法人法39④）。社員総会参考書類が交付されないときでも、①役員等の選任、②役員等の報酬等、③事業の全部の譲渡、④定款の変更、⑤合併については、議案の概要の記載（記録）が必要なため留意を要する。

## Q10 社員総会参考書類

社員総会参考書類とは、何か。

### Answer.10

「社員総会参考書類」とは、議決権の行使について参考となるべき事項を記載した書類であって、書面または電磁的方法による議決権の行使を認める社員総会の招集通知に際し、社員に交付すべきものをいう（法人法41、42）。

社員総会参考書類には、次表に掲げる事項を記載しなければならない（法人規則5①②）。

> ＜社員総会参考書類に記載すべき事項＞
> ①　議案
> ②　監事設置一般社団法人において、議案につき監事が社員総会に報告すべき調査の結果があるときは、その結果の概要（法人法102参照）
> ③　①または②に該当する事項のほか、社員の議決権の行使について参考となると認める事項

　理事または少数社員は、電磁的方法による招集通知を受けることについて承諾をした社員（法人法39③参照）に対しては、社員総会参考書類に記載すべき事項を電磁的方法によって提供することができる（法人法41②、42②）。ただし、当該社員から社員総会参考書類の交付を請求されたときは、これに応じなければならない。

　なお、同一の社員総会に関する社員総会参考書類に記載すべき事項のうち、社員に交付する他の書面に記載し、または電磁的方法により社員に提供する事項は、社員総会参考書類に重ねて記載することを要しない（法人規則5③。この場合、社員総会参考書類において、他の書面に記載され、または電磁的方法により提供される事項があることを明らかにする）。

　同様に、同一の社員総会に関して社員に提供される招集通知（法人法39②③）または事業報告（法人法125）の内容とすべき事項のうち、社員総会参考書類に記載した事項は、重ねて当該招集通知または事業報告の内容とすることを要しない（法人規則5④）。

　また、書面による議決権の行使（法人法38①三）及び電磁的方法による議決権の行使（法人法38①四）の双方を認めることとした一般社団法人における社員総会参考書類の交付（当該交付に代えて行う電磁的方法による提供（法人法41②、42②）を含む）は、1回のみでよい（議決権の行使の方法ごとに分けて交付する必要はない。法人規則6①）。

## Q11 社員総会参考書類の修正

社員総会参考書類に記載した事項を修正したときは、その後どのように対処すればよいか。

### Answer. 11

　社員総会参考書類に記載すべき事項を修正した場合には、招集通知の際に通知した周知方法により、遅滞なく社員に周知させるべきである。

　理事または少数社員は、社員総会の招集通知に際し、当該招集通知を発出した日から当該社員総会の前日までの間に社員総会参考書類を修正すべき事項が生じた場合に備え、その修正をした後の事項を社員に周知させる方法を併せて通知することができる（法人規則6②）。

　具体的な周知の方法としては、例えば、一般社団法人の指定するウェブサイト上に「正誤表」等を掲載することが考えられる。

　なお、修正後の事項を社員に周知させる方法を通知しないまま、社員総会参考書類に記載すべき事項を修正した場合には、実質上、招集通知に際して社員総会参考書類を交付しなければならない、との規律（法人法41①、42①）に反する結果となる可能性もある（下線は筆者）。

　議決権の行使について、社員が修正後の事項を踏まえて再検討する時間を十分に確保すべきとの観点から（『一問一答　公益法人関連三法』（前掲）44頁）、修正の内容、程度によっては、招集通知のやり直し、社員総会の日時の変更等が必要となる場合もあろう。※

　※株式会社における株主総会と同じく（会831参照）、社員総会の招集手続に法令、定款違反等があった場合には、当該社員総会における決議は取消しの訴えの対象となる（法人法266①）。

　　もっとも、法令、定款違反の事実が重大でなく、決議に影響を及ぼすものでないと認めるときは、裁判所は、取消しの訴えに係る請求を裁量的に棄却することがある（同②）。

## Q12 書面による議決権の行使

書面による議決権の行使とは、何か。

### Answer.12

「書面による議決権の行使」とは、社員総会に出席しない社員が、「議決権行使書面」に、議案についての賛否その他の必要事項を記載した上で、所定の期限までに一般社団法人に提出することにより、自ら議決権を行使することをいう。

理事（理事会設置一般社団法人にあっては理事会。少数社員が裁判所の許可に基づいて社員総会を招集する場合（法人法37②）にあっては当該少数社員）は、社員総会の招集にあたり、当該社員総会に出席しない社員が書面により議決権を行使することができることを定めることができる（法人法38①三）。

なお、株式会社の場合と異なり※、社員数の多い一般社団法人の社員であっても、当然に書面による議決権の行使が認められるわけではない。

※株主総会において議決権を行使することができる株主の数が1,000人以上である株式会社にあっては、取締役（当該株式会社が取締役会設置会社である場合にあっては、取締役会）または裁判所の許可を得て株主総会を招集する株主（会297④）は、株主総会を招集するにあたり、原則として、株主が書面によって議決権を行使することができることを定めなければならない（会298②、会施規64）。

## Q13 議決権行使書面

議決権行使書面とは、何か。

第3節　一般社団法人の意思決定　121

## Answer. 13

「議決権行使書面」とは、社員総会に出席しない社員が議決権を行使するための書面であって、当該書面による議決権の行使を認める社員総会の招集通知に際し、当該社員総会を招集する者が社員に交付するものをいう（法人法41①）。

議決権行使書面には、次に掲げる事項を記載しなければならない（法人規則7）。

> <議決権行使書面に記載すべき事項>
> ① 各議案についての賛否（棄権の欄を設ける場合にあっては、棄権を含む）を記載する欄
> ② 議決権の行使の期限
> ③ 議決権を行使すべき社員の氏名または名称（定款に、各社員の有する議決権の数についての別段の定め（法人法48①ただし書）がある場合にあっては、行使することができる議決権の数を含む）

【参考例】議決権行使書面（表）

---

一般社団法人○○会

平成○年度　定時社員総会　議決権行使書面

1. 議案第1号　計算書類承認の件　　　賛成　　反対　　棄権
2. 議案第2号　理事3名選任の件
　　（理事候補者）　甲野太郎　　　　賛成　　反対　　棄権
　　（理事候補者）　乙野二郎　　　　賛成　　反対　　棄権
　　（理事候補者）　丙野三郎　　　　賛成　　反対　　棄権
3. 議決権行使の期限　　平成○年○月○日正午（必着）
4. 本書面により議決権を行使する社員の氏名または名称及びその行使することができる議決権の数
　　① 社員の氏名または名称　　海野かもめ

② 行使することができる議決権の数
　　議案第1号につき、1個
　　議案第2号につき、3個（ただし、候補1名につき1個とする）

私は、以上のとおり議決権を行使します。
　平成○年○月○日

　　　　　　　　　（本書面により議決権を行使する社員）
　　　　　　　　　　住所　　○県○市○町○丁目○番○号
　　　　　　　　　　氏名　　海野 かもめ　㊞

## 【参考例】議決権行使書面（裏）

### 一般社団法人○○会
### 本書面による議決権の行使にあたり留意すべき事項

　<u>本書面により議決権を行使される方は、以下の点にご留意ください。</u>
1. 本書面は、一般社団法人○○会（以下「当法人」といいます）の平成○年度定時社員総会（以下「本総会」といいます）に出席することができない当法人の社員の方のみご利用ください。本書面により議決権（一の議案について2個以上の議決権を行使することができる場合には、そのすべて。以下同じ）を行使した社員の方及び本書面により棄権の意思表示をした社員の方は、本総会に出席して議決権を行使することができません。
2. 本書面により議決権を行使するには、各議案につき「賛成」「反対」または「棄権」のいずれかを○（丸）で囲んでください。<u>○が2個以上ある場合や、「賛成」「反対」または「棄権」のいずれにも○がない場合は、その議案について議決権を行使しなかったものとして取り扱います。</u>
3. 本書面は、必要事項を記載し、署名押印の上、本書面に記載され

第3節　一般社団法人の意思決定　123

た議決権行使の期限までに、当法人へご提出ください。また、本書面には、あらかじめ当法人に届出をした印鑑(以下「届出印」といいます)で押印してください。
　<u>本書面に届出印以外の印鑑で押印した場合、及び本書面が表面記載の「議決権行使の期限」までに当法人に到達しなかった場合は、本書面による議決権の行使はなかったこととして取り扱います。</u>
　4．(以下略)

　一般社団法人は、社員総会の日から3か月間、社員から提出された議決権行使書面を、その主たる事務所(法人法11①三参照)に備え置かなければならない(法人法51③)。
　また、社員は、一般社団法人の業務時間内は、いつでも、社員から提出された議決権行使書面の閲覧または謄写の請求をすることができる(法人法51④)。
　なお、理事は、電磁的方法による招集通知を受けることについて承諾をした社員(法人法39③参照)に対しては、議決権行使書面に記載すべき事項を電磁的方法によって提供することができる(法人法41②)。ただし、当該社員から議決権行使書面の交付を請求されたときは、これに応じなければならない。

## Q14　議決権行使書面による議決権の行使の期限

> 議決権行使書面によって議決権を行使しようとする社員は、一般社団法人に対し、当該書面をいつまでに提出すればよいか。

**A**nswer. 14

　原則として、社員総会の日時の直前の業務時間の終了時までに提出しなければならない（法人法51①、法人規則8）。

　ただし、社員総会の招集事項の一部として、理事が特定の時（社員総会の日時以前であって、招集通知を発した日から2週間を経過した日以降の時）を書面による議決権の行使の期限と定めた場合にあっては（法人法38①五、法人規則4一ロ参照）、その期限までに提出すればよい。

　なお、期限までに議決権行使書面を提出した社員の有する議決権の数は、社員総会に出席した社員の有する議決権の数に算入される（法人法51②）。この規律は、例えば、議決権の数について定款に別段の定めを設けた一般社団法人が、特定の事項の決議要件を「社員総会に出席した社員の過半数の賛成」としている場合にも、「議決権の数」を「社員の数」と読み替えて適用することとなる。

---

**Q15**　電磁的方法による議決権の行使

　電磁的方法による議決権の行使とは、何か。

**A**nswer. 15

　「電磁的方法による議決権の行使」とは、社員総会に出席しない社員が、一般社団法人の承諾を得て、各議案についての賛否その他の議決権行使書面に記載すべき事項を、電磁的方法によって当該一般社団法人に提供し、自ら議決権を行使することをいう。

　※議決権行使書面に記載すべき事項を電磁的方法により提供しようとする者は、予め一般社団法人に対し、当該電磁的方法の種類及び内容を示し、書面または電磁的方法による承諾を得なければならない（法人令2①二）。

　　なお、一般社団法人に示さなければならない「電磁的方法の種類及び内

容」は、次に掲げるとおりである（法人規則97）。
① 次に掲げる方法のうち、送信者が使用するもの
　ア　電子情報処理組織を使用する方法のうち次に掲げるもの
　　(1)　送信者の使用に係る電子計算機と受信者の使用に係る電子計算機とを接続する電気通信回線を通じて送信し、受信者の使用に係る電子計算機に備えられたファイルに記録する方法
　　(2)　送信者の使用に係る電子計算機に備えられたファイルに記録された情報の内容を電気通信回線を通じて情報の提供を受ける者の閲覧に供し、当該情報の提供を受ける者の使用に係る電子計算機に備えられたファイルに当該情報を記録する方法
　イ　磁気ディスクその他これに準ずる方法により一定の情報を確実に記録しておくことができる物をもって調製するファイルに情報を記録したものを交付する方法
② ファイルへの記録の方式

　電磁的方法による議決権の行使について承諾を得た社員は、一般社団法人から、書面または電磁的方法により、議決権行使書面に記載すべき事項の電磁的方法による提供を受けない旨の申出があった後は、当該事項を電磁的方法によって提供してはならない（法人令2②本文。一般社団法人から再び承諾を得た場合を除く。同ただし書）。

　他方、電磁的方法による招集通知を受けることについて承諾をした社員（法人法39③参照）に対しては、一般社団法人は、正当な理由がなければ、当該社員が電磁的方法によって議決権を行使することについての承諾を拒んではならない（法人法52②）。

　理事は、社員総会の招集にあたり、当該社員総会に出席しない社員が電磁的方法により議決権を行使することができることを定めることができる（法人法38①四）。

電磁的方法による議決権行使の定めをしたときにも、社員総会参考書類が交付されるが、電磁的方法による招集通知（法人法39③参照）を承諾した社員に対しては、当該社員から請求がない限り、社員総会参考書類に記載すべき事項を電磁的方法（招集通知に際して用いた方法と同一のものに限る）によって提供することができる（法人法42①②）。

　また、理事は、①電磁的方法による招集通知を受けることを承諾した社員に対しては、その通知に際して、議決権行使書面に記載すべき事項を電磁的方法により提供しなければならず、また②それ以外の社員から、社員総会の日の1週間前までに議決権行使書面に記載すべき事項の電磁的方法による提供を請求されたときにも、直ちに、当該事項を当該電磁的方法により提供しなければならない（法人法42③④）。

---

### Q16　電磁的方法による議決権の行使の期限

> 電磁的方法によって議決権を行使しようとする社員は、一般社団法人に対し、議決権行使書面に記載すべき事項をいつまでに提供すればよいか。

### Answer. 16

　原則として、社員総会の日時の直前の業務時間の終了時までに提供しなければならない（法人法52①、法人規則9）。

　ただし、書面による議決権行使の定めをした場合と同様に、理事が電磁的方法による議決権の行使の期限（社員総会の日時以前であって、招集通知を発した日から2週間を経過した日以降の時）を定めた場合にあっては（法人法38①五、法人規則4一ハ参照）、その期限までに提出すればよい。

　また、期限までに電磁的方法によって議決権を行使した社員の有する議決権の数は、社員総会に出席した社員の有する議決権の数に算入される

第3節　一般社団法人の意思決定　127

（法人法52③）。決議要件の「社員の数」に関する取扱いも、書面による議決権の行使の場合と同様である。

## Q17 社員提案権

社員提案権とは、どのような権利か。

### Answer. 17

「社員提案権」とは、理事に対して一定の事項を社員総会の目的とすることを請求する権利（議題提出権）と、社員総会の目的である事項につき、社員総会に出席して議案を提出する権利（議案提出権）とによって構成される、社員としての地位に基づく権利をいう。

(1) **議題提出権**

各社員は、原則として、議題提出権を有する（法人法43①）。

ただし、理事会設置一般社団法人においては、総社員の議決権の30分の1（これを下回る割合を定款で定めた場合にあっては、その割合）以上の議決権を有する社員でなければ、議題提出権を行使することができない（法人法43②前段）。また、当該社員は、議題提出権を行使するには、理事に対し、社員総会の日の6週間（これを下回る期間を定款で定めた場合にあっては、その期間）前までにその請求をしなければならない（法人法43②後段）。

(2) **議案提出権**

各社員は、原則として、議案提出権を有する（法人法44本文）。

ただし、社員は、次表に掲げる事由があるときは、その議案を提出することができない（法人法44ただし書）。

> ＜社員が議案を社員総会に提出することができない事由＞
> ①　その議案が法令または定款に違反するものであるとき。
> ②　その議案が社員総会において総社員の議決権の10分の1（これを下回る割合を定款で定めた場合にあっては、その割合）以上の賛成を得られなかった議案と実質的に同一である場合において、その社員総会の日から3年を経過していないとき。

なお、社員（理事会設置一般社団法人にあっては、少数社員。法人法45①ただし書）は、理事に対し、社員総会の日の6週間（これを下回る期間を定款で定めた場合にあっては、その期間）前までに、社員総会の目的である事項について自らが提出しようとする議案の要領を他の社員に通知すること（書面または電磁的方法によって招集通知を発する場合（法人法39②③）にあっては、その招集通知に記載し、または記録すること）を請求することができる（法人法45①本文）。

もっとも、提出しようとする議案に、上表の**＜社員が議案を社員総会に提出することができない事由＞**があるときは、この請求は認められない（法人法45②）。

---

## Q18　議決権の数

各社員の議決権の数は、どのように定められているか。

## Answer. 18

社員は、原則として、各自少なくとも1個の議決権を有する（法人法48①本文）。

一般社団法人においては、株式会社の場合（会67②、298②（　）書参照）と異なり、定款によっても、社員総会において決議をする事項の全部について社員から議決権を奪うことはできない（法人法48②）。したがって、

特別な事情がない限り、すべての社員に対して招集通知を発することが必要である。

※例えば、社員全員の同意を得て招集手続を省略する場合（法人法40）や、ある社員に対してする通知、催告が5年以上継続して到達しない場合（法人法34①）を挙げることができる。

なお、特定の社員について、社員総会において決議をする事項の一部に限り議決権がないこととする定款の定めを設けることは可能と考えられる（法人法48②反対解釈）。

※具体的には、「第○条に規定する準会員である社員は、社員総会の目的である事項のうち理事の選任または解任を求めるものについては、議決権を有しない。」等の定めが考えられる（法人法70①参照）。

## Q19 社員総会の決議

社員総会の決議には、どのような種類があるか。

### Answer. 19

法律上の名称ではないが、一般的に「普通決議」と「特別決議」とに分類される。

社員総会の目的である事項について提出された議案の成立につき、そのいずれを要するかは、当該事項の一般社団法人にとっての重要度や、利害関係人に対する影響の大きさ等によって定まる。各決議の要件は、次表のとおりである（法人法49）。

<社員総会の決議要件>

|  | ※<br>定足数 | ※<br>可決要件 |
|---|---|---|
| 普通決議 | 総社員の議決権の過半数 | 出席した社員の議決権の過半数の賛成 |
| 特別決議 | 総社員の半数以上であって、総社員の議決権の3分の2（これを上回る割合を定款で定めた場合にあっては、その割合）以上に当たる多数の賛成 |  |

※普通決議については、定款で別段の定めをすることができる。例えば、定足数に関する規律を排除することや、可決要件を加重することが考えられる。もっとも、可決要件を過半数未満に軽減することは、デッドロック状態を招くおそれがあるため、無効と解される。

なお、特定の事項について決議要件を変更することは、一般社団・財団法人法上特に禁止されていない。

## Q20 社員総会の特別決議を要する事項

社員総会の特別決議は、どのような場合に必要となるか。

### Answer. 20

社員総会の特別決議を要する事項は、一般社団・財団法人法に列挙されている（法人法49②各号）。

ただし、一般社団法人は、他の事項（一般社団・財団法人法その他の法令の規定により、社員総会の決議事項とすることができるものに限る）についても、任意に（定款で）特別決議を要するものとすることができる。

> <法人法に列挙された特別決議事項>
> ① 社員の除名（法人法30①）。※
> ② 監事設置一般社団法人における、監事の解任（法人法70①）
> ③ 役員等が負うべき責任の一部の免除（法人法113①）
> ④ 一般社団法人として成立した後の定款変更（法人法146）
> ⑤ 事業の全部の譲渡（法人法147）
> ⑥ 解散または継続（法人法148三、150）
> ⑦ 合併の承認（法人法247、251①、257）

※正当な理由がない限り、社員総会の決議をもって社員を除名することはできない。また、一般社団法人は、除名しようとする社員に対し、社員総会の日から1週間前までにその旨を通知し、かつ、社員総会において弁明する機会を与えなければならない。

社員総会の決議をもって社員を除名したときは、その旨を当該社員に通知しなければ、当該社員に対抗することができない（法人法30②）。

## Q21 議決権の代理行使

> 社員総会に出席しない社員は、当該社員総会に自己の代理人を出席させて議決権を行使することができるか。

### Answer. 21

できる（法人法50）。ただし、一般社団法人は、定款で、または社員総会の招集事項の一部として、社員総会に社員の代理人として出席する者がその代理権（代理人の資格を含む）を証明する方法、代理人の数その他代理人による議決権の行使に関する事項を定めることができる（法人法38①五、法人規則4二）。

(1) **代理権の授与**

社員は、代理人によって議決権を行使しようとする場合には、社員総会ごとに代理権を授与しなければならない（法人法50②）。

(2) **代理権を証明する方法**

代理人によって議決権を行使しようとする社員または当該社員の代理人は、書面で、当該代理人の権限(その資格を含む)を証明しなければならない。

ただし、一般社団法人の承諾を得たときは、当該書面に記載すべき事項を電磁的方法により提供することができる（法人法50③、法人令2①一[※]）。

※代理人によって議決権を行使しようとする社員または当該社員の代理人は、予め一般社団法人に対し、その用いる電磁的方法の種類及び内容を示し、書面または電磁的方法による承諾を得なければならない(法人令2①)。

なお、一般社団法人に示さなければならない「電磁的方法の種類及び内容」については、125頁を参照されたい（法人規則97）。

代理人によって議決権を行使しようとする社員または当該社員の代理人は、一般社団法人から、書面または電磁的方法により、電磁的方法による代理権の証明を認めない旨の申出があった場合には、一般社団法人が再び承諾したときを除き、電磁的方法による代理権の証明をしてはならない（法人令2②）。もっとも、当該社員が電磁的方法による招集通知を受けることについて承諾をした者である場合（法人法39③参照）には、一般社団法人は、正当な理由がなければ、当該社員またはその代理人が電磁的方法によって代理権の証明をすることについての承諾を拒んではならない（法人法39④）。

(3) **書類等の保管及び公開**

一般社団法人は、社員総会の日から3か月間、代理人によって議決権を行使しようとする社員または当該社員の代理人から提出された、当該代理人の代理権（当該代理人の資格を含む）を証明する書面（当該書面に記載すべき事項が電磁的方法によって提供された場合には、当該提供された事項を

記録した電磁的記録）を、その主たる事務所に備え置かなければならない（法人法50⑤）。

また、社員は、一般社団法人の業務時間内は、いつでも次表に掲げる事項を請求することができる（法人法50⑥）。

> ＜代理権を証明する書面または電磁的記録に関し、社員が一般社団法人に対して請求することができること＞
> ① 代理権を証明する書面の閲覧または謄写
> ② 代理権を証明する書面に代えて提供された電磁的記録に記録された事項を表示したものの閲覧または謄写。なお、「表示」は、当該電磁的記録に記録された事項を紙面または映像面に表示する方法によって行う（法人規則91三）。

## Q22 社員総会の議長

社員総会の議長は、どのように定められるか。また、どのような権限を有するか。

### Answer. 22

社員総会の議長の選任方法については、一般社団・財団法人法上、規定がない。したがって、定款に特別の定めがある場合（法人法12）には、その定めに従い、定款に特別の定めがない場合またはその定めに従うことができない場合には、社員総会の決議によって選任する。※

もっとも、議長を置くことは、社員総会の決議が成立するための要件ではない。とりわけ、社員数の少ない一般社団法人においては、社員総会の秩序を維持し、その議事を整理することにそれほどの困難はないと考えられ、そのような一般社団法人に対してまで、一律に議長の選任を義務づけ

る実益は乏しいといえる。

※例えば、定款で「社員総会の議長は、代表理事がこれにあたる」旨を規定している一般社団法人において、事故その他やむを得ない理由により、客観的に見て、当該一般社団法人の唯一の代表理事が社員総会に出席することができないことが明白である場合、が考えられる。

社員総会の議長の権限については、一般社団・財団法人法上、次表のとおり定められている（法人法54）。

<社員総会の議長の権限>
① 社員総会の秩序を維持し、議事を整理すること。
② 命令に従わない者その他社員総会の秩序を乱す者を退場させること。

## Q23 理事（及び監事）の社員総会における説明義務

理事（監事設置一般社団法人にあっては、理事及び監事）は、社員総会においてどのような説明義務を負うか。

### Answer.23

理事（及び監事）は、社員総会において社員から特定の事項について説明を求められた場合には、当該事項（以下「求釈明事項」という）について必要な説明をする義務を負う（法人法53本文）。

しかし、次に掲げる場合には、理事等は、求釈明事項についての説明を拒否することができる（法人法53ただし書、法人規則10）。

> ＜社員総会において理事等が説明を拒否できる場合＞
> ① 求釈明事項が社員総会の目的である事項（議題）に関しないものである場合
> ② 求釈明事項についての説明をすることにより、社員の共同の利益を著しく害する場合
> ③ 求釈明事項について説明をするために調査を要する場合。ただし、次に掲げる場合を除く。
>   ア 求釈明事項について説明を求めた社員（以下「求釈明社員」という）が、社員総会の日より相当の期間前に、当該事項を一般社団法人に対して通知した場合
>   イ 求釈明事項についての説明に要する調査が著しく容易である場合
>     なお、社員総会の席上、理事等が調査の難易を知り得ないために説明を拒否した事項については、結果的に「著しく容易」であった場合でも、当該理事等は説明義務違反の責任を問われないものと解すべきである（類似の見解として民事月報62.10.40頁）。
> ④ 求釈明事項について説明をすることにより、一般社団法人その他の者（求釈明社員を除く）の権利（当然ながら、財産的利益に限られない）を侵害することとなる場合
> ⑤ 求釈明社員が、社員総会において実質的に同一の事項について繰り返して説明を求める場合
> ⑥ ③から⑤までに掲げる場合のほか、求釈明事項について説明をしないことにつき正当な理由がある場合
>   例えば、社員総会の運営に対する妨害の意図や、理事等の発言を強引に撤回または修正させようとする意図が明らかである場合が考えられる（なお、後者の意図で⑤に掲げる行為が行われる可能性もある）。

　理事等は、求釈明事項について必要な説明を拒んだときは、正当な理由がない限り、100万円以下の過料に処せられる（法人法342 十一）。

## Q24 社員総会の決議の省略（みなし決議）

社員総会の決議は、省略することができるか。

### Answer. 24

できる。

理事または社員が社員総会の目的である事項（議題）について提案をした場合において、当該提案につき社員の全員が書面または電磁的記録により同意の意思表示をしたときは、当該提案を可決する旨の社員総会の決議があったものとみなされる（法人法58①。いわゆる「みなし決議」）。

定時社員総会における議題のすべてについてみなし決議が成立した場合は、その成立の時に、当該定時社員総会が終結したものとみなされる（法人法58④）。一般社団法人が、理事、監事または会計監査人の任期について「定時社員総会の終結の時に満了する」場合には、この規定に従って退任または重任の年月日を確定する。

なお、一般社団法人は、みなし決議の日から10年間、社員の全員が同意の意思表示をした書面または電磁的記録を、その主たる事務所に備え置かなければならない（法人法58②）。

一般社団法人の社員及び債権者は、一般社団法人の業務時間内は、いつでも次表に掲げる請求をすることができる（法人法58③）。

<みなし決議（法人法58①）が成立した場合において、社員及び債権者が一般社団法人に対して請求することができる事項>
① 社員が同意の意思表示をした書面の閲覧または謄写
② 社員が同意の意思表示をした電磁的記録に記録された事項を表示したものの閲覧または謄写。なお、「表示」は、当該電磁的記録に記録された事項を紙面または映像面に表示する方法によって行う（法人規則91六）。

**【参考例】** 同意の意思表示に係る書面

同 意 書

一般社団法人○○会　御中
　私は、次の各号に掲げる事項についての当該各号に掲げる提案に、異議なく同意いたします。

1. 平成○年度貸借対照表及び損益計算書の承認に関する件
　（提　案　者）当法人代表理事　甲野　太郎
　（提案の内容）別紙「一般社団法人○○会　平成○年度貸借対照表及び損益計算書」記載のとおり。
2. 役員等の選任に関する事項
　（提　案　者）当法人社員　山野　いづみ
　（提案の内容）別紙「役員等候補者一覧」記載の者を、それぞれ当法人の理事または監事に選任する。

　平成○年○月○日
　　　　　　　　　　　（本書面により同意の意思表示をした社員）
　　　　　　　　　　　住所　　○県○市○町○丁目○番○号
　　　　　　　　　　　氏名　　海野　かもめ

（別紙省略）

※なお、この同意書は、登記申請の添付書類としては認められない。みなし決議の場合も社員総会議事録が作成されるため（147頁参照）、それを利用することになる。

## Q25 社員総会に対する報告の省略

理事は、社員総会に対する報告を省略することができるか。

### Answer. 25

できる。

理事は、社員の全員に対して社員総会に報告すべき事項を通知した場合において、当該事項の社員総会への報告を要しないことについて社員の全員が書面または電磁的記録により同意の意思表示をしたときは、当該事項を社員総会へ報告することを要しない（報告をしたものとみなされる。法人法59）。

---

## Q26 社員総会議事録

社員総会議事録とは、何か。

### Answer. 26

(1) 「社員総会議事録」とは、社員総会の議事に関する事項その他法務省令で定める事項を記載し、または記録した書面または電磁的記録をいう（法人法57①、法人規則11①②）。

社員総会議事録には、次表に掲げる事項を記載し、または記録しなければならない（法人規則11③④）。

<社員総会議事録に記載し、または記録すべき事項>
① 社員総会が開催された日時及び場所
② 社員総会の開催場所に存しない理事、監事、会計監査人または社員が社員総会に出席をした場合にあっては、その出席の方法※
③ 社員総会の議事の経過の要領及びその結果
④ 監事の選任、解任または辞任について、社員総会において監事が意見を述べた場合（法人法74①）におけるその内容の概要

⑤ 会計監査人の選任、解任、不再任または辞任について、会計監査人が社員総会に出席して意見を述べた場合（法人法74①④）におけるその内容の概要
⑥ 監事を辞任した者が辞任後最初に招集される社員総会に出席し、辞任した旨及びその理由を述べた場合（法人法74②）におけるその内容の概要
⑦ 監事（監事が2人以上ある場合にあっては、その全員の同意）によって会計監査人を解任された者（法人法71①②参照）が解任後最初に招集される社員総会に出席し、解任についての意見を述べた場合（法人法74②④）におけるその内容の概要
⑧ 会計監査人を辞任した者が辞任後最初に招集される社員総会に出席し、辞任した旨及びその理由を述べた場合（法人法74②④）におけるその内容の概要
⑨ 監事が、理事が社員総会に提出しようとする議案、書類、電磁的記録その他の資料を調査し、法令もしくは定款に違反し、または著しく不当な事項があると認め、その調査の結果を報告した場合（法人法102、法人規則17）におけるその内容の概要
⑩ 監事がその報酬等（報酬、賞与その他の職務執行の対価として一般社団法人から受ける財産上の利益をいう。法人法87）について意見を述べた場合（法人法105③）におけるその内容の概要
⑪ 定時社員総会に提出された計算書類（各事業年度に係る貸借対照表及び損益計算書をいう。法人法107①、123②）が法令または定款に適合するかどうかについて会計監査人が監事と意見を異にする場合において、会計監査人（会計監査人が監査法人である場合にあっては、その職務を行うべき社員）が当該社員総会に出席して意見を述べたとき（法人法109①）におけるその内容の概要
⑫ 定時社員総会において会計監査人（会計監査人が監査法人である場合にあっては、その職務を行うべき社員）の出席を求める決議があった場合において、当該会計監査人が当該社員総会に出席して意見を述べたとき（法人法109②）におけるその内容の概要
⑬ 社員総会に出席した理事、監事または会計監査人の氏名（会計監査人が監査法人である場合にあっては、当該監査法人の名称）
⑭ 社員総会の議長が存するときは、議長の氏名
⑮ 議事録の作成に係る職務を行った者の氏名

※近年、情報通信技術の進歩及び普及により、遠隔地に存在する者同士がリアルタイムに議論を交わすことができる、いわゆる「バーチャル会議システム」が実用化され、一部の企業等で積極的に活用されている。

「バーチャル会議システム」とは、例えば、東京都千代田区にあるＡ会議室と大阪府堺市にあるＢ会議室のそれぞれにマイク（及び、必要に応じてカメラ）等の視聴覚機器及び通信装置（システム制御ソフトウェアを含む）を用意し、インターネットその他の電気通信回線で接続することによって、Ｂ会議室に集まった者があたかもＡ会議室に在席するかのごとく、メンバー全員が相互に質疑応答をしたり、意見を述べあったりすることができるシステムをいう（テレビ番組の生中継をイメージすれば分かりやすい。もっとも、このシステムにおいて「映像」は必須要件ではない。また、会議資料をデジタル・データとしてリアルタイムに送受信することが可能なシステムも実用化されている）。

このシステムを利用すれば、特定の場所（招集場所）に出席者が集合しなければならない、という会議体固有の問題を相当程度、緩和することができ（最低限、システムにアクセスできる場所には在席しなければならない）、とりわけ会議の出席者が全国に散在するような場合に便利である。もとより、代理人による議決権の行使の制度や、書面または電磁的方法による議決権の行使の制度によっても、定足数の確保は可能であろう。しかし、会議体のメンバーである本人自身が議論に参加し、発言をすること自体に重要な意義が認められるような場合には、これらの制度は使えない。

そのため、社員総会についても、バーチャル会議システムなどの「出席者が一堂に会するのと同等の相互に十分な議論を行うことができる」方法（平成14年12月18日民商3044号参照）による開催を可能とすることが有益であるとの判断から、社員総会の「開催場所に存しない理事、監事、会計監査人または社員」は、当該方法によって当該社員総会に出席をすることができるものとされた。したがって、極端な例を挙げれば、社員が2人しかいない場合には、両名が単に電話で話しただけでも「社員総会」と

して有効に成立し得る。

　もっとも、予め招集場所を指定しなければならない点や、社員総会議事録の作成を要する点は、他の方法による場合と変わりがない（上例は、A会議室を招集場所に指定したという前提である）。

(2) 社員総会の決議があったものとみなす場合（みなし決議。法人法58①）や、理事が社員総会に報告をしたものとみなす場合（みなし報告。法人法59）における、社員総会議事録に記載し、または記録すべき事項は、それぞれ次の各表のとおりである（法人規則11④）。

＜みなし決議（法人法58①）があった場合における議事録の内容＞
① 社員総会の決議があったものとみなされた事項の内容
② ①の事項の提案をした者の氏名（当該者が法人である場合には、その名称）
③ 社員総会の決議があったものとみなされた日
④ 議事録の作成に係る職務を行った者の氏名

＜みなし報告（法人法59）があった場合における議事録の内容＞
① 社員総会への報告があったものとみなされた事項の内容
② 社員総会への報告があったものとみなされた日
③ 議事録の作成に係る職務を行った者の氏名

## Q27　社員総会議事録の作成者

　社員総会議事録は、だれが、どのように作成するのか。

### Answer. 27

　社員総会議事録の作成者については、法令上、特段の規定がない。
　したがって、定款に定めがある場合にはその定めに従い、定めがない場

合には、社員総会議事録に記載し、または記録すべき事項を正確に把握している者が単独で、または共同して作成すればよい。

　もっとも、社員総会議事録の内容の真実性を確保するため、実務上は、議長またはその指名を受けた者（通常は、理事または特定の社員）が議事録作成の職務を行う例が多い。

　なお、社員総会議事録に記載（社員総会議事録が電磁的記録をもって作成された場合にあっては、記録。以下同じ）すべき事項の不記載及び虚偽記載は、過料処分の対象となる（法人法342七）。

---

### Q28　社員総会議事録への署名、押印

社員総会議事録には、作成者の署名または押印が必要か。

### Answer. 28

　一般社団・財団法人法上は、必要とされていない。しかし、定款に別段の定めがある場合には、その定めに従うことが必要である。

　社員総会議事録の作成に係る職務を行った者※は、自己の氏名を議事録に記載し、または記録しなければならないが（法人法57、法人規則11③六）、署名や押印（社員総会議事録を電磁的記録によって作成した場合にあっては、電子署名）は要求されていない。

　※「社員総会議事録の作成に係る職務を行った者」とは、その作成した社員総会議事録に記載し、または記録された事項について、一般社団法人に対し、その内容が虚偽でないことを担保する責任を負う者をいう。その者の指示を受けて実際に社員総会議事録を作成した職員、従業者等は含まれない。

　もっとも、次表のA欄に掲げる登記の申請を行う場合には、変更前の代表理事が登記所に届け出た印鑑を押印している場合を除き、社員総会議

事録に押された印鑑についての証明書（社員総会議事録が電磁的記録をもって作成されている場合にあっては、電子証明書）が添付書面の一部となるため、同表中対応するB欄に掲げる者の記名押印を要する（一般登記規則3、商登規則61②、④一）。

| A　欄 | B　欄 |
|---|---|
| 非理事会設置一般社団法人における理事の就任による変更の登記 ※1 | 社員総会の席上、理事に就任することを承諾した者 ※2 |
| 社員総会で代表理事を選定した場合における代表理事の就任による変更の登記 | 議長及び社員総会に出席した理事 ※3（民事月報63.8. 23頁） |

※1　整備法の施行日（平成20年12月1日）前に得ていた主務官庁の許可（改正前民34）に基づく特例民法法人の設立の登記や、理事会を置かない特例民法法人または特例無限責任中間法人における理事の就任による変更の登記の手続等は、なお従前の例による（整備法43②、48②、27一）。したがって、これらの登記の申請には、商業登記規則第61条第2項及び第3項の規定は準用されない（民事月報63.8. 22頁）。

※2　社員総会議事録を「就任を承諾したことを証する書面」（一般登記規則3、商登規則61②）として援用する場合に限る。

※3　もっとも、議長を選任することは社員総会の決議の成立要件とはされていないため、議長を選任しなかったことが議事録の記載または記録上明らかであれば、当然ながら、議長の記名押印は要求されないと解する。

**【参考例】社員総会議事録**

一般社団法人○○会　平成○年度（第○期）定時社員総会<br>社員総会議事録

1. 開催日時　　平成○年○月○日午後1時から午後3時まで
2. 開催場所　　当法人本部事務所（○県○市○町○丁目○番○号）
3. 開催場所に存しない理事、監事、会計監査人または社員の出席の方法
　　当法人○県支部事務所（○県○市○町○丁目○番○号）に集合し、電話回線及び電話会議用装置からなる電話会議システムを利用する方法により出席した。
4. 出席した社員の数及びその行使することができる議決権の数
　　出席した社員　○名　　　この議決権の総数　○個
5. 出席役員等
　　理事　甲野一郎、甲野二郎、甲野三郎
　　監事　乙野花子　　　会計監査人　○監査法人

　以上のとおり出席があり、定刻、当法人社員　海野かもめ　は定款第○条の規定に従い、本総会の議長に選任された。議長は、定款第○条の規定に従い、本総会の議事録の作成に係る職務を行う者（以下「議事録署名人」という）として、当法人社員　山野つばき　を指名した。
　議長は、本総会は電話会議システムを用いて開催する旨を宣言し、当該システムにより出席者の音声が即時に他の出席者に伝わり、出席者が一堂に会するのと同等に適時的確な意見表明が互いにできる状態となっていることが確認されたため、直ちに議事に入った。

　＜報告事項＞
　議長の指名により、当法人理事　甲野一郎　から、別紙「平成○年度（第○期）事業報告書」に基づき、当法人の平成○年度における事

業の報告が行われた。なお、議場から、○事業の進捗状況についての質問があり、当法人理事　甲野二郎　が必要な説明を行った。

＜議案第1号　計算書類承認の件＞
　議長の指名により、当法人理事　甲野一郎　から、別紙「平成○年度（第○期）貸借対照表及び損益計算書」の承認を求める旨の議案が提出された。
　出席者による質疑応答の後、議長が同議案の承認の可否を議場に諮ったところ、満場一致をもって承認された。

＜議案第2号　役員改選の件＞
　議長は、本総会の終了と同時に理事全員の任期が満了するため、その後任者を選任する必要がある旨を述べ、その選任方法について議場に諮ったところ、議場から「議長一任」との発言があり、議長がその可否を議場に諮ったところ、満場一致で承認された。
　そこで、議長は、次に掲げる3名を理事候補者に指名し、各候補者を後任の理事として選任したい旨を述べ、その可否を議場に諮ったところ、各人とも出席した社員の議決権の過半数（○個）の賛成をもって承認可決された。

　　　　　　　　　　（中　略）
　以上のとおり、本総会は電話会議システムを用いて終始異状なく議題の審議を終了したので、午後3時、議長が閉会を宣言し、解散した。
　　　　　　　平成○年○月○日
　　　　　　　　議事録作成者　社員　山野 つばき　㊞

【参考例】社員総会議事録（みなし決議の場合）

一般社団法人○○会　臨時社員総会

社員総会議事録

1. 決議があったものとみなされた事項
   平成○年○月○日をもって、当法人の理事甲野二郎を解任すること。
2. 1の事項について提案をした者
   当法人理事　甲野　一郎
3. 1の事項について決議があったものとみなされた年月日
   平成○年○月○日

　本議事録は、一般社団法人及び一般財団法人に関する法律（以下、「法」という）第57条、法施行規則第11条及び当法人定款第○条の各規定に基づいて作成したものである。
　平成○年○月○日
　　　　　　　　　　　議事録の作成に係る職務を行った者
　　　　　　　　　　　　当法人理事　甲野　一郎　㊞

## Q29　社員総会議事録の備置き

社員総会議事録は、どのように保管すればよいか。

## Answer. 29

　一般社団法人は、次表に掲げるとおり、その主たる事務所及び従たる事務所に、社員総会議事録（またはその写し）を備え置かなければならない（法人法57②③）。

第3節　一般社団法人の意思決定　147

＜社員総会議事録等の保存（備置）期間＞

| | 保存対象 | 保存期間 |
|---|---|---|
| 主たる事務所 | 社員総会議事録の原本 | 10年 |
| 従たる事務所※ | 社員総会議事録の写し | 5年 |

※社員総会議事録が電磁的記録をもって作成されている場合であって、従たる事務所において当該電磁的記録を表示したものの閲覧または謄写の請求に応じることを可能とするための措置（通信回線を介した情報の取得を可能にする措置。法人規則93 二参照）をとっているときは、保存を要しない。

なお、「電磁的記録を表示」する方法は、当該電磁的記録を紙面または映像面に表示する方法でなければならない（法人規則91 五）。具体的には、電磁的記録をもって作成された議事録を紙に印刷し、または当該電磁的記録に記録されている事項をパソコン等のディスプレイ上で視覚的に確認、読解できる状態に置くことが考えられる。

ところで、一般社団・財団法人法は、書面をもって作成された社員総会議事録を電磁的記録に置き換えて、またはその逆に、電磁的記録をもって作成された社員総会議事録を書面に置き換えて保存することについては、特段の規定を置いていない。しかし、いわゆる電子文書法（民間事業者等が行う書面の保存等における情報通信の技術の利用に関する法律。なお「e文書法」ともいう）の規律の下、民間事業者等が法令上の義務として作成し、保存する文書は、主務省令で定めるところにより、電磁的記録に置き換えて保存することが認められる。

一般社団・財団法人法の規律に服する法人も、ここでいう「民間事業者等」に含まれるから、その作成し、保存する文書は、原則として電子文書法の適用を受ける※1。したがって、いったん書面をもって作成された社員総会議事録についても、電磁的記録に置き換えた上で保存することが可能で※2

ある（電子文書法3①、法人規則99）。

※1 定款及び一般社団法人の社員名簿は、いったん作成された後、必要に応じて内容が変更（更新）されていくものであるため、その変更（更新）の際に電子化を許容するという形で対応している。

※2 具体的には、文書に記載された内容をスキャナ等の画像読取装置でコンピュータ上に電子情報として取り込み、当該電子情報を電磁的記録としてファイル等に保存する。保存にあたっては、必要に応じて当該電磁的記録に記録された事項を出力することにより、直ちに明瞭かつ整然とした形式で、その内容を映像面に表示し、または書面に印刷することができるようにする措置を講じなければならない（法人規則100）。例えば、PDFファイルに変換する方法が考えられる。

　書面により保存する場合と同等の見読性（即座に情報を読み取れること）及び完全性（改ざん、消失の危険が極めて少ないこと）を確保する趣旨である（民事月報62.10. 110頁参照）。

---

### Q30　社員総会議事録の公開

> 社員総会議事録は、だれに対し、どのように開示すればよいか。

### Answer. 30

社員総会議事録の開示は、以下の要領に従う（法人法57④）。

(1) 開示の相手方

　一般社団法人の各社員及び債権者である。一般社団法人は、開示の請求をする者に対し、その身分を証する資料の提出または提示を求めることができるものと解する。

(2) 開示の時間

　一般社団法人の業務時間内である。一般社団法人は、その業務時間内はいつでも開示の請求に応じなければならない。

(3) 開示の方法

> ＜社員総会議事録の開示の方法＞
> ① 社員総会議事録が書面をもって作成されている場合には、当該書面またはその写しの閲覧または謄写
> ② 社員総会議事録が電磁的記録をもって作成されている場合には、当該電磁的記録に記録された事項を表示したものの閲覧または謄写。なお、「表示」は、当該電磁的記録に記録された事項を紙面または映像面に表示する方法によって行う（法人規則 91 五）。

　次表に掲げるとおりである。

　このように、一般社団・財団法人法は、書面で作成された社員総会議事録を電磁的方法で開示することを認めていない。しかし、電子文書法の定める規律に従って電子化された社員総会議事録については、電磁的方法による開示が可能となる（電子文書法 5 ①、法人規則 101）。

　※一般社団法人は、電子文書法の定める規律に従って電子化された社員総会議事録について、当該一般社団法人の事務所に備え置く電子計算機の映像面にその内容を表示する方法またはその内容を記載した書面を供する方法により開示することができる（法人規則 102 参照）。

　なお、理事は、社員総会議事録の閲覧または謄写を拒んだときは、正当な理由がある場合を除き、100 万円以下の過料に処せられる（法人法 342 四）。

### 第3款　理事

**Q31** 理事による業務の執行及びその決定

> 一般社団法人の理事は、一般社団法人の業務の執行及びその決定をどのように行うか。

**Answer. 31**

　一般社団法人の理事は、一般社団法人の業務の執行及びその決定を次のとおり行う。

(1) **理事会を置かない一般社団法人の理事**
　① 理事が1人であるときは、自ら一般社団法人の業務の執行及びその決定を行う（法人法76①）。
　② 2人以上の理事があるときは、定款に別段の定めがない限り、各理事が業務執行権を有し、その決定は、理事の過半数の同意によって行う（法人法76①②）。
　　次表に掲げる事項については、その決定を各理事（代表理事を含む）に委任することができない（法人法76③）。

<理事（代表理事を含む）にその決定を委任することができない事項>
① 従たる事務所の設置、移転及び廃止
② 社員総会の招集に関する事項（法人法38①）
③ 理事の職務の執行が法令及び定款に適合することを確保するための体制その他一般社団法人の業務の適正を確保するために必要なものとして法務省令で定める体制（いわゆる「内部統制システム」[※1]）の整備
　なお、大規模一般社団法人[※2]は、内部統制システムの策定が義務づけられる（法人法76④）。
④ 定款の定めに基づく役員等（理事、監事または会計監査人）の責任の一部の免除（法人法114①）

※1　理事会を置かない一般社団法人が、その「業務の適正を確保するために必要な」体制（いわゆる「内部統制システム」）を定める場合には、次に掲げる体制等をその内容とする（法人規則13、民事月報62.10.43頁以下）。
　① 　理事の職務の執行に係る情報の保存及び管理に関する体制
　　　例えば、当該情報の保存期間や保存形式（媒体）、保存場所（バックアップ手段を含む）、管理責任者等に関し、管理規程や基本方針を定めることが考えられる。
　② 　損失の危険の管理に関する規程その他の体制
　　　例えば、法人の業務上生じ得る損失の危険の種類や損失額の想定、危険の発生を未然に防ぎ、または現実化した危険に即応するための担当部署及び指揮系統（いわゆる「危機管理体制」）を定めること等が考えられる。
　③ 　理事の職務の執行が効率的に行われることを確保するための体制
　　　例えば、理事が職務上作成すべき書類の様式を統一し、文書決裁に関する規律を定めること等が考えられる。
　④ 　使用人の職務の執行が法令及び定款に適合することを確保するための体制
　　　例えば、法令（定款）違反行為を就業規則に基づく懲戒処分の対象とし、法令（定款）遵守のための指針を定めること等が考えられる。
　⑤ 　理事が2人以上ある場合にあっては、業務の決定が適正に行われることを確保するための体制（法人法76②参照）
　　　例えば、会議を開催する場合や、持ち回りによる場合の具体的方法を定めておくこと等が考えられる。
　⑥(1)　監事設置一般社団法人（法人法15②一）以外の一般社団法人にあっては、理事が社員に報告すべき事項の報告をするための体制（法人法85参照）
　　(2)　監事設置一般社団法人にあっては、次に掲げる体制(法人法85参照）

ア　監事がその職務を補助すべき使用人を置くことを求めた場合における当該使用人に関する事項
　　　イ　当該使用人の理事からの独立性に関する事項
　　　ウ　理事及び使用人が監事に報告をするための体制その他の監事への報告に関する体制
　　　エ　その他監事の監査が実効的に行われることを確保するための体制
　※2　最終事業年度（各事業年度に係る計算書類（貸借対照表及び損益計算書。法人法123②）につき定時社員総会または理事会の承認（同126②、127前段、124③）を受けた場合における当該各事業年度のうち最も遅いもの）に係る貸借対照表（一般社団法人の成立後最初の定時社員総会までの間においては、一般社団法人の成立の日における貸借対照表。同123①）の負債の部に計上した額の合計額が200億円以上である一般社団法人をいう（法人法2二）。

　なお、仮処分命令（民保56）により選任された理事の職務を代行する者は、当該仮処分命令に別段の定めがある場合を除き、原則として、一般社団法人の「常務に属しない行為」（例：臨時社員総会の招集）をすることができない（法人法80①。その必要があるときは、裁判所の許可を得て行う）。

### (2) 理事会設置一般社団法人の理事

　理事会設置一般社団法人の理事は、原則として、自ら一般社団法人の業務を執行し、または業務執行の決定をすることができない。

　理事会設置一般社団法人の業務は、代表理事または業務執行理事（代表理事以外の理事であって、理事会の決議によって理事会設置一般社団法人の業務を執行する理事として選定されたものをいう）が執行する（法人法91①）。また、理事会設置一般社団法人の業務の執行の決定は、理事会の専権事項である（法人法90②一）。

## Q32 理事の（過半数の）一致を証する書面

一般社団法人において、理事の（過半数の）一致による意思決定があった場合には、その事実をどのように証明するのか。

### Answer. 32

理事の（過半数の）一致による意思決定があった事実を、その意思決定に参加した理事の全員または一部の者が適宜の様式で書面または電磁的記録に記載し、または記録する、という方法が考えられる。

一般社団・財団法人法上、理事の（過半数の）一致を証する書面については、その作成方法・保存等に関する規律がされていない。

しかし、理事会設置一般社団法人以外の一般社団法人において、定款の定めに基づく理事の互選により代表理事を選定した場合や、従たる事務所を設置した場合のように、理事の一致による決定により登記事項に変動が生じたときは、その事実を証するため、「ある理事の一致を証する書面」を登記申請書に添付しなければならない（法人法317①）。

なお、理事の「一致」とは、ある事項について2人以上の理事の間で意思の合致を見た状態をいう。したがって、在任する理事が1人しかいない場合には、理事の（過半数の）一致を証する書面が作成されることはない。この場合は、登記の申請行為それ自体が、登記すべき事項について理事による意思決定があったことの証明となる。

ただし、実務上、登記の申請を代理人に依頼する場合（司法書士、司法書士法人、弁護士または弁護士法人でなければ、登記申請の代理業務をすることができない）には、当該代理人の権限を証する書面（法人法330、商登法18。一般的には「委任状」）に、登記すべき事項を詳細に明記することが通例となっている。

**【参考例】代表理事互選書**

一般社団法人○○会

代表理事互選書

　平成○年○月○日午前○時○分から同○時○分まで、当法人本部事務所において、理事の全員が出席し、以下のとおり会議を開いた。
　1．会議の目的である事項
　　　定款第○条の規定に基づき、当法人の代表理事を定める件
　2．議事経過
　　　冒頭、甲野一郎から、一身上の都合により、本会議の終了と同時に代表理事を辞任したい旨の発言があり、一同これを了承した。
　　　その後、出席者は、全員の互選により、次に掲げる者を後任の代表理事と定めた。

　　　○県○市○町○丁目○番○号
　　　　代表理事　甲野　二郎
　　　甲野二郎から、代表理事への就任を受諾する旨の発言があったので、一同散会した。

　以上のとおり会議を開いたことを明確にするため、定款第○条の規定により、出席した理事は共同してこの書面を作成し、次に記名押印する。
　　　平成○年○月○日
　　　　　　　　　　　　　　　理事　甲野　一郎　㊞
　　　　　　　　　　　　　　　理事　甲野　二郎　㊞
　　　　　　　　　　　　　　　理事　甲野　三郎　㊞

※当該書面を登記に用いるときは、変更前の代表理事が登記所届出印を押印している場合を除き、各理事が市区町村長に届け出た印鑑（実印）を押印することになる（一般登記規則3、商登規則61④二）。

第3節　一般社団法人の意思決定　*155*

【参考書式】委任状(理事が1人である場合)

委　任　状

　　　　　○県○市○町○丁目○番○号
　　　　　司法　太郎　殿

私は、貴殿に対し、下記事項を委任します。
記
1．当法人が次に掲げる事務所を廃止した旨の登記申請に関する一切の件
　　(廃止した事務所)　○県○市○町○丁目○番○号に置いた事務所
　　(廃止した年月日)　平成○年○月○日
2．1の登記申請に係る補正(補正のための取下げを含む。)の手続に関する一切の件
3．1の登記申請に係る添付書類の原本還付請求及びその受領に関する一切の件
　　　　　　　　　　　　　　　　　　　　　　　　以　上

平成○年○月○日
　　　　　○県○市○町○丁目○番○号
　　　　　一般社団法人○○会　理事　甲野　一郎　㊞

# 第4款　理事会

## Q33　理事会の設置

一般社団法人は、理事会を設置することができるか。

### Answer.33

できる。

理事会は、すべての理事で組織される会議体であり（法人法90①）、一般社団法人は、定款の定めによって理事会を置くことができる（法人法60②）。

理事会を置く一般社団法人を「理事会設置一般社団法人」といい（法人法16①（　）書）、理事会設置一般社団法人は、3人以上の理事及び1人以上の監事（法人法99）を置かなければならない（理事の最低員数につき法人法65③、監事の設置義務につき同61）。

なお、大規模一般社団法人であっても、理事会を置くことは任意である。他方、一般財団法人は、必ず理事会を置かなければならない（法人法170①）。

## Q34　理事会の権限

一般社団法人に置かれた理事会は、どのような権限を有するか。

### Answer.34

一般社団法人に置かれた理事会は、次表に掲げる権限を有する（法人法90②各号）。

<一般社団法人における理事会の権限>
① 理事会設置一般社団法人の業務執行の決定
② 理事の職務の執行の監督
③ 代表理事の選定及び解職

　理事会は、業務執行の決定を代表理事・業務執行理事に委任することができるが、次表に掲げるものは、特に委任が許されていない（法人法90④）。

<一般社団法人における理事会が理事に委任することができない事項>
① 重要な財産の処分及び譲受け
② 多額の借財
③ 重要な使用人の選任及び解任
④ 従たる事務所その他の重要な組織の設置、変更及び廃止
⑤ 理事の職務の執行が法令及び定款に適合することを確保するための体制その他一般社団法人の業務の適正を確保するために必要なものとして法務省令で定める体制（いわゆる「内部統制システム」）の整備※
　　なお、理事会設置一般社団法人が大規模一般社団法人である場合には、内部統制システムの策定が義務づけられる（法人法90⑤）。
⑥ 定款の定めに基づく理事等の責任の免除（法人法114①、111①参照）
⑦ その他、一般社団法人の重要な業務執行に関する事項

※理事会設置一般社団法人が、その「業務の適正を確保するために必要な」体制（いわゆる「内部統制システム」）を定める場合には、次に掲げる体制をその内容とする（法人規則14）。
　① 理事の職務の執行に係る情報の保存及び管理に関する体制
　② 損失の危険の管理に関する規程その他の体制
　③ 理事の職務の執行が効率的に行われることを確保するための体制
　④ 使用人の職務の執行が法令及び定款に適合することを確保するための体制
　⑤ 監事がその職務を補助すべき使用人を置くことを求めた場合における

当該使用人に関する事項
　⑥　⑤に掲げる使用人の理事からの独立性に関する事項
　⑦　理事及び使用人が監事に報告をするための体制その他の監事への報告に関する体制
　⑧　その他監事の監査が実効的に行われることを確保するための体制

　また、一般社団法人に置かれた理事会は、次表に掲げる事項について決議する権限を有する。これらは、原則として理事会の専権事項となるが、定款で定めることにより、その全部または一部を社員総会において決議すべき事項とすることも可能と解される（法人法35②）。

＜一般社団法人において理事会が決議権限を有する事項（例）＞
①　社員総会の招集に関する事項の決定（法人法38）
②　代表理事以外の理事であって、理事会の決議によって理事会設置一般社団法人の業務を執行する理事（業務執行理事）の選定（法人法91①二）
③　次のいずれかに該当する場合において、理事がその取引を行うことについての承認（法人法92①）
　ア　理事が自己または第三者のために一般社団法人の事業の部類に属する取引（競業取引）をしようとするとき。
　イ　理事が自己または第三者のために一般社団法人と取引（利益相反取引のうち、いわゆる直接取引）をしようとするとき。
　ウ　一般社団法人が理事の債務を保証することその他理事以外の者との間において一般社団法人と当該理事との利益が相反する取引（利益相反取引のうち、いわゆる間接取引）をしようとするとき。
④　定款の定めに基づく役員等（理事、監事または会計監査人）の責任の一部の免除（法人法114）
⑤　監事（及び会計監査人）の監査を受けた計算書類（貸借対照表及び損益計算書。法人法123②）及び附属明細書、監事の監査を受けた事業報告の承認（法人法124）

## Q35 理事会の招集者

> 一般社団法人に置かれた理事会は、だれが招集するのか。

### Answer. 35

理事会は、各理事が必要に応じて招集する（法人法93①）。ただし、以下の例外がある。

(1) **定款等により指定された者による招集**

理事会を招集する理事を定款または理事会で定めたときは、その理事（以下「招集理事」という）が招集する（法人法93①ただし書）。この場合には、招集理事以外の理事は、招集理事に対し、理事会の目的である事項（議題）を示して理事会の招集を請求することができる（法人法93②）。

(2) **招集理事以外の理事による招集**

招集理事以外の理事が理事会の招集の請求をした日から5日以内に、その請求の日から2週間以内の日を開催日とする理事会の招集の通知が発せられない場合には、その理事は、自ら理事会を招集することができる（法人法93③）。

---

## Q36 理事会の招集手続

> 一般社団法人に置かれた理事会は、どのように招集するのか。

### Answer. 36

理事会を招集する者は、理事会の日の1週間（これを下回る期間を定款で定めた場合にあっては、その期間）前までに、各理事及び各監事に対し、その通知を発しなければならない（法人法94①）。

通知の方法については特段の規定がなく、定款に定めがあればその定め

に従い、定めがなければ適宜の方法による。なお、口頭でも差し支えないが、理事会の招集手続に瑕疵があると、その決議は原則として無効になると解されており、手続の適法性を担保する観点から、書面または電磁的方法（メール等）によることが望ましい。

ただし、理事及び監事の全員の同意があれば、招集手続は省略することができる（法人法94②）。したがって、招集手続に不備があった場合でも、理事及び監事の全員の同意を得ることにより、事後的にその不備を解消することは可能であろう。

なお、理事会は、理事会設置一般社団法人の業務の執行に関する一切の事項が討議される場であり、招集に際し、会議の目的である事項（議題）を定めておく必要性も、実益もない（仮に定めたとしても、理事会の席上、理事が予告なく議題または議案を提出することは、その内容が理事会の権限に属さないものでない限り、妨げられない）。

## Q37 理事会の決議要件

> 一般社団法人に置かれた理事会の決議は、どのように行うか。

### Answer. 37

議決に加わることができる理事の過半数（これを上回る割合を定款で定めた場合にあっては、その割合以上）が出席し、その過半数（これを上回る割合を定款で定めた場合にあっては、その割合以上）をもって行う（法人法95①）。まとめると、次表のとおりである。

<理事会の決議要件>

| 定足数 | 議決に加わることができる理事の過半数※（定款でこれを上回る割合を定めたときは、その割合以上）が出席すること。 |
|---|---|
| 可決要件 | 出席した理事の過半数（定款でこれを上回る割合を定めたときは、その割合以上）が賛成すること。 |

※決議について特別の利害関係を有する理事は、議決に加わることができない（法人法95②）。例えば、代表理事は、その解職を目的とする理事会の決議について特別の利害関係を有するものと解されている。

## Q38 理事会の決議の省略（みなし決議）

一般社団法人に置かれた理事会の決議は、省略することができるか。

### Answer. 38

できる。

理事会設置一般社団法人は、理事が理事会の決議の目的である事項について提案をした場合において、その提案につき、理事（当該事項についての議決に加わることができない理事※を除く）の全員が書面または電磁的記録により同意の意思表示をしたときは、当該提案を可決する旨の理事会の決議があったものとみなす旨の定款の定めに基づいて、理事会の決議を省略することができる（法人法96）。

ただし、監事が理事の提案に異議を述べたときは、理事会の省略は認められない。

※例えば、代表理事の解職を目的とする場合には、当該代表理事は特別利害関係人（法人法95②）に該当するため、議決に加わることができない。

## Q39 理事会に対する報告の省略

理事会設置一般社団法人の理事、監事または会計監査人は、理事会に対する報告を省略することができるか。

### Answer. 39

できる。

理事会設置一般社団法人の理事、監事または会計監査人が、理事及び監事の全員に対して理事会に報告すべき事項を通知したときは、当該事項を理事会へ報告することを要しない（法人法98①）。

ただし、代表理事または業務執行理事（法人法91①二）による、自己の職務執行の状況についての報告※は、省略することができない（法人法98②）。

※代表理事及び業務執行理事は、自己の職務の執行の状況について、少なくとも3か月に1回は理事会に報告しなければならない（法人法91②本文）。ただし、毎事業年度に4か月を超える間隔で2回以上その報告をしなければならない旨の定款の定めを設けた場合には、その定めに従えば足りる（同ただし書）。


## Q40 理事会議事録

理事会設置一般社団法人における理事会議事録とは、何か。

### Answer. 40

(1)「理事会議事録」とは、理事会の議事に関する事項を記載した書面または当該事項を記録した電磁的記録をいう（法人法95③、法人規則15①②）。

理事会議事録には、次表に掲げる事項を記載し、または記録しなければならない（法人規則15③）。

＜理事会議事録に記載し、または記録すべき事項＞
① 理事会が開催された日時及び場所
② ①の場所に存しない理事、監事または会計監査人が理事会に出席をした場合にあっては、その出席の方法
③ 理事会が理事の請求を受けて招集されたものであるとき（法人法93②参照）は、その旨
④ 理事会が③の請求をした理事によって招集されたものであるとき（法人法93③参照）は、その旨
⑤ 理事会が監事の請求を受けて招集されたものであるとき（法人法101②参照）は、その旨
⑥ 理事会が⑤の請求をした監事によって招集されたものであるとき（法人法101③参照）は、その旨
⑦ 理事会の議事の経過の要領及びその結果
⑧ 決議を要する事項について特別の利害関係を有する理事（法人法95②）があるときは、その氏名
⑨ 競業取引または利益相反取引（法人法84①）をした理事が当該取引についての重要な事実を報告した場合（法人法92②）におけるその内容の概要
⑩ 監事が以下に掲げるいずれかの事実があると認め、その旨の報告をした場合（法人法100）におけるその内容の概要
　　ア　理事が不正の行為をした事実
　　イ　理事が不正の行為をするおそれがある事実
　　ウ　法令または定款に違反する事実
　　エ　著しく不当な事実
⑪ 監事が理事会に出席し、必要があると認めて述べた意見がある場合（法人法101①）におけるその内容の概要
⑫ 理事会議事録に署名（電子署名を含む）し、または記名押印しなければならない者を当該理事会に出席した代表理事（法人法21①）とする旨の定款の定め（法人法95③）があるときは、当該代表理事以外の理事であって理事会に出席したものの氏名
⑬ 理事会に出席した会計監査人の氏名（当該会計監査人が監査法人である場合にあっては、その名称）
⑭ 理事会の議長が存するときは、その氏名

(2) 理事会の決議があったものとみなす場合（みなし決議。「Q38　理事会の決議の省略」）や、理事、監事または会計監査人の理事会に対する報告を要しない場合（「Q39　理事会に対する報告の省略」）における、理事会議事録に記載し、または記録すべき事項は、それぞれ次の各表のとおりである（法人規則15④）。

＜みなし決議（法人法96）があった場合における議事録の内容＞
① 理事会の決議があったものとみなされた事項の内容
② ①の事項の提案をした理事の氏名
③ 理事会の決議があったものとみなされた日
④ 議事録の作成に係る職務を行った理事の氏名※

＜報告の省略（法人法98①）をした場合における議事録の内容＞
① 理事会への報告を要しないものとされた事項の内容
② 理事会への報告を要しないものとされた日
③ 議事録の作成に係る職務を行った理事の氏名※

※理事会の「議事録の作成に係る職務を行った理事」とは、その作成した理事会議事録に記載し、または記録された事項について、一般社団法人に対し、その内容が虚偽でないことを担保する責任を負う理事をいう。

## Q41　理事会議事録の作成者

理事会設置一般社団法人における理事会議事録は、だれが、どのように作成するのか。

### Answer. 41

理事会議事録の作成者については、法令上、特段の規定がない。
したがって、定款に定めがある場合にはその定めに従い、定めがない場

合には、理事会議事録に記載し、または記録すべき事項を正確に把握している者が単独で、または共同して作成すればよい。

もっとも、実務上は、議事録に署名または記名押印しなければならない理事のいずれかに議事録作成の職務を行わせることが通例となろう。

なお、理事会議事録に記載（理事会議事録が電磁的記録をもって作成された場合にあっては、記録。以下同じ）すべき事項の不記載及び虚偽記載は、過料処分の対象となる（法人法342七）。

## Q42 理事会議事録への署名、押印

理事会設置一般社団法人における理事会議事録に署名し、または記名押印しなければならない者は、だれか。

### Answer. 42

原則として、理事会に出席した理事及び監事の全員である（法人法95③④）。

ただし、理事会議事録に署名し、または記名押印しなければならない者を理事会に出席した代表理事とする旨の定款の定めがある場合にあっては、当該代表理事及び監事の署名または記名押印（理事会議事録を電磁的記録によって作成した場合にあっては、電子署名）があれば足りる（法人法95③（　）書、④）。

理事会設置一般社団法人が代表理事の就任による変更の登記を申請するときは、申請書に、代表理事の選定を証する書面として理事会議事録を添付しなければならず（法人法90③、317②）、登記手続上、当該議事録には理事会に出席した理事及び監事の全員が記名押印し、原則として、その印鑑についての証明書を申請書に添付することも要求される（一般登記規則3、商登規則61④三）。ただし、上述した議事録に署名（記名押印）すべ

き者を代表理事に限定する定款の定めがある場合には、当該代表理事及び監事が記名押印し、その印鑑についての証明書（及び定款）を添付すれば足り
る※（民事月報63.8.23頁）。

　　※みなし決議（法人法96）があった場合の理事会議事録については、少なくとも、同意の意思表示をした理事（理事の全員）は、商業登記規則第61条第4項第三号のいう「出席した理事」に該当し、その記名押印を要するものと解される。

　　　他方、監事については、出席して異議を述べなかったものと扱うべきか、欠席したものと扱ってよいのか、規定上は必ずしも判然としない。しかし、登記実務では、後者の見解に沿う形で、監事の記名押印は必要とされていない（株式会社に関する松井信憲『商業登記ハンドブック』商事法務391頁）。

　なお、理事会の決議に参加した理事であって、その理事会議事録に異議をとどめないものは、その決議に賛成したものと推定される（法人法95⑤）。この推定は、上述した議事録に署名（記名押印）すべき者を代表理事に限定する定款の定めがある場合にも働く可能性があるとされる（『一問一答　公益法人関連三法』（前掲）73頁）。

---

### Q43　理事会議事録等の備置き

> 理事会設置一般社団法人においては、理事会議事録をどのように保管すればよいか。

### Answer.43

　理事会設置一般社団法人は、理事会の日（理事会の目的である事項についてみなし決議（法人法96）があった日を含む）から10年間、理事会議事録（み

なし決議があった場合における理事の同意の意思表示を記載し、または記録した書面または電磁的記録とともに「議事録等」という）、その主たる事務所に備え置かなければならない（法人法97①）。

なお、社員総会議事録と異なり、その写しを従たる事務所に備え置く必要はない。

電子文書法の適用については、社員総会議事録の場合と同様に考えて差し支えない（法人規則99）。

## Q44 理事会議事録等の公開

理事会設置一般社団法人における理事会議事録等は、だれに対し、どのように開示すればよいか。

## Answer. 44

理事会設置一般社団法人における理事会議事録等の開示は、以下の要領に従って行う（法人法97②ないし④）。

(1) 開示要件

次表中、A欄に掲げる者は、それぞれB欄に掲げる場合には、理事会設置一般社団法人に対し、裁判所の許可を得て、理事会議事録等の開示を請求することができる（法人法97②柱書、③）。

ただし、裁判所は、次表のC欄に掲げる場合には、許可をしてはならないものとされている（法人法97④）。

＜議事録等の開示要件＞

| A 欄 | B 欄 | C欄（開示不許可事由） |
|---|---|---|
| 社員 | 権利を行使するため必要があるとき | 請求者が理事会議事録等の閲覧または謄写をすることにより、理事会設置一般社団法人に著しい損害を及ぼすおそれがあると認めるとき |
| 債権者 | 理事または監事の責任を追及するため必要があるとき | |

(2) **開示の方法**

理事会議事録等の開示は、次表に掲げる要領で行う（法人法97②各号）。

＜理事会議事録等の開示の方法＞
① 理事会議事録等が書面をもって作成されている場合には、当該書面の閲覧または謄写
② 理事会議事録等が電磁的記録をもって作成されている場合には、当該電磁的記録に記録された事項を表示したものの閲覧または謄写。なお、「表示」は、当該電磁的記録に記録された事項を紙面または映像面に表示する方法によって行う（法人規則91七）。

電子文書法の適用については、一般社団法人の社員総会議事録の場合と同様に考えて差し支えない（法人法101）。

なお、理事会設置一般社団法人の理事は、正当な理由がある場合を除き、理事会議事録等の閲覧または謄写を拒んだときは、100万円以下の過料に処せられる（法人法342四）。

# 第4節

# 一般財団法人の意思決定

## 第1款 概説

### Q1 一般財団法人の意思決定

一般財団法人の意思決定とは、何か。

### Answer. 1

「一般財団法人の意思決定」とは、基本的には、一般社団法人におけるのと同じく、その事業活動や組織の運営・管理について、法人としていかなる方針、姿勢で臨むか、という法人自身の「意思」を決定することである。

しかし、一般財団法人においては、その性格上、一般社団法人の「社員」のような存在を観念する余地がない。したがって、一般財団法人の意思決定を一般社団法人のそれと全く同一の枠組みで理解しようと試みることは、必ずしも妥当ではないと考える。

一般財団法人は、その設立趣意（資力の乏しい学生でも高等教育が受けられるよう経済的な側面で支援したい、高齢者の暮らしを豊かにする社会福祉施設を作りたい、家族同様に可愛がってきたペットのために遺産を使いたい、等）の実現に資するため、一般社団・財団法人法その他関係法令の定めるところにより、設立者が拠出した財産の集合体に1個の法人格を付与し、独立の事業主体としたものである。

そうすると、一般財団法人の意思決定とは、究極的には、それを必要とする個々の場面において、設立者の意思（当該一般財団法人の設立趣意）を

具現化するための仕組みである、というように理解することも可能であろう。

## 第2款　評議員会

### Q2　評議員会の権限

> 評議員会は、いかなる事項について決議することができるか。

### Answer.2

評議員会は、すべての評議員で組織され、多数決原理によって、一般財団法人の基本的事項を決定する合議機関である。定款の定めによってもその専権事項に属する権限を奪うことができないという意味においては（法人法178③参照）、一般社団法人における社員総会と同じく、一般財団法人の「最高意思決定機関」といえる。

もっとも、一般財団法人には、常に理事会が置かれることから、評議員会の決議権限は、法人法に規定する事項及び定款で定めた事項に限られる（法人法178①②）。また、その招集に際して当該評議員会の目的である事項（議題。法人法181①二）として定められた事項以外の事項について、決議することはできない。

## Q3 評議員会の設置

一般財団法人は、評議員会を設置しないことができるか。

### Answer. 3

できない。一般財団法人は、その規模の大小にかかわらず、評議員会の設置が義務づけられる。

なお、評議員会の合議機関としての特性（多数決原理の徹底により、意思決定過程の透明化が図られ、「なれ合い」による不正や理事その他の機関に対する監督機能の形骸化を回避し得る）が損なわれることを防ぐため、評議員は3人以上でなければならない（法人法173③）。

※一定の要件を満たす一般財団法人は、「大規模一般財団法人」とされ（法人法2三）、会計監査人の設置義務（法人法171）等、特別の規律に服する。

---

## Q4 評議員会の種類

評議員会には、どのような種類があるか。

### Answer. 4

評議員会は、一般社団法人の社員総会と同様に、定時評議員会（主として計算書類の承認等（法人法199、126）及び任期が満了した役員等の後任者の選任（法人法197参照）を目的として招集される）と、それ以外の評議員会とに分類することができる。

定時評議員会は、毎事業年度の終了後一定の時期に招集しなければならないが（法人法179①）、それ以外の評議員会は、必要がある場合には、いつでも招集することができる（法人法179②）。

## Q5 評議員会の招集者

> 評議員会は、だれが招集するのか。

### Answer. 5

評議員会は、次に掲げる者が招集する。

(1) **理事（法人法179③）**

評議員会の招集は、一般財団法人の「業務の執行」ではなく、いずれの理事が招集しても差し支えないと解されるが、実務上は、代表理事を招集者とすることが通例となろう。定款で、評議員会の招集をすべき理事を定めたときは、その定めに従う。

なお、評議員会の招集手続が法令または定款の定めに違反した場合には、当該評議員会における決議は取消しの訴えの対象となる（法人法266①一）。もっとも、評議員の全員の同意を得て、事後的に、評議員会の招集手続上の問題を解消することは可能であろう（評議員会の招集手続は、評議員の全員の同意があれば、省略することができる。法人法183）。

(2) **評議員（法人法180②）**

評議員は、理事に対し、評議員会の目的である事項（議題）及び招集の理由を示して、評議員会の招集を請求することができる（法人法180①）。

当該請求をした評議員は、次表に掲げる場合には、自ら、裁判所の許可を得て、評議員会を招集することができる。

| ＜評議員が自ら裁判所の許可を得て評議員会を招集できる場合 |
|---|
| ① 理事に対して評議員会の招集を請求した後、遅滞なく招集の手続が行われない場合 |
| ② 理事に対する評議員会の招集の請求があった日から6週間（これを下回る期間を定款で定めた場合にあっては、その期間）以内の日を評議員会の日とする評議員会の招集の通知が発せられない場合 |

## Q6 裁判所の命令による評議員会の招集

> 裁判所が一般財団法人の理事に評議員会の招集を命じるのは、どのような場合か。

### Answer.6

　裁判所は、一般財団法人の評議員会の招集の手続及び決議の方法を調査させるために選任した検査役（以下「評議員会検査役」という）から報告を受けた場合において、必要があると認めるときは、当該一般財団法人の理事に対し、一定の期間内に評議員会を招集することを命じなければならない（法人法188①）。

**(1) 評議員会検査役の選任及び調査結果の報告**

　一般財団法人または評議員は、評議員会に係る招集の手続及び決議の方法を調査させるため、当該評議員会に先立ち、裁判所に対し、評議員会検査役の選任の申立てをすることができる（法人法187①）。申立てを受けた裁判所は、当該申立てを不適法として却下する場合を除き、評議員会検査役を選任しなければならない（法人法187②）。

　評議員会検査役は、必要な調査を行い、その結果を記載し、または記録した書面または電磁的記録を裁判所に提供して報告をしなければならない（法人法187③）。一般財団法人（評議員会検査役の選任の申立てをした者（以下「評議員会検査役選任申立人」という）が当該一般財団法人でない場合にあっては、その者及び当該一般財団法人）に対しても、裁判所に提出した報告書の写しを交付し、またはその内容を記録した電磁的記録※2を提供しなければならない（法人法187⑥、法人規則95四）。

　※1・※2　フレキシブルディスクカートリッジ（FD）または日本工業規格（JIS）X0606に適合する120mm光ディスク（商登規則36①）のいずれかに該当する構造の磁気ディスク（電磁的記録に限る）及びその提供を受け

る者（※1にあっては裁判所、※2にあっては当該一般財団法人または評議員会検査役選任申立人）が定める電磁的記録をいう（法人規則94四）。

裁判所または一般財団法人（評議員会検査役選任申立人が当該一般財団法人でない場合にあっては、当該一般財団法人及び評議員会検査役選任申立人）は、裁判所に対する報告の内容を記録した電磁的記録の提供を受けるにあたり、評議員会検査役に対し、電子メディアの種別（FD、CD-R等）及び電磁的記録（テキストファイル、PDFファイル等）を指定することができる。

### (2) 理事に対する措置命令

評議員会検査役から調査結果の報告を受けた裁判所は、必要があると認めるときは、理事に対し、次に掲げる措置の全部または一部を命じなければならない（法人法188①）。

```
＜理事に対して命令すべき措置＞
① 一定の期間内に評議員会を招集すること
② 評議員会検査役による調査の結果を評議員に通知すること
```

裁判所から①の措置を命じられた場合には、理事は、評議員会検査役の報告の内容を①の評議員会において開示しなければならない（法人法188②）。また、理事及び監事は、評議員会検査役の報告の内容を調査し、その結果を①の評議員会に報告しなければならない（法人法188③）。

## Q7　評議員会の招集に際して決定すべき事項

> 評議員会の招集にあたり、どのような事項を定めることが必要か。また、その決定はだれが行うのか。

**Answer. 7**

評議員会を招集するには、理事会（評議員が評議員会を招集する場合（法人法180②）にあっては、当該評議員）は、次表に掲げる事項（以下「招集事項」という）を定めなければならない（法人法181、法人規則58）。

＜評議員会の招集事項＞
① 評議員会の日時及び場所
② 評議員会の目的である事項があるときは、当該事項
③ ①、②に掲げるもののほか、法務省令で定める事項

＜招集事項のうち、法務省令で定める事項（上表③）＞
次に掲げる事項が評議員会の目的である事項（議題）である場合における、その議案の概要（議案が確定していない場合にあっては、その旨）
① 役員等（理事、監事または会計監査人。法人法198、111①）の選任
② 役員等の報酬等
　なお、法人法上、会計監査人の報酬等は評議員会において決議すべき事項とはされておらず、定款に別段の定めがない限り、業務執行の一環として代表理事等が定める（民事月報62.10. 81頁）。
③ 事業の全部の譲渡
④ 定款の変更
⑤ 合併

**Q8** 評議員会の招集に必要な期間

評議員会の招集には、どの程度の期間が必要か。

**Answer. 8**

評議員会を招集するには、理事（評議員が評議員会を招集する場合にあっては、当該評議員（法人法180②）は、評議員会の日の1週間前までに、評議員に対してその通知（招集通知）を発しなければならない。「発信」の時

が基準となる点に注意を要する。

　ただし、定款で定めることにより、この期間は短縮することができる（法人法182①）。また、後述するとおり、評議員の全員の同意があれば、直ちに評議員会を開催することができる。

---

### Q9　評議員会の招集通知の方法

> 評議員会の招集通知は、どのように行うのか。

### Answer. 9

(1)　評議員会の招集通知は、書面によって行う（法人法182①）。
　　ただし、評議員の承諾を得たときは、電磁的方法（例えば、評議員が指定するメールアドレス宛に、招集通知の内容を記録したPDFファイルを送信する方法）によることができる（法人法182②）。
　※電磁的方法による招集通知を発しようとする理事または評議員（招集通知の発出者）は、予め当該招集通知の相手方である評議員に対し、当該招集通知において用いる電磁的方法の種類及び内容を示し、書面または電磁的方法による承諾を得なければならない（法人令1①二）。
　　なお、評議員に示すべき「電磁的方法の種類及び内容」は、以下のとおりである（法人規則97）。
①　次に掲げる方法のうち、送信者が使用するもの
　ア　電子情報処理組織を使用する方法のうち次に掲げるもの
　(1)　送信者の使用に係る電子計算機（以下「送信者側サーバ」という）と受信者の使用に係る電子計算機（以下「受信者側サーバ」という）とを接続する電気通信回線を通じて送信し、受信者側サーバに備えられたファイルに記録する方法。例えば、招集者と評議員との間で電子メールを送受信する方法が考えられる。

(2) 送信者側サーバに備えられたファイルに記録された情報の内容を電気通信回線を通じて情報の提供を受ける者の閲覧に供し、当該情報の提供を受ける者の使用に係る電子計算機に備えられたファイルに当該情報を記録する方法。例えば、招集者がウェブサイト上に招集事項を掲載する方法が考えられる。

イ 磁気ディスクその他これに準ずる方法により一定の情報を確実に記録しておくことができる物をもって調製するファイルに情報を記録したものを交付する方法。例えば、招集者と評議員との間でFD、CD-R、USBメモリー等を交換する方法が考えられる。

② ファイルへの記録の方式。具体的には、特定のファイル形式（PDFファイル、テキストファイル等）を指定することや、電子署名を求めること等が考えられる。

ただし、電磁的方法による招集通知を発することについて評議員の承諾を得た場合であっても、当該評議員から電磁的方法による招集通知を受けない旨の申出を受けた後は、当該評議員が再び承諾したときを除き、電磁的方法による招集通知を発してはならない（法人令1②）。

(2) 招集通知には、招集事項（法人法181①）を記載し、または記録しなければならない（法人法182③）。

---

## Q10 評議員会の招集手続の省略

> 評議員会の招集手続を省略することは可能か。

### Answer. 10

可能である。

一般社団法人の社員総会の場合と同様に、評議員の全員の同意があるときは、招集手続を省略して評議員会を開催することができる（法人法

183）。

　また、評議員会においてその延期または続行を決議した場合には、それらの決議に基づいて開催される評議員会については、招集事項の決定も招集の通知も必要ない（法人法 192）。

## Q11　評議員提案権

> 評議員提案権とは、どのような権利か。

### Answer. 11

　「評議員提案権」とは、理事に対して一定の事項を評議員会の目的とすることを請求する権利（議題提出権）と、評議員会の目的である事項につき、評議員会に出席して議案を提出する権利（議案提出権）とによって構成される、評議員としての地位に基づく権利をいう。

(1)　**議題提出権**

　各評議員は、原則として、議題提出権を有する（法人法 184 ①）。

　議題提出権の行使は、評議員会の日の 4 週間前までにしなければならない。ただし、定款で定めることにより、この期間を短縮することができる。

(2)　**議案提出権**

　各評議員は、原則として、議案提出権を有する（法人法 185）。

　ただし、評議員は、次表に掲げるいずれかの事由があるときは、その議案を提出することができない。

> ＜評議員が議案を評議員会に提出することができない事由＞
> ① その議案が法令または定款に違反するものであるとき。
> ② その議案が評議員会において議決に加わることができる評議員の10分の1（これを下回る割合を定款で定めた場合にあっては、その割合）以上の賛成を得られなかった議案と実質的に同一である場合において、その評議員会の日から3年を経過していないとき。

なお、評議員は、理事に対し、評議員会の日の4週間（これを下回る期間を定款で定めた場合にあっては、その期間）前までに、評議員会の目的である事項について自らが提出しようとする議案の要領を招集通知に記載し、または記録することを請求することができる（法人法186①）。

もっとも、提出しようとする議案に、上表の**＜評議員が議案を評議員会に提出することができない事由＞**があるときは、この請求は認められない（法人法186②）。

## Q12　議決権の数

各評議員の議決権の数は、どのように定められているか。

### Answer. 12

評議員は、各自1個の議決権を有する。

評議員の議決権の数については、法人法上、特別の規定がない。しかし、後述するとおり、評議員会の決議は、賛成した評議員の「頭数」の多少によってその成否が判断される（法人法189）。そうであれば、各評議員が有する議決権は、評議員としての地位と不可分に結合しており（すなわち、株式に代表される、譲渡可能な割合的権利ではない）、かつ、その議決力（ここでは、評議員会の決議の成否に与える影響の大きさのことをいう）は相互に対等であって、ある評議員の賛否が多数決原理を破ることはない、と解

180　第1章　総論

するのが最も合理的であろう。

　なお、以上の見解に立つときは、例えば、一部の評議員に他の評議員よりも多数の議決権を与える旨の定款の定めは、一般社団・財団法人法の規律に反し、無効というべきである。

---

## Q13　評議員会の決議

評議員会の決議には、どのような種類があるか。

### Answer. 13

　法律上の名称ではないが、一般に、社員総会に準じ、「普通決議」と「特別決議」とに分類される。

　それぞれの具体的な決議要件は、次表に掲げるとおりである（法人法189①②）。

<評議員会の決議要件(※)>

|  | 定足数 | 可決要件 |
|---|---|---|
| 普通決議 | 議決に加わることができる評議員の過半数（これを上回る割合を定款で定めた場合にあっては、その割合以上） | 出席した評議員の過半数（これを上回る割合を定款で定めた場合にあっては、その割合以上）の賛成 |
| 特別決議 | 議決に加わることができる評議員の3分の2（これを上回る割合を定款で定めた場合にあっては、その割合）以上に当たる多数 |

※評議員会の決議について特別の利害関係を有する評議員は、議決に加わることができない（法人法189③）。すなわち、その評議員の数は、定足数算定の基礎となる評議員の数にも、出席した評議員の数にも含まれない。

　また、一般社団法人の社員総会の場合と異なり、定款の定めによっても、定足数を排除・軽減することはできない。

第4節　一般財団法人の意思決定　181

なお、評議員会は、その招集に際して会議の目的である事項（議題。法人法181①二）とされたもの以外の事項については、決議をすることができない（法人法189④本文）。ただし、次表に掲げる者の選任を求める決議（法人法191）、または会計監査人の出席を求める決議（その決議をした定時評議員会への出席を求めるときに限る。法人法197、109②）は、招集に際して議題とすることを定めなかった場合でも、することができる（法人法189④ただし書）。

<評議員会の決議によって選任することができる者>
① 理事、監事または会計監査人が当該評議員会に提出し、または提供した資料を調査する者
② 一般財団法人の業務及び財産の状況を調査する者。ただし、その選任をする評議員会が、評議員の請求により招集され、または評議員が招集したもの（法人法180）である場合に限る。

## Q14 評議員会の特別決議を要する事項

評議員会の特別決議は、どのような場合に必要となるか。

## Answer. 14

評議員会の特別決議を要する事項は、一般社団・財団法人法に列挙されている（法人法189②各号）。

ただし、一般財団法人は、一般社団・財団法人法または定款で評議員会の決議事項とされたものについても、任意に（定款で）特別決議を要するものとすることができる。

<法人法に列挙された特別決議事項>
① 次のいずれかの場合における、その監事の解任（法人法176①）
　ア　監事が職務上の義務に違反し、または職務を怠ったとき

イ　心身の故障のため、職務の執行に支障があり、またはこれに堪えないとき
② 理事、監事または会計監査人の責任の一部の免除（法人法198、113①）
③ 定款の変更（法人法200）
④ 事業全部の譲渡（法人法201）
⑤ 一般財団法人の継続（法人法204）
⑥ 吸収合併により消滅し、または吸収合併後存続する一般財団法人における、当該吸収合併の承認（法人法247、251①）
⑦ 新設合併により消滅する一般財団法人における、当該新設合併の承認（法人法257）

## Q15　書面または電磁的方法による議決権の行使

> 評議員は、書面または電磁的方法により、議決権を行使することができるか。

## Answer. 15

　できない。
　一般財団法人の評議員は、その能力や資質に信頼の基礎を置いて選任されるものであり、当該一般財団法人に対し、受任者としての権限及び責任を負う。評議員会に自ら出席し、質疑応答を行い、必要な意見を述べ、表決に参加することは、評議員に課された最も重要かつ中核的な職務である。
　そのため、評議員が、評議員会への出席に代えて、書面または電磁的方法により議決権を行使することは、一般社団・財団法人法上、想定されていない。

## Q16 代理人による議決権の行使

> 評議員は、代理人によって議決権を行使することができるか。

### Answer. 16

　一般財団法人の評議員は、その能力や資質に信頼の基礎を置いて選任されるものであり、受任者としての権限及び責任を有する（一般財団法人と評議員との関係は、委任に関する規定（民643ないし656参照）に従う。法人法172①）。評議員会に自ら出席し、質疑応答を行い、必要な意見を述べ、表決に参加することは、評議員に課された最も重要かつ中核的な職務である。

　そのため、評議員が自ら評議員会へ出席することなく、代理人にその職務を行わせることは、一般社団・財団法人法上、想定されていない。

---

## Q17 評議員会の議長

> 評議員会の議長は、どのように定められるか。また、どのような権限を有するか。

### Answer. 17

　評議員会の議長の選任方法については、一般社団法人の社員総会の場合と同様に、一般社団・財団法人法上、規定がない。したがって、定款に特別の定めがある場合（法人法154）には、その定めに従い、定款に特別の定めがない場合またはその定めに従うことができない場合には、評議員会の決議によって選任する。

　もっとも、社員総会の場合と同様に、議長を置くことは、評議員会の決議が成立するための要件ではない（『一問一答 公益法人関連三法』（前掲）130

頁)。

　※例えば、評議員会に出席する権限を有しない者や、決議すべき事項について特別な利害関係を有する者が議長となる旨の定款の定めがあっても、その定めに従うことはできないと解される（後者については、特別な利害関係を有する事項について決議する場合に限る）。

　評議員会の議長の権限については、一般社団・財団法人法上、規定がない。
　一般社団法人の社員総会の議長と同様、会議の秩序を維持し、議場を整理する権限があることは疑いないが、命令に従わない者等を退場させる権限については、社員総会と評議員会との性質の差異を考えると、若干の疑義が残る。

## Q18　理事及び監事の評議員会における説明義務

　理事及び監事は、評議員会においてどのような説明義務を負うか。

### Answer. 18

　理事及び監事は、評議員会において、評議員から特定の事項について説明を求められた場合には、当該事項（以下「求釈明事項」という）について必要な説明をする義務を負う（法人法190本文）。
　しかし、次表に掲げる場合には、理事等は、求釈明事項についての説明を拒否することができる（法人法190ただし書、法人規則59）。

| ＜評議員会において理事等が説明を拒否できる場合＞ |
|---|
| ①　求釈明事項が評議員会の目的である事項（議題）に関しないものである場合 |
| ②　求釈明事項について説明をするために調査を要する場合。ただし、次に |

第4節　一般財団法人の意思決定　185

掲げる場合を除く。
　ア　求釈明事項について説明を求めた評議員（以下「求釈明評議員」という）が、評議員会の日より相当の期間前に、当該事項を一般財団法人に対して通知した場合
　イ　求釈明事項についての説明に要する調査が著しく容易である場合
③　求釈明事項について説明をすることにより、一般財団法人その他の者（求釈明評議員を除く）の権利を侵害することとなる場合
④　求釈明評議員が評議員会において実質的に同一の事項について繰り返して説明を求める場合
⑤　②から④までに掲げる場合のほか、求釈明事項について説明をしないことにつき正当な理由がある場合

　求釈明事項について必要な説明を拒否した理事等が、正当な理由がない限り100万円以下の過料に処せられること（法人法342十一）は、一般社団法人の場合と同様である。

---

## Q19　評議員会の決議の省略（みなし決議）

　　評議員会の決議は、省略することができるか。

### Answer. 19

　できる。

　理事が評議員会の目的である事項（議題）について提案をした場合において、当該提案につき評議員（当該事項について議決に加わることができるものに限る）の全員が書面または電磁的記録により同意の意思表示をしたときは、当該提案を可決する旨の評議員会の決議があったものとみなされる（法人法194①。いわゆる「みなし決議」）。

　定時評議員会における議題のすべてについてみなし決議が成立した場合は、その成立の時に、当該定時評議員会が終結したものとみなされる（法

人法194④)。一般財団法人が、理事、監事または会計監査人の任期について「定時評議員会の終結の時に満了する」場合には、この規定に従って退任または重任の年月日を確定する。

なお、一般財団法人は、みなし決議の日から10年間、評議員の全員が同意の意思表示をした書面または電磁的記録を、その主たる事務所に備え置かなければならない（法人法194②）。

一般財団法人の評議員及び債権者は、一般財団法人の業務時間内は、いつでも、次表に掲げる請求をすることができる（法人法194③）。

<みなし決議（法人法194①）が成立した場合において、評議員及び債権者が一般財団法人に対して請求することができる事項>
① 評議員が同意の意思表示をした書面の閲覧または謄写
② 評議員が同意の意思表示をした電磁的記録に記録された事項を表示したものの閲覧または謄写。なお、「表示」は、当該電磁的記録に記録された事項を紙面または映像面に表示する方法によって行う（法人規則91）。

## Q20 評議員会に対する報告の省略

理事は、評議員会に対する報告を省略することができるか。

## Answer.20

できる。

理事は、評議員の全員に対して評議員会に報告すべき事項を通知した場合において、当該事項の評議員会への報告を要しないことについて評議員の全員が書面または電磁的記録により同意の意思表示をしたときは、当該事項を評議員会へ報告することを要しない（報告をしたものとみなされる。法人法195）。

## Q21 評議員会議事録

評議員会議事録とは、何か。

**Answer. 21**

(1)「評議員会議事録」とは、評議員会の議事に関する事項その他法務省令で定める事項を記載し、または記録した書面または電磁的記録をいう（法人法193①、法人規則60①②）。

評議員会議事録には、次表に掲げる事項を記載し、または記録しなければならない（法人規則60③④）。「決議を要する事項について特別の利害関係を有する評議員があるときは、当該評議員の氏名」を記載し、または記録すべきことを除けば、一般社団法人における「社員総会議事録」と同様の規律となっている。

<評議員会議事録に記載し、または記録すべき事項>
① 評議員会が開催された日時及び場所
② 評議員会の開催場所に存しない理事、監事、会計監査人または評議員が評議員会に出席をした場合にあっては、その出席の方法
　具体的には、一般社団法人の社員総会の場合と同様に、いわゆる「バーチャル会議システム」の利用が想定される。
③ 評議員会の議事の経過の要領及びその結果
④ 決議を要する事項について特別の利害関係を有する評議員があるときは、当該評議員の氏名
⑤ 監事の選任、解任または辞任について、評議員会において監事が意見を述べた場合（法人法177、74①）におけるその内容の概要
⑥ 会計監査人の選任、解任、不再任または辞任について、会計監査人が評議員会に出席して意見を述べた場合（法人法177、74①④）におけるその内容の概要
⑦ 監事を辞任した者が辞任後最初に招集される評議員会に出席し、辞任した旨及びその理由を述べた場合（法人法177、74②）におけるその内容の概要
⑧ 監事（監事が2人以上ある場合にあっては、その全員の同意）によって

会計監査人を解任された者（法人法177、71①②参照）が解任後最初に招集される評議員会に出席し、解任についての意見を述べた場合（法人法177、74②④）におけるその内容の概要

⑨ 会計監査人を辞任した者が辞任後最初に招集される評議員会に出席し、辞任した旨及びその理由を述べた場合（法人法177、74②④）におけるその内容の概要

⑩ 監事が、理事が評議員会に提出しようとする議案、書類、電磁的記録その他の資料を調査し、法令もしくは定款に違反し、または著しく不当な事項があると認め、その調査の結果を報告した場合（法人法197、102、法人規則17）におけるその内容の概要

⑪ 監事がその報酬等（報酬、賞与その他の職務執行の対価として一般財団法人から受ける財産上の利益をいう。法人法197、87）について意見を述べた場合（法人法197、105③）におけるその内容の概要

⑫ 定時評議員会に提出された計算書類（各事業年度に係る貸借対照表及び損益計算書をいう。法人法199、107①、123②）が法令または定款に適合するかどうかについて会計監査人が監事と意見を異にする場合において、会計監査人（会計監査人が監査法人である場合にあっては、その職務を行うべき社員）が当該評議員会に出席して意見を述べたとき（法人法197、109①）におけるその内容の概要

⑬ 定時評議員会において会計監査人（会計監査人が監査法人である場合にあっては、その職務を行うべき社員）の出席を求める決議があった場合において、当該会計監査人が当該評議員会に出席して意見を述べたとき（法人法197、109②）におけるその内容の概要

⑭ 評議員会に出席した評議員、理事、監事または会計監査人の氏名（会計監査人が監査法人である場合にあっては、当該監査法人の名称）

⑮ 評議員会の議長が存するときは、議長の氏名

⑯ 議事録の作成に係る職務を行った者の氏名

(2) 評議員会の決議があったものとみなす場合（みなし決議。法人法194①）や、理事が評議員会に報告をしたものとみなす場合（みなし報告。法人法195）における、評議員会議事録に記載し、または記録すべき事項は、それぞれ次の各表のとおりである（法人規則60④）。いずれも、一般社団法人において社員総会の決議を省略し、または社員総会への報告を省略した場合と同様の規律に服する。

<みなし決議（法人法194①）があった場合における議事録の内容>
① 評議員会の決議があったものとみなされた事項の内容
② ①の事項の提案をした者の氏名※
③ 評議員会の決議があったものとみなされた日
④ 議事録の作成に係る職務を行った者の氏名

※「評議員会の決議があったものとみなされた事項」の提案をすることができるのは、事実上、自然人である理事または評議員に限られる。
したがって、提案者の「名称」が議事録の内容となる余地はない。

<みなし報告（法人法195）があった場合における議事録の内容>
① 評議員会への報告があったものとみなされた事項の内容
② 評議員会への報告があったものとみなされた日
③ 議事録の作成に係る職務を行った者の氏名

## Q22 評議員会議事録の作成者

評議員会議事録は、だれが、どのように作成するのか。

### Answer. 22

評議員会議事録の作成者については、法令上、特段の規定がない。
したがって、定款に定めがある場合にはその定めに従い、定めがない場

合には、評議員会議事録に記載し、または記録すべき事項を正確に把握している者が単独で、または共同して作成すればよい。

なお、評議員会議事録に記載（評議員会議事録が電磁的記録をもって作成された場合にあっては、記録。以下同じ）すべき事項の不記載及び虚偽記載は、過料処分の対象となる（法人法342 七）。

---

## Q23　評議員会議事録への署名、押印

評議員会議事録には、作成者の署名または押印が必要か。

### Answer. 23

一般社団・財団法人法上は、必要とされていない。しかし、定款に別段の定めがある場合には、その定めに従うことが必要である。

評議員会議事録の作成に係る職務を行った者※は、自己の氏名を議事録に記載し、または記録しなければならないが（法人法193、法人規則60③七）、署名や押印（評議員会議事録を電磁的記録によって作成した場合にあっては、電子署名）は要求されていない。

※「評議員会議事録の作成に係る職務を行った者」とは、その作成した評議員会議事録に記載し、または記録された事項について、一般財団法人に対し、その内容が虚偽でないことを担保する責任を負う者をいう。その者の指示を受けて実際に評議員会議事録を作成した職員、従業者等は含まれない。

なお、一般財団法人においては、必ず理事会が設置され、理事会において代表理事が選定される（法人法170①、197、90③）。

したがって、一般財団法人の代表理事の就任による変更の登記の申請に際し、評議員会議事録に押された印鑑についての証明書を申請書に添付することの要否（一般登記規則3、商登規則61④参照）は、通常問題とならない。

## Q24 評議員会議事録の備置き

> 評議員会議事録は、どのように保管すればよいか。

### Answer. 24

一般財団法人は、次表に掲げるとおり、その主たる事務所及び従たる事務所に、評議員会議事録（またはその写し）を備え置かなければならない（法人法193②③）。

＜評議員会議事録等の保存（備置）期間＞

|  | 保存対象 | 保存期間 |
| --- | --- | --- |
| 主たる事務所 | 評議員会議事録の原本 | 10年 |
| 従たる事務所※ | 評議員会議事録の写し | 5年 |

※評議員会議事録が電磁的記録をもって作成されている場合であって、従たる事務所において当該電磁的記録を表示したものの閲覧または謄写の請求に応じることを可能とするための措置（通信回線を介した情報の取得を可能にする措置。法人規則93五参照）をとっているときは、保存を要しない。

なお、「電磁的記録を表示」する方法は、当該電磁的記録を紙面または映像面に表示する方法でなければならない（法人規則91）。具体的には、電磁的記録をもって作成された議事録を紙に印刷し、または当該電磁的記録に記録されている事項をパソコン等のディスプレイ上で視覚的に確認、読解できる状態に置くことが考えられる。

なお、電子文書法の適用については、一般社団法人における社員総会議事録の場合と同様に考えて差し支えない（法人規則99）。

## Q25 評議員会議事録の公開

> 評議員会議事録は、だれに対し、どのように開示すればよいか。

## Answer.25

評議員会議事録の開示は、以下の要領に従う（法人法193④）。

(1) **開示の相手方**

一般財団法人の各評議員及び債権者である。一般財団法人は、開示の請求をする者に対し、その身分を証する資料の提出または提示を求めることができるものと解する。

(2) **開示の時間**

一般財団法人の業務時間内である。一般財団法人は、その業務時間内はいつでも開示の請求に応じなければならない。

(3) **開示の方法**

次表に掲げるとおりである。

<評議員会議事録の開示の方法>
① 評議員会議事録が書面をもって作成されている場合には、当該書面またはその写しの閲覧または謄写
② 評議員会議事録が電磁的記録をもって作成されている場合には、当該電磁的記録に記録された事項を表示したものの閲覧または謄写。なお、「表示」は、当該電磁的記録に記録された事項を紙面または映像面に表示する方法によって行う（法人規則91）。

電子文書法の適用については、一般社団法人の社員総会議事録の場合と同様に考えて差し支えない（法人法101）。

なお、理事は、評議員会議事録の閲覧または謄写を拒んだときは、正当な理由がある場合を除き、100万円以下の過料に処せられる（法人法342四）。

## 第3款　理事会

**Q26**　理事会の設置

> 一般財団法人は、理事会を設置しないことができるか。

**Answer. 26**

できない。

　一般財団法人においては、理事会の設置が義務づけられている（法人法170①）。それゆえ、一般財団法人の理事は、3人以上でなければならない（法人法177、65③）。

---

**Q27**　理事会の権限等

> 一般財団法人の理事会の権限、運営の方法（招集手続、議決権、決議要件）その他一般財団法人の理事会に関する規律は、法人法上、どのように定められているか。

**Answer. 27**

　一般財団法人の理事会に関する規律は、基本的には、理事会設置一般社団法人の理事会に関するそれと同様である（法人法197。157頁参照）。

　ただし、次表のような相違点もある。

<一般財団法人の理事会と理事会設置一般社団法人の理事会との相違点>

|  | 一般財団法人 | 理事会設置一般社団法人 |
|---|---|---|
| 評議員（社員）による議事録の閲覧、謄写 | いつでも請求可[※] | 社員がその権利を行使するため必要があるときのみ請求可 |
| 評議員の損害賠償責任の免除 | 理事会の決議による免除は認められない | （理事の責任について、理事会の決議による免除が可能） |

※評議員は、その職務権限に基づいて理事会の議事録を調査するものであり、一般社団法人における社員からの請求と比べ、機密保持の必要性に乏しいことを理由とする（『一問一答 公益法人関連三法』（前掲）137頁）。

# 第5節

# 清算法人の意思決定

## 第1款 概説

### Q1 清算法人の意思決定

清算法人（法人法207）の意思決定とは、何か。

**Answer. 1**

「清算法人の意思決定」とは、清算法人が清算事務をどのように遂行するか、組織をどのように運営・管理するかを、組織として決することをいう。

もっとも、清算法人は、その清算の目的の範囲内においてのみ法人格が認められるに過ぎないから（法人法207）、清算法人が行い得る意思決定の内容は、おのずから一定の制約を受けることとなる。例えば、清算法人は、当該清算法人を吸収合併存続法人とする吸収合併をすることができない（法人法151、205）。

### Q2 清算法人の意思決定機関

清算法人の意思決定は、いずれの機関が行うのか。

**Answer. 2**

清算法人の意思決定は、清算一般社団法人（一般社団法人である清算法人をいう。法人法210①）においては、社員総会、清算人または清算人会が、

清算一般財団法人（一般財団法人である清算法人をいう。法人法210②）においては、評議員会、清算人または清算人会が、それぞれ与えられた権限の範囲内で行う（清算人会設置法人（清算人会を置く清算法人をいう。法人法209⑤）にあっては、清算人会が業務執行の決定をする）。

なお、理事会設置一般社団法人も、一般財団法人も、清算を開始した場合において、清算人会の設置を義務づけられることはない（「清算法人」は、定款で定めることにより、清算人会を置くことができる。法人法208②）。

## Q3 清算法人の業務の執行及びその決定

清算法人の業務の執行及びその決定は、どのように行われるか。

### Answer. 3

(1) 清算人が1人である清算法人（欠員が生じているため清算人が1人である清算人会設置法人を除く）にあっては、当該清算人が清算法人の業務の執行及びその決定を行う（法人法213①）。

清算人が2人以上ある清算法人（清算人会設置法人を除く）にあっては、その過半数の賛成をもって当該清算法人の業務の執行を決定し（法人法213②）、各清算人がその執行をする。

※一般社団法人（理事会設置一般社団法人を除く）の理事の場合と異なり、清算人の業務の執行について、定款で別段の定めをすることはできない（法人法213①。また、同④は、法人法76①を準用していない）。

なお、清算人が2人以上ある清算法人（清算人会設置法人を除く）にあっては、次表に掲げる事項についての決定は、清算人に委任することができない（法人法213③）。

<清算人に決定を委任することができない事項>
① 従たる事務所の設置、移転及び廃止
② 社員総会の招集に際して定めるべき事項（法人法38①）
③ 評議員会の招集に際して定めるべき事項（法人法181①）
④ 清算人の職務の執行が法令及び定款に適合することを確保するための体制その他清算法人の業務の適正を確保するために必要なものとして法務省令で定める体制（いわゆる「内部統制システム」。法人規則66）の整備

<清算法人（清算人会設置法人を除く）における内部統制システム>
① 清算人の職務の執行に係る情報の保存及び管理に関する体制
② 損失の危険の管理に関する規程その他の体制
③ 使用人の職務の執行が法令及び定款に適合することを確保するための体制
④ 清算法人の業務の執行についての決定が適正に行われることを確保するための体制（清算人が2人以上ある場合に限る）
⑤ 監事設置清算法人（監事を置く清算法人または監事を置かなければならない清算法人（法人法208③）をいう。法人法214⑥）以外の清算法人にあっては、清算人が社員（清算一般社団法人の場合）または評議員（清算一般財団法人の場合）に報告すべき事項の報告をするための体制
⑥ 監事設置清算法人にあっては、次に掲げる体制
　一　監事がその職務を補助すべき使用人を置くことを求めた場合における当該使用人に関する体制
　二　当該使用人の清算人からの独立性に関する事項
　三　清算人及び使用人が監事に報告をするための体制その他の監事への報告に関する体制
　四　一から三までに掲げるもののほか、監事の監査が実効的に行われることを確保するための体制

(2) 清算人会設置法人にあっては、清算人会の決議をもって当該法人の業務の執行を決定し（法人法220②一）、代表清算人が執行する（法人法220⑦一。次頁以下参照）。

## 第2款　清算人

### Q4　清算人の一致を証する書面

清算人の一致を証する書面とは、何か。

**Answer. 4**

　清算人会設置法人（法人法209⑤）以外の清算法人において、清算人の一致による決定があったことを証明するために作成、保存される書面をいう。この書面は、電磁的記録によって代替させることが可能である。

　一般社団・財団法人法上、清算人の一致を証する書面については、「理事の（過半数の）一致を証する書面」と同様に、その作成及び保存の具体的な規律が定められていない。

　しかし、清算人会設置法人以外の清算法人が登記すべき事項について清算人の一致を要する場合（例えば、定款の定めに基づく清算人の互選をもって、代表清算人（清算法人を代表する清算人をいう。法人法214①）を定めた場合。法人法214③）には、当該登記の申請書に「ある清算人の一致を証する書面」を添付しなければならない（法人法317①）。

## 第3款　清算人会

### Q5　清算人会の権限

清算人会は、どのような権限を有するか。

**Answer. 5**

　清算人会は、以下の権限を有する（法人法220②）。

(1) 清算人会設置法人の業務執行の決定

　清算人会設置法人の代表清算人及び業務執行清算人（法人法220⑦）は、清算人会の決定に従い、清算人会設置法人の業務を執行する。

　なお、清算人会は、次表に掲げる事項についての決定を清算人に委任することができない（法人法220⑥）。

＜清算人会が清算人にその決定を委任することができない事項＞
① 重要な財産の処分及び譲受け
② 多額の借財
③ 重要な使用人の選任及び解任
④ 従たる事務所その他の重要な組織の設置、変更及び廃止
⑤ 清算人の職務の執行が法令及び定款に適合することを確保するための体制その他清算法人の業務の適正を確保するために必要なものとして法務省令で定める体制（いわゆる「内部統制システム」）の整備
⑥ その他、清算人会設置法人の重要な業務執行に関する事項

＜清算人会設置法人における内部統制システム（法人規則67）＞
① 清算人の職務の執行に係る情報の保存及び管理に関する体制
② 損失の危険の管理に関する規程その他の体制
③ 使用人の職務の執行が法令及び定款に適合することを確保するための体制
④ 清算人会設置法人が監事設置清算法人以外のものである場合にあっては、清算人が社員または評議員に報告すべき事項の報告をするための体制
⑤ 清算人会設置法人が監事設置清算法人である場合にあっては、次に掲げる体制
　一　監事がその職務を補助すべき使用人を置くことを求めた場合における当該使用人に関する体制
　二　当該使用人の清算人からの独立性に関する事項
　三　清算人及び使用人が監事に報告をするための体制その他の監事への報告に関する体制
　四　その他、監事の監査が実効的に行われることを確保するための体制

(2) 清算人の職務の執行の監督

　清算人会は、清算人の職務執行について必要な監督を行う。

(3) 代表清算人の選定及び解職

　清算人会は、その決議をもって、清算人の中から1人以上の代表清算人を選定しなければならない（法人法220③本文）。ただし、法定代表清算人（法人法214④）が在任する場合等、他に代表清算人がある場合には、必ずしもその選定を要しない（法人法220③ただし書）。

　なお、清算人会は、裁判所が定めた代表清算人（法人法214⑤）がある場合には、当該代表清算人を解職し、または代表清算人を選定することができない（法人法220⑤）。

---

## Q6　清算人会の招集

　清算人会は、だれが、どのように招集するのか。

### Answer. 6

(1) 招集者

① 清算人

　清算人会は、各清算人が招集する（法人法221①本文）。

　ただし、定款または清算人会の決議をもって、清算人会を招集すべき清算人を定めることができる（法人法221①ただし書）。

　なお、招集権者以外の清算人は、招集権者に対し、清算人会の目的である事項（議題）を示して、清算人会の招集を請求することができる（法人法221②）。この請求があった日から5日以内に、当該請求の日から2週間以内の日を清算人会の開催日とする旨の通知が発せられない場合には、当該請求をした清算人は、自ら清算人会を招集することができる（法人法221③）。

② 社員または評議員

　監事設置清算法人（法人法214⑥）以外の清算人会設置法人において、清算人が当該法人の目的の範囲外の行為その他法令もしくは定款に違反する行為をし、または当該行為をするおそれがあると認めるときは、社員（当該法人が清算一般社団法人である場合）または評議員（当該法人が清算一般財団法人である場合）は、清算人会を招集すべき者（各清算人または定款で定めた招集権者）に対し、当該清算人会の目的である事項（議題）を示して、当該清算人会の招集を請求することができる（法人法222①②）。

　さらに、招集権者以外の清算人が清算人会を招集する場合（法人法221③）と同様の要件が満たされたときは、清算人会の招集を請求した社員または評議員は、自ら清算人会を招集することができる（法人法222③）。

　なお、清算人会の招集を請求した社員または評議員（当該請求の後、自らその招集をした者を含む）は、当該清算人会に出席し、意見を述べることができる（法人法222④）。

(2) **招集通知**

　清算人会の招集者は、清算人会を開催する日の1週間（これを下回る期間を定款で定めた場合にあっては、その期間）前までに、各清算人（監事設置清算法人においては、各清算人及び各監事）宛の招集通知を発しなければならない（法人法221④、94①）。通知の方法は、適宜の方法でよい。

---

### Q7　清算人会の招集手続の省略

清算人会の招集手続の省略は可能か。

### Answer.7

　可能である。

　清算人（監事設置清算法人（法人法214⑥）にあっては、清算人及び監事）

の全員の同意がある場合には、招集手続を経ないで清算人会を開催することが認められる（法人法221④、94②）。招集する清算人会の決議について特別の利害関係を有する清算人についても、その同意を要すると解される（法人法221⑤、95②参照）。

## Q8 清算人会の決議

清算人会の決議要件は、どのように定められているか。

### Answer. 8

清算人会の決議要件は、一般社団・財団法人法上、理事会のそれに準じたものとなっている（法人法221⑤、95①）。

<清算人会の決議要件>

| | |
|---|---|
| 定足数 | 議決に加わることができる清算人の過半数※（これを上回る割合を定款で定めた場合にあっては、その割合以上） |
| 可決要件 | 清算人会に出席し、議決に加わった清算人の過半数※（これを上回る割合を定款で定めた場合にあっては、その割合以上） |

※清算人会の決議について特別の利害関係を有する清算人（例えば、代表清算人の解職を目的とする決議における、当該代表清算人）は、議決に加わることができない（法人法221⑤、95②）。

## Q9 清算人会の決議の省略（みなし決議）

清算人会の決議は、省略することができるか。

**Answer. 9**

　清算人会の決議は、理事会の決議と同様に、一定の要件の下で省略することができる。すなわち、清算人会設置法人は、定款で、清算人が清算人会の決議の目的である事項について提案をした場合において、当該提案に清算人（当該事項について議決に加わることができるものに限る）の全員が書面または電磁的記録により同意の意思表示をしたとき（監事設置清算法人（法人法214⑥）にあっては、監事が当該提案について異議を述べたときを除く）は、当該提案を可決する旨の清算人会の決議があったものとみなす旨を定めることができる（法人法221⑤、96）。

---

**Q10** 清算人会に対する報告の省略

> 清算人会設置法人の清算人（監事設置清算法人（法人法214⑥）にあっては、清算人または監事）は、清算人会に対する報告を省略することができるか。

**Answer. 10**

　清算人または監事は、清算人（監事設置清算法人にあっては、監事を含む）の全員に対して清算人会に報告すべき事項を通知したときは、当該事項を清算人会へ報告することを要しない（法人法221⑥、98①）。

　ただし、清算人会設置法人の代表清算人または業務執行清算人（法人法91①二）による、自己の職務執行の状況についての報告※は、省略することができない（法人法221⑥、98②）。

　　※代表清算人及び業務執行清算人は、理事会設置一般社団法人の代表理事または業務執行理事と同様に（法人法91②参照）、自己の職務執行の状況について、3か月に1回以上、清算人会に報告しなければならない（法人法220⑨）。毎事業年度に4か月を超える間隔で2回以上その報告をしなければならない旨の定款の定めを設けた場合の取扱いも、同様である。

## Q11 清算人会議事録

清算人会議事録とは、何か。

**Answer. 11**

(1) 「清算人会議事録」とは、理事会設置一般社団法人または一般財団法人における理事会議事録に準じ、清算人会の議事に関する事項を記載した書面または当該事項を記録した電磁的記録をいう（法人法221⑤、95③、法人規則68①②）。

清算人会議事録には、次表に掲げる事項を記載し、または記録しなければならない（法人規則68③）。

<清算人会議事録に記載し、または記録すべき事項>
① 清算人会が開催された日時及び場所
② ①の場所に存しない清算人（監事設置清算法人（法人法214⑥）である清算人会設置法人にあっては、監事を含む）、社員または評議員が清算人会に出席をした場合における当該出席の方法
③ 清算人会が清算人の請求を受けて招集されたものである場合（法人法221②）には、その旨
④ 清算人会が③の清算人により招集されたものである場合（法人法221③）には、その旨
⑤ 清算人会が社員または評議員の請求を受けて招集されたものである場合（法人法222①）には、その旨
⑥ 清算人会が⑤の社員または評議員により招集されたものである場合（法人法222③、221③）には、その旨
⑦ 清算人会が監事の請求を受けて招集されたものである場合（法人法101②、197）には、その旨
⑧ 清算人会が⑦の監事により招集されたものである場合（法人法101③、197）には、その旨
⑨ 清算人会の議事の経過の要領及びその結果
⑩ 決議を要する事項について特別の利害関係を有する清算人（法人法221⑤、95②）があるときは、その氏名

第5節 清算法人の意思決定

⑪　監事設置清算法人である清算人会設置法人において、監事が以下に掲げるいずれかの事実があると認め、その旨の報告をした場合（法人法100、197）におけるその内容の概要
　　ア　清算人が不正の行為をした事実
　　イ　清算人が不正の行為をするおそれがある事実
　　ウ　法令または定款に違反する事実
　　エ　著しく不当な事実
⑫　監事設置清算法人である清算人会設置法人において、監事が清算人会に出席し、必要があると認めて述べた意見がある場合（法人法101①、197）におけるその内容の概要
⑬　競業取引または利益相反取引（法人法84①）をした清算人が当該取引についての重要な事実を報告した場合（法人法220⑩、92②）におけるその内容の概要
⑭　⑤または⑥の清算人会に出席した社員または評議員が意見を述べた場合（法人法222④）におけるその内容の概要
⑮　清算人会議事録に署名（電子署名を含む）し、または記名押印しなければならない者を当該清算人会に出席した代表清算人（法人法214①）とする旨の定款の定め（法人法221⑤、95③）があるときは、当該代表清算人以外の清算人であって清算人会に出席したものの氏名
⑯　清算人会に出席した社員または評議員の氏名（当該社員が法人である場合にあっては、その名称）
⑰　清算人会の議長が存するときは、議長の氏名

(2)　清算人会の決議があったものとみなされた場合（法人法221⑤、96）や、清算人または監事の清算人会に対する報告を要しないものとされた場合（同⑥、98①）における清算人会議事録に記載し、または記録すべき事項は、次の各表のとおりである（法人規則68④）。

<みなし決議（法人法221⑤、96）があった場合における議事録の内容>
①　清算人会の決議があったものとみなされた事項の内容
②　①の事項の提案をした清算人の氏名
③　清算人会の決議があったものとみなされた日
④　議事録の作成に係る職務を行った清算人）の氏名　※

> ＜報告の省略（法人法221⑥、98①）をした場合における議事録の内容＞
> ① 清算人会への報告を要しないものとされた事項の内容
> ② 清算人会への報告を要しないものとされた日
> ③ 議事録の作成に係る職務を行った清算人の氏名※

※清算人会の「議事録の作成に係る職務を行った清算人」とは、その作成した清算人会議事録に記載し、または記録された事項について、清算人会設置法人に対し、その内容が虚偽でないことを担保する責任を負う清算人をいう。

## Q12 清算人会議事録の作成者

清算人会議事録は、だれが、どのように作成するのか。

### Answer.12

清算人会議事録の作成者については、理事会議事録の場合と同様に、法令上、特段の規定がない。

したがって、理事会議事録の場合に準じ、定款に定めがある場合にはその定めに従い、定めがない場合には、清算人会議事録に記載し、または記録すべき事項を正確に把握している者が単独で、または共同して作成すればよい。清算人会議事録に記載（清算人会議事録が電磁的記録をもって作成された場合にあっては、記録。以下同じ）すべき事項の不記載または虚偽記載に対しても、理事会議事録の場合と同様に、過料処分の制裁がある（法人法342七）。

## Q13 清算人会議事録への署名、押印

清算人会議事録に署名し、または記名押印しなければならない者は、だれか。

### Answer. 13

原則として、清算人会に出席した清算人（監事設置清算法人（法人法214⑥）にあっては、監事を含む）の全員である（法人法221⑤、95③④）。

ただし、清算人会議事録に署名し、または記名押印しなければならない者を清算人会に出席した代表清算人とする旨の定款の定めがある場合にあっては、当該代表清算人（監事設置清算法人にあっては、監事を含む）の署名または記名押印（清算人会議事録を電磁的記録によって作成した場合にあっては、電子署名）があれば足りる（法人法221⑤、95③（　）書、④）。

ところで、清算人会設置法人が代表清算人（法定代表清算人（法人法214④）及び裁判所が定めたもの（法人法214⑤）を除く）の就任による変更の登記を申請するときは、申請書に、代表清算人の選任を証する書面として清算人会議事録を添付しなければならないが（法人法220③本文、317②）、理事会議事録の場合と異なり、登記手続上、清算人会議事録に押された印鑑についての証明書の添付は要求されない。

なお、清算人会の決議に参加した清算人が清算人会議事録に異議をとどめなかった場合において、当該清算人が議案に賛成したものと推定される取扱いは、理事会の場合と同様である（法人法221⑤、95⑤）。

## Q14 清算人会議事録等の備置き

清算人会設置法人においては、清算人会議事録をどのように保管すればよいか。

### Answer.14

　清算人会設置法人は、清算人会の日（清算人会の目的である事項についてみなし決議（法人法221⑤、96）があった日を含む）から10年間、清算人会議事録（みなし決議があった場合における清算人の同意の意思表示を記載し、または記録した書面または電磁的記録とともに、「議事録等」という）をその主たる事務所に備え置かなければならない（法人法223①）。

　なお、電子文書法の適用については、一般社団法人の社員総会議事録の場合と同様に考えて差し支えない（法人規則99）。

---

## Q15 清算人会議事録等の公開

清算人会議事録等は、だれに対し、どのように開示すればよいか。

### Answer.15

　清算人会議事録等の開示は、以下の要領に従って行う。

(1) **開示要件**

　次表中A欄に掲げる者は、その属する清算人会設置法人がB欄に掲げる法人である場合には、C欄に掲げるときに限り、当該清算人会設置法人に対し、その清算人会議事録等の開示を請求することができる。ただし、清算人会議事録等の開示を請求するにあたっては、D欄に掲げるとおり、裁判所の許可が必要となる場合もある（法人法223②ないし④）。

| A欄 | B欄 | C欄 | D欄 |
|---|---|---|---|
| 社員 | 監事設置清算法人でない清算人会設置法人 | 権利を行使するため必要がある場合 | 不要 |
| 評議員 | | いつでも（業務時間内に限る） | |
| 債権者 | | 清算人の責任を追及するため必要があるとき | ※必要 |
| 社員 | 監事設置清算法人である清算人会設置法人 | 権利を行使するため必要がある場合 | ※必要 |
| 評議員 | | いつでも（業務時間内に限る） | 不要 |
| 債権者 | | 清算人または監事の責任を追及するため必要があるとき | ※必要 |

※これらの者が清算人会議事録等の閲覧または謄写をすることにより、清算人会設置法人に著しい損害を及ぼすおそれがあると認めるときは、裁判所は、許可をしてはならない（法人法223⑤）。

(2) 開示の方法

清算人会議事録等の開示は、次表に掲げる要領で行う（法人法223②各号）。

> ＜清算人会議事録等の開示の方法＞
> ① 清算人会議事録等が書面をもって作成されている場合には、当該書面の閲覧または謄写
> ② 清算人会議事録等が電磁的記録をもって作成されている場合には、当該電磁的記録に記録された事項を表示したものの閲覧または謄写。なお、「表示」は、当該電磁的記録に記録された事項を紙面または映像面に表示する方法によって行う（法人規則91）。

電子文書法の適用については、一般社団法人における社員総会議事録の場合と同様に考えて差し支えない（法人規則101）。

なお、清算人は、正当な理由がある場合を除き、清算人会議事録等の閲覧または謄写を拒んだときは、100万円以下の過料に処せられる（法人法342四）。

# 第2章

# 一般社団・財団法人の設立登記

第1節 一般社団法人の設立
第2節 一般財団法人の設立

# 第1節

# 一般社団法人の設立

## 1．実体手続

**Q1** 一般社団法人の設立手続

> 一般社団法人の設立には、どのような手続が必要か。

**Answer. 1**

(1) 一般社団法人の設立手続は、概ね以下の手順で行われる。

> ① 設立時社員による定款の作成（法人法10）
> ② 公証人による定款の認証（同13）
> ③ 設立時理事（設立時監事、設立時会計監査人）の選任（同15）
> ④ 設立時代表理事の選定（同21）
> ⑤ 設立時理事（設立時監事）による設立手続の調査（同20）
> ⑥ 主たる事務所の具体的所在場所等の決定（同318③参照）
> ⑦ 設立の登記（同22）

(2) 一般社団・財団法人法施行前における民法法人は、主務官庁の自由裁量による許可を受けなければ設立することができないものとされていたが（許可主義。改正前民33、34）、同法の施行により、法定の要件（登記）を備えれば当然に法人の設立が認められることとなった（準則主義。法人法22）。

(3) 一般財団法人や株式会社とは異なり、財産の拠出は不要とされている。なお、設立時において、定款の定めに基づき基金を募集することは

妨げられない（法人法131）。
(4) ①定款の作成及び②その認証手続については、**第1章第2節**「定款」（7頁以下）を参照されたい。
(5) なお、成立の日においては、貸借対照表の作成が義務付けられている（法人法123①、法人規則28）。成立時貸借対照表については、監査、備置、承認及び公告の対象とはされていない（法人法124①）。

## Q2 設立時社員の意義

一般社団法人における設立時社員とは何か。

### Answer.2

「設立時社員」とは、一般社団法人の定款に、社員として署名または記名押印（定款が電磁的記録をもって作成されているときは、電子署名）をした者である（法人法10）。設立時社員は、一般社団法人の設立事務を行う義務と権限を有する。

## Q3 設立時社員の員数

一般社団法人を設立するために、設立時社員は何名必要か。

### Answer.3

「社団法人」とは、人の集合体に対して法人格が付与されるものであり、定款の作成も、社員が「共同して」行うべきものとされていることから（法人法10①）、一般社団法人を設立するには、少なくとも2名の設立時社員が必要である。

なお、一般社団法人の成立後においては、社員が欠けたことが解散事由とされており（法人法148）、事後的に社員が1人となった場合でも、存続することは可能である。

## Q4 法人等が設立時社員となることの可否

> 法人は、一般社団法人の設立時社員となることができるか。また権利能力なき社団・財団や組合はどうか。

### Answer. 4

(1) 一般社団法人の社員資格に制限はなく、法人も、当該法人の目的の範囲内である限り、一般社団法人の（設立時）社員となることが可能である。例えば、株式会社が一般社団法人を設立することもでき、これが当該株式会社にとって重要な業務執行の決定に当たらなければ、各取締役に委任すること（会362④参照）も可能と解される。

(2) また、権利能力なき社団・財団、民法上の組合や有限責任事業組合が設立時社員となることも可能である。ただし、権利能力なき社団の場合に、原始定款には構成員全員の署名（記名押印）を必要とする見解があり、この立場によれば、構成員が多数に上る場合には、手続上の障害となり得る。

## Q5 公証人の認証後における定款変更の可否

> 一般社団法人の原始定款に認証を受けた後、これを変更することができるか。

第1節　一般社団法人の設立　215

**Answer. 5**

(1) 一般社団・財団法人法においては、株式会社に関する会社法第30条第2項のような規定はなく、公証人による認証後においても、設立時社員全員の同意により、定款を変更できると解される。

(2) 問題は、変更後の定款について公証人の再認証を要するかである。この点、単なる変更の範囲を超えるような大幅なもの（新たな定款の作成と評価されるようなもの）でない限り、再認証を受ける必要はないとする見解もある（常に再認証を必要とするならば、それは新たな定款の作成であって、株式会社においてさえ、再認証を受ければ設立登記は受理される取扱いである。昭和32年8月30日民甲1661号回答、平成18年3月31日民商782号通達参照）。ただし、実務では、公証人による認証が事実上定款記載（記録）事項の適法性を担保している側面もあることを踏まえ、再認証が必要であるという見解が支配的である（登記情報 金融財政事情研究会565号34頁）。

---

**Q6** 設立時役員等の選任方法

設立時理事（設立時監事、設立時会計監査人）の選任は、どのような方法で行われるか。

**Answer. 6**

(1) 設立時理事は、原始定款に定めることができる。原始定款で定めなかったときは、公証人による定款の認証後遅滞なく、設立時社員の議決権の過半数により選任される（法人法15①、17①）。設立時社員の議決権は、定款で別段の定めがない限り、各人1個である（法人法17②）。なお、設立時理事が定款で定められている状況で、設立時社員の議決権の過半数をもって設立時理事を追加選任することも、定款の員数規定に

違反しない限り可能である（株式会社に関する土手敏行「商業登記実務Q＆A(4)」登記情報554号96頁）。
(2) 設立しようとする一般社団法人が理事会設置一般社団法人である場合には、3人以上の設立時理事の選任が必要である（法人法16）。
(3) 設立しようとする一般社団法人が監事設置一般社団法人である場合には、同様の方法により、設立時監事の選任が必要である（法人法15②一）。
(4) 設立しようとする一般社団法人が会計監査人設置一般社団法人である場合には、同様の方法により、設立時会計監査人の選任が必要である（法人法15②二）。

---

## Q7 設立時役員等の解任

> 一般社団法人の設立登記前に、設立時理事（設立時監事、設立時会計監査人）を解任することができるか。

## Answer. 7

(1) 一般社団法人の設立登記前においても、設立時役員等（設立時理事、設立時監事及び設立時会計監査人をいう。法人法16②）を解任することができる（法人法18）。
(2) この決議要件は、原則として、設立時社員の議決権の過半数によるが、設立時監事の解任にあたっては、その議決権の3分の2以上にあたる多数をもって決定しなければならない（法人法19）。解任決議における設立時社員の議決権の数については、選任の場合と同様、定款で別段の定めがない限り、各人1個である（法人法19②による17②の準用）。

## Q8 理事会設置一般社団法人における設立時代表理事の選定方法

理事会設置一般社団法人において、設立時代表理事の選定は、どのような方法で行われるか。

### Answer. 8

(1) 理事会設置一般社団法人においては、必要的に設立時代表理事を選定しなければならない。設立時代表理事は、設立時理事の過半数をもって決定されるのが原則である（法人法21①③）。

(2) また、理事会設置一般社団法人であっても、定款に定めることにより、設立時理事の過半数による決定以外の方法（定款に定める方法または定款の定めに基づく設立時社員の互選による方法）で設立時代表理事を選定することができる。ただし、一般社団・財団法人法上付与された設立時理事の選定権限は、定款をもってしても奪うことができない（株式会社に関する小川秀樹＝相澤哲『通達準拠・会社法と商業登記』金融財政事情研究会51頁）ので、双方が選定権限を有することとなる。

---

## Q9 非理事会設置一般社団法人における設立時代表理事の選定方法

非理事会設置一般社団法人において、設立時代表理事の選定は、どのような方法で行われるか。

### Answer. 9

(1) 非理事会設置一般社団法人においては、各理事が一般社団法人を代表するのが原則であるが、特に代表理事を定めることも可能である（法人法77①）。

(2) この場合、成立後の代表理事の選定に準じ（法人法77③参照）、①原始定款において直接定める方法、②定款に設立時理事の互選による旨の

定めを設けた上で設立時理事の互選による方法、③設立時社員の過半数の決定による方法の 3 方法が認められ得る。

　設立時理事と理事とは別個の概念として明確に区別されており、定款に成立後の代表理事の選定に関する定めがある場合でも、設立時代表理事の選定にあたって当然に当該定めが適用されるわけではないため、注意を要する。

## Q10　設立時理事・設立時監事による設立手続の調査

> 設立時理事・設立時監事による設立手続の調査とは、どのようなものか。

### Answer. 10

　設立時理事（設立しようとする一般社団法人が監事設置一般社団法人である場合にあっては、設立時理事及び設立時監事）は、その選任後遅滞なく、「一般社団法人の設立の手続が法令又は定款に違反していないこと」を調査しなければならない（法人法 20 ①）。当該調査により、設立時理事・設立時監事が一般社団法人の設立の手続が法令もしくは定款に違反し、または不当な事項があると認めるときは、設立時社員にその旨を通知しなければならない（法人法 20 ②）。この通知により、法令・定款違反事項または不当な事項の是正が図られる。

## Q11　一般社団法人の成立前における業務執行の決定

> 一般社団法人の成立前において、その業務執行の決定（設立登記との関係では、特に主たる事務所及び従たる事務所の具体的所在場所の決定）は、どのような方法によるか。

**Answer. 11**

　成立前の一般社団法人においては、設立時理事の権限は法定されたものにとどまる。また、理事会設置一般社団法人においても、いまだ理事会は存在するものではない。したがって、その業務執行の決定は、登記実務上、設立時社員の議決権の過半数によるとされる（平成20年9月1日民商2351号通達）。

---

**Q12** 一般社団法人における支配人の選任

> 一般社団法人において、支配人を選任することはできるか。

**Answer. 12**

　一般社団法人においては、商法の支配人に関する規定（商20以下）は適用されない（法人法9）。したがって、支配人を選任することはできない。

---

**Q13** 設立時における基金の募集

> 一般社団法人の設立時において、基金を募集することはできるか。

**Answer. 13**

(1)　「基金」とは、一般社団・財団法人法第131条ないし第140条の規定により一般社団法人に拠出された金銭その他の財産であって、当該一般社団法人が拠出者に対して同法及び当該拠出者との合意の定めるところに従い、返還義務（金銭以外の財産については、拠出時の当該財産の価額に相当する金銭の支払義務）を負うものをいう（法人法131前段）。

(2) 基金制度については、①拠出を募集するにあたり申込み及び割当て（または総数引受契約）が行われ、②代替基金との総額が不変的なものとされ、③債権者保護（ないし拠出者間等における利害調整）の観点からその充実・維持が図られ、かつ、④貸借対照表の純資産の部に計上されるという意味では（法人法132ないし138、141②ないし⑥、142ないし144、法人規則31）、株式会社における資本金の制度に類似した理解が可能である。しかも、基金の返還に係る債権は、利息を付すことが許されず、破産・清算の場面においても、一般の債権より劣後的に取り扱われる（法人法143、145、236）。

しかしながら、拠出者たる地位と法人の社員たる地位とは結びついておらず、資本金の制度とは質的に異なるものである。登記事項ともされていない。

(3) 基金の募集は、定款の定めに基づき行われる（法人法131）。設立時において基金を募集することも当然に可能であるが、この場合の募集事項の決定は、設立時社員の全員の同意により行うこととされている（法人法132②）。

## Q14　一般社団法人の設立費用

設立時社員が負担した設立費用を、成立後の一般社団法人に負担させることができるか。

## Answer. 14

定款の認証手数料・設立登記費用・設立事務所の賃料・設立事務員の給与等は、一般社団法人の設立のために必要な費用であり、設立時社員は、当然にこれらの費用を成立後の一般社団法人に請求することができる。株式会社の場合とは異なり（会28④参照）、定款に記載する必要もない。

なお、設立時社員全員の合意により、設立費用を設立時社員の負担とし、または特定の設立時社員に負担させることは、無論可能である。

## Q15 設立の意思表示に欠缺・瑕疵があった場合

> 一般社団法人の設立の意思表示に、錯誤、詐欺、強迫、行為能力の制限その他の欠缺または瑕疵がある場合に、その設立の無効または取消しを主張することができるか。

**Answer. 15**

(1) 一般社団法人の設立の意思表示に、錯誤がある場合には、その成立の日から2年以内に、設立無効の訴えを提起することができる（法人法264①一）。

(2) 一般社団法人の設立の意思表示が、詐欺、強迫または行為能力の制限によるものである場合には、その成立の日から2年以内に、設立取消しの訴えを提起することができる（法人法267一）。

(3) 設立の無効または取消しは、訴えをもってのみ主張することができるとされているが、株式会社の場合とは異なり、主観的な原因であっても、訴えの原因となり得る（会51②参照）。

## 2．登記手続

## Q16 一般社団法人の設立登記の申請事項

> 一般社団法人の主たる事務所の所在地における設立登記の申請書（情報）は、どのように記載（記録）すべきか。

**Answer. 16**

一般社団法人の主たる事務所における設立登記の申請書（情報）に記載

（記録）すべきは、申請人及び代理人の表示、申請年月日ならびに登記所の表示のほか、次の事項である（法人法330による商登法17②③の準用）。

(1) **登記の事由**

設立登記の申請期間（法人法301①）を明らかとするため、その起算日とともに「平成〇年〇月〇日設立の手続終了」などとするのが通常である。一般社団法人は設立登記によって成立するものであるため（法人法22）、「設立」とはしない。

(2) **登記すべき事項**

一般社団法人の主たる事務所における設立登記事項は、一般社団・財団法人法第301条第2項各号に列挙されており、概ね次頁表の4事項に分類できる。

なお、成立時の一般社団法人登記簿には、「法人成立の年月日」及び「登記記録を起こした事由及び年月日」も登記されるが（一般登記規則別表第1）、これらは申請すべき事項ではない。

(3) **課税標準及び登録免許税**

一般社団法人の主たる事務所の所在地における設立登記の登録免許税は、申請1件につき金6万円である（登税法別表第1二十四(一)ロ）。

(4) **添付書面**

一般社団法人の主たる事務所における設立登記申請書の添付書面は、一般社団・財団法人法第318条第2項各号及び第3項、一般社団法人等登記規則第3条で準用する商業登記規則第61条第1項から第4項に列挙されている（255頁参照）。

第1節　一般社団法人の設立　223

〈一般社団法人の設立登記事項〉

| 法人の基本的事項 | ① 目的<br>② 名称<br>③ 主たる事務所及び従たる事務所の所在場所<br>④ 一般社団法人の存続期間または解散の事由についての定款の定めがあるときは、その定め |
|---|---|
| 機関に関する事項 | ⑤ 理事の氏名<br>⑥ 代表理事の氏名及び住所<br>⑦ 理事会設置一般社団法人であるときは、その旨<br>⑧ 監事設置一般社団法人であるときは、その旨及び監事の氏名<br>⑨ 会計監査人設置一般社団法人であるときは、その旨及び会計監査人の氏名または名称<br>⑩ 一時会計監査人の職務を行うべき者を置いたとき（法人法75④）は、その氏名または名称 |
| 役員等の責任の免除・制限に関する事項 | ⑪ 役員等の責任の免除についての定款の定めがあるとき（法人法114①）は、その定め<br>⑫ 外部役員等が負う責任の限度に関する契約の締結についての定款の定めがあるとき（法人法115①）は、その定め<br>⑬ ⑫の責任限定契約に関する定款の定めが外部理事に関するものであるときは、理事のうち外部理事であるものについて、外部理事である旨<br>⑭ ⑫の責任限定契約に関する定款の定めが外部監事に関するものであるときは、監事のうち外部監事であるものについて、外部監事である旨 |
| 公告に関する事項 | ⑮ 貸借対照表の公告に代わる電磁的方法による措置をとることとするとき（法人法128③）は、その提供を受けるために必要な事項（ウェブサイトのURL）<br>⑯ 公告方法（法人法331）<br>⑰ 公告方法が電子公告であるとき（法人法331①三）は、その提供を受けるために必要な事項（ウェブサイトのURL）及び事故その他やむを得ない事由がある場合の予備的公告方法の定め（同②後段） |

〈一般社団法人の設立登記の添付書面〉
① 定款（公証人の認証を受けたもの）
② 設立時理事が設立時代表理事を選定したときは、これに関する書面
③ 設立時理事、設立時監事及び設立時代表理事が就任を承諾したことを証する書面
④ 設立時会計監査人を選任したときは、次に掲げる書面
・就任を承諾したことを証する書面
・設立時会計監査人が法人であるときは、当該法人の登記事項証明書（申請する登記所の管轄区域内に当該法人の主たる事務所がある場合を除く）
・設立時会計監査人が法人でないときは、その者が公認会計士であることを証する書面
⑤ 登記すべき事項につき設立時社員全員の同意またはある設立時社員の一致を要するときは、その同意または一致があったことを証する書面
⑥ 設立する法人が非理事会設置一般社団法人の場合には、設立時理事の就任承諾書に押印した印鑑の印鑑証明書、設立する法人が理事会設置一般社団法人の場合には、設立時代表理事の就任承諾書に押印した印鑑の印鑑証明書（一般登記規則3、商登規則61②③）

## Q17 一般社団法人の設立登記事項（電子データ入力例）

一般社団法人の主たる事務所の所在地における設立登記を申請する場合に、登記事項をどのように記載（記録）すべきか。

## Answer. 17

登記申請書（情報）に記載（記録）すべき登記事項は、通常、電子データをもって管轄法務局に提供する。その入力例は、次のとおりである。

「名称」一般社団法人○○商店会
「主たる事務所」○県○市○丁目○番○号
「法人の公告方法」官報に掲載してする。
「目的等」
目的
当法人は、○県○市において○○業を営む会員の親睦と発展を図り、もって地域経済を促進することを目的とし、その目的を達するため、次の事業を行う。
1. 会員間の親睦を深めるための催事の企画、立案及び運営
2. 会員に対する事業資金の貸付
3. 会員の事業に係る債務の保証
4. 前各号に付帯関連する一切の事業
「役員に関する事項」
「資格」理事
「氏名」甲野一郎
「役員に関する事項」
「資格」理事
「氏名」甲野二郎
「役員に関する事項」
「資格」理事
「氏名」甲野三郎
「役員に関する事項」
「資格」代表理事
「住所」○県○市○丁目○番○号
「氏名」甲野一郎
「役員に関する事項」
「資格」監事
「氏名」甲野春子
「理事会設置法人に関する事項」理事会設置法人

「監事設置法人に関する事項」監事設置法人
「登記記録に関する事項」設立

### Q18 設立時社員全員の同意またはある設立時社員の一致を証する書面

設立時社員全員の同意またはある設立時社員の一致を証する書面（法人法318③）とは、どのような書面か。

### Answer.18

設立時理事の選任など、登記すべき事項につき設立時社員の全員または法定多数の一致による決定を要する場合に、その成立を証する書面である。

なお、当該書面に押印すべき印鑑は、各設立時社員が市区町村または法務局に届け出ているものでなくともよい（一般登記規則3、商登規則61④参照）。

設立時社員決定書

　平成〇年〇月〇日、一般社団法人〇〇商店会の設立時社員は、その全員の一致により、次の各事項につき決定した。

　1　設立時理事の選任及び設立時代表理事の選定に関する件
　　①　当法人の設立時理事は、次の者とする。
　　　　〇県〇市〇町〇丁目〇番〇号
　　　　　設立時理事　　甲野　一郎
　　　　〇県〇市〇町〇丁目〇番〇号
　　　　　設立時理事　　甲野　二郎
　　②　当法人の設立時代表理事は、次の者とする。
　　　　　設立時代表理事　　甲野　一郎
　2　設立時監事（及び設立時会計監査人）の選任に関する件
　　①　当法人の設立時監事は、次の者とする。
　　　　〇県〇市〇町〇丁目〇番〇号
　　　　　設立時監事　　甲野　春子
　　②　当法人の設立時会計監査人は、次の者とする。
　　　　〇県〇市〇町〇丁目〇番〇号
　　　　　海野監査法人（代表社員　海野　かもめ）
　3　主たる事務所の所在場所に関する件
　　当法人の主たる事務所の所在場所を、〇県〇市〇町〇丁目〇番〇号とする。
　4　従たる事務所の設置に関する件
　　当法人は、設立に際し従たる事務所を設置し、所在場所を〇県〇市〇町〇丁目〇番〇号とする。

本決定を証するため、設立時社員全員が次に記名押印する。
　　平成〇年〇月〇日
　　　　一般社団法人〇〇商店会設立時社員
　　　　〇県〇市〇町〇丁目〇番〇号　株式会社かしわ精肉店　　㊞
　　　　〇県〇市〇町〇丁目〇番〇号　みどり青果有限会社　　　㊞
　　　　〇県〇市〇町〇丁目〇番〇号　甲野太郎（屋号　甲野酒店）㊞

## Q19 設立時代表理事の選定・設立時役員等の就任承諾を証する書面

設立時代表理事の選定を証する書面（法人法318②二）・設立時役員等の就任承諾を証する書面（法人法318②三・四イ）とは、どのような書面か。

## Answer. 19

(1) 「設立時代表理事の選定を証する書面」とは、その選定方法（218頁参照）に従って設立時代表理事が選定されたことを証するもの（設立時理事の決定書または互選書）である。定款または設立時社員の決定により設立時代表理事を定めているときは、他の添付書面により選定の内容が明らかであるため、独立の添付書面とする必要はない。

---

**設立時代表理事選定書**

平成○年○月○日、一般社団法人○○商店会の設立時理事は、その全員の一致により、当法人の設立時代表理事を次の者とすることを決定した。

　　○県○市○町○丁目○番○号
　　設立時代表理事　　甲野　一郎

本決定を証するため、設立時理事全員が次に記名押印する。
　　平成○年○月○日
　　　　　　一般社団法人○○商店会設立時理事
　　　　　　　○県○市○町○丁目○番○号　甲野　一郎　㊞
　　　　　　　○県○市○町○丁目○番○号　甲野　二郎　㊞
　　　　　　　○県○市○町○丁目○番○号　甲野　三郎　㊞

(2) 「設立時役員等の就任承諾を証する書面」とは、選任された設立時役員等による就任承諾の意思表示を明らかとする書面である。一般社団法人とこれらの者との委任関係（法人法64）の成立を証するために添付する。定款で設立時社員を設立時理事等に選任しているときは、定款に同人の署名または記名押印があることから、就任承諾を証する書面として援用することができる。

(3) 設立しようとする一般社団法人が、①理事会設置一般社団法人であり、設立時理事の過半数の一致により設立時代表理事を選定した場合、②非理事会設置一般社団法人であり、原始定款の定めに基づく設立時理事の互選によって設立時代表理事を選定した場合には、設立時理事及び設立時代表理事の両地位について、同一人の就任承諾を証する書面が必要となる。当該場合においては、就任承諾の意思表示の法的性質が理論上の問題となり得る（327頁参照）。これに対し、非理事会設置一般社団法人において、定款または設立時社員の一致により設立時代表理事を定めた場合には代表理事の就任承諾書は不要である。

(4) 設立しようとする一般社団法人が、①理事会設置一般社団法人であるときは代表理事の就任承諾を証する書面に押印された印鑑について、②非理事会設置一般社団法人であるときはすべての理事の就任承諾を証する書面に押印された印鑑について、就任者の実在性・同一性を確認する趣旨から、市区町村長の作成に係る印鑑証明書を添付する必要がある（一般登記規則3、商登規則61②③）。

```
設立時理事（設立時代表理事、設立時監事、設立時会計監査人）
                就任承諾書

                                    平成〇年〇月〇日
一般社団法人〇〇商店会　御中

　私（当法人）は、平成〇年〇月〇日、貴法人の設立時理事（設立時
代表理事、設立時監事、設立時会計監査人）に選任（選定）されまし
たので、その就任を承諾します。

            〇県〇市〇町〇丁目〇番〇号　甲野　一郎　　㊞
           (〇県〇市〇町〇丁目〇番〇号　海野監査法人       )
               代表社員　　海野　かもめ　　　　㊞
```

## Q20　印鑑の提出

> 一般社団法人の主たる事務所の所在地を管轄する登記所に対し、印鑑を提出すべき者は誰か。

### Answer. 20

(1)　一般社団法人の設立の登記は、当該一般社団法人を代表すべき者（設立時代表理事）の申請によってする（法人法318①）。したがって、当該代表者は、設立登記の申請に際し、主たる事務所の所在地を管轄する登記所に対して印鑑を提出しなければならない（法人法330、商登法20）。印鑑の提出は、「印鑑届出書」に届け出る印鑑を押印して行う。そして、印鑑届出書には、市区町村長に届け出た印鑑を押印し、その印鑑に係る証明書（作成後3か月以内のもの）を添付しなければならない（一般登記規則3、商登規則9①四、⑤一）。オンライン申請により設立の登記をする場

合も、印鑑の提出を省略することはできないため、注意を要する。
(2) 設立時代表理事が複数いる場合には、各人が印鑑の提出をすることができるが、同一の印鑑を使用することはできない（株式会社に関する昭和43年1月19日民甲207号回答参照）。
(3) 印鑑届出書に添付された印鑑証明書については、原本還付（一般登記規則3、商登規則49）の請求をすることができる（平成11年2月24日民四379号通知）。
(4) 登記所に印鑑を提出した代表理事は、印鑑カードの交付を受けた上で、印鑑証明書の交付を受けることができる。印鑑証明書の交付を受けるにあたっては、オンラインにより交付申請をする場合を除き、印鑑カードを登記所に対し提示しなければならない（一般登記規則3、商登規則9の4①、22②）。
(5) さらに、登記所に印鑑を提出した代表理事は、その電子署名に係る電子証明書の交付を受けることができる（法人法330、商登法12の2）。

> 【参考URL】
> 印鑑届出書（法務省民事局ウェブサイト内）
>   http://www.moj.go.jp/ONLINE/COMMERCE/11-2-10.pdf
> 印鑑カード交付申請書（同上）
>   http://www.moj.go.jp/ONLINE/COMMERCE/11-2-9.pdf

## Q21 従たる事務所における設立登記事項

> 一般社団法人の従たる事務所の所在地における登記事項は何か。

**Answer. 21**

　一般社団法人の従たる事務所の所在地を管轄する登記所が、主たる事務所の所在地を管轄する登記所と異なる場合においては、従たる事務所の所在地においても登記をする必要がある（法人法312①一）。ただし、登記すべき事項は、次の5事項に限定されている（法人法312②③）。その他の登記事項については、インターネット登記情報システムや登記情報交換システム、オンライン申請による登記事項証明書の交付などを利用し、主たる事務所の所在地における登記情報にアクセスすることになる。

> ①　名称
> ②　主たる事務所の所在場所
> ③　従たる事務所の所在場所（その所在地を管轄する登記所の管轄区域内にあるものに限る。）
> ④　一般社団法人の成立の年月日
> ⑤　従たる事務所を設置した旨及びその年月日

※法人成立の年月日は、主たる事務所における登記申請日を記載する。

　なお、登記の事由は、「平成○年○月○日法人成立と同時に従たる事務所設置」とする。当該日付は、主たる事務所における登記申請日である。

---

**Q22**　従たる事務所における設立登記の添付書面・登録免許税

> 一般社団法人の従たる事務所の所在地における設立登記の申請書には、どのような書面を添付すべきか。また納付すべき登録免許税の金額はいくらか。

**Answer. 22**

(1)　従たる事務所の所在地においては、添付書類は、主たる事務所において登記したことを証する書面（登記事項証明書）のみを添付すれば足り

る（法人法329）。

(2) 従たる事務所所在地における一般社団法人の設立登記の登録免許税額は、金9,000円である（登税法別表第1 二十四(二)イ）。

---

## Q23 設立登記の申請期間

一般社団法人の設立登記は、いつまでにすべきか。

## Answer. 23

(1) 主たる事務所の所在地における一般社団法人の設立の登記は、①設立時理事（及び設立時監事）による設立手続の調査（法人法20①）が終了した日、または②設立時社員が定めた日のいずれか遅い日から2週間以内に申請しなければならない（法人法301①）。

(2) 一般社団法人が設立に際して従たる事務所を設けた場合には、主たる事務所の所在地における設立の登記をした日から2週間以内に、従たる事務所の所在地における登記を申請しなければならない（法人法312①一）。

## 第2節

# 一般財団法人の設立

### 1．実体手続

**Q1** 一般財団法人の設立手続

一般財団法人の設立には、どのような手続が必要か。

**Answer. 1**

(1) 一般財団法人の設立手続は、概ね以下の手順で行われる。

> ① 設立者（または遺言執行者）による定款の作成（法人法152）
> ② 公証人による定款の認証（同155）
> ③ 設立者（または遺言執行者）による財産の拠出（同157）
> ④ 設立時評議員、設立時理事、設立時監事（設立時会計監査人）の選任（同159）
> ⑤ 設立時代表理事の選定（同162）
> ⑥ 設立時理事及び設立時監事による設立手続の調査（同161）
> ⑦ 主たる事務所の具体的所在場所等の決定
> ⑧ 設立の登記（同163）

(2) 一般社団・財団法人法の施行によって、登記により法人が成立することとなった点については、一般社団法人と同様である（法人法163、22）。

(3) 一般社団法人との大きな差異は、設立者（または遺言執行者）による財産の拠出が必要なことである。これは、財団法人が一定の目的のために拠出され結合している財産に法人格が与えられたものである以上、本質的な要素である。

(4) ①定款の作成及び②その認証手続については、**第 1 章第 2 節**「定款」（7 頁以下）を参照されたい。

(5) なお、成立の日においては、貸借対照表の作成が義務付けられている（法人法 199、123 ①、法人規則 64、28）。成立時貸借対照表については、監査、備置、承認及び公告の対象とはされていない（法人法 199、124 ①）。

## Q2 生前行為による一般財団法人の設立

> 一般財団法人の設立が生前行為により行われる場合に、設立事務を行う者は誰か。

### Answer.2

(1) 設立が生前行為によって行われる場合に、一般財団法人の設立事務を行う者は設立者である。設立者は、作成した定款に署名（電子署名）または記名押印し、公証人の認証を受けた後、遅滞なく法人格付与の対象となる財産を拠出しなければならない（法人法 152 ①、157）。

(2) また、設立者は、定款で定めることにより、設立時評議員、設立時理事（設立時代表理事）、設立時監事及び設立時会計監査人の選任（選定）や（法人法 159 ①②）、主たる事務所の具体的所在場所等の決定を行うことも可能である。

(3) なお、定款の作成は、設立者が 2 名以上あるときは、その全員の同意により行わなければならない。

## Q3 遺言による一般財団法人の設立

> 遺言により一般財団法人を設立する場合に、設立事務を行う者は誰か。

**Answer. 3**

(1)　一般財団法人の設立は、遺言により行われることもある（法人法152②）。この場合に設立事務を行うのは、遺言執行者である。遺言執行者は、遺言に定められた定款記載（記録）事項を書面化（または電磁的に記録）し、署名（電子署名）または記名押印し、公証人の認証を受けた後、遺産である対象財産の拠出を行う（法人法157①（　）書）。

(2)　遺言執行者は、定款記載（記録）事項を定めた遺言において指定するのが通常であろうが、後日に別の遺言で指定することも可能である。遺言執行者の指定がないとき、または事後的に遺言執行者がいなくなったときは、利害関係人は、その選任を家庭裁判所に申し立てることができる（民1010、家審法9①甲類三十五）。

(3)　一般財団法人の設立が遺言事項とされている場合には、遺言執行者の権限は顕在的なものであり、例えば拠出財産である動産・不動産を、執行に必要な範囲内で当然に管理下に置くことができる。また、拠出財産が不動産物権であれば、一般財団法人への移転登記を申請することも可能である。さらに、これらの行為が妨害されていれば、その妨害排除請求訴訟において、遺言執行者が当事者適格を有することになろう。

　なお、預金を払い戻した上で拠出させる旨の遺言については、金融機関が遺言制度自体に懐疑的または対応できていないこともあり、相続人全員の同意を得るか、またはその同意に代えて遺言書の真正な成立についての確認判決を得なければ、その実現が難しいのが現状のようである。

---

**Q4**　公証人の認証後における定款変更の可否

> 一般財団法人の原始定款に認証を受けた後、これを変更することができるか。

**Answer. 4**

　一般社団・財団法人法においては、株式会社に関する会社法第30条第2項のような規定はなく、公証人による認証後においても、設立者全員の同意により、定款を変更できる（公証人による再認証の要否につき、216頁参照）。

　なお、一般財団法人の成立前において設立者自身が定款を変更する場合には、一般社団・財団法人法第200条第1項ただし書の規制は及ばないと解される。

---

**Q5** 設立者または遺言執行者による財産の拠出

> 設立者または遺言執行者による財産の拠出とは、どのような手続か。

**Answer. 5**

(1) 一般財団法人の性質上、法人格付与の対象となる財産の拠出は、不可欠の要素である。設立者またはその遺言執行者は、定款に公証人の認証を受けた後、遅滞なく、定款に定められた財産（法人法153①五）を拠出しなければならない（法人法157①）。株式会社の設立とは異なり、定款認証前の拠出は明文により否定されている（会34①参照）。なお、この拠出の履行があったことを証する書面は、一般財団法人の設立登記の添付書面ともなる（法人法319②二）。

(2) 拠出される財産が金銭であるときは、設立者（または遺言執行者）は、その定めた銀行等（法人法138①、法人規則54）において、その全額を払い込まなければならない（法人法157②）。

(3) 拠出される財産が金銭以外の財産であるときは、設立者（または遺言執行者）は、その全部を給付しなければならない。ただし、登記、登録

その他の第三者対抗要件については、設立者が定めたとき（設立者が2人以上あるときは、その全員の同意があるとき）は、一般財団法人の成立後にすれば足りる（法人法157①ただし書）。
(4) 設立に際して拠出される財産の総額は、300万円を下回ってはならない（法人法153②）。
(5) 生前の処分で財産の拠出をするときは、その性質に反しない限り民法の贈与に関する規定（民549以下）が準用され、遺言で財産の拠出をするときは、同様に、民法の遺贈に関する規定（民985以下）が準用される（法人法158）。

## Q6 金銭以外の財産の過大評価の防止

金銭以外の財産を拠出する場合に、その過大評価を防止する制度は置かれているか。

## Answer. 6

　一般財団法人の設立時における金銭以外の財産の拠出にあたり、株式会社における裁判所の選任する検査役の調査（会33）に相当する規定は置かれていない。また、当該財産の実価が定款で定められた価額に著しく不足するような場合に、設立者や設立時理事が不足額を支払う義務を負う旨の規定もない（法人法166ないし169参照）。

## Q7 財産の拠出に意思の欠缺・瑕疵があった場合

> 財産の拠出の意思表示に、錯誤、詐欺、強迫、行為能力の制限その他の欠缺または瑕疵がある場合に、その無効または取消しを主張することができるか。

### Answer 7

(1) 設立者（遺言による設立の場合には、相続人）は、一般財団法人の成立後は、錯誤を理由として財産の拠出の無効を主張し、または詐欺もしくは強迫を理由として財産の拠出の取消しをすることができない（法人法165）。

(2) これに対し、行為能力の制限による取消しは、制限されない。また、遺言による設立の場合には、方式違背、遺言無能力または共同遺言といった遺言に特有の無効原因を主張することも許される（民960、961、975）。

---

## Q8 設立時評議員等の選任方法

> 設立時評議員、設立時理事、設立時監事（設立時会計監査人）の選任は、どのような方法で行われるか。

### Answer 8

(1) 設立時評議員、設立時理事、設立時監事は、原始定款に定めることができる。原始定款で定めなかったときは、公証人による定款の認証後遅滞なく、原始定款に定めた選任方法（法人法153①六）に従って選任されることになる（法人法159①）。設立時評議員及び設立時理事は、3人以上でなければならない（法人法160①）。

(2) 設立時理事による設立時評議員の選任については、成立後の法人におけるような直接の制限はないが（法人法153③一）、理事の監督者を理

自らが選任することを禁じた当該規定の趣旨からは、当然に制限されることになると解される。
(3) 設立しようとする一般財団法人が会計監査人設置一般財団法人である場合には、同様の方法により、設立時会計監査人の選任が必要である（法人法159②、153①七）。

### Q9 設立時代表理事の選定方法

> 一般財団法人において、設立時代表理事の選定は、どのような方法で行われるか。

### Answer.9

(1) 一般財団法人においては、設立時代表理事の選定は必要的なものであり、設立時理事の過半数をもって決定される（法人法162①③）。
(2) また、原始定款に設立時代表理事を定めることも妨げられないと解される。ただし、一般社団・財団法人法上付与された設立時理事の選定権限は、定款をもってしても奪うことができない（株式会社に関する小川秀樹＝相澤哲『通達準拠・会社法と商業登記』（前掲）51頁）。

### Q10 設立時理事・設立時監事による設立手続の調査

> 設立時理事・設立時監事による設立手続の調査とは、どのようなものか。

### Answer.10

設立時理事及び設立時監事は、その選任後遅滞なく、「財産の拠出の履行が完了していること」及び「一般財団法人の設立の手続が法令又は定款

に違反していないこと」を調査しなければならない（法人法161①）。設立時理事・設立時監事が調査事項について法令もしくは定款に違反し、または不当な事項があると認めるときは、設立者または遺言執行者にその旨を通知しなければならない（法人法161②）。一般社団法人と異なり、財産の拠出の履行の完了が、調査事項とされている。

---

### Q11 一般財団法人の成立前における業務執行の決定

> 一般財団法人の成立前において、その業務執行の決定（設立登記との関係では、特に主たる事務所及び従たる事務所の具体的所在場所の決定）は、どのような方法によるか。

### Answer. 11

(1) 成立前の一般財団法人においては、設立時理事の権限は、法定されたものにとどまる。また、理事会もいまだ存在するものではない。したがって、その業務執行の決定は、設立者が行うことになる。設立者が複数ある場合には、その過半数による（平成20年9月1日民商2351号通達）。

(2) 遺言により一般財団法人の設立が行われる場合には、当該決定は、遺言執行者が行うことになる。遺言執行者が複数ある場合には、遺言に別段の意思が表示されていない限り、その過半数による（民1017①）。

(3) 商法の規定の適用除外により（法人法9）、一般財団法人が支配人を選任することができない点については、一般社団法人と同様である。

## Q12 一般財団法人の設立費用

設立者が負担した設立費用を、成立後の一般財団法人に負担させることができるか。

### Answer. 12

(1) 一般財団法人の設立費用については、一般社団法人と同様（221頁参照）、設立者は、当然に成立後の一般財団法人に請求することができる。また、設立者の意思により、設立者の負担とすることも可能である。

(2) 一般財団法人の設立が遺言によって行われる場合には、一次的には「遺言の執行に関する費用」として、相続財産から支出することができると解される（民1021）。相続人（相続財産管理人、遺言執行者）が、成立後の一般財団法人にこれを求償することは、生前設立と同様に可能である。

## 2．登記手続

## Q13 一般財団法人の設立登記の申請事項

一般財団法人の主たる事務所の所在地における設立登記の申請書（情報）は、どのように記載（記録）すべきか。

### Answer. 13

一般財団法人の主たる事務所における設立登記の申請書（情報）に記載（記録）すべきは、申請人及び代理人の表示、申請年月日ならびに登記所の表示のほか、次の事項である（法人法330による商登法17②③の準用）。

(1) **登記の事由**

設立登記の申請期間（法人法302①）を明らかとするため、その起算日とともに「平成○年○月○日設立の手続終了」などとするのが通常である。一般財団法人は設立登記によって成立するものであるため（法人法163）、

「設立」とはしない。

(2) **登記すべき事項**

　一般財団法人の主たる事務所における設立登記事項は、一般社団・財団法人法第302条第2項各号に列挙されており、概ね次頁表の4事項に分類できる。

　なお、成立時の一般財団法人登記簿には、「法人成立の年月日」及び「登記記録を起こした事由及び年月日」も登記されるが（一般登記規則別表第2）、これらは申請すべき事項ではない。

(3) **課税標準及び登録免許税**

　一般財団法人の主たる事務所の所在地における設立登記の登録免許税は、申請1件につき金6万円である（登税法別表第1二十四(一)ロ）。

(4) **添付書面**

　一般財団法人の主たる事務所における設立登記申請書の添付書面は、一般社団・財団法人法第319条第2項各号及び第3項、一般社団法人等登記規則第3条で準用する商業登記規則第61条第2項、第3項に列挙されている（246頁参照）。

| | 〈一般財団法人の設立登記事項〉 |
|---|---|
| 法人の基本的事項 | ① 目的<br>② 名称<br>③ 主たる事務所及び従たる事務所の所在場所<br>④ 一般財団法人の存続期間または解散の事由についての定款の定めがあるときは、その定め |
| 機関に関する事項 | ⑤ 評議員、理事及び監事の氏名<br>⑥ 代表理事の氏名及び住所<br>⑦ 会計監査人設置一般財団法人であるときは、その旨及び会計監査人の氏名または名称<br>⑧ 一時会計監査人の職務を行うべき者を置いたとき（法人法177、75④）は、その氏名または名称 |
| 役員等の責任の免除・制限に関する事項 | ⑨ 役員等の責任の免除についての定款の定めがあるとき（法人法198、114①）は、その定め<br>⑩ 外部役員等が負う責任の限度に関する契約の締結についての定款の定めがあるとき（法人法198、115①）は、その定め<br>⑪ ⑩の責任限定契約に関する定款の定めが外部理事に関するものであるときは、理事のうち外部理事であるものについて、外部理事である旨<br>⑫ ⑩の責任限定契約に関する定款の定めが外部監事に関するものであるときは、監事のうち外部監事であるものについて、外部監事である旨 |
| 公告に関する事項 | ⑬ 貸借対照表の公告に代わる電磁的方法による措置をとることとするとき（法人法199、128③）は、その提供を受けるために必要な事項（ウェブサイトのURL）<br>⑭ 公告方法（法人法331）<br>⑮ 公告方法が電子公告であるとき（法人法331①三）は、その提供を受けるために必要な事項（ウェブサイトのURL）及び事故その他やむを得ない事由がある場合の予備的公告方法の定め（同②後段） |

〈一般財団法人の設立登記の添付書面〉

① 定款（公証人の認証を受けたもの）
② 財産の拠出の履行があったことを証する書面
③ 設立時評議員、設立時理事及び設立時監事の選任に関する書面
④ 設立時代表理事の選定に関する書面
⑤ 設立時評議員、設立時理事、設立時監事及び設立時代表理事が就任を承諾したことを証する書面
⑥ 設立時会計監査人を選任したときは、次に掲げる書面
　・設立時会計監査人の選任に関する書面
　・就任を承諾したことを証する書面
　・設立時会計監査人が法人であるときは、当該法人の登記事項証明書（申請する登記所の管轄区域内に当該法人の主たる事務所がある場合を除く）
　・設立時会計監査人が法人でないときは、その者が公認会計士であることを証する書面
⑦ 登記すべき事項につき設立者（または遺言執行者）全員の同意またはある設立者（または遺言執行者）の一致を要するときは、その同意または一致があったことを証する書面
⑧ 設立時代表理事の就任承諾書に押印した印鑑の印鑑証明書（一般登記規則3、商登規則61②③）

## Q14 一般財団法人の設立登記事項（電子データ入力例）

> 一般財団法人の主たる事務所の所在地における設立登記を申請する場合に、登記事項をどのように記載（記録）すべきか。

### Answer.14

　登記申請書（情報）に記載（記録）すべき登記事項は、通常、電子データをもって管轄法務局に提供する。その入力例は、次のとおりである。

---

「名称」一般財団法人〇〇振興会
「主たる事務所」〇県〇市〇丁目〇番〇号
「法人の公告方法」官報に掲載してする。
「目的等」
目的
当法人は、〇〇文化の普及・振興を図ることを目的とし、その目的を達するため、次の事業を行う。
1. 〇〇祭その他のイベントの企画、立案及び実行
2. 機関誌〇〇の発行
3. 前各号に掲げる事業に付帯関連する事業
「役員に関する事項」
「資格」理事
「氏名」甲野一郎
「役員に関する事項」
「資格」理事
「氏名」甲野二郎
「役員に関する事項」
「資格」理事
「氏名」甲野三郎
「役員に関する事項」

第2節　一般財団法人の設立

「資格」代表理事
「住所」○県○市○丁目○番○号
「氏名」甲野一郎
「役員に関する事項」
「資格」監事
「氏名」甲野春子
「役員に関する事項」
「資格」評議員
「氏名」甲野五郎
「役員に関する事項」
「資格」評議員
「氏名」甲野六郎
「役員に関する事項」
「資格」評議員
「氏名」甲野七郎
「登記記録に関する事項」設立

## Q15 設立者全員の同意またはある設立者の一致を証する書面

設立者全員の同意またはある設立者の一致を証する書面（法人法319③）とは、どのような書面か。

## Answer.15

　設立時評議員等を設立者が選任する旨の定款の定めを設けている場合（法人法153①六・七）など、登記すべき事項につき設立者の全員または法定多数の一致による決定を要する場合に、その成立を証する書面である。
　なお、当該書面に押印すべき印鑑は、各設立者が市区町村または法務局に届け出ているものでなくともよい（一般登記規則3、商登規則61④参照）。

248　第2章　一般社団・財団法人の設立登記

## 設立者決定書

　平成○年○月○日、一般財団法人○○振興会の設立者は、その全員の一致により、次の各事項につき決定した。

1　設立時評議員（設立時理事、設立時監事）の選任に関する件
　　　当法人の設立時評議員（設立時理事、設立時監事）は、次の者とする。
　　　　　○県○市○町○丁目○番○号
　　　　　　設立時評議員（設立時理事、設立時監事）
　　　　　　甲野　一郎
　　　　　　　　　　（中　略）

2　設立時会計監査人の選任に関する件
　　　当法人の設立時会計監査人は、次の者とする。
　　　　　○県○市○町○丁目○番○号
　　　　　　海野監査法人（代表社員　海野　かもめ）

3　主たる事務所の所在場所に関する件
　　　当法人の主たる事務所の所在場所を、○県○市○町○丁目○番○号とする。

4　従たる事務所の設置に関する件
　　　当法人は、設立に際し従たる事務所を設置し、所在場所を○県○市○町○丁目○番○号とする。

本決定を証するため、設立者全員が次に記名押印する。
　平成○年○月○日
　　　　　　　一般財団法人○○振興会設立者
　　　　　　　　○県○市○町○丁目○番○号　甲野　太郎　　㊞
　　　　　　　　○県○市○町○丁目○番○号　甲野　花子　　㊞

## Q16 財産の拠出の履行があったことを証する書面

財産の拠出の履行があったことを証する書面（法人法319②二）とは、どのような書面か。

## Answer. 16

(1) 拠出財産が金銭の場合における「財産の拠出の履行があったことを証する書面」には、設立時代表理事が登記所届出印を用いて作成した「その全額の払込みが行われた旨の証明書」に、「払込みの事実を証する文書（預金通帳の写し・払込取扱銀行等の発行する取引履歴証明書）」を合綴し、契印して1通の書面としたものが用いられる。一定時点における預金残高の存在を証するにすぎない「残高証明書」では足りない点に注意を要する。

　なお、いったん金銭の払込みがなされた後、設立登記前にこれが引き出された事実が当該書面から明らかでも、設立登記は受理される取扱いである。

(2) 拠出財産が金銭以外の場合における「財産の拠出の履行があったことを証する書面」には、設立時理事及び設立時監事が作成した調査報告書（法人法161①一参照）が用いられる（登記情報 金融財政事情研究会565号36頁）。設立者全員の同意がない限り、登記、登録その他の第三者対抗要件が具備されたことについても証明の対象となるが（法人法157①ただし書）、不動産のように、設立中の法人名義による登記・登録が認められていない財産については、当然にその必要はない。

```
                財産拠出履行証明書

 一般財団法人○○振興会の設立に際し、一般社団法人及び一般財団法
人に関する法律第157条の規定に基づき、その拠出に係る金銭の全額
が別紙のとおり払い込まれたことを証明します。
                 記
 払込みを受けた金銭の額        金○円

             一般財団法人○○振興会設立時代表理事
              ○県○市○町○丁目○番○号 甲野 一郎  ㊞
(別紙)省略
```

## Q17 設立時評議員等の選任（設立時代表理事の選定）に関する書面

> 設立時評議員、設立時理事、設立時監事（設立時会計監査人）の選任（設立時代表理事の選定）に関する書面（法人法319②三・四・六イ）とは、どのような書面か。

## Answer. 17

(1) 設立時評議員、設立時理事、設立時監事（設立時会計監査人）が、定款に定めた方法により選任されたことを証する書面である。具体的な態様としては、①法人内部の機関において選任する場合（設立者が選任する、設立者が定めた設立時評議員や任意の選任委員会が選任するなど）、②法人外部の特定の者に選任を委ねる場合、③特定の資格を有する者に当然にこれらの地位を与える場合に分類できるが、①及び②についてはその決定・決議書、③についてはその特定資格についての証明書等が、これに該当する。

なお、定款または設立者の同意（一致）によりこれらの者を選任しているときは、他の添付書面により選任の内容が明らかであるため、独立の添付書面とする必要はない。

---

設立時評議員（設立時理事、設立時監事、設立時会計監査人）
選任決定書

　平成○年○月○日、一般財団法人○○振興会の設立者（設立時評議員、設立時理事等選任委員会）は、定款第○条の規定に基づき、その全員の（○名中○名の）一致により、当法人の設立時評議員（設立時理事、設立時監事、設立時会計監査人）を、次の者とすることを決定した。

　　○県○市○町○丁目○番○号
　　　設立時評議員（設立時理事、設立時監事）
　　　　甲野　一郎
　　○県○市○町○丁目○番○号
　　　設立時会計監査人
　　　　海野監査法人（代表社員　海野 かもめ）

　本決定を証するため、設立者（設立時評議員、設立時理事等選任委員会委員）が次に記名押印する。
　　平成○年○月○日
　　　　　一般財団法人○○振興会設立者
　　　　　　（設立時評議員、設立時理事等選任委員会委員）
　　　　　　○県○市○町○丁目○番○号　乙野　一郎　　㊞
　　　　　　○県○市○町○丁目○番○号　乙野　二郎　　㊞
　　　　　　○県○市○町○丁目○番○号　乙野　三郎　　㊞

---

(2) 「設立時代表理事の選定に関する書面」とは、設立時理事の過半数により（法人法162①③）、設立時代表理事が選定されたことを証するものである。定款において設立時代表理事を定めているときは、定款がこれに該当する。

## Q18 設立時評議員等の就任承諾を証する書面

設立時評議員、設立時理事、設立時監事、設立時代表理事及び設立時会計監査人の就任を承諾したことを証する書面（法人法319②五・六ロ）とは、どのような書面か。

### Answer.18

(1) 選任された設立時評議員等による就任承諾の意思表示を明らかとする書面である。一般財団法人とこれらの者との委任関係（法人法172①）の成立を証するために添付される。その記載例については、前節（231頁）を参照されたい。

(2) 設立時代表理事の就任承諾を証する書面に押印された印鑑については、就任者の実在性・同一性を確認する趣旨から、市区町村長の作成に係る印鑑証明書を添付する必要がある（一般登記規則3、商登規則61②③）。

---

## Q19 印鑑の提出

一般財団法人の主たる事務所の所在地を管轄する登記所に対し、印鑑を提出すべき者は誰か。

### Answer.19

一般財団法人の設立の登記は、当該一般財団法人を代表すべき者（設立時代表理事）の申請によってする（法人法319①）。したがって、当該代表者は、設立登記の申請に際し、主たる事務所の所在地を管轄する登記所に対して印鑑を提出しなければならない（法人法330、商登法20）。印鑑の提出方法については、前節の記述（231頁）を参照されたい。

## Q20 従たる事務所における設立登記事項

> 一般財団法人の従たる事務所の所在地における登記事項は何か。

### Answer. 20

(1) 一般財団法人の従たる事務所の所在地における登記については、一般社団法人と同じ規定が適用される（法人法312。233頁参照）。

(2) 登記すべき事項が5事項に限定される点（法人法312②③）、添付書面が主たる事務所所在地において登記したことを証する書面で足りる点（法人法329）、設立登記の登録免許税は、申請1件につき金9,000円である点（登税法別表第1二十四(二)イ）についても同様である。

---

## Q21 設立登記の申請期間

> 一般財団法人の設立登記は、いつまでにすべきか。

### Answer. 21

(1) 主たる事務所の所在地における一般財団法人の設立の登記は、①設立時理事及び設立時監事による設立手続の調査（法人法161①）が終了した日、または②設立者が定めた日のいずれか遅い日から2週間以内に申請しなければならない（法人法302①）。

(2) 一般財団法人が設立に際して従たる事務所を設けた場合には、主たる事務所の所在地における設立の登記をした日から2週間以内に、従たる事務所の所在地における登記を申請しなければならない（法人法312①一）。

# 第3章 一般社団・財団法人の機関に関する変更登記

第1節 一般社団法人の機関設計・役員等の変更
 第1款 理事会の設置及び廃止
 第2款 監事の設置及び廃止
 第3款 会計監査人の設置及び廃止
 第4款 理事、監事及び会計監査人の変更
 第5款 代表理事の変更

第2節 一般財団法人の機関設計・評議員等の変更
 第1款 会計監査人の設置及び廃止
 第2款 評議員の変更
 第3款 理事（代表理事を含む）、監事及び会計監査人の変更

第3節 役員等の責任免除・責任限定契約についての定め

# 第1節

# 一般社団法人の機関設計・役員等の変更

## 第1款　理事会の設置及び廃止

### 1．実体手続

**Q1** 一般社団法人の機関設計

一般社団法人においては、どのような機関設計が可能か。

**Answer. 1**

(1)　一般社団法人は、社員総会のほか、理事を必ず置かなければならない（法人法60①）。また、定款の定めによって、理事会、監事または会計監査人を置くことができる（法人法60②）。ただし、理事会または会計監査人を置く一般社団法人は、監事も置かなければならない（法人法61）。さらに、大規模一般社団法人（法人法2二）は、会計監査人を置かなければならない。

したがって、一般社団法人においては、次頁上図に掲げる5通り（大規模一般社団法人は同図中①または③の2通り）の機関設計が可能となる。

(2)　一般社団法人が公益認定を受けるためには、理事会を必ず置かなければならない（認定法5十四ハ）。理事会を置く以上、監事も必置の機関となる。また、損益計算書及び貸借対照表上の所定の額が所定の基準に達しない場合でない限り（281頁参照）、会計監査人も、必ず置かなければならない（認定法5十二、認定令6）。

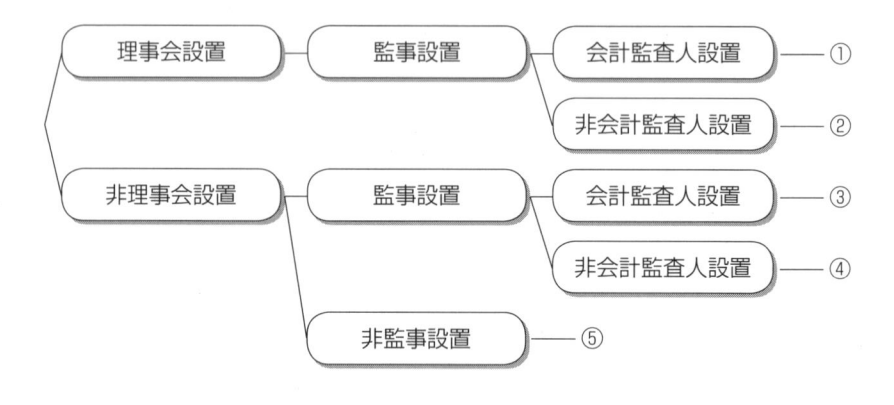

```
理事会設置 ─ 監事設置 ─┬ 会計監査人設置 ── ①
                    └ 非会計監査人設置 ── ②

非理事会設置 ─┬ 監事設置 ─┬ 会計監査人設置 ── ③
             │           └ 非会計監査人設置 ── ④
             └ 非監事設置 ─── ⑤
```

## Q2 理事会の設置（廃止）の手続

> 一般社団法人が理事会を設置（廃止）するためには、どのような手続が必要か。

### Answer. 2

(1) 理事会設置の有無は、一般社団法人の定款記載（記録）事項であるから、新たに理事会を設置し、または廃止するためには、社員総会の特別決議により、定款を変更しなければならない（法人法60②、146、49②四）。

(2) 機関設計に関する定款の定めは、確定的なものでなければならない。例えば、ある機関を「置くことができる」「必要に応じて置く」旨の定めは、機関設計を他の機関に委任するものであり、これを定款記載（記録）事項とした法の趣旨に反するため、無効と解されている。

(3) 旧社団法人における理事会を置く旨の定款の定めが、一般社団・財団法人法に基づく理事会を置く旨の定めとみなされることはない（整備法80③）。ただし、旧社団法人が特例社団法人である間であっても、通常の一般社団法人と同様、定款を変更して理事会を設置することは可能である（法人法60②）。この場合には、理事会設置の旨のほか、別途監事

設置の旨についても、登記義務が生じる(法人法301②七、整備法77④)。

　一方、旧社団法人に置かれた理事は一般社団・財団法人法に基づいて選任された理事とみなされ、特例社団法人である間は、その後の理事の選解任、資格及び任期も、なお従前の例に従う（整備法48①②）。ただし、従前定められていた代表理事の地位は継続しないため（整備法48④)、各自代表の原則（法人法77①本文）に従って、各理事が特例社団法人の代表権を取得する。

　なお、特例社団法人が理事会を設置し、または代表理事を限定すると、理事についての登記事項が「氏名及び住所」から「氏名」のみとなり、別途代表理事について「氏名及び住所」を登記しなければならなくなる（整備法77③）。また、理事会を設置した場合には、理事の選解任、資格及び任期について、一般社団・財団法人法が適用される（整備法48②（　）書）。

(4)　中間法人法に基づく旧有限責任中間法人においても、理事会は法定の機関ではなく、法人の任意によるものにすぎない。したがって、旧有限責任中間法人における理事会を置く旨の定款の定めが、一般社団・財団法人法に基づく理事会を置く旨の定めとみなされることもない（整備法5③）。必要があれば、一般社団・財団法人法施行後、定款を変更して当該定めを設けることになる。

　なお、旧無限責任中間法人については、通常の一般社団法人への移行の際に（整備法31二）、またはその後の定款変更により、必要があれば社員総会決議によって理事会を設置する旨の定款の定めを設けることになる。

## Q3 理事会の設置（廃止）による法的効果

一般社団法人が理事会を設置し、または廃止することにより、どのような差異が生じるか。

### Answer 3

　理事会は、すべての理事で組織され、理事会設置一般社団法人の業務執行に関する意思決定をなす機関である（法人法90①②）。理事会の有無により、一般社団・財団法人法上、次のような差異が生じる。

(1) **社員総会の決議権限の範囲**

　理事会設置一般社団法人の社員総会の決議事項は、一般社団・財団法人法に規定する事項及び定款で定めた事項に限られる（法人法35②）。定款の定めにより、理事会の決議事項を社員総会の決議事項とすることも可能であるが、この場合には双方が決議権限を有すると解するのが登記実務である（学説上、対内的には理事会の権限を制限できるとする立場があるが、実務上はそのような定款の定めを設ける例はほとんどない。公益認定の審査上も、そのような定めは不適格とされるようである）。

　以上に対し、非理事会設置一般社団法人においては、社員総会は、一般社団・財団法人法に規定する事項及び一般社団法人の組織、運営、管理その他一般社団法人に関する一切の事項について決議をすることができる（法人法35①）。しかも、招集決定の際に会議の目的とされた事項以外の事項を決議することも可能である（法人法49③参照）。

(2) **業務執行及びその決定権限の所在**

　一般社団法人などの事業体では、通常、まずその業務に関する意思決定が行われ、当該意思決定に基づいて執行（具体的な法律行為・事実行為）がされるというプロセスを辿る。

　理事会設置一般社団法人においては、業務執行の決定は理事会で行わなければならない（法人法90②一）。日常業務に属するような重要でない決

定は一部の理事に委任することができるが、一定の法定事項その他の重要な業務執行の決定は、定款に定めても、一部の理事に委任することはできない（法人法90④参照）。業務の執行については、理事会が選定する代表理事及び業務執行理事が行う（法人法91）。

これに対し、非理事会設置一般社団法人においては、理事が1人であれば当該理事が、理事が複数あればその過半数により、業務執行の決定を行う。理事が複数ある場合に、一定の法定事項の決定を各理事に委任することはできない（法人法76③）。ただし、定款に定めることにより、業務執行の決定要件を加重することが可能である（法人法76②。決定要件を過半数以下に軽減することは、デッドロック状態を生じるおそれがあるため、無効と解される）。業務の執行については、各理事が単独で行うのを原則とするが、定款に定めることにより、特定の理事の業務執行権限を制限することが可能である（法人法76①）。

(3) 社員総会の招集手続

理事会設置一般社団法人においては、社員総会の招集事項の決定は、理事会の決議によらなければならない（法人法38②）。また、非理事会設置一般社団法人と異なり、社員総会の招集期間を1週間未満とする旨の定款の定めを設けることはできず、その招集通知は、常に書面またはこれに代わる電磁的方法により発しなければならない（口頭等による任意の方法は認められない。法人法39①（　）書、②二）。

(4) 社員提案権の行使

社員は、理事に対し、一定の事項を社員総会の目的とすることを請求することができる（議題提案権）。また、社員は、理事に対し、社員総会の日の6週間（これを下回る期間を定款で定めた場合にあっては、その期間）前までに、社員総会の目的である事項につき当該社員が提出しようとする議案の要領を社員に通知すること（招集通知に記載・記録すること）を請求することができる（議案の通知請求権）。

理事会設置一般社団法人においては、議題提案権及び議案の通知請求権のいずれも、総社員の議決権の30分の1（これを下回る割合を定款で定めた場合にあっては、その割合）以上の議決権を有する社員に限り、行使することができる（法人法43②前段、45①ただし書）。しかも、議題提案権の行使は、社員総会の日の6週間（これを下回る期間を定款で定めた場合にあっては、その期間）前までにしなければならない（法人法43②後段）。

　これに対し、非理事会設置一般社団法人においては、これらは社員であれば単独で行使できる権利であり、議題提案権の行使時期の制限もない（法人法43①、45①本文）。

(5)　理事の員数・監事の設置・理事会の開催

　理事会設置一般社団法人においては、理事会を構成するため、理事を3名以上選任しなければならず、別途監事をも設置・選任しなければならない（法人法61、65③）。

　また、代表理事及び業務執行理事がその職務の執行の状況を報告するため、3か月に1回以上理事会を開催しなければならない（法人法91②）。なお、この報告期間は、定款で定めることにより毎事業年度に4か月を超える間隔で2回以上とすることができる。

(6)　計算書類の社員への提供、備置、承認

　理事会設置一般社団法人においては、計算書類及び事業報告ならびにこれらの附属明細書について、監事（会計監査人設置一般社団法人における計算書類及びその附属明細書については、監事及び会計監査人）の監査を受けた上で、理事会の承認を得なければならない（法人法124③）。これらの書類（監査報告・会計監査報告を含む）は、主たる事務所及び従たる事務所において、定時社員総会の日の2週間前から備え置かれる（法人法129①②）。

　また、定時社員総会の招集の通知に際しては、社員に対し、理事会の承認を受けたこれらの書類（附属明細書を除き、監査報告・会計監査報告を含む）を提供しなければならない（法人法125、法人規則47②）。

### (7) 競業取引・利益相反取引の承認機関

　理事会設置一般社団法人において、①理事が自己または第三者のために一般社団法人の事業の部類に属する取引（競業取引）をしようとするとき、②理事が自己または第三者のために一般社団法人と取引（直接的な利益相反取引）をしようとするとき、③一般社団法人が理事の債務を保証することその他理事以外の者との間において一般社団法人と当該理事との利益が相反する取引（間接的な利益相反取引）をしようとするときは、理事は、理事会において当該取引につき重要な事実を開示し、その承認を受けなければならない（法人法92①による84①の読替え）。取引後においては、遅滞なく、重要な事実を理事会に報告しなければならない。

　非理事会設置一般社団法人においては、この承認機関が社員総会となる（法人法84①）。

### (8) 法人代表権の帰属

　理事会設置一般社団法人においては、理事会の決議によって理事の中から選定された代表理事が一般社団法人を代表する（法人法90③）。また、定款に定めることにより、社員総会の決議によって代表理事を選定することも可能と解するのが通説となっており、登記実務もこの見解に従っている。

　これに対し、非理事会設置一般社団法人においては、各理事が一般社団法人を代表するのを原則とする。ただし、①定款の定めにより、②定款の定めに基づく理事の互選により、または③社員総会の決議により、代表理事を特定の理事に限定することも可能である（法人法77①ないし③）。

---

## Q4　重要な財産の処分及び譲受け・多額の借財

> 理事会の決議によって決定すべき「重要な財産の処分及び譲受け」・「多額の借財」は、どのように判断されるか。

**Answer. 4**

「重要な財産の処分及び譲受け」「多額の借財」の判断基準については、同様の規制（会362④一・二）に服する株式会社においても、必ずしも明らかでない。判例は、重要な財産の処分及び譲受け（多額の借財）に当たるか否かは、当該財産（借財）の価額、その会社の総資産・負債に占める割合、保有目的（借財の用途）、当該会社の内部規定等を総合的に考慮して判断すべきとしている（最判平成6年1月20日民集48巻1号1頁、東京地判平成9年3月17日判時1605号141頁）。法人の内部規定が考慮対象とされていることを踏まえれば、理事会決議の要否について、予め明文で基準（付議基準）を定めておくことが望ましいといえる。

## Q5 内部統制システムの構築義務

> 内部統制システムとは何か。その内容は法人の機関設計によりどのように異なるか。

**Answer. 5**

(1) 理事は、法人に対する善管注意義務（法人法64、民644）の一内容として、他の理事・使用人を監督する義務を負う。しかし、法人の規模・特性によっては、理事が直接すべての組織を指導・監督することは不適当・不可能であるため、法人の業務の適正を確保するために必要な手段として、いわゆる「内部統制システム」を整備しなければならないと解されている。

そして、大規模一般社団法人においては、この義務が明文化されている（非理事会設置一般社団法人につき法人法76③三、④、理事会設置一般社団法人につき90④五、⑤）。

このような理解からは、大規模一般社団法人に該当しない一般社団法

人であっても、その規模・特性によっては、何らかの内部統制システムを整備していなければ、理事（及びその業務を監査すべき監事）の善管注意義務違反が問われ得ることに注意が必要である。非大規模一般社団法人が内部統制システムの整備を決定する場合にも、大規模一般社団法人と同様、①理事の過半数の決定（理事会設置一般社団法人では理事会の決議）を要し（法人法76③柱書、90④柱書）、②その内容の概要が事業報告の内容として監事による監査の対象となる（法人規則34②二）。

(2) 内部統制システムとして整備すべき体制は、当該一般社団法人の機関設計により異なる。

① 非理事会設置一般社団法人において整備すべき体制は、次図のとおりである（法人法76③三、法人規則13）。

【すべての非理事会設置一般社団法人】
① 理事の職務の執行が法令及び定款に適合することを確保するための体制
② 理事の職務の執行に係る情報の保存及び管理に関する体制
③ 損失の危険の管理に関する規程その他の体制
④ 理事の職務の執行が効率的に行われることを確保するための体制
⑤ 使用人の職務の執行が法令及び定款に適合することを確保するための体制

【理事が2人以上ある一般社団法人】
業務の決定が適正に行われることを確保するための体制

【非監事設置一般社団法人】
理事が社員に報告すべき事項の報告をするための体制

【監事設置一般社団法人】
① 監事がその職務を補助すべき使用人を置くことを求めた場合における当該使用人に関する事項
② ①の使用人の理事からの独立性に関する事項
③ 理事及び使用人が監事に報告をするための体制その他の監事への報告に関する体制
④ その他監事の監査が実効的に行われることを確保するための体制

第1節　一般社団法人の機関設計・役員等の変更　265

② 理事会設置一般社団法人において整備すべき体制は、次図のとおりである（法人法90④五、法人規則14）。

> ① 理事の職務の執行が法令及び定款に適合することを確保するための体制
> ② 理事の職務の執行に係る情報の保存及び管理に関する体制
> ③ 損失の危険の管理に関する規程その他の体制
> ④ 理事の職務の執行が効率的に行われることを確保するための体制
> ⑤ 使用人の職務の執行が法令及び定款に適合することを確保するための体制
> ⑥ 監事がその職務を補助すべき使用人を置くことを求めた場合における当該使用人に関する事項
> ⑦ ⑥の使用人の理事からの独立性に関する事項
> ⑧ 理事及び使用人が監事に報告をするための体制その他の監事への報告に関する体制
> ⑨ その他監事の監査が実効的に行われることを確保するための体制

## 2．登記手続

**Q6** 理事会設置の登記の申請事項

> 一般社団法人の理事会設置の登記の申請書（情報）は、どのように記載（記録）すべきか。

**Answer. 6**

一般的な記載（記録）事項のほか、以下の事項を内容とする（法人法330、商登法17②③）。

(1) **登記の事由**

「理事会の設置」とする。理事会の設置と同時に申請すべき登記があるときは、さらに「(代表)理事の変更」「監事の設置及び監事の選任」とする。

(2) **登記すべき事項**

理事会を設置した旨及びその変更年月日である（法人法301②七）。

＜電子データ入力例（各自代表の一般社団法人が理事会を設置した場合）＞

```
「理事会設置法人に関する事項」理事会設置法人
「原因年月日」平成○年○月○日設定
「役員に関する事項」
「資格」代表理事
「氏名」甲野二郎
「原因年月日」平成○年○月○日代表理事の退任
「役員に関する事項」
「資格」代表理事
「氏名」甲野三郎
「原因年月日」平成○年○月○日代表理事の退任
```

(3) **登録免許税額**

申請1件につき金3万円である（登税法別表第1二十四(一)ワ）。代表理事の変更の登記については、役員等に関する変更として、別途、金1万円を納付する（登税法別表第1二十四(一)カ）。

(4) **添付書面**

① 社員総会議事録

理事会を置く旨の定款変更を決議したことを証する社員総会議事録である（法人法317②）。

② 理事会議事録

代表理事の退任を証する書面（法人法320⑤）として、新たな代表理事を選定したことを証する理事会議事録を添付する（法人法317②）。

③ 就任承諾を証する書面

代表理事の退任を証する書面（法人法320⑤）として、理事会で新たに選定された代表理事が就任を承諾したことを証する書面を添付する（法人法317②）。もっとも、理事会議事録に被選定者が席上就任を承諾した旨

が記載されていれば、当該議事録を就任承諾したことを証する書面として援用することができる。なお、代表理事の就任による変更の登記ではないので、押印された印鑑に関する印鑑証明書の添付（一般登記規則3、商登規則61②ないし④）は不要である。

## Q7 理事会の設置と代表理事の登記

理事会を設置したことにより、代表理事に変更が生じた場合、どのような登記を申請すべきか。

### Answer.7

理事会を設置することにより、それまで各自に代表権を有していた理事は当然にその代表権を失い、理事会において改めて代表理事を選定することになる（法人法77①②、90③）。この場合、改めて代表理事に選定された者については特に変更登記をする必要はなく、それ以外の理事について、「代表理事の退任」を登記原因として、退任の登記をすれば足りる。

## Q8 理事会の設置と同時にすべき登記

理事会を設置する旨の変更登記と同時に、どのような登記を申請しなければならないか。

### Answer.8

理事会を設置する旨の変更登記を申請する場合には、次に掲げる登記を同時に申請しなければならない。
① 理事の員数が3人に満たない場合には、理事の選任（法人法65③）
② 監事設置一般社団法人でない場合には、監事設置一般社団法人であ

268　第3章　一般社団・財団法人の機関に関する変更登記

る旨及び監事の選任（法人法61）
③　理事会設置により代表権を失うこととなる代表理事の退任

## Q9　社員総会議事録及び理事会議事録

理事会設置の登記申請書（情報）に添付すべき社員総会議事録及び理事会議事録の議案の記載は、どのようになるか。

## Answer. 9

例えば、次のようになる。

(1) **社員総会議事録**

---
第○号議案　定款一部変更の件

　議長は、今般、次のとおり定款の一部を変更し、当法人に理事会を設置したい旨を述べ、その可否を議場に諮ったところ、満場一致をもって可決確定した。

　　変更後の定款第○条
　　（理事会設置一般社団法人）
　　第○条　当法人には、理事会を置く。
---

(2) **理事会議事録**

---
第○号議案　代表理事の選定の件

　議長は、当法人が理事会設置一般社団法人となったことにより、代表理事1人を選定する必要がある旨を述べ、次の者を選定することの賛否を諮ったところ、出席理事の全員が異議なく承認可決した。

　　○県○市○丁目○番○号
　　　代表理事　甲野　一郎

　なお、被選定者は、席上就任を承諾した。
---

第1節　一般社団法人の機関設計・役員等の変更

## Q10 理事会廃止の登記の申請事項

一般社団法人の理事会廃止の登記の申請書（情報）は、どのように記載（記録）すべきか。

### Answer. 10

一般的な記載（記録）事項のほか、以下の事項を内容とする（法人法330、商登法17②③）。

(1) **登記の事由**

「理事会の廃止」とする。理事会の廃止に伴い、代表権を有しない理事が、新たに法人を代表することとなった場合には、さらに「代表理事の変更」が必要となる。

(2) **登記すべき事項**

理事会を廃止した旨及びその変更年月日である（法人法301②七）。

＜電子データ入力例（理事会の廃止により各自代表の一般社団法人となった場合）＞

```
「理事会設置法人に関する事項」
「原因年月日」平成○年○月○日廃止
「役員に関する事項」
「資格」代表理事
「住所」○県○市○丁目○番○号
「氏名」甲野二郎
「原因年月日」平成○年○月○日代表権付与
「役員に関する事項」
「資格」代表理事
「住所」○県○市○丁目○番○号
「氏名」甲野三郎
「原因年月日」平成○年○月○日代表権付与
```

### (3) 登録免許税額

申請1件につき金3万円である（登税法別表第1二十四(一)ワ）。代表理事の変更の登記については、役員等に関する変更として、別途、金1万円を納付する（登税法別表第1二十四(一)カ）。

### (4) 添付書面

社員総会議事録を、理事会を廃止する旨の定款変更を決議したことを証するために添付する（法人法317②）。なお、「代表権付与」は法律上の効果として生じるため、代表理事の就任承諾を証する書面及び印鑑証明書の添付は不要である。

---

## Q11 社員総会議事録

> 理事会廃止の登記申請書（情報）に添付すべき社員総会議事録の議案の記載は、どのようになるか。

## Answer.11

例えば、次のようになる。

---

　　　　　　　　第○号議案　　定款一部変更の件

　議長は、今般、次のとおり定款の一部を変更し、理事会を置く旨の定款の定めを廃止したい旨を述べ、その可否を議場に諮ったところ、満場一致をもって可決確定した。

　　変更後の定款第○条
　　（理事会設置一般社団法人）
　　第○条　削除

---

## Q12 理事会の廃止と代表理事の登記

理事会を廃止したことにより、代表理事に変更が生じた場合、どのような登記を申請すべきか。

### Answer. 12

理事会を廃止することにより、各理事は、原則として法人代表権を取得することになる。この場合、それまで代表理事でなかった理事について、「代表権の付与」を登記原因として、代表取締役の登記を申請することになる。

これに対し、理事会を廃止する旨の定款変更決議と同日に、定款、定款の定めに基づく理事の互選または社員総会決議の方法により従前と同一の理事を代表理事に選定したときは、前述の代表権付与による代表理事の登記は不要となる。また、別の理事を代表理事に選定したときでも、従前の代表理事について退任の登記を、当該選定された者について代表理事の就任の登記をすれば足りる。

## 第2款 監事の設置及び廃止

### 1. 実体手続

## Q13 監事の設置義務

一般社団法人が監事を設置しなければならないのは、どのような場合か。

### Answer. 13

一般社団法人においては、原則として監事の設置は任意であるが、理事会設置一般社団法人及び会計監査人設置一般社団法人においては、監事を

置かなければならないとされている（法人法61）。したがって、これらの機関の設置義務がある場合には、監事についても設置義務が生じることになる（257頁、会計監査人につき281頁参照）。

---

### Q14 監事の権限・職務

> 監事が設置されることにより、監事はどのような権限を有し、職務を行うことになるか。

### Answer. 14

監事は、理事の職務執行の監査を任務とする機関である（法人法99①）。具体的には、次のような権限・義務を有する。

**(1) 調査権限**

> ① 理事及び使用人に対する事業の報告請求・業務及び財産状況調査権（法人法99②）
> ② 子法人に対する事業の報告請求・業務及び財産状況調査権（職務を行うため必要があるとき。法人法99③）
> ③ 理事会への出席・意見陳述権（法人法101①）

**(2) 是正権限**

> ① 理事による不正行為またはそのおそれがあると認める場合、法令・定款に違反する事実または著しく不当な事実があると認める場合における理事（理事会）に対する報告義務（法人法100）
> ② 理事による法人の目的の範囲外の行為その他法令・定款に違反する行為またはそれらのおそれがあることにより、著しい損害が生ずるおそれがある場合における当該行為の差止請求権（法人法103①）
> ③ 法人と理事（理事であった者を含む）との間の訴訟における法人代表権（法人法104①）
> ④ 一般社団法人等の組織に関する行為の無効の訴え（法人法264）、社員総会等の決議の取消しの訴え（法人法266①）の提起権

### (3) 社員に対する報告権限・社員総会提出議案の調査・同意権限等

① 監査報告作成権（法人法99①後段、124①②、計算関係書類の監査報告の内容につき法人規則36、40、事業報告等の監査報告の内容につき45参照）
② 社員総会における説明義務（法人法53）
③ 社員総会提出議案、書類、電磁的記録その他の資料の調査・調査結果報告義務（法人法102）
④ 理事の一般社団法人に対する責任の免除・限定に関する議案の提出に対する同意権（法人法113③、114②、115③。なお、理事の過半数の同意または理事会決議による責任の免除に関する定款の定めは、監事設置一般社団法人に限り設定することができる。法人法114①）
⑤ 会計監査人の選任に関する議案の提出、解任または不再任に関する議題の提案に対する同意及び請求権（法人法73）
⑥ 会計監査人の解任、一時会計監査人の職務を行うべき者の選任権（法人法71①、75④）

---

## Q15　監事設置一般社団法人における社員の監督是正権限

監事が設置され、または廃止されることにより、社員の理事に対する監督是正権限にはどのような差異が生じるか。

### Answer. 15

　監事設置一般社団法人においては、理事の行為の監督是正は、一次的には監事が行うことが予定されている。したがって、理事が一般社団法人の目的の範囲外の行為その他法令もしくは定款に違反する行為をし、またはこれらの行為をするおそれがある場合において、社員が当該行為の差止請求権を行使するには、監事設置一般社団法人に「著しい損害」が生じるおそれがあるだけでは足りず、「回復することができない損害」が生じるおそれがなければならない（法人法88②による同①の読替え）。理事が、監事

設置一般社団法人に「著しい損害」を及ぼすおそれのある事実があることを発見した場合の報告も、社員ではなく、監事に対して行われる（法人法85）。

## Q16 監事の設置（廃止）の手続

> 一般社団法人が監事を設置（廃止）するためには、どのような手続が必要か。

### Answer. 16

(1) 監事設置の有無は、一般社団法人の定款記載（記録）事項であるから、新たに監事を設置し、または廃止するためには、社員総会の特別決議により、定款を変更しなければならない（法人法60②、146、49②四）。

(2) 旧社団法人における監事を置く旨の定款の定めは、一般社団・財団法人法に基づく監事を置く旨の定めとみなされる（整備法80④）。また、社員総会決議により監事を置いていた旧社団法人の定款には、監事を置く旨の定めがあるものとみなされる（整備法80⑤）。ただし、監事設置の旨及びその氏名の登記については、特例社団法人が別途理事会または会計監査人を設置するまでは、従前どおり必要ないとされている（整備法77④）。

なお、旧社団法人に置かれた監事は一般社団・財団法人法に基づいて選任された監事とみなされ、その後の監事の選任等も、別途理事会または会計監査人を設置するまでは、なお従前の例に従って行われる（整備法48①③）。しかし、特例社団法人が理事会または会計監査人を設置すると、監事の選任等について、一般社団・財団法人法が適用されることになる（整備法48③（ ）書）。

(3) 中間法人法に基づく旧有限責任中間法人においては、監事が必要的な機関とされていた（中間法人法51）。そこで、一般社団法人として存続

することとなった旧有限責任中間法人の定款には、一般社団・財団法人法に基づく監事を置く旨の定めがあるものとみなされている（整備法5②）。また、整備法の施行日において、登記官の職権により、監事設置一般社団法人である旨の登記がされる（整備法22②、23⑦）。

なお、旧無限責任中間法人については、通常の一般社団法人への移行の際に（整備法31二・四）、またはその後の定款変更により、必要があれば社員総会決議によって監事を設置する旨の定款の定めを設けることになる。

## 2．登記手続

### Q17 監事設置の登記の申請事項

一般社団法人の監事設置の登記の申請書（情報）は、どのように記載（記録）すべきか。

### Answer. 17

一般的な記載（記録）事項のほか、以下の事項を内容とする（法人法330、商登法17②③）。

(1) **登記の事由**

「監事の設置及び監事の変更」とする。

(2) **登記すべき事項**

監事を設置した旨及び監事の氏名ならびにその変更年月日である（法人法301②八）。

＜電子データ入力例＞

「監事設置法人に関する事項」監事設置法人
「原因年月日」平成○年○月○日設定
「役員に関する事項」
「資格」監事

「氏名」甲野春子
「原因年月日」平成○年○月○日就任

(3) **登録免許税額**

　監事の設置については、その他の登記事項の変更分として、申請1件につき金3万円を納付する（登税法別表第1二十四(一)ネ）。監事の就任については、役員等に関する変更として、別途、金1万円を納付する（登税法別表第1二十四(一)カ）。

(4) **添付書面**

① 社員総会議事録

　監事設置に関する定款変更決議及び監事の選任決議を証するため、添付する（法人法317②）。

② 就任承諾を証する書面

　監事設置の登記においては、当然に監事の選任を伴うため、別途就任承諾を証する書面（法人法320①）が添付書類となる。もっとも、社員総会議事録に被選任者が席上就任を承諾した旨が記載されていれば、当該議事録を就任承諾したことを証する書面として援用することができる。

---

### Q18　社員総会議事録

監事設置の登記申請書（情報）に添付すべき社員総会議事録の議案の記載は、どのようになるか。

### Answer.18

　例えば、次のようになる。

```
第○号議案　定款一部変更の件

 議長は、今般、次のとおり定款の一部を変更し、当法人に監事を設
置したい旨を述べ、その可否を議場に諮ったところ、満場一致をもっ
て可決確定した。

　変更後の定款第○条
　（監事設置一般社団法人）
　第○条　当法人には、監事を○名置く。

第○号議案　監事選任の件

 議長は、当法人が監事設置一般社団法人となったことにより、監事
を選任する必要がある旨を述べ、次の者を監事に選任することにつき
可否を議場に諮ったところ、満場一致をもって可決確定した。

　監事　甲野　春子

　なお、被選任者は、席上就任を承諾した。
```

## Q19　監事廃止の登記の申請事項

一般社団法人の監事廃止の登記の申請書（情報）は、どのように記載（記録）すべきか。

### Answer.19

　一般的な記載事項（記録）事項のほか、以下の事項を内容とする（法人法330、商登法17②③）。

(1) **登記の事由**

「監事の廃止及び監事の変更」とする。

(2) **登記すべき事項**

監事を廃止した旨及びその変更年月日である（法人法301②八）。

＜電子データ入力例＞

```
「監事設置法人に関する事項」監事設置法人
「原因年月日」平成〇年〇月〇日廃止
「役員に関する事項」
「資格」監事
「氏名」甲野春子
「原因年月日」平成〇年〇月〇日退任
```

(3) **登録免許税額**

　監事の廃止については、その他の登記事項の変更分として、申請1件につき金3万円を納付する（登税法別表第1二十四(一)ネ）。監事の退任の登記については、役員等に関する変更として、別途、金1万円を納付する（登税法別表第1二十四(一)カ）。

(4) **添付書面**

　社員総会議事録を、監事の廃止に関する定款変更決議及び監事の退任を証する書面として添付する（法人法317②、320⑤）。

## Q20　社員総会議事録

監事廃止の登記申請書（情報）に添付すべき社員総会議事録の議案の記載は、どのようになるか。

### Answer.20

例えば、次のようになる。

> **第○号議案　定款一部変更の件**
>
> 　議長は、今般、次のとおり定款の一部を変更し、監事を廃止したい旨を述べ、その可否を議場に諮ったところ、満場一致をもって可決確定した。
>
> 　変更後の定款第○条
> 　（監事設置一般社団法人）
> 　第○条　削除

## Q21　監事の廃止と同時にすべき登記

> 監事を廃止する旨の変更登記と同時に、どのような登記を申請しなければならないか。

## Answer. 21

　監事を廃止する旨の変更登記を申請する場合には、次に掲げる登記を同時に申請しなければならない。

① 　監事の任期満了による退任の登記
② 　理事会設置一般社団法人である場合には、当該定めの廃止の登記
③ 　会計監査人設置一般社団法人である場合には、当該定めの廃止及び会計監査人の退任の登記
④ 　理事等の法人に対する責任の免除に関する定款の定め（法人法114①）を設けている一般社団法人は、当該定めの廃止の登記

## 第3款　会計監査人の設置及び廃止

### 1．実体手続

**Q22** 会計監査人の設置義務

> 一般社団法人が会計監査人を置かなければならないのは、どのような場合か。

**Answer. 22**

(1) 一般社団法人においては、原則として会計監査人の設置は任意である（法人法60②）。ただし、大規模一般社団法人においては、会計監査人を必ず置かなければならないとされており、この義務を怠った場合には、100万円以下の過料が科される（法人法62、342十三）。「大規模一般社団法人」とは、最終事業年度に係る貸借対照表（成立後最初の定時社員総会までは、成立時貸借対照表）の負債の部に計上された額が、200億円以上である一般社団法人をいう（法人法2二。「各事業年度に係る貸借対照表」は、定時社員総会または理事会の承認により確定すると、「最終事業年度に係る貸借対照表」となる）。

(2) また、一般社団法人が公益認定を受けるためには、原則として会計監査人を置かなければならない（認定法5十二、公益認定等に関する運用について（公益認定等ガイドライン）Ⅰ-11(1)）。ただし、当該法人の毎事業年度における次頁表左欄の勘定の額がいずれも右欄の基準に達しない場合には、例外的に会計監査人の設置を要しないとされている（認定令6）。

| 勘定の額 | 基準 |
| --- | --- |
| ① 最終事業年度に係る損益計算書の収益の部に計上した額の合計額 | 1,000億円 |
| ② 最終事業年度に係る損益計算書の費用及び損失の部に計上した額の合計額 | 1,000億円 |
| ③ 最終事業年度に係る貸借対照表の負債の部に計上した額の合計額 | 50億円 |

※最初の事業年度に係る損益計算書が作成されるまでの間に、公益認定の申請を行う場合には、①及び②は適用されない（③の基準に満たなければ、会計監査人を置く必要はない。公益認定等ガイドラインⅠ-11(2)）。

## Q23　会計監査人の権限・職務

> 会計監査人が設置されることにより、会計監査人はどのような権限を有し、職務を行うことになるか。

### Answer. 23

　会計監査人は、法人の会計に関する監査を任務とする機関である（法人法107①）。法人との委任契約に基づき外部監査を行うものであるため、講学上機関ではないと理解する立場もあるが、一般社団・財団法人法上は機関として位置付けられている。

　具体的には、次のような権限・義務を有する。

① 会計監査報告作成権（法人法107①後段、124②一。なお会計監査報告の内容につき法人規則39、公益法人における追加的な監査権限につき認定法23、認定規則40参照）
② 会計帳簿またはこれに関する資料の閲覧謄写・理事及び使用人に対する会計に関する報告請求（法人法107②）・業務及び財産状況調査権（職務を行うため必要があるとき。法人法107③）
③ 子法人に対する会計に関する報告請求・業務及び財産状況調査権業務及び財産状況調査権（職務を行うため必要があるとき。法人法107③）

④　理事の職務の執行に関する不正行為または法令・定款に違反する重大な事実があることを発見した場合の監事に対する報告義務（法人法 108 ①）
⑤　計算書類（法人法 107 ①、123 ②）が法令または定款に適合するかどうかについて会計監査人が監事と意見を異にする場合・定時社員総会の請求があった場合の定時社員総会出席・意見陳述権（法人法 109）

## Q24　会計監査人設置一般社団法人における計算書類の確定

会計監査人設置一般社団法人において、計算書類につき定時社員総会の承認が不要となるのは、どのような場合か。

### Answer. 24

各事業年度に係る計算書類（貸借対照表及び損益計算書）は、定時社員総会の承認を受けなければならないのが原則である（法人法 126）。ただし、会計監査人設置一般社団法人においては、理事会の承認を受けた計算書類が次の 3 要件を満たすときは、その内容の適法性が担保されているため、社員総会に対しては当該計算書類の内容を報告すれば足りるとされている（法人法 127、法人規則 48）。なお、この特則の適用を受けるためには、理事会設置一般社団法人であることが必要と解される（法人法 127 において、計算書類に同法 124 ③の承認を受けることが必要とされている）。

① 理事会の承認を受けた計算書類（貸借対照表及び損益計算書）について、会計監査報告の内容に無限定適正意見（法人規則 39 ①二イ）が含まれていること
② 会計監査報告に係る監査報告の内容として、会計監査人の監査の方法または結果を相当でないと認める意見がないこと
③ 当該計算書類について、特定監事（法人規則 41 ⑤）が監査報告の内容を通知期限中に特定理事（法人規則 41 ④）及び会計監査人に通知しないことにより、監査を受けたものとみなされたもの（法人規則 43 ③）でないこと

## Q25 会計監査人の設置（廃止）の手続

一般社団法人が会計監査人を設置（廃止）するためには、どのような手続が必要か。

### Answer. 25

(1) 会計監査人設置の有無は、一般社団法人の定款記載（記録）事項であるから、新たに会計監査人を設置し、または廃止するためには、社員総会の特別決議により、定款を変更しなければならない（法人法60②、146、49②四）。

(2) 旧社団法人には、会計監査人の制度は設けられておらず、仮に旧社団法人が任意に公認会計士または監査法人の会計監査を受ける旨の定款の定めを置いていたとしても、それが一般社団・財団法人法に基づく会計監査人を置く旨の定めとみなされることはない（整備法80③）。ただし、旧社団法人が特例社団法人である間であっても、通常の一般社団法人と同様、社員総会決議により定款を変更して会計監査人を設置することは可能である（法人法60②）。この場合には、会計監査人設置の旨のみならず、別途監事設置の旨についても、登記義務が生じる（法人法301②九、整備法77④）。

　旧社団法人が大規模一般社団法人に該当するような場合であっても、会計監査人の設置義務はない（整備法54）。ただし、資産額が100億円以上もしくは負債額が50億円以上または収支決算額が10億円以上である場合には、旧法下において行われてきた公認会計士または監査法人の監査を受けるべき旨の要請が継続される予定とのことである。

(3) 中間法人法に基づく旧有限責任中間法人においても、会計監査人は法定の機関ではない。したがって、必要があれば、一般社団・財団法人法施行後に、定款を変更して会計監査人を設置する旨の定めを設けることになる。旧有限責任中間法人においては、監事設置の旨は職権により登

記されており（整備法23⑦）、会計監査人設置の旨の登記のみを申請することになる。

　なお、旧有限責任中間法人が大規模一般社団法人に該当する場合には、一般社団・財団法人法の施行日の属する事業年度の終了後最初に招集される定時社員総会の終結の時まで、会計監査人の設置義務は猶予されている（整備法10）。

　旧無限責任中間法人については、通常の一般社団法人への移行の際に（整備法31二）、またはその後の定款変更により、必要があれば社員総会決議によって会計監査人を設置する旨の定款の定めを設けることになる。

## 2．登記手続

### Q26　会計監査人設置の登記の申請事項

> 一般社団法人の会計監査人設置の登記の申請書（情報）は、どのように記載（記録）すべきか。

### Answer.26

　一般的な記載（記録）事項のほか、以下の事項を内容とする（法人法330、商登法17②③）。

(1) **登記の事由**

「会計監査人の設置及び会計監査人の変更」とする。申請法人が監事設置一般社団法人でないときは、「監事の設置及び監事の変更」も必要となる。

(2) **登記すべき事項**

会計監査人を設置した旨及び会計監査人の氏名または名称ならびにその変更年月日である（法人法301②九）。

＜電子データ入力例＞

> 「会計監査人設置法人に関する事項」会計監査人設置法人
> 「原因年月日」平成〇年〇月〇日設定
> 「役員に関する事項」
> 「資格」会計監査人
> 「氏名」海野有限責任監査法人
> 「原因年月日」平成〇年〇月〇日就任

※平成20年4月1日施行の公認会計士法の施行により、監査法人は「有限責任監査法人」と「無限責任監査法人」とに分離された（公認会計士法1の3④⑤）。これに伴い、前者は「有限責任監査法人」と、後者は単に「監査法人」と登記する（平成20年3月21日民商1008号通知）。

(3) **登録免許税額**

会計監査人の設置については、その他の登記事項の変更分として、申請1件につき金3万円を納付する（登税法別表第1二十四(一)ネ）。会計監査人の就任の登記については、役員等に関する変更として、別途、金1万円を納付する（登税法別表第1二十四(一)カ）。

(4) **添付書面**

① 社員総会議事録

会計監査人設置に関する定款変更決議及び会計監査人の選任決議を証するため、添付する（法人法317②）。

② 就任承諾を証する書面

会計監査人設置の登記においては、当然に会計監査人の選任を伴うため、別途就任承諾を証する書面（法人法320③一）が添付書類となる。もっとも、社員総会議事録に被選任者が席上就任を承諾した旨が記載されていれば、当該議事録を就任承諾したことを証する書面として援用することができる。

③ 資格証明書

　会計監査人の就任の登記においては、会計監査人が法人でないときは同人が公認会計士であることを証する書面が、法人であるときはその登記事項証明書が添付書類となる（法人法320③二・三）。登記事項証明書は、監査法人の存在（名称及び主たる事務所）及び就任承諾をした者の代表権限を確認するものであるため、代表者事項証明書であっても差し支えない（一般登記規則3、商登規則30①四）。なお、申請する登記所の管轄区内に当該法人の主たる事務所がある場合には、登記事項証明書の添付を省略することができる。

---

## Q27　社員総会議事録

> 会計監査人設置の登記申請書（情報）に添付すべき社員総会議事録の議案の記載は、どのようになるか。

### Answer. 27

　例えば、次のようになる。

---

　　　　　　　　第○号議案　定款一部変更の件

　議長は、今般、次のとおり定款の一部を変更し、当法人に会計監査人を設置したい旨を述べ、その可否を議場に諮ったところ、満場一致をもって可決確定した。

　　変更後の定款第○条
　　（会計監査人設置一般社団法人）
　　第○条　当法人には、会計監査人を○名置く。

> 第○号議案　会計監査人選任の件
>
> 　議長は、当法人が会計監査人設置一般社団法人となったことにより、会計監査人1人を選任する必要がある旨を述べ、次の者を会計監査人に選任することにつき可否を議場に諮ったところ、満場一致をもって可決確定した。
>
> 　　会計監査人　海野有限責任監査法人（代表社員　海野　かもめ）

## Q28　会計監査人廃止の登記の申請事項

> 一般社団法人の会計監査人廃止の登記の申請書（情報）は、どのように記載（記録）すべきか。

### Answer. 28

　一般的な記載（記録）事項のほか、以下の事項を内容とする（法人法330、商登法17②③）。

(1) **登記の事由**

　「会計監査人の廃止及び会計監査人の変更」と記載する。

(2) **登記すべき事項**

　会計監査人を廃止した旨及びその変更年月日である（法人法301②九）。

<電子データ入力例>

> 「会計監査人設置法人に関する事項」
> 「原因年月日」平成○年○月○日廃止
> 「役員に関する事項」
> 「資格」会計監査人
> 「氏名」海野有限責任監査法人
> 「原因年月日」平成○年○月○日退任

(3) 登録免許税額

　会計監査人の廃止については、その他の登記事項の変更分として、申請1件につき金3万円を納付する（登税法別表第1二十四(一)ネ）。会計監査人の退任の登記については、役員等に関する変更として、別途、金1万円を納付する（登録税別表第1二十四(一)カ）。

(4) 添付書面

　社員総会議事録を、会計監査人廃止に関する定款変更決議の成立及び会計監査人の退任を証するために添付する（法人法317②、320⑤）。

---

**Q29** 社員総会議事録

会計監査人廃止の登記申請書（情報）に添付すべき社員総会議事録の議案の記載は、どのようになるか。

**Answer. 29**

例えば、次のようになる。

---

　　　　　　　第○号議案　定款一部変更の件

　議長は、今般、次のとおり定款の一部を変更し、会計監査人を廃止したい旨を述べ、その可否を議場に諮ったところ、満場一致をもって可決確定した。

　　変更後の定款第○条
　　（会計監査人設置一般社団法人）
　　第○条　削除

---

第1節　一般社団法人の機関設計・役員等の変更

## 第4款　理事、監事及び会計監査人の変更

### 1．実体手続

**Q30**　役員等の選任の方法

> 役員等の選任は、どのような手続により行われるか。

**Answer. 30**

(1)　一般社団法人の理事及び監事を「役員」といい（法人法63①（　）書）、これに会計監査人を加えたものを「役員等」と総称する（法人法111①（　）書）。

　役員等は、社員総会の普通決議（法人法49①）により選任される（法人法63①）。決議に際しては、株式会社の取締役におけるような累積投票の制度は設けられておらず、各候補者ごとに一議案が構成されるのを原則とする（内閣府公益認定等委員会「留意事項」13頁参照）。

　被選任者は、就任承諾の意思表示をすることによりその地位に就くが、当該意思表示は、選任決議前になされてもよく、選任決議のされた社員総会の席上でなされることも、当然に認められる。

(2)　①原始定款または社員全員の同意による定款変更により役員等の選任権限を第三者に委譲すること、②一定の地位にある者が当然に役員となる旨の定款の定めを設けることについては、肯定する有力な見解も存するところであるが、登記実務上は、このような選任方法は法人法に反するものとして否定されている（登記情報 金融財政事情研究会565号36頁）。

　なお、社員総会が選任決議をした上で、定款の定めによりその効力の発生を第三者の承認にかからしめることは、理論上は認められると解される（もっとも、公益認定等の審査において、否定的な評価を受ける可能性があることにつき、公益認定等委員会「留意事項」15頁参照）。

(3)　監事がある場合において、監事の選任に関する議案を理事が社員総会

に提出するには、監事（監事が2人以上ある場合にあっては、その過半数）の同意を得なければならない。また、監事は、理事に対し、「監事の選任を社員総会の目的とすること」または「特定の候補者を監事に選任する議案を社員総会に提出すること」を請求することができる（法人法72②）。

　監事は、社員総会において、監事の選任について意見を述べることができる（法人法74①）。この意見陳述権は、他の監事の選任についてのみでなく、自己の不再任についても認められると解されている。

(4)　会計監査人の選任議案の提出についても、監事（監事が2人以上ある場合にあっては、その過半数）の同意が必要である。監事は、理事に対し、会計監査人の選任を社員総会の目的とするよう請求することもできる。

　会計監査人には、監事と同様、会計監査人の選任に関する社員総会における意見陳述権が認められる（法人法74④による同①の準用）。

　なお、監査法人が会計監査人に選任されたときは、その社員の中から会計監査人の職務を行うべき者を選定し、一般社団法人に通知しなければならない（法人法68②）。

## Q31　役員等の資格

役員等の資格については、どのような制限があるか。

### Answer. 31

(1)　役員等については、その職務の重要性等から、一定の欠格事由が法定されている（理事及び監事につき法人法65①②、会計監査人につき68①③）。
(2)　定款の定めにより、役員の資格を一定の者に限ることが認められる。例えば、社員資格の有無やその保有期間により制限をすることや、年齢や国籍、一定の国家資格の有無による制限などが考えられる。
(3)　なお、一般社団法人が収益事業以外の収入について非課税となるいわ

| | |
|---|---|
| 理　事 | 次に該当する者は、理事となることはできない。<br>① 法人<br>② 成年被後見人もしくは被保佐人または外国の法令上これらと同様に取り扱われている者<br>③ 一般社団・財団法人法もしくは会社法の規定に違反し、または民事再生法、外国倒産処理手続の承認援助に関する法律、会社更生法、破産法上の所定の罪を犯し、刑に処せられ、その執行を終わり、またはその執行を受けることがなくなった日から２年を経過しない者<br>④ 前記③に掲げた法律以外の法令の規定に違反し、禁錮以上の刑に処せられ、その執行を終わるまでまたはその執行を受けることがなくなるまでの者（刑の執行猶予中の者を除く） |
| 監　事 | 理事と同様の欠格事由が設けられている。 |
| 会計監査人 | 公認会計士または監査法人でなければならないほか、次に該当する者は、会計監査人となることができない。会計監査人に選任された監査法人は、会計監査人の職務を行うべき者として、②に該当する社員を選定することはできない。<br>① 公認会計士法の規定により、計算書類（法人法123②）について監査をすることができない者<br>② 一般社団法人の子法人もしくはその理事もしくは監事から公認会計士もしくは監査法人の業務以外の業務により継続的な報酬を受けている者またはその配偶者<br>③ 監査法人でその社員の半数以上が②に掲げる者であるもの |

ゆる「収益事業課税」の適用による税の恩典を受けるためには、理事の構成について、一定の制限がある（法人税法４①ただし書、２六、別表第２、２九の二、法人税法施行令３①②。52、56頁参照）。

(4) また、一般社団法人が公益認定を受けるためには、理事及び監事の構成について制限があるほか、理事または監事のうちに、法定事由に該当する者があるときは、その認定を受けることができない（認定法５十・十一・６一。531頁参照）。さらに、外部監査を受けていない法人が公益

認定を受ける場合に、公益目的事業を行うのに必要な経理的基礎（認定法5二）の有無について、「監事を公認会計士又は税理士（費用及び損失の額又は収益の額が1億円未満の法人については、営利又は非営利法人の経理事務を5年以上従事した者等）が務めていること」が、判断要素の一つとされている（公益認定等ガイドラインⅠ-2(3)）。

## Q32 監事の兼任禁止事由

監事との兼任が問題となるのは、どのような地位か。

### Answer. 32

監事については、監査の実効性を確保する趣旨から、一般社団法人またはその子法人の理事または使用人との兼任が禁止されている（法人法65②）。監査役との兼任が禁止される者が監事への就任を承諾したときは、従前の地位を辞任したものとみなされる（株式会社の取締役が監査役に就任した事例につき、最判平成元年9月19日判時1354号149頁参照）。

事業年度の途中まで理事であった者が監事に選任された場合（いわゆる「横滑り」）にも、自己監査が生じる事態となるが、適法であると解されている（東京高判昭和61年6月26日判時1200号154頁参照）。

## Q33 役員等の員数

役員等の員数については、どのような制限があるか。

### Answer. 33

理事会設置一般社団法人においては、理事は3人以上でなければならない（法人法65③）。これに対し、非理事会設置一般社団法人の理事のほ

か、監事及び会計監査人について法律上員数の制限はなく、法人の規模・人材に応じた員数を選任すればよい。

定款の定めにより、最高員数または最低員数を設けることは、もとより差し支えない。

## Q34 役員等の任期

役員等の任期については、どのような制限があるか。

### Answer. 34

(1) 役員等の任期については、次表のとおり法定されている。

| | |
|---|---|
| 理　事 | 選任後2年以内に終了する事業年度のうち最終のものに関する定時社員総会の終結の時までである。ただし、定款または社員総会の決議によって、その任期を短縮することができる（法人法66）。 |
| 監　事 | 選任後4年以内に終了する事業年度のうち最終のものに関する定時社員総会の終結の時までである。ただし、定款によって、その任期を選任後2年以内に終了する事業年度のうち最終のものに関する定時社員総会の終結の時までとすることを限度として、短縮することができる（法人法67①）。<br>また、定款によって、任期の満了前に退任した監事の補欠として選任された監事の任期を退任した監事の任期の満了する時までとすることができる（法人法67②。297頁参照）。<br>さらに、監事設置一般社団法人が監事を置く旨の定款の定めを廃止する定款の変更をした場合には、監事の任期は、当該定款の変更の効力が生じた時に満了する（法人法67③）。 |
| 会計監査人 | 選任後1年以内に終了する事業年度のうち最終のものに関する定時社員総会の終結の時までである。ただし、当該定時社員総会において別段の決議がされなかったときは、再任されたものとみなされる（法人法69①②）。<br>また、会計監査人設置一般社団法人が会計監査人を置く旨の定款の定めを廃止する定款の変更をした場合には、会計監査人の任期は、当該定款の変更の効力が生じた時に満了する。 |

(2) 任期の起算点は、いずれも「選任時」からとなる。選任決議において、その効力発生時点を特に「就任時」等と定めても、登記実務上、効力を生じないとして取り扱われる（相澤哲＝葉玉匡美＝郡谷大輔『論点解説 新会社法』商事法務286頁。このような定めを有効とする立場として江頭憲治郎「会社法制の現代化に関する要綱案（Ⅱ）」商事法務1722号15頁。ただし、いずれも株式会社関係）。

(3) 定款により、役員のうち特定の者や一定の範囲に属する者を明示し、そのような役員の任期のみを別に定めることは、当該定款の内容が明確であれば差し支えない（『論点解説 新会社法』（前掲）285頁）。

## Q35 任期途中における任期に関する定款の定めの変更

役員等の任期または事業年度に関する定款の定めを変更した場合に、在任中の役員等の退任時期はいつとなるか。

## Answer. 35

(1) 定款を変更して役員の任期を法定の任期よりも短縮することが可能であるが（法人法66ただし書、67①ただし書）、この場合、在任中の役員の任期も、当該定款の定めに従い短縮される。新たな定款の定めに従うことにより、在任役員の任期がすでに満了してしまうときは、その役員は、定款変更時をもって、退任することになる。

なお、株式会社とは異なり、定款の定めによっても、役員の任期を伸長することはできない（会332②、336②参照）。

(2) 一般社団法人は、定款を変更して事業年度（の末日）を変更することができる（法人法11①七、146、49②四）。この場合にも、変更後の定めに従って在任中の役員等の任期が短縮または伸長されることになる（昭和35年8月16日民四146号回答）。なお、変更後最初の事業年度は、1

年6か月を超えることはできない（法人規則29①（　）書）。

## Q36　補欠役員の選任

> 補欠役員とは何か。補欠の役員を選任する場合には、どのような手続が必要となるか。

### Answer. 36

(1) 「補欠役員」とは、役員が任期途中に退任することによって法律または定款で定めた員数に欠員が生じる場合に備えて（またはすでに欠員が生じた場合において）、その後任であることを明らかとした上で、選任される役員をいう。したがって、役員が減少した場合でも法律または定款に定めた員数に欠員が生じない場合や、補充的に選任された者であっても後任者として選任されていない場合には、補欠役員には該当しないため、注意が必要である。

　　補欠役員は、実務処理上、次の2者に分類される。

> 欠員が生じる場合に備えて、事前に補欠として選任された者（法人法63②）

> すでに欠員が生じた場合において、事後に補欠として選任された者

(2)　役員に欠員が生じる場合に備えて、事前に補欠役員を選任するときの決議事項については、明文がある（法人法63②、法人規則12②）。すなわち、次の6事項である。

> ① 当該候補者が補欠の役員である旨
> ② 当該候補者を補欠の外部理事(法人法113①二ロ)として選任するときは、その旨
> ③ 当該候補者を補欠の外部監事(法人法115①)として選任するときは、その旨
> ④ 当該候補者を1人または2人以上の特定の役員の補欠の役員として選任するときは、その旨及び当該特定の役員の氏名
> ⑤ 同一の役員(2以上の役員の補欠として選任した場合にあっては、当該2以上の役員)につき2人以上の補欠の役員を選任するときは、当該補欠の役員相互間の優先順位
> ⑥ 補欠の役員について、就任前にその選任の取消しを行う場合があるときは、その旨及び取消しを行うための手続

① 選任決議の有効期間

この決議の有効期間は、当該決議後最初に開催する定時社員総会の開始の時までである。定款の定めによる伸長及び短縮、社員総会の決議による短縮が認められるが(法人規則12③)、性質上、補欠者自身または被補欠者の任期を超えるような期間を設定することはできない。

② 就任承諾の時期

補欠役員の就任承諾の時期について制約はなく、被補欠者の退任前であっても、退任後であってもよい。

③ 補欠役員の任期

補欠役員の任期は、補欠としての選任決議の時から起算され、通常の理事・監事と同様に(294頁参照)、一般社団・財団法人法第66条本文・第67条第1項が適用される。ただし、理事については、定款または社員総会の決議によって任期を短縮できることから、当然に補欠理事の任期を前任者の残存任期とすることができる(法人法66ただし書)。また、任期満了前に退任した監事の補欠として選任された監事の任期については、特に定款の定めがあれば前任者の残存任期とすることができる(法

人法67②。登記研究テイハン700号200頁)。

(3) すでに欠員が生じた場合において、事後に補欠役員を選任するときの決議事項について明文はないが、補欠役員であることを明らかにする必要がある以上、上述(2)の6事項のうち、少なくとも①ないし④について決議することになる。この類型の補欠役員の任期については、上述(2)③と同様に算定する。

(4) 会計監査人は、役員ではないので、補欠者を予選することはできない（相澤哲「会計監査人の欠格事由と一時会計監査人」月刊登記情報538号26頁参照)。

## Q37 役員等の予選

役員等の任期が満了する前に、次の役員等を予め選任しておくことができるか。

### Answer. 37

在任中の役員等の任期の満了に備え、後任者を選任することを「予選」という。ここでいう「予選」は、在任者の任期満了に備えるものであり、欠員が生じる場合に限られない点において、補欠役員の選任とは異なるものである。

予選決議は、前任者の任期満了までの期間が比較的短く、予選につき合理的理由があり、かつ、その期間中に社員の権利に著しい変化がないような場合には有効であるとされている。通常、役員等の任期は、定時社員総会の終結時に満了するため、予選の有効性が問題となるのは、定款の定め等により期中に任期が満了する者がいるような場合に限られよう。株式会社に関し、8月10日に任期が満了する取締役の後任者を、6月10日の株主総会で予選することを認めた登記先例がある（昭和41年1月20日民甲271号回答参照。なお、代表理事の予選につき332頁参照）。

---

## Q38 役員等の報酬等

役員等の報酬等は、どのように定めなければならないか。

### Answer. 38

(1) 理事の報酬等（報酬、賞与その他の職務執行の対価として一般社団法人等から受ける財産上の利益をいう）は、定款または社員総会の決議によって定めなければならない（法人法89）。各理事に対する具体的配分は法人の利害には関わらないため、定款または社員総会の決議においては理事

全員に対する総額（の上限）のみを定めれば足り、その配分を理事会決議または特定の理事の決定に一任することが可能である。

(2) 監事の報酬等についても、定款または社員総会の決議によって定める（法人法105①）。これは、監査機関としての独立性を報酬面から保証することが目的であるから、理事の報酬等と一括して決議することは認められない。また、各監事は社員総会において報酬等について意見を述べることができる（法人法105③）。監事が複数ある場合の配分については、定款の定めまたは社員総会の決議がないときは、監事の協議によって定める（法人法105②）。

(3) 会計監査人の報酬等については、定款または社員総会決議による必要はない。しかし、会計監査人の地位の独立性を担保する趣旨から、会計監査人の報酬等を定める場合には、監事（監事が2人以上ある場合にあっては、その過半数）の同意を得なければならない（法人法110）。

(4) 一般社団法人等が公益認定を受けるためには、理事、監事（及び評議員）に対する報酬等について、民間事業者の役員の報酬等及び従業員の給与、当該法人の経理の状況その他の事情を考慮して、不当に高額なものとならないような支給の基準（理事等の勤務形態に応じた報酬等の区分及びその額の算定方法ならびに支給の方法及び形態に関する事項）を定めていなければならない（認定法5十三、認定規則3）。公益法人が当該支給基準を設定または変更したときは公表しなければならず、また、当該支給基準に従って報酬等を支給しなければならない（認定法20）。

なお、公益認定法では、同規定の「報酬等」に、特に退職手当を含めているが、「公益認定等ガイドライン」では、理事が使用人を兼ねる場合の使用人として受ける財産上の利益は、ここにいう「報酬等」に含まれない旨が示されている（公益認定等ガイドラインⅠ-12）。

(5) 他方、役員等が受ける報酬その他の職務執行の対価である財産上の利益の（1年間当たりの）額に相当する額は、役員等の法人に対する損害

賠償責任の一部が免除される場合の「最低責任限度額」の基準となるが（法人法113①）、この計算にあたっては、理事が使用人を兼ねる場合の使用人分も含められる（法人規則19一柱書。367頁参照）。

## Q39 役員等の退任事由

役員等は、どのような事由により退任するか。

### Answer. 39

役員等の退任事由としては、以下のものが挙げられる。

(1) **任期の満了**

法律または定款で定められた任期が満了するものである（294頁参照）。

(2) **委任の終了事由の発生**

役員等についての死亡、破産手続開始の決定及び後見開始の審判である（民653）。破産手続開始の決定を受けたことは、委任の終了事由ではあるが欠格事由ではないため、その後に同人を再選して役員とすることは可能である。

一般社団法人が破産手続開始の決定を受けた場合については、別の検討を要する（305頁参照）。

(3) **欠格事由の発生**

役員等に就任した後、任期中に法律または定款で定められた欠格事由が生じた場合である（291頁参照）。

(4) **辞任・解任**

一般社団法人と役員及び会計監査人との関係は、委任に関する規定に従う（法人法64）。したがって、役員等はいつでも辞任することができる（民651①）。辞任が法人にとって不利な時期にされたときは、やむを得ない事由がある場合を除き、辞任者には損害賠償義務が生じることになる（民

第1節　一般社団法人の機関設計・役員等の変更

651②)。

　他方、一般社団法人の側からも、社員総会の解任決議によって、いつでもこれらの者を解任することができる（法人法70）。解任された者には、正当な理由がある場合を除き、一般社団法人に対する損害賠償請求権が認められる（法人法70②）。

　なお、理事及び監事（及び一般財団法人の評議員）については、解任の訴えの認容判決により、解任されることがある（法人法284ないし286）。会計監査人については、監事（の全員の同意）により、解任されることがある（法人法71）。

(5) **一般社団法人の解散**

　理事は、存続中の一般社団法人等の業務執行機関（または決定機関の構成員）であるから、法人が解散することにより、その地位を失う（法人法209①一。もっとも、破産手続開始の決定による解散の場合には、別の検討を要する。305頁参照）。

　会計監査人も、法人の存続を前提として各事業年度に係る計算書類の監査を行うものであり、法人の解散によりその地位を失う（法人法208②④）。

(6) **会計監査人である監査法人の解散**

　会計監査人である監査法人が解散すれば、会計監査を継続することはできないため、会計監査人の地位を退任することとなる。

　なお、監査法人が合併により消滅する場合には、存続する監査法人が会計監査人の地位を承継するが、この場合にも消滅監査法人につき退任の登記を、存続監査法人につき就任の登記をする（松井信憲『商業登記ハンドブック』（前掲）462頁）。

## Q40 役員等の辞任の手続

役員等の辞任は、どのような手続により行われるか。

### Answer. 40

(1) 役員等の辞任の方式について特に制限はなく、辞任者が一般社団法人に対して一方的に意思表示をすればよい。ただし、辞任の事実及びその時期を明らかとするため、通常は「辞任届」等の書面が作成されることになろう（登記申請の場面で、書面（電磁的記録）による証明が必要なことにつき、法人法320⑤）。

辞任の効力発生時期は、法人（の代表者）に辞任の意思表示が到達した時である（昭和54年1月28日民四6104号回答）。辞任者が唯一の代表理事である場合には、理事会を招集してこれに対して辞任の意思表示をすべきである（東京高判昭和59年11月13日判時1138号147頁）。非理事会設置一般社団法人については、平成18年会社法施行前における有限会社の代表取締役に関し、従業員に辞任届が手渡されれば辞任の効力が発生するとした例がある（仙台高判平成4年1月23日金融商事891号40頁）。

(2) 監事の辞任について、監事は、社員総会において意見を述べることができる（法人法74①）。監事を辞任した者にも、辞任後最初に招集される社員総会に出席し、辞任した旨及びその理由を述べることが認められている（法人法74①②）。これらは、意に沿わない辞任があった場合、それを社員総会において明らかとする機会を与えるものである。

(3) 会計監査人の辞任について、会計監査人及び会計監査人を辞任した者にも、社員総会における辞任に関する意見陳述権が認められている（法人法74④による同①②の準用）。

## Q41 役員等の解任の手続

役員等の解任は、どのような手続により行われるか。

### Answer. 41

(1) まず、役員等の解任は、社員総会の決議によって行うことができる（法人法70①）。解任の効力は、それを被解任者に告知することが困難な場合も多いことから、決議成立の時に生じると解釈されている（最判昭和41年12月20日民集20巻10号2160頁参照）。

① 決議要件

役員等の解任決議の要件は、理事及び会計監査人については普通決議（法人法49①）で足りるが、監事については、その地位を強化する意味から、特別決議（法人法49②二）が必要とされている。

② 監事の解任に関する監事の意見陳述権

監事の解任について、監事は、社員総会において意見を述べることができる（法人法74①）。

③ 会計監査人の解任または不再任に関する監事の同意・会計監査人の意見陳述権

会計監査人の解任または不再任を理事が社員総会の目的とするには、監事（監事が2人以上ある場合にあっては、その過半数）の同意を得なければならない（法人法73①一・二）。

会計監査人には、解任または不再任に関する社員総会における意見陳述権が認められる（法人法74②による同①の準用）。

(2) 次に、理事または監事については、「解任の訴え」が認容されることによっても、解任され得る。解任の訴えは、理事または監事の職務の執行に関し、不正の行為または法令もしくは定款に違反する重大な事実があったにもかかわらず、これらの者を解任する旨の議案が社員総会で否決された場合に、総社員（当該請求に係る理事または監事である社員を除

く）の議決権の10分の1（これを下回る割合を定款で定めた場合にあっては、その割合）以上の議決権を有する社員（当該請求に係る理事または監事である社員を除く）が提起することができる（法人法284①一）。提起期間・管轄に制限があり、必要的共同訴訟とされている（法人法285、286）。

(3) また、会計監査人については、次のいずれかに該当するときは、監事（の全員の同意）により、解任され得る（法人法71①②）。

> ① 職務上の義務に違反し、または職務を怠ったとき。
> ② 会計監査人としてふさわしくない非行があったとき。
> ③ 心身の故障のため、職務の執行に支障があり、またはこれに堪えないとき。

この解任が行われた場合には、監事（監事が2人以上ある場合にあっては、監事の互選によって定めた監事）は、その旨及び解任の理由を解任後最初に招集される社員総会に報告しなければならない（法人法71③）。

会計監査人及び会計監査人を解任された者には、社員総会における意見陳述権が認められる（法人法74④による同①ないし③の準用）。

---

## Q42 法人が破産手続開始の決定を受けた場合の役員等の地位

> 法人が破産手続開始の決定を受けた場合に、役員等の地位はどうなるか。

### Answer. 42

(1) 破産手続開始の決定により、一般社団法人が解散した場合には（法人法148六）、その有する財産は破産財団となり、破産財団に属する財産の管理処分権限は、裁判所が選任する破産管財人に専属する（破産法34①、78①）。この場合、裁判所書記官の嘱託により、破産手続開始の登

記及び破産管財人に関する事項の登記がされ（破産法257①②）、破産管財人は、管轄登記所に印鑑を提出して印鑑証明書の交付を受けることができるようになる（法人法330、商登法12）。

(2)　委任者の破産手続開始の決定は、委任の終了事由に該当するが（民653 二）、理事については、その後も法人の組織に関する事項など、破産管財人の権限に属しない事務が存在することから、当然にはその地位を失わない（最判平成16年6月10日民集58巻5号1178頁参照）。例えば、破産手続開始の決定後における事務所移転登記の申請は、破産管財人ではなく、代表理事の申請による（株式会社に関する昭和56年6月22日民四4194号回答参照）。

(3)　監事及び会計監査人の地位がどうなるかについては、判例上明らかではないが、監事については、破産手続の終了後に残余財産がある場合や破産財団から放棄された財産がある場合に清算人の事務が生じる余地があり、また、理事が退任しないこととの権衡上、その地位は継続すると解される。

　会計監査人については、法人が清算に入る以上、退任すると解することになろう（以上の議論につき、株式会社に関する松井信憲『商業登記ハンドブック』（前掲）442、459頁参照）。

(4)　なお、破産手続開始の登記がされても、役員等の登記が抹消されることはない（一般登記規則3、商登規則72①参照）。ただし、破産手続開始の決定当時の代表理事については、代表者事項証明書及び印鑑証明書の交付はされないため、注意が必要である（昭和44年10月23日民甲2227号通達、昭和45年7月21日民甲3025号通達参照）。

## Q43 役員の権利義務を有する者

役員が欠員した場合に、従前の役員は、どのような地位を有することになるか。

## Answer. 43

(1) 理事または監事について、法令または定款所定の員数が欠けた場合には、任期満了または辞任により退任した理事または監事は、新たに選任された役員（一時役員の職務を行うべき者を含む）が就任するまで、なおその権利義務を有する（法人法75①）。理事・監事の権利義務を有する者については、その後に死亡もしくは欠格事由に該当するか、または員数に足りる後任者が就任するまで、任期満了または辞任による退任登記が許されない（最判昭和43年12月24日民集22巻13号3334頁、昭和37年8月18日民甲2350号回答。その場合の登記原因等につき、318頁参照）。

(2) 役員の権利義務を有する者の権限は、通常の役員と同様である。したがって、理事の権利義務を有する者を代表理事に選定し、その登記をすることが可能である（昭和30年4月26日民甲673号回答。その後に権利義務が消滅した場合の処理につき、345頁参照）。

(3) 役員の権利義務を有する者の地位は、法律により与えられたものであるから、当該地位を辞任し、または解任することはできない（昭和35年10月20日民四197号回答、昭和39年10月3日民甲3197号回答）。解任の必要があれば、後任者を選任することになる。

(4) 以上に対し、会計監査人が欠員した場合については、その権利義務を有する者の制度は設けられていない。会計監査人が欠員したにもかかわらず、社員総会の開催が困難なときは、監事が一時会計監査人の職務を行うべき者を選任することになる（法人法75④）。

## Q44 一時役員・一時会計監査人の職務を行うべき者

> 役員等が欠員した場合において、その権利義務を有する者が存しないなど、必要がある場合に、どのような措置をとり得るか。

## Answer. 44

(1) 理事または監事について、法令または定款所定の員数が欠けた場合でも、前任者の退任原因が任期満了または辞任以外であるときは、その者が役員としての権利義務を有することはない。また、その退任原因が任期満了または辞任のときでも、前任者がなお権利義務を有することが、必ずしも相当でないこともある。このような場合、利害関係人は、裁判所に対し、一時役員の職務を行うべき者（仮理事・仮監事）の選任を申し立てることができる（法人法75②）。

(2) 一時役員の職務を行うべき者の権限は、通常の役員と同様である。したがって、一時理事の職務を行うべき者を代表理事に選定し、その登記をすることも可能である。

(3) 一時役員の職務を行うべき者の選任の裁判があると、裁判所書記官により、その登記が嘱託される（法人法315①二イ）。その後に、通常の役員が選任され、就任登記が申請されると、一時役員の職務を行うべき者の登記は、登記官の職権により抹消される（一般登記規則3、商登規則68①）。

(4) 以上に対し、会計監査人が欠員した場合の一時会計監査人の職務を行うべき者（仮会計監査人）については、監事に選任義務があり、その就任登記についても、法人が申請しなければならない（法人法75④、321）。ただし、後日に通常の会計監査人の就任登記が申請された場合には、登記官の職権によりその登記は抹消される（一般登記規則3、商登規則68①）。

(5) 監事は、各自に一時会計監査人の職務を行うべき者を選任することができる。その選任時期は、現に会計監査人に欠員が生じた後でなければならない（相澤哲「会計監査人の欠格事由と一時会計監査人」月刊登記情報538号26頁参照）。

## Q45 役員の職務執行停止・職務代行者

役員の地位について争いがあり、当該役員に職務を継続させることが適当でない場合には、どのような措置をとり得るか。

### Answer. 45

(1) 役員選任決議の不存在または無効の確認の訴え・取消しの訴え（法人法265、266）もしくは役員の解任の訴え（法人法284）が提起される場合において、当該役員に職務を継続させることが適当でないときは、理事または監事の職務の執行を停止し、その職務を代行する者を選任する仮処分がなされ得る（民事保全法23②、56）。

(2) 理事の職務代行者の権限は、一般社団法人の常務に属する行為に限られる。これに属しない行為をするには、裁判所の許可を得なければならない（法人法80①）。職務代行者の権限を超えた行為は無効となるが、一般社団法人は、これをもって善意の第三者に対抗することはできない（法人法80②）。

(3) 役員の職務執行の停止・職務代行者の選任の仮処分及びその変更・取消しがあると、裁判所書記官により、その登記が嘱託される（法人法305、民事保全法56）。当該登記は、本案の判決が確定し、その登記が裁判所書記官から嘱託されると、登記官の職権により抹消される（一般登記規則3、商登規則68②）。職務の執行を停止された役員が辞任・任期満

了等により退任した場合でも、仮処分決定が取り消されない限り、職務代行者の権限は当然に消滅するものではない（最判昭和45年11月6日民集24巻12号1744頁）。

## ２．登記手続

### Q46 理事（監事、会計監査人）の就任登記の申請事項

理事（監事、会計監査人）の就任登記の申請書（情報）は、どのように記載（記録）すべきか。

### Answer.46

一般的な記載（記録）事項のほか、以下の事項を内容とする（法人法330、商登法17②③）。

(1) **登記の事由**

「理事（監事、会計監査人）の変更」とする。

(2) **登記すべき事項**

理事、監事にあっては氏名及び就任年月日（法人法301②五・八）、会計監査人にあっては氏名または名称及び就任年月日である（法人法301②九）。

＜電子データ入力例＞

```
「役員に関する事項」
「資格」理事（監事、会計監査人）
「氏名」甲野四郎
「原因年月日」平成○年○月○日就任
```

(3) **登録免許税額**

役員等に関する事項の変更分として、申請1件につき金1万円を納付

する（登税法別表第1二十四（一）カ）。

(4) **添付書面**

① 社員総会議事録

理事（監事、会計監査人）の選任決議の成立を証するため、添付する（法人法317②）。

② 就任承諾を証する書面

理事（監事、会計監査人）の就任承諾の意思表示を証するため、就任承諾書等を添付する（法人法320①、③一）。もっとも、社員総会議事録に被選任者が席上就任を承諾した旨が記載されていれば、当該議事録を就任承諾したことを証する書面として援用することができる。

③ 印鑑証明書

非理事会設置一般社団法人においては、再任の場合を除き、理事の就任承諾を証する書面に押印された印鑑について、市区町村長の作成する証明書の添付が必要である（一般登記規則3、商登規則61②）。

④ 資格証明書

会計監査人の就任の登記においては、会計監査人が法人でないときは会計監査人が公認会計士であることを証する書面が、法人であるときはその登記事項証明書が添付書類となる（法人法320③二・三）。登記事項証明書は、監査法人の存在（名称及び主たる事務所）及び就任承諾をした者の代表権限を確認するものであるため、代表者事項証明書であっても差し支えない（一般登記規則3、商登規則30①四）。なお、申請する登記所の管轄区内に当該法人の主たる事務所がある場合には、登記事項証明書の添付を省略することができる。

## Q47 社員総会議事録

理事（監事、会計監査人）の就任登記の申請書（情報）に添付すべき社員総会議事録の議案の記載は、どのようになるか。

### Answer. 47

例えば、次のようになる。

---

第○号議案　理事（監事、会計監査人）選任の件

議長は、次の者を理事（監事、会計監査人）に選任することにつき可否を議場に諮ったところ、満場一致をもって可決確定した。

理事（監事、会計監査人）　甲野　四郎
（なお、被選任者は、席上就任を承諾した。）

---

## Q48 就任承諾を証する書面

理事（監事、会計監査人）の就任登記の申請書（情報）に添付すべき就任承諾を証する書面の記載は、どのようになるか。

### Answer. 48

例えば、次のようになる。

```
                就 任 承 諾 書
                                         平成○年○月○日
   一般社団法人○○商店会　御中

    私は、平成○年○月○日開催の社員総会において、理事（監事、会
   計監査人）に選任されたので、その就任を承諾します。

                                    ○県○市○丁目○番○号
                                         甲野　四郎　㊞
```

## Q49　理事（監事、会計監査人）の退任登記の申請事項

> 理事（監事、会計監査人）の退任登記の申請書（情報）は、どのように記載（記録）すべきか。

## Answer. 49

　一般的な記載（記録）事項のほか、以下の事項を内容とする（法人法330、商登法17②③）。

(1) **登記の事由**

　「理事（監事、会計監査人）の変更」とする。

(2) **登記すべき事項**

　理事（監事、会計監査人）が退任した旨及びその年月日である。退任事由が辞任、解任、死亡または欠格事由の発生（資格喪失）であるときは、特にそれらの事由が登記される。

＜電子データ入力例＞

> 「役員に関する事項」
> 「資格」理事（監事、会計監査人）
> 「氏名」甲野四郎
> 「原因年月日」平成○年○月○日退任（辞任、解任、死亡、資格喪失）

(3) **登録免許税額**

役員等に関する変更として、金1万円を納付する（登税法別表第1二十四（一）カ）。

(4) **添付書面**

退任を証する書面（法人法320⑤）として、①任期満了による場合には定款及び社員総会議事録を、②辞任による場合には辞任届等を、③解任による場合には解任決議の成立を証する社員総会議事録（監事の全員の同意により会計監査人を解任した場合には、監事の同意書）を、④死亡による場合には戸籍謄抄本、住民票の写し、死亡診断書または親族からの死亡届を、⑤破産手続開始の決定による場合には当該決定書を、⑥後見開始の審判による場合には当該審判書または登記事項証明書を、⑦有罪判決による場合には当該判決書を、⑧会計監査人の業務禁止処分による場合には当該処分の決定書または官報公告の写し等を添付する。

## Q50 任期満了を証する書面

> 役員等の退任事由が任期の満了である場合、退任を証する書面はどのようになるか。

## Answer. 50

　役員等の退任事由が任期の満了である場合には、定款及び社員総会議事録を添付するのが通常である。ただし、社員総会議事録に、本定時総会の終了をもって役員等の任期が満了する旨の記載がある場合には、定款の添付を省略することができる（会社に関する昭和53年9月18日民四5003号回答）。

① 定款

　定款は、事業年度の終了時期及び役員の任期に関する定めの有無を証するために添付する。原則として、法人設立時に作成された原始定款であるが、その後に定款の全部または一部が変更されているときは、①原始定款に加え、法人の設立後にされたすべての変更の内容を証する書面（過去の定款変更の決議に係る社員総会議事録等）を添付するか、②改正後の定款の末尾に「以上は現行の定款である。」旨を記載（記録）し、代表理事が登記所に提出した印鑑を用いて押印（電子署名）したものを添付することができる（登記研究 テイハン164号48頁、189号74頁）。

② 社員総会議事録

　社員総会議事録は、定時社員総会の終結時（任期の満了時）を証するために添付する。ただし、会計監査人については、定時社員総会において別段の決議がされない限り再任されたものとみなされるため（法人法69②）、再任しない旨の明示的な決議がされていることが必要である。

---

## Q51　辞任を証する書面

> 役員等の退任事由が辞任である場合、退任を証する書面はどのようになるか。

## Answer. 51

役員等の退任事由が辞任である場合には、辞任者が作成した辞任届を「退任を証する書面」とするのが通常である。もっとも、辞任者が社員総会において席上辞任する旨を表明し、かつその旨が議事録に記載されている場合には、当該社員総会議事録を辞任を証する書面とすることもできる。

---

辞 任 届

平成○年○月○日

一般社団法人○○商店会
代表理事　甲野　一郎　殿

　私は、今般一身上の都合により、本日をもって理事（監事、会計監査人）を辞任したいので、お届けいたします。

○県○市○丁目○番○号<br>甲野 四郎　㊞

---

## Q52　解任を証する書面

> 役員等の退任事由が解任である場合、退任を証する書面はどのようになるか。

## Answer. 52

　役員等の解任は、社員総会決議により行われるため、社員総会議事録を添付する。また、会計監査人は監事の同意によっても解任され得るため、この場合には監事の同意による決定書が添付書類となる。

　なお、役員等の解任の訴えの認容判決があった場合には、解任登記が裁判所書記官から嘱託されるため（法人法315①一ニ）、その申請自体が必要ない。

(1) 社員総会決議による解任の場合

> 第○号議案　理事（監事、会計監査人）解任の件
>
> 　議長は、当法人の理事（監事、会計監査人）として、次の者が不適当であるため、これを解任することの可否を議場に諮ったところ、満場一致をもって可決確定した。
>
> 　　理事（監事、会計監査人）　甲野　四郎

(2) 監事の同意による会計監査人の解任の場合

> 決　定　書
>
> 　　日　　時　　平成○年○月○日午前○時から午前○時
> 　　場　　所　　当法人の主たる事務所会議室
>
> 　当法人の会計監査人海野かもめについて、会計監査人としてふさわしくない非行があったため、本日これを解任することを決定した。
> 　本決定の内容を明確にするため、この決定書を作成し、監事は次に記名押印する。
>
> 　平成○年○月○日
>
> 　　　　　　　　　　　　　　　　一般社団法人○○商店会
> 　　　　　　　　　　　　　　　　　監事　甲野　春子　㊞
> 　　　　　　　　　　　　　　　　　監事　甲野　夏子　㊞

## Q53　死亡を証する書面

> 役員等の退任事由が死亡である場合、退任を証する書面はどのようになるか。

## Answer. 53

　役員等の退任事由が死亡である場合には、戸籍謄抄本、住民票の写しまたは死亡診断書といった公的な証明書に限らず、親族が作成した代表理事宛の死亡届によることも可能である。

---

死亡届

平成○年○月○日

一般社団法人○○商店会
代表理事　甲野　一郎　殿

　平成○年○月○日、私の夫である貴法人理事（監事、会計監査人）甲野四郎が永眠いたしましたので、お届けいたします。

○県○市○丁目○番○号
亡甲野四郎妻　甲野　春子　㊞

---

## Q54　役員の権利義務を有する者の退任登記

> 役員の権利義務を有する者の退任登記の原因及びその年月日は、どのように定まるか。

## Answer. 54

　辞任または任期満了により退任した役員が、なおその権利義務を有する場合には（法人法75①）、同人が死亡または欠格事由に該当するか、または欠員を満たす後任者が就任するまで、退任登記が許されない（会社に関する昭和37年8月18日民甲2350号回答等）。権利義務者の退任登記を申請する場合の原因年月日は、後任者の就任等の日ではなく本来の任期満了または辞任の日であり、同一人が同一資格で再任された場合でも重任登記をすることはできない点に注意を要する。

## Q55 理事（監事、会計監査人）の重任登記の申請事項

> 理事（監事、会計監査人）の重任登記の申請書（情報）は、どのように記載（記録）すべきか。

### Answer. 55

役員等が任期満了により退任するときに、同一人が同一資格で再任され、かつ退任と就任との間に時間的間隔がない場合、本来すべき就任及び退任の登記を「重任」として一括して登記することができる。重任登記の申請書（情報）は、一般的な記載（記録）事項のほか、以下の事項を内容とする（法人法330、商登法17②③）。

(1) **登記の事由**

　「理事（監事、会計監査人）の変更」とする。

(2) **登記すべき事項**

　理事、監事にあっては氏名及び重任年月日（法人法301②五・八）、会計監査人にあっては氏名または名称及び重任年月日である（法人法301②九）。

＜電子データ入力例＞

```
「役員に関する事項」
「資格」理事（監事、会計監査人）
「氏名」甲野四郎
「原因年月日」平成○年○月○日重任
```

(3) **登録免許税額**

　役員等に関する事項の変更分として、申請1件につき金1万円を納付する（登税法別表第1二十四（一）カ）。

(4) **添付書面**

① 退任を証する書面

役員等の任期満了による退任（法人法320⑤）を証する書面として、定款及び社員総会議事録を添付しなければならない。ただし、社員総会の議事録に本定時総会の終了をもって任期が満了する旨の記載がある場合には、定款を添付することを要しない（会社に関する昭和53年9月18日民四5003号回答）。

② 社員総会議事録

理事または監事については、その再任決議の成立を証するために添付する（法人法317②）。その終結時に任期の満了する定時社員総会で再任決議がされていれば、①の書面を兼ねることとなる。他方、会計監査人については、定時社員総会において別段の決議がされない限り再任されたものとみなされるため（法人法69②）、再任に係る議案の記載は不要である。

③ 就任承諾を証する書面

理事または監事については、その就任承諾の意思表示を証するため、就任承諾書等を添付する（法人法320①、③一）。もっとも、社員総会議事録に被選任者が席上就任を承諾した旨が記載されていれば、当該議事録を就任承諾したことを証する書面として援用することができる。他方、会計監査人については、再任の場合の就任承諾を証する書面の添付は不要である（平成20年9月1日民商2351号通達）。

④ 印鑑証明書

非理事会設置一般社団法人においては、再任の場合を除き、理事の就任承諾を証する書面に押印された印鑑について、市区町村長の作成する証明書の添付が必要である（一般登記規則3、商登規則61②）。

⑤ 資格証明書

会計監査人の就任の登記においては、会計監査人が法人でないときは会計監査人が公認会計士であることを証する書面が、法人であるときはその登記事項証明書が添付書類となる（法人法320③二・三）。登記事項証明書は、代表者事項証明書であっても差し支えない（一般登記規則3、商登規則

30①四)。なお、申請する登記所の管轄区内に当該法人の主たる事務所がある場合には、登記事項証明書の添付を省略することができる。

## Q56 社員総会議事録

> 役員等の重任の登記申請書（情報）に添付すべき社員総会議事録の議案の記載は、どのようになるか。

### Answer. 56

例えば、次のようになる。

---

第○号議案　理事（監事）選任の件

議長は、本定時社員総会の終結時をもって理事（監事）甲野四郎の任期が満了するため、理事（監事）を1人選任する必要がある旨を述べた上、同人を理事（監事）として再任することの可否を議場に諮ったところ、満場一致をもって可決確定した。
なお、被選任者は席上就任を承諾した。

---

## Q57 一時会計監査人の職務を行うべき者の選任登記の申請事項

> 一時会計監査人の職務を行うべき者の選任登記の申請書（情報）は、どのように記載（記録）すべきか。

### Answer. 57

一般的な記載（記録）事項のほか、以下の事項を内容とする（法人法330、商登法17②③）。

(1) 登記の事由

第1節　一般社団法人の機関設計・役員等の変更

「仮会計監査人の変更」とする。

(2) **登記すべき事項**

仮会計監査人の氏名または名称ならびにその変更年月日が登記事項となる（法人法301②十）。なお、仮会計監査人の登記は、正規の会計監査人の就任の登記がなされた場合、登記官が職権で抹消する（一般登記規則3、商登規則68①）。

<電子データ入力例>

```
「役員に関する事項」
「資格」仮会計監査人
「氏名」山野監査法人
「原因年月日」平成○年○月○日就任
```

(3) **登録免許税額**

仮会計監査人の就任の登記については、役員等に関する変更として、金1万円を納付する（登税法別表第1二十四(一)カ）。

(4) **添付書面**

① 監事の決定書

仮会計監査人は、監事が選任権限を有する（法人法75④）ので、選任を証する監事の決定書を添付する（法人法321①一）。

② 就任承諾を証する書面

仮会計監査人の就任承諾の意思表示を証するため、就任承諾書、会計監査契約書等を添付する（法人法321①二）。

③ 資格証明書

仮会計監査人が法人でないときは仮会計監査人が公認会計士であることを証する書面が、法人であるときはその登記事項証明書が添付書類となる（法人法321①三・四）。登記事項証明書は、監査法人の存在（名称及び主た

る事務所）及び就任承諾をした者の代表権限を確認するものであるため、代表者事項証明書であっても差し支えない（一般登記規則3、商登規則30①四）。なお、申請する登記所の管轄区域内に当該法人の主たる事務所がある場合には、登記事項証明書の添付を省略することができる。

---

## Q58 一時会計監査人の職務を行うべき者の選任を証する書面

> 一時会計監査人の職務を行う者の選任を証する監事の決定書の記載は、どのようにすべきか。

### Answer. 58

例えば、次のようになる。

---

決　定　書

　　日　　時　　平成○年○月○日午前○時から午前○時
　　場　　所　　当法人の主たる事務所会議室

　本日、当法人の会計監査人である海野かもめが死亡したことにより会計監査人を欠くこととなったため、平成○年○月○日開催予定の社員総会において後任者が選任されるまでの間、次の者を一時会計監査人の職務を行うべき者として選任した。
　　○県○市○丁目○番○号
　　　山野監査法人
　　　（代表社員　山野うさぎ）

　本決定の内容を明確にするため、この決定書を作成し、監事は次に記名押印する。
　　平成○年○月○日

　　　　　　　　　　　　　　　　一般社団法人○○商店会
　　　　　　　　　　　　　　　　　監事　甲野　春子　㊞
　　　　　　　　　　　　　　　　　監事　甲野　夏子　㊞

## Q59 役員等の氏名（名称）の変更登記

役員等の氏名（会計監査人が監査法人である場合の名称）に変更が生じた場合の変更登記の申請書（情報）は、どのように記載（記録）すべきか。

## Answer. 59

一般的な記載（記録）事項のほか、以下の事項を内容とする（法人法330、商登法17②③）。

### (1) 登記の事由
「理事（監事、会計監査人）の氏名（名称）の変更」とする。

### (2) 登記すべき事項
変更後の理事（監事、会計監査人）の氏名または名称及び変更年月日である（法人法301②五・八・九）。

＜電子データ入力例＞

```
「役員に関する事項」
「資格」理事（監事、会計監査人）
「氏名」甲野四郎
「原因年月日」平成○年○月○日乙野四郎の氏名変更
```

### (3) 登録免許税額
役員等に関する事項の変更分として、申請1件につき金1万円を納付する（登税法別表第1二十四（一）カ）。

### (4) 添付書面
理事、監事または個人である会計監査人の氏名変更があった場合には、添付書面は不要である。これに対し、監査法人である会計監査人の名称に変更があった場合には、その登記事項証明書が添付書類となる（法人法

320④、③二)。ただし、申請する登記所の管轄区域内に当該法人の主たる事務所がある場合には、登記事項証明書の添付を省略することができる。

## Q60 会計監査人の合併による変更登記の申請事項

> 会計監査人たる監査法人が合併により消滅した場合の変更登記の申請書（情報）は、どのように記載（記録）すべきか。

### Answer. 60

一般的な記載（記録）事項のほか、以下の事項を内容とする（法人法330、商登法17②③）。

(1) 登記の事由

「会計監査人の変更」とする。

(2) 登記すべき事項

合併後の会計監査人の名称及び合併の年月日である（法人法301②九）。

```
「役員に関する事項」
「資格」会計監査人
「名称」海野監査法人
「原因年月日」平成○年○月○日合併
「役員に関する事項」
「資格」会計監査人
「名称」山野監査法人
「原因年月日」平成○年○月○日合併により就任
```

(3) **登録免許税額**

役員等に関する事項の変更分として、申請1件につき金1万円を納付する（登税法別表第1二十四(一)カ）。

(4) **添付書面**

合併消滅監査法人の退任を証する書面（法人法320⑤）として、また、合併存続監査法人の就任を証する書面（法人法320③一・二）として、登記事項証明書を添付する。

---

## Q61　定時社員総会が開かれなかった場合の退任日付

> 定款で定めた期間内に定時社員総会が開かれなかった場合に、当該定時社員総会の終結時に任期が満了すべき役員等の退任年月日は、どうなるか。

## Answer. 61

役員（理事及び監事）の場合、退任する定時社員総会が定款所定の開催期間内に開催されない場合、理事及び監事の任期は、定款所定の定時社員総会の開催期間の末日に満了するとされている（昭和38年5月18日民甲1356号）。

他方、会計監査人については、地位の継続性（自動再任制）及び権利義務規定の不存在という特殊性に照らし、理事及び監事と同様の扱いとなるか、定時社員総会が開催されるまで任期が伸張されるか、見解が対立している（株式会社に対する松井信憲『商業登記ハンドブック』（前掲）458頁）ので、定時社員総会を定款所定の期間内に開催して、疑義が生じないようにすべきである。

## 第5款　代表理事の変更

### 1．実体手続

**Q62** 代表理事の意義

> 代表理事とは、何か。

**Answer. 62**

(1) 「代表理事」とは、一般社団法人を代表する理事をいう（法人法21①（　）書）。非理事会設置一般社団法人において各理事が代表権を有する場合には、全理事が代表理事ということになる。

(2) 代表理事は、理事の中から選定されるが（法人法77③、90③）、理事としての委任契約とは別に、代表理事としての委任契約を必要とするかは解釈上の疑問が残されており、代表理事の就任登記の申請時において、添付書面に影響を及ぼす。実務上は、①定款の定めに基づく理事の互選による選定の場合と、②理事会決議による選定の場合にのみ、被選定者の「就任承諾を証する書面」が添付書面とされている。

---

**Q63** 代表理事の選定方法

> 代表理事は、どのような方法により選定されるか。

**Answer. 63**

一般社団法人の代表理事の選定方法は、以下の方法が認められる。

| | |
|---|---|
| 非理事会設置一般社団法人 | ① 理事が1人の場合、当該理事が代表理事となる（法人法77①本文）。<br>② 理事が2人以上ある場合、各理事が代表理事となる（法人法77②）。<br>③ 理事が2人以上ある場合には、定款、定款の定めに基づく理事の互選または社員総会の決議によって代表理事を定めることができる（法人法77③）。 |
| 理事会設置一般社団法人 | ④ 理事会は、代表理事を選定しなければならない（法人法90③）。<br>⑤ 定款に定めがある場合には、社員総会の決議によって代表理事を定めることができる（法人法35②）。ただし、理事会の代表理事の選定権限を制限することはできず、双方が代表理事の選定権限を有することとなる。 |

**Q64** 定款の定めまたは社員総会決議による代表理事の選定

> 非理事会設置一般社団法人において、定款の定めまたは社員総会決議により代表理事を定めるには、どのような手続が必要か。

**Answer. 64**

(1) 定款の定めにより代表理事を選定する場合には、定款の変更を要するため、社員総会の特別決議を要する（法人法146、49②四）。

(2) 社員総会決議により代表理事を選定する場合には、普通決議で足りる（法人法49①）。この方法により代表理事を定める一般社団法人においては、特に理事の一部改選や増員にあたっては、従前の代表理事の代表権がどうなるかを明示的に決議しておくことが望ましい。

(3) 定款の定めまたは社員総会決議により、新任の理事を代表理事に選定した場合には、被選定者は、理事としての就任承諾をもって一般社団法人の代表権を取得することになり、別途代表理事としての就任承諾は不要である。

また、在任中の一部の理事を代表理事として選定した場合も、同様に代表理事としての就任承諾は不要であり、選定されなかった他の理事について、その代表権が制限されることになる。

## Q65 定款の定めに基づく理事の互選による代表理事の選定

> 非理事会設置一般社団法人において、定款の定めに基づく理事の互選により代表理事を定めるには、どのような手続が必要か。

## Answer. 65

(1) 定款に、理事の互選により代表理事を選定する旨の定めがある一般社団法人は、当該定めに基づき、代表理事を選定することができる。「互選」とは、選定者（理事）が互いに選挙することをいうが、その方法について一般社団・財団法人法に規定はなく、必ずしも理事会決議に準じるものではない。例えば、理事が4人ある場合において、理事会決議により代表理事を選定するときは、理事会に3人の理事が出席し、2人が賛成すれば決議が成立するのに対し、互選による場合には、理事の過半数である3人以上の賛成が必要となるため、注意を要する。

(2) 定款の定めに基づく理事の互選により代表理事を選定した場合には、登記実務上、被選定者による代表理事としての就任承諾が必要とされている。

## Q66 理事会決議による代表理事の選定

理事会設置一般社団法人において、代表理事を定めるには、どのような手続が必要か。

### Answer. 66

(1) 理事会設置一般社団法人においては、理事会は、その決議により、理事の中から代表理事を選定しなければならない（法人法90③、95）。
(2) 理事会決議により代表理事を選定した場合にも、被選定者による代表理事としての就任承諾が必要である。
(3) なお、定款に定めることにより、社員総会決議によって理事会設置一般社団法人の代表理事を選定することも可能である。ただし、この場合でも理事会の権限を奪うことはできず、理事会と社員総会との双方が代表理事の選定権限を有することになる。

---

## Q67 代表権の付与

法律上、それまで代表権を有しなかった理事に対し、当然に代表権が付与される場合として、どのような場合が想定されるか。

### Answer. 67

非理事会設置一般社団法人においては、特に代表理事を限定しない限り、各理事が法人を代表する（各自代表の原則。法人法77①）。したがって、①理事会設置一般社団法人が理事会を置く旨の定款の定めを廃止した場合、②定款の定めまたは定款の定めに基づく理事の互選により代表理事を選定している一般社団法人がこれらの定めを廃止した場合、③社員総会で代表理事を選定している一般社団法人が代表理事を限定しない旨を決議

した場合には、それまで代表権を有していなかった他の理事は、別途就任承諾をすることなく、代表理事となる。

## Q68 代表理事の選定方法の変更

> 一般社団法人が、代表理事の選定方法を変更した場合に、従前の方法で選定されていた代表理事の地位はどうなるか。

## Answer. 68

(1) それまで各理事が代表権を有していた非理事会設置一般社団法人が、新たに、①代表理事を一部の理事に限定することとした場合、または②理事会を設置する旨の定款の定めを設けた場合には、各理事は当然に代表権を失い、新たな選定方法に従って選定された代表理事のみが法人を代表することになる。

これらの場合、新たに代表理事に選定された者については特に変更登記をする必要はなく、それ以外の理事について代表理事の退任の登記をすれば足りる。

(2) それまで代表理事を一部の理事に限定していた非理事会設置一般社団法人が、①代表理事の選定方法を変更し、または②理事会を設置する旨の定款の定めを設けた場合にも、従前の代表理事は代表権を失い、新たな選定方法に従って選定された代表理事が、法人を代表することになる。理事会設置一般社団法人が、理事会を廃止した上で、定款、定款の定めに基づく理事の互選または社員総会決議により代表理事を限定することとした場合も同様である。

これらの場合、代表理事の選定方法を変更するのと同日に、従前と同一の理事を代表理事に選定したときは、代表理事の変更の登記をする必

要はない。また、従前とは別の理事を代表理事に選定したときでも、従前の代表理事について代表理事の退任の登記を、当該選定された者について代表理事の就任の登記をすれば足りる。

## Q69 代表理事の予選

> 理事に就任することが予定されている者を、代表理事として予選することができるか。

### Answer. 69

(1) 理事を増員することを条件に、理事会決議または理事の互選によりその増員者を代表理事に予選する決議は、無効である（鳥丸忠彦「取締役就任前の者を代表取締役に予選することの可否」商事法務1296号42頁参照）。

(2) これに対し、予選時から就任時までの間に理事の改選があった場合でも、改選の前後で理事の構成に変動がなく、予選期間が合理的な範囲であれば、予選による代表理事の就任は認められる（昭和41年1月20日民甲271号回答参照）。

## Q70 代表理事の退任事由

> 代表理事は、どのような事由により退任するか。

### Answer. 70

代表理事の退任事由としては、以下のものが挙げられる。

(1) 理事としての退任事由の発生

　代表理事の地位は、理事の地位を前提とするものであるから、理事を退任すれば、当然に代表理事としての資格も失う（理事の退任事由については、

301頁参照)。代表理事に欠員が生じる場合でも、理事について欠員が生じない場合には、任期満了または辞任により退任した代表理事が、その権利義務者(法人法79①)となることもない。

(2) **辞任・解職**

理事会決議または定款の定めに基づく理事の互選により選定された代表理事は、理事の地位を維持したまま、一方的な意思表示により代表理事の地位のみを辞任することが可能である。これに対し、定款の定めまたは社員総会決議により選定された代表理事については、理事の地位と代表理事の地位とが不可分的なものであることから、代表理事の地位のみを辞任するには、定款の変更または社員総会の決議を要すると解されている。

また、代表理事の解職については、当該代表理事が選定された方法に応じて、定款の変更、理事の過半数の一致もしくは社員総会決議または理事会決議により、行うことになる。もっとも、定款の定めにより選定された代表理事であっても、特別決議ではなく、普通決議で足りるとする見解もある(旧有限会社の代表取締役に関する福岡高判昭和36年9月28日高民集14巻7号472頁参照)。

## Q71 唯一の代表理事の退任と代表権の帰属

> 非理事会設置一般社団法人において、唯一の代表理事が欠けた場合、他の理事の代表権が回復されるか。

### Answer. 71

理事の中から代表理事を定めている非理事会設置一般社団法人において、代表理事の死亡等により代表理事が欠けたときでも、他の理事は直ちに代わりを果たし得ないのが通常であり、その代表権が当然に回復することはない(味村治『詳解商業登記(下)』民事法情報センター948頁、江頭憲治

郎『株式会社法（第 2 版）』（前掲）374 頁参照）。

　他方、「理事が 2 人以上いるときは、そのうち 1 人を代表理事に選定する」旨の定款の定めが、「理事が 1 人のときは代表理事を限定しない」趣旨と解することができるときは、他の理事の代表権が回復すると解する立場が有力である（松井信憲『商業登記ハンドブック』（前掲）379 頁、登記研究テイハン 646 号 118 頁参照）。

---

## Q72 代表理事の権利義務を有する者

代表理事に欠員が生じた場合に、従前の代表理事は、どのような地位を有することになるか。

### Answer. 72

(1) 代表理事が欠けた場合または定款所定の代表理事の員数が欠けた場合には、任期満了または辞任により退任した代表理事は、新たに選定された代表理事（一時代表理事の職務を行うべき者を含む）が就任するまで、なおその権利義務を有する（法人法 79 ①）。代表理事の権利義務を有する者については、定数に足りる後任者の就任登記があるまで、任期満了または辞任による退任登記が許されない。

(2) ただし、代表理事の権利義務を有する者の地位は理事（または理事の権利義務を有する者）としての地位を前提とするものであるから、退任者が理事の地位をも失い、その権利義務を有することもないときは、代表理事の権利義務を有することにはならない点に留意が必要である（登記研究 テイハン 503 号 190 頁参照）。

## Q73 一時代表理事の職務を行うべき者・代表理事の職務代行者

代表理事が欠員した場合や、その地位について争いがある場合には、どのような措置をとり得るか。

### Answer.73

(1) 代表理事に欠員が生じた場合においても、利害関係人は、裁判所に対して一時代表理事の職務を行うべき者（仮代表理事）の選任を申し立てることができる（法人法79②）。
(2) また、代表理事の地位について争いがある場合には、代表理事の職務執行の停止・職務代行者の選任の仮処分を申し立てることができる（法人法80①）。
(3) これらの者に関する登記手続については、一時理事の職務を行うべき者・職務代行者に準じる（308頁以下参照）。


## 2．登記手続

### Q74 代表理事の就任登記の申請事項

代表理事の就任登記の申請書（情報）は、どのように記載（記録）すべきか。

### Answer.74

一般的な記載（記録）事項のほか、以下の事項を内容とする（法人法330、商登法17②③）。

(1) **登記の事由**
「代表理事の変更」とする。
(2) **登記すべき事項**
代表理事の氏名及び住所ならびにその就任年月日である（法人法301②六）。

〈電子データ入力例〉

```
「役員に関する事項」
「資格」代表理事
「住所」○県○市○丁目○番○号
「氏名」甲野二郎
「原因年月日」平成○年○月○日就任
```

(3) **登録免許税額**

　役員に関する事項の変更分として、申請1件につき金1万円を納付する（登税法別表第1二十四(一)カ）。

(4) **添付書面**

① 代表理事の選定を証する書面

　代表理事を、①定款または社員総会決議により選定しているときは社員総会議事録が、②定款の定めに基づく理事の互選により選定しているときは定款及び理事の一致を証する書面が、③理事会決議により選定しているときは理事会議事録が、これに該当する（法人法317①②、一般登記規則3、商登規則61①）。

② 代表理事の選定を証する書面に係る印鑑証明書

　代表理事を、①定款または社員総会決議により選定しているときは社員総会の議長及び出席した理事が社員総会議事録に押印した印鑑について、②定款の定めに基づく理事の互選により選定しているときは理事がその互選を証する書面に押印した印鑑について、③理事会決議により選定しているときは理事会に出席した理事及び監事が理事会議事録に押印した印鑑について、市区町村長の作成した印鑑証明書を添付する（一般登記規則3、商登規則61④）。ただし、変更前の代表理事が登記所に届け出た印鑑をこれらの書面に押印しているときは、添付を省略することが可能である。

③　就任承諾を証する書面

　代表理事を、定款の定めに基づく理事の互選または理事会決議により選定しているときは、被選定者の就任承諾を証する書面（法人法320①）を添付する（平成20年9月1日民商2351号通達）。もっとも、互選を証する書面または理事会議事録の記載によって就任承諾の意思が明らかな場合には、その記載を援用することができる。なお、定款または社員総会の決議で代表理事を定めた場合には、代表理事としての就任承諾は不要と解され、その証明書の添付も必要ない。

④　就任承諾を証する書面に係る印鑑証明書

　理事会設置一般社団法人においては、再任の場合を除き、代表理事の就任承諾を証する書面に押印された印鑑について、市区町村長の作成した印鑑証明書を添付する（一般登記規則3、商登規則61②③）。なお、非理事会設置一般社団法人においては、理事への就任承諾を証する書面に押印された印鑑についての印鑑証明書を添付すれば足り（一般登記規則3、商登規則61②後段）、改めて代表理事の就任承諾を証する書面に押印された印鑑について印鑑証明書を添付する必要はない。

### Q75　代表理事の選定を証する書面

> 代表理事の就任登記に添付すべき「代表理事の選定を証する書面」の記載は、どのようになるか。

### Answer.75

　例えば、次頁のようになる。

(1) **社員総会議事録**（定款または社員総会決議による選定の場合）

---

（※定款変更による場合）

　　　　　第○号議案　　定款一部変更の件

　議長は、今般次のとおり定款の一部を変更し、次の者を代表理事として選定したい旨を述べ、その可否を議場に諮ったところ、満場一致をもって可決確定した。

　変更前　定款第○条（代表理事）
　当法人の代表理事は、次の者とする。
　　○県○市○丁目○番○号
　　　代表理事　甲野　一郎
　変更後　定款第○条（代表理事）
　当法人の代表理事は、次の２名とする。
　　○県○市○丁目○番○号
　　　代表理事　甲野　一郎
　　○県○市○丁目○番○号
　　　代表理事　甲野　二郎


（※社員総会決議による場合）

　　　　　第○号議案　　代表理事選定の件

　議長は、今般次の者を代表理事として選定する必要がある旨を述べ、その可否を議場に諮ったところ、満場一致をもって可決確定した。

　　○県○市○丁目○番○号
　　　代表理事　甲野　二郎

(2) **定款**（定款の定めに基づく理事の互選による選定の場合）

---

一般社団法人○○商店会　定款

（中　略）

（代表理事の選定）
第○条　当法人は、理事を○名以上置き、その互選によって代表理事を定める。
　　２　代表理事は、○名以内とする。

（中　略）

以上は当法人の現行定款である。
平成○年○月○日

　　　　　　　　　　　　　　　　　　　一般社団法人○○商店会
　　　　　　　　　　　　　　　　　　　　代表理事　甲野　一郎　㊞

---

(3) **理事の一致を証する書面**（定款の定めに基づく理事の互選による選定の場合）

---

互　選　書

　　日　　時　　平成○年○月○日午前○時から午前○時
　　場　　所　　当法人役員会議室

　本日、当法人定款第○条の規定に基づき、理事全員の互選により、次の者を代表理事として選定した。
　　○県○市○丁目○番○号
　　　代表理事　甲野　二郎

　本決定の内容を明確にするため、この互選書を作成し、理事は次に記名押印する。
　　平成○年○月○日

　　　　　　　　　　　　　　　　　　一般社団法人○○商店会
　　　　　　　　　　　　　　　　　　　理事　甲野　一郎　㊞
　　　　　　　　　　　　　　　　　　　理事　甲野　二郎　㊞
　　　　　　　　　　　　　　　　　　　理事　甲野　三郎　㊞

(4) 理事会議事録

> 第○号議案　代表理事の選定の件
>
> 　議長は、代表理事1人を増員する必要がある旨を述べ、次の者を選定することの賛否を諮ったところ、出席理事の全員が異議なく承認可決した。
>
> 　○県○市○丁目○番○号
> 　　代表理事　甲野　二郎
> 　なお、被選定者は、席上就任を承諾した。

## Q76　就任承諾を証する書面

> 代表理事の就任登記に添付すべき「就任承諾を証する書面」の記載は、どのようになるか。

## Answer.76

例えば、次のようになる。

> 　　　　　　　　　　就任承諾書
>
> 　　　　　　　　　　　　　　　　　　平成○年○月○日
>
> 　一般社団法人○○商店会　御中
>
> 　私は、平成○年○月○日、貴法人の代表理事に選定されたので、その就任を承諾します。
>
> 　　　　　　　　　　　　　　　　○県○市○丁目○番○号
> 　　　　　　　　　　　　　　　　　甲野　二郎　㊞

## Q77 代表理事の重任登記の意義

代表理事の重任登記は、どのような場合に認められるか。

### Answer. 77

　代表理事についても、重任登記をすることができる。これは、理事として任期が満了することにより代表理事を退任する場合に、同日中に再度代表理事に就任することにより、認められるものである。両地位の選任機関が異なる場合には、退任と再就任との間に時間的間隔が生じるが、便宜上認められている。

---

## Q78 代表理事の退任登記の申請事項

代表理事の退任登記の申請書（情報）は、どのように記載（記録）すべきか。

### Answer. 78

　一般的な記載（記録）事項のほか、以下の事項を内容とする（法人法330、商登法17②③）。

(1) **登記の事由**

　「代表理事の変更」とする。

(2) **登記すべき事項**

　代表理事が退任した旨及びその年月日である（法人法301②六）。退任事由が辞任、解任または死亡であるときは、特にそれらの事由が登記される（法人法上、代表理事の地位の剥奪には、「解職」という語が用いられるが、登記記録は「解任」とされる）。

<電子データ入力例>

> 「役員に関する事項」
> 「資格」代表理事
> 「氏名」甲野二郎
> 「原因年月日」平成○年○月○日退任（辞任、解任、死亡）

(3) **登録免許税額**

役員に関する事項の変更分として、申請1件につき金1万円を納付する（登録税別表第1二十四(一)カ）。

(4) **添付書面**

退任を証する書面（法人法320⑤）を添付する。

まず、退任事由が「辞任」であれば、原則的には、辞任の意思表示を証する辞任届等である。ただし、理事の地位と代表理事の地位とが一体的なものである場合（辞任する代表理事が定款または社員総会決議により選定された者である場合）に、理事の地位を維持したまま代表理事の地位のみを辞任するには社員総会の承認決議を要すると解されており、当該決議の成立を証する社員総会議事録が追加的に必要となる。また、定款の定めによる理事の互選により選定された代表理事が辞任する場合には、両地位が一体的なものではないことを証するため、互選の定めのある定款の添付が必要となる。

次に、退任事由が「解職」であれば、定款または社員総会の決議により選定された代表理事については社員総会議事録が、定款の定めに基づく理事の互選による代表理事については定款及び理事の一致を証する書面が、理事会決議により選定された代表理事については理事会議事録が、添付書面となる。

以上に対し、退任事由が「理事の地位の喪失」であれば、理事の退任を

証する書面により代表理事の退任は明らかであるため、別途書面を添付する必要はない。

## Q79 辞任を証する書面

代表理事の退任事由が辞任である場合、退任を証する書面はどのようになるか。

## Answer.79

例えば、次のようになる。

(1) 辞任届

```
                    辞 任 届

                              平成○年○月○日

   一般社団法人○○商店会
   代表理事　甲野　一郎　殿

     私は、今般一身上の都合により、本日をもって代表理事を辞任した
   いので、お届けいたします。

                              ○県○市○丁目○番○号
                                  甲野　二郎    ㊞
```

(2) 社員総会議事録

```
          第○号議案　代表理事の辞任の承認に関する件

     議長は、次の者が代表理事を辞任することを承認することの可否を
   議場に諮ったところ、満場一致をもって可決確定した。

       ○県○市○丁目○番○号
          代表理事　甲野　二郎
```

第1節　一般社団法人の機関設計・役員等の変更　343

## Q80 解職を証する書面

代表理事の退任事由が解職である場合、退任を証する書面はどのようになるか。

### Answer.80

例えば、次のようになる。

>        第○号議案　代表理事の解職の件
>
> 　議長は、当法人の代表理事として、次の者が不適当であるため、これを解職することの可否を議場に諮ったところ、満場一致をもって可決確定した。
>
> 　代表理事　甲野　二郎

---

## Q81 代表理事の氏名または住所の変更登記

代表理事の氏名または住所に変更が生じた場合の変更登記の申請書（情報）は、どのように記載（記録）すべきか。

### Answer.81

　一般的な記載（記録）事項のほか、以下の事項を内容とする（法人法330、商登法17②③）。

(1) **登記の事由**

　「代表理事の氏名（住所）変更」と記載する。

(2) 登記すべき事項

変更後の代表理事の氏名及び住所ならびに変更年月日である(法人法301②六)。

＜電子データ入力例＞

> 「役員に関する事項」
> 「資格」代表理事
> 「住所」○県○市○丁目○番○号
> 「氏名」甲野一郎
> 「原因年月日」平成○年○月○日甲野一郎の住所変更

(3) 登録免許税額

役員等に関する事項の変更分として、申請1件につき金1万円を納付する(登税法別表第1二十四(一)カ)。ただし、住居表示の実施または地番の変更による住所の変更の登記の場合は、財務省令で定める書面を添付すれば非課税となる(登税法5四)。当該場合には、登録免許税の欄に根拠法令の条項(登税法第5条第四号により非課税)の旨を記載する。

(4) 添付書面

代表理事の氏名または住所の変更では、添付書面についての規定がないため、変更を証する書面の添付を要しない。ただし、住居表示の実施または地番の変更による代表理事の住所変更の場合には、非課税証明書(住居表示実施証明書など)を添付する。

### Q82 理事の権利義務を有する者から選定された代表理事の退任登記

> 理事の権利義務を有する者から選定された代表理事が退任する場合の退任の年月日はどのようになるか。

## Answer. 82

　理事の権利義務を承継する者を代表理事に選定し、その就任の登記をすることができる（昭和35年10月20日民四197号、昭和39年10月3日民甲3197号）。これは「代表理事の権利義務を有する者」ではないことから、当該代表理事が後任理事の就任により理事の権利義務を失ったときの登記原因の記載は、理事としては本来の任期満了または辞任の日をもって「退任」または「辞任」とするが、代表理事としては後任理事就任の日をもって「退任」とする。また、当該代表理事が死亡した場合にも、理事としては本来の任期満了または辞任の日をもって「退任」または「辞任」とし、代表理事としては死亡の日をもって「死亡」とする。

## 第2節

# 一般財団法人の機関設計・評議員等の変更

### 第1款 会計監査人の設置及び廃止

#### 1．実体手続

**Q1** 一般財団法人の機関設計

> 一般財団法人においては、どのような機関設計が可能か。

**Answer. 1**

(1) 一般財団法人は、評議員全員で構成される評議員会、理事全員で構成される理事会及び監事を置かなければならない（法人法170①）。また、定款の定めによって、会計監査人を置くことができる（法人法170②）。ただし、大規模一般財団法人（法人法2三）は、会計監査人を置かなければならない（法人法171）。

したがって、一般財団法人が選択できる機関設計は、会計監査人設置の有無による2通り（大規模一般財団法人では1通り）のみである。会計監査人以外の機関の設置の旨は、登記事項ともされていない（法人法302②七参照）。

(2) 一般財団法人が公益認定を受ける場合に、原則として会計監査人を設置しなければならないことについては、一般社団法人と同様である（認定法5十二、認定令6、257頁参照）。

## Q2 旧財団法人の機関の取扱い

旧財団法人が、寄附行為の定めにより設置していた機関は、一般社団・財団法人法の施行によりどのように取り扱われるか。

## Answer.2

(1) 旧財団法人に置かれた理事は、一般社団・財団法人法に基づいて選任された理事とみなされ、また、その後の理事の選解任、資格及び任期も、なお従前の例に従う（整備法48①②）。旧財団法人が特例財団法人である間は、1人または2人以上の理事を置けば足りる（整備法91①）。

なお、旧財団法人において代表理事が定められていた場合でも、その地位は継続しない（整備法48④）。後述(4)の定款変更をするまでは、各理事が特例財団法人の代表権を有すると解することになろう。

(2) 旧財団法人が監事を置いていないときでも、特例財団法人である間は、監事の設置義務はない（整備法91⑥）。他方、旧財団法人が監事を置いているときは、寄附行為における監事を置く旨の定めが一般社団・財団法人法上の監事を置く旨の定めとみなされる（整備法89⑤）。また、旧財団法人に置かれた監事は一般社団・財団法人法に基づいて選任された監事とみなされ、その後の監事の選任も、なお従前の例に従って行われる（法人法48①②）。ただし、いずれの場合も、(4)の定款変更をするまでは、監事の氏名を登記する必要はない（整備法77⑤参照）。

(3) 旧財団法人の寄附行為における評議員、評議員会、理事会または会計監査人を置く旨の定めは、それぞれ一般社団・財団法人法に規定するこれらの機関を置く旨の定めとしての効力を有しない（整備法89④）。同法施行後においても、特例財団法人である間はこれらの機関の設置義務は生じない（整備法91⑥）。また、旧財団法人が大規模一般財団法人の要件に該当する場合であっても、会計監査人の設置義務もない（整備法54）。

(4) 旧財団法人が特例財団法人である間であっても、評議員、評議員会、理事会（及び監事）を置く旨の定款の変更をすることができる（整備法91②③）。会計監査人を置くことも可能である（整備法91④）。ただし、いったんこれらの機関を設置した後は、登記義務が生じることになる（整備法77⑤（　）書）。また、会計監査人を除き、再度定款を変更してこれらの機関を廃止することはできない（整備法91⑤）。

当該定款変更にあたっては、併せて評議員の選任及び解任の方法を定める必要がある（整備法89③）。ただし、最初の評議員は、旧主務官庁の認可を受けて、理事が定めるところによる（整備法92）。

## Q3 会計監査人の設置義務

一般財団法人が会計監査人を置かなければならないのは、どのような場合か。

## Answer. 3

(1) 一般財団法人においては、原則として会計監査人の設置は任意である（法人法170②）。ただし、大規模一般財団法人においては、会計監査人を必ず置かなければならないとされており、この義務を怠った場合には、100万円以下の過料が科される（法人法342十三）。「大規模一般財団法人」とは、最終事業年度に係る貸借対照表（成立後最初の定時評議員会までは、成立時貸借対照表）の負債の部に計上された額が、200億円以上である一般財団法人をいう（法人法2三。「各事業年度に係る貸借対照表」は、定時評議員会または理事会の承認により確定すると、「最終事業年度に係る貸借対照表」となる）。

(2) また、一般財団法人が公益認定を受けるための会計監査人設置義務及びその例外については、一般社団法人と同様の規定が適用される（認定

法5十二、認定令6、公益認定等ガイドラインⅠ-11。257頁参照）。

## Q4 会計監査人の設置（廃止）の手続

一般財団法人が会計監査人を設置（廃止）するためには、どのような手続が必要か。

### Answer. 4

会計監査人設置の有無は一般財団法人の定款記載（記録）事項であるから、新たに会計監査人を設置し、または廃止するためには、評議員会の特別決議により、定款を変更しなければならない（法人法170②、200①、189②三）。

## 2．登記手続

### Q5 会計監査人の設置（廃止）の登記手続

一般財団法人が会計監査人を設置し、または廃止した場合の登記手続はどうなるか。

### Answer. 5

一般財団法人が会計監査人を設置し、または廃止した場合の登記事項及びその手続は、定款変更決議の成立を証する書面が「評議員会議事録」となる点を除けば、一般社団法人と同様である（法人法302②七、317②③等）。**本章第1節第3款**（281頁以下）の記述を参照されたい。

## 第2款　評議員の変更

### 1．実体手続

**Q6** 評議員及び評議員会の意義

評議員・評議員会とは、どのような機関か。

**Answer. 6**

(1) 「評議員会」とは、役員等の選解任、計算書類の承認その他の法律または定款で定められた基本的事項を決議し、これを通じて理事を牽制・監督する役割を担う一般財団法人の必要的機関である（法人法170、178②）。その権限は、理事会及び監事を置く一般社団法人の社員総会に準じたものとなっている（法人法177、197ないし201、247、251、257参照）。

　なお、①定款の変更（法人法200①ただし書）及び役員等の解任（法人法176）の決議については一定の制限がある点、②法人の解散の決議ができない点（法人法202①。解散後の継続の決議はできることにつき同204）において、一般社団法人の社員総会とは異なることに注意が必要である。また、必要的機関であることから、その設置の旨が登記されることもない。

(2) 「評議員」とは、評議員会の構成員として議決権を行使し、評議員会の担う牽制・監督の任務を現実に行うべき者である。その権限は、理事会及び監事を置く一般社団法人の社員に類似するが（法人法197ないし199参照）、次に掲げるように、相違するものも多くあるため注意を要する。

① 一般財団法人と評議員との関係は、委任に関する規定に従う（法人法172①）。したがって、委任の終了事由（民651、653）が生じれば、その地位を退任する。当然に、経費の負担（法人法27）や退社（法人法28、29）の制度もない。
② 評議員会における議決権の数につき、定款で別段の定めをすることはできない（法人法189、48①ただし書参照）。
③ 評議員会における議決権の代理行使（法人法50）、書面または電磁的方法による議決権の行使（法人法51、52）は認められない。決議について特別の利害関係を有する場合には、議決に参加することができない（法人法189③）。
④ 評議員会の招集請求権、議題提案権、議案通知請求権及び評議員会の招集手続等に関する検査役の選任申立権は、いずれも単独で行使することができる（法人法180①、184、186①、187①）。
⑤ 業務執行に関する検査役選任申立権（法人法197による86①の読替え）、会計帳簿の閲覧・謄写等請求権（法人法199による121①の読替え）は、いずれも単独で行使することができる。
⑥ 理事会議事録等の閲覧謄写等請求権は、一般財団法人の業務時間内において、いつでも行使することができ、裁判所の許可を要しない（法人法197による97②の読替え）。
⑦ 評議員に任務懈怠があれば、一般財団法人または第三者に対して損害賠償責任を負うことになる（法人法198、111①）。
⑧ 理事等に対する責任追及の訴え（法人法278②参照）の提起権は、有していない。
⑨ 理事、監事または評議員の解任の訴えは、単独で提起することができる（法人法284二）。
⑩ 評議員については、その氏名が登記事項とされている（法人法302②五）。

## Q7 評議員の選任

評議員の選任は、どのような手続により行われるか。

### Answer. 7

(1) 評議員は、定款に定めた選任方法（法人法153①八）により選任される。具体的には、①評議員会で次期の評議員を選任する、②評議員選任のための委員会等を設置し、当該委員会等において選任する、③外部の第三者機関が選任する、④一定の地位にある者を当然に評議員とするといった方法が想定できる。ただし、評議員は理事を監督する立場にあるものであることから、理事または理事会が評議員を選任する旨の定款の定めは、無効となる（法人法153③一）。

被選任者は、就任承諾の意思表示をすることにより、評議員の地位に就く。

(2) 評議員の予選や、その補欠者の選任方法についての規定は見られないが、これらは、定款自治に委ねられていると解される。

(3) なお、旧財団法人が評議員と称する機関を置いていた場合でも、それが一般社団・財団法人法に基づく評議員とみなされることはない（整備法89④）。特例財団法人である間は評議員の設置義務（選任義務）はないが、評議員等を置く旨の定款の変更をすることができ（整備法91②③⑥）、この場合には、旧主務官庁の認可を受けて理事が定めるところにより、最初の評議員を選任する（整備法92）。

---

## Q8 評議員の資格・員数

評議員の資格・員数については、どのような制限があるか。

**Answer. 8**

⑴　評議員の欠格事由については、一般社団法人の理事に関する規定が準用されている（法人法173、65①。その内容につき291頁参照）。

⑵　評議員は、役員の選解任を通じて一般財団法人を監督すべき立場にあることから、当該法人またはその子法人の理事、監事または使用人との兼任が禁止されている（法人法173②）。

⑶　なお、評議員のうちに、一定の事由に該当する者がある場合には、公益認定を受けることができないことについては、理事及び監事と同様である（認定法6一。その内容につき531）。

⑷　評議員の員数については、3人以上でなければならない（法人法173③）。

---

**Q9　評議員の任期**

評議員の任期については、どのような制限があるか。

**Answer. 9**

⑴　評議員の任期は、選任後4年以内に終了する事業年度のうち最終のものに関する定時評議員会の終結の時までである（法人法174①本文）。ただし、定款によって、その任期を選任後6年以内に終了する事業年度のうち最終のものに関する定時評議員会の終結の時まで伸長することを妨げない（同ただし書）。役員とは異なり、定款の定めによる任期の伸長が認められている。

⑵　これに対し、任期の短縮は原則として認められず、定款の定めによって、任期の満了前に退任した評議員の補欠として選任された評議員の任期を、退任した評議員の任期の満了する時までとすることができるにすぎない（法人法174②）。

## Q10 評議員の報酬等

評議員の報酬等は、どのように定めなければならないか。

## Answer.10

(1) 評議員の報酬、賞与その他の職務執行の対価として一般財団法人から受ける財産上の利益（報酬等）は、定款によって定めなければならない（法人法196）。役員に対する報酬等とは異なり、評議員会の決議によって定めることはできない（法人法197、89、105①）。

(2) なお、評議員に対する報酬等と公益認定の基準との関係につき、527頁を参照されたい（認定法5十三、認定規則3）。

---

## Q11 評議員の退任事由

評議員は、どのような事由により退任するか。

## Answer.11

評議員の退任事由としては、以下のものが挙げられる。

(1) **任期の満了**

法律または定款で定められた任期が満了するものである（前頁参照）。

(2) **委任の終了事由の発生**

評議員についての死亡、破産手続開始の決定及び後見開始の審判である（民653）。一般財団法人についての破産手続開始の決定は、退任事由にはならないと解される。

(3) **欠格事由の発生**

評議員に就任した後、任期中に法律または定款で定められた欠格事由が生じた場合である（前頁参照）。

(4) 辞任・解任

　一般財団法人と評議員との関係は、委任に関する規定に従う（法人法172①）。したがって、評議員はいつでも辞任することができる（民651①）。

　他方、一般財団法人の側からも、定款に定めた解任方法（法人法153①八）に従って、評議員を解任することができる。また、解任の訴えの認容判決によっても、解任されることがある（法人法284ないし286）。

(5) その他

　一般財団法人が解散し清算手続に入った場合でも、評議員は機関として存続し、退任しない（法人法208④（　）書）。

---

### Q12　評議員に欠員を生じた場合の措置

> 評議員が欠員した場合には、どのような措置をとり得るか。

### Answer.12

(1)　まず、評議員について、法令または定款所定の員数が欠けた場合には、任期満了または辞任により退任した評議員は、新たに選任された評議員（一時評議員の職務を行うべき者を含む）が就任するまで、なおその権利義務を有する（法人法175①）。役員の権利義務を有する者と同様、その後に当該地位を辞任または解任することはできず、員数に足りる後任者が就任するまで、任期満了または辞任による退任登記が許されない。

(2)　次に、法令または定款所定の評議員の員数が欠けた場合において、必要があるときは、利害関係人は、裁判所に対し、一時評議員の職務を行うべき者（仮評議員）の選任を申し立てることができる（法人法175②）。一時評議員の職務を行うべき者の選任の裁判があると、裁判所書記官により、その登記が嘱託される（法人法315①二イ）。その後に、通常の評

議員が選任され、就任登記が申請されると、一時評議員の職務を行うべき者の登記は、登記官の職権により抹消される（一般登記規則3、商登規則68①）。

## 2．登記手続

**Q13** 評議員の就任登記の申請事項

> 評議員の就任登記の申請書（情報）は、どのように記載（記録）すべきか。

**Answer. 13**

一般的な記載（記録）事項のほか、以下の事項を内容とする（法人法330、商登法17②③）。

(1) **登記の事由**

「評議員の変更」とする。

(2) **登記すべき事項**

評議員の氏名及び就任年月日である（法人法302②五）。これらは、「役員区」に登記される（一般登記規則別表第2）。

＜電子データ入力例＞

```
「役員に関する事項」
「資格」評議員
「氏名」甲野四郎
「原因年月日」平成○年○月○日就任
```

(3) **登録免許税額**

役員等に関する事項の変更分として、申請1件につき金1万円を納付

する（登税法別表第１二十四(一)カ）。

(4) 添付書面

① 評議員の選任に関する書面

　定款に定めた選任方法（法人法153①八）により評議員が選任されたことを証するために添付する（法人法320②）。具体的には、定款のほか、評議員会議事録、外部委員会の委員会議事録、被選任者が定款所定の資格に該当したことを証する身分証明書等がこれに該当する。

② 就任承諾を証する書面

　評議員の就任承諾を証する書面（法人法320②）が添付書類となる。

## Q14　評議員の退任登記の申請事項

> 評議員の退任登記の申請書（情報）は、どのように記載（記録）すべきか。

### Answer.14

　一般的な記載（記録）事項のほか、以下の事項を内容とする（法人法330、商登法17②③）。

(1) 登記の事由

　「評議員の変更」とする。

(2) 登記すべき事項

　評議員が退任した旨及びその年月日である。退任事由が辞任、解任、死亡または欠格事由の発生（資格喪失）であるときは、特にそれらの事由が登記される。

＜電子データ入力例＞

> 「役員に関する事項」
> 「資格」評議員
> 「氏名」甲野四郎
> 「原因年月日」平成○年○月○日退任（辞任、解任、死亡、資格喪失）

(3) 登録免許税額

　役員等に関する変更として、金1万円を納付する（登税法別表第1二十四(一)カ）。

(4) 添付書面

　退任を証する書面（法人法320⑤）として、①任期満了による場合には定款及び評議員会議事録を、②辞任による場合には辞任届等を、③解任による場合には定款及び定款に定められた方法により解任が行われたことを証する書面を、④死亡による場合には戸籍謄抄本、住民票の写し、死亡診断書または親族からの死亡届を、⑤破産手続開始の決定による場合には当該決定書を、⑥後見開始の審判による場合には当該審判書または登記事項証明書を、⑦有罪判決による場合には当該判決書を添付する。

## Q15　評議員の重任登記の申請事項

> 評議員の重任登記の申請書（情報）は、どのように記載（記録）すべきか。

### Answer.15

　評議員についても、任期が満了した者が時間的間隔なく再就任したときは、重任登記をすることができる。重任登記の申請書（情報）は、一般的な記載（記録）事項のほか、以下の事項を内容とする（法人法330、商登法

17②③)。

(1) **登記の事由**

「評議員の変更」とする。

(2) **登記すべき事項**

評議員の氏名及び重任年月日である（法人法302②五）。

＜電子データ入力例＞

```
「役員に関する事項」
「資格」評議員
「氏名」甲野四郎
「原因年月日」平成〇年〇月〇日重任
```

(3) **登録免許税額**

役員等に関する事項の変更分として、申請1件につき金1万円を納付する（登税法別表第1二十四(一)カ）。

(4) **添付書面**

① 退任を証する書面

評議員の任期満了による退任（法人法320⑤）を証する書面として、定款及び評議員会議事録を添付しなければならない。ただし、評議員会の議事録に本定時評議員会の終了をもって任期が満了する旨の記載がある場合には、定款を添付することを要しない（会社に関する昭和53年9月18日民四5003号回答）。

② 評議員の選任に関する書面

定款に定めた選任方法（法人法153①八）により評議員が選任されたことを証するために添付する（法人法320②）。具体的には、定款のほか、評議員会議事録、外部委員会等の議事録、被選任者が定款所定の資格に該当したことを証する身分証明書等がこれに該当する。

③ 就任承諾を証する書面

　評議員の就任承諾を証する書面（法人法320②）が添付書類となる。

## 第3款　理事（代表理事を含む）、監事及び会計監査人の変更

### 1．実体手続

**Q16** 一般社団法人の役員等に関する規定の準用

> 一般財団法人の役員等には、どのような規定が適用されるか。また、一般社団法人の役員等と異なる点はどこか。

**Answer. 16**

(1) 一般財団法人においても、理事及び監事を「役員」と（法人法177による63の準用）、これに会計監査人を加えたものを「役員等」と（法人法198による111①の準用）いう（さらに、役員等と評議員とを合わせ、「評議員等」などということもある。法人法172表題参照）。

(2) まず、役員等の選任（法人法63）、資格（同65、68）、任期（同66、67、69）、監事による会計監査人の解任（同71）、監事・会計監査人の選任等に関する手続（同72ないし74）、欠員が生じた場合の措置（同75）については、「社員総会」を「評議員会」と読み替えた上で、理事会及び監事を置く一般社団法人に関する規定が準用される（法人法177）。

　読替えの際に相違が生じるものとしては、理事の任期を短縮するにあたり評議員会の決議によることは許されず、定款によらなければならない点がある（法人法177による66ただし書の読替え）。

　なお、役員等の解任については、特に一般財団法人に固有の規定が設けられている（法人法176）。

(3) 次に、役員等の権限及び義務ならびに報酬等についても、「社員総会」を「評議員会」と読み替えた上で、理事会及び監事を置く一般社団法人に関する規定が準用される（法人法197ないし199）。

　読替えの際に相違が生じるものとしては、すでに述べたもののほか（194、352頁参照）、理事の忠実義務において、遵守すべき対象が法令及び定款のみとされている点が挙げられる（法人法197による83の読替え）。

### Q17 評議員会決議による役員等の解任

> 評議員会の決議により役員等を解任するには、どのような手続が必要か。

### Answer.17

(1) 評議員会が理事または監事を解任する場合には、その理事または監事が次のいずれかの事由に該当していなければならない（法人法176①）。この点において、一般社団法人の社員総会よりも権限が制限されている（法人法70①参照）。

> ① 職務上の義務に違反し、または職務を怠ったとき
> ② 心身の故障のため、職務の執行に支障があり、またはこれに堪えないとき

(2) 会計監査人についても、上記①②または会計監査人としてふさわしくない非行があったときのいずれかに該当しなければ、評議員会の決議によって解任することはできない（法人法176②）。これは、監事が会計監査人を解任する場合（法人法71①）と同様の要件である。

(3) 理事及び会計監査人の解任は普通決議で足りるが、監事の解任には、特別決議が必要である（法人法189②一）。

### Q18 代表理事の選定・解職

代表理事は、どのような方法により選定または解職されるか。

### Answer. 18

　一般財団法人には、常に理事会が置かれる（法人法170①）。したがって、定款に別段の定めがない限り、代表理事は理事会決議により選定または解職される（法人法197による90③の準用。その内容については、330、332頁参照）。


## ２．登記手続

### Q19 一般財団法人の役員等（代表理事を含む）の変更の登記手続

一般財団法人が役員等を変更した場合の登記手続はどうなるか。

### Answer. 19

(1)　一般財団法人の役員等（ここでは、代表理事を除く）が就任、退任もしくは重任した場合、その氏名もしくは名称に変更が生じた場合の登記手続は、選解任決議の成立を証する書面が「社員総会議事録」に代えて「評議員会議事録」となる点を除けば、一般社団法人と同様である（法人法302②五・七・八、317②③、320①、③ないし⑤、321等）。解任事由（法人法176①）の発生については、特に証明事項とはされていない。

　　**本章第１節第４款**（330頁以下）の記述を参照されたい。

(2)　一般財団法人の代表理事が就任し、退任しもしくは重任した場合、その氏名もしくは住所に変更が生じた場合の登記手続は、理事会設置一般社団法人と同様である（法人法302②六、317②③、320①⑤、一般登記規

則3、商登規則61①ないし③、④三)。

**本章第1節第5款**(335頁以下)の記述を参照されたい。

# 第3節 役員等の責任免除・責任限定契約についての定め

## 1. 実体手続

**Q1** 役員等または評議員の法人に対する損害賠償責任

> 役員等が法人に対して損害賠償責任を負うのは、どのような場合か。また、その責任を免除または制限する方法として、どのような制度があるか。

**Answer. 1**

(1) 役員等（本節では、「（外部）役員等」「（外部）理事」「（外部）監事」「会計監査人」は、特に断りがない限り、一般社団法人及び一般財団法人の双方におけるこれらの者を指す）が任務を怠ったときは、一般社団・財団法人に対し、これによって生じた損害を賠償する責任を負う（法人法111①、198）。一般財団法人の評議員も、同様である（法人法198による111①の読替え）。

　複数の役員等または評議員が損害賠償責任を負うときは、連帯債務者となる（法人法118、198）。

(2) 理事が競業取引をしたことにより法人に損害が生じた場合には、その承認を受けていたか否かにかかわらず、当該理事（及び承認に賛成した理事）に過失があれば、賠償責任を負い得る。承認なく競業取引がされたときは、「当該取引によって理事又は第三者が得た利益の額」が損害額として推定される（法人法111②、198）。

理事が利益相反取引をしたことにより法人に損害が生じた場合も、承認の有無にかかわらず、賠償責任を負い得る。この場合には、①当該理事、②当該取引をすることを決定した理事、③当該取引に関する理事会の承認の決議に賛成した理事（議事録に異議をとどめなかった者の賛成が推定されることにつき法人法95⑤、197）の任務懈怠が推定される（法人法111③、198）。さらに、自己のためにした直接取引の当事者である理事の責任は、無過失責任とされている（法人法116①、198）。

(3)　役員等の法人に対する損害賠償責任は、総社員（総評議員）の同意により、その全部を免除することができる（法人法112、198）。

　　また、次表に掲げる3通りの方法により、「最低責任限度額（法人法113①柱書（　）書）」を超える部分を免除し、または予め限定することができる。役員等の畏縮を避け、人材の確保を容易にする趣旨と説明される。次図中②及び③は定款の定めを必要とし、当該定款の定めが登記される（法人法301②十一ないし十四、302②九ないし十二）。

> ①　社員総会（評議員会）の特別決議（法人法113①、49②三、198、189②二）
> ②　理事の過半数の同意または理事会の決議（法人法114①、198）
> ③　責任限定契約の締結（法人法115①、198）

(4)　なお、以上に対して、一般財団法人の評議員の損害賠償責任については、総評議員の同意による免除のみが許され、その他の方法は認められない（法人法198）。

## Q2 最低責任限度額

最低責任限度額とは何か。

### Answer. 2

「最低責任限度額」とは、社員総会（評議員会）決議等により役員等の法人に対する損害賠償責任の免除が行われる場合に、その免除の限度となる額である（法人法113①）。換言すると、当該方法により免除できる額は、最低責任限度額を超える部分のみということになる。

最低責任限度額は、「役員等が受けた報酬等及び退職慰労金（いずれも使用人分を含む）の6、4または2年分の額」と表せるが、より正確には、次頁上図のように算定される。

【法人法113①二柱書】

【法人規則19一】
役員等がその在職中に報酬、賞与その他の職務執行の対価として受け、又は受けるべき財産上の利益（当該役員等が使用人を兼ねている場合における当該使用人の報酬、賞与その他の職務執行の対価を含む）の額の事業年度ごとの合計額（事業年度の期間が1年でない場合にあっては、当該合計額を1年当たりの額に換算した額）のうち最も高い額 ※1

＋

【法人規則19二イ】
① 当該役員等が受けた退職慰労金の額
② 当該役員等が使用人を兼ねていた場合における当該使用人としての退職手当のうち当該役員等を兼ねていた期間の職務執行の対価である部分の額
③ ①または②に掲げるものの性質を有する財産上の利益の額

【法人規則19二ロ】
「当該役員等の在職年数」と「6、4又は2」とのいずれか低い数 ※2

×

【法人法113①二イないしハ】
6、4又は2 ※2

※1 社員総会（評議員会）の決議により役員等の責任を免除する場合（法人法113①、198）には、「当該決議の日」を含む事業年度及びその前の各事業年度に限られる。定款の定めに基づく理事の過半数の同意（理事会の決議）による責任免除の場合（法人法114①）には「当該同意（理事会決議）のあった日」を含む事業年度以前の各事業年度となり、責任限定契約による場合（法人法115①）には「責任の原因となる事実が生じた日（2以上の日があるときは、最も遅い日）」を含む事業年度以前の各事業年度となる。すなわち、任務懈怠があった事業年度にかかわらず、過去の在職中における最高額が基準となる。

※2 代表理事については6、代表理事以外の理事（外部理事を除く）については4、外部理事、監事または会計監査人については2である。いずれが適

用されるかは、任務懈怠があった時点の地位が基準となる。

## Q3 社員総会（評議員会）の決議による責任の免除の手続

社員総会（評議員会）の決議による役員等の損害賠償責任の免除は、どのような手続により行われるか。

### Answer. 3

(1) 役員等が法人に対して損害賠償責任を負う場合において、当該役員等が職務を行うにつき善意でかつ重大な過失がないときは、社員総会（評議員会）の決議により、最低責任限度額を控除した額を限度として、その一部を免除できる（法人法113①、198）。この決議は、特別決議によることを要する（法人法49②三、189②二）。

(2) この社員総会（評議員会）において、理事は、①責任の原因となった事実及び賠償の責任を負う額、②免除することができる額の限度及びその算定の根拠、③責任を免除すべき理由及び免除額を開示しなければならない（法人法113②、198）。

(3) 監事設置一般社団法人（一般財団法人）が理事の責任の免除に関する議案を社員総会（評議員会）に提出するには、監事（監事が2人以上ある場合にあっては、各監事）の同意を得なければならない（法人法113③、198）。

(4) 責任免除の決議があった場合において、その後に免除を受けた役員等に対し退職慰労金、使用人としての退職手当またはそれらの性質を有する財産上の利益（法人規則20）を与えるときは、社員総会（評議員会）の承認を受けなければならない（法人法113④、198。なお同89、105、110参照）。

## Q4 理事の過半数の同意または理事会の決議による責任の免除の手続

> 理事の過半数の同意または理事会の決議による役員等の損害賠償責任の免除は、どのような手続により行われるか。

### Answer. 4

(1) 役員等が法人に対して損害賠償責任を負う場合において、当該役員等が職務を行うにつき善意でかつ重大な過失がなく、責任の原因となった事実の内容、当該役員等の職務の執行の状況その他の事情を勘案して特に必要と認められるときは、最低責任限度額を控除した額を限度として、理事（当該責任を負う理事を除く）の過半数の同意（理事会設置一般社団法人または一般財団法人にあっては、理事会の決議）によって免除することができる（法人法114①、198）。

　一般社団法人が当該免除を行うには、理事が2人以上あり、監事設置一般社団法人でなければならない（一般財団法人であれば、当然にこれらは置かれている）。

(2) 理事の過半数の同意または理事会決議による責任の免除を行うには、予め定款でその旨を定めなければならない。定款の変更は、社員総会（評議員会）の特別決議による（法人法146、49②四、200①、189②三）。当該定款の定めは、登記事項でもある（法人法301②十一、302②九）。

　当該定款の定めが理事の責任の免除に関するものであるときは、理事は、議案の提出にあたり監事（監事が2人以上ある場合にあっては、各監事）の同意を得なければならない（法人法114②、113③、198）。

　さらに、当該定款の定めに基づき、理事の責任の免除について理事の同意を得る場合または当該責任の免除に関する議案を理事会に提出する場合にも、同様に監事の同意を要する。

(3) 当該定款の定めに基づいて役員等の責任を免除する旨の同意または理事会の決議を行ったときは、理事は、遅滞なく、①責任の原因となった

事実及び賠償の責任を負う額、②免除することができる額の限度及びその算定の根拠、③責任を免除すべき理由及び免除額及び④責任を免除することに異議がある場合には1か月を下らない一定の期間内に当該異議を述べるべき旨を、社員（評議員）に通知しなければならない（法人法114③、198）。

(4) そして、総社員（責任を負う役員等であるものを除く）の議決権の10分の1以上を有する社員（総評議員の10分の1以上の評議員）が異議申述期間に異議を述べたときは、当該定款の定めに基づく免除をすることができない（法人法114④、198）。なお、当該議決権割合（評議員の割合）は、定款で10分の1未満に引き下げることが可能である。

## Q5 責任限定契約の締結による責任の限定の手続

> 責任限定契約の締結による損害賠償責任の限定は、どのような手続により行われるか。

### Answer. 5

(1) 外部役員等（外部理事、外部監事または会計監査人をいう。次頁参照）の法人に対する損害賠償責任に関しては、当該外部役員が職務を行うにつき善意でかつ重大な過失がない場合に、「定款で定めた額の範囲内で予め当該法人が定めた額」と「最低責任限度額」とのいずれか高い額を限度とする旨の契約（責任限定契約）を締結することができる（法人法115①、198）。

(2) 法人と外部役員等が責任限定契約を締結するには、定款の定めを必要とする。定款の変更は、社員総会（評議員会）の特別決議による（法人法146、49②四、200①、189②三）。当該定款の定めは、登記事項である（法人法301②十二、302②十）。

当該定款の定めが外部理事との責任限定契約に関するものであるときは、理事は、議案の提出にあたり監事（監事が2人以上ある場合にあっては、各監事）の同意を得なければならない（法人法115③、198）。

(3) 責任限定契約を締結した法人が、外部役員等が任務を怠ったことにより損害を受けたことを知ったときは、その後最初に招集される社員総会（評議員会）において、①責任の原因となった事実及び賠償の責任を負う額、②免除することができる額の限度及びその算定の根拠、④当該契約の内容及び当該契約を締結した理由、⑤法人に生じた損害のうち、当該外部役員等が賠償する責任を負わないとされた額を開示しなければならない（法人法115④、198）。

(4) 責任限定契約を締結した外部役員等が当該法人またはその子法人の業務執行理事または使用人に就任したときは、当該契約は、将来に向かってその効力を失う（法人法115②、198）。

## Q6 外部理事・外部監事の意義

外部理事・外部監事とは何か。

### Answer.6

(1) 「外部理事」とは、理事であって、当該法人またはその子法人の業務執行理事（代表理事、代表理事以外の理事であって理事会の決議によって業務を執行する理事として選定されたもの及び業務を執行したその他の理事をいう）または使用人でなく、かつ、過去に当該法人またはその子法人の業務執行理事または使用人となったことがないものをいう（法人法113①二ロ、198）。非理事会設置一般社団法人においては、各理事が業務執行権を有するが、現に業務を執行しなければ、外部理事に該当し得る。

(2) 「外部監事」とは、監事であって、過去に当該法人またはその子法人

の理事または使用人となったことがないものをいう（法人法115①、198）。
(3) 理事または監事は、上述の要件を満たせば当然に外部理事または外部監事となるものであり、選任時に外部理事または外部監事として指名されている必要はない。

## ２．登記手続

### Q7 役員等の責任の免除に関する定めの登記の申請事項

> 役員等の責任の免除に関する定款の定めを設定し、または廃止した場合の登記の申請書（情報）は、どのように記載（記録）すべきか。

### Answer. 7

一般的な記載（記録）事項のほか、以下の事項を内容とする（法人法330、商登法17②③）。

(1) 登記の事由

設定の場合には「役員等の法人に対する責任の免除に関する規定の設定」と、廃止の場合には「役員等の法人に対する責任の免除に関する規定の廃止」とする。

(2) 登記すべき事項

設定の場合には、役員等の責任免除についての定め及び設定年月日である（法人法301②十一、302②九）。廃止の場合には、当該定めの廃止の旨及びその年月日である。

＜電子データ入力例＞

（設定する場合）

> 「役員等の法人に対する責任の免除に関する規定」
> 当法人は、一般社団法人及び一般財団法人に関する法律第114条第1項（第198条において準用する第114条第1項）の規定により、理事の過半数の同意（理事会の決議）をもって、同法第111条第1項（第198条において準用する第111条第1項）の行為に関する理事（理事であった者を含む）の責任について、賠償責任額から最低責任限度額を控除して得た額を限度として免除することができる。
> 当法人は、一般社団法人及び一般財団法人に関する法律第114条第1項（第198条において準用する第114条第1項）の規定により、理事の過半数の同意（理事会の決議）をもって、同法第111条第1項（第198条において準用する第111条第1項）の行為に関する監事（監事であった者を含む）の責任について、賠償責任額から最低責任限度額を控除して得た額を限度として免除することができる。
> 「原因年月日」平成〇年〇月〇日設定

（廃止する場合）

> 「役員等の法人に対する責任の免除に関する規定」
> 「原因年月日」平成〇年〇月〇日廃止

(3) 登録免許税額

　その他の登記事項の変更分として、申請1件につき金3万円を納付する（登税法別表第1二十四(一)ネ）。

(4) 添付書面

　定款変更決議の成立を証するため、一般社団法人においては社員総会議

事録、一般財団法人においては評議員会議事録が添付書面となる（法人法317②）。

### Q8 社員総会議事録・評議員会議事録

役員等の責任の免除に関する定款の定めの設定の登記の申請書（情報）に添付すべき社員総会議事録（評議員会議事録）の議案の記載は、どのようになるか。

### Answer.8

例えば、次のようになる。

> 　　　　　　　第○号議案　定款一部変更の件
> 
> 　議長は、今般次のとおり定款の一部を変更し、当法人の理事及び監事の責任を「一般社団法人及び一般財団法人に関する法律」に定める範囲内で免除できるよう第○条の○を新設したい旨を説明し、その賛否を議場に諮ったところ、満場異議なく承認可決した。
> 
> 変更後の定款
> 　第○条の○（役員等の法人に対する責任の免除に関する定め）　当法人は、一般社団法人及び一般財団法人に関する法律第114条第1項（第198条において準用する第114条第1項）の規定により、理事の過半数の同意（理事会の決議）をもって、同法第111条第1項（第198条において準用する第111条第1項）の行為に関する理事（理事であった者を含む）の責任について、賠償責任額から最低責任限度額を控除して得た額を限度として免除することができる。
> 2　当法人は、一般社団法人及び一般財団法人に関する法律第114条第1項（第198条において準用する第114条第1項）の規定により、理事の過半数の同意（理事会の決議））をもって、同法第111条第1項（第198条において準用する第111条第1項）の行為に関する監事（監事であった者を含む）の責任について、賠償責任

額から最低責任限度額を控除して得た額を限度として免除することができる。

## Q9 理事が1名の一般社団法人における役員等の責任の免除に関する規定の設定の登記

> 理事が1名の一般社団法人において、役員等の法人に対する責任の免除に関する規定の設定の登記をすることができるか。

### Answer.9

　役員等の法人に対する責任の免除に関する規定は、2名以上の理事が存在しなければ設定することはできない（法人法114）。したがって、当該規定の設定の登記は、2名以上の理事が登記されていなければ受理されない。

　これに対し、当該規定の設定の登記後に理事が1名となった場合でも直ちに当該規定の廃止義務が生じるわけではなく、適宜理事を補充すれば足りる（松井信憲『商業登記ハンドブック』（前掲）481頁）。

## Q10 外部役員等の責任限定契約に関する定めの登記の申請事項

> 外部役員等の責任限定契約に関する定款の定めを設定し、または廃止した場合の登記の申請書（情報）は、どのように記載（記録）すべきか。

### Answer.10

　一般的な記載（記録）事項のほか、以下の事項を内容とする（法人法330、商登法17②③）。

(1) 登記の事由

　設定の場合には「外部役員等の法人に対する責任の限度に関する規定の設定」と、廃止の場合には「外部役員等の法人に対する責任の限度に関する規定の廃止」とする。また、責任限定契約の対象となる外部理事または外部監事の登記（またはその抹消）を申請する場合には、「理事（監事）の変更」とする。

(2) 登記すべき事項

　設定の場合には、外部役員等の責任限定契約についての定め及び設定年月日、責任限定契約の対象となる外部理事について外部理事である旨、外部監事について外部監事である旨である（法人法301②十二ないし十四、302②十ないし十二）。廃止の場合には、当該定めの廃止の旨及びその年月日、外部理事または外部監事を抹消する旨である。

<電子データ入力例>

（設定する場合）

> 「外部役員等の法人に対する責任の限度に関する規定」
> 当法人は、一般社団法人及び一般財団法人に関する法律第115条第1項（第198条において準用する第115条第1項）の規定により、外部理事との間に、同法第111条第1項（第198条において準用する第111条第1項）の行為の責任を限定する契約を締結することができる。ただし、当該契約に基づく責任の限度額は、金〇円以上で予め定めた金額または法令が規定する額のいずれか高い額とする。
> 当法人は、一般社団法人及び一般財団法人に関する法律第115条第1項（第198条において準用する第115条第1項）の規定により、外部監事との間に、同法第111条第1項（第198条において準用する第111条第1項）の行為の責任を限定する契約を締結することができる。ただし、当該契約に基づく責任の限度額は、金〇円以上で予め定めた金額または法令が規定する額のいずれか高い額とする。

> 「原因年月日」平成○年○月○日設定
> 「役員に関する事項」
> 「資格」理事
> 「氏名」甲野四郎
> 「役員に関するその他の事項」(外部理事)

(廃止する場合)

> 「外部役員等の法人に対する責任の限度に関する規定」
> 「原因年月日」平成○年○月○日廃止
> 「役員に関する事項」
> 「資格」理事
> 「氏名」甲野四郎
> 「原因年月日」平成○年○月○日責任限度の定めの廃止により変更

(3) **登録免許税額**

その他の登記事項の変更分として、申請1件につき金3万円を納付する(登税法別表第1二十四(一)ネ)。なお、外部理事または外部監事である旨の登記またはその抹消の登記をするときは、別途、金1万円を納付する(登税法別表第1二十四(一)カ)。

(4) **添付書面**

定款変更決議の成立を証するため、一般社団法人においては社員総会議事録、一般財団法人においては評議員会議事録が添付書面となる(法人法317②)。

## Q11 外部理事・外部監事の登記

外部理事または外部監事の登記が必要となるのは、どのような場合か。

### Answer. 11

定款に責任限定契約を締結することができる旨の定めがある場合に、当該定めが外部理事に関するものであるときは、外部理事である者についてその旨が登記される（法人法301②十三、302②十一）。また、当該定めが外部監事に関するものであるときは外部監事である者についてその旨が登記される（法人法301②十四、302②十二）。ただし、外部理事または外部監事に該当する者すべてを登記する必要はなく、責任限定契約を締結した者または締結を予定している者を登記すれば足りるとするのが通説的見解であり、実務の取扱いである（登記研究 テイハン702号59頁参照）。

なお、責任限定契約に関する定款の定めは、外部役員等が現に就任していることを前提とするものではなく、外部理事または外部監事の登記がない場合にも、その設定の登記が可能である。

## Q12 社員総会議事録・評議員会議事録

外部役員等の責任限定契約に関する定款の定めの設定の登記の申請書（情報）に添付すべき社員総会議事録（評議員会議事録）の議案の記載は、どのようになるか。

### Answer. 12

例えば、次のようになる。

>  第○号議案　定款一部変更の件
>
> 　議長は、今般次のとおり定款の一部を変更し、外部理事及び外部監事との間に責任限定契約を締結できるよう第○条の○を新設したい旨を説明し、その賛否を議場に諮ったところ、満場一致をもって可決確定した。
>
> 変更後の定款
> 第○条の○（外部役員等との責任限定契約の締結に関する定め）　当法人は、一般社団法人及び一般財団法人に関する法律第115条第1項（第198条において準用する第115条第1項）の規定により、外部理事との間に、同法第111条第1項（第198条において準用する第111条第1項）の行為の責任を限定する契約を締結することができる。ただし、当該契約に基づく責任の限度額は、金○円以上で予め定めた金額または法令が規定する額のいずれか高い額とする。
> 2　当法人は、一般社団法人及び一般財団法人に関する法律第115条第1項（第198条において準用する第115条第1項）の規定により、外部監事との間に、同法第111条第1項（第198条において準用する第111条第1項）の行為の責任を限定する契約を締結することができる。ただし、当該契約に基づく責任の限度額は、金○円以上で予め定めた金額または法令が規定する額のいずれか高い額とする。

## Q13　外部理事がその資格を喪失したことによる変更登記の申請事項

> 外部理事が外部性を喪失したことによる変更登記の申請書（情報）は、どのように記載（記録）すべきか。

### Answer. 13

　外部理事が当該法人または子法人の業務執行理事または使用人となった場合、外部理事には該当しなくなるため（法人法113①二ロ、198）、外部

理事である旨の抹消の登記を申請しなければならない（会社に関する平成14年4月25日民商1067号）。この申請書（情報）は、一般的な記載（記録）事項のほか、以下の事項を内容とする（法人法330、商登法17②③）。

(1) **登記の事由**

「外部理事〇〇の業務執行(使用人就任、子法人の業務執行、子法人の使用人就任)」とする。

(2) **登記すべき事項**

外部理事が業務執行（使用人就任、子法人の業務執行、子法人の使用人就任）により外部理事でなくなった旨及びその年月日である。

＜電子データ入力例＞

```
「役員に関する事項」
「資格」理事
「氏名」甲野四郎
「原因年月日」平成〇年〇月〇日業務執行（使用人就任、子法人の業務執行、子法人の使用人就任）
```

(3) **登録免許税額**

外部理事である旨の抹消の登記をするときは、役員変更として金1万円を納付する（登税法別表第1二十四(一)カ）。

(4) **添付書面**

代理人により申請する場合の代理権限を証する書面を除き、添付書面を要しない。

# ─愛読者カード─

ご購読ありがとうございます。今後の出版企画の参考にさせていただきますので、ぜひ皆様のご意見をお聞かせください。

## ■本書のタイトル (書名をお書きください)

### 1. 本書をお求めの動機

1. 書店でみて(　　　　　　　)　2. 案内書をみて
3. 新聞広告(　　　　　　　)　4. 雑誌広告(　　　　　　　)
5. 書籍・新刊紹介(　　　　　　　)　6. 人にすすめられて
7. その他(　　　　　　　)

### 2. 本書に対するご感想 (内容、装幀など)

### 3. どんな出版をご希望ですか (著者・企画・テーマなど)

## ■小社新刊案内 (無料) を希望する　1. 郵送希望　2. メール希望

料金受取人払郵便

神田支店承認

4390

差出有効期間
平成21年11月
30日まで

（切手不要）

郵 便 は が き

1 0 1 - 8 7 9 1

5 2 1

東京都千代田区神田司町2－8－4
（吹田屋ビル5F）

**株式会社 清文社** 行

ご住所 〒（　　　　　　　　　）

ビル名　　　　　　　　　　（　　階　　　号室）

貴社名

　　　　　　　　　　　部　　　　　　　　課

ふりがな
お名前

電話番号　　　　　　　　　｜　ご職業

E－mail

※本カードにご記入の個人情報は小社の商品情報のご案内、またはアンケート等を送付する目的にのみ使用いたします。

# 第4章 その他の変更登記

第1節 名称及び目的の変更
第2節 公告方法の変更
第3節 決算公告に代わる電磁的方法による措置
第4節 主たる事務所の移転、従たる事務所の設置、移転及び廃止
第5節 解散事由及び存続期間の定めの変更

# 第1節

# 名称及び目的の変更

## 1．実体手続

**Q1** 名称の変更の手続

> 一般社団法人または一般財団法人が名称を変更するには、どのような手続が必要か。

**Answer. 1**

(1) 一般社団法人においては、名称は定款の絶対的記載（記録）事項であるから（法人法11①二）、その変更には社員総会の特別決議が必要である（法人法146、49②四）。

(2) 一般財団法人においても、名称は定款の絶対的記載（記録）事項であり（法人法153①二）、その変更には評議員会の特別決議が必要である（法人法200①、189②三）。

(3) なお、一般社団法人または一般財団法人が公益認定を受けたもの（公益法人）であるときは、変更後に行政庁への届出が必要である（認定法13①一。536頁参照）。

**Q2** 名称選定の自由とその例外

> 一般社団法人または一般財団法人の名称の選定には、どのような制限があるか。

**Answer. 2**

　名称選定の自由及びその例外（使用できる文字の制限、同一事務所同一名称の使用制限等）については、**第１章第２節**「定款」の記述（34頁以下）を参照されたい。

---

**Q3**　目的の変更の手続

> 一般社団法人または一般財団法人が目的を変更するには、どのような手続が必要か。

**Answer. 3**

(1)　一般社団法人においては、目的は定款の絶対的記載（記録）事項であるから（法人法11①一）、社員総会の特別決議により、その変更を行う（法人法146、49②四）。

(2)　これに対し、一般財団法人は、設立者が定めた目的を実現するための法人制度であることから、原則として目的を変更することはできない（法人法200①ただし書、153①一）。例外的に目的の変更が許されるのは、①設立者が原始定款で評議員会の決議による目的の変更を許容していたとき（法人法200②）、②その設立の当時予見することのできなかった特別の事情により、目的を変更しなければその運営の継続が不可能または著しく困難となるに至った場合であって、裁判所の許可を得たとき（法人法200③）のいずれかに限られている。これらの場合であれば、評議員会の特別決議（法人法200①、189②三）によって、一般財団法人の目的を変更することができる。

(3)　なお、一般社団法人または一般財団法人が公益認定を受けたもの（公益法人）であり、変更に伴い公益目的事業の種類もしくは内容または収益事業等の内容に変更が生じるときは、変更の認定の申請が必要である

（認定法 11 ①二・三。535 頁参照）。変更後の目的は、当然ながら公益認定の基準を満たすものでなければならない（認定法 11 ④）。

## Q4　目的の制限

> 一般社団法人または一般財団法人の目的には、どのような制限があるか。

### Answer. 4

　一般社団法人または一般財団法人が行うべき目的には、制限はない。公益目的事業や収益事業を行うことも可能であるし、特定少数者のみの利益を図るような目的を定めることも可能である。

　なお、目的の適法性、明確性等による制限については、**第1章第2節**「定款」の記述（25 頁以下）を、公益認定を受けるための目的の制限については、**第7章**「公益認定による公益法人への変更登記」の記述（519 頁以下）を参照されたい。

## Q5　定款所定の目的による権利能力の制限

> 一般社団法人または一般財団法人の権利能力は、定款所定の目的により制限されることになるか。

### Answer. 5

　法人は、定款その他基本約款で定められた目的の範囲内で権利を有し、義務を負う（民 34）。そして、この規定は、一般社団法人及び一般財団法人にも当然に適用される（山田誠一「これからの法人制度」法学教室 321 号 14 頁）。会社であれば、「定款所定の目的を遂行する上で直接または間接

に必要な行為」はすべて目的の範囲内にあるとされるため（最判昭和45年6月24日民集24巻6号625頁。八幡製鉄政治献金事件)、ある取引が会社の目的の範囲外として無効とされる可能性は皆無に近いが、非営利法人においては、「会社と同一に論ずることはできない」とする見解もあり（最判平成8年3月19日民集50巻3号615頁。南九州税理士会事件)、特に定款上または事実上脱退の自由が認められていないような法人においては、注意が必要である。

## 2．登記手続

### Q6 名称・目的の変更登記の申請事項

名称・目的変更の登記の申請書（情報）は、どのように記載（記録）すべきか。

### Answer. 6

　一般的な記載（記録）事項のほか、以下の事項を内容とする（法人法330、商登法17②③)。申請人欄（商登法17②一）は変更後の名称を表示するが、登記所において登記記録を検索する必要があるため、申請書冒頭には変更前の名称を表示するのが通例である。

(1) **登記の事由**

　「名称の変更」「目的の変更」とする。

(2) **登記すべき事項**

　名称の変更については、変更後の名称及びその定款変更の効力が生じた年月日である（法人法301②二、302②二)。

　目的の変更については、変更後の目的（として記録される事項）のすべて、すなわち、当該法人の変更後の「事業」の内容及びその定款変更の効力が生じた年月日である（法人法301②一、302②一)。定款において、抽

象的な目的と事業とが別に規定されている場合などは、その意味内容が変更されない限り、必ずしも定款の文言どおりとする必要はない。

＜電子データ入力例＞

① 名称の変更の場合

```
「名称」一般社団法人（一般財団法人）○○福祉協会
「原因年月日」平成○年○月○日変更
```

② 目的の変更の場合

```
「目的等」
目的
当法人は、○県○市における高齢者・障がい者の福祉の増進を目的とし、その目的を達するため、次の事業を行う。
1. 福祉事業
2. 書籍、印刷物の企画製作及び出版ならびに販売
3. 前各号に付帯関連する一切の業務
「原因年月日」平成○年○月○日変更
```

(3) **登録免許税額**

名称の変更及び目的の変更の各登記は、いずれも申請1件につき金3万円の定額課税である（登税法別表第1二十四(一)ネ）。なお、両者は課税区分が同一であるため、これらを同一の申請書により一括して申請するときは、金3万円を納付すれば足りる。

(4) **添付書面**

① 一般社団法人の場合

名称変更・目的変更に関する定款変更決議（法人法146）を証するため、

第1節　名称及び目的の変更　389

社員総会議事録を添付する（法人法317②）。
② 一般財団法人の場合
　ア　名称変更
　　名称変更に関する定款変更決議（法人法200①）を証するため、評議員会議事録を添付する（法人法317②）。
　イ　目的変更
　　設立者が目的に関する定款の定めを評議員会の決議によって変更することができる旨を定款で定めていた場合（法人法200②）には、定款及び評議員会議事録を添付する（法人法317②、一般登記規則3、商登規則61①）。これに対し、目的変更を許容する旨の定款の定めがない場合には、裁判所の許可書及び評議員会議事録を添付する（法人法317②、一般登記規則3、商登規則61①）。
　※公益法人が公益目的事業の種類もしくは内容または収益事業等の内容の変更について行政庁の認定を受けた場合（認定法11①）でも、当該認定を受けたことを証する書面の添付は要しない。

## Q7　社員総会議事録・評議員会議事録

> 名称・目的の変更登記の申請書（情報）に添付すべき社員総会議事録（評議員会議事録）の議案の記載は、どのようになるか。

## Answer. 7

例えば、次のようになる。

### 第○号議案　定款の一部変更の件

　議長は、平成○年○月○日をもって、当法人の名称を改め、出版事業部を立ち上げたい旨を述べ、その詳細を説明し、当法人定款の一部を次のとおり変更することの可否を議場に諮ったところ、満場一致をもって可決確定した。

| 変　更　前 | 変　更　後 |
|---|---|
| （名称）<br>第○条　当法人は、<u>一般社団法人（一般財団法人）○○協会と称する。</u> | （名称）<br>第○条　当法人は、<u>一般社団法人（一般財団法人）○○福祉協会と称する。</u> |
| （事業）<br>第○条　当法人は、前条の目的を達するため、次の事業を営む。<br>1. 福祉事業<br>（新設）<br><u>2. 前号に付帯関連する一切の業務</u> | （事業）<br>第○条　当法人は、前条の目的を達するため、次の事業を営む。<br>1. 福祉事業<br><u>2. 書籍、印刷物の企画製作及び出版並びに販売</u><br><u>3. 前各号に付帯関連する一切の業務</u> |

## Q8　事業譲渡と競業の禁止

> 事業を譲渡した一般社団法人または一般財団法人は、競業が禁止されるか。

## Answer. 8

　営業を譲渡した商人は、当事者の別段の意思表示がない限り、同一の市区町村の区域内及びこれに隣接する市区町村の区域内においては、その事業を譲渡した日から20年間は同一の事業を行ってはならない（商16①）。また、譲渡人が同一の営業を行わない旨の特約をした場合には、その特約は、地域の限定なしに、その営業を譲渡した日から30年の期間内に限り、その効力を有する（商16②）。さらに、譲渡人は、不正の競争の目的をもって同一の営業を行ってはならない（商16③）。

　これらの規定は、一般社団法人及び一般財団法人にも適用される（法人法9参照）。

## Q9　名称の譲受けと免責の登記

> 名称を譲り受けた一般社団法人または一般財団法人の債務に関する免責の登記の申請書（情報）は、どのように記載（記録）すべきか。

## Answer. 9

　事業を譲り受けた法人が事業を譲渡した者の名称を引き続き使用する場合には、その譲受法人も、譲渡人の事業によって生じた債務を弁済する責任を負う（法人法9、商17①）。しかし、事業を譲り受けた後、遅滞なく、譲受法人がその主たる事務所の所在地において譲渡人の債務を弁済する責任を負わない旨を登記した場合には、免責される（商17②）。

(1) 登記の事由

　「名称の譲受け及び名称譲渡人の債務についての免責」とする。

(2) 登記すべき事項

　譲渡法人の債務に関する免責の登記は、譲受法人の登記記録中「名称区」

に記録される（一般登記規則2②別表第1、第2）。

＜電子データ入力例＞

> 「名称」一般社団法人（一般財団法人）○○協会
> 「原因年月日」平成○年○月○日変更
> 「名称譲渡人の債務に関する免責」
> 平成○年○月○日当法人は名称の譲渡を受けたが、譲渡人である一般社団法人（一般財団法人）○○協会の債務については責めに任じない。

(3) **登録免許税額**

名称譲渡人の債務についての免責の登記の登録免許税は、登記事項の変更として、金3万円となる（登税法別表第1二十四(一)ネ）。

(4) **添付書面**

事業の譲受けの決定は、通常であれば「重要な業務の執行の決定」に当たるため、譲受法人における理事会議事録（法人法90②一）または理事の過半数の一致（法人法76②）を証する書面を添付する（法人法317②）。なお、会社の場合とは異なり、譲渡人の承諾書の添付を必要とする規定はない（法人法330による商登法31②の不準用）。

# 第2節

# 公告方法の変更

## 1．実体手続

**Q1** 公告方法の変更の手続

> 一般社団法人または一般財団法人が公告方法を変更するには、どのような手続が必要か。

**Answer. 1**

(1) 一般社団（財団）法人において、公告方法は定款の絶対的記載（記録）事項であるから（法人法11①六、153①九）、その変更には、一般社団法人であれば社員総会（法人法146、49②四）、一般財団法人であれば評議員会（法人法200①、189②三）の特別決議が必要である。

(2) 公告方法の態様（法人法331①、法人規則88、96）については、**第1章第2節**「定款」の記述（11頁）を参照されたい。

(3) なお、公告方法を電子公告とする場合には、定款には電子公告を公告方法とする旨を定めれば足り（法人法331②前段）、具体的な公告URLは、通常の業務執行として代表理事が決定すれば足りる。

(4) 一般社団法人が公益認定を受けたもの（公益法人）で変更後に行政庁への届出が必要である（認定法13①三。536頁参照）。

## Q2 公告方法を電子公告とする場合の決算公告に関する特則

> 公告方法を電子公告とする法人が、決算公告とその他の公告とを別のウェブページで行うことができるか。

### Answer.2

　公告方法を電子公告とする一般社団（財団）法人は、決算公告のためのURLを、その他の公告のためのURLとは別に定めて登記することができる（法人規則87②）。これは決算公告に代わるものではなく、公告方法の一部として定められるものである。

---

## Q3 公告方法の適法性

> 下記の公告方法は適法か。
> (1) 読者が一市一郡に偏在し、日曜日は休刊としている地方新聞に掲載する公告方法
> (2) 英字新聞を唯一の公告掲載紙とする公告方法
> (3) 日刊新聞紙が全国紙である場合、公告方法として「東京都において発行する○○新聞に掲載してする」と発行地を特定する公告方法
> (4) 「官報又は○○新聞に公告する」旨の公告方法
> (5) 「合併以外の場合はA新聞に公告し、合併の場合はB新聞に公告する」旨の公告方法

### Answer.3

(1) 読者が一市一郡に偏在し、日曜日は休刊としている地方新聞であっても、「日刊新聞」に該当する（昭和36年12月18日民四242号回答）。

(2) 英字新聞を唯一の公告掲載紙とする公告方法の登記は、認められない（登記研究 テイハン493号136頁）。

(3) 日刊新聞紙が全国紙である場合、公告方法として「東京都において発

行する○○新聞に掲載してする」という要領で発行地を特定することができる（昭和34年9月4日民甲1974号回答）。
(4) 「A新聞及びB新聞」のように重畳的に定めることはできるが、「A新聞又はB新聞」のように選択的に定めることはできない（大正5年12月18日民甲1952号回答）。
(5) 公告対象事項を任意に細分化して、各事項につきそれぞれの公告方法を定めることはできない（松井信憲『商業登記ハンドブック』（前掲）20頁）。

## 2．登記手続

### Q4　公告方法の変更登記の申請事項

公告方法の変更登記の申請書（情報）は、どのように記載（記録）すべきか。

### Answer. 4

一般的な記載（記録）事項のほか、以下の事項を内容とする（法人法330、商登法17②③）。

(1)　**登記の事由**
「公告方法の変更」とする。

(2)　**登記すべき事項**
定款に定めた公告方法の定め及び変更年月日である（法人法301②十六、302②十四）。公告方法を電子公告とする場合には、さらに電子公告の内容である情報を提供する目的で設置したウェブページのＵＲＬである（法人法301②十七イ、302②十五イ、法人規則87①）。

<電子データ入力例>

① 公告方法を官報、日刊新聞紙または主たる事務所の公衆の見やすい場所に掲示する方法（法人規則88①）とした場合

> 「法人の公告方法」官報に（○○新聞に、主たる事務所の玄関前に設置する掲示板に）掲載して行う。
> 「原因年月日」平成○年○月○日変更

② 公告方法を電子公告とした場合

> 「法人の公告方法」電子公告の方法により行う。
> ｈｔｔｐ：／／ｗｗｗ．○○ｋｙｏｋａｉ．ｊｐ／
> （ただし、電子公告によることができない事故その他やむを得ない事由が生じた場合には、官報に掲載して行う。）
> 「原因年月日」平成○年○月○日変更

③ 貸借対照表の公告を別に定めた場合

> 「法人の公告方法」電子公告の方法により行う。
> ｈｔｔｐ：／／ｗｗｗ．○○ｋｙｏｋａｉ．ｊｐ／
> 貸借対照表の公告
> ｈｔｔｐ：／／ｗｗｗ．○○ｋｙｏｋａｉ．ｊｐ／ｋｅｓｓａｎ／ｉｎｄｅｘ．ｈｔｍｌ
> 「原因年月日」平成○年○月○日変更

(3) 登録免許税額

　公告方法の変更の登記は、申請1件につき金3万円の定額課税となる（登税法別表第1二十四(一)ネ）。

(4) 添付書面

　定款変更決議の成立を証するため、一般社団法人においては社員総会議事録、一般財団法人においては評議員会議事録が添付書面となる（法人法317②）。電子公告のウェブページのＵＲＬは、代表理事が決定することができ、当該ＵＲＬを決定したことを証する書面の添付は不要である（株式会社に関する平成17年1月26日民商192号通達、松井信憲『商業登記ハンドブック』（前掲）21頁。ただし、代理人による場合には、代理権限を証する書面に委任された具体的なＵＲＬを表示する）。

## Q5　社員総会議事録・評議員会議事録

> 公告方法の変更登記の申請書（情報）に添付すべき社員総会議事録（評議員会議事録）の議案の記載は、どのようになるか。

### Answer. 5

　例えば、次頁のようになる。

第○号議案　定款の一部変更の件

　議長は、今般、当法人の公告方法を変更したい旨を述べ、その詳細を説明し、当法人定款の一部を次のとおり変更することの可否を議場に諮ったところ、満場一致をもって可決確定した。

| 変　更　前 | 変　更　後 |
|---|---|
| （公告方法）<br>第○条　当法人の公告は、<u>官報</u>に掲載して行う。 | （公告方法）<br>第○条　当法人の公告は、<u>○○新聞に掲載して（電子公告の方法により、主たる事務所の玄関前に設置する掲示板に掲載して）</u>行う。 |

## Q6　公告掲載紙の題字の変更

公告掲載紙の発行元が、商号を変更した場合、公告方法の変更の登記をする必要があるか。

### Answer. 6

　公告掲載紙の発行元が、その商号を変更したことに伴い、当該公告掲載紙の題号を変更した場合であっても、法人は、その旨の変更登記をする必要はない（昭和44年4月16日民甲827号回答）。

# 第3節

# 決算公告に代わる電磁的方法による措置

## 1．実体手続

**Q1** 決算の手続の概要

> 一般社団法人または一般財団法人において、計算書類の確定はどのように行われるか。

**Answer. 1**

(1) 一般社団（財団）法人は、事業年度の末日を迎えると、当該事業年度に係る会計帳簿に基づいて、各事業年度に係る計算書類（貸借対照表及び損益計算書をいう）及び附属明細書を作成しなければならない（法人法123②、199、法人規則29②、64）。各事業年度に係る計算書類は、次頁表の手続を経て、定時社員総会（定時評議員会）の承認を受けることにより確定するのが原則である。

例外的に、会計監査人設置一般社団（財団）法人において、会計監査報告の内容に無限定適正意見が含まれること等の3要件（法人規則48一ないし三、64。283頁参照）を満たすときは、計算書類の内容が定時社員総会（定時評議員会）に報告されるにとどまるため（法人法127、199）、その確定は、理事会の承認（法人法124③、199）によって行われる。

計算書類が確定すると、その事業年度は「最終事業年度」となる（法人法2二・三）。

```
① 計算書類の作成及び保存（法人法123②ないし④、199）
    ↓
(② 会計監査人による監査（法人法124②一、199、法人規則38以
    下、64））
    ↓
(③ 監事による監査（法人法124①②、199、法人規則36以下、64））
    ↓
(④ 理事会の承認（法人法124③、199））
    ↓
(⑤ 社員（評議員）への提供（法人法125、199、法人規則47、64））
    ↓
⑥ 主たる事務所及び従たる事務所における備置（法人法129、199）
    ↓
⑦ 定時社員総会（定時評議員会）における承認または報告（法人
    法126、127、199）
    ↓
⑧ 決算公告またはそれに代わる電磁的方法による措置（法人法
    128、199）
```

※②ないし⑤（（　）を付したもの）は、機関設計次第で必要となる。
※附属書類については、⑤及び⑦の対象からは外されている。

(2) なお、各事業年度においては事業報告及びその附属明細書も作成されるが、これらは、「当該法人の状況に関する重要な事項」及び「いわゆる内部統制システムについての決定または決議の内容」を基本的な内容とするものであり（法人規則34②③）、計算書類には含まれない。ただし、「計算書類等」として、監事による監査、理事会の承認、主たる事務所及び従たる事務所における備置の対象となる。また、事業報告については、計算書類に準じて社員（評議員）に提供された上で、定時社員総会（定

時評議員会）に報告される。

## Q2 決算公告とそれに代わる電磁的方法による措置の意義

> 決算公告とは何か。また、決算公告に代わる電磁的方法による措置とは、どのような制度か。

### Answer. 2

(1) 「決算公告」とは、法人と取引に入ろうとする者や債権者に対して当該法人の財務情報を提供するため、確定した各事業年度に係る貸借対照表（大規模一般社団（財団）法人にあっては貸借対照表及び損益計算書）を、定時社員総会（定時評議員会）終結後において公告する制度である（法人法128①、199）。公告の対象は、原則として貸借対照表（及び損益計算書）の全文であるが、公告方法を官報または時事に関する日刊新聞紙とする一般社団（財団）法人は、その要旨を公告することで足りるとされている（法人法128②。なお、追加的な公告事項及び具体的表示方法につき法人規則49、50参照）。

(2) 決算公告は、定款に定めた公告方法によるのが原則である。ただし、紙媒体による公告の負担を軽減しつつ、債権者等による財務情報へのアクセスを高める趣旨から、公告方法を、①官報に掲載する方法、②時事に関する事項を掲載する日刊新聞紙に掲載する方法のいずれかとする一般社団（財団）法人には、決算公告に代えて、その内容である情報を、定時社員総会（定時評議員会）の終結の日後5年を経過する日までの間、継続して電磁的方法により不特定多数の者が提供を受けることができる状態に置く措置をとることが認められている（法人法128③、199、法人規則51、64）。これが「決算公告に代わる電磁的方法による措置」の制度である。

(3) なお、決算公告を電子公告による場合、決算公告に代わる電磁的方法による措置をとる場合のいずれも、電子公告調査機関による調査は不要である（法人法333、会941）。

## Q3 決算公告に代わる電磁的方法による措置の採用または廃止の手続

決算公告に代わる電磁的方法による措置を採用するには、どのような手続が必要か。また、当該措置を廃止する場合はどうか。

## Answer. 3

(1) 決算公告に代わる電磁的方法による措置の採否の決定、採用する場合の具体的なＵＲＬの決定は、いずれも通常の業務執行として、代表理事が行えば足りるとするのが登記実務である（株式会社に関する松井信憲『商業登記ハンドブック』（前掲）214頁。なお、前田庸『会社法入門（第11版補訂版）』有斐閣607頁参照）。具体的なＵＲＬについては、開示ページへのリンクが分かりやすく設定されていれば、例えば法人のウェブサイトのトップページのＵＲＬでも差し支えない（株式会社に関する中川晃「平成14年4月・5月施行商法等改正に伴う商業・法人登記事務の取扱いについて（下）」登記研究 テイハン658号144頁以下）。

(2) 決算公告に代わる電磁的方法による措置を廃止する場合にも、採用の場合と同様、代表理事が単独で決定することができる。

## Q4 決算公告に代わる電磁的方法による措置を採用する法人が公告方法を電子公告とした場合

> 決算公告に代わる電磁的方法による措置を採用する法人が公告方法を電子公告とした場合には、引き続き同一のURLで決算公告をすることができるか。

### Answer.4

　決算公告に代わる電磁的方法による措置を採用する法人が公告方法を電子公告とした場合には、その後の決算公告は新たに定められる電子公告のURLで行わなければならず、従前の当該措置のためのURLの登記は、登記官の職権で抹消される（一般登記規則3、商登規則71）。ただし、過去に掲載を開始した情報については、引き続き従前のURLに掲載すればよい。債権者等が過去に掲載を開始した情報のURLを登記記録から知るためには、履歴事項証明書を取得する必要があることになる。

## 2．登記手続

## Q5 決算公告に代わる電磁的方法による措置の設定または廃止の登記の申請事項

> 決算公告に代わる電磁的方法による措置の採用または廃止の登記の申請書（情報）は、どのように記載（記録）すべきか。

### Answer.5

　一般的な記載（記録）事項のほか、以下の事項を内容とする（法人法330、商登法17②③）。

(1) 登記の事由

「貸借対照表に係る情報の提供を受けるために必要な事項の設定(廃止)」とする。

(2) 登記すべき事項

決算公告に代わる電磁的方法による措置の内容である情報を提供する目的で設置したウェブページのURL及びその決定の年月日である（法人法301②十五、302②十三）。廃止の場合には、廃止の旨及びその年月日である。

＜電子データ入力例＞

① 定めを設定した場合

> 「貸借対照表に係る情報の提供を受けるために必要な事項」
> ｈｔｔｐ：／／ｗｗｗ．○○ｋｙｏｋａｉ．ｊｐ／ｋｅｓｓａｎ／ｉｎｄｅｘ．ｈｔｍｌ
> 「原因年月日」平成○年○月○日設定

② 定めを廃止した場合

> 「貸借対照表に係る情報の提供を受けるために必要な事項」
> 「原因年月日」平成○年○月○日廃止

(3) 登録免許税額

申請1件につき金3万円の定額課税となる（登税法別表第1二十四(一)ネ）。

(4) 添付書面

決算公告に代わる電磁的方法による措置の採用または廃止の決定、具体的なウェブページのURLの決定は、代表理事が行うことができ、当該決定をしたことを証する書面の添付は不要である（株式会社に関する松井信憲

『商業登記ハンドブック』(前掲) 215 頁。ただし、代理人による場合には、代理権限を証する書面に委任された具体的なＵＲＬを表示する)。

# 第4節

# 主たる事務所の移転、従たる事務所の設置、移転及び廃止

## 1．実体手続

**Q1** 主たる事務所の移転の手続

> 一般社団法人または一般財団法人が主たる事務所を移転するには、どのような手続が必要か。

**Answer. 1**

(1) 一般社団（財団）法人が主たる事務所を移転する場合に必要な手続は、定款の変更を要するか否かにより異なる。

(2) 定款の変更を要しない場合、すなわち「主たる事務所の所在地」として定款で定められた最小行政区画内での移転にすぎない場合には、業務執行決定機関の決定（理事会設置一般社団法人及び一般財団法人では理事会の決議、非理事会設置一般社団法人では理事の過半数の決定）により、移転の時期及び具体的所在場所を定めればよい。当該決定に基づき新所在場所において業務が開始されることにより、主たる事務所の移転の効力が生じる。

(3) これに対し、定款の変更を要する場合、すなわち①「主たる事務所の所在地」として定款で定められた最小行政区画外への移転である場合、または②定款で主たる事務所の具体的所在場所までを定めている場合のいずれかであれば、社員総会（評議員会）の特別決議により、定款を変

更する必要が生じる（法人法146、49②四、200①、189②三）。また、社員総会（評議員会）の決議により移転の時期及び具体的所在場所までが定められなければ、業務執行決定機関の決定（理事会設置一般社団法人及び一般財団法人では理事会の決議、非理事会設置一般社団法人では理事の過半数の決定）により、これらの事項を定めることになる。当該決定に基づき新所在場所において業務が開始されることにより、主たる事務所の移転の効力が生じる。

(4) なお、一般社団法人または一般財団法人が公益認定を受けたもの（公益法人）であるときは、主たる事務所の移転に際して、変更の認定の申請が必要である（認定法11①一。535頁参照）。

## Q2 従たる事務所の設置、移転または廃止の手続

> 一般社団法人または一般財団法人が従たる事務所を設置し、移転しまたは廃止するには、どのような手続が必要か。

### Answer. 2

(1) 従たる事務所の所在地に関しては、定款の記載（記録）事項とはされておらず、その設置、移転または廃止は、いずれも業務執行決定機関の決定（理事会設置一般社団法人及び一般財団法人では理事会の決議、非理事会設置一般社団法人では理事の過半数の決定）によれば足りる。

なお、従たる事務所の設置または移転は、当該決定で定められた設置（移転）の時期の範囲内で、新所在場所において業務が開始されることにより、効力が生じる。

(2) なお、一般社団法人または一般財団法人が公益認定を受けたもの（公益法人）であるときは、従たる事務所の設置、移転または廃止に際して、変更の認定の申請が必要である（認定法11①一。535頁参照）。

## 2．登記手続

**Q3** 主たる事務所の移転登記の経由同時申請

> 主たる事務所の移転登記を申請する場合に、経由同時申請が必要となるのはどのような場合か。

**Answer. 3**

(1) 主たる事務所の移転登記の申請方法は、その移転が登記所の管轄区域をまたぐものであるか否かにより異なる。

(2) 主たる事務所の移転が同一の登記所の管轄区域内で行われるものであるときは、当該登記所に対して1通の登記申請書を提出すれば足りる。

(3) これに対し、新所在地を管轄する登記所が旧所在地を管轄する登記所と異なるときは、両登記所に対する登記申請が必要である。そして、新所在地を管轄する登記所に対する申請は、旧所在地を管轄する登記所を経由して行わなければならず、かつ両登記所に対する申請は同時にしなければならないとされている（経由同時申請。法人法330、商登法51①②）。したがって、この場合には、旧所在地を管轄する登記所に2通の申請書を提出することになる。

(4) 経由同時申請が必要となる場合には、新所在地を管轄する登記所に対する印鑑の提出も必要となるが、これも、旧所在地を管轄する登記所を経由して提出する必要がある（法人法330、商登法51①後段）。この場合、旧所在地を管轄する登記所に提出している印鑑と同一の印鑑を提出するのであれば、印鑑届出書のみを提出すれば足り、市区町村長の作成する印鑑証明書を添付する必要はない（昭和42年10月16日民甲2900号通達）。

(5) なお、書面申請によるときは、両申請は文字どおり同時に受け付けられるが、オンライン申請による場合には、システム上、新所在地を管轄

する登記所宛の申請書情報を先に送信しなければ、申請を受け付けない登記所もあるようであり、注意を要する。

---

## Q4 主たる事務所の移転登記の申請事項

主たる事務所の移転登記の申請書（情報）は、どのように記載（記録）すべきか。

## Answer. 4

一般的な記載（記録）事項のほか、以下の事項を内容とする（法人法330、商登法17②③）。申請人欄（商登法17②一）は変更後の主たる事務所を表示するが、旧所在地を管轄する登記所においては登記記録を検索する必要があるため、申請書冒頭には変更前の主たる事務所を表示するのが通例である。新所在地を管轄する登記所において既存の従たる事務所の登記がされている場合も、同様である。

### ＜旧所在地を管轄する登記所に対する登記申請＞

(1) **登記の事由**

「主たる事務所の移転」とする。

(2) **登記すべき事項**

移転後の主たる事務所の所在場所及びその年月日である。従前の登記所の管轄外への移転であり、当該登記所の管轄内に従たる事務所も残らない場合には、旧所在地における登記記録は閉鎖される（一般登記規則3、商登規則80①一、②）。

〈電子データ入力例〉

① 旧所在地を管轄する登記所の管轄外に移転する場合

>「登記記録に関する事項」
>平成〇年〇月〇日〇県〇市〇丁目〇番〇号に主たる事務所移転

② 旧所在地を管轄する登記所の管轄内において移転する場合

>「主たる事務所」〇県〇市〇丁目〇番〇号
>「原因年月日」平成〇年〇月〇日移転

(3) **登録免許税額**

　主たる事務所移転の登記に係る登録免許税は、申請1件につき金3万円である（登税法別表第1二十四(一)ヲ）。

(4) **添付書面**

① 社員総会議事録・評議員会議事録

　定款変更決議を要する場合には、その成立を証するため、一般社団法人においては社員総会議事録、一般財団法人においては評議員会議事録が添付書面となる（法人法317②）。

② 理事の一致を証する書面・理事会議事録

　法人が定款で主たる事務所の所在場所を具体的に定めていない場合には、移転先の場所及び移転すべき時期を定めたことを証するため、一般社団法人においては、理事の決定（理事が2人以上あるときは、その過半数をもって行う決定）を証する書面または理事会議事録（理事会設置一般社団法人である場合）を添付する（法人法317①②）。一般財団法人においては、理事会議事録を添付する（法人法317②）。

※公益法人が主たる事務所の所在場所の変更について行政庁の認定を受けた

場合（認定法11①）でも、当該認定を受けたことを証する書面の添付は要しない。

## ＜新所在地を管轄する登記所に対する登記申請＞

(1) **登記の事由**

「主たる事務所の移転」とする。

(2) **登記すべき事項**

主たる事務所の移転が登記所の管轄をまたぐ場合には、新所在地を管轄する登記所において新たに登記記録が調製されることになる。したがって、新所在地を管轄する登記所に対しては、①主たる事務所の所在地において登記すべき事項、②法人成立の年月日ならびに主たる事務所を移転した旨及びその年月日、③役員等の就任年月日のすべてを申請事項としなければならない（法人法304、一般登記規則3、商登規則65②）。

＜電子データ入力例＞

```
「名称」一般社団法人（一般財団法人）○○協会
「主たる事務所」○県○市○丁目○番○号
「法人成立の年月日」平成○年○月○日
                （中　略）
「役員に関する事項」
「資格」理事
「氏名」甲野一郎
「原因年月日」平成○年○月○日重任
                （中　略）
「登記記録に関する事項」
平成○年○月○日○県○市○町○番地から主たる事務所移転
```

(3) 登録免許税額

　主たる事務所移転の登記に係る登録免許税は、申請1件につき金3万円である（登税法別表第1二十四(一)ヲ）。

(4) 添付書面

　新所在地を管轄する登記所に対しては、経由同時申請が求められるため（法人法330、商登法51①②）、代理人による場合の代理権限を証する書面（法人法330、商登法18）を除き、書面の添付を要しない（法人法330、商登法51③）。

---

### Q5　社員総会議事録・評議員会議事録

> 主たる事務所の移転登記の申請書（情報）に添付すべき社員総会議事録（評議員会議事録）の議案の記載は、どのようになるか。

### Answer. 5

　例えば、次のようになる。

---

　　　　　　　第○号議案　　定款の一部変更の件

　議長は、今般、当法人の主たる事務所を移転したい旨を述べ、その詳細を説明し、当法人の定款の一部を次のとおり変更することの可否を議場に諮ったところ、満場一致をもって可決確定した。

| 変　更　前 | 変　更　後 |
|---|---|
| （主たる事務所の所在地） | （主たる事務所の所在地） |
| 第○条　当法人の主たる事務所は、A県a市に置く。 | 第○条　当法人の主たる事務所は、B県b市に置く。 |

**Q6** 理事会議事録・理事の一致を証する書面

> 主たる事務所の移転登記の申請書（情報）に添付すべき業務執行決定機関の決定を証する書面の記載は、どのようになるか。

**Answer. 6**

例えば、次のようになる。

---

　　　　　　　第○号議案　　主たる事務所移転の件

　平成○年○月○日、当法人の主たる事務所を移転する件につき、理事の全員一致をもって次のとおり決定した。

　　主たる事務所の所在場所　：　B県b市○丁目○番○号
　　移　転　予　定　日　　　：　平成○年○月○日

---

※議事録に「何月何日頃移転する」または「何月何日から何月何日までの間に移転する」と記載されている場合、申請書の移転年月日が当該決議の範囲内であれば、受理される（会社に関する昭和41年2月7日民四75号回答）。

---

**Q7** 主たる事務所の移転登記と他の事項の変更登記との一括申請

> 主たる事務所の移転登記の経由同時申請が必要となる場合に、その他の事項の変更登記を一括して申請することができるか。

**Answer. 7**

(1) 主たる事務所の移転登記と一括して、名称、目的などのその他の事項の変更登記を申請することは、経由同時申請が必要な場合であっても可

能である（会社に関する昭和36年2月7日民甲280号回答）。この場合、旧所在地を管轄する登記所では、まずその他の事項の変更登記をした上で、経由の処理をする。したがって、新所在地を管轄する登記所に対する申請書には、登記事項として変更後の事項を記載することになる。

(2)　例外的に、新所在地を管轄する登記所に既存の従たる事務所の登記がある場合には、当該従たる事務所の所在地においても登記されている事項（法人法312②）の変更登記と、主たる事務所の移転登記とを一括して申請することはできないとされている。従たる事務所の所在地を管轄する登記所において法人の同一性を確認できないためである。この場合、まず主たる事務所の移転登記を完了した上で、新所在地においてその他の事項の変更登記を申請するのが一般的である。

## Q8　従たる事務所の所在地における主たる事務所の移転登記

従たる事務所の所在地を管轄する登記所に対し、主たる事務所の移転登記を申請する必要があるか。

## Answer. 8

従たる事務所の所在地においても、「主たる事務所の所在場所」は登記事項である（法人法312②二）。したがって、従たる事務所の所在地を管轄する登記所が、主たる事務所の新旧所在地を管轄する登記所と異なるときは、その移転登記の申請が必要である。

## Q9　破産手続開始の決定後の主たる事務所の移転登記

破産手続開始の決定後において、破産管財人が主たる事務所の移転登記を申請することができるか。

**A**nswer. 9

　破産手続開始の決定を受けた法人につき、破産手続開始の決定後理事の改選がなされず、破産宣告当時の代表理事から主たる事務所移転登記の申請があったときは、当該申請は破産管財人の破産財団の管理処分権限に属さないので、受理して差し支えない（会社に関する昭和56年6月22日民四4194号回答）。

---

**Q10** 従たる事務所の設置、移転または廃止の登記の申請事項

> 主たる事務所の所在地における従たる事務所の設置、移転または廃止の登記の申請書（情報）は、どのように記載（記録）すべきか。

**A**nswer. 10

　一般的な記載（記録）事項のほか、以下の事項を内容とする（法人法330、商登法17②③）。

(1) **登記の事由**

　「従たる事務所の設置（移転、廃止）」とする。

(2) **登記すべき事項**

　従たる事務所の所在場所及び設置または移転の年月日である（法人法301②三、302②三）。廃止の場合には、廃止の旨及びその年月日である。また、各登記所においては、従たる事務所ごとに「従たる事務所番号」が付されるが（会社の支店に関する商業登記等事務取扱手続準則60）、申請人においてそれが判明するときは、申請の対象となる従たる事務所についてその番号を記録する。

<電子データ入力例>

① 設置する場合

```
「従たる事務所の所在場所」○県○市○丁目○番○号
「原因年月日」平成○年○月○日設置
```

② 移転する場合

```
「従たる事務所番号」○
「従たる事務所の所在場所」○県○市○丁目○番○号
「原因年月日」平成○年○月○日移転
```

③ 廃止する場合

```
「従たる事務所番号」○
「従たる事務所の所在場所」○県○市○丁目○番○号
「原因年月日」平成○年○月○日廃止
```

(3) **登録免許税額**

　従たる事務所の設置の登記は1か所につき金6万円、従たる事務所の移転の登記は1か所につき金3万円の定額課税となる（登税法別表第1二十四(一)ル、ヲ）。また、従たる事務所の廃止の登記は、1件につき金3万円の定額課税となる（登税法別表第1二十四(一)ネ）。

(4) **添付書面**

　従たる事務所の設置、移転または廃止の決定及びその時期の決定を証するため、一般社団法人においては、理事の決定（理事が2人以上あるときは、その過半数をもって行う決定）を証する書面または理事会議事録（理事

会設置一般社団法人である場合）を添付する（法人法317①②）。一般財団法人においては、理事会議事録を添付する（法人法317②）。

※公益法人が従たる事務所の設置、変更または廃止について行政庁の認定を受けた場合（認定法11①）でも、当該認定を受けたことを証する書面の添付は要しない。

---

**Q11** 理事会議事録・理事の一致を証する書面

> 従たる事務所の設置、移転または廃止の登記の申請書（情報）に添付すべき業務執行決定機関の決定を証する書面の記載は、どのようになるか。

**Answer. 11**

例えば、次のようになる。

---

第○号議案　従たる事務所設置（移転、廃止）の件

　平成○年○月○日、新たに従たる事務所を設置する件（A県a市○丁目○番○号に置いた○○事務所を移転する件、○○事務所を廃止する件）につき、理事の全員一致をもって次のとおり決定した。

設置する（移転後の、廃止する）従たる事務所の所在場所
　　B県b市○丁目○番○号

設置（移転、廃止）予定日
　　平成○年○月○日

**Q12** 従たる事務所の所在地における従たる事務所の設置、移転または廃止の登記

> 従たる事務所を設置し、移転しまたは廃止した場合に、従たる事務所の所在地においてはどのような登記手続が必要となるか。

**Answer. 12**

　従たる事務所の所在地においては、同一の登記所の管轄区域内にある「従たる事務所の所在場所」のみが登記される（法人法312②三）。したがって、登記手続は次のようになる。

(1) **設置の場合**

　設置した従たる事務所の所在地を管轄する登記所が、主たる事務所の所在地を管轄する登記所と異なる場合には、当該登記所に対する登記申請が必要である。当該登記所に既存の従たる事務所がなければ、従たる事務所における登記事項（法人法312②③）のすべてが申請事項となる。

(2) **移転の場合**

　移転した従たる事務所の新所在地または旧所在地を管轄する登記所が、主たる事務所の所在地を管轄する登記所と異なる場合には、各登記所に対する登記申請が必要である。新所在地を管轄する登記所に既存の従たる事務所がなければ、従たる事務所における登記事項（法人法312②③）のすべてが申請事項となる。なお、新旧所在地を管轄する登記所が異なる場合でも、経由同時申請はできない。

(3) **廃止の場合**

　廃止した従たる事務所の所在地を管轄する登記所が、主たる事務所の所在地を管轄する登記所と異なる場合には、当該登記所に対する登記申請が必要である。

## Q13 行政区画の変更等による主たる事務所または従たる事務所の所在場所の変更

> 行政区画の変更等により、主たる事務所または従たる事務所の所在場所に変更が生じた場合、変更登記の申請は必要か。

### Answer. 13

　主たる事務所または従たる事務所の所在場所の変更は、行政区画、郡、区、市町村内の町もしくは字が変更し、またはその名称が変更した場合や住居表示が実施された場合、土地の区画が変更された場合などにも生じ得る。

　住所である地番または住居番号に変更がない場合（市町村名の変更にとどまる場合）であれば、変更前後の同一性は明らかであるため、登記申請は不要であり、登記官の職権により変更登記がなされる（一般登記規則3、商登規則42①）。

　これに対し、地番または住居番号に変更が生じる場合には、変更から2週間以内にその登記申請が必要である。ただし、その変更があったことを証する市町村長等の証明書を添付することで、登録免許税は免除される（登税法5四・五）。

# 第5節

# 解散事由及び存続期間の定めの変更

## 1．実体手続

**Q1** 解散事由または存続期間の定めの設定、変更または廃止の手続

> 一般社団法人または一般財団法人が解散事由または存続期間の定めを設定し、変更しまたは廃止するには、どのような手続が必要か。

**Answer. 1**

(1) 一般社団法人においては、解散事由または存続期間の定めは定款の相対的記載（記録）事項であるから（法人法148一・二）、その設定、変更または廃止には、社員総会の特別決議が必要である（法人法146、49②四）。

(2) 一般財団法人においても、解散事由または存続期間の定めは定款の相対的記載（記録）事項であり（法人法202①一・二）、評議員会の特別決議により、それらの定めを設定、変更または廃止することは、特に制限されていない（法人法200①、189②三）。

(3) なお、公益認定を受けた一般社団法人または一般財団法人が定款変更をしたときは、変更後に行政庁への届出が必要である（認定法13①三。536頁参照）。

## Q2 存続期間の定めと期限付解散決議

> 一般社団法人が、期限付で解散決議をすることができるか。

### Answer. 2

　一般社団法人は、社員総会の特別決議によっても解散することができる（法人法148三、49②六）。社員総会決議には効力発生時期の定め（期限）を付すことが可能であるが、解散の決議に期限を付した場合、その実質は「存続期間」の新設または変更にほかならないから、期限付解散決議に基づいて解散の登記をするには、前提として存続期間の定めの登記をすべきである（江頭憲治郎『株式会社法（第2版）』（前掲）886頁）。

　もっとも、実務では、効力発生までの期間が合理的な範囲であれば、あえて存続期間の定めの登記をする必要はなく、例えば、株式会社が株主総会決議の3日後に解散する旨を決議し、解散の登記を申請した場合に、受理して差し支えないとの立場がとられている（株式会社に関する昭和34年10月29日民甲2371号回答）。

## 2．登記手続

## Q3 解散事由・存続期間の定めの設定、変更または廃止の登記の申請事項

> 存続期間または解散事由の定めの登記の申請書（情報）は、どのように記載（記録）すべきか。

### Answer. 3

　一般的な記載（記録）事項のほか、以下の事項を内容とする（法人法330、商登法17②③）。

(1) 登記の事由

　「存続期間の設定（変更、廃止）」、「解散の事由の設定（変更、廃止）」と

する。

(2) **登記すべき事項**

　設定または変更した解散事由または存続期間の定め及びその年月日である（法人法301②四、302②四）。廃止の場合には、廃止の旨及びその年月日である。

＜電子データ入力例＞

① 定めを設定（変更）した場合

```
「存続期間」法人成立の日から満〇年
「原因年月日」平成〇年〇月〇日設定（変更）
「解散の事由」
当法人は、〇〇大学から委託を受けた宇宙ロケット〇号による月面探査衛星〇号の打ち上げ作業を完了したときに解散する。
「原因年月日」平成〇年〇月〇日設定（変更）
```

② 定めを廃止した場合

```
「存続期間」
「原因年月日」平成〇年〇月〇日廃止
「解散の事由」
「原因年月日」平成〇年〇月〇日廃止
```

(3) **登録免許税額**

　存続期間または解散の事由の定めの設定、変更または廃止の登記は、いずれも申請1件につき金3万円の定額課税となる（登税法別表第1二十四(一)ネ）。

(4) 添付書面

　定款変更決議の成立を証するため、一般社団法人においては社員総会議事録、一般財団法人においては評議員会議事録が添付書面となる（法人法317②）。

## Q4　社員総会議事録・評議員会議事録

> 解散の事由または存続期間の定めの設定、変更または廃止の登記の申請書（情報）に添付すべき社員総会議事録（評議員会議事録）の議案の記載は、どのようになるか。

## Answer. 4

例えば、次のようになる。

---

　　　　　　第○号議案　定款の一部変更の件

　議長は、今般、当法人定款の一部を次のとおり変更することの可否を議場に諮ったところ、満場一致をもって可決確定した。

（存続期間を定めた場合）

| 変　更　前 | 変　更　後 |
|---|---|
| （新設） | （存続期間）<br>第○条　当法人の存続期間は、当法人成立の日から満○年とする。 |

(解散の事由を定めた場合)

| 変　更　前 | 変　更　後 |
|---|---|
| (新設) | (解散の事由)<br>第○条　当法人は、○○大学から委託を受けた宇宙ロケット○号による月面探査衛星○号の打ち上げ作業を完了したときに解散する。 |

(存続期間を廃止した場合)

| 変　更　前 | 変　更　後 |
|---|---|
| (存続期間)<br>第○条　当法人の存続期間は、当法人成立の日から満○年とする。 | 第○条　削除 |

(解散の事由を廃止した場合)

| 変　更　前 | 変　更　後 |
|---|---|
| (解散の事由)<br>第○条　当法人は、○○大学から委託を受けた宇宙ロケット○号による月面探査衛星○号の打ち上げ作業を完了したときに解散する。 | 第○条　削除 |

# 第5章

# 解散及び清算に関する登記

第1節 解散
第2節 清算法人の機関設計・清算人等の変更
第3節 清算の結了及び法人の継続

# 第1節

# 解　散

## 1．実体手続

**Q1** 解散の意義

解散とは何か。解散により、どのような効果が生じるか。

**Answer. 1**

　一般社団法人または一般財団法人が本来の目的である事業活動をやめ、その権利義務を清算する状態に入ることを「解散」という。解散により、一般社団法人または一般財団法人の権利能力は清算に関するものに限定され（法人法207）、事業の継続を前提とする機関はその地位を失う（理事、理事会及び会計監査人に関する登記が解散の登記時に職権抹消されることにつき一般登記規則3、商登規則72）。また、清算法人が吸収合併存続法人となることも禁止される（法人法151、205）。なお、公益法人については、解散後1か月以内における行政庁への届出が必要となる（認定法26①）。

**Q2** 一般社団法人の解散原因

一般社団法人は、どのような場合に解散するか。

**Answer. 2**

　一般社団法人は、次のような事由により解散する（法人法148、149）。

① 定款で定めた存続期間の満了・解散の事由の発生
　　定款で存続期間を定めたときはその満了により、解散事由を定めたときはその発生により、一般社団法人は解散する。存続期間または解散事由の定めは、登記事項でもある（法人法301②四）。
② 社員総会の決議
　　一般社団法人は、いつでも、社員総会の特別決議（法人法148三、49②六）により解散することができる。期限付の決議をすることも認められるが、当該決議は存続期間を定める定款変更の決議であり、登記を要すると解される。
③ 社員が欠けたこと
　　社員が欠けたときは、その存立の基礎が失われるため、一般社団法人は解散する。
④ 合併（合併により当該一般社団法人が消滅する場合に限る）
　　一般社団法人が合併による消滅法人となったときは、その権利義務は包括的に存続法人または設立法人に承継され、清算手続を経ることなく法人格が消滅する。
⑤ 破産手続開始の決定
　　一般社団法人は、支払不能または債務超過により、破産手続開始の決定を受けたときにも解散する（破産法15、16）。この場合には、破産手続開始の登記が管轄裁判所の裁判所書記官により嘱託される（破産法257）。
⑥ 解散を命ずる裁判
　　一般社団法人が解散命令（法人法261①）または解散判決（法人法268）を受けた場合である。これらの場合には、解散の登記が管轄裁判所の裁判所書記官より嘱託される（法人法315①一ハ、三ロ）。
⑦ 休眠一般社団法人のみなし解散
　　一般社団法人が最後に登記を申請した時から一定の法定期間（5年）が経過することにより、解散が擬制されることがある（法人法149。432頁参照）。この場合には、登記官の職権により、解散の登記がなされる（法人法330、商登法72）。

※登記官の職権による解散登記では登録免許税は課せられないが、解散を命ずる裁判の場合における嘱託による解散登記においては、登録免許税が課せられる（昭和42年12月22日民四1000号）。

## Q3 一般財団法人の解散原因

一般財団法人は、どのような場合に解散するか。

### Answer. 3

一般財団法人は、次のような事由により解散する（法人法202、203）。一般社団法人とは異なり、一般財団法人では、評議員会などの機関による意思決定により自主的に解散することはできないとされている。他方、一般財団法人に固有の解散事由として、下表中②及び⑥の事由が設けられている。

① 定款で定めた存続期間の満了・解散の事由の発生
② 基本財産の滅失その他の事由による一般財団法人の目的である事業の成功の不能
③ 合併（合併により当該一般財団法人が消滅する場合に限る）
④ 破産手続開始の決定
⑤ 解散を命ずる裁判（法人法261①、268）
⑥ 連続する2事業年度に係る貸借対照表上の純資産額がいずれも300万円未満となったこと
⑦ 休眠一般財団法人のみなし解散

## Q4 休眠法人のみなし解散

休眠一般社団法人または休眠一般財団法人のみなし解散とは、どのような制度か。

## Answer. 4

(1) すでに活動していない一般社団（財団）法人の登記が放置されている場合には、その登記は実体を反映しないものであり、ひいては一般社団（財団）法人制度または登記制度に対する信頼を害するおそれが生じ得る。

　そこで、一般社団（財団）法人が最後に登記をした日から5年を経過している場合において、法務大臣が当該一般社団（財団）法人に対し「2か月以内にその主たる事務所の所在地を管轄する登記所に事業を廃止していない旨の届出をすべき旨」を官報に公告し、かつその公告がされた旨を通知したときは、当該2か月の期間内に届出または登記の申請がなされなければ、当該一般社団（財団）法人を解散したものとみなすことにした（法人法149、203）。

(2) 事業を廃止していない旨の届出は、以下の事項を記載し、一般社団（財団）法人の代表者またはその代理人が記名押印した書面を提出して行う（法人規則57①②、65①②）。届出書または代理人によって届出をする場合の代理権限を証する書面には、法務大臣からの通知書を提出する場合でない限り、登記所に提出した印鑑を押印しなければならない（法人規則57③④、65③④）。

① 当該一般社団（財団）法人の名称及び主たる事務所ならびに代表者の氏名及び住所
② 代理人によって届出をするときは、その氏名及び住所
③ まだ事業を廃止していない旨
④ 届出の年月日
⑤ 登記所の表示

(3) なお、特例民法法人については、休眠法人のみなし解散の制度は適用されない（整備法64）。

## Q5 一般財団法人の法定純資産額の不保持による解散

一般財団法人の純資産額が減少した場合に、どのような要件の下に解散が強制されるのか。

## Answer. 5

(1) 一般財団法人は、一定の目的のために提供された財産に法人格を付与する制度であり、存立中においても一定規模の財産の保持を継続することが相当である。そこで、一般財団法人は、ある事業年度及びその翌事業年度に係る貸借対照表上の純資産額がいずれも300万円未満となった場合には、当該翌事業年度に関する定時評議員会の終結の時に解散することとされている（法人法202②）。

(2) 純資産額が300万円を下回る一般財団法人が新設合併によって解散を不当に免れることを防止するため、新設合併の際に作成される成立時貸借対照表と当該新設合併をした事業年度の貸借対照表との純資産額がいずれも300万円を下回った場合にも、解散が強制される（法人法202③）。

## 2．登記手続

### Q6　解散の登記の申請事項

一般社団法人または一般財団法人の解散の登記の申請書（情報）は、どのように記載（記録）すべきか。

**Answer. 6**

一般的な記載（記録）事項のほか、以下の事項を内容とする（法人法330、商登法17②③）。

(1) **登記の事由**

「解散」とする。また、一般財団法人が清算開始後も監事の設置を継続する場合には「監事の設置」が必要であり、監事の設置を継続しない場合には任期満了退任による「監事の変更」が必要となる（平成20年9月1日民商2351号通達）。

(2) **登記すべき事項**

解散の旨ならびにその事由及び年月日である（法人法308②）。

解散の登記がされると、登記官の職権により、①理事、代表理事及び外部理事に関する登記、②会計監査人設置一般社団法人（会計監査人設置一般財団法人）に関する登記及び会計監査人に関する登記が抹消される（一般登記規則3、商登規則72）。また、一般社団法人にあっては、理事会設置一般社団法人である旨の登記も職権抹消される。

＜電子データ入力例＞

① 一般社団法人の場合

---

「解散」
平成○年○月○日定款所定の解散事由の発生により（存続期間の満了により、社員総会の決議により、社員が欠けたことにより）解散

---

② 一般財団法人の場合

> 「解散」
> 平成○年○月○日定款所定の解散事由の発生により（存続期間の満了により、基本財産の滅失による一般財団法人の目的である事業の成功の不能により、ある事業年度及びその翌事業年度に係る貸借対照表上の純資産額がいずれも 300 万円未満となったことにより）解散
> （※監事の設置を継続する場合）
> 「監事設置法人に関する事項」監事設置法人
> （※監事の設置を継続しない場合）
> 「役員に関する事項」
> 「資格」監事
> 「氏名」甲野四郎
> 「原因年月日」平成○年○月○日退任

(3) **登録免許税額**

申請 1 件につき金 3 万円の定額課税である（登税法別表第 1 二十四(一)ソ）。監事の設置についてはその他の登記事項の変更分として申請 1 件につき金 3 万円、監事の退任については役員等に関する変更として金 1 万円を納付する（登税法別表第 1 二十四(一)カ、ネ）。

(4) **添付書面**

① 解散の事由の発生を証する書面

定款で定めた解散事由の発生により解散した場合、一般財団法人が基本財産の滅失その他の事由による事業の成功の不能によりまたは法定純資産額を満たさないことにより解散した場合には、その事由の発生を証する書面を添付しなければならない（法人法 324 ①）。これに対し、定款で定めた存続期間の満了により解散した場合、一般社団法人が社員が欠けたことにより解散した場合には、書面の添付を必要とする規定はない。

② 代表清算人の資格を証する書面

　解散の登記を清算人の登記に先行して申請する場合には、法定代表清算人が就任する場合を除き、代表清算人の資格を証する書面を添付する（法人法324②）。具体的には、①定款に代表清算人が定められている場合には定款及び就任承諾を証する書面が、②定款の定めに基づく清算人の互選による代表清算人の場合には定款、互選を証する書面及び就任承諾を証する書面が、③社員総会決議により選定された代表清算人の場合には社員総会議事録及び就任承諾を証する書面が、④清算人会決議により選定された代表清算人の場合には清算人の選任を証する定款または社員総会議事録ならびに清算人会議事録及び就任承諾を証する書面が、⑤裁判所によって代表清算人が選定されている場合には選任審判書の謄本が、これに該当する。

③ 定　款

　一般財団法人が清算開始後も監事の設置を継続する場合で、清算の開始前に予め監事を置く旨の定款の定めを設けていたときは、定款を添付する。

**Q7** 社員総会議事録

　一般社団法人が社員総会決議により解散した場合の社員総会議事録の議案の記載は、どのようになるか。

**Answer. 7**

　例えば、次のようになる。

> 第○号議案　当法人解散の件
>
> 　議長は、当法人の運営状況など、当法人を解散せざるを得なくなった事情について詳細に説明した上、その可否を議場に諮ったところ、本社員総会終結をもって当法人を解散することを、満場一致をもって可決確定した。

# 第2節

# 清算法人の機関設計・清算人等の変更

## 1．実体手続

### Q1　清算の開始原因

> 一般社団法人または一般財団法人の清算は、どのような場合に開始されるか。

### Answer. 1

(1) 一般社団法人または一般財団法人が解散した場合には、清算が開始する（法人法206一）。ただし、合併による解散の場合には、その権利義務は存続法人または設立法人に包括的に承継されるため、清算手続は行われない。また、破産手続開始の決定による解散の場合には、まず破産手続が進行するため、破産手続が終了するまでは清算は行われない。
(2) また、清算は、設立の無効の訴えまたは設立の取消しの訴えの認容判決が確定した場合にも開始される（法人法206二・三）。
(3) なお、清算中の一般社団法人または一般財団法人は、「清算法人」と称される（法人法207（　）書）。

### Q2　清算法人の機関設計

> 清算法人においては、どのような機関設計が認められるか。

**Answer. 2**

(1) 清算法人には、清算一般社団法人（法人法210①）であれば社員総会及び清算人が、清算一般財団法人（法人法210②）であれば評議員会及び清算人が置かれるほか、定款の定めによって、清算人会または監事を置くことができる（法人法208②④。それぞれ「清算人会設置法人」「監事設置清算法人」という。法人法209⑤、213④、214⑥）。

清算人会設置法人においては、清算人は3人以上でなければならないが（法人法209⑤、65③）、監事の設置義務はない。他方、清算の開始原因（法人法206各号）が生じた時点において大規模一般社団法人または大規模一般財団法人であれば監事を置かなければならず、その後に負債の額が減少しても、これを廃止することはできない（法人法208③）。

(2) 清算開始時において理事会が置かれていた法人であっても、当然に清算人会設置法人となるわけではない。業務執行の決定機関（理事会から清算人会へ）の継続を図るのであれば、清算の開始以前に、定款を変更して清算人会設置の旨の定めを設定すべきことになる。

(3) 監事については、監事設置一般社団法人であれば、監事を設置する旨の定款の定めが清算開始後も継続し、それまで監事であった者が退任することはない。これに対し、一般財団法人であれば、監事は定款の定めなく置かれていたものであり、特に清算開始後においても監事を置く旨の定款の定めがなければ、清算開始時に任期満了により退任することになる（平成20年9月1日民商2351号通達）。

なお、清算開始後の監事には、任期に関する規定は適用されなくなる（法人法211②）。

(4) 評議員及び評議員会については、清算開始後も設置が継続され、清算開始時の在任者が退任することもない。任期に関する規定は適用されなくなる（法人法211②）。

## Q3 最初の清算人の就任

最初の清算人は、どのように決定されるか。

### Answer.3

(1) 清算の開始原因が「解散を命じる裁判（法人法148七、202①六）」または「設立無効又は設立取消しの訴えの認容判決の確定（法人法206二・三）」以外の事由であるときは、最初の清算人は、まず、定款で定められた者となる（法人法209①二）。定款に清算人の定めがないときでも、社員総会または評議員会の普通決議によって、最初の清算人を選任することができる（法人法209①三）。これらの選任方法による場合、被選任者は、就任承諾の意思表示をすることにより、清算人に就任する。

次に、定款の定めもしくは社員総会または評議員会の決議による選任がないとき（清算開始時までに被選任者による就任の承諾が得られないときを含む）は、清算開始時の理事全員が清算人となる（法定清算人。法人法209①一）。法定清算人は、法律によりその地位を与えられたものであるから、就任承諾の意思表示は必要ない。

さらに、法定清算人となる者もないときには、裁判所が、利害関係人の申立てにより、最初の清算人を選任することになる（法人法209②）。

(2) 清算の開始原因が「解散を命じる裁判」であるときは、清算の公正を期するため、裁判所が、利害関係人もしくは法務大臣の申立てによりまたは職権で、清算人を選任する（法人法209③）。なお、株式会社が破産手続開始の決定により解散したケースに関して、同時破産廃止により破産手続が終了した場合の清算人の選任につき、定款または株主総会決議による選任がない限り、利害関係人の請求によって裁判所がこれを行うべき旨の判例がある（最判昭和43年3月15日民集22巻3号625頁）。

(3) 清算の開始原因が、「設立無効又は設立取消しの訴えの認容判決の確定」であるときは、利害関係人の申立てにより、裁判所が清算人を選任

する（法人法209④）。

## Q4 最初の代表清算人の就任

最初の代表清算人は、どのように決定されるか。

### Answer. 4

(1) 最初の代表清算人には、法定清算人が就任するときは、清算開始時における代表理事が就任する（法定代表清算人。法人法214④）。

(2) 法定清算人が就任しないときは、清算人会設置法人であれば、清算人会決議により代表清算人を選定する（法人法220②三）。

　非清算人会設置法人であれば、清算人全員が清算法人の代表権を有するのが原則である。ただし、定款、定款の定めに基づく清算人（裁判所が選任したもの（法人法209②ないし④）を除く）の互選または社員総会もしくは評議員会の決議によって、清算人の中から代表清算人を定めることもできる（法人法214②③）。この場合、厳密には、清算開始以前において定款の定めまたは社員総会もしくは評議員会の決議がなければ、各自代表の原則が適用されることになろうが、遅くとも清算開始と同日に定款変更決議または代表清算人選定決議がなされれば、各自代表の登記を経由する必要はないと解される。

(3) 裁判所によって清算人が選任されるとき（法人法209②ないし④）は、裁判所は、その清算人の中から代表清算人を定めることができる（法人法214⑤）。

## Q5 清算人の資格・任期

清算人の資格には、どのような制限があるか。また、任期には制限があるか。

### Answer. 5

(1) 清算人には、役員の欠格事由に関する規定が準用されている（法人法209⑤、65①。291頁参照）。

(2) 清算人には、法定の任期は設けられていない。ただし、定款の定めにより、任期を設けることは可能である。

　なお、清算一般社団法人においては、社員総会決議により清算人の任期を定めることも許されると解されるが、清算一般財団法人においては、清算人の解任が制限されること（法人法210②参照）との関係で、評議員会の普通決議のみにより任期を定めることは問題が残り得る。

---

## Q6 清算人の選任

清算開始後において清算人を選任するには、どのような手続が必要か。

### Answer. 6

(1) 清算の公正を期すため裁判所が清算人を選任する場合（法人法209③④）を除き、清算法人が追加的に清算人を選任することは、当然に可能である。清算人の選任は、①定款の定めによるときは社員総会または評議員会の特別決議による定款変更によって（法人法49②四、146、189②三、200①本文）、②定款の定めによらないときは社員総会または評議員会の普通決議によって行う（法人法209①二・三）。

(2) 清算法人による選任行為に対しては、被選任者による就任承諾の意思

表示が必要である。
(3) なお、清算人となる者がいない場合には、裁判所が利害関係人の申立てにより清算人を選任することもできる（法人法209②）。

## Q7 清算人の退任

清算人は、どのような事由により退任するか。

### Answer. 7

清算人は、以下の事由により退任する。

(1) **委任の終了事由の発生**

清算人と清算法人との関係は、委任に関する規定に従う（法人法209⑤、64）。したがって、委任の終了事由（民653）が生じれば、清算人は退任することになる。

(2) **欠格事由の発生**

清算人が事後的に欠格事由（法人法209⑤、65①）に該当した場合にも、清算人は退任する。

(3) **辞 任**

辞任についても、委任関係に準じ、いつでもすることができる（民651）。辞任により法律または定款で定められた清算人の員数に欠員が生じるときは、辞任者はなお清算人の権利義務を有し、後任者が就任するまで辞任の登記は許されない（法人法210④、75①）。

(4) **解 任**

解任については、裁判所が選任した清算人を除き可能である。ただし、清算一般社団法人ではいつでも社員総会の普通決議によって清算人を解任することができるのに対し、清算一般財団法人では、清算人が、①職務上の義務に違反しまたは職務を怠ったとき、②心身の故障のため職務の執行

に支障がありまたはこれに堪えないときのいずれかに限り、評議員会の普通決議による解任が認められるにすぎない（法人法210①②）。

　なお、利害関係人は、重要な事由があれば、裁判所に清算人の解任の申立てをすることができる（法人法210③）。この申立てが認容されたときは、裁判所書記官により解任の登記が嘱託される（法人法315）。

(5) **任期の満了**

　清算人には法定の任期はないが、定款の定めにより任期を設けることができ、その満了によっても退任する。任期満了により清算人に欠員が生じれば、退任者はなお清算人の権利義務を有する（法人法210④、75①）。

---

## Q8　代表清算人の選定

> 清算開始後において代表清算人を選定するには、どのような手続が必要か。

### Answer. 8

　清算開始後における代表清算人の選定方法は、存続中の一般社団法人における代表理事の選定方法とパラレルであり（327頁以下参照）、次頁表のように分類できる。選定方法ごとの就任承諾の要否、選定方法の変更による代表権の帰趨、代表清算人の地位のみを辞任することの可否についても、存続中の一般社団法人における代表理事の場合と同様の結論が妥当すると解される。

| | |
|---|---|
| 非清算人会設置法人 | ① 清算人が1人の場合、当該清算人が代表清算人となる（法人法214①本文）。<br>② 清算人が2人以上ある場合、各清算人が代表清算人となる（法人法214②）。<br>③ 清算人が2人以上ある場合には、定款、定款の定めに基づく清算人（裁判所の選任したものを除く）の互選または社員総会もしくは評議員会の決議によって代表清算人を定めることができる（法人法214③）。 |
| 清算人会設置法人 | ④ 清算人会は、代表清算人を選定しなければならない（法人法220③）。<br>⑤ 定款に定めがある場合には、社員総会（評議員会）の決議によっても代表清算人を定めることができる（法人法35②、178②）。 |

(2) なお、清算人となる者がおらず、裁判所が利害関係人の申立てにより清算人を選任した場合には、その清算人の中から代表清算人が選定され得る（法人法214⑤）。

## Q9 代表清算人の退任

代表清算人は、どのような事由により退任するか。

### Answer. 9

代表清算人が、①清算人としての地位を失った場合、②辞任しまたは解職された場合に退任することについても、存続中の一般社団法人の代表理事の退任事由とパラレルである。

なお、代表清算人にも、欠員が生じた場合の措置の規定が準用されてい

る（法人法214⑦、79）。

## ２．登記手続

**Q10** 最初の清算人及び代表清算人の就任登記ならびに清算人会の設置登記の申請事項

> 最初の清算人及び代表清算人の就任の登記ならびに清算人会設置法人である旨の登記の申請書（情報）は、どのように記載（記録）すべきか。

**Answer.10**

　一般的な記載（記録）事項のほか、以下の事項を内容とする（法人法330、商登法17②③）。

(1) **登記の事由**

　「平成○年○月○日清算人及び代表清算人の就任」「平成○年○月○日清算人会の設置」とする。これらは、設立登記事項（法人法301②、302②）に含まれないいわゆる「独立の登記」であり、原因年月日は登記されないが、登記官において登記期間（法人法310）の起算点を確認する必要があることから、就任（設置）の年月日を「登記の事由」として明らかにする（昭和57年7月20日民四4455号）。

(2) **登記すべき事項**

　清算人の氏名、代表清算人の氏名及び住所ならびに清算人会を置く旨である（法人法310①一ないし三）。

<電子データ入力例>

```
「役員に関する事項」
「資格」清算人
「氏名」甲野一郎
                    （中　略）
「役員に関する事項」
「資格」代表清算人
「住所」○県○市○丁目○番○号
「氏名」甲野一郎
                    （中　略）
「清算人会設置法人に関する事項」清算人会設置法人
```

(3) **登録免許税額**

　最初の清算人及び代表清算人の登記の登録免許税は、申請1件につき金9,000円の定額課税である（登税法別表第1二十四(四)イ）。清算人会設置法人の定めの設定登記の登録免許税はこれに含まれ、別途納付する必要はない（平成20年9月1日民商2351号通達）。

(4) **添付書面**

① 定　款

　清算人に関する定めまたは清算人会の設置に関する定めの有無を証するため、（最初の）清算人の就任による変更の登記の申請書には、定款を添付する（法人法326①）。

② 清算人の選任を証する書面

　清算人を①定款によって定めた場合には定款を（一般登記規則3、商登規則61①）、②社員総会（評議員会）の決議によって選任した場合には社員総会（評議員会）議事録を（法人法317②）、③裁判所が選任した場合には裁判所の選任決定書（法人法326③）を添付する（平成20年9月1日民商

2351号通達)。法定清算人が就任する場合であれば、当該書面は必要ない。
③　清算人の就任承諾を証する書面
　定款または社員総会決議（評議員会決議）により選任された清算人については、就任承諾が必要であり、その意思表示があったことを証する書面を添付する（法人法326②）。法定清算人または裁判所が選任した清算人については、当該書面は必要ない。
④　代表清算人の選定を証する書面
　清算人会設置法人では、清算人会議事録がこれに該当する。
　非清算人会設置法人において代表清算人が定められたときは、その選定方法に応じて、①定款による場合には定款を（一般登記規則3、商登規則61①）、②定款の定めに基づく清算人の互選による場合には定款及び清算人の一致を証する書面を（一般登記規則3、商登規則61①、法人法317①）、③社員総会（評議員会）の決議による場合には、社員総会（評議員会）議事録を（法人法317②）添付する。
　なお、代表清算人を裁判所が定めた場合にあっては、その決定書を（法人法326③）添付する。
⑤　代表清算人の就任承諾を証する書面
　清算人の選任機関と代表清算人の選定機関とが異なる場合（清算人会決議または定款の定めに基づく清算人の互選により代表清算人が選定される場合）には、両地位についての就任承諾の意思表示を要するとするのが登記実務であり、代表清算人についても就任承諾を証する書面を添付することになる。
　なお、清算人（及び代表清算人）については、印鑑証明書の添付の規定（一般登記規則3、商登規則61②ないし④）は準用されていない。
⑥　代表清算人の氏名及び住所を証する書面
　裁判所が選任した清算人の中から代表清算人を定めた場合にあっては、その氏名及び住所を証する書面を添付する（法人法326③）。

## Q11 社員総会議事録・評議員会議事録

清算人の就任登記の申請書(情報)に添付すべき社員総会議事録(評議員会議事録)の議案の記載は、どのようになるか。

## Answer.11

例えば、次のようになる。

---

第○号議案　清算人選任の件

議長は、当法人が平成○年○月○日をもって解散することを受け、同日において次の者を清算人に選任したい旨を述べ、可否を議場に諮ったところ、満場一致をもって可決確定した。

　　住所　○県○市○丁目○番○号
　　清算人候補者　甲野　一郎

　　　　　　　（中　略）

なお、被選任者は、席上就任を承諾した。


第○号議案　定款一部変更の件

議長は以下のとおり、定款を変更し、清算人会を設置する必要がある旨を説明し、議場に諮ったところ、全員一致でこれを承認した。

　定款第○条の後に次の1条を加えること。
　(清算人会設置法人に関する定め)
　　第○条の○　当法人には、清算人会を置く。

---

## Q12 代表清算人の選定を証する書面

代表清算人の就任登記の申請書（情報）に添付すべき清算人会議事録・清算人の一致を証する書面の記載は、どのようになるか。

### Answer.12

例えば、次のようになる。

(1) 清算人会議事録

---

**清算人会議事録**

　平成○年○月○日の臨時社員総会（臨時評議員会）で選任された清算人3名は、同日午後○時○分より、当法人の主たる事務所会議室において清算人会を開催した。

　　　出席清算人　　甲野 一郎（議長）

　　　　　　　　　　甲野 二郎
　　　　　　　　　　甲野 三郎
　　　出席監事　　　甲野 春子

　　　　　　第○号議案　代表清算人選定の件

　議長は、代表清算人を選定する必要があり、自らその任に就くべき旨を述べ、その可否を議場に図ったところ、清算人の全員一致をもって可決した。
　なお、今後における方針等につき協議を行い、午後○時○分閉会した。
　決議を明確にするため、この議事録を作成し、出席者の全員が議事録作成者として次に記名押印する。
　平成○年○月○日

　　　　　　　　　　　　一般社団法人（一般財団法人）○○協会
　　　　　　　　　　　　　　代表清算人　　甲野 一郎　㊞
　　　　　　　　　　　　　　出席清算人　　甲野 二郎　㊞
　　　　　　　　　　　　　　出席清算人　　甲野 二郎　㊞
　　　　　　　　　　　　　　出席監事　　　甲野 春子　㊞

(2) 清算人の一致を書する書面

清算人互選書

　日　　時　　平成○年○月○日午前○時から午前○時
　場　　所　　当法人役員会議室

　本日、当法人定款第○条の規定に基づき、清算人全員の互選によって、次の者を代表清算人に選定した。なお、被選定者は、席上、即時に就任することを承諾した。

　　○県○市○丁目○番○号
　　　清算人　甲野 一郎

　以上のとおり決定したことを明確にするため、この互選書を作成し、清算人は次に記名押印する。
　　平成○年○月○日

　　　　　　　　　　　　　　一般社団法人（一般財団法人）○○協会
　　　　　　　　　　　　　　　清算人　　　甲野 一郎　㊞
　　　　　　　　　　　　　　　清算人　　　甲野 二郎　㊞
　　　　　　　　　　　　　　　清算人　　　甲野 三郎　㊞

## Q13 清算人・代表清算人の退任の登記の申請事項

> 清算人の退任の登記の申請書（情報）は、どのように記載（記録）すべきか。

### Answer.13

一般的な記載（記録）事項のほか、以下の事項を内容とする（法人法330、商登法17②③）。

(1) **登記の事由**

「清算人（代表清算人）の変更」とする。

(2) **登記すべき事項**

　清算人(代表清算人)が退任する旨及びその年月日である。最初の清算人(代表清算人)の就任登記とは異なり、原因年月日は登記事項となる。

＜電子データ入力例＞

```
「役員に関する事項」
「資格」清算人
「氏名」甲野一郎
「原因年月日」平成○年○月○日退任(辞任、解任、死亡、資格喪失)
「役員に関する事項」
「資格」代表清算人
「氏名」甲野一郎
「原因年月日」平成○年○月○日退任(辞任、解任、死亡)
```

(3) **登録免許税額**

　清算人(代表清算人)の変更は、申請1件につき金6,000円の定額課税である(登税法別表第1二十四(四)ニ)。

(4) **添付書面**

　清算人(代表清算人)の退任を証する書面を添付する(法人法327②)。その態様は、存続中の法人における役員の退任の登記(法人法320⑤)と同様である。

# 第3節

# 清算の結了及び法人の継続

## 1．実体手続

### Q1　清算手続の概要

清算法人においては、どのような手続が行われるか。

### Answer. 1

清算法人は、法律関係の清算処理をするため、次表のような手続を行うことになる。

> ① 清算開始原因が生じた日における財産目録及び貸借対照表の作成、社員総会または評議員会による承認[※1]（法人法225①③）
> ② 各清算事務年度における貸借対照表及び事務報告ならびにこれらの附属明細書の作成、社員総会または評議員会による承認[※2]（法人法227、230）
> ③ 債権申出公告及び債権者に対する各別の催告[※3]（法人法233）
> ④ 清算人による清算事務（法人法212）
> 　ⅰ）現務の結了[※4]
> 　ⅱ）債権の取立て及び債務の弁済[※5][※6・7・8]
> 　ⅲ）残余財産の引渡し[※9・10]

※1　清算人会設置法人では、清算人会の承認も必要となる（法人法225②）。承認を受けた財産目録等は、清算結了の登記がされるまで保存される（法人法225④）。

※2　清算人会設置法人では清算人会の承認、監事設置清算法人では監事による監査も必要となる（法人法228）。承認を受けた貸借対照表等は、清算結了の登記がされるまで主たる事務所に備え置かれ、社員、評議員または債権者に開示される（法人法229②）。

※3　2か月を下らない一定の期間内に債権を申し出るべき旨を官報により公告し、かつ知れている債権者に各別に催告しなければならない。また、公告には、当該債権者が当該債権申出期間内に申出をしないときは清算から除斥される旨が付記される（法人法238参照）。公益法人であった清算法人は、当該期間経過後に行政庁への届出が必要となる（認定法26②）。

※4　「現務の結了」とは、解散時に終了していない法人の事務を完了させることである。例えば、解散前に締結した売買契約の履行のために第三者から物品を買い入れることなどである。

※5　弁済期未到来の債権については、直ちに取立てができるわけではないので、その到来を待つか、第三者に債権譲渡するなどの方法で、債権の回収を図ることが必要となる。

※6　清算法人は、債権申出期間内は原則として債務を弁済することができないが、その遅滞による賠償責任を免れることができるわけではない（法人法234①）。ただし、少額の債権、清算法人の財産につき存する担保権によって担保される債権その他これを弁済しても他の債権者を害するおそれがない債権に係る債務については、清算人全員の同意に基づき裁判所の許可を得ることで、当該期間内であっても弁済することができる（法人法234②）。

※7　条件付債権、存続期間が不確定な債権その他その額が不確定な債権

に係る債務も弁済することができるが、これらの債権を評価させるために、裁判所に対し、鑑定人の選任の申立てをしなければならない（法人法235）。

※8　清算一般社団法人が基金を募集していたときは、基金の返還に係る債務の弁済は、その余の債務の弁済がされた後でなければすることができない（法人法236）。

※9　残余財産の引渡しは、その存否または額について争いのある債権に係る債務についてその弁済をするために必要と認められる財産を留保した場合でない限り、清算法人の債務を弁済した後に行わなければならない（法人法237）。

※10　残余財産の帰属先は、まず定款により決定され、定款で定まらないときは、社員総会または評議員会の決議によって定める（法人法239①②）。公益法人でなければ、帰属先を社員または設立者とすることも差し支えない（認定法5十八参照）。帰属が定まらない残余財産は、国庫に帰属する（法人法239③）。

## Q2　清算の結了

> 清算法人の法人格は、いつ消滅するのか。

### Answer.2

(1)　清算法人は、清算事務が終了したときは、遅滞なく決算報告を作成し、社員総会または評議員会の承認を受けなければならない（法人法240①ないし③。清算人会設置法人においては清算人会の承認も要する）。社員総会または評議員会の承認により法人格は消滅し、清算人の責任が解除される（法人法240④）。

(2)　決算報告は、以下の事項を内容としなければならない（法人規則74）。

- ① 債権の取立て、資産の処分その他の行為によって得た収入の額（適切な項目に細分することができる）
- ② 債務の弁済、清算に係る費用の支払いその他の行為による費用の額（適切な項目に細分することができる）
- ③ 残余財産の額（支払税額がある場合には、その税額及び当該税額を控除した後の財産の額）
- ④ 上記③の注記として、残余財産の引渡しを完了した日

(3) 公益法人であった清算法人は、行政庁への届出も必要となる（認定法26③）。

## Q3 法人の継続

解散した法人が事業を継続するには、どのような手続が必要か。

### Answer. 3

(1) 清算一般社団法人にあっては、清算開始原因が、①存続期間の満了、②解散事由の発生、③社員総会の決議による解散であるときは、社員総会の特別決議によって、一般社団法人を継続することができる（法人法150、49②六）。また、休眠一般社団法人として解散したものとみなされた場合にあっては、その後3年以内に限り、社員総会の特別決議により継続が可能である。

(2) 清算一般財団法人にあっては、清算開始原因がその純資産額が300万円に満たないことによる解散（法人法202②③）である場合において、清算事務年度（法人法227①）に係る貸借対照表上の純資産額が300万円以上となったときは、評議員会の特別決議によって、一般財団法人を継続することができる（法人法204一、189②五）。また、休眠一般財団

法人として解散したものとみなされた場合にあっては、その後3年以内に限り、評議員会の特別決議により継続が可能である（法人法204二）。

## 2．登記手続

**Q4** 清算結了の登記の申請事項

> 一般社団法人または一般財団法人の清算結了の登記の申請書（情報）は、どのように記載（記録）すべきか。

**Answer. 4**

一般的な記載（記録）事項のほか、以下の事項を内容とする（法人法330、商登法17②③）。

(1) **登記の事由**

「清算結了」とする。

(2) **登記すべき事項**

清算が結了した旨及びその年月日である。清算結了の年月日は、清算開始の日から2か月を経過したものでなければ、登記の申請は受理されない（会社に関する昭和33年3月18日民甲572号）。清算結了の登記がされると、当該法人の登記記録は閉鎖される（一般登記規則3、商登規則80①五、②）。

第3節　清算の結了及び法人の継続　457

＜電子データ入力例＞

```
「登記記録に関する事項」
平成○年○月○日清算結了
```

(3) **登録免許税額**

申請1件につき金2,000円の定額課税である（登税法別表第1二十四(四)ハ）。

(4) **添付書面**

決算報告の承認があったことを証する書面（法人法328）として、清算一般社団法人においては社員総会議事録を、清算一般財団法人においては評議員会議事録を添付する。

---

**Q5** 社員総会議事録・評議員会議事録

> 清算結了の登記の申請書（情報）に添付すべき社員総会議事録（評議員会議事録）の議案の記載は、どのようになるか。

**Answer.5**

例えば、次のようになる。

```
        第○号議案　清算事務決算報告書承認の件

　議長は、当法人の清算結了に至るまでの経過について詳細に説明
し、別紙「清算事務決算報告書」を朗読の上、その承認を求めたとこ
ろ、全員異議なく承認した。
```

(別紙)

### 清算事務決算報告書

1　債権の取立て、資産の処分によって得た収入の額
　　金○円
2　債務の弁済、清算に係る費用の支払いによる費用の額
　　金○円
3　現在の残余財産額
　　金○円
4　社員（設立者）に対する1名当たり分配額
　　（分配完了日　平成○年○月○日）
　　社員（設立者）1名当たり　金○円

上記のとおり清算結了したことを報告する。
　平成○年○月○日

　　　　　　　　　　　　一般社団法人（一般財団法人）○○協会
　　　　　　　　　　　　代表清算人　　甲野　一郎　㊞

---

## Q6　清算結了の登記の申請時期

解散の日から2か月を経過しない日を清算結了の日とする登記の申請は受理されるか。

## Answer. 6

　解散の日から2か月を経過しない日を清算結了の日とする登記の申請は受理されない。債権者の債権申出期間は、解散の日から2か月以上必要だからである（法人法233①）。
　しかし、誤って当該登記が受理された場合でも、職権による抹消はできない（会社に関する昭和33年3月18日民甲572号）。職権による抹消ができるのは、法人法第330条で準用する商業登記法第24条第一号から第三

号までまたは第五号に掲げる事由がある場合と、登記された事項につき無効の原因がある場合（訴えをもってのみ無効を主張することができる場合を除く）に限られるからである（法人法330、商登法135①）。

## Q7 清算結了登記を申請により抹消する場合の添付書面

清算結了登記を申請により抹消する場合の添付書面は何か。

### Answer. 7

清算結了登記を抹消する登記の申請書には、法人名義の不動産登記事項証明書等、清算が結了していないことを証する書面を添付しなければならない（会社に関する昭和28年12月4日民甲2321号）。

## Q8 債務超過の決算報告書を添付した清算結了登記

債務超過の決算報告書を添付した清算結了登記は受理されるか。

### Answer. 8

債務超過の決算報告書において、超過債務部分を社員または設立者個人が負担する旨が記載されている場合、超過債務について免責的に債務引受けがされて、当該法人に債務がない状態で承認を受けた決算報告書の添付がない限り、登記の申請は受理されない（会社に関する昭和43年5月2日民甲1265号）。

## Q9 継続の登記の申請事項

解散した一般社団法人または一般財団法人の継続の登記の申請書は、どのように記載（記録）すべきか。

## Answer. 9

一般的な記載（記録）事項のほか、以下の事項を内容とする（法人法330、商登法17②③）。

(1) **登記の事由**

「法人の継続」ならびに「理事及び代表理事の変更」とする。

また、解散の登記の際に理事会及び会計監査人設置の旨の登記は職権抹消されており、かつ、法人継続の登記により解散、清算人会設置の旨、清算人及び代表清算人に関する事項に加えて監事設置清算法人である旨が職権抹消されるため（一般登記規則3、商登規則72①、73）、一般社団法人が継続後に理事会、監事または会計監査人を設置するときは、それらの設置の旨及び当該機関設計に応じた役員等の就任登記を併せて申請する必要がある。一般財団法人でも、継続後に会計監査人を設置するときはその旨及び会計監査人の就任登記を、清算中に監事が置かれていなければ監事の就任登記を申請する必要がある。

さらに、一般社団法人において、清算開始原因が存続期間の満了または解散事由の発生による解散であったときは、「存続期間（解散事由）の定めの変更（廃止）」をも申請しなければならない（一般財団法人では継続は許されない）。

(2) **登記すべき事項**

法人継続の旨及びその年月日、理事の氏名、代表理事の氏名及び住所ならびにこれらの者の就任年月日である。

〈電子データ入力例〉

```
「法人継続」平成○年○月○日法人継続
              （中　略）
「役員に関する事項」
「資格」理事
「氏名」甲野一郎
「原因年月日」平成○年○月○日就任
「役員に関する事項」
「資格」代表理事
「住所」○県○市○町○丁目○番○号
「氏名」甲野一郎
「原因年月日」平成○年○月○日就任
```

(3) **登録免許税額**

　法人継続の登記の登録免許税は、金3万円の定額課税である（登税法別表第1二十四(一)ツ)。さらに、理事及び代表理事に関する事項の変更分として金1万円を納付する必要がある（同カ）。

(4) **添付書面**

① 　社員総会議事録・評議員会議事録

　法人の継続決議及び継続後の理事の選任決議の成立を証するため、社員総会議事録（評議員会議事録）を添付する（法人法317②）。なお、純資産額が法定額未満となったことにより解散した一般財団法人（法人法202②③）が臨時評議員会決議により継続する場合に、純資産額が法定額を回復したことを証する書面を要求する規定はないが、設立時及び解散時の規制との均衡上、少なくとも評議員会議事録にその旨が記載されているのが望ましい（法人法324①参照）。

② 　代表理事の選定を証する書面

理事の中から代表理事が選定される場合には、理事会議事録（非理事会設置一般社団法人にあっては、その選定方法に応じ、定款、理事の一致を証する書面または社員総会議事録）を添付する（法人法317①②）。
③　就任承諾を証する書面

理事及び代表理事の就任承諾を証する書面（法人法320①）である。もっとも、就任承諾を証する書面については、その旨が添付された議事録等の記載によって明らかな場合には、当該議事録等を援用することができる。
④　印鑑証明書

理事会設置一般社団法人または一般財団法人においては、代表理事の就任承諾を証する書面に押印された印鑑についての印鑑証明書（一般登記規則3、商登規則61②後段、③）及び代表理事の選定を証する理事会議事録に押印された出席理事及び監事の印鑑についての印鑑証明書（一般登記規則3、商登規則61④三）である。

非理事会設置一般社団法人においては、理事の就任承諾を証する書面に押印された印鑑についての印鑑証明書（一般登記規則3、商登規則61②後段）及び代表理事の選定を証する社員総会議事録または理事の互選を証する書面に押印された印鑑についての印鑑証明書である（一般登記規則3、商登規則61④一・二）。

## Q10 社員総会議事録・評議員会議事録

継続の登記の申請書（情報）に添付すべき社員総会議事録（評議員会議事録）の議案の記載は、どのようになるか。

### Answer. 10

例えば、次のようになる。

```
            第○号議案　法人継続の件

　議長は、法人を解散前の状態に復し、事業を継続したい旨を述べ、
その可否を議場に諮ったところ、満場一致をもって可決確定した。


            第○号議案　理事の選任の件

　議長は、理事3人を選任する必要がある旨を述べ、次の者を理事に
選任することにつき可否を議場に諮ったところ、満場一致をもって可
決確定した。

　　理事　　甲野 一郎
　　理事　　甲野 二郎
　　理事　　甲野 三郎
　なお、被選任者は、席上就任を承諾した。
```

## Q11　清算開始時の機関設計に関する定款の定めの効力

> 清算開始時において理事会または会計監査人が設置され
> ていた清算法人が、継続後にこれらの機関を置く場合
> に、定款変更決議が必要となるか。

## Answer. 11

　一般社団法人における理事会を置く旨または会計監査人を置く旨の定めの登記、一般財団法人における会計監査人を置く旨の定めの登記は、解散の登記がされることにより職権で抹消されるが（一般登記規則3、商登規則72）、定款の定めとしての効力は引き続き存続する（いわゆる「空振り」の状態となる）。したがって、例えば清算開始時に理事会設置一般社団法人であった法人が理事会設置一般社団法人として継続する場合には、特に定款変更決議を要することなく、理事会を置くべきこととなる（株式会社に

関する相澤哲＝松本真「商業登記実務のための会社法Q＆A(4)」月刊登記情報541号28頁)。この場合、会社継続の登記と同時に、定款を添付して理事会設置一般社団法人である旨の登記を申請すべきことになる。

## Q12 解散登記未了のまま法人を継続した場合

> 解散の登記前に法人を継続した場合、解散登記を省略できるか。

### Answer.12

解散の登記前に法人を継続した場合、解散登記を省略することはできない。この場合、法人継続の登記と同時に解散登記、清算人及び代表清算人の就任登記ならびに役員の就任登記を申請する必要がある（会社に関する昭和39年1月29日民甲206号)。

## Q13 法人継続の登記申請と印鑑証明書の添付

> 法人継続の登記申請の際に、印鑑証明書の添付を要するか。

### Answer.13

解散当時の代表理事が法人継続に際し代表理事に再選された場合にも、再任には該当せず、就任を承諾したことを証する書面に押印された印鑑につき印鑑証明書の添付が必要である。

また、代表清算人であった者が理事会議事録に届出印を押印しても、一般社団法人等登記規則第3条で準用する商業登記規則第61条第4項ただし書の適用はない（会社に関する昭和43年2月16日民甲303号)。したがって、法人継続の登記の申請書には常に印鑑証明書の添付が必要となる。

# 第6章

# 合併に関する登記

第1節 吸収合併
第2節 新設合併

# 第1節

# 吸収合併

## 1．実体手続

### Q1 合併の意義と態様

合併とは何か。また、どのような態様が認められているか。

### Answer. 1

(1) 一般社団・財団法人法にいう「合併」とは、2つ以上の一般社団法人または一般財団法人が契約（合併契約）を締結して行う行為であって、その当事者たる法人の一部または全部が解散し、解散する法人の権利義務の全部が、清算手続を経ることなく存続する法人（新設される法人）に一般承継される効果を持つものである（法人法2五・六）。

消滅する一般社団法人の社員は、合併によりその地位を失う（対価の交付は行われない）が、これは、一般社団法人の社員が「持分」を有しないことの結果である（一般財団法人と委任関係に立つにすぎない評議員についても同様である）。他方、経済的な利益を配当以外の方法で社員に帰属させることは、必ずしも不可能ではないと解されていることから、存続する法人に残存する社員とそうでない社員との公平をいかに図るかが、実務上の課題となると思われる。

(2) 合併には、「吸収合併」と「新設合併」とが認められる。吸収合併は、当事者たる法人のうちの一つが存続し（吸収合併存続法人）、他の法人が解散する（吸収合併消滅法人）ものである（法人法244ないし253、法人

規則75ないし80)。

これに対して、新設合併は、新たな法人が設立され（新設合併設立法人）、それと同時に当事者たる法人の全部が解散する（新設合併消滅法人）ものである（法人法254ないし260、法人規則81ないし84）。

## Q2 合併当事者たる法人の種類

> 合併の当事者となる法人の種類には、どのような制限があるか。

### Answer. 2

(1) 一般社団法人または一般財団法人は、他の一般社団法人または一般財団法人と合併することができる（法人法242前段）。すなわち、①一般社団法人間の合併、②一般財団法人間の合併、③一般社団法人と一般財団法人との合併の、いずれもが可能である。

ただし、①一般社団法人間の合併であるときは、吸収合併存続法人または新設合併設立法人は、一般社団法人でなければならない（法人法243①一）。また、②一般財団法人間の合併であれば、吸収合併存続法人または新設合併設立法人は、一般財団法人でなければならない（法人法243①二）。さらに、③一般社団法人と一般財団法人との合併であっても、当事者たる一般社団法人が合併契約の締結の日までに基金の全額を返還していないときは、吸収合併存続法人または新設合併設立法人は、一般社団法人でなければならない（法人法243②）。

(2) 公益社団法人または公益財団法人（公益法人）は、一般社団法人または一般財団法人が公益認定を受けたものにすぎないことから（認定法2一ないし三、4）、上述の規律に従って、他の一般社団法人または一般財団法人と合併することができる（公益法人間の合併も、無論可能である）。

なお、公益法人の合併に伴い「変更の認定」が必要な場合には、その申請が必要である（認定法11①、認定規則8ないし11。「軽微な変更」の意義につき同7）。また、公益法人が新設合併消滅法人となり、新設合併設立法人にその地位を承継させるには、行政庁による認可を申請することになる（認定法25①、認定規則42、43）。

　変更の認定の申請（認定法11①）または新設合併による地位の承継の認可の申請（認定法25①）をしない場合には、合併する旨を行政庁に届け出なけばならない（認定法24①一、認定規則41。「変更の届出」ではないことにつき認定法13①柱書（　）書）。

(3)　特例民法法人は、吸収合併に限り、他の特例民法法人と合併することができる（整備法66①）。特例民法法人が新設されることは望ましくないため、新設合併は禁止されている。また、通常の一般社団法人または一般財団法人との合併もすることはできない（整備法66①による法人法242の適用除外）。

(4)　一般社団法人または一般財団法人が、会社などの他の法律に基づき設立された法人との間で合併することはできない（『一問一答　公益法人関連三法』（前掲）163頁）。

## Q3　吸収合併の手続の概要

> 吸収合併の手続は、どのように行われるか。

### Answer. 3

　吸収合併の法定手続は、次頁上図のように概観できる。合併契約の承認決議と債権者異議手続とに先後関係はなく、並行的に行うことができる。主たる事務所の所在地における吸収合併による解散の登記と変更の登記とは、同時に申請しなければならない（法人法330、商登法82③）。

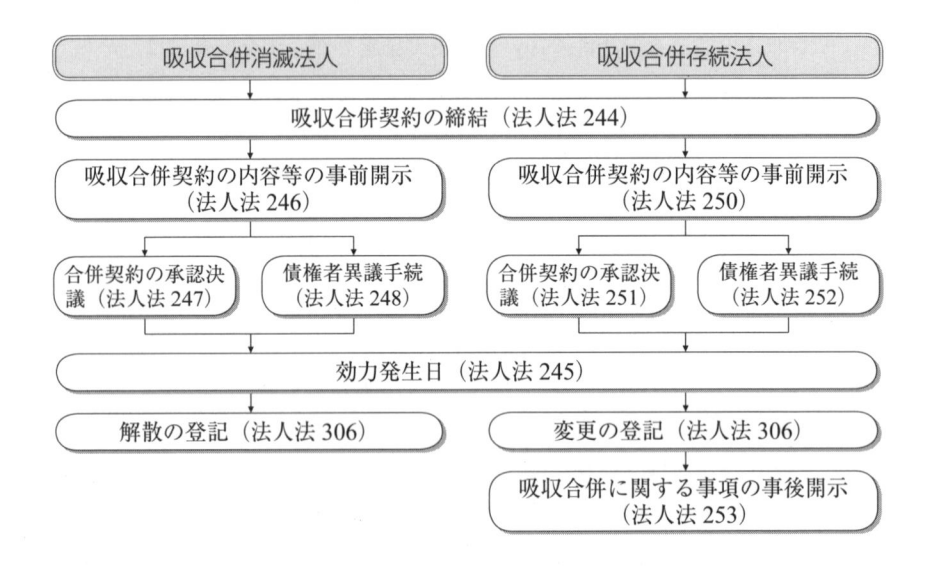

```
┌─────────────────────┐         ┌─────────────────────┐
│   吸収合併消滅法人    │         │   吸収合併存続法人    │
└──────────┬──────────┘         └──────────┬──────────┘
           │   吸収合併契約の締結（法人法244）         │
           ├──────────────────────────────────────────┤
 ┌─────────┴─────────┐               ┌────────────────┴──┐
 │ 吸収合併契約の内容等の事前開示 │               │ 吸収合併契約の内容等の事前開示 │
 │     （法人法246）              │               │     （法人法250）              │
 └─┬──────────────┬──┘               └─┬──────────────┬──┘
┌──┴──────┐ ┌─────┴────┐           ┌──┴──────┐ ┌─────┴────┐
│合併契約の承認決│ │債権者異議手続│           │合併契約の承認決│ │債権者異議手続│
│議（法人法247）│ │（法人法248）│           │議（法人法251）│ │（法人法252）│
└────┬────┘ └────┬─────┘           └────┬────┘ └────┬─────┘
           │          効力発生日（法人法245）         │
 ┌─────────┴─────────┐               ┌───────────────┴───┐
 │  解散の登記（法人法306）          │               │  変更の登記（法人法306）         │
 └───────────────────┘               └─┬─────────────────┘
                                        │ 吸収合併に関する事項の事後開示 │
                                        │     （法人法253）              │
                                        └───────────────────┘
```

## Q4 吸収合併契約の締結

**吸収合併契約において定めるべき事項は何か。**

### Answer. 4

(1) 吸収合併の法定手続として、まず、当事者たる法人間で「吸収合併契約」が締結される。当該行為は、通常は「重要な業務の執行」に該当するため、業務執行決定機関の決定（非理事会設置一般社団法人においては理事の過半数の決定、理事会設置一般社団法人または一般財団法人においては理事会の決議）が必要である。

吸収合併契約において定めるべきは、次の2事項のみである（法人法244）。

> ① 吸収合併存続法人及び吸収合併消滅法人の名称及び住所
> ② 吸収合併がその効力を生ずる日（効力発生日）

(2) 吸収合併契約では、法定事項のほかに、吸収合併存続法人の定款変更に関する事項や役員の就任または退任に関する事項が定められることが多いであろうが、これらの定めは、契約当事者たる法人を債権的に拘束するにすぎない（『一問一答 公益法人関連三法』（前掲）165頁）。実際にこれらの事項の効力を生じさせるには、合併契約の承認決議とは別に、定款変更決議や役員選任決議が必要となる。

## Q5 吸収合併契約の内容等の事前開示

吸収合併契約の内容等の事前開示とは、どのような手続か。

## Answer. 5

(1) 吸収合併消滅法人は、「吸収合併契約備置開始日」から「効力発生日」までの間、吸収合併契約の内容その他の事項（法人規則75①）を記載（記録）した書面（電磁的記録）を、その主たる事務所に備え置かなければならない（法人法246①）。吸収合併消滅法人の社員、評議員及び債権者は、その業務時間内はいつでも、当該書面（電磁的記録を表示したもの）の閲覧を請求し、または当該吸収合併消滅法人の定めた費用を支払って、その謄抄本の交付（電磁的方法による提供または記載書面の交付）を請求することができる（法人法246③）。

① 吸収合併契約備置開始日

　吸収合併消滅法人における「吸収合併契約備置開始日」とは、次のいずれか早い日をいう（法人法246②）。

> ①　一般社団法人である吸収合併消滅法人にあっては、合併契約を承認する社員総会（法人法247）の日の2週間前の日（社員総会の決議を省略する場合（法人法58①）にあっては、理事または社員による議案の提案があった日）
> ②　一般財団法人である吸収合併消滅法人にあっては、合併契約を承認する評議員会（法人法247）の日の2週間前の日（評議員会の決議を省略する場合（法人法194①）にあっては、理事による議案の提案があった日）
> ③　債権者異議手続（法人法248②）における公告の日または催告の日のいずれか早い日

②　開示すべき事項

　吸収合併消滅法人の事前開示事項は、「吸収合併契約の内容」のほか、次のとおりである（法人規則75①）。

> ①　吸収合併存続法人の定款の定め
> ②　吸収合併存続法人についての次の事項
> 　イ　最終事業年度（法人法2二・三）に係る計算書類等（最終事業年度がない場合にあっては、吸収合併存続法人の成立の日における貸借対照表）の内容
> 　ロ　最終事業年度の末日（最終事業年度がない場合にあっては、吸収合併存続法人の成立の日）後に重要な財産の処分、重大な債務の負担その他の法人財産の状況に重要な影響を与える事象が生じたときは、その内容（吸収合併契約備置開始日後吸収合併の効力が生ずる日までの間に新たな最終事業年度が存することとなる場合にあっては、当該新たな最終事業年度の末日後に生じた事象の内容に限る）
> ③　吸収合併消滅法人（清算法人を除く）についての次の事項
> 　イ　吸収合併消滅法人において最終事業年度の末日（最終事業年度がない場合にあっては、吸収合併消滅法人の成立の日）後に重要な財産の処分、重大な債務の負担その他の法人財産の状況に重要な影響を与える事象が生じたときは、その内容（吸収合併契約備置開始日

　　　　後吸収合併の効力が生ずる日までの間に新たな最終事業年度が存することとなる場合にあっては、当該新たな最終事業年度の末日後に生じた事象の内容に限る）
　　　□　吸収合併消滅法人において最終事業年度がないときは、吸収合併消滅法人の成立の日における貸借対照表
　④　吸収合併が効力を生ずる日以後における吸収合併存続法人の債務（吸収合併について異議を述べることができる債権者（法人法248①）に対して負担する債務に限る）の履行の見込みに関する事項
　⑤　吸収合併契約備置開始日後、①ないし④の事項に変更が生じたときは、変更後の当該事項

※　「計算書類等」とは、各事業年度に係る計算書類（法人法123②、199）及び事業報告をいい、監事または会計監査人による監査が行われる場合（法人法124①②、199）には、監査報告または会計監査報告を含む（法人規則75②。なお、一般財団法人であれば監査報告は必要的である）。相手方が会計監査人を設置した法人であるときは、事業年度末日後定時社員総会（定時評議員会）前の時期において、当該事業年度が「最終の事業年度」となっているケースがあるため（法人法127、199参照）、留意を要する。

(2)　吸収合併存続法人は消滅法人とは異なり、「吸収合併契約備置開始日」から「効力発生日後6か月を経過する日」までの間、吸収合併契約の内容その他の事項（法人規則77）を記載（記録）した書面（電磁的記録）をその主たる事務所に備え置かなければならない（法人法250①）。閲覧等の請求権者は、吸収合併存続法人の社員、評議員及び債権者である（法人法250③）。

①　吸収合併契約備置開始日

　吸収合併存続法人における「吸収合併契約備置開始日」とは、次のいずれか早い日をいう（法人法250②）。

> ① 一般社団法人である吸収合併存続法人にあっては、合併契約を承認する社員総会（法人法251）の日の2週間前の日（社員総会の決議を省略する場合（法人法58①）にあっては、理事または社員による議案の提案があった日）
> ② 一般財団法人である吸収合併存続法人にあっては、合併契約を承認する評議員会（法人法251）の日の2週間前の日（評議員会の決議を省略する場合（法人法194①）にあっては、理事による議案の提案があった日）
> ③ 債権者異議手続（法人法252②）における公告の日または催告の日のいずれか早い日

② 開示すべき事項

　吸収合併存続法人の事前開示事項は、「吸収合併契約の内容」のほか、以下に掲げるとおりである（法人規則77）。

> ① 吸収合併消滅法人（清算法人を除く）についての次の事項
> 　イ　最終事業年度に係る計算書類等※（最終事業年度がない場合にあっては、吸収合併消滅法人の成立の日における貸借対照表）の内容
> 　ロ　最終事業年度の末日（最終事業年度がない場合にあっては、吸収合併消滅法人の成立の日）後に重要な財産の処分、重大な債務の負担その他の法人財産の状況に重要な影響を与える事象が生じたときは、その内容（吸収合併契約備置開始日後吸収合併の効力が生ずる日までの間に新たな最終事業年度が存することとなる場合にあっては、当該新たな最終事業年度の末日後に生じた事象の内容に限る）
> ② 吸収合併消滅法人（清算法人に限る）が作成した清算開始時貸借対照表（法人法225①）
> ③ 吸収合併存続法人についての次の事項
> 　イ　吸収合併存続法人において最終事業年度の末日（最終事業年度がない場合にあっては、吸収合併存続法人の成立の日）後に重要な財産の処分、重大な債務の負担その他の法人財産の状況に重要な影

を与える事象が生じたときは、その内容（吸収合併契約備置開始日後吸収合併の効力が生ずる日までの間に新たな最終事業年度が存することとなる場合にあっては、当該新たな最終事業年度の末日後に生じた事象の内容に限る）
　□　吸収合併存続法人において最終事業年度がないときは、吸収合併存続法人の成立の日における貸借対照表
④　吸収合併が効力を生ずる日以後における吸収合併存続法人の債務（吸収合併について異議を述べることができる債権者（法人法252①）に対して負担する債務に限る）の履行の見込みに関する事項
⑤　吸収合併契約備置開始日後吸収合併が効力を生ずる日までの間に、①ないし④の事項に変更が生じたときは、変更後の当該事項

※　「計算書類等」の意義は、吸収合併消滅法人の事前開示におけるそれと同様である（法人規則75②）。

## Q6　吸収合併契約の承認決議

吸収合併契約の承認決議は、どのように行われるか。

### Answer. 6

(1)　吸収合併消滅法人における吸収合併契約の承認は、効力発生日の前日までに、一般社団法人であれば社員総会、一般財団法人であれば評議員会の決議により行われる（法人法247）。決議要件は、いずれも特別決議である（法人法49②七、189②六）。

(2)　吸収合併存続法人における吸収合併契約の承認の時期、承認機関及びその決議要件も、上記と同様である（法人法251①、49②七、189②六）。吸収合併存続法人では、承継債務の額（法人規則78①）が承継資産の額（法人規則78②）を超える場合（差損が生じる場合。次表）には、理事は、当該承認決議の際に、その旨を説明しなければならない（法人法251②）。

```
┌─────────────────────────────────────────────────────────────┐
│ 吸収合併存続法人が承継する吸収合併消滅法人の債務の額【法人規則78①】│
│ ┌──────────────────────┐     ┌──────────────────────┐       │
│ │吸収合併の直後に吸収合併存続法│     │吸収合併の直前に吸収合併存続法│       │
│ │人の貸借対照表の作成があったも│  −  │人の貸借対照表の作成があったも│       │
│ │のとする場合における当該貸借対│     │のとする場合における当該貸借対│       │
│ │照表の負債の部に計上すべき額  │     │照表の負債の部に計上すべき額  │       │
│ └──────────────────────┘     └──────────────────────┘       │
└─────────────────────────────────────────────────────────────┘
                              ▽
┌─────────────────────────────────────────────────────────────┐
│ 吸収合併存続法人が承継する吸収合併消滅法人の資産の額【法人規則78②】│
│ ┌──────────────────────┐     ┌──────────────────────┐       │
│ │吸収合併の直後に吸収合併存続法│     │吸収合併の直前に吸収合併存続法│       │
│ │人の貸借対照表の作成があったも│  −  │人の貸借対照表の作成があったも│       │
│ │のとする場合における当該貸借対│     │のとする場合における当該貸借対│       │
│ │照表の資産の部に計上すべき額  │     │照表の資産の部に計上すべき額  │       │
│ └──────────────────────┘     └──────────────────────┘       │
└─────────────────────────────────────────────────────────────┘
```

## Q7 債権者の異議手続

債権者の異議手続とは、具体的にどのような手続か。

## Answer. 7

(1) 吸収合併消滅法人においては、1か月を下らない一定の期間を定めて法定事項を官報に公告し、かつ知れている債権者に対して各別に催告しなければならない（法人法248②）。ただし、官報公告に加え、定款に定めた時事に関する事項を掲載する日刊新聞紙による公告または電子公告（法人法331①二・三）により公告したときは、各別の催告を省略することができる（法人法248③。実務上「二重公告」などということがある）。

吸収合併消滅法人が公告（及び催告）すべき事項は、次のとおりである（法人法248②）。

① 吸収合併をする旨
② 吸収合併存続法人の名称及び住所
③ 吸収合併消滅法人及び吸収合併存続法人の計算書類（法人法 123 ②、199）に関する事項（法人規則 76 ①）
　　ⅰ．最終事業年度に係る貸借対照表またはその要旨（法人法 128 ①②、199）につき、イ）官報で公告をしているときは、当該官報の日付及び当該公告が掲載されている頁、ロ）時事に関する事項を掲載する日刊新聞紙で公告をしているときは、当該日刊新聞紙の名称、日付及び当該公告が掲載されている頁、ハ）電子公告（法人法 331 ①三）により公告をしているときは、当該公告の内容である情報について不特定多数の者が提供を受けるために必要な事項（ウェブサイトのＵＲＬ。法人法 301 ②十七イ、302 ②十五イ、法人規則 87 ①二・四）。なお、法人の主たる事務所の公衆の見やすい場所に掲示する方法により公告（法人法 331 ①四、法人規則 88）をしているときは、後述ⅴの方法による。
　　ⅱ．最終事業年度に係る貸借対照表につき、公告に代わる電磁的方法による措置（法人法 128 ③、199）を採っている場合には、貸借対照表の内容である情報について不特定多数の者が提供を受けるために必要な事項（ウェブサイトのＵＲＬ。法人法 301 ②十五、302 ②十三、法人規則 87 ①一・三）
　　ⅲ．最終事業年度がない場合には、その旨
　　ⅳ．清算法人である場合には、その旨
　　ⅴ．ⅰないしⅳ以外の場合には、最終事業年度に係る貸借対照表の要旨の内容（その金額の表示の単位につき、法人規則 76 ②、50）
④ 債権者が 1 か月を下らない一定の期間内に異議を述べることができる旨

期間内に異議を述べなかった債権者は、吸収合併について承認したものとみなされる（法人法248④）。これに対し、債権者が期間内に異議を述べたときは、吸収合併消滅法人は、当該債権者を害するおそれがないときを除き、当該債権者に対し弁済し、相当の担保を提供し、または当該債権者に弁済を受けさせることを目的として信託会社等（信託会社及び信託業務を行う金融機関）に対し相当の財産を信託しなければならない（法人法248⑤）。

　なお、一般社団法人の基金の返還（法人法141以下）に係る債権の債権者は、一般の債権者よりも劣後的な地位にあることにかんがみて（『一問一答 公益法人関連三法』（前掲）168頁）、債権者異議手続の対象とはされていない（法人法248⑥）。

(2)　吸収合併存続法人においても、同様に法定事項の公告及び債権者に対する各別の催告が必要である（法人法252②）。二重公告による各別の催告の省略や、債権者が異議を述べなかった場合の効果、異議を述べた債権者に対する対応、基金の返還に係る債権の債権者の取扱い（法人法252③④⑤⑥）も、吸収合併消滅法人におけると同様である。

　吸収合併存続法人が公告（及び催告）すべき事項は、次のとおりである（法人法252②）。

---

① 吸収合併をする旨
② 吸収合併消滅法人の名称及び住所
③ 吸収合併消滅法人及び吸収合併存続法人の計算書類（法人法123②、199）に関する事項（法人規則79①）
　　ⅰ．最終事業年度に係る貸借対照表またはその要旨（法人法128①②、199）につき、イ）官報で公告をしているときは、当該官報の日付及び当該公告が掲載されている頁、ロ）時事に関する事項を掲載する日刊新聞紙で公告をしているときは、当該日刊新聞紙の名称、日付及び当該公告が掲載されている頁、ハ）電子公告（法人法331①三

> により公告をしているときは、当該公告の内容である情報について不特定多数の者が提供を受けるために必要な事項（ウェブサイトのＵＲＬ。法人法301②十七イ、302②十五イ、法人規則87①二・四）。なお、法人の主たる事務所の公衆の見やすい場所に掲示する方法により公告（法人法331①四、法人規則88）をしているときは、後述ⅴの方法による。
> ⅱ．最終事業年度に係る貸借対照表につき、公告に代わる電磁的方法による措置（法人法128③、199）をとっている場合には、貸借対照表の内容である情報について不特定多数の者が提供を受けるために必要な事項（ウェブサイトのＵＲＬ。法人法301②十五、302②十三、法人規則87①一・三）
> ⅲ．最終事業年度がない場合には、その旨
> ⅳ．清算法人である場合には、その旨
> ⅴ．ⅰないしⅳ以外の場合には、最終事業年度に係る貸借対照表の要旨の内容（その金額の表示の単位につき、法人規則79②、50）
> ④　債権者が1か月を下らない一定の期間内に異議を述べることができる旨

(3) 以上を、一般に「債権者異議手続（または債権者保護手続）」という。各法人における債権者異議手続は、吸収合併の効力発生日までに終了していなければならない（法人法245③）。なお、各法人が同一の公告により、債権者異議手続を行うことは可能である。

(4) 法人の債権者は、日々変動するのが通常であり、その態様も様々であることから、各別の催告の対象となる「知れている債権者」の範囲が問題となる。株式会社に関する判例は、知れている債権者は、催告時点を基準に判断され、①債権者がだれであるか、②どのような原因に基づくどのような内容の債権であるかの大体が知れている債権者をいうと解している（会社に関する大判昭和7年4月30日民集11巻706頁）。したがって、法人が債権の不存在を確信して債権者と争っており、しかもそのよ

うに確信するのが催告当時の事情からみて合理的と認められる場合には、当該債権者は「知れている債権者」には該当しないことになる。

　また、異議を述べた債権者への対応が、弁済、担保の提供または財産の信託に限られていることから、金銭に換算できない債権を有する債権者も、催告の対象には含まれない。

　実務上、少額軽微であって、通常の取引実務に従って直ちに弁済が予定されているような債権者に対しては、催告をしないことが多いようであるが、それが登記申請の添付書面から判明するときは、合併による変更登記が受理されないため、留意が必要である。

## Q8　吸収合併の効力の発生

> 吸収合併の効力は、いつ発生するか。

### Answer.8

(1)　吸収合併の効力は吸収合併契約で定めた効力発生日に発生し、吸収合併消滅法人の権利義務が、包括的に吸収合併存続法人へと承継される（法人法245①）。ただし、吸収合併消滅法人の吸収合併による解散は、その登記の後でなければ第三者に対抗することはできないため（法人法245②）、効力発生日は、合併当事者間（及びその機関にあった者）において特に意義を有するものといえる。

(2)　効力発生日を、合併契約の承認決議日とすることは許されない（会社に関する松井信憲『商業登記ハンドブック』（前掲）513頁）。吸収合併では、効力発生日の前日までに合併契約の承認決議をしなければならないからである（法人法251①）。

　また、効力発生日までに債権者保護手続が終了していなければ、吸収合併の効力は生じない（法人法245③）。このような事態が予想されると

きは、合併当事者間の合意により、効力発生日を延期することになる（法人法249）。延期は、合併契約の承認決議後であってもすることができるが、変更前の効力発生日の前日までに、変更後の効力発生日を公告しなければならない（法人法249②）。なお、同様の手続により、効力発生日を前倒しすることもできるが、この場合の公告は、変更後の効力発生日の前日までに行わなければならない。

(3) 効力発生日は、確定日をもって定めなければならないとする見解があるが（会社に関する相澤哲＝葉玉匡美＝郡谷大輔『論点解説 新会社法』（前掲）704頁参照）、実務上は、吸収合併契約の締結時において債権者異議手続の終了時期が予想できないなど、確定日の設定が困難な場合もある。そこで、効力発生日が第三者には影響を及ぼすものではないことを理由に、当事者間において柔軟に効力発生日を定める（例えば、条件の成否により効力発生日を変えるなど）ことが認められているようである（松井信憲『商業登記ハンドブック』（前掲）516頁参照）。

---

**Q9** 吸収合併に関する事項の事後開示

> 吸収合併契約に関する事項の事後開示とは、どのような手続か。

**Answer. 9**

(1) 吸収合併存続法人は、効力発生日後遅滞なく、吸収合併により吸収合併存続法人が承継した吸収合併消滅法人の権利義務その他の吸収合併に関する事項（法人規則80）を記載（記録）した書面（電磁的記録）を作成し、効力発生日から6か月間、主たる事務所に備え置かなければならない（法人法253①②）。吸収合併存続法人の社員、評議員及び債権者は、その業務時間内はいつでも、当該書面（電磁的記録を表示したもの）

の閲覧を請求し、または当該吸収合併消滅法人の定めた費用を支払って（評議員は費用を支払わずに）、その謄抄本の交付（電磁的方法による提供または記載書面の交付）を請求することができる（法人法253③）。

事後開示事項は、次のとおりである。

① 吸収合併が効力を生じた日
② 吸収合併消滅法人における債権者異議手続（法人法248）の経過
③ 吸収合併存続法人における債権者異議手続（法人法252）の経過
④ 吸収合併により吸収合併存続法人が吸収合併消滅法人から承継した重要な権利義務に関する事項
⑤ 吸収合併消滅法人による事前開示（法人法246①）において備置書面（電磁的記録）に記載（記録）された事項（吸収合併契約の内容を除く）
⑥ 吸収合併による変更の登記（法人法306①）をした日
⑦ 上記①ないし⑥のほか、吸収合併に関する重要な事項

(2) 吸収合併消滅法人は、吸収合併により法人格を失って消滅するため、事後開示の手続は不要である。吸収合併消滅法人の社員、評議員であった者には、吸収合併存続法人における事後開示書面（電磁的記録）の閲覧等請求権も認められていない。

## 2．登記手続

**Q10** 吸収合併による解散の登記の申請方法

> 吸収合併による解散の登記は、だれが、どのように申請するのか。

**Answer. 10**

(1) 吸収合併による解散の登記は、吸収合併存続法人の代表者が吸収合併消滅法人を代表して申請する（法人法330、商登法82①）。

(2) 吸収合併消滅法人の主たる事務所における当該登記は、吸収合併存続法人における吸収合併による変更登記と同時に申請しなければならない（法人法330、商登法82③）。また、申請する登記所の管轄区域内に吸収合併存続法人の主たる事務所がないときは、その主たる事務所所在地を管轄する登記所を経由してしなければならない（法人法330、商登法82②）。

(3) なお、オンライン申請による場合には、システム上、吸収合併存続法人に関する申請書情報を先に送信しなければ、申請を受け付けない登記所もあるようであり、注意を要する。

## Q11 吸収合併の登記の申請期間

> 吸収合併による変更登記及び解散登記は、いつまでにすべきか。

## Answer.11

(1) 主たる事務所の所在地における吸収合併存続法人の変更登記及び吸収合併消滅法人の解散登記は、吸収合併の効力発生日から2週間以内に申請しなければならない（法人法306①）。

(2) 従たる事務所の所在地における吸収合併存続法人の変更登記及び吸収合併消滅法人の解散登記は、吸収合併の効力発生日から3週間以内に申請しなければならない（法人法314）。ただし、吸収合併存続法人においては、従たる事務所における登記事項（法人法312②）に変更が生じた場合にのみ、変更登記の申請をすればよい。

## Q12 吸収合併の登記の申請事項

吸収合併による登記の申請書（情報）は、どのように記載（記録）すべきか。

### Answer.12

一般的な記載（記録）事項のほか、以下の事項を内容とする（法人法330、商登法17②③）。

＜吸収合併存続法人についてする登記申請書＞

(1) 登記の事由

「吸収合併による変更」とする。

(2) 登記すべき事項

合併をした旨、吸収合併消滅法人の名称及び主たる事務所ならびにその年月日である（法人法306②）。吸収合併の年月日は、吸収合併の効力発生日である。

＜電子データ入力例＞

> 「吸収合併」平成○年○月○日○県○市○丁目○番○号一般社団法人（一般財団法人）○○協会を合併

(3) 登録免許税

その他の変更の登記として、金3万円を納付する（登税法別表第1二十四(一)ネ）。なお、合併に伴い役員等を選任した場合には別途登録免許税が課税される。

従たる事務所の所在地において登記する場合（法人法314）には、申請1件につき金9,000円となる（同表第1二十四(二)イ）。

(4) 添付書面

① 吸収合併契約書

吸収合併契約の内容を証するため、添付する（法人法322一）。

② 社員総会議事録（評議員会議事録）

吸収合併存続法人及び吸収合併消滅法人において吸収合併契約を承認したことを証するため、添付する（法人法317②、322四）。

③ 吸収合併存続法人の債権者保護手続関係書面

吸収合併存続法人において債権者保護手続をしたことを証する書面である（法人法322二）。具体的には、公告の掲載された官報の抜粋のほか、催告書の控えに債権者名簿を合綴して末尾に代表理事が記名押印した書面等がこれに該当する。

さらに、異議を述べた債権者がいない場合には、申請書にその旨を記載するか、代表者がその旨を証明した上申書を添付する。他方、債権者が異議を述べた場合には、当該債権者に弁済し、相当の担保を提供しまたは弁済を受けさせることを目的として相当の財産を信託した事実を証する書面または吸収合併をしても当該債権者を害するおそれがないことを証する書面を添付する。

また、官報及び定款に定めた公告方法による公告により個別催告を省略した場合には、これらの公告をしたことを証する書面を添付することになる。

④ 吸収合併消滅法人の債権者保護手続関係書面

吸収合併消滅法人において債権者保護手続をしたことを証する書面である（法人法322五）。具体的内容は、吸収合併存続法人における債権者保護手続関係書面と同様である。

⑤ 登記事項証明書

吸収合併消滅法人の登記事項証明書（作成後3か月以内、一般登記規則3、商登規則36の2）である（法人法322三）。ただし、申請する登記所の管轄区域内に吸収合併消滅法人の主たる事務所がある場合には、添付を要しない。

＜吸収合併消滅法人についてする登記申請書＞

(1) **登記の事由**

「吸収合併による解散」とする。

(2) **登記すべき事項**

解散の旨及びその事由ならびに年月日である（法人法308②）。解散の年月日は、吸収合併の効力発生日である。当該登記がされた場合、登記官は登記記録を閉鎖する（一般登記規則3、商登規則80②、①三）。

＜電子データ入力例＞

> 「登記記録に関する事項」
> 平成〇年〇月〇日〇県〇市〇丁目〇番〇号一般社団法人（一般財団法人）〇〇連合会に合併し解散

(3) **登録免許税**

法人の解散の登記分として、申請1件につき金3万円を納付する（登税法別表第1二十四(一)ソ）。

従たる事務所の所在地において登記する場合（法人法314）には、申請1件につき金9,000円となる（同表第1二十四(二)イ）。

(4) **添付書面**

合併による解散の登記の申請書には、添付書面に関する規定は適用されない（法人法330、商登法82④）。

## Q13 吸収合併契約書

吸収合併による変更の登記に添付すべき吸収合併契約書の記載はどのようになるか。

## Answer. 13

例えば、次のようになる。

吸収合併契約では、法定事項のほかに、吸収合併存続法人の定款変更に関する事項や役員の就任または退任に関する事項が定められることが多いであろうが、これらの定めは、契約当事者たる法人を債権的に拘束するにすぎない（『一問一答 公益法人関連三法』（前掲）165頁）。実際にこれらの事項の効力を生じさせるには、合併契約の承認決議とは別に、定款変更決議や役員選任決議が必要となる。

---

### 吸収合併契約書

　一般社団法人（一般財団法人）○○協会（以下「甲」という。）と一般社団法人（一般財団法人）○○連合会（以下「乙」という。）とは、以下のとおり吸収合併契約を締結した。

第1条（目的）
　　乙は、甲を合併して存続し、甲は解散するものとする。
第2条（効力発生日）
　　本吸収合併の効力は、平成○年○月○日に発生するものとする。
第3条（定款の変更）
　　乙は、合併に際し以下のとおり定款を変更するものとする。
　　　　　　　　　　　（中　略）
第4条（役員の就任）
　　乙は、合併に際し以下の者を理事及び監事に選任するものとする。
　　　　　　　　　　　（中　略）
第5条（役員の退職慰労金）
　1　乙は、甲の理事であって合併に際して乙の理事に就任しなかった者に対して退職慰労金を支出することに同意し、その金額については甲が平成○年○月○日の社員総会（評議員会）に付議し、甲の内規及び慣行に従って決議する。

2　甲の理事であって合併に際して乙の理事に就任した者が将来退任した場合において、乙が退職慰労金を支出するにあたっては、乙における在職年数に甲における在職年数を合算してその額を決定する。

第6条（合併承認総会）

　甲及び乙は、平成〇年〇月〇日に社員総会（評議員会）を開催し、本契約の承認を得る。

第7条（善管注意義務）

　甲及び乙は、本契約締結後効力発生日まで、善良な管理者の注意をもって業務を執行し、一切の財産を管理運営し、かつ自己の財産に重大な影響を及ぼす事項については予め相手方と協議して合意の上実行するものとする。

第8条（契約の変更及び解除）

　本契約締結の日から効力発生日までの間において、天災事変その他の事由により甲または乙の財産または経営状態に重大な変更を生じたとき、もしくは隠れた重大な瑕疵が発見された場合には、甲乙協議の上この契約を変更し、またはこの契約を解除することができる。

第9条（条件）

　本契約は、甲及び乙の社員総会（評議員会）における承認を条件として効力を生じる。

第10条（合意管轄裁判所）

　本契約に関する紛争については、乙の主たる事務所所在地の管轄地方裁判所をもって第一審の専属管轄裁判所とする。

　以上の合意を証するため、本契約書を2通作成し、甲乙各1通を保有する。

　　平成〇年〇月〇日

　　　　　　　　　　　（甲）〇県〇市〇丁目〇番〇号
　　　　　　　　　　　　　一般社団法人（一般財団法人）〇〇協会
　　　　　　　　　　　　　　代表理事　甲野　一郎　㊞
　　　　　　　　　　　（乙）〇県〇市〇丁目〇番〇号
　　　　　　　　　　　　　一般社団法人（一般財団法人）〇〇連合会
　　　　　　　　　　　　　　代表理事　乙野　一郎　㊞

## Q14 社員総会議事録・評議員会議事録

吸収合併による変更登記の申請書（情報）に添付すべき社員総会議事録（評議員会議事録）の議案の記載は、どのようになるか。

### Answer.14

例えば、次のようになる。

---

第○号議案　吸収合併契約承認の件

　議長は、一般社団法人（一般財団法人）○○協会を吸収合併する件につき（○○連合会と吸収合併して解散する件につき）、理由及びその経過を述べ、合併契約の内容を説明した後、質疑応答の上その承認の可否を議場に諮ったところ、満場一致をもって可決確定した。

---

## Q15 債権者保護手続関係書面

吸収合併による変更登記の申請書（情報）に添付すべき債権者保護手続関係書面の記載は、どのようになるか。

### Answer.15

例えば、次のようになる。

(1) **合併公告**

**吸収合併公告**

　私どもは、平成○年○月○日、一般社団法人（一般財団法人）○○協会を吸収合併消滅法人、一般社団法人（一般財団法人）○○連合会を吸収合併存続法人、平成○年○月○日を効力発生日とする吸収合併契約を締結いたしました。本吸収合併につき異議のある債権者は、本公告掲載の翌日から1か月以内にお申し出ください。

1　一般社団法人（一般財団法人）○○協会につき、最終事業年度に係る貸借対照表の要旨を公告した官報の日付及び掲載頁
　　　平成○年○月○日付第○号　　○頁
2　一般社団法人（一般財団法人）○○連合会につき、最終事業年度に係る貸借対照表の要旨を公告した官報の日付及び掲載頁
　　　平成○年○月○日付第○号　　○頁

（※日刊新聞紙により決算公告をしている場合）

　　　平成○年○月○日付日刊○○新聞　　○頁

（※電子公告または決算公告に代わる電磁的方法により開示している場合）

　　　http://www.○○○/○○○.html

（※主たる事務所の公衆の見やすい場所に掲示する方法により開示している場合）

　　　各法人の最終事業年度に係る貸借対照表の要旨は以下のとおりです。
（貸借対照表略）

　○県○市○丁目○番○号　一般社団法人（一般財団法人）○○協会
　○県○市○丁目○番○号　一般社団法人（一般財団法人）○○連合会

※公告事項がすべて記載されている限り、合併当事者たる法人が同一の公告によることができる。

(2) 異議を述べた債権者がいないことの上申書

上　申　書

平成○年○月○日

○○法務局　御中

　平成○年○月○日、当法人は、一般社団法人（一般財団法人）○○協会を吸収合併消滅法人、一般社団法人（一般財団法人）○○連合会を吸収合併存続法人とする吸収合併につき、「一般社団法人及び一般財団法人に関する法律」第252条の規定により（吸収合併消滅法人においては「第248条の規定により」）、債権者に対し公告及び催告をいたしましたが、所定の期間内に異議を述べた債権者は1名もありませんでしたので、上申します。

　　　　　　　　　○県○市○丁目○番○号
　　　　　　　　　一般社団法人（一般財団法人）○○協会
　　　　　　　　　　　　代表理事　甲野　一郎　㊞
　　　　　　　　　○県○市○丁目○番○号
　　　　　　　　　一般社団法人（一般財団法人）○○連合会
　　　　　　　　　　　　代表理事　乙野　一郎　㊞

# 第 2 節

# 新設合併

## 1．実体手続

### Q1 新設合併の手続の概要

新設合併の手続は、どのように行われるか。

### Answer. 1

新設合併の法定手続は、次図のように概観できる。合併契約の承認決議と債権者異議手続とに先後関係はなく、並行的に行うことができる。なお、主たる事務所の所在地における新設合併による解散の登記と設立の登記とは、同時に申請しなければならない（法人法330、商登法82③）。

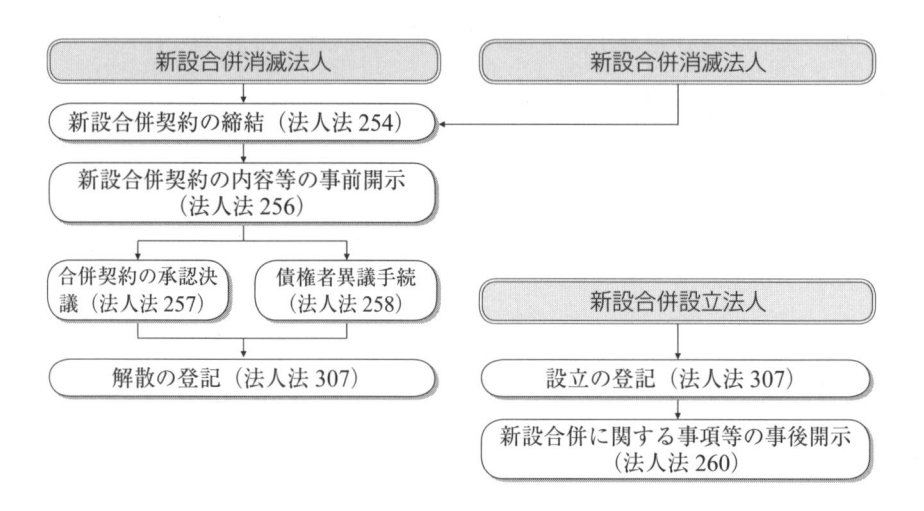

```
┌─────────────────┐          ┌─────────────────┐
│  新設合併消滅法人  │          │  新設合併消滅法人  │
└────────┬────────┘          └────────┬────────┘
         │                            │
┌────────▼────────────┐               │
│ 新設合併契約の締結（法人法254）│◄──────────────┘
└────────┬────────────┘
         │
┌────────▼────────────┐
│ 新設合併契約の内容等の事前開示 │
│      （法人法256）        │
└────────┬────────────┘
         │
  ┌──────┴──────┐
┌─▼──────────┐ ┌▼──────────┐
│合併契約の承認決│ │債権者異議手続│         ┌─────────────────┐
│議（法人法257）│ │（法人法258）│         │  新設合併設立法人  │
└─────┬──────┘ └─┬─────────┘         └────────┬────────┘
      └──────┬───┘                             │
             │                        ┌────────▼────────┐
┌────────────▼──────────┐              │設立の登記（法人法307）│
│ 解散の登記（法人法307）  │              └────────┬────────┘
└──────────────────────┘                        │
                                       ┌────────▼────────────┐
                                       │新設合併に関する事項等の事後開示│
                                       │      （法人法260）        │
                                       └──────────────────────┘
```

494　第6章　合併に関する登記

## Q2 新設合併契約の締結

新設合併契約において定めるべき事項は何か。

### Answer. 2

新設合併の法定手続として、まず、当事者たる2以上の法人間で「新設合併契約」が締結される。当該行為は、通常は「重要な業務の執行」に該当するため、機関決定（非理事会設置一般社団法人においては理事の過半数の決定、理事会設置一般社団法人または一般財団法人においては理事会の決議）が必要である。

新設合併契約において定めるべきは、次の事項である（法人法254）。新設合併設立法人の設立時役員等は、新設合併契約を承認する形で一括して選任されることになる。

① 新設合併消滅法人の名称及び住所
② 新設合併設立法人の目的、名称及び主たる事務所の所在地
③ 上記①及び②のほか、新設合併設立法人の定款で定める事項
④ 新設合併設立法人の設立に際して理事となる者の氏名
⑤ 新設合併設立法人が会計監査人設置一般社団法人または会計監査人設置一般財団法人であるときは、その設立に際して会計監査人となる者の氏名または名称
⑥ 新設合併設立法人が監事設置一般社団法人であるときは、設立時監事の氏名
⑦ 新設合併設立法人が一般財団法人であるときは、設立時評議員及び設立時監事の氏名

## Q3 新設合併契約の内容等の事前開示

新設合併契約の内容等の事前開示とは、どのような手続か。

**Answer. 3**

　新設合併消滅法人は、「新設合併契約備置開始日」から「新設合併設立法人の成立の日」までの間、新設合併契約の内容その他の事項（法人規則81）を記載（記録）した書面（電磁的記録）を、その主たる事務所に備え置かなければならない（法人法256①）。新設合併消滅法人の社員、評議員及び債権者は、その業務時間内はいつでも、当該書面（電磁的記録を表示したもの）の閲覧を請求し、または当該新設合併消滅法人の定めた費用を支払って、その謄抄本の交付（電磁的方法による提供または記載書面の交付）を請求することができる（法人法256③）。

① 新設合併契約備置開始日

　新設合併消滅法人における「新設合併契約備置開始日」とは、次のいずれか早い日をいう（法人法256②）。

---
① 一般社団法人である新設合併消滅法人にあっては、合併契約を承認する社員総会（法人法257）の日の2週間前の日（社員総会の決議を省略する場合（法人法58①）にあっては、理事または社員による議案の提案があった日）
② 一般財団法人である新設合併消滅法人にあっては、合併契約を承認する評議員会（法人法257）の日の2週間前の日（評議員会の決議を省略する場合(法人法194①)にあっては、理事による議案の提案があった日）
③ 債権者異議手続（法人法258②）における公告の日または催告の日のいずれか早い日
---

② 開示すべき事項

　新設合併消滅法人の事前開示事項は、「新設合併契約の内容」のほか、次のとおりである（法人規則81）。

① 他の新設合併消滅法人（清算法人を除く）についての次に掲げる事項
　イ　最終事業年度に係る計算書類等※（最終事業年度がない場合にあっては、他の新設合併消滅法人の成立の日における貸借対照表）の内容
　ロ　他の新設合併消滅法人において最終事業年度の末日（最終事業年度がない場合にあっては、他の新設合併消滅法人の成立の日）後に重要な財産の処分、重大な債務の負担その他の法人財産の状況に重要な影響を与える事象が生じたときは、その内容（新設合併契約備置開始日後新設合併の効力が生ずる日までの間に新たな最終事業年度が存することとなる場合にあっては、当該新たな最終事業年度の末日後に生じた事象の内容に限る）
② 他の新設合併消滅法人（清算法人に限る）が作成した清算開始時貸借対照表（法人法225①）
③ 当該新設合併消滅法人（清算法人を除く）についての次に掲げる事項
　イ　当該新設合併消滅法人において最終事業年度の末日（最終事業年度がない場合にあっては、当該新設合併消滅法人の成立の日）後に重要な財産の処分、重大な債務の負担その他の法人財産の状況に重要な影響を与える事象が生じたときは、その内容（新設合併契約備置開始日後新設合併の効力が生ずる日までの間に新たな最終事業年度が存することとなる場合にあっては、当該新たな最終事業年度の末日後に生じた事象の内容に限る）
　ロ　当該新設合併消滅法人において最終事業年度がないときは、当該新設合併消滅法人の成立の日における貸借対照表
④ 新設合併が効力を生ずる日以後における新設合併設立法人の債務（他の新設合併消滅法人から承継する債務を除き、新設合併について異議を述べることができる債権者（法人法258①）に対して負担する債務に限る）の履行の見込みに関する事項
⑤ 新設合併契約備置開始日後、①ないし④の事項に変更が生じたときは、変更後の当該事項

※「計算書類等」の意義は、吸収合併消滅法人の事前開示におけるそれと同様である（法人規則75②。475頁参照）。

## Q4　新設合併契約の承認決議

新設合併契約の承認決議は、どのように行われるか。

### Answer. 4

　新設合併消滅法人における新設合併契約の承認は、一般社団法人であれば社員総会、一般財団法人であれば評議員会の決議により行われる（法人法257）。決議要件は、いずれも特別決議である（法人法49②七、189②六）。

---

## Q5　債権者の異議手続

債権者の異議手続とは、具体的にどのような手続か。

### Answer. 5

　新設合併消滅法人においては、1か月を下らない一定の期間を定めて法定事項を官報に公告し、かつ知れている債権者に対して各別に催告しなければならない（法人法258②。「知れている債権者」の範囲につき481頁参照）。ただし、官報公告に加え、定款に定めた時事に関する事項を掲載する日刊新聞紙による公告または電子公告（法人法331①二・三）により公告したときは、各別の催告を省略することができる（法人法258③）。

　新設合併消滅法人が公告（及び催告）すべき事項は、次のとおりである（法人法258②）。

---

① 新設合併をする旨
② 他の新設合併消滅法人及び新設合併設立法人の名称及び住所
③ 新設合併消滅法人の計算書類（法人法123②、199）に関する事項（法人規則82①）
　　ⅰ．最終事業年度に係る貸借対照表またはその要旨（法人法128①②、

199）につき、イ）官報で公告をしているときは、当該官報の日付及び当該公告が掲載されている頁、ロ）時事に関する事項を掲載する日刊新聞紙で公告をしているときは、当該日刊新聞紙の名称、日付及び当該公告が掲載されている頁、ハ）電子公告（法人法331①三）により公告をしているときは、当該公告の内容である情報について不特定多数の者が提供を受けるために必要な事項（ウェブサイトのURL。法人法301②十七イ、302②十五イ、法人規則87①二・四）。なお、法人の主たる事務所の公衆の見やすい場所に掲示する方法により公告（法人法331①四、法人規則88）をしているときは、後述ⅴの方法による。

ⅱ．最終事業年度に係る貸借対照表につき、公告に代わる電磁的方法による措置（法人法128③、199）をとっている場合には、貸借対照表の内容である情報について不特定多数の者が提供を受けるために必要な事項（ウェブサイトのURL。法人法301②十五、302②十三、法人規則87①一・三）

ⅲ．最終事業年度がない場合には、その旨

ⅳ．清算法人である場合には、その旨

ⅴ．ⅰないしⅳ以外の場合には、最終事業年度に係る貸借対照表の要旨の内容（その金額の表示の単位につき、法人規則82②、50）

④　債権者が1か月を下らない一定の期間内に異議を述べることができる旨

期間内に異議を述べなかった債権者は、新設合併について承認したものとみなされる（法人法258④）。これに対し、債権者が期間内に異議を述べたときは、新設合併消滅法人は、当該債権者を害するおそれがないときを除き、当該債権者に対し弁済し、相当の担保を提供し、または当該債権者に弁済を受けさせることを目的として信託会社等（信託会社及び信託業務を行う金融機関）に対し相当の財産を信託しなければならない（法人法258⑤）。

なお、一般社団法人の基金の返還（法人法141以下）に係る債権の債権

者は、一般の債権者よりも劣後的な地位にあることにかんがみて（『一問一答 公益法人関連三法』（前掲）168頁）、債権者異議手続の対象とはされていない（法人法258⑥）。

## Q6 新設合併設立法人の手続

新設合併設立法人においては、どのような手続が必要か。

### Answer. 6

(1) 一般社団法人である新設合併設立法人については、次のものを除き、一般社団法人の設立に関する規定（法人法第2章第1節）は適用されない（法人法259①）。

> ① 定款の絶対的記載（記録）事項（法人法11）
>   注：ただし、設立時社員の氏名または名称及び住所（同①四）を記載（記録）する必要はない。
> ② 定款の相対的記載（記録）事項及び任意的記載（記録）事項（法人法12）
> ③ 定款の備置き及び閲覧等（法人法14）
> ④ 設立時役員等の員数及び資格（法人法16、65①、68①③）
> ⑤ 設立時代表理事の選定及び解職（法人法21）
> ⑥ 主たる事務所の所在地における設立登記による成立（法人法22）

(2) 一般財団法人である新設合併設立法人については、次のものを除き、一般財団法人の設立に関する規定（法人法第3章第1節）は適用されない（法人法259②）。

> ① 定款の絶対的記載（記録）事項（法人法 153）
>   注：ただし、設立者の氏名または名称及び住所（同①四）、設立者が拠出する財産及びその価額（同五）、設立時評議員、設立時理事、設立時監事及び設立時会計監査人の選任に関する事項（同六・七）を記載（記録）する必要はない。
> ② 定款の相対的記載（記録）事項（法人法 154）
> ③ 定款の備置き及び閲覧等（法人法 156）
> ④ 設立時評議員及び設立時役員等の員数及び資格（法人法 160）
> ⑤ 設立時代表理事の選定及び解職（法人法 162）
> ⑥ 主たる事務所の所在地における設立登記による成立（法人法 163）

(3) 設立時代表理事の選定については、新設合併設立法人が理事会設置一般社団法人または一般財団法人であれば、設立時理事の過半数をもって行われる（法人法 259 ①②、21 ①③、162 ①③）。もっとも、設立時代表理事は定款で定めることもできることから、新設合併契約において、新設合併設立法人の定款で定める事項として、代表理事の選定に関する事項を定めることも可能である（株式会社に関し、相澤哲＝葉玉匡美＝郡谷大輔『論点解説 新会社法』（前掲）711 頁参照）。以上に対し、非理事会設置一般社団法人であれば、通常の設立と同様に、定款または定款の定めに基づく理事の互選により、設立時代表理事を定めることができる。

(4) 新設合併設立法人の成立前における業務執行の決定（登記との関連では、特に主たる事務所または従たる事務所の具体的所在場所の決定）については、新設合併契約に定めるところに従う。新設合併契約に定めがないときは、当事者たる各法人の合意及び社員総会（評議員会）による承認を前提に、新設合併消滅法人の業務執行の決定機関（理事会の決議または非理事会設置一般社団法人にあっては理事の過半数）が決定することになる（株式会社に関する土手敏行「商業登記実務Q＆A」月刊登記情報 金融財政事情研究会 540 号 8 頁）。この場合、当該決定を証する理事会議事

録または理事の過半数の一致を証する書面が登記申請の添付書面とされる（株式会社に関する松井信憲『商業登記ハンドブック』（前掲）552頁）。

## Q7 新設合併の効力の発生

新設合併の効力は、いつ発生するか。

### Answer. 7

新設合併の効力は、新設合併設立法人の成立の日、すなわちその設立登記（法人法307①）の日において生じる（法人法255、22、163）。

## Q8 新設合併に関する事項等の事後開示

新設合併契約に関する事項等の事後開示とは、どのような手続か。

### Answer. 8

(1) 新設合併設立法人は、その成立の日後遅滞なく、新設合併により新設合併設立法人が承継した新設合併消滅法人の権利義務その他の新設合併に関する事項（法人規則83）を記載（記録）した書面（電磁的記録）を作成し、新設合併契約の内容その他新設合併消滅法人における事前開示事項（法人規則84）を記載（記録）した書面（電磁的記録）とともに、成立の日から6か月間、主たる事務所に備え置かなければならない（法人法260①②）。新設合併設立法人の社員、評議員及び債権者は、その業務時間内はいつでも、当該書面（電磁的記録を表示したもの）の閲覧を請求し、または当該新設合併設立法人の定めた費用を支払って（評議員は費用を支払わずに）、その謄抄本の交付（電磁的方法による提供または記載書

面の交付）を請求することができる（法人法260③）。

　事後開示事項は、次のとおりである。

> ①　新設合併が効力を生じた日
> ②　新設合併消滅法人における債権者異議手続（法人法258）の経過
> ③　新設合併により新設合併設立法人が新設合併消滅法人から承継した重要な権利義務に関する事項
> ④　上記①ないし③のほか、新設合併に関する重要な事項
> ⑤　新設合併消滅法人による事前開示（法人法256①）において備置書面（電磁的記録）に記載（記録）された事項（新設合併契約の内容を除く）

(2)　新設合併消滅法人は、新設合併により法人格を失って消滅するため、事後開示の手続は不要である。新設合併消滅法人の社員、評議員であった者には、新設合併設立法人における事後開示書面（電磁的記録）の閲覧等請求権も認められていない。

## 2．登記手続

### Q9　新設合併による解散の登記の申請方法

> 新設合併による解散の登記は、だれが、どのように申請するのか。

**Answer. 9**

(1) 新設合併による解散の登記は、新設合併設立法人の代表者が新設合併消滅法人を代表して申請する（法人法 330、商登法 82 ①）。

(2) 新設合併消滅法人の主たる事務所における当該登記は、新設合併設立法人の設立登記と同時に申請しなければならない（法人法 330、商登法 82 ③）。また、申請する登記所の管轄区域内に新設合併設立法人の主たる事務所がないときは、その主たる事務所所在地を管轄する登記所を経由してしなければならない（法人法 330、商登法 82 ②）。

(3) なお、オンライン申請による場合には、システム上、新設合併設立法人に関する申請書情報を先に送信しなければ、申請を受け付けない登記所もあるようであり、注意を要する。

---

### Q10　新設合併の登記の申請期間

> 新設合併による設立登記及び解散登記は、いつまでにすべきか。

**Answer. 10**

(1) 主たる事務所の所在地における新設合併設立法人の設立登記及び新設合併消滅法人の解散登記は、次のいずれか遅い日から 2 週間以内に、申請しなければならない（法人法 307 ①）。

> ① 新設合併契約を承認する社員総会または評議員会の決議（法人法257）の日
> ② 債権者異議手続（法人法258）が終了した日
> ③ 新設合併消滅法人が合意により定めた日

(2) 従たる事務所の所在地における新設合併設立法人の設立登記及び新設合併消滅法人の解散登記は、同日から3週間以内に申請しなければならない（法人法314）。

## Q11 新設合併の登記の申請事項

> 新設合併による登記の申請書（情報）は、どのように記載（記録）すべきか。

### Answer. 11

一般的な記載（記録）事項のほか、以下の事項を内容とする（法人法330、商登法17②③）。

**＜新設合併設立法人についてする登記申請書＞**

(1) **登記の事由**

「平成○年○月○日新設合併による設立の手続終了」とする。登記申請期間（法人法307①）を明らかとするため、手続終了日を登記の事由の欄に記載（記録）するのが通常である。

(2) **登記すべき事項**

一般の設立登記と同一の事項のほか、合併をした旨、新設合併消滅法人の名称及び主たる事務所である（法人法301②、302②、307②）。新設合併の効力発生日は設立登記がされた日であり、申請人が特定する必要はない。

第2節 新設合併

<電子データ入力例>

```
「名称」一般社団法人（一般財団法人）○○連合会
「主たる事務所」○県○市○丁目○番○号
                （中　略）
「登記記録に関する事項」○県○市○丁目○番○号一般社団法人（一
般財団法人）○○協会及び○県○市○丁目○番○号一般社団法人（一
般財団法人）○○研究会の合併により設立
```

(3) **登録免許税**

　一般社団法人（一般財団法人）の設立の登記として、金6万円を納付する（登録税別表第1二十四(一)ロ）。

　従たる事務所の所在地において登記する場合（法人法314）には、申請1件につき金9,000円となる（同表第1二十四(二)ロ）。

(4) **添付書面**

① 　新設合併契約書

　新設合併契約の内容を証するため、添付する（法人法323一）。

② 　定　款

　新設合併設立法人の定款である（法人法323二）。

③ 　社員総会議事録（評議員会議事録）

　各新設合併消滅法人において新設合併契約を承認したことを証するため、添付する（法人法323五）。

④ 　設立時代表理事の選定を証する書面

　設立時代表理事が選定された場合には、その選定方法に応じ、設立時理事の選定書・互選書を添付する（法人法323三、318②二、319②四）。なお、新設合併契約または定款の定めにより設立時代表理事を選定しているときは、独立の添付書面とする必要はない。

⑤　設立時役員等の就任承諾を証する書面

　新設合併設立法人が一般社団法人であるときは、その機関設計に応じ、設立時理事、設立時監事、設立時代表理事の就任承諾を証する書面を（法人法323三、318②三）、一般財団法人であるときは、これらに加えて設立時評議員の就任承諾を証する書面を（法人法323三、319②五）、添付する。

　また、設立時会計監査人を選任するときは、①その就任承諾を証する書面、②被選任者が法人でないときは同人が公認会計士であることを証する書面、③被選任者が法人であるときはその登記事項証明書が添付書面となる（法人法323三、318②四、319②六ロないしニ）。ただし、申請する登記所の管轄区内に当該法人の主たる事務所がある場合には、登記事項証明書の添付を省略することができる。

⑥　債権者保護手続関係書面

　各新設合併消滅法人において債権者保護手続をしたことを証する書面である（法人法323六）。具体的には、公告の掲載された官報の抜粋のほか、催告書の控えに債権者名簿を合綴して末尾に代表理事が記名押印した書面等がこれに該当する。

　さらに、異議を述べた債権者がいない場合には、申請書にその旨を記載するか、代表者がその旨を証明した上申書を添付する。他方、債権者が異議を述べた場合には、当該債権者に弁済し、相当の担保を提供しまたは弁済を受けさせることを目的として相当の財産を信託した事実を証する書面または新設合併をしても当該債権者を害するおそれがないことを証する書面を添付する。

　また、官報及び定款に定めた公告方法による公告により個別催告を省略する場合には、これらの公告をしたことを証する書面を添付することになる。

⑦　登記事項証明書

　各新設合併消滅法人の登記事項証明書である（法人法323四）。ただし、

申請する登記所の管轄区域内に新設合併消滅法人の主たる事務所がある場合には、添付を要しない。

### ＜新設合併消滅法人についてする登記申請書＞

(1)　登記の事由

「新設合併による解散」とする。

(2)　登記すべき事項

解散の旨及びその事由ならびに年月日である（法人法308②）。新設合併の効力発生日は設立登記がされた日であり、申請人が特定する必要はないが、申請日と受付日が同一であるときは、記載（記録）して差し支えない。当該登記がされた場合、登記官は登記記録を閉鎖する（一般登記規則3、商登規則80②、①三）。

＜電子データ入力例＞

```
「登記記録に関する事項」
　（平成〇年〇月〇日）〇県〇市〇丁目〇番〇号一般社団法人（一般財団法人）〇〇研究会と合併して〇県〇市〇丁目〇番〇号一般社団法人（一般財団法人）〇〇連合会を設立し解散
```

(3)　登録免許税

法人の解散の登記分として、申請1件につき金3万円を納付する（登税法別表第1二十四(一)ソ）。

従たる事務所の所在地において登記する場合（法人法314）には、申請1件につき金9,000円となる（同表第1二十四(二)イ）。

(4)　添付書面

合併による解散の登記の申請書には、添付書類に関する規定は適用されない（法人法330、商登法82④）。

## Q12 新設合併契約書

新設合併による設立の登記に添付すべき新設合併契約書の記載はどのようになるか。

### Answer.12

例えば、次のようになる。

新設合併契約書

　一般社団法人（一般財団法人）○○協会（以下「甲」という。）と一般社団法人（一般財団法人）○○研究会（以下「乙」という。）とは、以下のとおり新設合併契約を締結した。

第1条（目的）
　　甲及び乙は、合併により解散し、一般社団法人（一般財団法人）○○連合会（以下「丙」という。）を設立するものとする。
第2条（新設合併設立法人の定款）
　　丙の目的、名称、主たる事務所の所在地のほか、定款で定めるべき事項は、後記「一般社団法人（一般財団法人）○○連合会定款（案）」のとおりとする。
第3条（設立時役員（及び設立時評議員））
　　丙の設立時理事、設立時監事（及び設立時評議員）は、次の者とする。

（中　略）

第4条（役員の退職慰労金）
　1　甲及び乙は、各法人の理事であって合併に際して丙の理事に就任しなかった者に対して退職慰労金を支出することに同意し、その金額については各法人において平成○年○月○日の社員総会（評議員会）に付議し、その内規及び慣行に従って決議する。
　2　甲及び乙の理事であって合併に際して丙の理事に就任した者が将来退任した場合において、丙が退職慰労金を支出するにあたっては、各法人における在職年数に丙における在職年数を合算してその額を決定する。

第5条（合併承認総会）
　　甲及び乙は、平成○年○月○日に社員総会（評議員会）を開催し、本契約の承認を得る。
第6条（善管注意義務）
　　甲及び乙は、本契約締結後丙の成立する日まで、善良な管理者の注意をもって業務を執行し、一切の財産を管理運営し、かつ自己の財産に重大な影響を及ぼす事項については予め相手方と協議して合意の上、実行するものとする。
第7条（契約の変更及び解除）
　　本契約締結の日から丙の成立する日までの間において、天災事変その他の事由により甲または乙の財産または経営状態に重大な変更を生じたとき、もしくは隠れた重大な瑕疵が発見された場合には、甲乙協議の上、この契約を変更し、またはこの契約を解除することができる。
第8条（条件）
　　本契約は、甲及び乙の社員総会（評議員会）における承認を条件として効力を生じる。
第9条（合意管轄裁判所）
　　本契約に関する紛争については、○○地方裁判所をもって第一審の専属管轄裁判所とする。

　以上の合意を証するため、本契約書を2通作成し、甲乙各1通を保有する。
　　平成○年○月○日
　　　　　　　　　（甲）○県○市○丁目○番○号
　　　　　　　　　一般社団法人（一般財団法人）○○協会
　　　　　　　　　　　代表理事　甲野 一郎　　㊞
　　　　　　　　　（乙）○県○市○丁目○番○号
　　　　　　　　　一般社団法人（一般財団法人）○○研究会
　　　　　　　　　　　代表理事　乙野 一郎　　㊞

## Q13 社員総会議事録・評議員会議事録

新設合併による設立登記の申請書（情報）に添付すべき社員総会議事録（評議員会議事録）の議案の記載は、どのようになるか。

### Answer.13

例えば、次のようになる。

---

第○号議案　新設合併契約承認の件

議長は、一般社団法人（一般財団法人）○○研究会と合併して一般社団法人（一般財団法人）○○連合会を設立する件につき、理由及びその経過を述べ、合併契約の内容を説明した後、質疑応答の上その承認の可否を議場に諮ったところ、満場一致をもって可決確定した。

---

## Q14 債権者保護手続関係書面

新設合併による設立登記の申請書（情報）に添付すべき債権者保護手続関係書面の記載は、どのようになるか。

### Answer.14

例えば、次のようになる。

(1) **合併公告**

---

新設合併公告

私どもは、平成○年○月○日、一般社団法人（一般財団法人）○○協会及び一般社団法人（一般財団法人）○○研究会を新設合併消滅法

第2節　新設合併

人、一般社団法人（一般財団法人）○○連合会を新設合併設立法人とする新設合併契約を締結いたしました。本新設合併につき異議のある債権者は、本公告掲載の翌日から1か月以内にお申し出ください。

1　一般社団法人（一般財団法人）○○協会につき、最終事業年度に係る貸借対照表の要旨を公告した官報の日付及び掲載頁
　　　平成○年○月○日付第○号　　○頁
2　一般社団法人（一般財団法人）○○研究会につき、最終事業年度に係る貸借対照表の要旨を公告した官報の日付及び掲載頁
　　　平成○年○月○日付第○号　　○頁

（※日刊新聞紙により決算公告をしている場合）
　　　平成○年○月○日付日刊○○新聞　　○頁

（※電子公告または決算公告に代わる電磁的方法により開示している場合）
　　　http://www.○○○/○○○.html

（※主たる事務所の公衆の見やすい場所に掲示する方法により開示している場合）
　各法人の最終事業年度に係る貸借対照表の要旨は、以下のとおりです。

（貸借対照表略）

　○県○市○丁目○番○号　一般社団法人（一般財団法人）○○協会
　○県○市○丁目○番○号　一般社団法人（一般財団法人）○○研究会

※公告事項がすべて記載されている限り、合併当事者たる法人が同一の公告によることができる。

## (2) 異議を述べた債権者がいないことの上申書

　　　　　　　　　　　上　申　書

　　　　　　　　　　　　　　　　　　　　平成○年○月○日
　　○○法務局　御中

　　平成○年○月○日、当法人は、一般社団法人（一般財団法人）○○協会及び一般社団法人（一般財団法人）○○研究会を新設合併消滅法人、一般社団法人（一般財団法人）○○連合会を新設合併設立法人とする新設合併につき、「一般社団法人及び一般財団法人に関する法律」第258条の規定により、債権者に対し公告及び催告をいたしましたが、所定の期間内に異議を述べた債権者は1名もありませんでしたので、上申します。

　　　　　　　　　　○県○市○丁目○番○号
　　　　　　　　　　一般社団法人（一般財団法人）○○協会
　　　　　　　　　　　　　代表理事　甲野　一郎　㊞
　　　　　　　　　　○県○市○丁目○番○号
　　　　　　　　　　一般社団法人（一般財団法人）○○研究会
　　　　　　　　　　　　　代表理事　乙野　一郎　㊞

# 第7章

# 公益認定による公益法人への変更登記

## 1．実体手続

### Q1　公益認定制度の概要

一般社団・財団法人が公益法人となるためには、どのような手続が必要か。

### Answer. 1

(1) 一般社団法人または一般財団法人のうち、「公益目的事業」を主たる目的とするものは、行政庁による認定（公益認定）を受けて、それぞれ公益社団法人または公益財団法人（両者を合わせて「公益法人」という）となることができる（認定法2、4）。準則主義によって容易な法人の成立を認め、民間における非営利活動の促進を図るのと同時に、特に公益性のある法人に対して公益認定を与えることで、名称使用や税制上のメリットを享受させようとするものである。

(2) 公益認定を受けようとする一般社団（財団）法人は、行政庁に対して申請書を提出し、法定の必要書面を添付して、公益認定の申請をする（認定法7、認定規則5。533頁参照）。

(3) 申請を受けた行政庁は、許認可等行政機関、警察庁長官等または国税庁長官等に対する意見聴取（認定法8）や、公益認定等委員会または都道府県に置かれた合議制の機関に対する諮問（認定法43、51）を行い、認定または不認定の処分をする。認定基準については、認定法、同法の委任を受けた政令及び公益認定等委員会の公表するガイドラインにおいて、その明確化が図られている（認定法5各号等）。

(4) 一般社団（財団）法人が公益認定を受けたときは、名称の変更が擬制され、変更登記の申請義務が課される（認定法9①②）。また、認定を受けた旨が、インターネットの利用その他の適切な方法により公示される（認定法10、認定規則52）。

## Q2 公益認定の効果

一般社団法人または一般財団法人が公益認定を受けることにより、どのような効果が生じるか。

## Answer. 2

(1) 公益認定を受けた一般社団（財団）法人は、その名称中の「一般社団法人」または「一般財団法人」の文字を「公益社団法人」または「公益財団法人」と変更する定款の変更をしたものとみなされ、以後はその使用が強制される（認定法9①③）。

　公益社団法人または公益財団法人という名称に対しては、一般に強い社会的信頼が寄せられるものであることから、公益社団法人または公益財団法人でない者が、その名称または商号中に公益社団法人または公益財団法人であると誤認されるおそれのある文字を用いることは禁じられている（認定法9④）。また、何人も、不正の目的をもって、他の公益社団法人または公益財団法人であると誤認されるおそれのある名称または商号を使用することはできないとされている（認定法9⑤）。

(2) 公益法人ならびにこれに対する寄附を行う個人及び法人に関する所得課税に関しては、所得税、法人税及び相続税ならびに地方税の課税その他所要の税制上の優遇的措置が講じられる（認定法58）。公益法人が行う公益目的事業に係る活動が果たす役割の重要性にかんがみ、当該活動を促進しつつ適正な課税の確保を図る趣旨である。

(3) 公益法人には、公益認定を受けた後も、当然にその認定基準の遵守が求められる（認定法29②一）。さらに、収入の費用に対する規模、事業目的ごとの費用配分、寄附の募集、公益目的で取得した財産の使用・処分などの規制を通じて、「不特定かつ多数の者の利益の増進に寄与する法人」としての事業活動が求められている（認定法14ないし18）。これらの規制の実効性を担保するため、公益法人は、継続的な行政庁の監督

に服することになる（認定法27以下）。

## Q3 行政庁の意義

公益認定を申請すべき「行政庁」とは、具体的にはどのような機関か。

## Answer. 3

公益認定を行う「行政庁」は、内閣総理大臣または都道府県知事である（認定法3）。そのいずれかは、次表の区分に応じて定まる。

| | |
|---|---|
| 内閣総理大臣 | 公益法人のうち、<br>① 2以上の都道府県の区域内に事務所を設置するもの<br>② 公益目的事業を2以上の都道府県の区域内において行う旨を定款で定めるもの<br>③ 国の事務または事業と密接な関連を有する公益目的事業であって政令で定めるものを行うもの（認定法施行時においては、特に定められていない） |
| その事務所が所在する都道府県の知事 | 上記以外の公益法人 |

## Q4 「公益目的事業」「収益事業等」の意義

公益法人が主たる目的とすべき「公益目的事業」とは何か。公益法人が収益事業や共益的事業を行うことは可能か。

## Answer. 4

(1)「公益法人が主たる目的とすべき公益目的事業」とは、学術、技芸、

1. 実体手続　519

慈善その他の認定法別表各号に掲げられた種類の公益に関する事業であって、不特定かつ多数の者の利益の増進に寄与するものをいう（認定法2四）。同別表には、次の事業が掲げられている。

なお、公益認定等委員会から、公益認定審査時における公益目的事業のチェックポイントが公表されている（公益認定等ガイドライン参照）。

① 学術及び科学技術の振興を目的とする事業
② 文化及び芸術の振興を目的とする事業
③ 障害者もしくは生活困窮者または事故、災害もしくは犯罪による被害者の支援を目的とする事業
④ 高齢者の福祉の増進を目的とする事業
⑤ 勤労意欲のある者に対する就労の支援を目的とする事業
⑥ 公衆衛生の向上を目的とする事業
⑦ 児童または青少年の健全な育成を目的とする事業
⑧ 勤労者の福祉の向上を目的とする事業
⑨ 教育、スポーツ等を通じて国民の心身の健全な発達に寄与し、または豊かな人間性を涵養することを目的とする事業
⑩ 犯罪の防止または治安の維持を目的とする事業
⑪ 事故または災害の防止を目的とする事業
⑫ 人種、性別その他の事由による不当な差別または偏見の防止及び根絶を目的とする事業
⑬ 思想及び良心の自由、信教の自由または表現の自由の尊重または擁護を目的とする事業
⑭ 男女共同参画社会の形成その他のより良い社会の形成の推進を目的とする事業
⑮ 国際相互理解の促進及び開発途上にある海外の地域に対する経済協力を目的とする事業
⑯ 地球環境の保全または自然環境の保護及び整備を目的とする事業
⑰ 国土の利用、整備または保全を目的とする事業
⑱ 国政の健全な運営の確保に資することを目的とする事業
⑲ 地域社会の健全な発展を目的とする事業
⑳ 公正かつ自由な経済活動の機会の確保及び促進ならびにその活性化による国民生活の安定向上を目的とする事業

> ㉑　国民生活に不可欠な物資、エネルギー等の安定供給の確保を目的とする事業
> ㉒　一般消費者の利益の擁護または増進を目的とする事業
> ㉓　上記のほか、公益に関する事業として政令で定めるもの（認定法施行時においては、特に定められていない）

(2)　公益法人は、収益事業や共益的事業など、公益目的事業以外の事業を行うことも可能であり、これらを「収益事業等」という（認定法5七）。ただし、収益事業等は、あくまでも従たるものにすぎず、公益目的事業の実施に支障を及ぼすものであってはならない（認定法5七）。また、収益事業等は、公益目的事業とは区分して、かつ各収益事業ごとに経理しなければならず、その収益の一部を公益目的事業のために使用しまたは処分しなければならない（認定法18四、19）。

## Q5　公益認定の基準

> 公益認定の基準は、どのようなものか。

### Answer. 5

　主務官庁の裁量を排し、公益認定の基準を明確化することが、先般の公益法人改革における一つの課題とされた結果、以下の18基準が認定法に定められている（認定法5）。また、公益認定等ガイドラインでは、各基準について、更なる具体化が試みられている（公益認定等ガイドラインⅠ-1ないし18）。

> ①　公益目的事業を行うことを主たる目的とするものであること

　公益法人が公益目的事業を主たる目的とすべきことを求めるとともに、

収益事業等を行うことを認めるものである。公益目的事業は、定款に目的として掲げられることになる。

> ②　公益目的事業を行うのに必要な経理的基礎及び技術的能力を有するものであること

「経理的基礎」とは、①財政基盤の明確化、②経理処理及び財産管理の適正性、③情報開示の適正性をいう。「技術的能力」とは、事業実施のための技術、専門的人材や設備などの能力が確保されていることをいう。

> ③　その事業を行うにあたり、社員、評議員、理事、監事、使用人その他の政令で定める当該法人の関係者に対し特別の利益を与えないものであること

公益法人が特定の者の利益を図ることは、その本質に反するため、制限されている。「特別の利益」とは、その相手方の選定や利益の規模が、事業の内容や実施方法等具体的事情に即し、社会通念に照らして合理性を欠く不相当な利益の供与その他の優遇をいう。なお、「政令で定める当該法人の関係者」として、以下の者が定められている（認定令1）。

ⅰ）当該法人の理事、監事または使用人
ⅱ）当該法人が一般社団法人である場合にあっては、その社員または基金（法人法131）の拠出者
ⅲ）当該法人が一般財団法人である場合にあっては、その設立者または評議員
ⅳ）上記ⅰないしⅲの者の配偶者または3親等内の親族
ⅴ）上記ⅰないしⅳの者と婚姻の届出をしていないが事実上婚姻関係と同様の事情にある者
ⅵ）上記ⅳ及びⅴの者のほか、ⅰないしⅲの者から受ける金銭その他の財産によって生計を維持する者

ⅶ）上記ⅱまたはⅲの者が法人である場合にあっては、その法人が事業活動を支配する法人（子法人。認定規則1①）またはその法人の事業活動を支配する者（親法人等。認定規則1②）

> ④　その事業を行うにあたり、株式会社その他の営利事業を営む者または特定の個人もしくは団体の利益を図る活動を行うものとして政令で定める者に対し、寄附その他の特別の利益を与える行為を行わないものであること（ただし、公益法人に対し、当該公益法人が行う公益目的事業のために寄附その他の特別の利益を与える行為を行う場合は、この限りでない）

　前記③と同様の趣旨である。なお、「特定の個人もしくは団体の利益を図る活動を行うものとして政令で定める者」として、以下の者が定められている（認定令2）。

　ⅰ）株式会社その他の営利事業を営む者に対して寄附その他の特別の利益を与える活動（公益法人に対して当該公益法人が行う公益目的事業のために寄附その他の特別の利益を与えるものを除く）を行う個人または団体
　ⅱ）社員その他の構成員または会員もしくはこれに類するもの（会員等。認定規則2）の相互の支援、交流、連絡その他のこれらの者（社員等）に共通する利益を図る活動を行うことを主たる目的とする団体

> ⑤　投機的な取引、高利の融資その他の事業であって、公益法人の社会的信用を維持する上でふさわしくないものとして政令で定めるものまたは公の秩序もしくは善良の風俗を害するおそれのある事業を行わないものであること

　公益法人に対する社会的信頼を維持するため、これを害するような事業の実施を制限するものである。したがって、リスク分散の一環として行う公開市場を通じる証券投資等は、これに該当しない。なお、「公益法人の

1．実体手続　523

社会的信用を維持する上でふさわしくないものとして政令で定めるもの」としては、以下の事業が定められている（認定令3）。

　ⅰ）投機的な取引を行う事業
　ⅱ）利息制限法による制限（利息制限法1、4①）を超える利息の契約または賠償額の予定をその内容に含む金銭を目的とする消費貸借による貸付けを行う事業
　ⅲ）性風俗関連特殊営業（風俗営業等の規制及び業務の適正化等に関する法律2⑤）

⑥　その行う公益目的事業について、当該公益目的事業に係る収入がその実施に要する適正な費用を償う額を超えないと見込まれるものであること

　公益目的事業は不特定多数の者の利益の増進に寄与すべく行われるものであることから、必要以上の利益を得ることを制限するものである。公益法人が複数単位の公益目的事業を行っているときは、その単位ごとの収支も判断の基準とされる。

⑦　公益目的事業以外の事業（収益事業等）を行う場合には、収益事業等を行うことによって公益目的事業の実施に支障を及ぼすおそれがないものであること

　収益事業等への資源配分や事業内容により、公益目的事業の円滑な実施に支障が生じないよう求めるものである。

⑧　その事業活動を行うにあたり、公益目的事業比率（認定法15）が100分の50以上となると見込まれるものであること

　公益目的事業の実施に係る費用の額が、当該公益法人の活動全般に係る費用のうち、少なくとも半分を占めていなければならないことを求めるも

のである（公益目的事業比率の算定につき、537頁参照）。

> ⑨　その事業活動を行うにあたり、遊休財産額（認定法16②）がその制限額（認定法16①）を超えないと見込まれるものであること

　公益法人の保有する財産は、公益目的のために最大限利用されることを前提として、税制上の優遇措置をも受けた上で形成されたものであり、遊休状態にあることは望ましくない。そこで、遊休状態にある財産の額に制限が加えられている（遊休財産額の算定につき、538頁参照）。

> ⑩　各理事について、当該理事及びその配偶者または3親等内の親族（これらの者に準ずるものとして当該理事と政令で定める特別の関係がある者を含む）である理事の合計数が理事の総数の3分の1を超えないものであること（監事についても、同様とする）

　公益法人の業務執行または監査の機関が利害を同じくする特定少数の者によって占められることによって、不特定多数の利益の増進が図られなくなるおそれがあることから、これを制限するものである。なお、「政令で定める理事と特別の関係がある者」として、以下の者が定められている（認定令4）。

　ⅰ）当該理事と婚姻の届出をしていないが事実上婚姻関係と同様の事情にある者

　ⅱ）当該理事の使用人

　ⅲ）上記ⅰまたはⅱ以外の者であって、当該理事から受ける金銭その他の財産によって生計を維持しているもの

　ⅳ）上記ⅱまたはⅲの者の配偶者

　ⅴ）上記ⅰないしⅲの者の3親等内の親族であって、これらの者と生計を一にするもの

> ⑪ 他の同一の団体（公益法人またはこれに準ずるものとして政令で定めるものを除く）の理事または使用人である者その他これに準ずる相互に密接な関係にあるものとして政令で定める者である理事の合計数が理事の総数の3分の1を超えないものであること（監事についても、同様とする）

前記⑩と同一の趣旨である。なお、「公益法人またはこれに準ずるものとして政令で定めるもの」は認定法施行時において、特に定められていない。「相互に密接な関係にあるものとして政令で定める者」としては、以下の者が定められている（認定令5）。

ⅰ）当該他の同一の団体の理事以外の役員（法人でない団体で代表者または管理人の定めのあるものにあっては、その代表者または管理人）または業務を執行する社員である者

ⅱ）次の団体においてその職員（国会議員及び地方公共団体の議会の議員を除く）である者

　イ　国の機関
　ロ　地方公共団体
　ハ　独立行政法人（独立行政法人通則法2①）
　ニ　国立大学法人（国立大学法人法2①）または大学共同利用機関法人（同法2③）
　ホ　地方独立行政法人（地方独立行政法人法2①）
　ヘ　特殊法人または認可法人

> ⑫ 会計監査人を置いているものであること（ただし、毎事業年度における当該法人の収益の額、費用及び損失の額その他の政令で定める勘定の額がいずれも政令で定める基準に達しない場合は、この限りでない）

公益法人におけるガバナンスを強化するため、会計監査人による監査（監事による監査も当然に必要的となる）を求めるものである。なお、例外

的に会計監査人の設置が不要となる「政令で定める基準」として、以下の基準が定められている（認定令6）。

　ⅰ）最終事業年度（法人法22・三）に係る損益計算書の収益の部に計上した額の合計額　1,000億円
　ⅱ）上記ⅰの損益計算書の費用及び損失の部に計上した額の合計額　1,000億円
　ⅲ）最終事業年度に係る貸借対照表または成立時貸借対照表（法人法22・三）の負債の部に計上した額の合計額　50億円

> ⑬　その理事、監事及び評議員に対する報酬等（報酬、賞与その他の職務遂行の対価として受ける財産上の利益及び退職手当をいう）について、内閣府令で定めるところにより、民間事業者の役員の報酬等及び従業員の給与、当該法人の経理の状況その他の事情を考慮して、不当に高額なものとならないような支給の基準を定めているものであること

　役員または評議員に対する報酬等の支給を通じて、法人財産が公益目的以外で流出することを制限するものである。ただし、役員または評議員が当該法人の使用人を兼務する場合の使用人分の財産上の利益は、含まれないと解されている。なお、内閣府令において、支給の基準において定めるべき事項として、以下の事項が定められている（認定規則3）。

　ⅰ）理事等の勤務形態に応じた報酬等の区分及びその額の算定方法
　ⅱ）支給の方法及び形態

> ⑭　一般社団法人にあっては、次のいずれにも該当するものであること
> 　イ　社員の資格の得喪に関して、当該法人の目的に照らし、不当に差別的な取扱いをする条件その他の不当な条件を付していないものであること
> 　ロ　社員総会において行使できる議決権の数、議決権を行使すること

> ができる事項、議決権の行使の条件その他の社員の議決権に関する定
> 款の定めがある場合には、その定めが次のいずれにも該当するもので
> あること
> 　(1)　社員の議決権に関して、当該法人の目的に照らし、不当に差別的
> 　　　な取扱いをしないものであること
> 　(2)　社員の議決権に関して、社員が当該法人に対して提供した金銭そ
> 　　　の他の財産の価額に応じて異なる取扱いを行わないものであること
> 　八　理事会を置いているものであること

　社員資格の得喪やその議決権の行使について不当に差異を設けること
で、社員総会が特定の者に支配されるおそれを防止するものである。また、理事会の設置を強制することで、ガバナンスの強化が図られている。

> ⑮　他の団体の意思決定に関与することができる株式その他の内閣府令で
> 定める財産を保有していないものであること（ただし、当該財産の保有
> によって他の団体の事業活動を実質的に支配するおそれがない場合とし
> て政令で定める場合は、この限りでない）

　公益法人が他の団体の意思決定に関与することを通じて、公益目的事業以外の事業（収益事業等）を拡大することを防止するものである。なお、「内閣府令で定める財産」としては、以下の財産が定められている（認定規則4）。

ⅰ）株式

ⅱ）特別の法律により設立された法人の発行する出資に基づく権利

ⅲ）合名会社、合資会社、合同会社その他の社団法人の社員権（公益社団法人に係るものを除く）

ⅳ）組合契約（民667①）、投資事業有限責任組合契約（投資事業有限責任組合契約法3①）、有限責任事業組合契約（有限責任事業組合契約法3①）に基づく権利（当該公益法人が単独でまたはその持分以上の業務を執行する組合員であるものを除く）

ⅴ）信託契約に基づく委託者または受益者としての権利（当該公益法人が単独のまたはその事務の相当の部分を処理する受託者であるものを除く）

ⅵ）外国の法令に基づく財産であって、上記ⅰないしⅴに掲げる財産に類するもの

また「事業活動を実質的に支配するおそれがない場合として政令で定める場合」としては、株主総会その他の団体の財務及び営業または事業の方針を決定する機関における議決権の過半数を有していない場合が定められている（認定令7）。

> ⑯ 公益目的事業を行うために不可欠な特定の財産があるときは、その旨ならびにその維持及び処分の制限について、必要な事項を定款で定めているものであること

「公益目的事業を行うために不可欠な特定の財産」とは、法人の目的、事業と密接不可分な関係にあり、当該法人が保有、使用することに意義がある特定の財産を指し、例えば、一定の目的の下に収集、展示され、再収集が困難な美術館の美術品や、歴史的文化的価値があり、再生不可能な建造物等が該当する。公益目的事業の継続を確保するため、その安易な処分を制限するものである。

> ⑰ 公益認定の取消しの処分（認定法29①②）を受けた場合または合併により法人が消滅する場合（その権利義務を承継する法人が公益法人であるときを除く）において、公益目的取得財産残額（認定法30②）があるときは、これに相当する額の財産を当該公益認定の取消しの日または当該合併の日から1か月以内に類似の事業を目的とする他の公益法人もしくは次に掲げる法人または国もしくは地方公共団体に贈与する旨を定款で定めているものであること
> 　イ　学校法人（私立学校法3）
> 　ロ　社会福祉法人（社会福祉法22）
> 　ハ　更生保護法人（更生保護事業法2⑥）

1．実体手続　*529*

ニ　独立行政法人（独立行政法人通則法２①）
　　ホ　国立大学法人（国立大学法人法２①）または大学共同利用機関法
　　　　人（同法２③）
　　ヘ　地方独立行政法人（地方独立行政法人法２①）
　　ト　その他イからヘまでの法人に準ずるものとして政令で定める法人

　公益認定を取り消された公益法人は一般社団（財団）法人として存続するが、公益法人である間に取得し、公益目的事業を実施するために保有していた財産は、その認定取消し後も、公益目的のために使用されるべきである。また、公益法人が合併により消滅し、一般社団（財団）法人がその権利義務を承継した場合にも、同様のことが妥当する。そこで、これらの場合に、他の公益法人等に対して相当額を贈与する旨をあらかじめ定款で定めておくことが求められている（公益目的取得財産残額の算定につき、548頁参照）。なお、「政令で定める法人」としては、以下の法人が定められている（認定令8）。

　ⅰ）特殊法人（株式会社であるものを除く）
　ⅱ）上記ⅰ以外の法人のうち、次のいずれにも該当するもの
　　イ　法令の規定により、当該法人の主たる目的が、学術、技芸、慈
　　　　善、祭祀、宗教その他の公益に関する事業を行うものであることが
　　　　定められていること
　　ロ　法令または定款その他の基本約款（「法令等」という）の規定によ
　　　　り、各役員について、当該役員及びその配偶者または3親等内の
　　　　親族である役員の合計数が役員の総数の3分の1を超えないこと
　　　　が定められていること
　　ハ　社員その他の構成員に剰余金の分配を受ける権利を与えることが
　　　　できないものであること
　　ニ　社員その他の構成員または役員及びこれらの者の配偶者または3

親等内の親族に対して特別の利益を与えないものであること
ホ　法令等の規定により、残余財産を当該法人の目的に類似する目的のために処分し、または国もしくは地方公共団体に帰属させることが定められていること

> ⑱　清算をする場合において、残余財産を類似の事業を目的とする他の公益法人もしくは前記⑰イからトまでの法人または国もしくは地方公共団体に帰属させる旨を定款で定めているものであること

公益法人が清算をする場合の残余財産の処分についても、前記⑰の趣旨が妥当することから、その帰属に関する定款の定めを求めるものである。

---

## Q6　公益認定の欠格事由

公益認定の欠格事由として、どのような事由が定められているか。

### Answer. 6

公益認定を受けようとする法人がその基準をすべて満たしている場合でも、一定の欠格事由に該当するときは、公益法人としてふさわしくないものとして認定を受けることはできない。具体的には、以下の欠格事由が定められている（認定法6）。

> ①　その理事、監事及び評議員のうちに、次のいずれかに該当する者があるもの
> 　イ　公益法人が公益認定の取消し（認定法29①②）を受けた場合において、その取消しの原因となった事実があった日以前1年内に当該公益法人の業務を行う理事であった者でその取消しの日から5年を経過しないもの
> 　ロ　認定法、一般社団・財団法人法もしくは暴力団員による不当な行為の

防止等に関する法律の規定（同法第32の2⑦の規定を除く）に違反したことにより、もしくは傷害、現場助勢、暴行、凶器準備集合、脅迫または背任の罪（刑204、206、208、208の3①、222、247）もしくは集団的暴行・脅迫・毀棄、集団的常習的面会強制・強談威迫もしくは集団犯罪等の請託（暴力行為等処罰に関する法律1、2、3）の罪を犯したことにより、または国税もしくは地方税に関する法律中偽りその他不正の行為により国税もしくは地方税を免れ、納付せず、もしくはこれらの税の還付を受け、もしくはこれらの違反行為をしようとすることに関する罪を定めた規定に違反したことにより、罰金の刑に処せられ、その執行を終わり、または執行を受けることがなくなった日から5年を経過しない者
- ハ　禁錮以上の刑に処せられ、その刑の執行を終わり、または刑の執行を受けることがなくなった日から5年を経過しない者
- ニ　暴力団員（暴力団員による不当な行為の防止等に関する法律2六）または暴力団員でなくなった日から5年を経過しない者

② 公益認定の取消し（認定法29①②）を受け、その取消しの日から5年を経過しないもの
③ その定款または事業計画書の内容が法令または法令に基づく行政機関の処分に違反しているもの
④ その事業を行うにあたり法令上必要となる行政機関の許認可等（行政手続法2三）を受けることができないもの
⑤ 国税または地方税の滞納処分の執行がされているものまたは当該滞納処分の終了の日から3年を経過しないもの
⑥ 暴力団員等がその事業活動を支配するもの

---

### Q7　公益法人における定款の記載（記録）例

公益認定を受けるにあたり、定款の定めをどのように変更すべきか。

### Answer.7

公益法人の定款については、特例民法法人が公益法人への移行の認定を

受ける場合に関するものであるが、公益認定等委員会から記載（記録）例及び留意事項が示されている（公益認定等委員会「移行認定または移行認可の申請に当たって定款の変更の案を作成するに際し特に留意すべき事項について（平成20年10月10日委員会決定）」。巻末資料参照）。

【参考URL】
「移行認定のための『定款の変更の案』作成の案内」（公益法人Infomationウェブサイト内リンク「関係法令等」）
https://www.koeki-info.go.jp/pictis_portal/common/portal.jsp

## Q8　公益認定の申請書記載事項及び添付書面

公益認定を申請する場合の申請書記載事項及び添付書面は何か。

### Answer.8

(1) 公益認定の申請にあたっては、行政庁に対して申請書を提出しなければならない（認定法7①）。その様式は内閣府令に定められており（認定規則5①、様式第1号。巻末資料参照）、下記URLからダウンロードすることができる。

【参考URL】
「申請の手引き」（公益法人Informationウェブサイト内）
https://www.koeki-info.go.jp/pictis_shinsei/menu.do?gamen_id=AP_D090104

(2) 公益認定の申請書には、次表の書面を添付しなければならない（認定法7②）。

① 定款
② 事業計画書及び収支予算書
③ 事業を行うにあたり法令上行政機関の許認可等を必要とする場合においては、当該許認可等があったことまたはこれを受けることができることを証する書類
④ 公益目的事業を行うのに必要な経理的基礎を有することを明らかにする財産目録、貸借対照表その他の書類（認定規則5②）
　ⅰ）最終事業年度に係る貸借対照表または成立時貸借対照表（法人法２二・三）の貸借対照表日における財産目録（認定法21②一、認定規則31①ないし③）
　ⅱ）最終事業年度に係る貸借対照表または成立時貸借対照表（法人法２二・三）及びその附属明細書（法人法123、認定規則31④）
　ⅲ）事業計画書及び収支予算書に記載された予算の基礎となる事実を明らかにする書類
　ⅳ）上記ⅰないしⅲのほか、公益目的事業を行うのに必要な経理的基礎を有することを明らかにする書類
⑤ 報酬等の支給の基準（認定法5十三）を記載した書類
⑥ 上記①ないし⑤のほか、以下の書類（認定規則5③）
　ⅰ）登記事項証明書
　ⅱ）理事等の氏名、生年月日及び住所を記載した書類
　ⅲ）上記④のほか、認定基準（認定法5各号）に適合することを説明した書類
　ⅳ）理事等に関する公益認定の欠格事由（認定法6一イないしニ）のいずれにも該当しないことを説明した書類
　ⅴ）当該法人に関する公益認定の欠格事由（認定法6二ないし四・六）のいずれにも該当しないことを説明した書類
　ⅵ）滞納処分に係る国税及び地方税の納税証明書
　ⅶ）以上のほか、行政庁が必要と認める書類

## Q9 変更の認定の申請または変更の届出

> 公益法人は、どのような場合に変更の認定の申請または変更の届出をしなければならないか。

## Answer. 9

(1) **変更の認定の申請**

(1) 公益法人が次の変更をしようとするときは、届出の対象となる一定の軽微な変更（認定規則7）の場合を除き、行政庁の認定を受けなければならない（認定法11①）。変更の認定にあたっては、公益認定と同様の基準が適用される（認定法11④）。

> ① 公益目的事業を行う都道府県の区域（定款で定めるものに限る）または主たる事務所もしくは従たる事務所の所在場所の変更（従たる事務所の新設または廃止を含む）
> ② 公益目的事業の種類または内容の変更
> ③ 収益事業等の内容の変更

(2) 変更の認定の申請は、以下の必要書面を添付して、変更に係る事項を記載した申請書を提出して行う（認定法11②③、認定規則8、様式第2号。巻末資料参照）。行政庁の変更を伴うときは、変更後の行政庁が提出先となるが、変更前の行政庁を経由して行わなければならない（認定法12①）。

> ① 公益認定の申請時における添付書面（認定法7②）のうち、変更に係るもの
> ② 当該変更を決議した理事会の議事録の写し
> ③ 当該変更が合併または事業の譲渡に伴う変更である場合には、その契約書の写し
> ④ 上記①ないし③のほか、行政庁が必要と認める書類

(3) 変更の認定を受けた公益法人は、当該変更の認定に伴い定款記載（記録）事項または登記事項に変更があるときは、遅滞なく、定款及び登記事項証明書を行政庁に提出しなければならない（認定規則8③）。さらに、当該変更の認定が合併に伴うものである場合には、当該合併の日から3か月以内に、当該合併により消滅する公益法人に係る書類の提出も求められる（認定規則8④）。

(2) **変更の届出**
(1) 公益法人に、認定を要しない事項について変更が生じたときでも、一定事項については届出が必要となる（認定法13①。なお、合併に伴う変更は、合併等の届出（認定法24以下）による）。具体的には、次の事項である。

① 名称または代表者の氏名の変更
② 以下の軽微な変更（認定法11①ただし書、認定規則7）
　ⅰ）行政庁が内閣総理大臣である公益法人の公益目的事業を行う都道府県の区域の変更（定款で定めるものに限る）または事務所の所在場所の変更（従たる事務所の新設または廃止を含む）であって、当該変更後の公益目的事業を行う区域または事務所の所在場所が2以上の都道府県の区域内であるもの
　ⅱ）行政庁が都道府県知事である公益法人の事務所の所在場所の変更（従たる事務所の新設または廃止を含む）であって、当該変更前及び変更後の事務所の所在場所が同一の都道府県の区域内であるもの
　ⅲ）公益目的事業または収益事業等の内容の変更であって、公益認定を受けた申請書（認定法7①。当該事業について変更の認定を受けている場合にあっては、当該変更の認定のうち最も遅いものに係る申請書。認定規則8①）の記載事項の変更を伴わないもの
③ 定款の変更（変更の認定を要するものを除く）
④ 上記①ないし③のほか、以下の事項の変更（認定規則11②）
　ⅰ）理事等（代表者を除く）または会計監査人の氏名もしくは名称

ⅱ) 報酬等の支給の基準（認定法5十三）

ⅲ) その事業を行うにあたり法令上必要となる行政機関の許認可等（認定法6四、行政手続法2四）

(2) 届出は、公益認定の申請時における添付書面（認定法7②）のうち、変更に係るものを添付して、届出書を提出して行う（認定規則11①、様式第3号。巻末資料参照）。

---

## Q10 公益目的事業比率の算定

「公益目的事業比率」とは何か。また、どのように算定されるか。

### Answer.10

「公益目的事業比率」とは、公益法人の主たる目的が公益目的事業の実施であることを、その支出する費用の配分の面から実現しようとする制度である。公益目的事業比率は、具体的には次のように算定され、この比率が50％以上となるように求められる（認定法15、認定規則12ないし19）。

$$\frac{\boxed{公益実施費用額}}{\boxed{公益実施費用額} + \boxed{収益等実施費用額} + \boxed{管理運営費用額}} \geq \frac{50}{100}$$

公益実施費用額：当該事業年度の損益計算書に計上すべき公益目的事業に係る事業費の額（認定法15一、認定規則13②一）

収益等実施費用額：当該事業年度の損益計算書に計上すべき収益事業等に係る事業費の額（認定法15二、認定規則13②二）

管理運営費用額：当該事業年度の損益計算書に計上すべき管理費の額（認定法15三、認定規則13②三）

## Q11 遊休財産額の算定

「遊休財産額」とは何か。また、どのように算定されるか。

### Answer. 11

(1) 公益法人の保有する財産は、公益目的のために最大限利用されることを前提として、税制上の優遇措置をも受けた上で形成されたものであるから、遊休状態にあることは公益法人制度の理念から望ましくない。そこで、公益法人による財産の使用もしくは管理の状況または当該財産の性質にかんがみ、公益目的事業または公益目的事業を行うために必要な収益事業等その他の業務もしくは活動のために現に使用されておらず、かつ、引き続きこれらのために使用されることが見込まれない財産の額を「遊休財産額」と定義し、その合計額に上限が設けられている（認定法16）。

(2) 遊休財産額及びその上限額は、次のように算定される。

① 遊休財産額（認定規則22①②）

| 当該事業年度の資産の額 | － | ① 負債（基金（法人法131）を含む）の額<br>② 「控除対象財産（認定規則22③ないし⑥）」の帳簿価額の合計額から「対応負債の額（同22⑦⑧）」を控除して得た額 |
|---|---|---|

② 遊休財産額の保有の上限額（認定規則20、21）

| ① 当該事業年度の損益計算書に計上すべき公益目的事業に係る事業費の額<br>② 上記①の額のほか、公益法人が商品または製品を譲渡した場合（認定規則15②）に当該事業年度の公益実施費用額に算入することとなったこれらの財産の原価の額<br>③ 特定費用準備資金を有する場合（認定規則18①）に、当該事業年度の公益実施費用額に算入することとなった額 | － | ④ 当該事業年度の公益実施費用額から控除することとなった引当金の取崩額（認定規則14）<br>⑤ 左記①の額のうち、財産の譲渡に係る損失が生じた場合（認定規則15①）、財産の評価替えをして帳簿価額を減額した場合（同15③）、財産を運用することにより損失が生じた場合（同15④）に、公益実施費用額に算入しないこととなった額<br>⑥ 特定費用準備資金を有する場合（認定規則18①②）に、公益実施費用額から控除することとなった額 |

### Q12 公益目的事業財産

「公益目的事業財産」とは何か。

### Answer. 12

(1) 公益法人が保有する財産の多くは、公益目的事業に供されることを前提として取得されたものであり、収益事業等に流用されてしまうことは相当でない。そこで、一定の範囲の財産を「公益目的事業財産」と定義し、これを公益目的事業のために使用し、または処分しなければならないとされている（認定法18柱書）。なお、①善良な管理者の注意を払ったにもかかわらず、財産が減失または毀損した場合、②財産が陳腐化、不適応化その他の理由によりその価値を減じ、当該財産を廃棄すること

1．実体手続　539

が相当な場合には、正当な理由があるものとして、目的外使用が認められる（認定規則23）。

(2) 「公益目的事業財産」とは、以下の財産である。

> ① 公益認定を受けた日以後に寄附を受けた財産（寄附をした者が公益目的事業以外のために使用すべき旨を定めたものを除く）
> ② 公益認定を受けた日以後に交付を受けた補助金その他の財産（財産を交付した者が公益目的事業以外のために使用すべき旨を定めたものを除く）
> ③ 公益認定を受けた日以後に行った公益目的事業に係る活動の対価として得た財産
> ④ 公益認定を受けた日以後に行った収益事業等から生じた収益に100分の50（認定規則24）を乗じて得た額に相当する財産
> ⑤ 上記①ないし④の財産を支出することにより取得した財産
> ⑥ 不可欠特定財産（認定法5十六）
> ⑦ 公益認定を受けた日の前に取得した財産であって、同日以後に財産目録、貸借対照表またはその附属明細書において、その他の財産の勘定科目と区分して表示する方法（認定規則25）により公益目的事業の用に供するものである旨を表示した財産
> ⑧ 上記①ないし⑦のほか、当該公益法人が公益目的事業を行うことにより取得し、または公益目的事業を行うために保有していると認められる以下の財産（認定規則26）
>   ⅰ）公益社団法人にあっては、公益認定を受けた日以後に徴収した経費（法人法27。実質的に対価その他の事業に係る収入等と認められるものを除く）のうち、その徴収にあたり使途が定められていないものの額に100分の50を乗じて得た額またはその徴収にあたり公益目的事業に使用すべき旨が定められているものの額に相当する財産
>   ⅱ）公益認定を受けた日以後に行った吸収合併により他の公益法人の権利義務を承継した場合にあっては、当該他の公益法人の当該合併の前日における公益目的取得財産残額（同日において当該他の公益法人の公益認定を取り消された場合における公益目的取得財産残額に準ずる額をいう）に相当する財産

> ⅲ）公益認定を受けた日以後に公益目的保有財産（下記ⅵ及びⅶの財産ならびに上記⑤ないし⑦の財産をいう）から生じた収益の額に相当する財産
> ⅳ）公益目的保有財産を処分することにより得た額に相当する財産
> ⅴ）公益目的保有財産以外の財産とした公益目的保有財産の額に相当する財産
> ⅵ）上記ⅰないしⅴの財産を支出することにより取得した財産
> ⅶ）公益認定を受けた日以後に上記ⅰないしⅴの財産及び上記①ないし④の財産以外の財産を支出することにより取得した財産であって、同日以後に財産目録、貸借対照表またはその附属明細書において、その他の財産の勘定科目と区分して表示する方法（認定規則25）により公益目的事業の用に供するものである旨を表示したもの
> ⅷ）以上のほか、当該法人の定款または社員総会もしくは評議員会において、公益目的事業のために使用し、または処分する旨を定めた額に相当する財産

## Q13 公益法人の計算等

> 公益法人の計算には、一般社団法人または一般財団法人と比較してどのような特則が設けられているか。

## Answer.13

(1) 公益法人の収益事業等に関する会計は、公益目的事業に関する会計から区分し、各収益事業等ごとに特別の会計として経理しなければならない（認定法19）。公益目的事業比率や公益目的事業財産の算定に資するとともに、各収益事業等の実態についても確認できるようにするものである。

(2) 公益法人は、少なくとも毎事業年度において、一般社団（財団）法人と同様の計算書類等（法人法129①、199）に加え、次表の書類（電磁的記録）を作成し、備え置かなければならない（認定法21①②⑥）。

1．実体手続　541

| 作成すべき書類 | 作成時期 | 備置期間及び場所 |
|---|---|---|
| ① 事業計画書<br>② 収支予算書<br>③ 資金調達及び設備投資の見込みを記載した書類（認定規則27） | 毎事業年度開始の日の前日まで（公益認定を受けた日の属する事業年度にあっては、当該公益認定を受けた後遅滞なく） | 当該事業年度の末日までの間、当該書類を主たる事務所に、その写しをその従たる事務所に、備え置かなければならない |
| ① 財産目録<br>② 役員等名簿（理事、監事及び評議員の氏名及び住所を記載した名簿をいう）<br>③ 報酬等の支給の基準（認定法5十三）を記載した書類<br>④ 上記①ないし③のほか、以下の書類（認定規則28）<br>　ⅰ）キャッシュ・フロー計算書（作成している場合または会計監査人を設置しなければならない場合に限る）<br>　ⅱ）運営組織及び事業活動の状況の概要及びこれらに関する数値のうち重要なものを記載した書類 | 毎事業年度経過後3か月以内（公益認定を受けた日の属する事業年度にあっては、当該公益認定を受けた後遅滞なく） | 当該書類を5年間主たる事務所に、その写しを3年間従たる事務所に、備え置かなければならない |

(3) 上記(2)の表中の書類のうち、財産目録及びキャッシュ・フロー計算書については、計算書類に準じ、監査機関の監査、社員（評議員）への事

前提供を経て、定時社員総会（定時評議員会）の承認（これが省略されるときは理事会の承認）を受けなければならない（認定法23、認定規則33、40）。

(4) 前記(2)の表中の書類は、定款、社員名簿及び計算書類等（法人法129①、199）とともに「財産目録等」と総称され、一般の閲覧に供される（認定法21④⑤）。この点において、公益法人は、一般社団（財団）法人よりも情報開示が徹底されている（法人法14、32、129等参照）。なお、社員または評議員以外の者からの閲覧請求に対しては、役員等名簿及び社員名簿中の個人の住所に係る記載（記録）は、除外することができる（認定法21⑤）。

(5) さらに、公益法人は、前記(2)の表中上段の書類を毎事業年度開始の日の前日までに（認定規則37、様式第4号。巻末資料参照）、それら以外の「財産目録等」（定款を除く）を毎事業年度の経過後3か月以内に（認定規則38、様式第5号。巻末資料参照）、行政庁に提出しなければならず、これらの書類は、行政庁においても、一般の閲覧または謄写に供される（認定法22、認定規則39）。

## Q14 合併等の届出または地位の承継の認可

> 公益法人が合併した場合に、どのような届出または申請をすべきか。事業を譲渡しまたは公益目的事業の全部を廃止した場合はどうか。

## Answer. 14

(1) **合併の届出**

公益法人が合併をした場合には、その態様に応じ、次表の届出または申請が必要となる。

| | | |
|---|---|---|
| 吸収合併の場合 | 吸収合併消滅法人 | 合併の届出（認定法24①）を行う。吸収合併存続法人が公益法人でないときは、定款の定めに従い、公益目的取得財産残額に相当する額の財産の贈与が必要となる（認定法30）。 |
| | 吸収合併存続法人 | 合併の届出（認定法24①）を行う。ただし、合併に伴う変更事項が認定を要するものであるときは、変更の認定（認定法11①）を申請すれば、当該届出は不要となる（認定法24①一（　）書）。 |
| 新設合併の場合 | 新設合併消滅法人 | 合併の届出（認定法24①）を行う。ただし、新設合併設立法人が新設合併消滅法人の地位を承継することについて行政庁の認可（認定法25）を申請したときは、当該届出は不要となる（認定法24①一（　）書）。新設合併設立法人が公益法人でないときは、定款の定めに従い、公益目的取得財産残額に相当する額の財産の贈与が必要となる（認定法30）。 |

　合併の届出は、合併契約書の写し及び当該合併を決議した理事会の議事録の写しを添付して、届出書を行政庁に提出して行う（認定規則41、様式第6号。巻末資料参照）。また、吸収合併存続法人において、合併に伴い変更の届出事項（認定法13①）に変更があるときは、遅滞なく、「当該変更があった旨を記載した書類」及び「当該変更に係る公益認定の申請時に準じた添付書面（認定法7②）」を行政庁に提出しなければならない（認定規則41③）。さらに、当該合併の日から3か月以内に、吸収合併消滅法人に係る書類（認定規則8④）を行政庁に提出しなければならない（認定規則41④）。

(2) 合併による地位の承継の認可

　新設合併による地位の承継の認可の申請は、「公益認定の申請時に準じた添付書面（認定法25④、7②一ないし五、認定規則42②二・三）」及び「新設合併消滅法人の当該合併を決議した理事会の議事録の写し（認定規則42②一）」を添付して、申請書を行政庁に提出して行う（認定規則42①、様式第7号。巻末資料参照）。当該認可を受けて成立した公益法人は、その成立後遅滞なく、定款及び登記事項証明書を行政庁に提出しなければならない（認定規則42③）。さらに、その成立の日から起算して3か月以内に、吸収合併消滅法人に係る書類（認定規則8④）を行政庁に提出しなければならない（認定規則42④）。

(3) 事業譲渡または公益目的事業全部の廃止の届出

　公益法人が事業の全部または一部の譲渡（変更の認定を伴う場合を除く）または公益目的事業の全部の廃止をする場合にも、届出が必要である（認定法24①二・三）。事業譲渡の場合には、譲渡契約書の写し及び当該譲渡を決議した理事会の議事録の写しが、公益目的事業の全部の廃止の場合には、当該廃止を決議した理事会の議事録の写しが、届出の際の添付書面となる（認定規則41②二・三）。

---

## Q15　解散・清算結了等の届出

> 公益法人の解散・清算に関しては、どのような届出が必要となるか。

### Answer.15

　公益法人は、次表のような事由が生じた場合にも、行政庁に対する届出が必要とされている（届出書の様式については巻末資料参照）。

1．実体手続　545

| 届出事由 | 届出事項 | 添付書面 |
|---|---|---|
| 解散したとき（合併による解散を除く） | 解散の旨（認定法26①、認定規則44①、様式第8号） | 解散及び清算人の登記をしたことを証する登記事項証明書 |
| ① 債権者に対する公告期間（法人法233①）が経過したとき<br>② 残余財産の引渡しの見込みに変更があったとき | 残余財産の引渡しの見込み（認定法26②、認定規則44①、様式第9号） | 当該残余財産の引渡しを受ける法人が他の公益法人または国もしくは地方公共団体以外の法人（認定法5十七イないしト）である場合にあっては、その旨を証する書類 |
| 清算が結了したとき | 清算結了の旨（認定法26③、認定規則44①、様式第10号） | 清算の結了の登記をしたことを証する登記事項証明書及び決算報告（法人法240①） |

## Q16 公益法人の監督

行政庁は、どのような方法により公益法人を監督するのか。

## Answer. 16

(1) 行政庁は、公益法人の事業の適正な運営を確保するために必要な限度において、報告書の様式及び提出期限その他必要な事項を明示した上で、公益法人に対し、その運営組織及び事業活動の状況に関し必要な報告を求めることができる。また、その職員に、当該公益法人の事務所に立ち入り、その運営組織及び事業活動の状況もしくは帳簿、書類その他の物件を検査させ、もしくは関係者に質問させることができる（認定法27①、認定規則45）。この権限は、欠格事由に該当するか否かの調査に関するものを除き、行政庁が内閣総理大臣であれば公益認定等委員会により、都道府県知事であれば各都道府県に置かれた合議制の機関により

行使される（認定法59）。
(2) 行政庁は、公益法人が公益認定の任意的取消事由（認定法29②）のいずれかに該当すると疑うに足りる相当な理由がある場合には、関係機関に意見聴取の上、当該公益法人に対し、期限を定めて必要な措置をとるべき旨の勧告をすることができる（認定法28①）。当該勧告の内容は、インターネットの利用その他の適切な方法により公表される（認定法28②、認定規則53）。当該勧告に対し、公益法人が正当な理由がなく措置をとらなかったときは、行政庁は、当該公益法人に対しその勧告に係る措置をとるべきことを命ずることができる（認定法28③）。当該命令があった旨についても、勧告と同様の方法により公示される（認定規則52）。

## Q17　公益認定の取消し

> 公益認定が取り消される事由として、どのような場合があるか。また、公益認定の取消しにより、公益法人の名称はどのように変更されるか。

### Answer. 17

(1) 公益法人が、認定後に公益法人としてふさわしくないものとなった場合には、行政庁により公益認定の取消しが行われる。公益認定の取消事由には、必要的取消事由と任意的取消事由とがある。必要的取消事由となるのは次の場合である（認定法29①）。

1．実体手続　547

> ①　公益認定の欠格事由（認定法6）のいずれかに該当するに至ったとき
> ②　偽りその他不正の手段により公益認定、変更の認定（認定法11①）または新設合併による地位の承継の認可（認定法25①）を受けたとき
> ③　正当な理由がなく、勧告に係る措置をとるべき旨の命令（認定法28③）に従わないとき
> ④　公益法人から公益認定の取消しの申請があったとき

(2)　任意的取消事由となるのは、次の場合である（認定法29②）。

> ①　公益認定基準（認定法5）のいずれかに適合しなくなったとき
> ②　公益法人の事業活動等に関する規制（認定法14ないし26）を遵守していないとき
> ③　上記①または②のほか、法令または法令に基づく行政機関の処分に違反したとき

(3)　公益法人が公益認定を取り消されたときは、その旨がインターネットの利用その他の適切な方法により公示される（認定法29④、認定規則52）。当該公益法人の名称中の「公益社団法人」または「公益財団法人」という文字は、それぞれ「一般社団法人」または「一般財団法人」と変更したものと擬制され、当該公益法人の主たる事務所及び従たる事務所の所在地を管轄する登記所に、当該名称の変更の登記が嘱託される（認定法29⑤⑥）。

---

### Q18　公益目的取得財産残額

> 公益目的取得財産残額とは何か。

### Answer. 18

(1)　公益法人が公益認定の取消しを受けた場合、当該公益法人は一般社団（財団）法人として存続する。また、公益法人が合併により消滅し、一

般社団(財団)法人が吸収合併存続法人または新設合併設立法人となった場合には、公益法人の権利義務が一般社団(財団)法人に承継されることになる。しかしながら、公益法人が取得し、保有していた財産の多くは、公益目的事業の実施を期待して寄附等が行われ、税制上の優遇措置も受けた上で形成されたものであり、その後も公益目的のために使用されるべきことに変わりはない。そこで、公益認定の取消しを受けた公益法人または合併により消滅する公益法人の権利義務を承継する法人(両者を「認定取消法人等」という。認定法30①)は、未だ費消・譲渡されていない公益目的事業のための財産の額を「公益目的取得財産残額」とし、これに相当する額を、その日から1か月以内に定款に定めるところにより、他の公益法人等に対して贈与する旨の書面による契約を締結することが義務づけられている(認定法5十七参照)。

(2) 公益目的取得財産残額は、次表 $\alpha - \beta - \gamma$ の額と定義されるが(認定法30②)、毎事業年度末日においてもその算定が必要とされる(認定規則48、49)。

| $\alpha$ | 当該公益法人が取得したすべての公益目的事業財産(不可欠特定財産(認定法18六)にあっては、公益認定を受けた日前に取得したものを除く) |
|---|---|
| $\beta$ | 当該公益法人が公益認定を受けた日以後に公益目的事業を行うために費消し、または譲渡した公益目的事業財産 |
| $\gamma$ | 公益目的事業財産以外の財産であって当該公益法人が公益認定を受けた日以後に公益目的事業を行うために費消し、または譲渡したもの及び同日以後に公益目的事業の実施に伴い負担した公租公課の支払い(負担すべき公租公課であって、公益認定の取消しの日または合併の日以後に確定したものも加算される。認定規則47)の合計額 |

(3) 認定取消法人等は、取消し等の日(認定規則49二)から1か月以内に定款の定めに従い書面による贈与契約が成立したときは、取消し等の日から3か月以内に、①各契約に係る契約書の写し及び②各契約に係る

贈与の相手方となる法人が公益法人または国もしくは地方公共団体以外の法人（認定法5十七イないしト）である場合にあっては、その旨を証する書類を添付して、報告書を行政庁に提出しなければならない（認定規則51、様式第13号。巻末資料参照）。当該期間内に報告書の提出がない場合には、贈与契約が成立しなかったものとみなされる。

　当該公益認定の取消しの日または当該合併の日から1か月以内に、公益目的取得財産残額に相当する額の財産について書面による贈与契約が成立しないときは、内閣総理大臣が行政庁である場合にあっては国に対し、都道府県知事が行政庁である場合にあっては当該都道府県に対し、当該公益目的取得財産残額に相当する額の金銭についての贈与契約が成立したものとみなされる（認定法30①前段）。当該公益目的取得財産残額の一部に相当する額の財産について贈与に係る書面による契約が成立した場合において、残余の部分があるときも、同様である（認定法30①後段）。

## Q19 公益認定等委員会及び都道府県に置かれる合議制の機関

公益認定等委員会及び都道府県に置かれる合議制の機関とは、どのような機関か。

### Answer. 19

(1)　「公益等認定委員会」とは、内閣府に置かれ（認定法32①）、内閣総理大臣が行政庁となる場合において、公益認定の申請、変更の認定の申請（認定法11①）、新設合併による地位の承継の認可の申請（認定法25①）があったとき、勧告、命令または公益認定の取消処分がなされるとき（認定法28、29）などにおいて、内閣総理大臣から諮問を受け、審議し、

550　第7章　公益認定による公益法人への変更登記

答申を行う機関である（認定法43）。

(2) 都道府県知事が行政庁となる場合においても、都道府県に置かれる合議制の機関に対する諮問及び答申が行われる（認定法50①、51）。その組織及び運営に関し必要な事項は、条例で定めるものとされ（認定法50②）、各都道府県に「○○県（都、道、府）公益認定等委員会（審議会）」という名称の機関が置かれている。なお、内閣総理大臣は、制度運用にあたる地域間の均衡を図るため、必要に応じ、都道府県に対し勧告、命令、認定取消しその他の措置を指示することができる。

## 2．登記手続

### Q20　公益法人への名称の変更登記の申請事項

一般社団法人または一般財団法人が公益認定を受けた場合の名称の変更登記の申請書（情報）は、どのように記載（記録）すべきか。

### Answer. 20

　一般的な記載（記録）事項のほか、以下の事項を内容とする（法人法330、商登法17②③）。

(1)　**登記の事由**

「名称の変更」とする。

(2)　**登記すべき事項**

　変更後の名称及び変更の年月日である（法人法301②二、302②二）。名称の変更は公益認定により擬制されるものであるため（認定法9①）、その通知が到達した日が変更年月日となる。

<電子データ入力例>

```
「名称」公益社団法人（公益財団法人）○○協会
「原因年月日」平成○年○月○日変更
```

(3) **登録免許税額**

　公益認定による公益法人への名称の変更の登記については、登録免許税は課せられない（登税法5十四）。

(4) **添付書面**

　公益認定を受けたことを証する書面を添付する（認定法9②）。

---

**Q21** 公益認定の取消しの処分を受けた場合の登記手続

　公益法人が公益認定の取消しの処分を受けた場合に、名称の変更登記の申請が必要か。

**Answer. 21**

　公益認定の取消しの処分（認定法29①②）を受けた公益法人は、その名称中の公益社団法人または公益財団法人という文字をそれぞれ一般社団法人または一般財団法人と変更する定款の変更をしたものとみなされる（認定法29⑤）。

　この場合、行政庁により遅滞なく、当該公益法人の主たる事務所及び従たる事務所の所在地を管轄する登記所に当該公益法人の名称の変更の登記が嘱託されるため、法人による申請は必要ない（認定法29⑥）。なお、当該名称の変更の登記については、登録免許税は課されない（登税法5十四）。

# 第8章

# 特例民法法人に関する登記

第1節 特例民法法人に関する特則
第2節 特例民法法人から公益法人への移行
第3節 特例民法法人から通常の一般社団・財団法人への移行

# 第1節

# 特例民法法人に関する特則

## Q1 特例民法法人の意義

特例民法法人とは何か。

### Answer. 1

「改正前民法第34条に基づき設立された公益法人」または「改正前民法施行法第19条第2項の認可を受けた法人」であって、整備法の施行の際現に存するものは、「旧社団法人」「旧財団法人」と呼ばれ、特例的な一般社団法人または一般財団法人として、旧主務官庁の監督を受けつつ、その後も存続することとなる（整備法48①、40①、41①、95、96①（　）書）。

旧社団法人または旧財団法人は、整備法の施行日から起算して5年を経過する日までの期間（移行期間）において、①行政庁の認定を受けて認定法に基づく公益社団法人または公益財団法人に移行するか、②行政庁の認可を受けて通常の一般社団法人または一般財団法人に移行することができるが（整備法44、45）、これらの移行の登記をするまで、「特例社団法人」「特例財団法人」と呼ばれる（整備法42①）。そして、「特例社団法人」と「特例財団法人」とを総称して、「特例民法法人」という（整備法42②）。

## Q2 移行期間の満了によるみなし解散

公益法人または通常の一般社団（財団）法人への移行が認められることなく移行期間が満了した場合に、特例民法法人はどのように取り扱われるか。

### Answer.2

(1) 特例民法法人が、移行期間内に公益法人への移行の認定または一般社団（財団）法人への移行の認可を受けなかった場合には、移行期間の満了の日に、解散したものとみなされる（整備法46①本文）。移行の認定または認可の申請をしていたにもかかわらず、移行期間の満了の日までに当該申請に対する処分がされない場合には、みなし解散は猶予されるが、その後に認定または認可をしない旨の処分があれば、同じく解散したものとみなされる（整備法110①、121②）。

(2) さらに、事後に移行の認定または認可が取り消された場合にも、その取消時点で移行期間が満了していれば、やはり解散したものとみなされる（整備法109④、131④）。

(3) 以上の場合には、旧主務官庁から、特例民法法人の主たる事務所の所在地を管轄する登記所に対し、解散の登記が嘱託される（整備法46②、109⑤、110②、121②、131⑤）。

---

## Q3 特例民法法人の名称

特例民法法人が使用する名称には、どのような制限があるか。

### Answer.3

特例民法法人は、一般社団法人または一般財団法人であるが（整備法40①、41①）、名称中に「一般社団法人」または「一般財団法人」という文

字を用いてはならない。また、「公益社団法人」または「公益財団法人」という文字も用いてはならない（整備法42③④）。ただし、公益社団法人または公益財団法人と誤認されるおそれのある文字の使用の禁止の対象とはならないため（整備法42②による認定法9④の適用除外）、「社団法人〇〇」「財団法人〇〇」という名称を使用することは可能である（関係省令整備省令11参照）。

なお、特例社団法人（特例財団法人）でない者は、その名称または商号中に、特例社団法人（特例財団法人）であると誤認されるおそれのある文字を用いてはならない（整備法42⑤⑥）。

## Q4　特例民法法人の定款の記載（記録）事項

旧社団法人の定款の定め、旧財団法人の寄附行為の定めは、整備法の施行により、どのように取り扱われるか。

### Answer.4

(1)　旧社団法人の定款は特例社団法人の定款とみなされ、旧財団法人の寄附行為は特例財団法人の定款とみなされる（整備法40②）。一般社団・財団法人法の施行により、新たに定款の絶対的記載（記録）事項とされたものもあるが、特例民法法人がこれらの事項を追加する旨の定款変更をする必要がないよう、手当てがされている。定款を、主たる事務所に備え置く義務も免除されている（整備法81による法人法14の適用除外、整備法90による法人法156の適用除外）。

(2)　旧社団法人の定款記載事項は、次表左欄のとおりであるが（改正前民37）、整備法施行後は、次表右欄の取扱いを受ける。

| 旧社団法人の定款記載事項 | 特例社団法人における取扱い |
| --- | --- |
| ① 目的<br>② 名称 | 目的及び名称の定め（法人法11①一・二）とみなされる（整備法80①）。 |
| ③ 事務所の所在地 | 主たる事務所の所在地に係る部分に限り、事務所の所在地の定め（法人法11①三）とみなされる（整備法80①（　）書）。 |
| ④ 資産に関する規定<br>⑤ 理事の任免に関する規定 | 一般社団法人においては、これらの事項は定款記載（記録）事項とされていない。 |
| ⑥ 社員の資格の得喪に関する規定 | 社員の資格の得喪に関する規定（法人法11①五）とみなされる（整備法80①）。 |

※一般社団法人においては、設立時社員の氏名または名称及び住所（法人法11①四）も定款記載（記録）事項であるが、特例社団法人がこれを追加する旨の定款変更をする必要はない。公告方法（同六）または事業年度（同七）の定めも同様である（整備法80②）。

(3) 旧財団法人の寄附行為記載事項は、次表左欄のとおりであるが（改正前民39）、整備法施行後は、次表右欄の取扱いを受ける。

| 旧財団法人の寄附行為記載事項 | 特例財団法人における取扱い |
| --- | --- |
| ① 目的<br>② 名称 | 目的及び名称の定め（法人法153①一・二）とみなされる（整備法89①）。 |
| ③ 事務所の所在地 | 主たる事務所の所在地に係る部分に限り、事務所の所在地の定め（法人法153①三）とみなされる（整備法89①（　）書）。 |
| ④ 資産に関する規定<br>⑤ 理事の任免に関する規定 | 一般財団法人においては、これらの事項は定款記載（記録）事項とはされていない。 |

※一般財団法人においては、設立者の氏名または名称及び住所（法人法153①四）、設立者が拠出する財産及びその価額（同五）、設立時評議員・設立時理事・設立時監事・設立時会計監査人の選任に関する事項（同六・七）も定款記載（記録）事項であるが、特例財団法人がこれらを追加する旨の定款変更をする必要はない。公告方法（同九）または事業年度（同十）の定めも同様である（整備法89②）。評議員の選任及び解任の方法（同八）については、原則として必要ないが、評議員設置特例財団法人となったときは、定める必要が生じる（整備法89③）。

## Q5 特例民法法人の定款の変更

特例民法法人が定款を変更するには、どのような手続が必要か。

### Answer. 5

(1) 特例社団法人の定款の変更については、なお従前の例による（整備法88）。すなわち、総社員の4分の3以上の同意により変更を決定し（定款で別段の定めをすることは可能である）、旧主務官庁の認可を受けなければならない（改正前民38）。

(2) 特例財団法人については、その定款に定款変更に関する定めがある場合には、その定めに従い、定款の変更をすることができる（整備法94②）。定款に当該定めがない場合には、理事（清算人）の定めるところにより、当該定めを設ける定款の変更をすることができ（整備法94③）、当該定めに従って定款を変更することになる。

ただし、特例財団法人が評議員を設置した後は、一般社団・財団法人法の規定（法人法200）に従うことになり、定款に定めがない限り、目的または評議員の選解任の方法を変更することはできなくなる（整備法

94④⑤、法人法200①②。裁判所の許可による変更もできないことにつき、整備法94⑤による法人法200③の適用除外）。

　いずれの場合も、旧主務官庁の認可が必要である（整備法94⑥）。なお、特例財団法人の定款変更が登記事項の変更を伴うときは、以上の手続の履行を証する書面が登記申請の添付書面となる（整備法154⑥）。

(3)　なお、公益法人に移行しようとする特例民法法人が、その移行の登記を停止条件としてした名称中に「公益社団法人」または「公益財団法人」という文字を用いることとする定款の変更、移行の認定基準に適合するものとするために必要な定款の変更については、旧主務官庁の認可は要しない（整備法102）。通常の一般社団（財団）法人に移行しようとする場合も同様である（整備法118）。

---

## Q6　特例民法法人の機関設計

　特例民法法人の機関設計は、どのように規律されているか。

### Answer. 6

　特例民法法人における機関設計及びその登記については、機関に関する章において詳述しているので、そちらを参照されたい（特例社団法人につき258頁、275頁及び284頁、特例財団法人につき348頁）。その概要を述べると、特例民法法人は、整備法が施行されると、一般社団法人の社員総会を除けば、理事のみ（その当時に監事を置いていれば、理事及び監事）が置かれ、各理事が法人代表権を有している状態となる（整備法48①④、80③ないし⑤、89④⑤）。そして、その後の理事（及び監事）の選任及び解任、資格ならびに任期は、なお従前の例による（整備法48②③）。

　移行期間中は、特例財団法人といえども各機関の設置義務は課されないが（整備法91⑥）、任意に定款を変更して通常の一般社団法人または一般

560　第8章　特例民法法人に関する登記

財団法人と同様の機関を設置することが可能であり（法人法60、61、整備法91②③）、この場合には、理事及び監事の選任及び解任、資格ならびに任期は一般社団・財団法人法に従うことになる（整備法48②（　）書、③（　）書。特例財団法人では、役員選任の前提として、旧主務官庁の認可を受けて理事が定める方法により、「最初の評議員」が選任される。同92）。機関に関する登記事項も、通常の一般社団法人または一般財団法人に準じたものとなる（整備法77③ないし⑤。なお、91⑤）。

　会計監査人については、特例民法法人が大規模一般社団（財団）法人の要件に該当する場合でも、その設置義務はないが（整備法54）、任意に設置すれば、その登記義務のほか、監事等の設置義務が生じることになる（法人法61、整備法91④）。

## Q7　役員の損害賠償責任に関する特例

役員の特例民法法人に対する損害賠償責任に関しては、どのような特例が設けられているか。

### Answer.7

　特例民法法人の理事または監事の行為に基づく損害賠償責任については、なお従前の例による（整備法55）。したがって、一般社団・財団法人法第111条第1項による責任は生じない以上、その免除または責任限定契約による制限の規定（法人法113ないし115、198）も、適用されない。

　もっとも、役員は、委任関係に伴う善管注意義務を負うため、当該義務に違反があれば、法人に対する損害賠償責任を負うことになる。理事の忠実義務に関する規定は理事会を置かない特例民法法人には適用がないが（整備法50）、忠実義務は善管注意義務を敷衍し、かつ一層明確にしたにとどまるものであり（最判昭和45年6月24日民集24巻6号625頁）、これに

より損害賠償責任を免れるものではない。

　なお、会計監査人の損害賠償責任については、従前の例によることはあり得ず、一般社団・財団法人法第111条以下（同198で準用される場合を含む）が適用されると解される。

---

## Q8　計算に関する特例

> 特例民法法人の計算については、どのような特例が設けられているか。

### Answer.8

(1)　特例民法法人は、従前の例に従って、財産目録の作成及び備置きを要するが（整備法58、改正前民51①参照）、各事業年度に係る計算書類（貸借対照表及び損益計算書をいう）及び事業報告ならびにこれらの附属明細書については、法律上の作成義務は課されていない（整備法59による法人法123②の適用除外）。当然ながら、監査機関による監査から決算公告（電磁的方法による措置）に至る一連の決算手続も予定されていない（整備法59による法人法124ないし130の適用除外）。

(2)　特例民法法人が公益法人への移行の認定（整備法44）または通常の一般社団（財団）法人への移行の認可（整備法45）を申請する場合には、計算書類及び事業報告ならびにこれらの附属明細書を作成しなければならず、監査機関による監査、理事会の承認、社員総会（評議員会）による承認（事業報告の報告）といった決算手続が必要とされている（整備法60ないし62、整備規則1以下）。ただし、社員（評議員）に対する事前提供や、決算公告（電磁的方法による措置）の規定は設けられていない。また、会計監査人の無限定適正意見がある等の場合でも、社員総会（評議員会）の承認を省略することはできない（法人法127参照）。

(3) さらに、特例社団法人は、定款変更を行って基金を募集することができるところ、この場合にも、当該募集をした日の属する事業年度以降の各事業年度に係る貸借対照表及びその附属明細書を作成し、決算手続を行わなければならなくなる（整備法87②③、法人法124ないし127、129）。しかし、この場合も、決算公告（電磁的方法による措置）だけは不要とされている。

(4) なお、会計帳簿については、特例民法法人においても適時・正確に作成しなければならないが、法務省令（法人規則22ないし25）に従う必要はなく、法律上の保存義務も課されていない（整備法56、57）。

## Q9 解散及び清算に関する特例

特例民法法人の解散及び清算については、どのような特例が設けられているか。

## Answer. 9

(1) 特例民法法人は、原則として、通常の一般社団（財団）法人と同様の事由により、解散する（特例社団法人につき法人法148一ないし六、特例財団法人につき法人法202①一ないし五の適用がある）。ただし、特例民法法人には「解散を命じる裁判」の制度がないため（整備法74、75による法人法261、268の適用除外）、これに代えて「旧主務官庁による解散命令」が解散事由とされている（整備法63①による法人法148七及び202①六の読替え、整備法96②）。

(2) なお、特例民法法人には、休眠一般社団（財団）法人のみなし解散等の規定は適用されない（整備法64による法人法149、150、203及び204の適用除外）。

(3) また、特例財団法人において、連続する2事業年度に係る貸借対照表

上の純資産額がいずれも300万円未満となった場合でも、解散することはない（整備法64による法人法202②の適用除外）。当該みなし解散の規定は、公益財団法人または通常の一般財団法人に移行の登記をした日の属する事業年度から適用される（整備法112②、122②）。
(4) 清算については、なお従前の例（改正前民72以下）によるが、解散した特例民法法人が特例社団法人である場合において、基金の募集を行ったものであるときは、基金の返還に係る債務の弁済が制限される（整備法65①②、法人法236）。

## Q10　合併に関する特例

> 特例民法法人の合併については、どのような特例が設けられているか。

### Answer.10

　特例民法法人は、吸収合併に限り、他の特例民法法人とのみ合併することができる（整備法66前段）。

　なお、以下のような多くの特則があるため、注意を要する。

① 吸収合併契約に効力発生日を定める必要はなく、合併の登記により、その効力が生じる（整備法72①）。合併の登記の登記期間は、債権者異議手続の終了時から起算される（整備法78）。
② 吸収合併契約の承認につき、社員総会の決議要件が加重されている（整備法67①）。特例財団法人については、評議員設置の有無、定款変更に関する定款の定めの有無により、承認の要件が異なる（整備法67②③）。
③ 合併に関し、旧主務官庁の認可及び事後の届出を要する（整備法69、72②、整備令1、2）。
④ 債権者異議手続として、財産目録及び貸借対照表を作成し、主たる事務

所に備え置かなければならず（整備法70②）、計算書類に関する事項は公告事項とされていない。債権者の異議申述期間は、2か月を下ることができない（整備法70④）。
⑤ 事前開示または事後開示等における法務省令委任事項が、政令委任事項とされている（整備法73、整備令3以下）。

## Q11 登記に関する特例

特例民法法人の登記については、どのような特例が設けられているか。

### Answer.11

(1) 旧社団法人及び旧財団法人の登記は、一般社団・財団法人法の相当規定による特例民法法人の登記とみなされる（整備法77①、改正前民46①）。

(2) 新法により登記事項から外されたもののうち、「設立許可の年月日」については、引き続き登記されるが（整備法77②）、「資産の総額」「出資の方法」については、新法の施行とともに登記官の職権により抹消される（関係省令整備省令9①五・六）。

　一方、新法により新たに登記事項とされたものもあるが、これらについて直ちに登記申請が必要となるわけではない。新法施行時において特例民法法人に存在し得る機関は理事及び監事であるが、理事の氏名及び住所のみを登記すればよいとされているし（整備法77③ないし⑤）、理事または監事の責任免除または責任限定契約に関する定め、決算公告に代わる電磁的措置、公告方法に関する規定は、特例民法法人には適用されないからである（整備法55、79、180②）。

(3) 特例社団法人が、新法施行後に代表理事を定め（法人法77③）または理事会を設置する旨の定款変更をしたときは、登記事項が「理事の氏名

及び住所」から、「理事の氏名」ならびに「代表理事の氏名及び住所」へと変更される（整備法77③）。理事会の設置によるときは、施行当時から監事を置いていたかにかかわらず、「理事会設置の旨」に加え、さらに「監事設置の旨及びその氏名」も併せて登記することになる（整備法77④）。

　監事については、新法施行当時から置かれていたものであれば、別途理事会または会計監査人が置かれるまで登記義務はないが、新法施行後に置いた場合には、「監事設置の旨及びその氏名」の登記が必要である（整備法77④）。

　特例社団法人が会計監査人を置いた場合も、「会計監査人設置の旨及びその氏名又は名称」の登記が必要である。これに伴い「監事設置の旨及びその氏名」の登記も必要となる（整備法77④）。

(4)　特例財団法人が、新法施行後に評議員を置いたとき（整備法91②③参照）は、登記事項が「理事の氏名及び住所」から、「評議員、理事及び監事の氏名」ならびに「代表理事の氏名及び住所」へと変更される（整備法77⑤）。会計監査人を置いたときも、「会計監査人設置の旨及びその氏名又は名称」に加え、同様にこれらの事項の登記が必要である（整備法91⑤参照）。

(5)　特例民法法人の解散及び清算に関する登記の登記事項については、原則として一般社団・財団法人法に定めるところによる（整備法77⑥、法人法324ないし328）。ただし、新法施行前に解散した場合においては、清算結了の旨を登記する必要はない。また、施行日前に最初の清算人の登記をした場合には、清算人及び代表清算人の氏名及び住所ならびに監事を置く旨は登記されない（清算人の氏名及び住所が登記されている。改正前民77①）。

## Q12 公告に関する特例

> 特例民法法人の公告については、どのような特例が設けられているか。

## Answer. 12

特例民法法人には、公告方法に関する規定は適用されない（整備法79、法人法331ないし333）。

# 第 2 節

# 特例民法法人から公益法人への移行

## 1．実体手続

**Q1** 公益法人への移行手続の概要

> 特例民法法人が公益法人に移行するためには、どのような手続が必要か。

**Answer. 1**

(1) 公益目的事業（認定法2四）を行う特例社団法人または特例財団法人は、整備法の施行日から起算して5年を経過する日までの期間（移行期間）内に、行政庁の認定を受け、それぞれ公益社団法人または公益財団法人となることができる（整備法44）。

(2) 公益法人となろうとする特例民法法人は、行政庁に対して申請書を提出し、法定の必要書類を添付して、移行の認定の申請をする（整備法99①、103、整備規則11①③）。

　この申請は、通常の一般社団（財団）法人への移行の認可の申請と同時にすることはできない（整備法99②）。ただし、認定をしない旨の処分の後であれば、改めて通常の一般社団（財団）法人への移行の認可を申請することは可能であるし、再度公益法人への移行の認定を申請することも可能である。

(3) 申請を受けた行政庁は、旧主務官庁に対して直ちにその旨を通知した上で（整備法105）、許認可等行政機関、警察庁長官等もしくは国税庁長官等または旧主務官庁に対する意見聴取（整備法104、認定法8）や、

公益認定等委員会または都道府県に置かれた合議制の機関に対する諮問（整備法133以下）を行い、認定または不認定の処分をする。認定基準については、通常の一般社団（財団）法人が公益認定を受ける場合と同様である（整備法100、101）。

(4) 特例民法法人が公益法人への移行の認定を受けたときは、その主たる事務所の所在地においては2週間以内に、その従たる事務所の所在地においては3週間以内に、当該特例民法法人については「解散の登記」をし、名称の変更後の公益法人については「設立の登記」をしなければならない（整備法106①）。特例民法法人は、当該登記の日以降、認定法に基づく公益法人となる（整備法107）。

(5) 特例民法法人が当該登記をしたときは、遅滞なく、行政庁及び旧主務官庁にその旨を届け出なければならない（整備法106②、整備規則12）。認定を受けた日から30日を経過しても当該届出をしないと、行政庁から催告がなされ、これに従わない場合には移行の認定が取り消されてしまう（整備法109①）。

(6) 行政庁が特例民法法人から届出を受けたときは、その旨が公示され、旧主務官庁から行政庁へと事務が引き継がれる（整備法108、整備規則13）。

## Q2 移行の認定を行う行政庁の区分

移行の認定を申請すべき「行政庁」とは、具体的にはどのような機関か。

### Answer. 2

移行の認定を行う「行政庁」は、通常の一般社団（財団）法人が公益認定を受ける場合と同様、内閣総理大臣または都道府県知事である（整備法

47 一イ、ロ、ホ）。そのいずれかは、次図の区分に応じて定まる。

| | |
|---|---|
| 内閣総理大臣 | 特例民法法人のうち、<br>① 2以上の都道府県の区域内に事務所を設置するもの<br>② 公益目的事業を2以上の都道府県の区域内において行う旨を定款または定款の変更の案（整備法103 ②二）で定めるもの<br>③ 公益目的事業が国の事務または事業と密接な関連を有する事業であって、政令で定めるもの（整備法施行時においては、特に定められていない） |
| その事務所が所在する都道府県の知事 | 上記以外の特例民法法人 |

## Q3 移行の認定の基準及び欠格事由

> 移行の認定の際における基準及び欠格事由は、どのようなものか。

### Answer. 3

移行の認定の基準（整備法100）及び欠格事由（整備法101）については、通常の一般社団（財団）法人が公益認定を受ける場合と実質的に同様である（整備法100、101 ①）。ただし、特例民法法人は、整備法施行後も旧主務官庁の監督下にあるため、その監督上の命令に違反していることが、追加的に欠格事由とされている（整備法101 ②）。

| 認定の基準<br>(整備法 100) | ① 定款の変更の案（整備法 103 ②二）の内容が一般社団・財団法人法及び公益法人認定法ならびにこれらに基づく命令の規定に適合するものであること<br>② 通常の一般社団（財団）法人が公益認定を受ける場合の認定基準（認定法 5 各号）に適合するものであること |
|---|---|
| 欠格事由<br>(整備法 101) | ① 通常の一般社団（財団）法人が公益認定を受ける場合の欠格事由（認定法 6）に該当していること（ただし公益認定の取消しがあったことを前提とする同 6 一イ及び二は、当然に除外される）<br>② 旧主務官庁の監督上の命令に違反していること |

## Q4 定款の変更の案の作成

> 移行の認定の申請の際に定めるべき「定款の変更の案」とは何か。

## Answer. 4

(1) 公益法人は、名称中に「公益社団法人」または「公益財団法人」という文字を用いなければならない。また、法人の目的、機関設計、財産の維持または処分の制限、清算時の残余財産の帰属など、定款に定めなければならない事項も多い。特例民法法人が移行の認定を申請するにあたっても、当然にこれらの基準に適合するよう定款の変更が必要となる。この場合、移行の登記をすることを停止条件とする定款変更をすることができ、この停止条件の付された定款を「定款の変更の案」という。

(2) 定款の変更の案の作成にあたっては、通常の定款変更の手続が必要である（整備法 103 ②二（　）書。具体的な手続については 559 頁参照）。ただし、旧主務官庁の認可は不要である（整備法 102）。

(3) なお、定款の変更の案を作成するに際し特に留意すべき事項及び具体

例が、公益認定等委員会から公表されている（内閣府公益認定等委員会「留意事項」。巻末資料参照）。

【参考ＵＲＬ】
「移行認定のための『定款の変更の案』作成の案内」（公益法人 Infomation ウェブサイト内リンク「関係法令等」）
https://www.koeki-info.go.jp/pictis_portal/common/portal.jsp

## Q5　計算書類等の作成

移行の認定の申請をする特例民法法人においては、どのような計算書類等を作成すべきか。

### Answer. 5

(1)　特例民法法人には、各事業年度に係る計算書類の作成について、法律上の義務は課されないのが原則である（整備法59）。しかしながら、特例民法法人が移行の認定を申請する場合には、計算書類（貸借対照表及び損益計算書）、事業報告及びこれらの附属明細書を作成しなければならず、監査機関による監査、理事会の承認、社員総会（評議員会）による承認（事業報告の報告）といった決算手続が必要とされている（整備法60ないし62、整備規則1以下）。

　この計算書類等については、会計監査人の無限定適正意見がある等の場合でも、社員総会（評議員会）の承認を省略することはできないが（法人法127参照）、社員（評議員）に対する事前提供や、決算公告（電磁的方法による措置）の規定は設けられていない。

(2) この計算書類等の作成義務は、特例民法法人が通常の一般社団(財団)法人への移行の認可（整備法45）を申請する場合にも生じる。

## Q6 移行の認定の申請書記載事項及び添付書面

> 移行の認定を申請する場合の申請書記載事項及び添付書面は何か。

### Answer. 6

(1) 移行の認定の申請にあたっては、行政庁に対して申請書を提出しなければならない（整備法103①）。その様式は内閣府令に定められており（整備規則11①、様式第1号。巻末資料参照)、下記ＵＲＬからダウンロードすることができる。

> 【参考ＵＲＬ】
> 「申請の手引き」（公益法人 Information ウェブサイト内）
> https://www.koeki-info.go.jp/pictis_shinsei/menu.do?gamen_id=AP_D090104

(2) 移行の認定の申請書には、以下①ないし③の書面を添付しなければならない（整備法103②）。

> ① 公益法人認定法第7条第2項第一号から第五号までに掲げる書類
>   ⅰ）定款
>   ⅱ）事業計画書及び収支予算書
>   ⅲ）事業を行うにあたり法令上行政機関の許認可等を必要とする場合においては、当該許認可等があったことまたはこれを受けることができることを証する書類
>   ⅳ）財産目録、貸借対照表及びその附属明細書、事業計画書及び収支予算書に記載された予算の基礎となる事実を明らかにする書類その

　　　　他の公益目的事業を行うのに必要な経理的基礎を有することを明らかにする書類（認定規則5②、整備規則11②）
　　　v）理事、監事及び評議員に対する報酬等の支給の基準（認定法5十三）を記載した書類
② 定款の変更の案（認定申請法人において定款の変更について必要な手続を経ているものに限る）
③ 上記①②のほか、以下の書類（整備規則11③）
　　　i）イ）登記事項証明書、ロ）公益認定基準（認定法5）に適合することを説明した書類、ハ）滞納処分に係る国税及び地方税の納税証明書（認定規則5③一・三・六）
　　　ii）移行による設立の登記（整備法106①）において登記をする役員等就任予定者（特例社団法人にあっては理事及び監事、特例財団法人にあっては理事、監事及び評議員）の氏名、生年月日及び住所を記載した書類
　　　iii）役員等就任予定者が、公益認定の欠格事由となる事由（認定法6一ロないしニ）のいずれにも該当しないことを説明した書類
　　　iv）イ）その定款または事業計画書の内容が法令または法令に基づく行政機関の処分に違反しているもの、ロ）その事業を行うにあたり法令上必要となる行政機関の許認可等（行政手続法2三）を受けることができないもの、ハ）暴力団員等がその事業活動を支配するもののいずれにも該当しないことを説明した書類
　　　v）旧主務官庁の監督上の命令に違反している特例民法法人でないこと（整備法101②）を説明した書類
　　　vi）認定申請法人において定款の変更について必要な手続を経ていることを証する書類
　　　vii）移行の認定の申請をする日の属する事業年度の前事業年度（合併をする特例民法法人にあっては、吸収合併の登記（法人法306①）をする日の属する事業年度以後のものに限る）の事業報告及びその附属明細書

ⅷ）移行公益法人において公益目的事業財産として認められる財産（認定規則附則②、26、認定法18八）の明細を記載した書類
ⅸ）共用財産（認定規則附則⑦）の明細及び当該財産に係る公益目的事業の用に供する割合の算定の根拠を記載した書類
ⅹ）以上のほか、行政庁が必要と認める書類

## Q7 移行の登記後における届出書記載事項及び添付書面

移行の登記後において届出をする場合の届出書記載事項及び添付書面は何か。

### Answer.7

(1) 特例民法法人が移行の登記をしたときは、遅滞なく、行政庁及び旧主務官庁にその旨を届け出なければならない（整備法106②、整備規則12、様式第2号。巻末資料参照）。

(2) 移行の登記の届出書には、移行による設立登記に係る登記事項証明書を添付しなければならない（整備規則12）。

## 2．登記手続

### Q8 特例民法法人から公益法人への移行の登記の申請事項

特例民法法人から公益社団への移行の登記の申請書（情報）は、どのように記載（記録）すべきか。

# Answer. 8

　特例民法法人が公益法人へと移行した場合には、特例民法法人についての解散の登記と、公益法人についての設立の登記とを、同時に申請することになる（整備法106①、159①）。申請書（情報）は、一般的な記載（記録）事項のほか、以下の事項を内容とする（法人法330、商登法17②③）。

## ＜公益法人についてする設立の登記＞

(1)　登記の事由

　「平成○年○月○日特例社団（財団）法人の名称変更による公益社団（財団）法人の設立」とする。変更年月日は登記の日であるが、その申請期間を明らかとするため、認定の通知を受領した日付を表示する（整備法106①、107参照）。

(2)　登記すべき事項

　一般的な設立登記事項（法人法301②、302②）のほか、特例民法法人が成立した年月日、特例民法法人の名称及び名称を変更した旨である（整備法157）。変更の年月日は、申請人において特定する必要はないが、申請日と受付日とが同一であれば、記載(記録)して差し支えない。役員等(及び評議員)の就任年月日は、登記官の職権により登記されるが、整備法施行当時において現に監事として在任し、新法における監事とみなされた者に限っては、登記官において就任年月日が明らかでないため、申請事項とする必要がある（平成20年9月1日民商2351号通達）。

＜電子データ入力例＞

① 公益社団法人の場合

　「名称」公益社団法人○○協会
　「主たる事務所」○県○市○丁目○番○号
　「法人の公告方法」官報に掲載してする。

「法人成立の年月日」平成○年○月○日
「目的等」
目的
当会は、登記、供託、戸籍及び裁判の制度に関し、調査研究その他の事業を行い、国民の権利の保全及び公正かつ自由な経済活動の促進に寄与することを目的とし、その目的を達するため、次の事業を行う。
１．登記、供託、戸籍及び裁判の制度についての調査研究
２．登記、供託、戸籍及び裁判の制度に関する資料作成の受託及び図書の刊行
３．登記、供託、戸籍及び裁判の制度に関する講演会の開催、研修の実施その他の教育事業
４．前各号に附帯関連する一切の事業
「役員に関する事項」
「資格」理事
「氏名」甲野一郎

(中　略)

「役員に関する事項」
「資格」代表理事
「住所」○県○市○丁目○番○号
「氏名」甲野一郎
「役員に関する事項」
「資格」監事
「氏名」甲野春子
(「原因年月日」平成○年○月○日就任)
「役員に関する事項」
「資格」会計監査人
「氏名」海野監査法人
「理事会設置法人に関する事項」理事会設置法人
「監事設置法人に関する事項」監事設置法人
「会計監査人設置法人に関する事項」会計監査人設置法人

「登記記録に関する事項」

（平成〇年〇月〇日）社団法人〇〇協会を名称変更し、移行したことにより設立

② 公益財団法人の場合

「名称」公益財団法人〇〇協会
「主たる事務所」〇県〇市〇丁目〇番〇号
「法人の公告方法」官報に掲載してする。
「法人成立の年月日」平成〇年〇月〇日
「目的等」
目的
当協会は、〇県に設置した〇〇美術館の運営を通じて、わが国の芸術文化の発展に寄与することを目的とし、その目的を達するため、次の事業を行う。
1．〇〇美術館の設置、運営及び管理
2．日本画その他の美術作品を題材とする写真集の出版及び販売
3．前各号に附帯関連する一切の事業
「役員に関する事項」
「資格」理事
「氏名」甲野一郎

（中　略）

「役員に関する事項」
「資格」代表理事
「住所」〇県〇市〇丁目〇番〇号
「氏名」甲野一郎
「役員に関する事項」
「資格」監事
「氏名」甲野春子
(「原因年月日」平成〇年〇月〇日就任)

「役員に関する事項」
　　　「資格」会計監査人
　　　「氏名」海野監査法人
　　　「役員に関する事項」
　　　「資格」評議員
　　　「氏名」甲野二郎
　　　　　　　　　　　　（中　　略）
　　　「会計監査人設置法人に関する事項」会計監査人設置法人
　　　「登記記録に関する事項」
　　　（平成○年○月○日）財団法人○○協会を名称変更し、移行したことにより設立

(3) **登録免許税額**

　特例民法法人の名称変更による公益法人の設立登記については、登録免許税は課せられない（所得税法等の一部を改正する法律（平成20年法律第23号）以下「税改法」附則27②二）。

(4) **添付書面**

① 移行の認定を受けたことを証する書面

　行政庁による移行の認定の通知書である（整備法158一）。

② 定　款

　移行後における公益法人の定款である（整備法158二）。移行の登記を停止条件とする定款の変更の案（整備法102）を作成した場合には、当該案を添付すればよいと解される。

③ 定款変更の手続をしたことを証する書面

　特例社団法人にあっては、社員の同意を証する書面である（整備法88、改正前民38）。特例財団法人にあっては、定款変更の方法を定めた定款または理事の決定を証する書面及び当該方法に従って定款が変更されたことを証する書面であるが（整備法94②③）、評議員を置いた特例財団法人で

あれば、評議員会議事録となる（整備法94④）。

旧主務官庁の許可を証する書面は、「定款の変更の案」を用いる場合であれば、必要ない（整備法102）。

④　役員（及び評議員）の選任（選定）行為及び就任承諾を証する書面

新たに就任する評議員、理事、代表理事、監事がいる場合には、その選任（選定）行為及び就任承諾を証する書面を添付する（整備法158三、法人法317、320②）。特例財団法人が最初の評議員を選任するときは、旧主務官庁の認可（整備法92）を受けたことを証する書面も必要である。

また、整備法施行当時に監事として在任し、新法による監事とみなされた者については、就任年月日を申請する必要があり、これを証するため、就任当時の選任行為及び就任承諾を証する書面が必要となる。

⑤　会計監査人の選任行為及び就任承諾ならびに資格を証する書面

新たに就任する会計監査人がいる場合には、その選任行為及び就任承諾を証する書面のほか、①会計監査人が法人であるときは当該法人の登記事項証明書（申請する登記所の管轄区域内に当該法人の主たる事務所がある場合を除く）、②会計監査人が法人でないときはその者が公認会計士であることを証する書面を添付する（整備法158四）。

⑥　印鑑証明書

新たに就任する代表理事がいる場合には、代表理事の就任承諾を証する書面及びその選定に係る書面についての印鑑証明書を添付する（一般登記規則3、商登規則61②③④）。

※なお、登記を申請すべき代表理事は、印鑑の再提出を要する（法人法330、商登法20①）。

＜特例民法法人についてする解散の登記＞

(1)　**登記の事由**

「特例社団（財団）法人の公益社団（財団）法人への名称変更による解散」とする。

### (2) 登記すべき事項

解散の旨ならびにその事由（名称を変更して公益法人へ移行した旨）及び年月日である。変更年月日は登記（の受理）の日であり、必ずしも申請人が特定しなくともよい。

なお、変更の際に、一般社団・財団法人法に従えば任期が満了することになる役員は退任するが、当該退任の登記を申請する必要はない。

＜電子データ入力例＞

> 「登記記録に関する事項」
> （平成○年○月○日）○県○市○丁目○番○号公益社団法人（公益財団法人）○○協会に名称変更し、移行したことにより解散

### (3) 登録免許税額

特例民法法人の名称変更による解散の登記については、登録免許税は課せられない（税改法附則27②二）。

### (4) 添付書面

当該解散の登記の申請については、添付書面に関する規定は適用されない（整備法159②）。

---

**Q9** 定款の変更の手続をしたことを証する書面

> 特例民法法人から公益法人への移行による設立の登記に添付すべき「定款の変更の手続をしたことを証する書面」の記載は、どのようになるか。

**Answer. 9**

特例民法法人から公益社団法人への移行による設立の登記の申請書には、定款のみならず、定款の変更の手続をしたことを証する書面を添付す

る必要がある（平成20年9月1日民商2351号通達）。会議体の決議により定款の変更の案が作成された場合の議事録には、次のような記載があれば足りると解される。

---

第○号議案　定款の一部変更の件

　議長は、当法人が「一般社団法人及び一般財団法人に関する法律及び公益社団法人及び公益財団法人の認定等に関する法律の施行に伴う関係法律の整備等に関する法律」第44条の認定を受け、同法第106条第1項の移行の登記をすることを停止条件として、当法人の定款を当該認定の基準に適合するものとするため、別紙「公益社団法人（公益財団法人）○○協会定款（案）」のとおり変更したい旨を述べ、その詳細を説明し、その賛否を議場に諮ったところ、満場一致をもって可決確定した。

---

# 第3節

# 特例民法法人から通常の一般社団・財団法人への移行

## 1．実体手続

### Q1 一般社団・財団法人への移行手続の概要

特例民法法人が通常の一般社団・財団法人に移行するためには、どのような手続が必要か。

### Answer. 1

(1) 特例社団法人または特例財団法人は、整備法の施行日から起算して5年を経過する日までの期間（移行期間）内に、行政庁の認可を受け、それぞれ通常の一般社団法人または一般財団法人となることができる（整備法45）。

(2) 通常の一般社団（財団）法人となろうとする特例民法法人は、行政庁に対して申請書を提出し、法定の必要書面を添付して、移行の認可の申請をする（整備法115①、120①②、整備規則27、29ないし31）。この申請は、公益法人への移行の認定の申請と同時にすることはできないのが原則である。

ただし、例外として、公益法人への移行の認定を申請したにもかかわらず移行期間満了時までに処分がされない場合には、両申請を並行的にすることが可能である（整備法115②、116①）。この場合、その後に公益法人への移行が認定されれば、後からなされた認可の申請は取り下げ

たものとみなされる。公益法人への移行が認定されなければ、改めて認可の申請の審査が開始される（整備法116②③）この期間中は、移行期間満了による解散が擬制されることはない（整備法116④）。

　なお、移行期間中であれば、何度でも移行の認可を申請することは可能である。

(3)　特例民法法人の有する財産は、公益的な目的のために利用されることを前提として蓄積されたものであり、一般社団（財団）法人への移行後であっても、これを制限なく流用させることは相当でない。そこで、認可を受けようとする特例民法法人の有する「公益目的財産額（整備規則14）」が「0（整備規則24）」を超える場合には、「公益目的支出計画」の作成・実施が求められ、当該計画の適正さ及び実施の確実性が、認可基準の一つとされている（整備法119、117二）。

(4)　申請を受けた行政庁は、旧主務官庁に対して直ちにその旨を通知した上で、意見聴取を行い、認可または不認可の処分をする（整備法120④⑤）。

(5)　特例民法法人が一般社団（財団）法人への移行の認可を受けた場合の登記、行政庁及び旧主務官庁への届出（整備法121、106）ならびにこれらを怠った場合の認可の取消し（整備法131、109）については、公益法人への移行の認定を受けた場合と同様である（569頁参照）。

(6)　特例民法法人は、通常の一般社団（財団）法人への移行の登記がなされた後も、公益目的支出計画の実施の完了が確認されるまでは、「移行法人」として、当該計画の実施もしくは変更、合併または清算時の残余財産の帰属などについて、認可行政庁の監督に服することになる（整備法123ないし130）。

## Q2 移行の認可を行う行政庁の区分

移行の認可を申請すべき「行政庁」とは、具体的にはどのような機関か。

### Answer. 2

(1) 移行の認可を行う「行政庁」は、内閣総理大臣または都道府県知事である（整備法47一イ・ハ・ニ、ニ）。そのいずれかは、次図の区分に応じて定まる。

| | |
|---|---|
| 内閣総理大臣 | 特例民法法人のうち、<br>① 2以上の都道府県の区域内に事務所を設置するもの<br>② 公益目的支出計画（整備法119①）において「公益目的事業」または「移行の認可後も継続して行う不特定かつ多数の者の利益の増進に寄与する目的に関する事業」を定める特例民法法人（整備法119②一イ、ハ、整備規則15）であって、当該事業を2以上の都道府県の区域内において行う旨を定款または定款の変更の案（整備法120②二）で定めるもの<br>③ 移行の認可の申請の際における旧主務官庁が都道府県の執行機関（改正前民84の2①）でないもの |
| その事務所が所在する都道府県の知事 | 上記以外の特例民法法人 |

## Q3 移行の認可の基準

移行の認可の際における基準は、どのようなものか。

### Answer. 3

移行の認可の基準は、次のとおり定められている。次表中②の基準については、公益認定等委員会による公益認定等ガイドラインに確認事項が示されている（同Ⅱ－1、2）。

| 認可の基準<br>（整備法117） | ① 定款の変更の案（整備法120②二）の内容が一般社団・財団法人法及びこれに基づく命令の規定に適合するものであること<br>② 公益目的財産額（119①）が「0（整備規則24）」を超える認可申請法人にあっては、公益目的支出計画が適正であり、かつ、当該認可申請法人が当該公益目的支出計画を確実に実施すると見込まれるものであること |
|---|---|

## Q4 定款の変更の案・計算書類等の作成

移行の認可の申請の際に定めるべき「定款の変更の案」とは何か。また、認可の申請をする特例民法法人においては、どのような計算書類等を作成すべきか。

### Answer. 4

(1) 特例民法法人が通常の一般社団（財団）法人への移行の認可を受けようとするときにも、その移行による登記を停止条件とする定款の変更をする必要があり得る。この「定款の変更の案」について旧主務官庁の認可を要しないことにつき、公益法人への移行の認定を受ける場合の規定が準用されている（整備法118、571頁参照）。

なお、定款の変更の案を作成するに際し特に留意すべき事項及び具体例が、公益認定等委員会から公表されている（内閣府公益認定等委員会「留

意事項」。巻末資料参照)。
(2) また、計算書類及び事業報告ならびにこれらの附属明細書の作成及び確定の手続(整備法60ないし62)も、公益法人への移行の認定を受けようとする場合と同様である(572頁参照)。

---

## Q5 公益目的財産額・公益目的支出計画の意義

「公益目的財産額」「公益目的支出計画」とは何か。

### Answer. 5

通常の一般社団(財団)法人では、事業目的に制限はなく、その財産のすべてを、公益目的事業以外の事業(収益事業等)のために使用することができる。剰余金または残余財産の分配をする旨の定款の定めは無効とされているものの、役員報酬や社員総会(評議員会)決議による残余財産の処分という形で、法人財産及びその使用によって生じた利益を、事実上社員(設立者)に帰属させることも不可能ではない。

他方で、特例民法法人の有する財産は、本来、公益的な目的のために利用されることを前提として蓄積されたもののはずであり、通常の一般社団(財団)法人へ移行したからといって、これを制限なく流用させることは、相当でない。

そこで、移行の認可を受けようとする特例民法法人の貸借対照表上の純資産額を基礎として内閣府令(整備規則14)で定めるところにより算定した額を「公益目的財産額」とし、この額が「0(整備規則24)」を超える場合には、これに相当する金額を0とするための計画である「公益目的支出計画」を作成しなければならないとしたものである(整備法119)。

## Q6 公益目的財産額の算定

「公益目的財産額」は、どのように算定されるか。

### Answer. 6

公益目的財産額は、次のように算定される（整備規則14）。公益目的財産額の算定に必要な資産の評価及び引当金等については、公益認定等委員会による「公益認定等に関する運用について（公益認定等ガイドライン）」に確認事項が示されている（同Ⅱ-1(4)①）。

| α | 算定日（整備規則14①柱書、28）における貸借対照表の純資産の部に計上すべき額 |
|---|---|
| β | 算定日において次に掲げる資産（時価評価資産）を有する場合の当該時価評価資産の算定日における時価が算定日における帳簿価額を超える場合のその超える部分の額<br>イ　土地または土地の上に存する権利<br>ロ　有価証券<br>ハ　書画、骨とう、生物その他の資産のうち算定日における帳簿価額と時価との差額が著しく多額である資産 |
| γ | ①　算定日において時価評価資産を有する場合の当該時価評価資産の算定日における帳簿価額が算定日における時価を超える場合のその超える部分の額<br>②　基金の額<br>③　②のほか、貸借対照表の純資産の部に計上すべきもののうち支出または保全が義務づけられていると認められるものの額 |
| \multicolumn{2}{|c|}{α＋β－γ＝公益目的財産額} |

## Q7 公益目的支出計画の作成

公益目的支出計画において定めるべき事項は何か。

### Answer. 7

公益目的支出計画においては、次の事項を定めなければならない（整備法119②）。公益目的支出の額及び実施事業収入の額については、公益認定等委員会による「公益認定等に関する運用について（公益認定等ガイドライン）」に確認事項が示されている（同Ⅱ-1⑷②）。

① 公益目的支出の額（整備法119②一、整備規則16）
② 公益目的財産残額｛公益目的財産額に相当する金額－（公益目的支出の額－実施事業収入の額）｝が零となるまでの各事業年度ごとの公益目的支出に関する計画（整備法119②二、整備規則17、23）
③ 上記②のほか、公益目的支出を確保するために必要な事項（整備法119②三、整備規則25、26）
  a 名称及び主たる事務所の所在場所
  b 公益目的財産額
  c 実施事業等（整備規則22③）
  d 実施事業（整備規則16一）を行う場所の名称及び所在場所ならびに役務を提供する相手方
  e 特定寄附（整備規則16二）の相手方の名称及び主たる事務所の所在場所ならびに使途を特定して寄附をする場合にあっては、当該使途
  f 各事業年度の公益目的支出の額の見込み及びその明細
  g 各事業年度の実施事業収入の額の見込み及びその明細
  h 各事業年度の末日における公益目的収支差額の見込み
  i 各事業年度の末日における公益目的財産残額の見込み
  j 公益目的財産残額が零となると見込まれる事業年度の末日
  k 算定日における時価評価資産の明細
  l 公益目的支出計画を実施している間における合併の予定の有無及び

合併を予定する場合においては、合併がその効力を生ずる予定年月日
　　m　実施事業のために必要な施設、人員等、実施事業が確実に実施されることを確保するために必要な事項
　　n　特定寄附のために必要な財源等特定寄附が確実に実施されることを確保するために必要な事項

## Q8　移行の認可の申請書記載事項及び添付書面

> 移行の認可を申請する場合の申請書記載事項及び添付書面は何か。

### Answer. 8

(1)　移行の認可の申請にあたっては、行政庁に対して申請書を提出しなければならない（整備法120①）。その様式は内閣府令に定められており（整備規則27、様式第3号。巻末資料参照）、下記ＵＲＬからダウンロードすることができる。

> 【参考ＵＲＬ】
> 「申請の手引き」（公益法人 Information ウェブサイト内）
> https://www.koeki-info.go.jp/pictis_shinsei/menu.do?gamen_id=AP_D090104

(2) 移行の認可の申請書には、以下の①ないし⑥の書面を添付しなければならない（整備法120②）。なお、移行の認可の申請を公益法人への移行の認定の申請と並行的に行うとき（整備法116①）には、定款及び登記事項証明書の添付を省略することができる（整備法120③、整備規則32）。

> ① 定款
> ② 定款の変更の案（認可申請法人において定款の変更について必要な手続を経ているものに限る。）
> ③ 公益目的財産額及びその計算を記載した書類（整備規則29）
>   ⅰ）公益目的財産額
>   ⅱ）算定日における貸借対照表の純資産の部に計上すべき額
>   ⅲ）各時価評価資産の算定日における帳簿価額ならびに時価及びその算定方法
>   ⅳ）算定日における引当金の明細
>   ⅴ）算定日における貸借対照表の純資産の部に計上すべきもののうち支出または保全が義務づけられていると認められるもの（認定規則14①四）の明細
> ④ 財産目録、貸借対照表その他の認可申請法人の財務内容を示す書類（整備規則30）
>   ⅰ）算定日における財産目録ならびに貸借対照表及びその附属明細書
>   ⅱ）申請直前事業年度（整備規則28）の損益計算書及びその附属明細書
> ⑤ 公益目的支出計画を作成しなければならない認可申請法人にあっては、公益目的支出計画を記載した書類
> ⑥ 上記①ないし⑤のほか、以下の書類（整備規則31）
>   ⅰ）登記事項証明書
>   ⅱ）時価評価資産の算定日における時価の算定の根拠を明らかにする書類
>   ⅲ）申請直前事業年度の事業報告及びその附属明細書

ⅳ）認可申請法人（整備法117）において定款の変更について必要な手続を経ていることを証する書類
　　ⅴ）事業計画書及び収支予算書
　　ⅵ）公益目的支出計画の完了の確認（整備法124）を受けるまでの間の収支の見込みを記載した書類
　　ⅶ）上記ⅴ及びⅵのほか、公益目的支出計画の実施に関する認可基準（整備法117二）に適合することを説明した書類
　　ⅷ）以上のほか、行政庁が必要と認める書類

## Q9　公益目的支出計画の実施

公益目的支出計画の実施にあたり、移行法人は認可行政庁からどのような監督を受けることになるか。

### Answer. 9

(1) 公益目的支出計画を作成した特例民法法人（移行法人）は、通常の一般社団（財団）法人への移行の登記後、当該計画に定めたところに従って、公益目的支出（整備法119②一）を行わなければならない（整備法123①）。

　移行の認可をした行政庁（認可行政庁）は、公益目的支出計画の完了を確認するまで、その履行を確保するために必要な範囲で当該移行法人を監督する（整備法123②）。認可行政庁には、移行法人に対して事業または財産状況の報告を求め、立入検査を行う権限や、勧告及びそれに従わない場合に命令を行う権限が与えられている（整備法128①②、129）。なお、この立入検査の権限は、犯罪捜査のために認められたものではない（整備法128③）。

(2) 認可行政庁による監督の実効性を確保する趣旨から、移行法人には、「公益目的支出計画実施報告書」の定期的な作成・提出が義務づけられ

ている（整備法127）。公益目的支出計画実施報告書は、計算書類等（法人法129①）に準じて監査機関の監査、理事会の承認、事前の社員（評議員）への提供及び定時社員総会（評議員会）への報告を経た後に、計算書類等とともに認可行政庁に提出される（整備法127②③、整備規則42ないし44）。提出期限は、毎事業年度の経過後3か月以内である。

(3) 公益目的支出計画実施報告書の記載事項は、次のとおりである（整備規則41）。

> ① 当該事業年度の実施事業等の状況
> ② 当該事業年度の公益目的支出の額及びその明細
> ③ 当該事業年度の実施事業収入の額及びその明細
> ④ 算定日に有していた時価評価資産の当該事業年度の末日における状況
> ⑤ 当該事業年度の引当金の明細
> ⑥ 当該事業年度の貸借対照表の純資産の部に計上すべきもののうち支出または保全が義務づけられていると認められるもの（整備規則14①四）の明細
> ⑦ 公益目的財産額
> ⑧ 当該事業年度の末日における公益目的収支差額
> ⑨ 当該事業年度の末日における公益目的財産残額

(4) 公益目的支出計画実施報告書は、提出先の行政庁において閲覧または謄写に供されるほか、移行法人の主たる事務所においても、開示される（整備法127④ないし⑥、整備規則45、46）。

## Q10 公益目的支出計画の実施の完了

公益目的支出計画の実施が完了したときは、どのような手続が必要か。

### Answer. 10

(1) 公益目的支出計画の実施により公益目的財産残額が0となったときは、移行法人は、認可行政庁に対し、公益目的支出計画の実施が完了したことの確認を求めることができる（整備法124）。この確認により、移行法人は認可行政庁による監督を脱し、通常の一般社団（財団）法人としての自由な事業活動を行うことができるようになる。

(2) 公益目的支出計画の実施が完了したことの確認の請求は、認可行政庁に対して請求書を提出して行う。その添付書面は、公益目的財産残額が0となった事業年度に係る計算書類等及び公益目的支出計画実施報告書（監査を受けた場合の監査報告を含む）である（整備規則34、様式第4号。巻末資料参照）。

(3) なお、移行法人が公益認定を受けた場合には、保有財産の処分については、公益法人として監督を受けることになる。そのため、公益目的支出計画の実施を監督する必要はなくなることから、この場合には、公益目的支出計画の実施完了の確認を受けたものとみなされ、その旨を認可行政庁に届け出れば足りるとされている（整備法132）。この届出についても、認可行政庁に対する届出書の提出を要する。添付書面は、①登記事項証明書、②公益認定を受けたことを証する書類、③公益認定を受けた日の前日までの公益目的支出計画の実施の状況を明らかにする書類のほか、④認可行政庁が必要と認める書類である（整備規則49、様式第12号。巻末資料参照）。

## Q11 公益目的支出計画等の変更

> 移行法人が公益目的支出計画等を変更する場合には、どのような手続が必要か。

## Answer. 11

(1) 移行法人が公益目的支出計画を変更しようとするときは、一定の軽微な変更の場合を除き、認可行政庁の認可を受けなければならない（整備法125①）。認可にあたっては、変更後の当該計画の適正さ及び実施の確実性が基準となる（整備法125②）。認可の申請は、以下の必要書面を添付して、申請書を提出して行う（整備規則36、様式第5号。巻末資料参照）。

① 公益目的支出計画の変更の案
② 公益目的支出計画の変更について必要な手続を経ていることを証する書類
③ 事業計画書及び収支予算書、公益目的支出計画の実施の完了の確認を受けるまでの間の収支の見込みを記載した書類、認可の基準に適合することを説明した書類（整備規則31五ないし七）のうち、変更に係るもの
④ 以上のほか、行政庁が必要と認める書類

(2) 移行法人が公益目的支出計画を変更しようとする場合でも、それが一定の軽微な変更にとどまるときは、認可行政庁に対して届出をすれば足りる（整備法125③二）。「軽微な変更」とは、次頁表の変更をいう（整備規則35）。届出は、当該変更を証する書類を添付して、届出書を提出して行う（整備規則37①、様式第6号。巻末資料参照）。

① 実施事業（整備規則16一）を行う場所の名称または所在場所のみの変更
② 特定寄附（整備規則16二）の相手方の名称または主たる事務所の所在場所のみの変更
③ 各事業年度の公益目的支出の額（整備規則16柱書）または実施事業収入の額（整備規則17柱書）の変更で、次のいずれにも該当しないもの※
　イ　各事業年度の公益目的支出の額が公益目的支出計画に定めた公益目的支出の額の見込みを下回る変更で、当該変更により公益目的支出計画が完了予定年月日（公益目的財産残額が0となると見込まれる事業年度の末日。整備規則25十）に完了しなくなることが明らかであるもの
　ロ　各事業年度の実施事業収入の額が公益目的支出計画に定めた実施事業収入の額の見込みを上回る変更で、当該変更により公益目的支出計画が完了予定年月日に完了しなくなることが明らかであるもの
④ 合併の予定の変更または当該合併がその効力を生ずる予定年月日の変更

※ただし、③の変更があった場合には、移行法人は、当該事業年度の公益目的支出計画実施報告書に③の変更があった旨を明示して提出すれば足りる。この場合には、変更の届出をしたものとみなされる（整備規則37③④）。

(3) また、移行法人に次頁表の事由が生じた場合にも、届出が必要である（整備法125③一、三ないし五）。届出書の様式及び添付書面は、(2)に述べたところとほぼ同様であるが、「解散をしたとき」の届出については、「解散事由を明らかにする書類」が必要とされている（整備規則37①、様式第6号、37②、様式第7号。巻末資料参照）。

> ① 名称もしくは住所または代表者の氏名を変更したとき
> ② 定款で残余財産の帰属に関する事項を定めたときまたはこれを変更したとき
> ③ 定款で移行法人の存続期間もしくは解散の事由を定めたときまたはこれらを変更したとき
> ④ 解散（合併による解散を除く）をしたとき

## Q12 移行法人の合併

> 移行法人が合併する場合には、どのような手続が必要か。

### Answer. 12

(1) 移行法人が合併した場合には、吸収合併存続法人または新設合併設立法人が公益法人であるときを除き、その態様に応じて次表の認可行政庁に対する届出が必要となる（整備法126①）。

| 吸収合併の場合 | 吸収合併存続法人が移行法人であるとき | ① 吸収合併存続法人に係る認可行政庁<br>② 吸収合併消滅法人が移行法人であるときは、吸収合併消滅法人に係る認可行政庁 |
|---|---|---|
| | 吸収合併存続法人が移行法人でないとき | 吸収合併消滅法人に係る認可行政庁 |
| 新設合併の場合 | | 新設合併消滅法人に係る認可行政庁 |

(2) 届出は、次頁表の必要書面を添付して、届出書を提出して行う（整備法126②、整備規則38①、様式第8号。巻末資料参照）。届出期限は、吸収合併であれば吸収合併の効力発生日から、新設合併であれば登記による新設合併設立法人の成立の日から3か月以内である。

① 合併後存続する法人または合併により設立する法人の定款
② 合併をする移行法人の最終事業年度（法人法２二・三）に係る貸借対照表その他の財務内容を示す書類（整備規則38②）
　　ⅰ）吸収合併存続法人にあっては、イ）最終事業年度（整備法126②二、法人法２二・三）の末日における貸借対照表及びその附属明細書（監査が行われる場合には、監査報告または会計監査報告を含む）、ロ）最終事業年度の損益計算書及びその附属明細書（監査が行われる場合には、監査報告または会計監査報告を含む）
　　ⅱ）吸収合併消滅法人または新設合併消滅法人にあっては、吸収合併の効力発生日または新設合併設立法人の成立日の属する事業年度の開始の日から当該日の前日までの期間に係る貸借対照表及び損益計算書ならびにこれらの附属明細書を作成するとするならばこれらの書類に記載し、または記録すべき内容を記載した書類
③ 合併をする移行法人の最終事業年度に係る公益目的支出計画実施報告書
④ 上記①ないし③のほか、以下の書類（整備規則38⑤）
　　ⅰ）イ）吸収合併の場合には、吸収合併契約書の写し及び社員総会または評議員会による吸収合併契約の承認があったことを証する書類、ロ）新設合併の場合には、新設合併契約書の写し及び社員総会または評議員会による新設合併契約の承認があったことを証する書類
　　ⅱ）合併後存続する法人または合併により設立する法人の登記事項証明書
　　ⅲ）合併後存続する法人または合併により設立する法人が公益目的支出計画の実施完了の確認を受けるまでの間の収支の見込みを明らかにする書類
　　ⅳ）合併により消滅する移行法人の定款及び当該移行法人が解散したことが記載された登記事項証明書
　　ⅴ）合併により消滅する移行法人の吸収合併の効力発生日または新設合併設立法人の成立日の前日までの公益目的支出計画の実施の状況

　　　　を明らかにする書類（公益目的支出計画実施報告書の例（整備規則41）により作成した書類をいう）
　　ⅵ）以上のほか、認可行政庁が必要と認める書類

(3) 吸収合併存続法人または新設合併設立法人が一般社団（財団）法人であるときは、合併の当事者たる移行法人の公益目的財産額の合計額が、その公益目的財産額となり、吸収合併の効力発生日または新設合併設立法人の成立日以後、届出先認可行政庁の監督を受けることになる（整備法126③④。届出先認可行政庁が複数あるときの処理につき整備規則39）。

(4) 以上に対し、吸収合併存続法人または新設合併設立法人が公益法人であるときは、それ以後公益法人としての監督を受けるため、消滅した移行法人は公益目的支出計画の実施の完了の確認を受けたものとみなされる（整備法126⑤）。ただし、この場合にも届出が必要であり、前述の合併の届出と同様の書面を添付して、消滅した移行法人に係る認可行政庁に届出書を提出することになる（整備規則40、様式第9号。巻末資料参照）。

## Q13　移行法人の清算

　移行法人の清算時における残余財産の処分には、どのような制限があるか。

### Answer. 13

(1) 移行法人が清算をする場合において、公益目的財産残額があるときは、当該移行法人の残余財産のうち当該公益目的財産残額に相当する額の財産（当該残余財産の額が当該公益目的財産残額を下回っているときは、当該残余財産）については、当該移行法人の残余財産の額が確定した後当該残余財産の引渡しをするまでの間に、認可行政庁の承認を受けて、類似の事業を目的とする他の公益法人その他の法人（認定法5十七イな

いシト参照）または国もしくは地方公共団体に帰属させなければならない（整備法130、整備規則48①）。
(2) 承認の請求は、以下の必要書面を添付して、申請書を提出して行う（整備規則48②、様式第11号。巻末資料参照）。

> ① 残余財産の処分方法及びその理由を記載した書類
> ② 残余財産の確定した日における公益目的財産残額及びその計算を明らかにする書類
> ③ 社員総会または評議員会の決議により残余財産を帰属させる法人を定める場合（法人法239②）にあっては、当該帰属させる法人を定めた社員総会または評議員会の議事録（社員総会または評議員会の決議があったものとみなされる場合にあっては、当該場合に該当することを証する書面）
> ④ 残余財産を帰属させる法人の登記事項証明書（残余財産の帰属先が国または地方公共団体である場合を除く）
> ⑤ 残余財産を帰属させる法人が特殊法人等（認定法5十七ト、認定令8）である場合にあっては、その旨を証する書類
> ⑥ 以上のほか、認可行政庁が必要と認める書類

## 2．登記手続

**Q14** 特例民法法人から通常の一般社団・財団法人への移行の登記の申請事項

> 特例民法法人から通常の一般社団・財団法人への移行の登記の申請書（情報）は、どのように記載（記録）すべきか。

**Answer. 14**

　特例民法法人が通常の一般社団・財団法人へと移行した場合には、特例民法法人についての解散の登記と、一般社団・財団法人についての設立の登記とを、同時に申請することになる（整備法121①、106①、159①）。

申請書（情報）は、一般的な記載（記録）事項のほか、以下の事項を内容とする（法人法330、商登法17②③）。

＜通常の一般社団・財団法人についてする設立の登記＞

(1) **登記の事由**

「平成○年○月○日特例社団（財団）法人の名称変更による一般社団（財団）法人の設立」とする。変更年月日は登記の日であるが、その申請期間を明らかとするため、認可の通知を受領した日付を表示する（整備法121①、106①参照）。

(2) **登記すべき事項**

一般的な設立登記事項（法人法301②、302②）のほか、特例民法法人が成立した年月日、特例民法法人の名称及び名称を変更した旨である（整備法157）。変更の年月日は、申請人において特定する必要はないが、申請日と受付日とが同一であれば記載（記録）して差し支えない。役員等（及び評議員）の就任年月日は、登記官の職権により登記されるが、整備法施行当時において現に監事として在任し、新法における監事とみなされた者に限っては、登記官において就任年月日が明らかでないため、申請事項とする必要がある（平成20年9月1日民商2351号通達）。

＜電子データ入力例＞

① 一般社団法人の場合

```
「名称」一般社団法人○○協会
「主たる事務所」○県○市○丁目○番○号
「法人の公告方法」官報に掲載してする。
「法人成立の年月日」平成○年○月○日
「目的等」
目的
当協会は、登記、供託、戸籍及び裁判の制度に関し、調査研究その他
の事業を行い、国民の権利の保全及び公正かつ自由な経済活動の促進
```

に寄与することを目的とし、その目的を達するため、次の事業を行う。
１．登記、供託、戸籍及び裁判の制度についての調査研究
２．登記、供託、戸籍及び裁判の制度に関する資料作成の受託及び図書の刊行
３．登記、供託、戸籍及び裁判の制度に関する講演会の開催、研修の実施その他の教育事業
４．前各号に附帯関連する一切の事業
「役員に関する事項」
「資格」理事
「氏名」甲野一郎

(中　略)

「役員に関する事項」
「資格」代表理事
「住所」○県○市○丁目○番○号
「氏名」甲野一郎
「役員に関する事項」
「資格」監事
「氏名」甲野春子
(「原因年月日」平成○年○月○日就任)
「監事設置法人に関する事項」監事設置法人
「登記記録に関する事項」
(平成○年○月○日) 社団法人○○協会を名称変更し、移行したことにより設立

② 一般財団法人の場合

「名称」一般財団法人○○協会
「主たる事務所」○県○市○丁目○番○号
「法人の公告方法」官報に掲載してする。
「法人成立の年月日」平成○年○月○日
「目的等」

目的
　　当協会は、○県に設置した○○美術館の運営を通じて、わが国の芸術文化の発展に寄与することを目的とし、その目的を達するため、次の事業を行う。
　１．○○美術館の設置、運営及び管理
　２．日本画その他の美術作品を題材とする写真集の出版及び販売
　３．前各号に附帯関連する一切の事業
「役員に関する事項」
「資格」理事
「氏名」甲野一郎
　　　　　　　　　　　（中　　略）
「役員に関する事項」
「資格」代表理事
「住所」○県○市○丁目○番○号
「氏名」甲野一郎
「役員に関する事項」
「資格」監事
「氏名」甲野春子
（「原因年月日」平成○年○月○日就任）
「役員に関する事項」
「資格」評議員
「氏名」甲野二郎
　　　　　　　　　　　（中　　略）
「登記記録に関する事項」
（平成○年○月○日）財団法人○○協会を名称変更し、移行したことにより設立

### (3) 登録免許税額

　特例民法法人の名称変更による一般社団・財団法人の設立の登記については、登録免許税は課せられない（税改法附則27②二）。

(4) 添付書面

① 移行の認可を受けたことを証する書面

行政庁による移行の認可の通知書である（整備法158一）。

② 定款

移行後における一般社団・財団法人の定款である（整備法158二）。移行の登記を停止条件とする定款の変更の案（整備法118、102）を作成した場合には、当該案を添付すればよいと解される。

③ 定款変更の手続をしたことを証する書面

特例社団法人にあっては、社員の同意を証する書面である（整備法88、改正前民38）。特例財団法人にあっては、定款変更の方法を定めた定款または理事の決定を証する書面及び当該方法に従って定款が変更されたことを証する書面であるが（整備法94②③）、評議員を置いた特例財団法人であれば、評議員会議事録となる（整備法94④）。

旧主務官庁の許可を証する書面は、「定款の変更の案」を用いる場合であれば、必要ない（整備法118、102）。

④ 役員（及び評議員）の選任（選定）行為及び就任承諾を証する書面

新たに就任する評議員、理事、代表理事、監事がいる場合には、その選任（選定）行為及び就任承諾を証する書面を添付する（整備法158三、法人法317、320②）。特例財団法人が最初の評議員を選任するときは、旧主務官庁の認可（整備法92）を受けたことを証する書面も必要である。

また、整備法施行当時に監事として在任し、新法による監事とみなされた者については、就任年月日を申請する必要があり、これを証するため、就任当時の選任行為及び就任承諾を証する書面が必要となる。

⑤ 会計監査人の選任行為及び就任承諾ならびに資格を証する書面

新たに就任する会計監査人がいる場合には、その選任行為及び就任承諾を証する書面のほか、①会計監査人が法人であるときは当該法人の登記事項証明書（申請する登記所の管轄区域内に当該法人の主たる事務所がある場合

を除く）、②会計監査人が法人でないときはその者が公認会計士であることを証する書面を添付する（整備法158四）。

⑥　印鑑証明書

新たに就任する理事（理事会設置一般社団法人であれば代表理事）の就任承諾を証する書面及び代表理事の選定に係る書面についての印鑑証明書を添付する（一般登記規則3、商登規則61②③④）。

※なお、登記を申請すべき代表理事は、印鑑の再提出を要する（法人法330、商登法20①）。

### ＜特例民法法人についてする解散の登記＞

(1)　**登記の事由**

「特例社団（財団）法人の一般社団（財団）法人への名称変更による解散」と記載する。

(2)　**登記すべき事項**

解散の旨ならびにその事由（名称を変更して通常の一般社団・財団法人へ移行した旨）及び年月日である。変更年月日は登記（の受理）の日であり、必ずしも申請人が特定しなくともよい。

なお、変更の際に一般社団・財団法人法に従えば任期が満了することになる役員は退任するが、当該退任の登記を申請する必要はない。

＜電子データ入力例＞

```
「登記記録に関する事項」
　（平成○年○月○日）○県○市○丁目○番○号一般社団法人（一般財
　団法人）○○協会に名称変更し、移行したことにより解散
```

(3)　**登録免許税額**

特例民法法人の名称変更による解散の登記については、登録免許税は課

せられない（税改法附則 27 ②二）。

(4) 添付書面

当該解散の登記の申請については、添付書面に関する規定は適用されない（整備法 159 ②）。

---

**Q15** 定款の変更の手続をしたことを証する書面

> 特例民法法人から一般社団・財団法人への移行による設立の登記に添付すべき「定款の変更の手続をしたことを証する書面」の記載は、どのようになるか。

**Answer. 15**

特例民法法人から一般社団・財団法人への移行による設立の登記の申請書には、定款のみならず、定款の変更の手続をしたことを証する書面を添付する必要がある（平成 20 年 9 月 1 日民商 2351 号通達）。会議体の決議により定款の変更の案が作成された場合の議事録には、次のような記載があれば足りると解される。

---

第○号議案　定款の一部変更の件

議長は、当法人が「一般社団法人及び一般財団法人に関する法律及び公益社団法人及び公益財団法人の認定等に関する法律の施行に伴う関係法律の整備等に関する法律」第 45 条の認可を受け、同法第 121 条第 1 項により読み替えて準用する同法第 106 条第 1 項の移行の登記をすることを停止条件として、当法人の定款を当該認可の基準に適合するものとするため、別紙「一般社団法人（一般財団法人）○○協会定款（案）」のとおり変更したい旨を述べ、その詳細を説明し、その賛否を議場に諮ったところ、満場一致をもって可決確定した。

# 第 9 章

# 旧中間法人に関する登記

第 1 節 旧中間法人に関する特則
第 2 節 旧有限責任中間法人から通常の
　　　　一般社団法人への名称の変更
第 3 節 特例無限責任中間法人から通常の
　　　　一般社団法人への名称の変更

# 第1節

# 旧中間法人に関する特則

## Q1　旧中間法人の取扱い

旧中間法人は、整備法の施行により、どのように取り扱われるか。

## Answer. 1

(1)　旧中間法人法に基づき設立され、整備法の施行の際現に存する中間法人のうち、有限責任中間法人であったものを「旧有限責任中間法人」と、無限責任中間法人であったものを「旧無限責任中間法人」という（整備法2①、24①）。旧中間法人法に基づく中間法人は、準則主義によって設立される剰余金の分配を目的としない社団法人であって、社員に共通する利益を図ることを目的とする法人であったが、より一般的な法人制度である一般社団法人制度に包摂され、廃止されることとなった。

(2)　旧有限責任中間法人は、何らの手続を要せずに一般社団法人として存続し（整備法2①）、整備法に特則がない限り、一般社団・財団法人法の適用を受けることになる（以下、当該法人を「存続後の旧有限責任中間法人」などという）。ただし、存続後の旧有限責任中間法人は、施行日の属する事業年度が終了した後最初に招集される定時社員総会の終結の時までに、名称に「一般社団法人」という文字を使用する旨の定款変更を行い、その登記をしなければならず、当該手続を怠った場合には、20万円以下の過料に処せられる（整備法3①②）。

(3)　旧無限責任中間法人は、一般社団法人として存続し、「特例無限責任

中間法人」と呼ばれることになる（整備法25②）。

　しかしながら、一般社団法人制度には無限責任中間法人に相当する法人類型が設けられていないため、その大部分の事項について、従前の例によるかまたは整備法の適用を受ける（整備法27、29等）。特例無限責任中間法人は暫定的な存在にすぎず、整備法の施行日から起算して1年を経過する日までの間に、名称中に「一般社団法人」という文字を用いる名称の変更をし、通常の一般社団法人に移行しなければならない（整備法30）。当該期間内に移行の登記をしない場合には、解散したものとみなされる（整備法37①）。

## Q2　存続後の旧中間法人の名称

存続後の旧中間法人が使用する名称には、どのような制限があるか。

### Answer.2

(1)　存続後の旧有限責任中間法人は、施行日後に名称の変更をするまで、名称中に「一般社団法人」という文字を用いる必要はない（整備法3①）。したがって、従来通り「有限責任中間法人○○」という名称を用いることは可能である。

(2)　特例無限責任中間法人は、その名称中に「無限責任中間法人」という文字を用いなければならず、それ以外の種類の法人と誤認されるおそれのある文字を用いてはならない（整備法25①②）。特例無限責任中間法人でない者は、特例無限責任中間法人であると誤認されるおそれのある文字を用いてはならない（整備法25③）。

## Q3 存続後の旧中間法人の定款の記載(記録)事項

存続後の旧中間法人の定款の定めは、整備法の施行により、どのように取り扱われるか。

### Answer. 3

(1) 旧有限責任中間法人の定款は、「基金(代替基金を含む)の総額」を除き、存続後も当該法人の定款とみなされる(整備法2②、5①)。旧有限責任中間法人の定款記載事項は、次表左欄のとおりであるが(旧中間法人法10③)、整備法施行後は、次表右欄の取扱いを受けることになる。

| 旧有限責任中間法人の定款記載事項 | 整備法施行後の取扱い |
| --- | --- |
| ① 目的<br>② 名称 | 相当する定款の定め(法人法11①一・二)とみなされる(整備法5①)。 |
| ③ 基金(代替基金を含む)の総額 | 記載(記録)がないものとみなされる(整備法5①(　)書)。ただし、当然に一般社団・財団法人法に基づく基金または代替基金とみなされる(整備法18①)。 |
| ④ 基金の拠出者の権利に関する事項<br>⑤ 基金の返還の手続<br>⑥ 公告の方法<br>⑦ 社員の氏名または名称及び住所<br>⑧ 主たる事務所の所在地<br>⑨ 社員たる資格の得喪に関する規定<br>⑩ 事業年度 | 相当する定款の定め(法人法11三ないし七、131一・二)とみなされる(整備法5①)。 |
| ⑪ 理事会を置く旨の定め | 定款の定めとしての効力を有しない(整備法5③) |

※存続後の旧有限責任中間法人の定款には、「監事を置く旨」及び「基金を引き受ける者の募集をすることができる旨」の定めがあるものとみなされる(整備法5②)。旧有限責任中間法人が社員または債権者から定款の閲覧等の請求を受けたときは、これらの事項についても開示しなければならない(整備法6、法人法14②)。

(2) 旧無限責任中間法人の定款は、特例無限責任中間法人の定款とみなされる（整備法24②）。しかしながら、その記載（記録）事項については、全面的に旧中間法人法に従うことになる(整備法27三、旧中間法人法93③)。

## Q4 存続後の旧中間法人の定款の変更

存続後の旧中間法人が定款を変更するには、どのような手続を要するか。

### Answer. 4

(1) 存続後の旧有限責任中間法人は一般社団法人であるから、定款を変更するには、社員総会の特別決議によらなければならない（法人法146、49②四)。なお、社員総会の招集手続が整備法の施行前に開始されていたときは、社員総会の権限及び手続については、なお従前の例によるため（整備法8）、決議要件は加重されることになる（総社員の半数以上で、総社員の議決権の4分の3以上。旧中間法人法72、26②参照）。

(2) 特例無限責任中間法人が定款を変更するには、なお従前の例による（整備法27十三）。したがって、定款に別段の定めがない限り、総社員の同意が必要となる（旧中間法人法107、104②）。

## Q5 存続後の旧中間法人の機関設計

存続後の旧中間法人の機関設計は、どのように規律されているか。

### Answer. 5

(1) 旧有限責任中間法人は、整備法の施行により、社員総会のほか、理事

及び監事が置かれた状態となる。具体的には、以下①ないし④のとおりである。なお、旧法下において、新法の施行を条件に、理事会または会計監査人を置く旨の定款変更をすることは差し支えないが、新法施行前に会計監査人を予選することは認められないと解されている（登記研究テイハン723号19頁）。

① 理事

整備法の施行の際現に理事である者は、退任することなく、その任期は従前の例による（整備法13）。すなわち、定款に別段の定めがない限り、「就任時」から2年（最初の理事は1年）である（旧中間法人法41）。また、一般社団・財団法人法では、破産法等に規定された罪を犯した者について、理事の欠格事由とされているが、整備法施行時の在任者には、その適用が除外されている（整備法12②、法人法65①三。旧中間法人法40の2三対比）。法人代表権については、旧有限責任中間法人においても、非理事会設置一般社団法人と同様の方法により代表理事を選定することが認められており（旧中間法人法45①②）、当該規定の効力及び当該規定に基づいて選定された代表理事の地位は、整備法の施行後も継続する（整備法5①）。共同代表の定めは、職権で抹消され、第三者に対抗できないものとなる（関係省令整備省令9①四）。

以上に対し、整備法の施行後における理事の選解任、任期及び資格については、一般社団・財団法人法が適用される。ただし、旧中間法人法の規定に違反し、刑に処せられた者は、一般社団・財団法人法に規定された罪を犯した者とみなされて、その後も欠格者となる（整備法12①）。

② 理事会

旧中間法人法における理事会を置く旨の定めは、整備法施行により、効力を有しないものとなる（整備法5③）。存続後の旧有限責任中間法人は一般社団法人であるから、定款を変更して理事会を設置することは可能である。

③　監事

　存続後の旧有限責任中間法人は、自動的に監事設置一般社団法人となる（整備法5②）。監事も、整備法施行時の在任者については、従前の任期が適用される（整備法13）。すなわち、「就任後」4年以内に終了する（最初の監事については最初の）事業年度のうち最終のものに関する定時社員総会の終結の時までである（旧中間法人法53①②）。①在任者について欠格事由の一部の適用が除外されること、②その後の選解任、資格及び任期について一般社団・財団法人法が適用されることについても、理事に関して述べたのと同様である（整備法12②）。

④　会計監査人

　旧有限責任中間法人が、任意に公認会計士等の監査を受けていた場合でも、会計監査人を置く旨の定款の定めがあるとみなされることはない。したがって、必要があれば、通常の一般社団法人と同様に、定款を変更して当該定めを設定する必要がある。

　存続後の旧有限責任中間法人が大規模一般社団法人に該当する場合には、整備法の施行日の属する事業年度の終了後最初に招集される定時社員総会の終結の時から、会計監査人設置義務が生じることになる（整備法10による法人法62の適用猶予）。

(2)　特例無限責任中間法人の業務の執行、代表及び会計に関しては、全面的に旧中間法人法に従うことになり、一般社団・財団法人法の規定は、両法に共通するものを除き適用されない（整備法27七・八・十二、29）。

## Q6　役員の損害賠償責任に関する特例

> 役員の旧中間法人に対する損害賠償責任に関しては、どのような特例が設けられているか。

**Answer. 6**

(1) 旧有限責任中間法人の理事または監事の損害賠償責任については、整備法施行日前の行為に基づくものに限り、従前の例による（旧中間法人法47④、整備法16）。したがって、整備法施行後の行為に基づく損害賠償責任につき、総社員の同意以外の方法により免除し、または責任限定契約により制限すること（法人法113ないし115）は差し支えない。会計監査人については、整備法施行前の行為はあり得ないため、常に一般社団・財団法人法に従うことになる。

(2) 特例無限責任中間法人では、機関に関する一般社団・財団法人法の規定は適用されない（整備法29）。業務執行は社員が行い、監査も予定されておらず、当然ながら役員の損害賠償責任及びその免除等は問題とならない。

---

**Q7** 計算に関する特例

存続後の旧中間法人の計算については、どのような特例が設けられているか。

**Answer. 7**

(1) 整備法施行日前にその末日が到来した事業年度のうち最終のものに関しては、従前の例に従い、貸借対照表等及び附属明細書を作成し、決算手続を行えばよい（整備法17②、旧中間法人法59以下）。これらの計算書類については、決算公告（電磁的方法による措置）の義務は課されていない（整備法17④）。

これに対し、整備法施行後に末日を迎えた事業年度に関しては、一般社団・財団法人法の規定に従い、計算書類（貸借対照表及び損益計算書）及び事業報告ならびにこれらの附属明細書を作成し、決算手続を行わな

ければならない（法人法 123 ②）。ただし、旧有限責任中間法人が整備法施行日前に作成した会計帳簿、計算書類その他の会計または経理に関する書類は、一般社団・財団法人法の相当規定に基づいて作成したものとみなされる（整備法 17 ①）。
(2) 特例無限責任中間法人の計算については、なお従前の例による（整備法 27 十二、旧中間法人法 106 の 2 以下）。

## Q8 解散及び清算に関する特例

> 存続後の旧中間法人の解散及び清算については、どのような特例が設けられているか。

### Answer. 8

(1) 旧有限責任中間法人が、整備法施行日前に生じた解散事由により解散した場合には、その継続及び清算については、なお従前の例による（整備法 19 本文、旧中間法人法 81 以下。登記手続につき整備法 23 ⑨）。継続及び清算に関する登記事項については、一般社団・財団法人法に従うが、施行日前に最初の清算人の登記をしていれば、従前どおり「清算人の氏名及び住所」「各自代表でない場合の代表清算人の氏名」（整備法 19 ただし書、法人法 309 以下。中間法人法 7 ②五・六対比）が登記事項となる。
(2) 特例無限責任中間法人の解散及び清算については、なお従前の例による（整備法 27 十四ないし十六、旧中間法人法 108 以下）。

## Q9 合併に関する特例

> 存続後の旧中間法人の合併については、どのような特例が設けられているか。

**Answer. 9**

(1) 存続後の旧有限責任中間法人は一般社団法人であるから、一般社団・財団法人法第242条以下に基づいて、他の一般社団法人または一般財団法人と、吸収合併または新設合併をすることができる。

(2) 特例無限責任中間法人には、合併に関する規定は適用されず（整備法29）、従前の例に従う旨の規定もない。したがって、特例無限責任中間法人が他の法人と合併することはできないと解される。

---

**Q10** 登記に関する特例

> 存続後の旧中間法人の登記については、どのような特例が設けられているか。

**Answer. 10**

(1) 旧有限責任中間法人の登記は、整備法の施行後も一般社団・財団法人法の相当規定による登記とみなされる（整備法22①）。

　新法により登記事項から外された「基金（代替基金を含む）の総額」「基金の拠出者の権利に関する規定」「基金の返還の手続」「理事（清算人）の共同代表に関する規定」は、新法の施行とともに登記官の職権により抹消される（関係省令整備省令9①一ないし四）。

　一方、新法により新たに登記事項とされたものもあるが、これらについて直ちに登記申請が必要となるわけではない。新法施行時において存続後の旧有限責任中間法人に存在し得る機関は理事（清算人）及び監事であるが、一般社団法人という文字を用いる名称の変更の登記をするまでは、従前どおり「理事（清算人）及び監事の氏名及び住所」「各自代表でない場合の代表理事（代表清算人）の氏名」を登記すればよいとされているし（整備法22③④）、監事設置の旨は登記官の職権により登記

第1節　旧中間法人に関する特則　617

されるからである（整備法23⑦）。

(2) 特例無限責任中間法人の登記及びその手続については、なお従前の例による（整備法27一、旧中間法人法7、151等）。

# 第2節

# 旧有限責任中間法人から通常の一般社団法人への名称の変更

## 1．実体手続

**Q1** 旧有限責任中間法人から通常の一般社団法人への名称の変更の手続

> 存続後の旧有限責任中間法人が、名称中に「一般社団法人」という文字を用いる定款の変更をするには、どのような手続が必要か。

**Answer. 1**

存続後の旧有限責任中間法人は、整備法の施行日の属する事業年度が終了した後最初に招集される定時社員総会の終結の時までに、名称中に「一般社団法人」という文字を使用する旨の名称の変更をしなければならない（整備法3①）。名称の変更は定款の変更であるから、社員総会の特別決議が必要である（法人法146、49②四）。ただし、社員総会の招集手続が整備法の施行日前に開始されていたときは、従前の定款変更の方法に従い、総社員の半数以上であって総社員の議決権の4分の3以上の多数によることになる（整備法8、旧中間法人法72、26②）。

## Q2 名称の変更に伴う登記事項の変更

> 名称の変更の登記をすることにより、存続後の旧有限責任中間法人の登記事項はどのように変わるか。

### Answer. 2

存続後の旧有限責任中間法人が「一般社団法人」という文字を用いる名称の変更をし、その登記をすると、役員に関する登記事項が次表の左欄から右欄のとおりに変更となる（整備法22③）。当該登記は登記官の職権により行われることはなく、名称の変更の登記と同時に、当該法人が申請しなければならない（整備法22④）。

| 旧有限責任中間法人の役員に関する登記事項（旧中間法人法7②五・六） | 一般社団法人の役員に関する登記事項（法人法301②五・六・八） |
|---|---|
| ① 理事の氏名及び住所<br>② 代表理事の氏名（法人を代表しない理事がある場合に限る）<br>③ 監事の氏名及び住所 | ① 理事の氏名<br>② 代表理事の氏名及び住所<br>③ 監事の氏名 |

## 2．登記手続

### Q3 旧有限責任中間法人から通常の一般社団法人への名称変更登記の申請事項

> 存続後の旧有限責任中間法人の名称中に「一般社団法人」という文字を用いる変更登記の申請書（情報）は、どのように記載（記録）すべきか。

### Answer. 3

一般的な記載（記録）事項のほか、以下の事項を内容とする（法人法

330、商登法17②③)。

### (1) 登記の事由

「名称の変更」及び「理事、代表理事及び監事の変更」とする。

### (2) 登記すべき事項

変更後の名称及びその定款変更の効力が生じた年月日である（法人法301②二）。また同時に、理事及び監事にあっては氏名、代表理事にあっては氏名及び住所の登記を申請しなければならない（整備法22④）。これらの者の就任（重任）年月日について、職権によるべき旨は基本通達において言明されていない。

なお、監事設置一般社団法人である旨は、整備法の施行に伴い、登記官の職権で行われているため、申請は不要である（整備法23⑦）。

＜電子データ入力例＞

```
「名称」一般社団法人○○協会
「原因年月日」平成○年○月○日変更
「役員に関する事項」
「資格」理事
「氏名」甲野一郎
「原因年月日」平成○年○月○日就任（重任）
                （中　略）
「役員に関する事項」
「資格」代表理事
「住所」○県○市○丁目○番○号
「氏名」甲野一郎
「原因年月日」平成○年○月○日就任（重任）
「役員に関する事項」
「資格」監事
「氏名」甲野三郎
「原因年月日」平成○年○月○日就任（重任）
```

(3) 登録免許税額

　名称の変更及びこれと同時にされる一定事項の変更の登記については、登録免許税は課せられない（税改法附則27②三イ、ハ）。

(4) 添付書面

　定款変更決議の成立を証する書面として、社員総会議事録を添付する（法人法317②。なお整備法8）。

## Q4　社員総会議事録

> 旧有限責任中間法人の名称の変更登記の申請書（情報）に添付すべき社員総会議事録の議案の記載は、どのようになるか。

### Answer. 4

例えば、次のようになる。

---

第○号議案　定款の一部変更の件

　議長は、今般、本社員総会の終結時をもって、当法人の名称を改めたい旨を述べ、その詳細を説明し、当法人定款の一部を次のとおり変更することの可否を議場に諮ったところ、満場一致をもって可決確定した。

| 変　更　前 | 変　更　後 |
|---|---|
| （名称）<br>第1条　当法人は、<u>有限責任中間法人</u>○○協会と称する。 | （名称）<br>第1条　当法人は、<u>一般社団法人</u>○○協会と称する。 |

## 第3節

# 特例無限責任中間法人から通常の一般社団法人への名称の変更

### 1. 実体手続

**Q1** 特例無限責任中間法人から通常の一般社団法人への名称の変更の手続の概要

> 特例無限責任中間法人が、名称中に「一般社団法人」という文字を用いる定款の変更をするには、どのような手続が必要か。

**Answer. 1**

　特例無限責任中間法人は、整備法の施行日から起算して1年を経過した日において解散したものとみなされてしまう（整備法37①）。特例無限責任中間法人がこのみなし解散を避けるためには、当該時点までに、名称中に「一般社団法人」という文字を用いる名称の変更をし、その登記を申請しなければならない（整備法30）。この名称の変更による通常の一般社団法人への移行は、①総社員の同意により法定事項を定めた上で、②債権者異議手続を行い、③主たる事務所の所在地において登記をすることによって効力が生じ（整備法34①）、以後、当該法人には一般社団・財団法人法が適用されることになる。

## Q2 総社員の同意

> 特例無限責任中間法人が通常の一般社団法人に移行するにあたり、総社員の同意により定めるべき事項は何か。

### Answer. 2

特例無限責任中間法人が通常の一般社団法人に移行するにあたり、総社員の同意によって定めるべきは、次の事項である（整備法31）。

> ① 移行後の一般社団法人の目的、名称、主たる事務所の所在地、社員の資格の得喪に関する規定、公告方法及び事業年度（法人法11①一ないし三、五ないし七）
> ② 上記①のほか、移行後の一般社団法人の定款で定める事項
> ③ 移行後の一般社団法人の理事の氏名
> ④ 移行後の一般社団法人が監事設置一般社団法人であるときは、監事の氏名
> ⑤ 移行後の一般社団法人が会計監査人設置一般社団法人であるときは、会計監査人の氏名または名称

## Q3 債権者異議手続

> 通常の一般社団法人への移行のために必要となる債権者異議手続とは、どのようなものか。

### Answer. 3

(1) 特例無限責任中間法人が通常の一般社団法人に移行すると、その組織や社員の責任の態様に全面的な変更が生じるため、債権者には異議を述べる機会が与えられている（整備法32①）。

(2) 特例無限責任中間法人が総社員の同意により移行に関する事項を定め

た場合には、その定めた日から2週間以内に、一般社団法人に移行をする旨及び1か月を下らない一定の期間内に債権者が移行について異議を述べることができる旨を官報に公告し、かつ、知れている債権者には、各別にこれを催告しなければならない（整備法32②。社員全員の同意前にこの手続を開始することはできないことになる）。

(3) もし、債権者がこの一定の期間内に異議を述べなければ、当該債権者は、移行について承認したものとみなされる（整備法32③）。逆に、異議が述べられたときは、移行をしても当該債権者を害するおそれがないときを除き、その債権者に対し弁済し、もしくは相当の担保を提供し、またはその債権者に弁済を受けさせることを目的として信託会社等に相当の財産を信託しなければならない（整備法32④）。

## 2．登記手続

**Q4** 特例無限責任中間法人から通常の一般社団法人への移行の登記の申請期間

> 特例無限責任中間法人の名称変更による通常の一般社団法人への移行の登記は、いつまでにすべきか。

**Answer. 4**

特例無限責任中間法人の名称変更による通常の一般社団法人への移行の登記（設立及び解散の登記）は、債権者異議手続の終了後、その主たる事務所の所在地においては2週間以内に、その従たる事務所の所在地においては3週間以内にする必要がある（整備法33①）。

## Q5 特例無限責任中間法人から通常の一般社団法人への名称変更による移行の登記の申請事項

> 特例無限責任中間法人の名称変更による通常の一般社団法人への移行の登記の申請書（情報）は、どのように記載（記録）すべきか。

### Answer.5

　特例無限責任中間法人が通常の一般社団法人へと移行した場合には、特例無限責任中間法人についての解散の登記と、一般社団法人についての設立の登記とを、同時に申請することになる（整備法33①、36①）。申請書（情報）は、一般的な記載（記録）事項のほか、以下の事項を内容とする（法人法330、商登法17②③）。

＜通常の一般社団法人についてする設立の登記＞
(1)　登記の事由
　「平成○年○月○日特例無限責任中間法人の名称変更による一般社団法人の設立の手続終了」とする。登記申請期間（整備法33①）を明らかとするため、登記の事由欄において手続終了日を表示する。

(2)　登記すべき事項
　一般的な設立登記事項（法人法301②）のほか、特例無限責任中間法人が成立した年月日、特例無限責任法人の名称及び名称を変更した旨である（整備法33②）。名称変更の効力は、主たる事務所において設立の登記がされることによって生ずるため（整備法34①）、その年月日を申請人が特定する必要はないが、申請日と受付日が同一であるときは、記載（記録）して差し支えない。

<電子データ入力例>

```
「名称」一般社団法人〇〇協会
「主たる事務所」〇県〇市〇丁目〇番〇号
「法人の公告方法」官報に掲載してする。
「法人成立の年月日」平成〇年〇月〇日
「目的等」
目的
当会は、東京都〇〇区において〇〇業を営む社員相互の親睦と相互扶
助を図ることを目的とし、その目的を達するため、次の事業を行う。
1．共同作業場の管理
2．会員の福利厚生に関する事業
3．食料品及び日用雑貨の販売
4．前各号に附帯関連する一切の事業
「役員に関する事項」
「資格」理事
「氏名」甲野一郎
               （中　略）
「役員に関する事項」
「資格」代表理事
「住所」〇県〇市〇丁目〇番〇号
「氏名」甲野一郎
「登記記録に関する事項」
（平成〇年〇月〇日）無限責任中間法人〇〇協会を名称変更し、移行
したことにより設立
```

(3) **登録免許税額**

　特例無限責任中間法人の名称変更による一般社団法人設立の登記については、登録免許税は課せられない（税改法附則27②一）。

## (4) 添付書面

① 社員全員の同意を証する書面

　移行時に定めるべき事項（整備法 31 各号）の決定を証するため、添付する（整備法 35 一）。

② 定　款

　社員全員の同意により変更されたものとみなされた事項（整備法 34 ②）が記載された定款（通常の一般社団法人となった後の定款）である（整備法 35 二）。

③ 役員の就任承諾を証する書面

　移行後の一般社団法人の理事（移行後の一般社団法人が監事設置一般社団法人である場合にあっては、理事及び監事）が就任を承諾したことを証する書面である（整備法 35 三）。

④ 会計監査人の就任承諾及び資格を証する書面

　移行後の一般社団法人の会計監査人を定めたときは、会計監査人が就任を承諾したことを証する書面のほか、①会計監査人が法人であるときは、当該法人の登記事項証明書（申請する登記所の管轄区域内に当該法人の主たる事務所がある場合を除く）、②会計監査人が法人でないときは、その者が公認会計士であることを証する書面を添付する（整備法 35 四）。

⑤ 債権者保護手続関係書面

　公告及び催告をしたこと、ならびに異議を述べた債権者があるときは、当該債権者に対し弁済し、もしくは相当の担保を提供しもしくは当該債権者に弁済を受けさせることを目的として相当の財産を信託したこと、または当該移行をしても当該債権者を害するおそれがないことを証する書面である（整備法 35 五）。

⑥ 印鑑証明書

　設立する法人が非理事会設置一般社団法人の場合には理事の就任承諾書に押印した印鑑の印鑑証明書を、設立する法人が理事会設置一般社団法人

の場合には代表理事の就任承諾書に押印した印鑑の印鑑証明書を添付する（一般登記規則3、商登規則61②③）。

※なお、登記を申請すべき代表理事は、印鑑の再提出を要する（法人法330、商登法20①）。

### ＜特例無限責任中間法人についてする解散の登記＞

(1) **登記の事由**

「特例無限責任中間法人の一般社団法人への名称変更による解散」とする。

(2) **登記すべき事項**

解散の旨ならびにその事由（名称を変更して通常の一般社団法人へ移行した旨）及び年月日（移行による設立登記の申請日）である。名称変更の効力は、主たる事務所において設立の登記がされることによって生ずるため（整備法34①）、申請人が特定する必要はないが、申請日と受付日が同一であるときは、記載（記録）して差し支えない。

＜電子データ入力例＞

```
「登記記録に関する事項」
　（平成○年○月○日）○県○市○丁目○番○号一般社団法人○○協会
　に名称変更し、移行したことにより解散
```

(3) **登録免許税額**

特例無限責任中間法人の名称変更による解散の登記については、登録免許税は課せられない（税改法附則27②一）。

(4) **添付書面**

特例無限責任中間法人の名称変更による解散の登記の申請書には、添付書面に関する規定は適用されない（整備法36②）。

**Q6** 社員全員の同意を証する書面

特例無限責任中間法人の名称変更による通常の一般社団法人の設立登記の申請書（情報）に添付すべき「社員全員の同意を証する書面」の記載は、どのようになるか。

**Answer. 6**

例えば、次のようになる。

---

総社員の同意書

平成○年○月○日

　私どもは、当法人を、一般社団法人とするため、下記の事項を定めることに同意します。

1　移行後の一般社団法人の定款
　　別紙「一般社団法人○○協会定款（案）」に記載のとおり
2　移行後の一般社団法人の理事及び代表理事
　　理事　　　甲野　一郎
　　理事　　　甲野　二郎
　　○県○市○丁目○番○号
　　代表理事　甲野　一郎

　　　　　　　　　　　　無限責任中間法人○○協会
　　　　　　　　　　　　○県○市○丁目○番○号
　　　　　　　　　　　　　社員　甲野　一郎　　㊞
　　　　　　　　　　　　○県○市○丁目○番○号
　　　　　　　　　　　　　社員　甲野　二郎　　㊞

---

**Q7** 債権者保護手続関係書面

特例無限責任中間法人の名称変更による通常の一般社団法人の設立登記の申請書（情報）に添付すべき債権者保護手続関係書面の記載は、どのようになるか。

# Answer. 7

例えば、次のようになる。

(1) **官報公告**

---
### 特例無限責任中間法人の一般社団法人への移行の公告

　当協会は、平成○年○月○日、一般社団法人へ移行する旨を決定いたしました。移行につき異議のある債権者は、本公告掲載の翌日から1か月以内にお申し出ください。

　　　　　　　　　　○県○市○丁目○番○号　無限責任中間法人○○協会
---

(2) **債権者による異議申述書**

---
### 異議申述書

　　　　　　　　　　　　　　　　　　　　　　　　平成○年○月○日

無限責任中間法人○○協会代表社員　甲野　一郎　殿
　　　　　　　　　　　　○県○市○町○丁目○番○号
　　　　　　　　　　　　　　乙野商事　株式会社
　　　　　　　　　　　　　　代表取締役　乙野　一郎　㊞

　平成○年○月○日付貴法人の一般社団法人への移行に関する異議申述に関する催告を受けましたが、当社においては、貴法人に対して有する○○の売掛代金○万円の債権の弁済後でなければ上記移行を承諾いたしかねるので、本書面をもってその旨を通告します。
---

※異議を述べた債権者がいる場合には、当該債権者に弁済し、相当の担保を提供または弁済を受けさせることを目的として相当の財産を信託したことを証する書面または移行をしても当該債権者を害するおそれがないことを証する書面を添付する。

## Q8 移行による設立登記と主たる事務所の移転登記との一括申請

> 特例無限責任中間法人の名称変更による通常の一般社団法人の設立登記と、主たる事務所の移転登記とを、同一の申請書により申請することができるか。

### Answer. 8

特例無限責任中間法人が通常の一般社団法人へ移行するにあたり、移行による設立登記と主たる事務所移転の登記とは、一括して（同一の申請書により）申請することができない。

移行後の一般社団法人については、特例無限責任中間法人の名称及び名称を変更した旨が登記されるが、特例無限責任中間法人が主たる事務所を移転した旨は登記されない。そのため、移行による設立登記と主たる事務所移転の登記との一括申請を認めると、特例無限責任中間法人についての閉鎖された登記記録（関係省令整備省令10③）の内容と移行後の一般社団法人についての登記記録の内容とが一致しないことになり、登記簿上の連続性が確認できないという不都合が生じる（旧有限会社に関する矢部博志「会社法施行後における商業登記実務の諸問題」民事月報61.7. 35頁参照）。

したがって、通常は、特例無限責任中間法人として主たる事務所移転の登記の申請をし、その後、移行による設立登記及び解散登記の申請をすることになる。

---

## Q9 移行による設立登記と従たる事務所の設置、移転または廃止の登記との一括申請

> 特例無限責任中間法人の名称変更による通常の一般社団法人の設立登記と、従たる事務所の設置、移転または廃止の登記とを、同一の申請書により申請することができるか。

## Answer. 9

　通常の一般社団法人へ移行するにあたり、従たる事務所の設置の登記（当該従たる事務所の所在地を管轄する登記所の管轄区域内に既存の従たる事務所がない場合に限る）を併せて申請することはできないと考えられる。

　特例無限責任中間法人が通常の一般社団法人へ移行した場合には、主たる事務所及び従たる事務所の所在地において、特例無限責任中間法人については解散の登記を、移行後の一般社団法人については設立の登記をしなければならず（整備法33①）、かつ、これらの登記は同時に申請しなければならない（整備法36①）。したがって、通常の一般社団法人へ移行するにあたり従たる事務所を設置する場合において、当該従たる事務所の所在地を管轄する登記所の管轄区域内に既存の他の従たる事務所がないときは、特例無限責任中間法人の解散の登記をすることができず、整備法の規定に沿うことができないからである（矢部博志「会社法施行後における商業登記実務の諸問題」（前掲）35頁参照）。

　従たる事務所の移転（従たる事務所の旧所在地を管轄する登記所の管轄区域内に既存の他の従たる事務所がないため、移行による設立登記をすることができない場合及び従たる事務所の新所在地を管轄する登記所の管轄区域内に既存の他の従たる事務所がないため、特例無限責任中間法人の解散の登記をすることができない場合に限る）または廃止（廃止する従たる事務所の所在地を管轄する登記所の管轄区域内に既存の他の従たる事務所がないため、移行による設立登記をすることができない場合に限る）についても、同様に考えることができる。

# 資料編

**【参考資料①】** 一般社団法人及び一般財団法人に関する法律等の施行に伴う法人登記事務の取扱いについて（通達）

**【参考資料②】** 移行認定又は移行認可の申請に当たって定款の変更の案を作成するに際し特に留意すべき事項について

**【参考資料①】一般社団法人及び一般財団法人に関する法律等の施行に伴う法人登記事務の取扱いについて（通達）**

目次（編集部注：以下のページ表示は原本のものであり、本書のページに該当していません）

- 第1部　本通達の趣旨 ……………………………………………………………… 1
- 第2部　一般社団法人 ……………………………………………………………… 2
  - 第1　設立 ………………………………………………………………………… 2
    - 1　設立の手続 ……………………………………………………………… 2
    - 2　設立の登記の手続 ……………………………………………………… 4
  - 第2　機関 ………………………………………………………………………… 6
    - 1　機関設計 ………………………………………………………………… 6
    - 2　社員総会 ………………………………………………………………… 7
    - 3　理事及び代表理事 ……………………………………………………… 8
    - 4　理事会 …………………………………………………………………… 12
    - 5　監事 ……………………………………………………………………… 15
    - 6　会計監査人 ……………………………………………………………… 16
    - 7　役員等の損害賠償責任 ………………………………………………… 19
  - 第3　解散及び清算 ……………………………………………………………… 21
    - 1　解散 ……………………………………………………………………… 21
    - 2　清算 ……………………………………………………………………… 23
    - 3　清算の結了 ……………………………………………………………… 28
  - 第4　その他 ……………………………………………………………………… 28
    - 1　計算書類の公告 ………………………………………………………… 28
    - 2　定款の変更 ……………………………………………………………… 29
    - 3　事業の譲渡 ……………………………………………………………… 29
- 第3部　一般財団法人 ……………………………………………………………… 29
  - 第1　設立 ………………………………………………………………………… 29
    - 1　設立の手続 ……………………………………………………………… 29
    - 2　設立の登記の手続 ……………………………………………………… 31
  - 第2　機関 ………………………………………………………………………… 33
    - 1　機関設計 ………………………………………………………………… 33
    - 2　評議員 …………………………………………………………………… 34

3　評議員会 ································································· 35
　　　4　理事及び代表理事 ···················································· 36
　　　5　理事会 ································································· 38
　　　6　監事 ···································································· 39
　　　7　会計監査人 ·························································· 40
　　　8　役員等の損害賠償責任 ············································ 43
　第3　解散及び清算 ·························································· 45
　　　1　解散 ···································································· 45
　　　2　清算 ···································································· 47
　　　3　清算の結了 ·························································· 52
　第4　その他 ··································································· 52
　　　1　計算書類の公告 ···················································· 52
　　　2　定款の変更 ·························································· 53
　　　3　事業の譲渡 ·························································· 53
第4部　合併 ······································································ 53
　第1　合併の手続 ····························································· 53
　　　1　当事法人 ····························································· 53
　　　2　吸収合併の手続 ···················································· 54
　　　3　新設合併の手続 ···················································· 55
　第2　合併の登記の手続 ···················································· 55
　　　1　吸収合併の登記 ···················································· 56
　　　2　新設合併の登記 ···················································· 57
第5部　公益法人 ······························································· 58
　第1　公益認定 ································································ 58
　　　1　公益認定の手続 ···················································· 58
　　　2　公益認定による名称の変更の登記の手続 ·················· 58
　第2　公益法人に関する規律 ·············································· 58
　　　1　名称使用制限 ······················································· 58
　　　2　変更の認定 ·························································· 59
　　　3　合併による地位の承継の認可 ·································· 59

第3　公益認定の取消し ……………………………………………………… 59
　第6部　中間法人に関する経過措置 ………………………………………… 59
　　第1　有限責任中間法人に関する経過措置 ………………………………… 59
　　　1　旧有限責任中間法人の存続等 ………………………………………… 59
　　　2　一般社団法人に関する法人法の規定の特則及び経過措置 ………… 60
　　　3　名称の変更 ……………………………………………………………… 62
　　第2　無限責任中間法人に関する経過措置 ………………………………… 62
　　　1　旧無限責任中間法人の存続等 ………………………………………… 62
　　　2　一般社団法人に関する法人法の規定の特則及び経過措置 ………… 63
　　　3　名称の変更による通常の一般社団法人への移行 ………………… 63
　　　4　移行期間の満了による解散 …………………………………………… 65
　第7部　民法法人に関する経過措置 ………………………………………… 65
　　第1　旧民法法人の存続等 …………………………………………………… 65
　　第2　特例民法法人に関する経過措置及び法人法の特則 ………………… 66
　　　1　定款の記載事項 ………………………………………………………… 66
　　　2　登記すべき事項 ………………………………………………………… 67
　　　3　名称使用制限 …………………………………………………………… 68
　　　4　機関 ……………………………………………………………………… 68
　　　5　解散及び清算 …………………………………………………………… 69
　　　6　合併 ……………………………………………………………………… 70
　　　7　その他 …………………………………………………………………… 73
　　第3　公益法人への移行 ……………………………………………………… 74
　　　1　移行の手続 ……………………………………………………………… 74
　　　2　移行の登記の手続 ……………………………………………………… 74
　　　3　認定の取消し …………………………………………………………… 76
　　第4　通常の一般社団法人又は一般財団法人への移行 …………………… 76
　　　1　移行の手続 ……………………………………………………………… 76
　　　2　移行の登記の手続 ……………………………………………………… 76
　　　3　認可の取消し …………………………………………………………… 77
　　第5　移行期間の満了による解散 …………………………………………… 77

**資料編** 639

法務省民商第2351号
平成20年9月1日

法 務 局 長 殿
地方法務局長殿

　　　　　　　　　　　　　　　法務省民事局長

　　一般社団法人及び一般財団法人に関する法律等の施行に伴う法人登記事務
　の取扱いについて（通達）
　　一般社団法人及び一般財団法人に関する法律（平成18年法律第48号。以下
「法人法」という。）、公益社団法人及び公益財団法人の認定等に関する法律（平
成18年法律第49号。以下「認定法」という。）、一般社団法人及び一般財団法
人に関する法律及び公益社団法人及び公益財団法人の認定等に関する法律の施行
に伴う関係法律の整備等に関する法律（平成18年法律第50号。以下「整備法」
という。）、一般社団法人及び一般財団法人に関する法律施行令（平成19年政令
第38号）、一般社団法人及び一般財団法人に関する法律の施行に伴う関係法律
の整備等に関する政令（平成19年政令第39号）、一般社団法人及び一般財団法
人に関する法律施行規則（平成19年法務省令第28号。以下「施行規則」とい
う。）、一般社団法人等登記規則（平成20年法務省令第48号。以下「登記規則」
という。）及び一般社団法人及び一般財団法人に関する法律及び公益社団法人及
び公益財団法人の認定等に関する法律の施行に伴う関係法律の整備等に関する法
律の施行に伴う関係省令の整備及び経過措置に関する省令（平成20年法務省令
第49号。以下「整備省令」という。）が本年12月1日から施行されますが、こ
れに伴う法人登記事務の取扱いについては、下記の点に留意するよう、貴管下登
記官に周知方取り計らい願います。
　　なお、本通達中「商登法」とあるのは商業登記法（昭和38年法律第125号）を、
「商登規」とあるのは商業登記規則（昭和39年法務省令第23号）を、「登税法」
とあるのは登録免許税法（昭和42年法律第35号）をいい、特に改正前の法律

を引用するときは、「旧」の文字を冠することとします。

記

第1部　本通達の趣旨

　本通達は、法人法等の施行に伴い、一般社団法人（設立、機関、解散及び清算、その他）、一般財団法人（設立、機関、解散及び清算、その他）、合併、公益法人、中間法人に関する経過措置及び民法法人に関する経過措置について、登記事務処理上留意すべき事項を明らかにしたものである。

　なお、法人法の規定による登記に関する登記記録例は、別に定めるところによるものとする。

第2部　一般社団法人

　第1　設立

　　1　設立の手続

　　　(1)　定款の作成

　　　　　一般社団法人を設立するには、その社員になろうとする者（設立時社員。法人法第10条第1項）が、共同して定款を作成し、その全員がこれに署名し、又は記名押印（定款が電磁的記録をもって作成されているときは、電子署名）をしなければならないとされた（法人法第10条、施行規則第90条）。

　　　　　この定款は、公証人の認証を受けなければ、その効力を生じないとされた（法人法第13条）。

　　　(2)　定款の記載又は記録事項

　　　　　定款には、次に掲げる事項を記載し、又は記録しなければならないとされた（法人法第11条第1項）。

　　　　ア　目的
　　　　イ　名称
　　　　ウ　主たる事務所の所在地
　　　　エ　設立時社員の氏名又は名称及び住所
　　　　オ　社員の資格の得喪に関する規定
　　　　カ　公告方法
　　　　キ　事業年度

社員に剰余金又は残余財産の分配を受ける権利を与える旨の定款の定めは、その効力を有しないとされた（法人法第11条第2項）。

また、アからキまでに掲げる事項のほか、一般社団法人の定款には、法人法の規定により定款の定めがなければその効力を生じない事項及びその他の事項で法人法の規定に違反しないものを記載し、又は記録することができるとされた（法人法第12条）。

(3) 名称

一般社団法人は、その名称中に一般社団法人という文字を用いなければならず、また、一般財団法人であると誤認されるおそれのある文字を用いてはならないとされた（法人法第5条第1項、第2項）。

一般社団法人でない者は、その名称又は商号中に、一般社団法人であると誤認されるおそれのある文字を用いてはならないとされた（法人法第6条）。

なお、一般社団法人が商人である場合には、当該一般社団法人について商法第16条から第18条までの規定が適用される（法人法第9条参照）。

(4) 同一の所在場所における同一の名称の登記の禁止

一般社団法人の名称の登記は、その名称が他の一般社団法人の既に登記した名称と同一であり、かつ、その主たる事務所の所在場所が当該他の一般社団法人に係る主たる事務所の所在場所と同一であるときは、することができないとされた（法人法第330条、商登法第27条）。

(5) 公告方法

一般社団法人は、公告方法として、①官報に掲載する方法、②時事に関する事項を掲載する日刊新聞紙に掲載する方法、③電子公告又は④当該一般社団法人の主たる事務所の公衆の見やすい場所に掲示する方法のいずれかの方法を定款に定めなければならないとされた（法人法第11条第1項第6号、第331条第1項、施行規則第88条第1項）。

なお、③の方法により公告する場合の公告期間は法人法第332条に定めるところにより、④の方法により公告する場合の公告期間は施行規則第88条第2項に定めるところによる。

(6) 設立時理事等の選任

　一般社団法人の設立時理事について、定款でこれを定めなかったときは、設立時社員は、公証人による定款の認証の後遅滞なく、その選任をしなければならないとされた（法人法第15条第1項）。設立時社員による設立時理事の選任は、設立時社員の議決権の過半数をもって決定するとされた（法人法第17条第1項）。なお、この場合には、定款に別段の定めのある場合を除き、設立時社員は各1個の議決権を有するとされた（法人法第17条第2項）。

　設立しようとする一般社団法人が監事設置一般社団法人（法人法第15条第2項第1号）又は会計監査人設置一般社団法人（同項第2号）である場合における設立時監事又は設立時会計監査人の選任についても、設立時理事の選任の場合と同様とされた（法人法第15条第2項、第17条）。

　設立しようとする一般社団法人が理事会設置一般社団法人（法人法第16条第1項）である場合には、3人以上の設立時理事を選任し、設立時理事は、その過半数をもって、設立時理事の中から設立時代表理事を選定しなければならないとされた（法人法第16条第1項、第21条第1項、第3項）。

(7) 設立中の一般社団法人における業務執行の決定

　設立中の一般社団法人における業務執行の決定は、原則として設立時社員が行い、定款に別段の定めがない場合には、設立時理事は、理事会設置一般社団法人における設立時代表理事の選定その他法人法に規定がある事項に限り、その決定を行うこととなる。

　したがって、一般社団法人の成立前は、定款記載の最小行政区画内における主たる事務所又は従たる事務所の具体的な所在場所の決定等は、定款に別段の定めがない限り、設立時社員の議決権の過半数によって行うべきこととなる。

2　設立の登記の手続

(1) 登記期間

　一般社団法人の設立の登記は、主たる事務所の所在地においては法人

法第20条第1項の規定による設立時理事等の調査が終了した日又は設立時社員が定めた日のいずれか遅い日から2週間以内に、従たる事務所の所在地においては主たる事務所の所在地における設立の登記をした日から2週間以内にしなければならないとされた（法人法第301条第1項、第312条第1項第1号）。

(2) 登記すべき事項

　ア　主たる事務所の所在地において登記すべき事項は、次のとおりとされた（法人法第301条第2項）。

　　(ア)　目的

　　(イ)　名称

　　(ウ)　主たる事務所及び従たる事務所の所在場所

　　(エ)　存続期間又は解散の事由についての定款の定めがあるときは、その定め

　　(オ)　理事の氏名

　　(カ)　代表理事の氏名及び住所

　　(キ)　理事会設置一般社団法人であるときは、その旨

　　(ク)　監事設置一般社団法人であるときは、その旨及び監事の氏名

　　(ケ)　会計監査人設置一般社団法人であるときは、その旨及び会計監査人の氏名又は名称

　　(コ)　一時会計監査人の職務を行うべき者を置いたときは、その氏名又は名称

　　(サ)　理事、監事又は会計監査人の責任の免除についての定款の定めがあるときは、その定め

　　(シ)　外部理事、外部監事又は会計監査人が負う責任の限度に関する契約の締結についての定款の定めがあるときは、その定め

　　(ス)　(シ)の定款の定めが外部理事に関するものであるときは、理事のうち外部理事であるものについて、外部理事である旨

　　(セ)　(シ)の定款の定めが外部監事に関するものであるときは、監事のうち外部監事であるものについて、外部監事である旨

　　(ソ)　貸借対照表を電磁的方法により開示するときは、貸借対照表の内

　　　　　　容である情報について不特定多数の者がその提供を受けるために必要な事項であって法務省令で定めるもの（施行規則第87条第1項第1号。具体的には、当該情報が掲載されているウェブページのアドレス）
　　　(タ)　公告方法
　　　(チ)　電子公告を公告方法とするときは、次に掲げる事項
　　　　a　電子公告により公告すべき内容である情報について不特定多数の者がその提供を受けるために必要な事項であって法務省令で定めるもの（施行規則第87条第1項第2号。具体的には、当該情報が掲載されているウェブページのアドレス）
　　　　b　事故その他のやむを得ない事由によって電子公告による公告をすることができない場合の公告方法について定款の定めがあるときは、その定め
　イ　従たる事務所の所在地において登記すべき事項は、次のとおりとされた（法人法第312条第2項）。
　　(ア)　名称
　　(イ)　主たる事務所の所在場所
　　(ウ)　従たる事務所（その所在地を管轄する登記所の管轄区域内にあるものに限る。）の所在場所
(3)　添付書面
　　主たる事務所の所在地における設立の登記の申請書には、代理人によって申請する場合のその権限を証する書面及び官庁の許可を要する場合のその許可書（法人法第330条、商登法第18条、第19条。これらの書面は、主たる事務所の所在地における申請については原則として妥当するため、以下、添付書面としての記載は省略する。）のほか、法令に別段の定めがある場合を除き、次の書面を添付しなければならないとされた（法人法第318条第2項）。
　ア　定款
　イ　設立時理事が設立時代表理事を選定したときは、これに関する書面
　ウ　設立時理事、設立時監事及び設立時代表理事が就任を承諾したこと

を証する書面
　エ　ウの書面の設立時理事（設立しようとする一般社団法人が理事会設置一般社団法人である場合にあっては、設立時代表理事）の印鑑につき市区町村長の作成した証明書（登記規則3条、商登規第61条第2項、第3項）
　オ　設立時会計監査人を選任したときは、次に掲げる書面
　　㈦　設立時会計監査人の選任に関する書面
　　㈣　就任を承諾したことを証する書面
　　㈭　設立時会計監査人が法人であるときは、当該法人の登記事項証明書
　　　　当該法人が登記された登記所に登記の申請をする場合において、当該法人の登記簿からその代表者の資格を確認することができるときは、添付を要しない（登記事項証明書が添付書面となる場合については原則として妥当するため、以下においては記載を省略する。）。
　　㈤　設立時会計監査人が法人でないときは、その者が公認会計士であることを証する書面
　　　　別紙の証明書をもって公認会計士であることを証する書面として取り扱って差し支えない。
　カ　登記すべき事項につき設立時社員全員の同意又はある設立時社員の一致を要するときは、その同意又は一致があったことを証する書面（法人法第318条第3項）
　　　例えば、次に掲げる場合には、設立時社員の議決権の過半数の一致があったことを証する書面を添付しなければならない。
　　㈦　設立時社員が設立時理事、設立時監事又は設立時会計監査人を選任したとき（法人法第17条第1項）。
　　㈣　設立時社員が設立時の主たる事務所又は従たる事務所の所在場所等を定めたとき（1の(7)参照）。
　　　なお、従たる事務所の所在地における設立の登記の申請書には、主たる事務所の所在地においてした登記を証する書面を添付すれば足りる（法人法第329条）。

(4) 登録免許税

　　設立の登記の登録免許税は、申請1件につき、主たる事務所の所在地においては6万円、従たる事務所の所在地においては9,000円である（登税法別表第一第24号（一）ロ、（二）イ）。

第2　機関

1　機関設計

(1)　一般社団法人の機関

　　一般社団法人には、社員総会のほか、1人又は2人以上の理事（理事会設置一般社団法人にあっては、3人以上の理事）を置かなければならず、また、定款の定めによって、理事会、監事又は会計監査人を置くことができるとされた（法人法第60条、第65条第3項）。

　　理事会設置一般社団法人及び会計監査人設置一般社団法人は、監事を置かなければならないとされた（法人法第61条）。

　　大規模一般社団法人（最終事業年度に係る貸借対照表の負債の部に計上した額の合計額が200億円以上である一般社団法人をいう。法人法第2条第2号）は、会計監査人を置かなければならないとされた（法人法第62条）。

(2)　機関設計の在り方と登記

　　(1)により、一般社団法人において採用することができる機関設計は、次の5通りとなる。

　　なお、理事会、監事又は会計監査人の設置状況（「理事会設置一般社団法人」等）は、登記すべき事項である（第1の2の(2)のア参照）。

　　ア　社員総会＋理事
　　イ　社員総会＋理事＋監事
　　ウ　社員総会＋理事＋監事＋会計監査人
　　エ　社員総会＋理事＋理事会＋監事
　　オ　社員総会＋理事＋理事会＋監事＋会計監査人

2　社員総会

(1)　社員総会の権限

　　社員総会は、原則として、法人法に規定する事項及び一般社団法人の

組織、運営、管理その他一般社団法人に関する一切の事項について決議をすることができるが、理事会設置一般社団法人においては、法人法に規定する事項及び定款で定めた事項に限り、決議をすることができるとされた（法人法第35条第1項、第2項）。

なお、すべての一般社団法人について、社員総会は、社員に剰余金を分配する旨の決議をすることができないとされ（法人法第35条第3項）、法人法の規定により社員総会の決議を必要とする事項について、社員総会以外の機関が決定することができる旨の定款の定めは、効力を有しないとされた（同条第4項）。

(2) 議決権

社員は、定款に別段の定めがある場合を除き、各1個の議決権を有するとされた（法人法第48条第1項）。

(3) 決議要件

ア　普通決議

社員総会の決議は、イの社員総会及び定款に別段の定めがある場合を除き、総社員の議決権の過半数を有する社員が出席し、出席した当該社員の議決権の過半数をもって行うとされた（法人法第49条第1項）。

イ　特別決議

次に掲げる社員総会の決議は、総社員の半数以上であって、総社員の議決権の3分の2（これを上回る割合を定款で定めた場合にあっては、その割合）以上に当たる多数をもって行わなければならないとされた（法人法第49条第2項）。

(ｱ)　社員の除名（法人法第30条第1項）の社員総会

(ｲ)　監事の解任（法人法第70条第1項）の社員総会

(ｳ)　理事、監事又は会計監査人の法人法第111条第1項の任務懈怠責任の一部免除（法人法第113条第1項）の社員総会

(ｴ)　定款の変更（法人法第146条）の社員総会

(ｵ)　事業の全部の譲渡（法人法第147条）の社員総会

(ｶ)　解散（法人法第148条第3号）及び継続（法人法第150条）の

　　　　社員総会

　　㈔　吸収合併契約の承認（法人法第247条、第251条第1項）及び新設合併契約の承認（法人法第257条）の社員総会

⑷　議事録

　　社員総会の議事については、出席した理事、監事又は会計監査人の氏名又は名称等を内容とする議事録を作成しなければならないとされた（法人法第57条第1項、施行規則第11条第3項）。

　　なお、議事録には、出席した理事等の署名又は記名押印は要しない。ただし、社員総会の決議によって代表理事（各自代表の理事を含む。）を定めた場合（法人法第77条第1項本文、第3項）における当該社員総会の議事録については、3の⑵のアの⑷のeのとおり、原則として、議長及び出席した理事の記名押印を要する。

⑸　社員総会の決議の省略

　　理事又は社員が社員総会の目的である事項について提案をした場合において、当該提案につき社員の全員が書面又は電磁的記録により同意の意思表示をしたときは、当該提案を可決する旨の社員総会の決議があったものとみなすとされた（法人法第58条第1項）。また、社員総会の決議があったものとみなされた場合には、決議があったものとみなされた事項の内容等を内容とする議事録を作成するとされた（施行規則第11条第4項第1号）。

　　この場合には、当該議事録をもって、登記の申請書に添付すべき当該場合に該当することを証する書面（法人法第317条第3項）として取り扱って差し支えない。

3　理事及び代表理事

⑴　理事及び代表理事に関する規律

　ア　一般社団法人の代表及び業務執行

　　㈠　一般社団法人の代表

　　　理事は、原則として、各自一般社団法人を代表するが、他に代表理事その他一般社団法人を代表する者を定めた場合には、その余の理事は代表権を有しないとされた（法人法第77条第1項、第2項）。

なお、法人法では、各自代表の場合を含め、一般社団法人又は一般財団法人を代表する理事を「代表理事」というとされた（法人法第21条第1項、第162条第1項）。

理事会設置一般社団法人においては、理事会が代表理事の選定及び解職の職務を行うとされ（法人法第90条第2項第3号）、理事会は理事の中から代表理事を選定しなければならないとされた（同条第3項）。

(イ) 一般社団法人の業務執行
　a　理事会設置一般社団法人以外の一般社団法人

理事は、定款に別段の定めがある場合を除き、一般社団法人の業務を執行するとされた（法人法第76条第1項）。

理事が2人以上ある場合には、一般社団法人の業務は、定款に別段の定めがある場合を除き、理事の過半数をもって決定するとされ、理事は、従たる事務所の設置その他の法人法第76条第3項各号に掲げる事項についての決定を各理事に委任することができないとされた（法人法第76条第2項、第3項）。

　b　理事会設置一般社団法人

代表理事及び代表理事以外の理事であって、理事会の決議によって理事会設置一般社団法人の業務を執行する理事として選定されたものは、理事会設置一般社団法人の業務を執行するとされた（法人法第91条第1項）。

理事会設置一般社団法人の業務執行は、理事会において決定するとされ、理事会は、重要な財産の処分及び譲受け、多額の借財、重要な使用人の選任及び解任、従たる事務所の設置その他の重要な業務執行の決定を理事に委任することができないとされた（法人法第90条第2項第1号、第4項）。

イ　選任
(ア) 理事の選任

理事は、社員総会の普通決議によって選任するとされた（法人法第63条第1項、第49条第1項）。

(イ)　代表理事の選定

　　　理事会設置一般社団法人以外の一般社団法人にあっては、他に代表理事その他一般社団法人を代表する者を定めたときを除き、各理事が代表理事となるとされ（法人法第77条第1項）、また、次の方法のいずれかにより、理事の中から代表理事を定めることができるとされた（同条第3項）。

　　a　定款
　　b　定款の定めに基づく理事の互選
　　c　社員総会の決議

　　　理事会設置一般社団法人にあっては、理事会は、理事の中から代表理事を選定しなければならないとされた（法人法第90条第3項）。

　(ウ)　補欠者の予選

　　　(ア)の決議をする場合には、理事が欠けた場合又は法人法若しくは定款で定めた理事の員数を欠くこととなるときに備えて補欠の理事を選任することができ、当該選任に係る決議が効力を有する期間は、定款に別段の定めがある場合を除き、当該決議後最初に開催する定時社員総会の開始の時までとされ、社員総会の決議によってその期間を短縮することができるとされた（法人法第63条第2項、施行規則第12条第3項）。

ウ　任期

　　理事の任期は、選任後2年以内に終了する事業年度のうち最終のものに関する定時社員総会の終結の時までとされ、定款又は社員総会の決議によって、これを短縮することができるとされた（法人法第66条）。

エ　解任

　　理事は、いつでも、社員総会の普通決議によって解任することができるとされた（法人法第70条第1項、第49条第1項）。

オ　理事等に欠員を生じた場合の措置

　　理事が欠けた場合又は法人法若しくは定款で定めた理事の員数が欠けた場合には、任期の満了又は辞任により退任した理事は、新たに選

任された理事（一時理事の職務を行うべき者を含む。）が就任するまで、なお理事としての権利義務を有するとされた（法人法第75条第1項）。

　この場合において、裁判所は、必要があると認めるときは、利害関係人の申立てにより、一時理事の職務を行うべき者を選任することができるとされた（法人法第75条第2項）。

　代表理事が欠けた場合又は定款で定めた代表理事の員数が欠けた場合についても、理事が欠けた場合と同様とされた（法人法第79条第1項、第2項）。

(2) 理事及び代表理事に関する登記の手続

　理事会設置一般社団法人以外の一般社団法人における理事及び代表理事の登記の手続は、次のとおりとされた（理事会設置一般社団法人については、4の(2)のア参照）。

ア　理事及び代表理事の就任による変更の登記

(ｱ)　登記すべき事項

　登記すべき事項は、理事の氏名、代表理事の氏名及び住所並びに就任年月日である。

　理事が各自法人を代表するときは、各理事につき、理事及び代表理事の就任による変更の登記を要する。

(ｲ)　添付書面

　添付書面は、次のとおりである。

a　理事を選任した社員総会の議事録（法人法第317条第2項）

b　理事が就任を承諾したことを証する書面（法人法第320条第1項）

c　理事の就任承諾書に係る印鑑証明書（登記規則第3条、商登規第61条第2項）

　理事が就任を承諾したことを証する書面の印鑑につき、再任の場合を除き、市区町村長の作成した証明書を添付しなければならない。

d　理事の中から代表理事を定めたときは、次に掲げる書面のいず

れか
　(a)　定款によって代表理事を定めたときは、定款の変更に係る社員総会の議事録（法人法第317条第2項）
　(b)　定款の定めに基づく理事の互選によって代表理事を定めたときは、定款及びその互選を証する書面（登記規則第3条、商登規第61条第1項、法人法第317条第1項）
　(c)　社員総会の決議によって代表理事を定めたときは、社員総会の議事録（法人法第317条第2項）
e　代表理事の選定を証する書面に係る印鑑証明書（登記規則第3条、商登規第61条第4項第1号、第2号）
　次に掲げる印鑑につき、当該印鑑と変更前の代表理事が登記所に提出している印鑑とが同一である場合を除き、市区町村長の作成した証明書を添付しなければならない。
　(a)　理事が各自法人を代表するときは、議長及び出席した理事がaの議事録に押印した印鑑
　(b)　定款によって代表理事を定めたときは、定款の変更に係る社員総会の議長及び出席した理事がdの(a)の議事録に押印した印鑑
　(c)　定款の定めに基づく理事の互選によって理事の中から代表理事を定めたときは、理事がdの(b)の互選を証する書面に押印した印鑑
　(d)　社員総会の決議によって理事の中から代表理事を定めたときは、議長及び出席した理事がdの(c)の議事録に押印した印鑑
f　dの(b)の方法により代表理事を定めたときは、代表理事が就任を承諾したことを証する書面（法人法第320条第1項）
　なお、当該代表理事が就任を承諾したことを証する書面の印鑑については、別途印鑑証明書の添付を要しない。

(ｳ)　登録免許税額

　登録免許税額は、申請1件につき1万円である（登税法別表第一第24号(一)カ）。

イ　理事及び代表理事の退任による変更の登記

　　　　理事及び代表理事の退任による変更の登記の申請書には、これを証する書面を添付しなければならない（法人法第320条第5項）。

　　　　具体的には、役員の改選の際の定時社員総会の議事録（任期満了の旨の記載があるもの）等がこれに該当する。

　　　　登録免許税額は、申請1件につき1万円である（登税法別表第一第24号(一)カ）。

4　理事会
　(1)　理事会に関する規律
　　ア　理事会の権限

　　　　理事会は、すべての理事で組織されるとされ（法人法第90条第1項）、理事会設置一般社団法人の業務執行の決定、理事の職務の執行の監督並びに代表理事の選定及び解職の職務を行うとされた（同条第2項）。

　　　　なお、理事会は、重要な財産の処分及び譲受け、多額の借財、重要な使用人の選任及び解任、従たる事務所の設置その他の重要な業務執行の決定を理事に委任することができないとされた（法人法第90条第4項）。

　　イ　決議要件

　　　　理事会の決議は、議決に加わることができる理事の過半数（これを上回る割合を定款で定めた場合にあっては、その割合以上）が出席し、その過半数（これを上回る割合を定款で定めた場合にあっては、その割合以上）をもって行うとされた（法人法第95条第1項）。

　　ウ　議事録

　　　　理事会の議事については、理事会が開催された日時及び場所、議事の経過の要領及びその結果等を内容とする議事録を作成しなければならないとされ、出席した理事（定款で議事録に署名し、又は記名押印しなければならない者を当該理事会に出席した代表理事とする旨の定めがある場合にあっては、当該代表理事）及び監事は、これに署名し、又は記名押印しなければならないとされた（法人法第95条第3

項、施行規則第15条第3項)。
　　エ　理事会の決議の省略
　　　　理事会設置一般社団法人は、理事が理事会の決議の目的である事項について提案をした場合において、当該提案につき理事(当該事項について議決に加わることができるものに限る。)の全員が書面又は電磁的記録により同意の意思表示をしたとき(監事が当該提案について異議を述べたときを除く。)は、当該提案を可決する旨の理事会の決議があったものとみなす旨を定款で定めることができるとされた(法人法第96条)。また、理事会の決議があったものとみなされた場合には、決議があったものとみなされた事項の内容等を内容とする議事録を作成するとされた(施行規則第15条第4項第1号)。
　　　　この場合には、登記の申請書に定款及び当該場合に該当することを証する書面を添付しなければならない(登記規則第3条、商登規第61条第1項、法人法第317条第3項)が、当該議事録をもって、当該場合に該当することを証する書面として取り扱って差し支えない。
(2)　理事会に関する登記の手続
　　ア　理事会設置一般社団法人における理事及び代表理事の登記
　　　　理事会設置一般社団法人における理事及び代表理事の登記の手続は、次のとおりとされた。
　　　(ｱ)　理事及び代表理事の就任による変更の登記
　　　　　a　登記すべき事項
　　　　　　　登記すべき事項は、理事の氏名、代表理事の氏名及び住所並びに就任年月日である。
　　　　　b　添付書面
　　　　　　　添付書面は、次のとおりである。
　　　　　　(a)　理事を選任した社員総会の議事録(法人法第317条第2項)
　　　　　　(b)　理事が就任を承諾したことを証する書面(法人法第320条第1項)
　　　　　　(c)　代表理事を選定した理事会の議事録(法人法第317条第2項)
　　　　　　(d)　出席した理事及び監事が(c)の議事録に押印した印鑑に係る印

資料編　655

鑑証明書（登記規則第3条、商登規第61条第4項第3号）
　　　　(e) 代表理事が就任を承諾したことを証する書面（法人法第320条第1項）
　　　　(f) 代表理事の就任承諾書に係る印鑑証明書（再任の場合を除く。登記規則第3条、商登規第61条第2項、第3項）
　　(イ) 理事及び代表理事の退任による変更の登記
　　　　理事会設置一般社団法人以外の一般社団法人の場合と同様である（3の(2)のイ参照）。
　　(ウ) 登録免許税額
　　　　登録免許税額は、申請1件につき1万円である（登税法別表第一第24号(一)カ）。
　イ　理事会設置一般社団法人の定めの設定による変更の登記
　　(ア) 登記すべき事項
　　　　登記すべき事項は、理事会設置一般社団法人の定めを設定した旨及び変更年月日である。
　　　　なお、理事会設置一般社団法人の定めの設定に伴い、新たに理事の中から代表理事を選定し、又はその余の理事が法人を代表しないこととなった場合には、代表理事の変更の登記を併せてしなければならない。
　　(イ) 添付書面
　　　　登記の申請書には、理事会設置一般社団法人の定めの設定の決議をした社員総会の議事録（(ア)のなお書きの場合にあっては、当該変更に係る添付書面を含む。）を添付しなければならない（法人法第317条第2項、第320条第1項、第5項）。
　　(ウ) 登録免許税額
　　　　登録免許税額は、申請1件につき3万円（(ア)のなお書きの場合にあっては、更に、代表理事の変更に係る登録免許税額である1万円を加算した額）である（登税法別表第一第24号(一)ワ、カ）。
　ウ　理事会設置一般社団法人の定めの廃止による変更の登記
　　(ア) 登記すべき事項

　　　　登記すべき事項は、理事会設置一般社団法人の定めを廃止した旨及び変更年月日である。
　　　　なお、理事会設置一般社団法人の定めの廃止に伴い、新たに、従前の代表理事以外の理事が法人を代表することとなり、又は従前の代表理事が辞任等により法人を代表しないこととなった場合には、代表理事の変更の登記を併せてしなければならない。
　　(ｲ)　添付書面
　　　　登記の申請書には、理事会設置一般社団法人の定めの廃止の決議をした社員総会の議事録（(ｱ)のなお書きの場合にあっては、当該変更に係る添付書面を含む。）を添付しなければならない（法人法第317条第2項、第320条第1項、第5項）。
　　(ｳ)　登録免許税額
　　　　登録免許税額は、申請1件につき3万円（(ｱ)のなお書きの場合にあっては、更に、代表理事の変更に係る登録免許税額である1万円を加算した額）である（登税法別表第一第24号(一)ワ、カ）。
5　監事
　(1)　監事に関する規律
　　ア　機関設計の在り方
　　　　理事会設置一般社団法人及び会計監査人設置一般社団法人は、監事を置かなければならないとされた（法人法第61条、1参照）。
　　　　また、これらの一般社団法人以外の一般社団法人は、定款の定めによって、監事を置くことができるとされた（法人法第60条第2項）。
　　イ　選任
　　　　監事の選任及び補欠者の予選については、理事の場合と同様とされた（法人法第63条、第49条第1項、施行規則第12条第3項、3の(1)のイの(ｱ)及び(ｳ)参照）。
　　ウ　任期
　　　　監事の任期は、選任後4年以内に終了する事業年度のうち最終のものに関する定時社員総会の終結の時までとされ、定款によって、これを選任後2年以内に終了する事業年度のうち最終のものに関する

資料編　657

定時社員総会の終結の時までとすることを限度として短縮することができるとされた（法人法第67条第1項）。

また、任期の満了前に退任した監事の補欠者の任期については、定款によって、これを退任した監事の任期の満了する時までとすることができるとされた（法人法第67条第2項）。

なお、監事設置一般社団法人が監事を置く旨の定款の定めを廃止する定款の変更をした場合には、監事の任期は、当該定款の変更の効力発生時に満了するとされた（法人法第67条第3項）。

エ　解任

監事を解任する社員総会の決議は、理事を解任する場合と異なり、特別決議によってすることを要するとされた（法人法第70条第1項、第49条第2項第2号）。

オ　監事に欠員を生じた場合の措置

監事に欠員を生じた場合の措置については、理事に欠員を生じた場合と同様とされた（法人法第75条第1項、第2項、3の(1)のオ参照）。

(2)　監事に関する登記の手続

一般社団法人における監事の登記の手続は、次のとおりとされた。

ア　監事設置一般社団法人の定めの設定による変更の登記

(ア)　登記すべき事項

登記すべき事項は、監事設置一般社団法人の定めを設定した旨、監事の氏名及び変更年月日である。

(イ)　添付書面

登記の申請書には、次の書面を添付しなければならない。

a　監事設置一般社団法人の定めの設定を決議し、監事を選任した社員総会の議事録（法人法第317条第2項）

b　監事が就任を承諾したことを証する書面（法人法第320条第1項）

(ウ)　登録免許税額

登録免許税額は、申請1件につき4万円である（登税法別表第一第24号(一)カ、ネ）。

イ　監事の変更の登記
(ア)　監事の就任による変更の登記
a　登記すべき事項

登記すべき事項は、監事の氏名及び就任年月日である。

b　添付書面

監事設置一般社団法人の定めの設定の決議に係る部分を除き、アの(イ)と同様である。

c　登録免許税額

登録免許税額は、申請1件につき1万円である（登税法別表第一第24号(一)カ）。

(イ)　監事の退任による変更の登記

監事の退任による変更の登記については、理事の退任による変更の登記の場合と同様である（法人法第320条第5項、3の(2)のイ参照）。

ウ　監事設置一般社団法人の定めの廃止による変更の登記
(ア)　登記すべき事項

登記すべき事項は、監事設置一般社団法人の定めを廃止した旨、監事が退任した旨及び変更年月日である。

(イ)　添付書面

登記の申請書には、監事設置一般社団法人の定めの廃止を決議した社員総会の議事録を添付しなければならない（法人法第317条第2項、第320条第5項）。

(ウ)　登録免許税額

登録免許税額は、申請1件につき4万円である（登税法別表第一第24号(一)カ、ネ）。

6　会計監査人
(1)　会計監査人に関する規律
ア　機関設計の在り方

大規模一般社団法人は、会計監査人を置かなければならないとされた（法人法第62条、1参照）。

また、それ以外の監事設置一般社団法人は、定款の定めによって、会計監査人を置くことができるとされた（法人法第60条第2項）。
　会計監査人は、公認会計士又は監査法人でなければならず、一般社団法人の計算書類及びその附属明細書を監査し、会計監査報告を作成しなければならないとされた（法人法第68条第1項、第107条第1項、施行規則第18条）。

イ　選任

　会計監査人は、社員総会の普通決議によって選任するとされた（法人法第63条第1項、第49条第1項、3の(1)のイの(ア)参照）。
　会計監査人は、任期満了の際の定時社員総会において別段の決議がされなかったときは、当該定時社員総会において再任されたものとみなすとされた（法人法69条第2項）。

ウ　任期

　会計監査人の任期は、選任後1年以内に終了する事業年度のうち最終のものに関する定時社員総会の終結の時までとされた（法人法第69条第1項）。
　会計監査人設置一般社団法人が会計監査人を置く旨の定款の定めを廃止する定款の変更をした場合には、会計監査人の任期は、当該定款の変更の効力発生時に満了するとされた（法人法第69条第3項）。

エ　解任

　会計監査人は、いつでも、社員総会の普通決議によって解任することができるとされた（法人法第70条第1項、第49条第1項）。
　また、監事は、会計監査人が職務上の義務に違反したとき等の法人法第71条第1項各号に掲げる事由のいずれかに該当するときは、その全員の同意によって、会計監査人を解任することができるとされた（法人法第71条第1項、第2項）。

オ　会計監査人に欠員を生じた場合の措置

　会計監査人が欠けた場合又は定款で定めた会計監査人の員数が欠けた場合において、遅滞なく会計監査人が選任されないときは、監事は、一時会計監査人の職務を行うべき者を選任しなければならないと

された（法人法第75条第4項）。
(2) 会計監査人に関する登記の手続
　ア　会計監査人設置一般社団法人の定めの設定による変更の登記
　　(ア)　登記すべき事項
　　　　登記すべき事項は、会計監査人設置一般社団法人の定めを設定した旨、会計監査人の氏名又は名称及び変更年月日である。
　　(イ)　添付書面
　　　　登記の申請書には、次の書面を添付しなければならない。
　　　　a　会計監査人設置一般社団法人の定めの設定を決議し、会計監査人を選任した社員総会の議事録（法人法第317条第2項）
　　　　b　会計監査人が就任を承諾したことを証する書面（法人法第320条第3項第1号）
　　　　c　会計監査人が法人であるときは、当該法人の登記事項証明書（法人法第320条第3項第2号）
　　　　d　会計監査人が法人でないときは、その者が公認会計士であることを証する書面（法人法第320条第3項第3号）（別紙参照）
　　(ウ)　登録免許税額
　　　　登録免許税額は、申請1件につき4万円である（登税法別表第一第24号(一)カ、ネ）。
　イ　会計監査人の変更の登記
　　(ア)　会計監査人の就任による変更の登記
　　　　a　登記すべき事項
　　　　　登記すべき事項は、会計監査人の氏名又は名称及び変更年月日である。
　　　　b　添付書面
　　　　　会計監査人設置一般社団法人の定めの設定の決議に係る部分を除き、アの(イ)と同様である。
　　　　　一時会計監査人の職務を行うべき者の就任による変更の登記の添付書面（法人法第321条第1項）についても、会計監査人の就任による変更の登記の申請の場合と同様であるところ、その場

合の選任に関する書面(同項第1号)としては、監事の選任書等がこれに該当する。

なお、任期満了の際の定時社員総会において別段の決議がされなかったことにより、会計監査人が再任されたものとみなされる場合(法人法第69条第2項)の重任の登記の申請書には、アの(イ)のc又はdの書面及び当該定時社員総会の議事録(法人法第317条第2項)を添付すれば足り、会計監査人が就任を承諾したことを証する書面の添付は要しない。

　　c　登録免許税額

　　　登録免許税額は、申請1件につき1万円である(登税法別表第一第24号(一)カ)。

　(イ)　法人である会計監査人の名称の変更の登記

　　a　登記すべき事項

　　　登記すべき事項は、会計監査人の名称変更の旨及び変更年月日である。

　　b　添付書面

　　　登記の申請書には、当該法人の登記事項証明書を添付しなければならない(法人法第320条第4項)。

　　c　登録免許税額

　　　登録免許税額は、(ア)と同様である。

　(ウ)　会計監査人の退任による変更の登記

　　　会計監査人の退任による変更の登記については、理事その他の役員の退任による変更の登記の場合と同様である(法人法第320条第5項)。

ウ　会計監査人設置一般社団法人の定めの廃止による変更の登記

　(ア)　登記すべき事項

　　　登記すべき事項は、会計監査人設置一般社団法人の定めを廃止した旨、会計監査人が退任した旨及び変更年月日である。

　(イ)　添付書面

　　　登記の申請書には、会計監査人設置一般社団法人の定めの廃止を

決議した社員総会の議事録を添付しなければならない（法人法第317条第2項、第320条第5項）。

　　(ウ)　登録免許税額

　　　　登録免許税額は、申請1件につき4万円である（登税法別表第一第24号(一)カ、ネ）。

7　役員等の損害賠償責任

(1)　役員等の損害賠償責任の免除又は制限に関する規律

　　理事、監事又は会計監査人（以下7において「役員等」という。）の一般社団法人に対する任務懈怠責任について、次の方法により免除し、又は制限することができるとされ、ウ及びエの定款の定めが登記すべき事項とされた（法人法第301条第2項第11号、第12号）。

　ア　総社員の同意による免除（法人法第112条）

　イ　社員総会の決議による一部免除（法人法第113条）

　ウ　定款の定めに基づく理事等による一部免除

　　　監事設置一般社団法人（理事が2人以上ある場合に限る。）は、役員等が職務を行うにつき善意でかつ重大な過失がない場合において、特に必要と認めるときは、一定の最低責任限度額を控除して得た額を限度として理事（当該責任を負う理事を除く。）の過半数の同意（理事会設置一般社団法人にあっては、理事会の決議）によって免除することができる旨を定款で定めることができるとされた（法人法第114条第1項）。

　エ　定款の定めに基づく契約による外部役員等の責任の制限

　　　一般社団法人は、外部理事、外部監事又は会計監査人（以下7において「外部役員等」という。）の責任について、これらの者が職務を行うにつき善意でかつ重大な過失がないときは、定款で定めた額の範囲内であらかじめ一般社団法人が定めた額と最低責任限度額とのいずれか高い額を限度とする旨の契約を外部役員等と締結することができる旨を定款で定めることができるとされた（法人法第115条第1項）。

(2)　役員等の責任の免除についての定款の定めの登記の手続

　ア　役員等の責任の免除についての定款の定めの設定による変更の登記

**資料編　663**

　　　　㋐　登記すべき事項

　　　　　　登記すべき事項は、役員等の一般社団法人に対する責任の免除についての定款の定めを設けた旨及び変更年月日である。

　　　　㋑　添付書面

　　　　　　登記の申請書には、役員等の一般社団法人に対する責任の免除についての定款の定めの設定を決議した社員総会の議事録を添付しなければならない（法人法第317条第2項）。

　　　　㋒　登録免許税額

　　　　　　登録免許税額は、申請1件につき3万円である（登税法別表第一第24号（一）ネ）。

　　イ　役員等の責任の免除についての定款の定めの廃止による変更の登記

　　　　㋐　登記すべき事項

　　　　　　登記すべき事項は、役員等の一般社団法人に対する責任の免除についての定款の定めを廃止した旨及び変更年月日である。

　　　　㋑　添付書面

　　　　　　登記の申請書には、役員等の一般社団法人に対する責任の免除についての定款の定めの廃止を決議した社員総会の議事録を添付しなければならない（法人法第317条第2項）。

　　　　㋒　登録免許税額

　　　　　　登録免許税額は、アの㋒と同様である。

(3)　外部役員等が負う責任の限度に関する契約の締結についての定款の定めの登記の手続

　　ア　外部役員等が負う責任の限度に関する契約の締結についての定款の定めの設定による変更の登記

　　　　㋐　登記すべき事項

　　　　　　登記すべき事項は、①外部役員等が一般社団法人に対して負う責任の限度に関する契約の締結についての定款の定めを設けた旨、②当該定款の定めが外部理事又は外部監事に関するものであるときは、理事又は監事のうち外部理事又は外部監事であるものについて、外部理事又は外部監事である旨及び③変更年月日である（法人

法第301条第2項第12号から第14号まで)。

　　②についての申請書への記載は、既登記の理事(又は監事)について外部理事(又は外部監事)の登記をするときは「理事(又は監事)何某は外部理事(又は外部監事)である」等の振り合いによるものとし、外部理事(又は外部監事)である理事(又は監事)の就任の登記と共にするときは「理事(外部理事)何某は平成何年何月何日就任」等の振り合いによるものとする。

　　(イ)　添付書面
　　　登記の申請書には、外部役員等が負う責任の限度に関する契約の締結についての定款の定めの設定を決議した社員総会の議事録を添付しなければならない(法人法第317条第2項)。

　　(ウ)　登録免許税額
　　　登録免許税額は、申請1件につき4万円である(登税法別表第一第24号(一)カ、ネ)。

　イ　外部役員等が負う責任の限度に関する契約の締結についての定款の定めの廃止による変更の登記

　　(ア)　登記すべき事項
　　　登記すべき事項は、外部役員等が一般社団法人に対して負う責任の限度に関する契約の締結についての定款の定めを廃止した旨、その定めの廃止により外部理事又は外部監事の登記を抹消する旨及び変更年月日である。

　　(イ)　添付書面
　　　登記の申請書には、外部役員等の責任の限度に関する契約の締結についての定款の定めの廃止を決議した社員総会の議事録を添付しなければならない(法人法第317条第2項)。

　　(ウ)　登録免許税額
　　　登録免許税額は、申請1件につき4万円である(登税法別表第一第24号(一)カ、ネ)。

第3　解散及び清算
　1　解散

(1) 解散の事由

　一般社団法人は、次の事由によって解散するとされた（法人法第148条）。

ア　定款で定めた存続期間の満了
イ　定款で定めた解散の事由の発生
ウ　社員総会の特別決議（法人法第49条第2項第6号）
エ　社員が欠けたこと。
オ　合併（合併により当該一般社団法人が消滅する場合に限る。）
カ　破産手続開始の決定
キ　解散を命ずる裁判

　(ア)　解散命令

　　裁判所は、設立が不法な目的に基づいてされたとき等の法人法第261条第1項各号に掲げる場合において、公益を確保するため一般社団法人の存立を許すことができないと認めるときは、法務大臣又は利害関係人の申立てにより、一般社団法人の解散を命ずることができるとされた（法人法第261条第1項）。

　(イ)　解散の訴え

　　法人法第268条各号に掲げる場合において、やむを得ない事由があるときは、総社員の議決権の10分の1（これを下回る割合を定款で定めた場合にあっては、その割合）以上の議決権を有する社員は、訴えをもって一般社団法人の解散を請求することができるとされた（法人法第268条）。

(2) 申請による解散の登記の手続

ア　登記期間等

　一般社団法人が(1)のアからエまでの各事由により解散したときは、2週間以内に、主たる事務所の所在地において、解散の登記をしなければならないとされた（法人法第308条第1項）。

イ　登記すべき事項

　登記すべき事項は、解散の旨並びにその事由及び年月日である（法人法第308条第2項）。

ウ　添付書面

　　登記の申請書には、次の書面を添付しなければならない。

(ア)　定款で定めた解散の事由の発生による解散の場合には、当該事由の発生を証する書面（法人法第324条第1項）

(イ)　社員総会の特別決議による解散の場合には、当該決議をした社員総会の議事録（法人法第317条第2項）

(ウ)　一般社団法人を代表する清算人が申請するとき（当該清算人が法人法第209条第1項第1号の規定により清算人となったもの（法人法第214条第4項に規定する場合にあっては、同項の規定により代表清算人となったもの）である場合を除く。）は、その資格を証する書面（法人法第324条第2項）

エ　登録免許税額

　　登録免許税額は、申請1件につき3万円である（登税法別表第一第24号(一)ソ）。

オ　解散の登記に伴う職権抹消

　　解散の登記をしたときは、登記官は、職権で、次に掲げる登記を抹消しなければならないとされた（登記規則第3条、商登規第72条第1項）。

(ア)　理事会設置一般社団法人である旨の登記並びに理事、代表理事及び外部理事に関する登記

(イ)　会計監査人設置一般社団法人である旨の登記及び会計監査人に関する登記

(3)　休眠一般社団法人のみなし解散

　　最後の登記後5年を経過した一般社団法人については、法務大臣が当該一般社団法人に対し2か月以内に主たる事務所の所在地を管轄する登記所に事業を廃止していない旨の届出をすべき旨を官報に公告し、当該一般社団法人がその公告の日から2か月以内に届出をしないとき（当該期間内に登記がされたときを除く。）は、その期間の満了の時に解散したものとみなすとされた（法人法第149条第1項）。

　　この場合における解散の登記は、登記官が職権で行うとされた（法人

法第330条、商登法第72条)。
- (4) 一般社団法人の継続

　一般法人法は、(1)のアからウまでの事由によって解散した場合には、清算が結了するまでの間、社員総会の特別決議によって、一般社団法人を継続することができるとされた。また、(3)により解散したものとみなされた場合には、清算が結了するまで（解散したものとみなされた後3年以内に限る。）、社員総会の特別決議によって、一般社団法人を継続することができるとされた（法人法第150条、第49条第2項第6号）。

- (5) 設立無効又は取消しの判決後の継続

　一般社団法人の設立の無効又は取消しの訴えに係る請求を認容する判決が確定した場合において、その無効又は取消しの原因が一部の社員のみにあるときは、他の社員の全員の同意によって、当該一般社団法人を継続することができるとされた（法人法第276条第1項）。

2 清算
- (1) 清算の手続
  - ア　清算一般社団法人の機関

　　清算をする一般社団法人（以下「清算一般社団法人」という。）は、社員総会及び1人又は2人以上の清算人のほか、定款の定めによって、清算人会又は監事を置くことができるとされ、また、清算一般社団法人については、解散前の一般社団法人におけるその余の機関に関する規律の適用はないとされた（法人法第208条第1項、第2項、第4項）。

　　また、法人法第206条各号に掲げる場合に該当することとなった時において大規模一般社団法人であった清算一般社団法人は、監事を置かなければならないとされた（法人法第208条第3項）。

  - イ　清算人及び代表清算人
    - (ア) 清算一般社団法人の代表及び業務執行

　　　清算一般社団法人における清算人による当該清算一般社団法人の代表及び業務執行については、解散前の一般社団法人における理事及び代表理事の場合と同様である（第2の3の(1)のア参照）。

(イ) 員数

　　清算人は、清算人会を置かない一般社団法人にあっては1人以上で足り（法人法第208条第1項）、清算人会を置く一般社団法人（以下「清算人会設置一般社団法人」という。）にあっては3人以上でなければならないとされた（法人法第209条第5項、第65条第3項）。

(ウ) 清算人の選任

　　次に掲げる者は、清算一般社団法人の清算人となるとされた（法人法第209条）。

　a　理事（b又はcに掲げる者がある場合を除く。）
　b　定款で定める者
　c　社員総会の決議によって選任された者
　d　裁判所が選任した者

(エ) 代表清算人の選定

　a　清算人会設置一般社団法人以外の清算一般社団法人

　　清算人の中から代表清算人その他清算一般社団法人を代表する者を定めないときは、各清算人が代表清算人となるとされた（法人法第214条第1項本文）。

　　ただし、(ウ)のaにより理事が清算人となる場合において、代表理事を定めていたときは、当該代表理事が代表清算人となり（法人法第214条第4項）、また、清算人会設置一般社団法人以外の清算一般社団法人は、次の方法のいずれかにより、清算人の中から代表清算人を定めることができるとされた（法人法第214条第3項）。

　(a)　定款
　(b)　定款の定めに基づく清算人（裁判所が選任したものを除く。）の互選
　(c)　社員総会の決議

　　なお、(ウ)のdにより裁判所が清算人を選任したときは、裁判所は、清算人の中から代表清算人を定めることができるとされた

（法人法第214条第5項）。

　　　b　清算人会設置一般社団法人
　　　　(ｳ)のaにより理事が清算人となる場合において、代表理事を定めていたときは、当該代表理事が代表清算人となるとされた（法人法第214条第4項）。
　　　　清算人会設置一般社団法人は、他に代表清算人があるときを除き、清算人会の決議により、清算人の中から代表清算人を選定しなければならないとされた（法人法第220条第3項）。
　　　　なお、裁判所が代表清算人を定めることができることは、aと同様である。
　　(ｵ)　任期
　　　清算人については、任期の上限はない。
　　(ｶ)　解任
　　　清算人は、裁判所が選任したものを除き、いつでも社員総会の普通決議で解任することができ、重要な事由があるときは、裁判所は、利害関係人の申立てにより、清算人を解任することができるとされた（法人法第210条第1項、第3項）。
　　(ｷ)　清算人に欠員を生じた場合の措置
　　　清算人に欠員を生じた場合の措置については、理事に欠員を生じた場合と同様である（法人法第210条第4項、第75条第1項、第2項。第2の3の(1)のオ参照）。
　ウ　清算人会
　　清算人会の議事録及び清算人会の決議の省略の制度の創設については、理事会の場合と同様である（法人法第221条第5項、第95条第3項、第96条、施行規則第68条、第2の4参照）。
　エ　監事
　　清算一般社団法人の監事については、大規模一般社団法人であった清算一般社団法人を除き、必置の機関ではなく、定款で任意に置くことができるものとされていること（ア参照）及び任期の上限がないこと（法人法第211条第2項第1号）を除き、解散前の一般社団法人

の監事の場合と同様とされた。

　なお、監事は、解散前の一般社団法人の監事と同様に、監事を置く旨の定款の定めを廃止する定款の変更（ただし、清算開始時に大規模一般社団法人であった清算一般社団法人は、監事を置く旨の定款の定めを廃止することができない。法人法第208条第3項参照）をした場合には、当該定款の変更の効力発生時に退任するとされた（法人法第211条第1項）。

　オ　合併の制限

　　清算一般社団法人は、吸収合併存続法人となることができないとされた（法人法第151条）。

(2) 清算の登記の手続

　ア　登記すべき事項

　　清算開始時の理事が清算人となったときは解散の日から2週間以内に、清算人が選任されたときは就任の日から2週間以内に、主たる事務所の所在地において、次に掲げる事項を登記しなければならないとされた（法人法第310条）。

　　(ア)　清算人の氏名

　　(イ)　代表清算人の氏名及び住所

　　(ウ)　清算一般社団法人が清算人会を置くときは、その旨

　イ　清算人会設置一般社団法人以外の清算一般社団法人の清算人に関する登記の手続

　　(ア)　清算人及び代表清算人の登記

　　　a　添付書面

　　　　登記の申請書には、次の書面を添付しなければならない。

　　　(a)　定款（法人法第326条第1項）

　　　　定款によって定めたときは定款（登記規則第3条、商登規第61条第1項）を、社員総会の決議によって選任したときはその議事録（法人法第317条第2項）を、裁判所が選任したときは裁判所の選任決定書等（法人法第326条第3項）を添付しなければならない。

(c) 清算人の中から代表清算人を定めたときは、その選定を証する書面

定款によって定めたときは定款（登記規則第3条、商登規第61条第1項）を、定款の定めに基づく清算人の互選によって定めたときは定款及びその互選を証する書面（登記規則第3条、商登規第61条第1項、法人法第317条第1項）を、社員総会の決議によって定めたときはその議事録（法人法第317条第2項）を、裁判所が定めたときは裁判所の選定決定書等（法人法第326条第3項）を添付しなければならない。

(d) 清算人及び代表清算人が就任を承諾したことを証する書面

定款又は社員総会の決議によって清算人を選任したときは清算人の就任承諾書を、清算人（裁判所が選任したものを除く。）の中から清算人の互選により代表清算人を定めたとき（(1)のイの(エ)のa参照）は代表清算人の就任承諾書を添付しなければならない（法人法第326条第2項）。

b 登録免許税額

登録免許税額は、申請1件につき9,000円である（登税法別表第一第24号(四)イ）。

(イ) 清算人又は代表清算人の就任による変更の登記

登記の申請書には、(ア)のaの(b)から(d)までの書面を添付しなければならない。

(ウ) 清算人又は代表清算人の退任による変更の登記

登記の申請書には、退任の事由を証する書面を添付しなければならない（法人法第327条第2項）。

ウ 清算人会設置一般社団法人の清算人に関する登記の手続

(ア) 清算人、代表清算人及び清算人会設置一般社団法人である旨の登記

a 添付書面

登記の申請書には、次の書面を添付しなければならない。

(a) 定款（法人法第326条第1項）

(b) 清算人の選任を証する書面
　　清算人会設置一般社団法人以外の清算一般社団法人の場合と同様である（イの(ア)のaの(b)参照）。
(c) 代表清算人の選定を証する書面
　　清算人会の決議により選定したときはその議事録（法人法第317条）を、裁判所が定めたときは裁判所の選定決定書等（法人法第326条第3項）を添付しなければならない。
(d) 清算人及び代表清算人が就任を承諾したことを証する書面
　　定款又は社員総会の決議によって清算人を選任したときは清算人の就任承諾書を、清算人会の決議によって代表清算人を選定したときは代表清算人の就任承諾書を添付しなければならない（法人法第326条第2項）。

b 登録免許税額
　登録免許税額は、申請1件につき9,000円である（登税法別表第一第24号(四)イ）。

(イ) 清算人及び代表清算人の就任又は退任による変更の登記
　登記の申請書には、(ア)のaの(b)から(d)までの書面又は退任の事由を証する書面を添付しなければならない（法人法第327条第2項）。

(ウ) 清算人会設置一般社団法人の定めの設定又は廃止による変更の登記
　　a 添付書面
　　　登記の申請書には、清算人会設置一般社団法人の定めの設定又は廃止を決議した社員総会の議事録を添付しなければならない（法人法第317条第2項）
　　b 登録免許税額
　　　登録免許税額は、申請1件につき6,000円である（登税法別表第一第24号(四)ニ）。

エ その他
　清算一般社団法人の監事の登記（監事設置一般社団法人の定めの登記を含む。）は、解散前の一般社団法人の監事の登記の場合と同様で

ある（第2の5参照）。

3　清算の結了

　清算事務が終了したときは、清算人は、決算報告を作成し、清算人会設置一般社団法人においては清算人会の承認を受けた上で、これを社員総会に提出し、その承認を受けなければならないとされた（法人法第240条）。

　清算結了の登記の申請書には、決算報告の承認をした社員総会の議事録を添付しなければならないが、清算人会の議事録の添付は要しない（法人法第328条）。

第4　その他

1　計算書類の公告

　一般社団法人は、定時社員総会の終結後遅滞なく、貸借対照表（大規模一般社団法人にあっては、貸借対照表及び損益計算書。以下同じ。）を公告しなければならないとされた（法人法第128条第1項）。ただし、その公告方法が官報に掲載する方法又は時事に関する事項を掲載する日刊新聞紙に掲載する方法である一般社団法人は、上記の貸借対照表の要旨を公告することで足りるとされた（法人法第128条第2項）。

　また、その公告方法が官報に掲載する方法又は時事に関する事項を掲載する日刊新聞紙に掲載する方法である一般社団法人は、上記の貸借対照表の内容である情報を、定時社員総会の終結の日後5年を経過するまでの間、継続して電磁的方法により開示する措置をとることができ、この場合においては、上記の貸借対照表又はその要旨の公告をすることを要しないとされ（法人法第128条第3項）、当該一般社団法人が当該措置をとることとするときは、当該貸借対照表の内容である情報が掲載されているウェブページのアドレスを登記しなければならないとされた（法人法第301条第2項第15号）。

　なお、この場合において、当該一般社団法人がその公告方法を電子公告又は当該一般社団法人の主たる事務所の公衆の見やすい場所に掲示する方法としたことによる変更の登記をしたときには、登記官は、職権で、当該一般社団法人の貸借対照表の内容である情報が掲載されているウェブページのアドレスの登記を抹消する記号を記録しなければならない（登記規則

第3条、商登規第71条)。
 2 定款の変更
   定款は、社員総会の特別決議により変更することができるとされた(法人法第146条、第49条第2項第4号)。
 3 事業の譲渡
   一般社団法人が事業の全部を譲渡するには、社員総会の特別決議によらなければならないとされた(法人法第147条、第49条第2項第5号)。

第3部 一般財団法人
 第1 設立
  1 設立の手続
   (1) 定款の作成
     一般財団法人を設立するには、設立者(設立者が2人以上あるときは、その全員)が定款を作成し、これに署名し、又は記名押印(定款が電磁的記録をもって作成されているときは、電子署名)しなければならないとされた(法人法第152条第1項、第3項、第10条第2項、施行規則第90条)。
     また、設立者は、遺言で定款の内容を定めて一般財団法人を設立する意思を表示することができ、この場合においては、遺言執行者は、当該遺言の効力が生じた後、遅滞なく、当該遺言で定めた事項を記載した定款を作成し、これに署名し、又は記名押印(定款が電磁的記録をもって作成されているときは、電子署名)しなければならないとされた(法人法第152条第2項、第3項、第10条第2項、施行規則第90条)。
     これらの定款は、公証人の認証を受けなければ、その効力を生じないとされた(法人法第155条)。
   (2) 定款の記載又は記録事項
     定款には、次に掲げる事項を記載し、又は記録しなければならないとされた(法人法第153条)。
    ア 目的
    イ 名称
    ウ 主たる事務所の所在地

エ　設立者の氏名又は名称及び住所
　　オ　設立に際して設立者（設立者が2人以上あるときは、各設立者）が拠出をする財産及びその価額（当該価額の合計額は、300万円を下回ってはならない。法人法第153条第2項）
　　カ　設立時評議員、設立時理事及び設立時監事の選任に関する事項
　　キ　設立しようとする一般財団法人が会計監査人設置一般財団法人であるときは、設立時会計監査人の選任に関する事項
　　ク　評議員の選任及び解任の方法
　　　ただし、理事又は理事会（清算をする一般財団法人にあっては、清算人又は清算人会）が評議員を選任し、又は解任する旨の定款の定めは、その効力を有しない（法人法第153条第3項第1号、第224条第3項）。
　　ケ　公告方法
　　コ　事業年度
　　設立者に剰余金又は残余財産の分配を受ける権利を与える旨の定款の定めは、その効力を有しないとされた（第153条第3項第2号）。
　　また、アからコまでに掲げる事項のほか、一般財団法人の定款には、法人法の規定により定款の定めがなければその効力を生じない事項及びその他の事項で法人法の規定に違反しないものを記載し、又は記録することができるとされた（法人法第154条）。

(3) 名称

　一般財団法人は、その名称中に一般財団法人という文字を用いなければならず、また、一般社団法人であると誤認されるおそれのある文字を用いてはならないとされた（法人法第5条第1項、第3項）。

　一般財団法人でない者は、その名称又は商号中に、一般財団法人であると誤認されるおそれのある文字を用いてはならないとされた（法人法第6条）。

　なお、一般財団法人が商人である場合には、当該一般財団法人については、商法第16条から第18条までの規定が適用される（法人法第9条参照）。

(4) 同一の所在場所における同一の名称の登記の禁止

　　一般財団法人の名称の登記は、その名称が他の一般財団法人の既に登記した名称と同一であり、かつ、その主たる事務所の所在場所が当該他の一般財団法人に係る主たる事務所の所在場所と同一であるときは、することができないとされた（法人法第330条、商登法第27条）。

(5) 公告方法

　　一般財団法人は、公告方法として、①官報に掲載する方法、②時事に関する事項を掲載する日刊新聞紙に掲載する方法、③電子公告、④当該一般財団法人の主たる事務所の公衆の見やすい場所に掲示する方法のいずれかの方法を定款に定めなければならないとされた（法人法第153条第1項第9号、第331条第1項、施行規則第88条）。

　　なお、③の方法により公告する場合の公告期間は法人法第332条に定めるところにより、④の方法により公告する場合の公告期間は施行規則第88条第2項に定めるところによる。

(6) 設立時評議員等の選任

　　一般財団法人の設立時評議員、設立時理事、設立時監事及び設立時会計監査人について、定款でこれらを定めなかった場合（設立時会計監査人にあっては、設立しようとする一般財団法人が会計監査人設置一般財団法人である場合に限る。）には、設立者（法人法第152条第2項の場合にあっては、遺言執行者）による財産の拠出の履行の完了後遅滞なく、定款で定めるところにより、これら（設立時評議員及び設立時理事は、それぞれ3人以上でなければならない。）の選任をしなければならないとされた（法人法第159条、第160条第1項）。

　　また、設立時理事は、その過半数をもって、設立時理事の中から設立時代表理事を選定しなければならないとされた（法人法第162条第1項、第3項）。

(7) 設立中の一般財団法人における業務執行の決定

　　定款記載の最小行政区画内における主たる事務所の所在場所の決定等の設立中の一般財団法人における業務執行の決定は、原則として設立者が行うこととなる。

2　設立の登記の手続
　(1)　登記期間
　　　　一般財団法人の設立の登記は、主たる事務所の所在地においては法人法第161条第1項の規定による設立時理事等による調査が終了した日又は設立者が定めた日のいずれか遅い日から2週間以内に、従たる事務所の所在地においては主たる事務所の所在地における設立の登記をした日から2週間以内にしなければならないとされた（法人法第302条第1項、第312条第1項第1号）。
　(2)　登記すべき事項
　　ア　主たる事務所の所在地において登記すべき事項は、次のとおりとされた（法人法第302条第2項）。
　　　(ア)　目的
　　　(イ)　名称
　　　(ウ)　主たる事務所及び従たる事務所の所在場所
　　　(エ)　存続期間又は解散の事由についての定款の定めがあるときは、その定め
　　　(オ)　評議員、理事及び監事の氏名
　　　(カ)　代表理事の氏名及び住所
　　　(キ)　会計監査人設置一般財団法人であるときは、その旨及び会計監査人の氏名又は名称
　　　(ク)　一時会計監査人の職務を行うべき者を置いたときは、その氏名又は名称
　　　(ケ)　理事、監事又は会計監査人の責任の免除についての定款の定めがあるときは、その定め
　　　(コ)　外部理事、外部監事又はその会計監査人が負う責任の限度に関する契約の締結についての定款の定めがあるときは、その定め
　　　(サ)　(コ)の定款の定めが外部理事に関するものであるときは、理事のうち外部理事であるものについて、外部理事である旨
　　　(シ)　(コ)の定款の定めが外部監事に関するものであるときは、監事のうち外部監事であるものについて、外部監事である旨

㋜　貸借対照表を電磁的方法により開示するときは、貸借対照表の内容である情報について不特定多数の者がその提供を受けるために必要な事項であって法務省令で定めるもの（施行規則第87条第1項第3号。具体的には、当該情報が掲載されているウェブページのアドレス）
　　㈦　公告方法
　　㈧　電子公告を公告方法とするときは、次に掲げる事項
　　　　a　電子公告により公告すべき内容である情報について不特定多数の者がその提供を受けるために必要な事項であって法務省令で定めるもの（施行規則第87条第1項第4号。具体的には、当該情報を掲載するウェブページのアドレス）
　　　　b　事故その他やむを得ない事由によって電子公告による公告をすることができない場合の公告方法について定款の定めがあるときは、その定め
　イ　従たる事務所の所在地において登記すべき事項は、次のとおりとされた（法人法第312条第2項）。
　　㈠　名称
　　㈡　主たる事務所の所在場所
　　㈢　従たる事務所（その所在地を管轄する登記所の管轄区域内にあるものに限る。）の所在場所
(3)　添付書面
　　主たる事務所の所在地における設立の登記の申請書には、法令の別段の定めがある場合を除き、次の書面を添付しなければならないとされた（法人法第319条第2項）。
　ア　定款
　イ　財産の拠出の履行があったことを証する書面
　ウ　設立時評議員、設立時理事及び設立時監事の選任に関する書面
　　　一般財団法人における設立時評議員、設立時理事及び設立時監事の選任方法は法定されておらず、その選任方法を定款で定めた上でそれに従って選任手続を行うほか、定款で直接被選任者を指名することも

できる。
　エ　設立時代表理事の選定に関する書面
　オ　設立時評議員、設立時理事、設立時監事及び設立時代表理事が就任を承諾したことを証する書面
　カ　設立時代表理事が就任を承諾したことを証する書面の印鑑につき市区町村長の作成した証明書（登記規則3条、商登規第61条第2項、第3項）
　キ　設立時会計監査人を選任したときは、次に掲げる書面
　　(ｱ)　設立時会計監査人の選任に関する書面
　　　　一般財団法人における設立時会計監査人の選任についても、ウと同様である。
　　(ｲ)　就任を承諾したことを証する書面
　　(ｳ)　設立時会計監査人が法人であるときは、当該法人の登記事項証明書
　　(ｴ)　設立時会計監査人が法人でないときは、その者が公認会計士であることを証する書面（別紙参照）
　ク　登記すべき事項につき設立者全員の同意又はある設立者の一致を要するときは、その同意又は一致があったことを証する書面
　　　ウ又はキの選任方法として定款で設立者全員の同意又は過半数の一致等により選任するとした場合等がこれに該当する。
　　　なお、従たる事務所の所在地における設立の登記の申請書には、主たる事務所の所在地においてした登記を証する書面を添付すれば足りる（法人法第329条）
(4)　登録免許税
　　　設立の登記の登録免許税は、申請1件につき、主たる事務所の所在地においては6万円、従たる事務所の所在地においては、9,000円である（登税法別表第一第24号(一)ロ、(二)イ）。

第2　機関
　1　機関設計
　　(1)　一般財団法人の機関

一般財団法人には、3人以上の評議員、評議員会、3人以上の理事、理事会及び監事をおかなければならず、また、定款の定めによって、会計監査人を置くことができるとされた（法人法第170条、第173条第3項、第177条、第65条第3項、第178条第1項、第197条、第90条第1項）。

　　　大規模一般財団法人（最終事業年度に係る貸借対照表の負債の部に計上した額の合計額が200億円以上である一般財団法人をいう。法人法第2条第3号）は、会計監査人を置かなければならないとされた（法人法第171条）。

(2)　機関設計の在り方と登記

　　　(1)により、一般財団法人において採用することができる機関設計は、次の2通りとなる。

　　　なお、会計監査人の設置状況は、登記すべき事項である（第1の2の(2)のア参照）。

　　ア　評議員＋評議員会＋理事＋理事会＋監事
　　イ　評議員＋評議員会＋理事＋理事会＋監事＋会計監査人

2　評議員

(1)　評議員に関する規律

　　ア　選任

　　　　評議員は、定款で定めた選任の方法に従って選任するとされた（法人法第153条第1項第8号）。ただし、理事又は理事会が評議員を選任することはできない（同条第3項第1号）。

　　イ　任期

　　　　評議員の任期は、選任後4年以内に終了する事業年度のうち最終のものに関する定時評議員会の終結の時までとされ、定款によって、これを選任後6年以内に終了する事業年度のうち最終のものに関する定時評議員会の終結の時まで伸長することができるとされた（法人法第174条第1項）。

　　　　また、任期の満了前に退任した評議員の補欠者の任期については、定款によって、これを退任した評議員の任期の満了する時までとする

ことができるとされた（法人法第174条第2項）。
　　ウ　解任
　　　　評議員の解任については、アと同様である。
　　エ　評議員に欠員を生じた場合の措置
　　　　法人法又は定款で定めた評議員の員数が欠けた場合には、任期の満了又は辞任により退任した評議員は、新たに選任された評議員（一時評議員の職務を行うべき者を含む。）が就任するまで、なお評議員としての権利義務を有するとされた（法人法第175条第1項）。
　　　　この場合において、裁判所は、必要があると認めるときは、利害関係人の申立てにより、一時評議員の職務を行うべき者を選任することができるとされた（法人法第175条第2項）。
(2)　評議員に関する登記の手続
　　　一般財団法人における評議員の登記の手続は、次のとおりとされた。
　　ア　評議員の就任による変更の登記
　　　(ｱ)　登記すべき事項
　　　　　登記すべき事項は、評議員の氏名及び就任年月日である。
　　　(ｲ)　添付書面
　　　　　添付書面は、次のとおりである。
　　　　　a　選任に関する書面（法人法第320条第2項）
　　　　　　　評議員は定款で定めた方法により選任される（法人法第153条第1項第8号）ため、当該定款の定めの内容に応じた添付書面が必要となる（法人法第317条）。
　　　　　b　評議員が就任を承諾したことを証する書面（法人法第320条第2項）
　　イ　評議員の退任による変更の登記
　　　　評議員の退任による変更の登記の申請書には、これを証する書面を添付しなければならない（法人法第320条第5項）。
　　　　具体的には、役員の改選の際の定時評議員会の議事録（任期満了の旨の記載があるもの）等がこれに該当する。
3　評議員会

(1) 評議員会の権限

評議員会は、すべての評議員で組織するとされ（法人法第178条第1項）、法人法に規定する事項及び定款で定めた事項に限り、決議をすることができるとされた（同条第2項）。

(2) 決議要件

ア　普通決議

評議員会の決議は、議決に加わることができる評議員の過半数（これを上回る割合を定款で定めた場合にあっては、その割合以上）が出席し、その過半数（これを上回る割合を定款で定めた場合にあっては、その割合以上）をもってするとされた（法人法第189条第1項）。

イ　特別決議

次に掲げる評議員会の決議は、議決に加わることができる評議員の3分の2（これを上回る割合を定款で定めた場合にあっては、その割合）以上に当たる多数をもって行わなければならないとされた（法人法第189条第2項）。

(ア) 監事の解任（法人法第176条第1項）の評議員会

(イ) 理事、監事又は会計監査人の法人法第198条において準用する第111条第1項の任務懈怠責任の一部免除（法人法第198条において準用する第113条第1項）の評議員会

(ウ) 定款の変更（法人法第200条）の評議員会

(エ) 事業の全部の譲渡（法人法第201条）の評議員会

(オ) 継続（法人法第204条）の評議員会

(カ) 吸収合併契約の承認（法人法第247条、第251条第1項）及び新設合併契約の承認（法人法第257条）の評議員会

(3) 議事録

評議員会の議事については、出席した評議員、理事、監事又は会計監査人の氏名又は名称等を内容とする議事録を作成しなければならないとされた（法人法第193条第1項、施行規則第60条第3項）。

なお、議事録には、出席した理事等の署名又は記名押印は要しない。

(4) 評議員会の決議の省略

理事が評議員会の目的である事項について提案をした場合において、当該提案につき評議員（当該事項について議決に加わることができるものに限る。）の全員が書面又は電磁的記録により同意の意思表示をしたときは、当該提案を可決する旨の評議員会の決議があったものとみなすとされた（法人法第194条第1項）。また、評議員会の決議があったものとみなされた場合には、決議があったものとみなされた事項の内容等を内容とする議事録を作成するとされた（施行規則第60条第4項第1号）。

　この場合には、当該議事録をもって、登記の申請書に添付すべき当該場合に該当することを証する書面（法人法第317条第3項）として取り扱って差し支えない。

4　理事及び代表理事
(1)　理事及び代表理事に関する規律
　ア　一般財団法人の代表
　　理事のうち理事会により代表理事に選定されたものが（法人法第197条、第90条第3項、第2項第3号）一般財団法人を代表し（法人法第197条、第77条第4項）、その余の理事は代表権を有しないとされた（法人法第197条は第77条第1項を準用していない。）。
　イ　一般財団法人の業務執行
　　代表理事及び代表理事以外の理事であって理事会の決議によって一般財団法人の業務を執行する理事として選定されたものは、一般財団法人の業務を執行するとされた（法人法第197条、第91条第1項）。
　　一般財団法人の業務執行は、理事会において決定するとされ、理事会は、従たる事務所の設置その他の重要な業務執行の決定を理事に委任することができないとされた（法人法第197条、第90条第2項第1号、第4項）。
　ウ　選任
　　(ア)　理事の選任
　　　理事は、評議員会の普通決議によって選任するとされた（法人法第177条、第63条第1項、第189条第1項）。

(イ) 代表理事の選定

一般財団法人は、理事会の決議により、理事の中から代表理事を選定しなければならないとされた（法人法第197条、第90条第3項）。

(ウ) 補欠者の予選

(ア)の決議をする場合には、理事が欠けた場合又は法人法若しくは定款で定めた理事の員数を欠くこととなるときに備えて補欠の理事を選任することができ、当該選任に係る決議が効力を有する期間は、定款に別段の定めがある場合を除き、当該決議後最初に開催する定時評議員会の開始の時までとされ、評議員会の決議によってその期間を短縮することができるとされた（法人法第177条、第63条第2項、施行規則第61条、第12条第3項）。

エ 任期

理事の任期は、選任後2年以内に終了する事業年度のうち最終のものに関する定時評議員会の終結の時までとされ、定款によってこれを短縮することができるとされた（法人法第177条、第66条）。

オ 解任

理事が職務上の義務に違反したとき等の場合には、評議員会の普通決議によって、その理事を解任することができるとされた（法人法第176条第1項、第189条第1項）。

カ 理事等に欠員を生じた場合の措置

理事が欠けた場合又は法人法若しくは定款で定めた理事の員数が欠けた場合には、任期の満了又は辞任により退任した理事は、新たに選任された理事（一時理事の職務を行うべき者も含む。）が就任するまで、なお理事としての権利義務を有するとされた（法人法第177条、第75条第1項）。

この場合において、裁判所は、必要があると認めるときは、利害関係人の申立てにより、一時理事の職務を行うべき者を選任することができるとされた（法人法第177条、第75条第2項）。

代表理事が欠けた場合又は定款で定めた代表理事の員数が欠けた場

合についても、理事が欠けた場合と同様とされた（法人法第197条、第79条第1項、第2項）。
(2) 理事及び代表理事に関する登記の手続
　一般財団法人における理事及び代表理事の登記の手続は、次のとおりとされた。
　ア　理事及び代表理事の就任による変更の登記
　　(ア)　登記すべき事項
　　　　登記すべき事項は、理事の氏名、代表理事の氏名及び住所並びに就任年月日である。
　　(イ)　添付書面
　　　　添付書面は、次のとおりである。
　　　　a　理事を選任した評議員会の議事録（法人法第317条第2項）
　　　　b　理事が就任を承諾したことを証する書面（法人法第320条第1項）
　　　　c　代表理事を選定した理事会の議事録（法人法第317条第2項）
　　　　d　出席した理事及び監事がcの議事録に押印した印鑑に係る印鑑証明書（登記規則第3条、商登規第61条第4項第3号）
　　　　e　代表理事が就任を承諾したことを証する書面（法人法第320条第1項）。
　　　　f　代表理事の就任承諾書に係る印鑑証明書（再任の場合を除く。登記規則第3条、商登規第61条第2項、第3項）
　　(ウ)　登録免許税額
　　　　登録免許税額は、申請1件につき1万円である（登税法別表第一第24号（一）カ）。
　イ　理事及び代表理事の退任による変更の登記
　　理事及び代表理事の退任による変更の登記の申請書には、これを証する書面を添付しなければならない（法人法第320条第5項）。
　　具体的には、役員の改選の際の定時評議員会又は理事会の議事録（任期満了の旨の記載があるもの）等がこれに該当する。
　　登録免許税額は、申請1件につき1万円である（登税法別表第一

第 24 号(一)カ)。
5 理事会
 (1) 理事会の権限

  理事会は、すべての理事で組織するとされ（法人法第 197 条第 1 項、第 90 条第 1 項）、一般財団法人の業務執行の決定、理事の職務の執行の監督並びに代表理事の選定及び解職の職務を行うとされた（法人法第 197 条、第 90 条第 2 項）。

  なお、理事会は、従たる事務所の設置等の重要な業務執行の決定を理事に委任することができないとされた（法人法第 197 条、第 90 条第 4 項）。

 (2) 決議要件

  理事会の決議は、議決に加わることができる理事の過半数（これを上回る割合を定款で定めた場合にあっては、その割合以上）が出席し、その過半数（これを上回る割合を定款で定めた場合にあっては、その割合以上）をもって行うとされた（法人法第 197 条、第 95 条第 1 項）。

 (3) 議事録

  理事会の議事については、理事会が開催された日時及び場所、議事の経過の要領及びその結果等を内容とする議事録を作成しなければならないとされ、出席した理事（定款で議事録に署名し、又は記名押印しなければならない者を当該理事会に出席した代表理事とする旨の定めがある場合にあっては、当該代表理事）及び監事は、これに署名し、又は記名押印しなければならないとされた（法人法第 197 条、第 95 条第 3 項、施行規則第 62 条、第 15 条第 3 項）。

 (4) 理事会の決議の省略

  一般財団法人は、理事が理事会の決議の目的である事項について提案をした場合において、当該提案につき理事（当該事項について議決に加わることができるものに限る。）の全員が書面又は電磁的記録により同意の意思表示をしたとき（監事が当該提案について異議を述べたときを除く。）は、当該提案を可決する旨の理事会の決議があったものとみなす旨を定款で定めることができるとされた（法人法第 197 条、第 96

条)。また、理事会の決議があったものとみなされる場合には、決議があったものとみなされた事項の内容等を内容とする議事録を作成するとされた（施行規則第62条、第15条第4項第1号）。

　この場合には、登記の申請書に定款及び当該場合に該当することを証する書面を添付しなければならない（登記規則第3条、商登規第61条第1項、法人法第317条第3項）が、当該議事録をもって、当該場合に該当することを証する書面として取り扱って差し支えない。

6　監事
　(1)　監事に関する規律
　　ア　選任
　　　監事の選任及び補欠者の予選については、理事の場合と同様とされた（法人法第177条、第63条、第189条第1項、施行規則第61条、第12条第3項、4の(1)のウの(ｱ)及び(ｳ)参照）。
　　イ　任期
　　　監事の任期は、選任後4年以内に終了する事業年度のうち最終のものに関する定時評議員会の終結の時までとされ、定款によって、これを選任後2年以内に終了する事業年度のうち最終のものに関する定時評議員会の終結の時までとすることを限度として短縮することができるとされた（法人法第177条、第67条第1項）。
　　　また、任期の満了前に退任した監事の補欠者の任期については、定款によって、これを退任した監事の任期の満了する時までとすることができるとされた（法人法第177条、第67条第2項）。
　　ウ　解任
　　　監事を解任する評議員会の決議は、理事を解任する場合と異なり、特別決議によってすることを要するとされた（法人法第176条第1項、第189条第2項第1号）。
　　エ　監事に欠員を生じた場合の措置
　　　監事に欠員を生じた場合の措置については、理事に欠員が生じた場合と同様とされた（法人法第177条、第75条第1項、第2項、4の(1)のカ参照）。

(2) 監事に関する登記の手続

一般財団法人における監事の登記の手続は、次のとおりとされた。

ア 監事の就任による変更の登記

(ｱ) 登記すべき事項

登記すべき事項は、監事の氏名及び就任年月日である。

(ｲ) 添付書面

添付書面は、次のとおりである。

a 監事を選任した評議員会の議事録（法人法第317条第2項）

b 監事が就任を承諾したことを証する書面（法人法第320条第1項）

イ 監事の退任による変更の登記

監事の退任による変更の登記については、理事の退任による変更の登記の場合と同様である（法人法第320条第5項、4の(2)のイ参照）。

ウ 登録免許税額

登録免許税額は、申請1件につき1万円である（登税法別表第一第24号(一)カ）。

7 会計監査人

(1) 会計監査人に関する規律

ア 機関設計の在り方

大規模一般財団法人は、会計監査人を置かなければならないとされた（法人法第171条、1参照）。

また、その他の一般財団法人は、定款の定めによって、会計監査人を置くことができるとされた（法人法第170条第2項）。

会計監査人は、公認会計士又は監査法人でなければならず（法人法第177条、第68条第1項）、一般財団法人の計算書類及びその附属明細書を監査し、会計監査報告を作成しなければならないとされた（法人法第197条、第107条第1項）。

イ 選任

会計監査人は、評議員会の普通決議によって選任するとされた（法人法第177条、第63条第1項、第189条第1項）。

　　　　会計監査人は、任期満了の際の定時評議員会において別段の決議が
　　　されなかったときは、当該定時評議員会において再任されたものとみ
　　　なすとされた（法人法第177条、第69条第2項）。
　　ウ　任期
　　　　会計監査人の任期は、選任後1年以内に終了する事業年度のうち
　　　最終のものに関する定時評議員会の終結の時までとされた（法人法第
　　　177条、第69条第1項）。
　　　　会計監査人設置一般財団法人が会計監査人を置く旨の定款の定めを
　　　廃止する定款の変更をした場合には、会計監査人の任期は、当該定款
　　　の変更の効力発生時に満了するとされた（法人法第177条、第69条
　　　第3項）。
　　エ　解任
　　　　会計監査人が職務上の義務に違反したとき等の法人法第71条第1
　　　項各号のいずれかに該当するときは、評議員会の決議によって、その
　　　会計監査人を解任することができるとされた（法人法第176条第2
　　　項）。
　　　　また、監事は、会計監査人が法人法第71条第1項各号のいずれか
　　　に該当するときは、その全員の同意によって、会計監査人を解任する
　　　ことができるとされた（法人法第177条、第71条第1項、第2項）。
　　オ　会計監査人に欠員を生じた場合の措置
　　　　会計監査人が欠けた場合又は定款で定めた会計監査人の員数が欠け
　　　た場合において、遅滞なく会計監査人が選任されないときは、監事
　　　は、一時会計監査人の職務を行うべき者を選任しなければならないと
　　　された（法人法第177条、第75条第4項）。
(2)　会計監査人に関する登記の手続
　　ア　会計監査人設置一般財団法人の定めの設定による変更の登記
　　　(ア)　登記すべき事項
　　　　　登記すべき事項は、会計監査人設置一般財団法人の定めを設定し
　　　　た旨、会計監査人の氏名又は名称及び変更年月日である。
　　　(イ)　添付書面

登記の申請書には、次の書面を添付しなければならない。
- a　会計監査人設置一般財団法人の定めの設定を決議し、会計監査人を選任した評議員会の議事録（法人法第317条第2項）
- b　会計監査人が就任を承諾したことを証する書面（法人法第320条第3項第1号）
- c　会計監査人が法人であるときは、当該法人の登記事項証明書（法人法第320条第3項第2号）
- d　会計監査人が法人でないときは、その者が公認会計士であることを証する書面（法人法第320条第1項第3号）（別紙参照）

(ウ)　登録免許税額

登録免許税額は、申請1件につき4万円である（登税法別表第一第24号(一)カ、ネ）。

イ　会計監査人の変更の登記

(ア)　会計監査人の就任による変更の登記

a　登記すべき事項

登記すべき事項は、会計監査人の氏名又は名称及び変更年月日である。

b　添付書面

会計監査人設置一般財団法人の定めの設定の決議に係る部分を除き、アの(イ)と同様である。

一時会計監査人の職務を行うべき者の就任による変更の登記の添付書面（法人法第321条第1項）も、会計監査人の就任による変更の登記の場合と同様であるが、その場合の選任に関する書面（同項第1号）としては、監事の選任書等がこれに該当する。

なお、任期満了の際の定時評議員会において別段の決議がされなかったことにより、会計監査人が再任されたものとみなされる場合（法人法第177条、第69条第2項）の重任の登記の申請書には、アの(イ)のc又はdの書面及び当該評議員会の議事録（法人法第319条第2項）を添付すれば足り、会計監査人が就任を承諾したことを証する書面の添付は要しない。

　　　　　　c　登録免許税額
　　　　　　　　登録免許税額は、申請1件につき1万円である（登税法別表第一第24号(一)カ）。
　　　　　(イ)　法人である会計監査人の名称の変更の登記
　　　　　　a　登記すべき事項
　　　　　　　　登記すべき事項は、会計監査人の名称変更の旨及び変更年月日である。
　　　　　　b　添付書面
　　　　　　　　登記の申請書には、当該法人の登記事項証明書を添付しなければならない（法人法第320条第4項）。
　　　　　　c　登録免許税
　　　　　　　　登録免許税額は、(ア)と同様である。
　　　　　(ウ)　会計監査人の退任による変更の登記
　　　　　　　　会計監査人の退任による変更の登記については、理事及び代表理事の退任による変更の登記の場合と同様である（法人法第320条第5項、4の(2)のイ参照）。
　　　ウ　会計監査人設置一般財団法人の定めの廃止による変更の登記
　　　　　(ア)　登記すべき事項
　　　　　　　　登記すべき事項は、会計監査人設置一般財団法人の定めを廃止した旨、会計監査人が退任した旨及び変更年月日である。
　　　　　(イ)　添付書面
　　　　　　　　登記の申請書には、会計監査人設置一般財団法人の定めの廃止を決議した評議員会の議事録を添付しなければならない（法人法第317条第2項、第320条第5項）。
　　　　　(ウ)　登録免許税額
　　　　　　　　登録免許税額は、申請1件につき4万円である（登税法別表第一第24号(一)カ、ネ）。
　8　役員等の損害賠償責任
　(1)　役員等の損害賠償責任の免除又は制限に関する規律
　　　理事、監事及び会計監査人（以下8において「役員等」という。）の

一般財団法人に対する任務懈怠責任について、次の方法により免除し、又は制限することができるとされ、ウ及びエの定款の定めが登記すべき事項とされた（法人法第302条第2項第9号、第10号）。
　ア　総評議員の同意による免除（法人法第198条、第112条）
　イ　評議員会の決議による一部免除（法人法第198条、第113条）
　ウ　定款の定めに基づく理事等による一部免除
　　　一般財団法人は、役員等が職務を行うにつき善意でかつ重大な過失がない場合において、特に必要と認めるときは、一定の最低責任限度額を控除して得た額を限度として理事会の決議によって免除することができる旨を定款で定めることができるとされた（法人法第198条、第114条第1項）。
　エ　定款の定めに基づく契約による外部役員等の責任の制限
　　　一般財団法人は、外部理事、外部監事又は会計監査人の責任について、これらの者（以下8において「外部役員等」という。）が職務を行うにつき善意でかつ重大な過失がないときは、定款で定めた額の範囲内であらかじめ一般財団法人が定めた額と最低責任限度額とのいずれか高い額を限度とする旨の契約を外部役員等と締結することができる旨を定款で定めることができるとされた（法人法第198条、第115条第1項）。
(2)　役員等の責任の免除についての定款の定めの登記の手続
　ア　役員等の責任の免除についての定款の定めの設定による変更の登記
　　(ｱ)　登記すべき事項
　　　　登記すべき事項は、役員等の一般財団法人に対する責任の免除についての定款の定めを設けた旨及び変更年月日である。
　　(ｲ)　添付書面
　　　　登記の申請書は、役員等の一般財団法人に対する責任の免除に関する定款の定めの設定を決議した評議員会の議事録を添付しなければならない（法人法第317条第2項）。
　　(ｳ)　登録免許税額
　　　　登録免許税額は、申請1件につき3万円である（登税法別表第

　　　　　一第24号(一)ネ)。
　　　イ　役員等の責任の免除についての定款の定めの廃止による変更の登記
　　　　(ｱ)　登記すべき事項
　　　　　　登記すべき事項は、役員等の一般財団法人に対する責任の免除についての定款の定めを廃止した旨及び変更年月日である。
　　　　(ｲ)　添付書面
　　　　　　登記の申請書は、役員等の一般財団法人に対する責任の免除についての定款の定めの廃止を決議した評議員会の議事録を添付しなければならない（法人法第317条第2項）。
　　　　(ｳ)　登録免許税額
　　　　　　登録免許税額は、アと同様である。
　(3)　外部役員等が負う責任の限度に関する契約の締結についての定款の定めの登記の手続
　　　ア　外部役員等が負う責任の限度に関する契約の締結についての定款の定めの設定による変更の登記
　　　　(ｱ)　登記すべき事項
　　　　　　登記すべき事項は、①外部役員等が一般財団法人に対して負う責任の限度に関する契約の締結についての定款の定めを設けた旨、②当該定款の定めが外部理事又は外部監事に関するものであるときは、理事又は監事のうち外部理事又は外部監事であるものについて外部理事又は外部監事である旨及び③変更年月日である（法人法第302条第2項第10号から第12号まで）。
　　　　　　②についての申請書への記載は、既登記の理事（又は監事）について外部理事（又は外部監事）の登記をするときは「理事（又は監事）何某は外部理事（又は外部監事）である」等の振り合いにより、外部理事（又は外部監事）である理事（又は監事）の就任の登記と共にするときは「理事（外部理事）何某は平成何年何月何日就任」等の振り合いによるものとする。
　　　　(ｲ)　添付書面
　　　　　　登記の申請書には、外部役員等が負う責任の限度に関する契約の

締結についての定款の定めの設定を決議した評議員会の議事録を添付しなければならない（法人法第317条第2項）。
        (ｳ) 登録免許税額
            登録免許税額は、申請1件につき4万円である（登税法別表第一第24号(一)カ、ネ）。
    イ　外部役員等が負う責任の限度に関する契約の締結についての定款の定めの廃止による変更の登記
        (ｱ) 登記すべき事項
            登記すべき事項は、外部役員等が一般財団法人に対して負う責任の限度に関する契約の締結についての定款の定めを廃止した旨、その定めの廃止により外部理事又は外部監事の登記を抹消する旨及び変更年月日である。
        (ｲ) 添付書面
            登記の申請書には、外部役員等が負う責任の限度に関する契約の締結についての定款の定めの廃止を決議した評議員会の議事録を添付しなければならない（法人法第317条第2項）。
        (ｳ) 登録免許税額
            登録免許税額は、申請1件につき4万円である（登税法別表第一第24号(一)カ、ネ）。

第3　解散及び清算
 1　解散
  (1) 解散の事由
        一般財団法人は、次の事由によって解散するとされた（法人法第202条）。
    ア　定款で定めた存続期間の満了
    イ　定款で定めた解散の事由の発生
    ウ　基本財産の滅失その他の事由による一般財団法人の目的である事業の成功の不能
    エ　合併（合併により当該一般財団法人が消滅する場合に限る。）
    オ　破産手続開始の決定

資料編　695

カ　解散を命ずる裁判
　(ｱ)　解散命令
　　　裁判所は設立が不法な目的に基づいてされたとき等の法人法第261条第1項各号に掲げる場合において、公益を確保するため一般財団法人の存立を許すことができないと認めるときは、法務大臣又は利害関係人の申立てにより、一般財団法人の解散を命ずることができるとされた（法人法第261条第1項）。
　(ｲ)　解散の訴え
　　　法人法第268条各号に掲げる場合において、やむを得ない事由があるときは、評議員は、訴えをもって一般財団法人の解散を請求することができるとされた（法人法第268条）。
キ　ある事業年度及びその翌事業年度に係る貸借対照表上の純資産額がいずれも300万円未満となった場合（新設合併により設立する一般財団法人にあっては、当該法人の成立の日における貸借対照表及びその成立の日の属する事業年度に係る貸借対照表上の純資産額がいずれも300万円未満となった場合。法人法第202条第2項、第3項）

(2)　申請による解散の登記の手続
ア　登記期間等
　　一般財団法人が(1)のアからウまで又はキの各事由により解散したときは、2週間以内に、主たる事務所の所在地において、解散の登記をしなければならないとされた（法人法第308条第1項）。
イ　登記すべき事項
　　登記すべき事項は、解散の旨並びにその事由及び年月日である（法人法第308条第2項）。
ウ　添付書面
　　解散の登記の申請書には、次の書面を添付しなければならない（法人法第324条）。
　(ｱ)　(1)のイ、ウ又はキの事由の発生を証する書面
　(ｲ)　一般財団法人を代表すべき清算人が申請するとき（理事が清算人となる場合において、代表理事が清算人となるときを除く。）は、

　　　　その資格を証する書面
　　エ　登録免許税額
　　　　登録免許税額は、申請1件につき3万円である（登税法別表第一第24号(一)ソ）。
　　オ　解散の登記に伴う職権抹消
　　　　解散の登記をしたときは、登記官は、職権で、次に掲げる登記を抹消しなければならないとされた（登記規則第3条、商登規第72条）。
　　　(ア)　理事、代表理事及び外部理事に関する登記
　　　(イ)　会計監査人設置一般財団法人である旨の登記及び会計監査人に関する登記
(3)　休眠一般財団法人のみなし解散
　　　最後の登記後5年を経過した一般財団法人については、法務大臣が主たる事務所の所在地を管轄する登記所に事業を廃止していない旨の届出をすべき旨を官報に公告し、その公告の日から2か月以内に届出をしないとき（当該期間内に登記がされたときを除く。）は、その期間の満了の時に解散したものとみなすとされた（法人法第203条第1項）。
　　　この場合における解散の登記は、登記官が職権で行うとされた（法人法第330条、商登法第72条）。
(4)　一般財団法人の継続
　　　一般財団法人は、(1)のキの事由による解散後、清算事務年度（解散した日の翌日又はその後毎年その日に応当する日から始まる各1年の期間をいう。法人法第227条第1項）に係る貸借対照表上の純資産額が300万円以上となった場合には、清算が結了するまでの間、評議員会の特別決議によって、一般財団法人を継続することができるとされた。また、(3)により解散したものとみなされた場合には、清算が結了するまで（解散したものとみなされた後3年以内に限る。）、評議員会の特別決議によって、一般財団法人を継続することができるとされた（法人法第204条、第189条第2項第5号）。
(5)　設立無効又は取消しの判決後の継続
　　　一般財団法人の設立の無効又は取消しの訴えに係る請求を認容する判

決が確定した場合において、その無効又は取消しの原因が一部の設立者のみにあるときは、他の設立者の全員の同意によって、当該一般財団法人を継続することができるとされた（法人法第276条第2項、第1項）。
2 清算
 (1) 清算の手続
  ア 清算一般財団法人の機関
   清算をする一般財団法人（以下「清算一般財団法人」という。）は、評議員、評議員会及び清算人のほか、定款の定めによって、清算人会又は監事を置くことができるとされ、また、清算一般財団法人については、解散前の一般財団法人におけるその余の機関に関する規律の適用はないとされた（法人法第208条第1項、第2項、第4項）。
   また、法人法第206条各号に掲げる場合に該当することとなった時において大規模一般財団法人であった清算一般財団法人は、監事を置かなければならないとされた（法人法第208条第3項）。
  イ 清算人及び代表清算人
   (ア) 清算一般財団法人の代表及び業務執行
    清算一般財団法人における清算人による当該清算一般財団法人の代表及び業務執行については、解散前の一般財団法人における理事及び代表理事の場合と同様である（第1の4の(1)のイ参照）。
   (イ) 員数
    清算人は、清算人会を置かない一般財団法人にあっては1人以上で足り（法人法第208条第1項）、清算人会を置く一般財団法人（以下「清算人会設置一般財団法人」という。）においては3人以上でなければならないとされた（法人法第209条第5項、第65条第3項）。
   (ウ) 清算人の選任
    次に掲げる者は、清算一般財団法人の清算人となるとされた（法人法第209条）。
    a 理事（b又はcに掲げる者がある場合を除く。）
    b 定款で定める者

　　　　c　評議員会の決議によって選任された者
　　　　d　裁判所が選任した者
　　(エ)　代表清算人の選定
　　　a　清算人会設置一般財団法人以外の清算一般財団法人
　　　　代表清算人その他清算一般財団法人を代表する者を定めないときは、各清算人が代表清算人となるとされた（法人法第214条第1項）。
　　　　ただし、(ウ)のaにより理事が清算人となる場合において、代表理事を定めていたときは、当該代表理事が代表清算人となり（同条第4項）、また、清算人会設置一般財団法人以外の清算一般財団法人は、次の方法のいずれかにより、清算人の中から代表清算人を定めることができるとされた（同条第3項）。
　　　　(a)　定款
　　　　(b)　定款の定めに基づく清算人（裁判所が選任したものを除く。）の互選
　　　　(c)　評議員会の決議
　　　　なお、(ウ)のdにより裁判所が清算人を選任する場合には、裁判所は、清算人の中から代表清算人を定めることができるとされた（法人法第214条第5項）。
　　　b　清算人会設置一般財団法人
　　　　(ウ)のaにより理事が清算人となる場合において、代表理事を定めていたときは、当該代表理事が代表清算人となるとされた（法人法第214条第4項）。
　　　　清算人会設置一般財団法人は、他に代表清算人があるときを除き、清算人会の決議により、清算人の中から代表清算人を選定しなければならないとされた（法人法第220条第3項）。
　　　　なお、裁判所が代表清算人を定めることができることは、aと同様である。
　　(オ)　任期
　　　清算人については、任期の上限はない。

(カ)　解任

　　　清算人（裁判所が選任したものを除く。）が職務上の義務に違反したとき等の法人法第210条第2項各号のいずれかの事由に該当するときは、評議員会の決議によって、その清算人を解任することができ、また、重要な事由があるときは、裁判所は、利害関係人の申立てにより、清算人を解任することができるとされた（法人法第210条第2項、第3項）。

　(キ)　清算人に欠員を生じた場合の措置

　　　清算人に欠員を生じた場合の措置については、理事に欠員が生じた場合と同様である（法人法第210条第4項、第75条第1項、第2項。第2の4の(1)のカ参照）。

　ウ　清算人会

　　　清算人会の議事録及び清算人会の決議の省略の制度の創設については、理事会の場合と同様である（法人法第221条第5項、第95条第3項、第96条、施行規則第68条、第2の5参照）。

　エ　監事

　　　清算一般財団法人の監事については、大規模一般財団法人であった清算一般財団法人を除き、必置の機関ではなく、定款で任意に置くことができるものとされていること（ア参照）及び任期の上限がないこと（法人法第211条第2項第1号）を除き、解散前の一般財団法人の監事の場合と同様とされた。

　　　したがって、一般財団法人が清算一般財団法人になった場合には、原則として監事を置くことはできなくなり、既存の監事は任期満了により退任することとなる。もっとも、清算の開始前に、その定款に清算一般財団法人となった場合には監事を置くこととする旨の定めを設けておくことは可能であり、そのような定款の定めがある場合には、一般財団法人が清算一般財団法人となっても、既存の監事の任期は当然には終了しない（この場合には、解散の日から2週間以内に、監事を置く清算一般財団法人である旨を登記しなければならない（法人法第310条第1項第4号、第3項）。）。そのため、一般財団法人が清算

法人となった場合における監事に関する登記については、登記官による職権抹消の対象とはならない。

　また、監事を置く清算一般財団法人が、監事を置く旨の定款の定めを廃止する定款の変更（ただし、清算開始時に大規模一般財団法人であった清算一般財団法人は、監事を置く旨の定款の定めを廃止することができない。法人法第208条第3項参照）をした場合には、当該監事は、当該定款の変更の効力発生時に退任するとされた（法人法第211条第1項）。

　　オ　合併の制限

　　　清算一般財団法人は、吸収合併存続法人となることができないとされた（法人法第205条）。

(2) 清算の登記の手続

　ア　登記すべき事項

　　清算開始時の理事が清算人となったときは解散の日から2週間以内に、清算人が選任されたときは就任の日から2週間以内に、主たる事務所の所在地において、次に掲げる事項を登記しなければならないとされた（法人法第310条）。

　　(ｱ) 清算人の氏名

　　(ｲ) 代表清算人の氏名及び住所

　　(ｳ) 清算一般財団法人が清算人会を置くときは、その旨

　　(ｴ) 清算一般財団法人が監事を置くときは、その旨

　イ　清算人会設置一般財団法人以外の清算一般財団法人の清算人に関する登記の手続

　　(ｱ) 清算人及び代表清算人の登記

　　　a　添付書面

　　　　登記の申請書には、次の書面を添付しなければならない。

　　　(a) 定款（法人法第326条第1項）

　　　(b) 清算人の選任を証する書面

　　　　　定款によって定めたときは定款（登記規則3条、商登規第61条第1項）を、評議員会の決議によって選任したときはそ

の議事録(法人法第317条第2項)を、裁判所が選任したときは裁判所の選任決定書等(法人法第326条第3項)を添付しなければならない。

(c) 清算人の中から代表清算人を定めたときは、その選定を証する書面

定款によって定めたときは定款(登記規則3条、商登規第61条第1項)を、定款の定めに基づく清算人の互選によって定めたときは定款及びその互選を証する書面(登記規則3条、商登規第61条第1項、法人法第317条第1項)を、評議員会の決議によって定めたときはその議事録(法人法第317条第2項)を、裁判所が定めたときは裁判所の選定決定書等(法人法第326条第3項)を添付しなければならない。

(d) 清算人及び代表清算人が就任を承諾したことを証する書面

定款又は評議員会の決議によって清算人を選任したときは清算人の就任承諾書を、清算人(裁判所が選任したものを除く。)の中から清算人の互選により代表清算人を定めたとき((1)のイの(エ)のa参照)は代表清算人の就任承諾書を添付しなければならない(法人法第326条第2項)。

b 登録免許税額

登録免許税額は、申請1件につき9,000円である(登税法別表第一第24号(四)イ)。

(イ) 清算人又は代表清算人の就任による変更の登記

登記の申請書には、(ア)のaの(b)から(d)までの書面を添付しなければならない。

(ウ) 清算人又は代表清算人の退任による変更の登記

登記の申請書には、退任の事由を証する書面を添付しなければならない(法人法第327条第2項)。

ウ 清算人会設置一般財団法人の清算人に関する登記の手続

(ア) 清算人、代表清算人及び清算人会設置一般財団法人である旨の登記

a　添付書面
　　　　登記の申請書には、次の書面を添付しなければならない。
　　(a)　定款（法人法第326条第1項）
　　(b)　清算人の選任を証する書面
　　　　清算人会設置一般財団法人以外の清算一般財団法人の場合と同様である（イの(ア)のaの(b)参照）。
　　(c)　代表清算人の選定を証する書面
　　　　清算人会の決議により選定したときはその議事録（法人法第317条第2項）を、裁判所が定めたときは裁判所の選定決定書等（法人法第326条第3項）を添付しなければならない。
　　(d)　清算人及び代表清算人が就任を承諾したことを証する書面
　　　　定款又は評議員会の決議によって清算人を選任したときは清算人の就任承諾書を、清算人会の決議によって代表清算人を選定したときは代表清算人の就任承諾書を添付しなければならない（法人法第326条第2項）。
　　b　登録免許税額
　　　　登録免許税額は、申請1件につき9,000円である（登税法別表第一第24号(四)イ）。
(イ)　清算人及び代表清算人の就任又は退任による変更の登記
　　登記の申請書には、(ア)のaの(b)から(d)までの書面又は退任の事由を証する書面を添付しなければならない（法人法第327条第2項）。
(ウ)　清算人会設置一般財団法人の定めの設定又は廃止による変更の登記
　　a　添付書面
　　　　登記の申請書には、清算人会設置一般財団法人の定めの設定又は廃止を決議した評議員会の議事録を添付しなければならない（法人法第317条第2項）。
　　b　登録免許税額
　　　　登録免許税額は、申請1件につき6,000円である（登税法別表第一第24号(四)ニ）。

エ　その他

　　　　清算一般財団法人の監事の登記は、解散前の一般財団法人の監事の登記の場合と同様である（第2の6参照）。

3　清算の結了

　　清算事務が終了したときは、清算人は、決算報告を作成し、清算人会設置一般財団法人においては清算人会の承認を受けた上で、これを評議員会に提出し、その承認を受けなければならない（法人法第240条）。

　　清算結了の登記の申請書には、決算報告の承認をした評議員会の議事録を添付しなければならないが、清算人会の議事録の添付は要しない（法人法第328条）。

第4　その他

1　計算書類の公告

　　一般財団法人は、定時評議員会の終結後遅滞なく、貸借対照表（大規模一般財団法人にあっては、貸借対照表及び損益計算書。以下同じ。）を公告しなければならないとされた（法人法第199条、第128条第1項）。ただし、その公告方法が官報に掲載する方法又は時事に関する事項を掲載する日刊新聞紙に掲載する方法である一般財団法人は、上記の貸借対照表の要旨を公告することで足りるとされた（法人法第199条、第128条第2項）。

　　また、その公告方法が官報に掲載する方法又は時事に関する事項を掲載する日刊新聞紙に掲載する方法である一般財団法人は、上記の貸借対照表の内容である情報を、定時評議員会の終結の日後5年を経過する日までの間、継続して電磁的方法により開示する措置をとることができ、この場合においては、貸借対照表又はその要旨の公告をすることを要しないとされ（法人法第199条、第128条第3項）、当該一般財団法人が当該措置をとることとするときは、当該貸借対照表の内容である情報が掲載されているウェブページのアドレスを登記しなければならないとされた（法人法第302条第2項第13号）。

　　なお、この場合において、当該一般財団法人がその公告方法を電子公告又は当該一般財団法人の主たる事務所の公衆の見やすい場所に掲示する方

法としたことによる変更の登記をしたときは、登記官は、職権で、当該一般財団法人の貸借対照表の内容である情報が掲載されているウェブページのアドレスの登記を抹消する記号を記録しなければならない（登記規則第3条、商登規第71条）。
　2　定款の変更
　　定款は、評議員会の特別決議により変更することができるとされた（法人法第200条第1項本文、第189条第2項第3号）。ただし、第1の1(2)の事項のうち、ア（目的）及びク（評議員の選任及び解任の方法）については、設立者が原始定款（設立に際して作成した定款）にこれらの事項を変更することができる旨を定めている場合及び裁判所の許可を受けた場合を除き、変更することができないとされた（法人法第200条第1項ただし書、第2項、第3項）。
　3　事業の譲渡
　　一般財団法人が事業の全部を譲渡をするには、評議員会の特別決議によらなければならないとされた（法人法第201条、第189条第2項第4号）。

第4部　合併
　第1　合併の手続
　　1　当事法人
　　　一般社団法人又は一般財団法人は、他の一般社団法人又は一般財団法人と吸収合併又は新設合併をすることができるとされた（法人法第242条、第2条第5号、第6号）。
　　　吸収合併存続法人又は新設合併設立法人は、合併をする法人が一般社団法人のみである場合には一般社団法人でなければならず、合併をする法人が一般財団法人のみである場合には一般財団法人でなければならないとされた（法人法第243条第1項）。
　　　また、合併をする法人が一般社団法人のみである場合又は一般財団法人のみである場合以外の場合において、合併をする一般社団法人が合併契約の締結の日までに基金の全額を返還していないときは、吸収合併存続法人又は新設合併設立法人は、一般社団法人でなければならないとされた（法人法第243条第2項）。

2　吸収合併の手続
　(1)　吸収合併契約
　　　一般社団法人又は一般財団法人が吸収合併をする場合には、吸収合併契約において、次の事項を定めなければならないとされた（法人法第244条）。
　　ア　当事法人の名称及び住所
　　イ　効力発生日
　(2)　吸収合併契約の承認
　　　吸収合併消滅法人及び吸収合併存続法人は、効力発生日の前日までに、社員総会又は評議員会の特別決議によって、吸収合併契約の承認を受けなければならないとされた（法人法第247条、第251条第1項、第49条第2項第7号、第189条第2項第6号）。
　(3)　債権者保護手続
　　　吸収合併消滅法人及び吸収合併存続法人は、次に掲げる事項を官報に公告し、かつ、知れている債権者には、各別に催告しなければならないとされ、債権者がエの期間内に異議を述べなかった場合には、合併について承認をしたものとみなされるが、異議を述べた場合には、合併をしても当該債権者を害するおそれがないときを除き、当該法人は、当該債権者に対し、弁済し、若しくは相当の担保を提供し、又は当該債権者に弁済を受けさせることを目的として信託会社等に相当の財産を信託しなければならないとされた（法人法第248条、第252条）。
　　ア　吸収合併をする旨
　　イ　吸収合併消滅法人にあっては吸収合併存続法人の、吸収合併存続法人にあっては吸収合併消滅法人の名称及び住所
　　ウ　吸収合併消滅法人及び吸収合併存続法人の計算書類に関する事項（最終事業年度に係る貸借対照表又はその要旨が公告されている場合における官報の日付及び掲載頁等。施行規則第76条、第79条）
　　エ　債権者が一定の期間（1か月を下ることができない。法人法第248条第2項、第252条第2項参照）内に異議を述べることができる旨当該法人がこの公告を、官報のほか、定款の定めに従い時事に関する

事項を掲載する日刊新聞紙又は電子公告によりするときは、各別の催告は要しないとされた（法人法第248条第3項、第252条第3項）。
　(4)　効力発生日
　　　吸収合併の効力は、吸収合併契約において定められた効力発生日に生ずるとされた（法人法第245条第1項）。
　　　吸収合併消滅法人は、理事の決定（理事会設置一般社団法人及び一般財団法人にあっては、理事会の決議）に基づき、吸収合併存続法人との合意を経て、効力発生日を変更することができ、この場合には、吸収合併消滅法人は、変更前の効力発生日（変更後の効力発生日が変更前の効力発生日前の日である場合にあっては、当該変更後の効力発生日）の前日までに、変更後の効力発生日を公告しなければならないものとされた（法人法第249条第1項、第76条第1項、第2項、第90条第2項第1号、第197条）。
3　新設合併の手続
　(1)　新設合併契約
　　　一般社団法人又は一般財団法人が新設合併をする場合には、新設合併契約において、次の事項を定めなければならないとされた（法人法第254条）。
　　ア　当事法人の名称及び住所
　　イ　新設合併設立法人の目的、名称及び主たる事務所の所在地
　　ウ　イのほか、新設合併設立法人の定款で定める事項
　　エ　新設合併設立法人の設立に際して理事となる者の氏名
　　オ　新設合併設立法人が会計監査人設置法人である場合には、その設立に際して会計監査人となる者の氏名又は名称
　　カ　新設合併設立法人が監事設置一般社団法人である場合には、設立時監事の氏名
　　キ　新設合併設立法人が一般財団法人である場合には、設立時評議員及び設立時監事の氏名
　(2)　新設合併契約の承認
　　　新設合併消滅法人は、社員総会又は評議員会の特別決議によって合併

契約の承認を受けなければならないとされた（法人法第257条、第49条第2項第7号、第189条第2項第6号）。

(3) 債権者保護手続

新設合併消滅法人がしなければならない債権者保護手続については、吸収合併の場合と同様である（法人法第258条、2の(3)参照）。

(4) 効力発生日

新設合併の効力は、登記の日に生ずるとされた（法人法第22条、第163条）。

## 第2　合併の登記の手続

1　吸収合併の登記

(1) 存続法人についてする変更の登記

主たる事務所の所在地における吸収合併存続法人の変更の登記の申請書には、次の書面を添付しなければならない（法人法第322条）。

ア　吸収合併契約書

効力発生日の変更があった場合には、吸収合併存続法人において理事の過半数の一致があったことを証する書面又は理事会の議事録（法人法第317条第2項）及び効力発生日の変更に係る当事法人の合意書をも添付しなければならない。

イ　吸収合併存続法人の手続に関する次に掲げる書面

(ｱ) 合併契約の承認に関する書面（法人法第317条第2項）

社員総会又は評議員会の議事録を添付する。

(ｲ) 債権者保護手続関係書面（法人法第322条第2号）

法人法第252条第2項の規定による公告及び催告（同条第3項の規定により公告を官報のほか法人法第331条第1項の規定による定めに従い同項第2号又は第3号に掲げる方法によってした場合にあっては、これらの方法による公告）をしたこと並びに異議を述べた債権者があるときは、当該債権者に対し弁済し若しくは相当の担保を提供し若しくは当該債権者に弁済を受けさせることを目的として相当の財産を信託したこと又は当該吸収合併をしても当該債権者を害するおそれがないことを証する書面を添付する。

ウ　吸収合併消滅法人の手続に関する次に掲げる書面
　　　(ア)　吸収合併消滅法人の登記事項証明書（当該登記所の管轄区域内に吸収合併消滅法人の主たる事務所がある場合を除く。）
　　　(イ)　吸収合併契約の承認があったことを証する書面
　　　　　社員総会又は評議員会の議事録を添付する。
　　　(ウ)　債権者保護手続関係書面
　　　　　吸収合併消滅法人において法人法第248条第2項の規定による公告及び催告（同条第3項の規定により公告を官報のほか法人法第331条第1項の規定による定めに従い同項第2号又は第3号に掲げる方法によってした場合にあっては、これらの方法による公告）をしたこと並びに異議を述べた債権者があるときは、当該債権者に対し弁済し若しくは相当の担保を提供し若しくは当該債権者に弁済を受けさせることを目的として相当の財産を信託したこと又は当該吸収合併をしても当該債権者を害するおそれがないことを証する書面を添付する。
　(2)　消滅法人についてする解散の登記
　　　吸収合併においては、吸収合併による変更の登記と消滅法人の解散の登記とを同時に申請する必要がある（法人法第330条、商登法第82条第3項）。消滅法人の解散の登記の申請については、添付書面は要しない（法人法第330条、商登法第82条第4項）。
2　新設合併の登記
　(1)　新設法人についてする設立の登記
　　　主たる事務所の所在地における新設合併設立法人の設立の登記の申請書には、次の書面を添付しなければならない（法人法第323条）。
　　ア　新設合併契約書
　　イ　新設合併設立法人に関する次に掲げる書面
　　　(ア)　定款
　　　(イ)　設立時理事が設立時代表理事を選定したときは、これに関する書面
　　　(ウ)　設立時評議員、設立時理事、設立時監事及び設立時代表理事が就

　　　　　　任を承諾したことを証する書面
　　　　㈐　設立時会計監査人を選任したときは、次に掲げる書面
　　　　　　a　就任を承諾したことを証する書面
　　　　　　b　設立時会計監査人が法人であるときは、当該法人の登記事項証明書
　　　　　　c　設立時会計監査人が法人でないときは、公認会計士であることを証する書面（別紙参照）
　　　ウ　新設合併消滅法人の手続に関する次に掲げる書面
　　　　㈎　新設合併消滅法人の登記事項証明書（当該登記所の管轄区域内に新設合併消滅法人の主たる事務所がある場合を除く。）
　　　　㈏　新設合併契約の承認に関する書面
　　　　　　社員総会又は評議員会の議事録を添付する。
　　　　㈐　債権者保護手続関係書面
　　　　　　新設合併消滅法人において法人法第258条第2項の規定による公告及び催告（同条第3項の規定により公告を官報のほか法人法第331条第1項の規定による定めに従い同項第2号又は第3号に掲げる方法によってした場合にあっては、これらの方法による公告）をしたこと並びに異議を述べた債権者があるときは、当該債権者に対し弁済し若しくは相当の担保を提供し若しくは当該債権者に弁済を受けさせることを目的として相当の財産を信託したこと又は当該新設合併をしても当該債権者を害するおそれがないことを証する書面を添付する。
　(2)　消滅法人についてする解散の登記
　　　新設合併においては、新設合併による設立の登記と消滅法人の解散の登記とを同時に申請する必要がある（法人法第330条、商登法第82条第3項）。消滅法人の解散の登記の申請については、添付書面は要しない（法人法第330条、商登法第82条第4項）。

# 第5部　公益法人
## 第1　公益認定
### 1　公益認定の手続

公益目的事業（学術、技芸、慈善その他の公益に関する認定法別表各号に掲げる種類の事業であって、不特定かつ多数の者の利益の増進に寄与するものをいう。認定法第2条第4号）を行う一般社団法人又は一般財団法人は、行政庁（認定法第3条各号に掲げる公益法人の区分に応じ、当該各号に定める内閣総理大臣又は都道府県知事（認定法第3条））に対し公益認定の申請をすることができ、行政庁は、認定法第8条に規定する意見聴取を経て、当該法人が認定法第5条各号に掲げる基準（一般社団法人にあっては、理事会及び監事を置いていること等。同条第14号ハ、法人法第61条参照）に適合すると認めるときは、当該法人について公益認定をするものとされた（認定法第4条、第5条）。

　公益認定を受けた一般社団法人又は一般財団法人（以下それぞれ「公益社団法人」又は「公益財団法人」といい、これらを「公益法人」と総称する。認定法第2条第1号から第3号まで）は、その名称中の一般社団法人又は一般財団法人の文字をそれぞれ公益社団法人又は公益財団法人と変更する定款の変更をしたものとみなすとされた（認定法第9条第1項）。

2　公益認定による名称の変更の登記の手続
　(1)　登記すべき事項
　　　登記すべき事項は、法人の名称、名称を変更した旨及び変更年月日である。
　(2)　添付書面
　　　登記の申請書には、公益認定を受けたことを証する書面を添付しなければならない（認定法第9条第2項）。
　(3)　登録免許税額
　　　登録免許税は課されない（登税法第5条第14号）。

第2　公益法人に関する規律
1　名称使用制限
　　公益社団法人又は公益財団法人は、その種類に従い、その名称中の公益社団法人又は公益財団法人という文字を用いなければならないとされた（認定法第9条第3項）。

　　公益社団法人又は公益財団法人でない者は、その名称又は商号中に、公

益社団法人又は公益財団法人であると誤認されるおそれがある文字を用いてはならないとされた（認定法第9条第4項）。
2　変更の認定
　　公益法人は、主たる事務所又は従たる事務所の所在場所の変更、公益目的事業の種類又は内容の変更等の認定法第11条第1項各号に掲げる変更（認定法施行規則第7条で定める軽微な変更を除く。）をする場合には行政庁の認定を受けなければならないが、当該変更に係る変更の登記の申請書には、当該変更について行政庁の認可を受けたことを証する書面の添付は要しない。
3　合併による地位の承認の認可
　　公益法人が新設合併消滅法人となる新設合併契約を締結したときは、当該公益法人（当該公益法人が2以上ある場合にあっては、その1）は、新設合併設立法人が当該公益法人の地位を承継することについて、行政庁の認可を申請することができ、当該認可があった場合には、新設合併設立法人は、その成立の日に、当該公益法人の地位を承継するとされた（認定法第25条第1項、第3項）。
　　公益法人を新設合併消滅法人とする新設合併をする場合において、新設合併設立法人が当該公益法人の地位を承継する場合には、新設合併設立法人の設立の登記の申請書には、当該承継について行政庁の認可を受けたことを証する書面をも添付しなければならない（法人法第330条、商登法第19条）。

第3　公益認定の取消し
　　行政庁が、認定法第29条第1項又は第2項の規定に基づき公益認定の取消しの処分をしたときは、当該処分を受けた公益法人は、その名称中の公益社団法人又は公益財団法人という文字をそれぞれ一般社団法人又は一般財団法人と変更する定款の変更をしたものとみなすとされた（認定法第29条第5項）。
　　行政庁は、公益認定の取消しをしたときは、遅滞なく、当該公益法人の主たる事務所及び従たる事務所の管轄登記所に当該公益法人の名称の変更の登記を嘱託しなければならないとされた（認定法第29条第6項）。

なお、この名称の変更の登記については、登録免許税は課されない（登税法第5条第14号）。

## 第6部　中間法人に関する経過措置

### 第1　有限責任中間法人に関する経過措置

#### 1　旧有限責任中間法人の存続等

中間法人法（平成13年法律第49号）は整備法により廃止されるが、その廃止後も、整備法の施行の際現に存する有限責任中間法人（以下「旧有限責任中間法人」という。）は、整備法の施行の日（以下「施行日」という。）以後は、特段の手続を経ることなく、法人法の規定による一般社団法人として存続するとされた（整備法第1条、第2条第1項）。

これに伴い、旧有限責任中間法人の定款については、これを整備法第2条第1項の規定により存続する一般社団法人の定款とみなすとされた（整備法第2条第2項）。

なお、旧有限責任中間法人の設立について施行日前に行った手続は、施行日前にこれらの行為の効力が生じない場合には、その効力を失う（整備法第4条）ため、施行日以後に、新たに有限責任中間法人が設立されることはない。

#### 2　一般社団法人に関する法人法の規定の特則及び経過措置

1により一般社団法人として存続する旧有限責任中間法人（以下「存続有限責任中間法人」という。）について、次の特則及び経過措置が定められた。

(1)　定款の記載事項

旧有限責任中間法人の定款における整備法による廃止前の中間法人法（以下「旧中間法人法」という。）第10条第3項各号に掲げる事項（①目的、②名称、③基金の拠出者の権利に関する規定、④基金の返還の手続、⑤公告の方法、⑥社員の氏名又は名称及び住所、⑦主たる事務所の所在地、⑧社員たる資格の得喪に関する規定、⑨事業年度）の記載又は記録は、それぞれ存続有限責任中間法人の定款における法人法第11条第1項各号及び第131条各号に掲げる事項の記載又は記録とみなすとされた（整備法第5条第1項）。

資料編　713

　　　　存続有限責任中間法人の定款には、監事を置く旨及び法人法第131条の規定する基金を引き受ける者の募集をすることができる旨の定めがあるものとみなすとされた（整備法第5条第2項）。

　　　　旧有限責任中間法人の定款における理事会を置く旨の定めは、法人法に規定する理事会を置く旨の定めとしての効力を有しないとされた（整備法第5条第3項）。

(2) 登記すべき事項等

　ア　登記すべき事項

　　　存続有限責任中間法人の主たる事務所の所在地において登記すべき事項は、次の特則を除き、一般社団法人の登記すべき事項と同様とされた（法人法第301条第2項）。

　　(ア)　理事、代表理事及び監事の登記の登記事項については、3の名称の変更の登記をするまでの間は、なお従前の例によるとされた（整備法第22条第3項、旧中間法人法第7条第2項第5号、第6号参照）。

　　(イ)　継続及び清算に関する登記の登記事項については、原則として法人法の規定によるとされた。ただし、施行日前に清算人の登記をした場合にあっては、従前と同様に、清算人の氏名及び住所を登記すれば足り、代表清算人については登記することを要しないとされた（整備法第19条）。

　イ　職権登記

　　　存続有限責任中間法人の定款には、監事を置く旨の定めがあるものとみなすとされ（整備法第5条第2項）、登記官は、存続有限責任中間法人について、職権で、監事設置一般社団法人である旨の登記をしなければならないとされた（整備法第23条第7項）。

　　　また、法人法において登記すべき事項でなくなった事項（基金の総額等）については、登記官が職権で抹消しなければならないとされた（整備省令第9条第1項第1号から第6号まで。平成20年9月1日付け法務省民商第2054号当職通達参照）。

(3) 名称使用制限

存続有限責任中間法人は、3のとおり一定の時までに定款を変更してその名称中に一般社団法人という文字を用いる名称の変更をしなければならないが、それまでは、その名称中に一般社団法人の文字を用いることを要しないとされた（整備法第3条第1項）。

(4) 機関

　ア　機関設計

　　存続有限責任中間法人は、通常の一般社団法人の場合と同様に、1人又は2人以上の理事（理事会を置く存続有限責任中間法人にあっては、3人以上の理事）を置かなければならず、また、定款の定めによって、理事会、監事又は会計監査人を置くことができるとされた（法人法第60条、第65条第3項、第2部の第2の1の(1)参照）。

　　ただし、大規模一般社団法人における会計監査人の設置義務に係る規定は、整備法の施行日の属する事業年度の終了後最初に招集される定時社員総会の終結の時までは、適用されない（整備法第10条）。

　　なお、理事会、監事又は会計監査人の設置状況は、登記すべき事項である（第2部の第1の2の(2)のア参照）。

　イ　社員総会

　　施行日前に社員総会の招集の手続が開始された場合における社員総会の権限及び手続については、なお従前の例によるとされた（整備法第8条）。

　　施行日前に旧有限責任中間法人の社員総会が旧中間法人法の規定に基づいてした理事又は監事の選任その他の事項に関する決議は、当該決議があった日に、存続有限責任中間法人の社員総会が法人法の相当規定に基づいてした決議とみなすとされた（整備法第9条）。

　ウ　理事、代表理事及び監事

　　施行日前に旧有限責任中間法人が旧中間法人法の規定に基づいて選任した理事又は監事は、存続有限責任中間法人が法人法の規定に基づいて選任した理事又は監事とみなすとされた（整備法第9条）。

　　旧有限責任中間法人が旧中間法人法第45条第2項ただし書の規定によって定めた代表理事は、引き続き存続有限責任中間法人の代表理

事としての地位を有するとされた（整備法第 2 条第 2 項、第 9 条、第 14 条）。

整備法の施行の際現に旧有限責任中間法人の理事又は監事である者の任期については、なお従前の例によるとされた（整備法第 13 条、旧中間法人法第 41 条、第 53 条参照）。

(5) 継続及び清算

施行日前に生じた事由により解散した場合における存続有限責任中間法人の継続及び清算については、なお従前の例によるとされ、その場合における登記の申請その他の登記に関する手続についても、なお従前の例によるとされた（整備法第 19 条本文、第 23 条第 8 項）。

ただし、継続及び清算に関する登記の登記事項（施行日前に清算人の登記をした場合にあっては、主たる事務所の所在地における登記事項のうち清算人及び代表清算人の氏名及び住所を除く。）については、法人法の定めるところによるとされた（整備法第 19 条ただし書）。

3　名称の変更

(1) 名称の変更の手続

存続有限責任中間法人は、施行日の属する事業年度の終了後最初に招集される定時社員総会の終結の時までに、その名称中に一般社団法人という文字を用いる名称の変更をする定款の変更をしなければならないとされた（整備法第 3 条第 1 項）。

(2) 名称の変更の登記の手続

(1)の名称の変更の登記をする場合には、併せて、理事、代表理事及び監事の全員について、理事及び監事の氏名並びに代表理事の氏名及び住所の登記をしなければならないとされた（整備法第 22 条第 4 項）。

(3) 登録免許税

登録免許税は課されない（所得税法等の一部を改正する法律（平成 20 年法律第 23 号。以下「税改法」という。）附則第 27 条第 2 項第 3 号）。

第 2　無限責任中間法人に関する経過措置

1　旧無限責任中間法人の存続等

整備法による中間法人法の廃止後も、整備法の施行の際現に存する無限

責任中間法人（以下「旧無限責任中間法人」という。）は、名称中に無限責任中間法人という文字を用いなければならない一般社団法人（以下「特例無限責任中間法人」という。）として存続するとされた（整備法第24条第1項、第25条第1項）。

　これに伴い、旧無限責任中間法人の定款については、これを存続する一般社団法人の定款とみなすとされた（整備法第24条第2項）。

　なお、旧無限責任中間法人の設立について施行日前に行った手続は、施行日前にこれらの行為の効力が生じない場合には、その効力を失うため、施行日以後に、新たに無限責任中間法人が設立されることはない（整備法第26条）。

2　一般社団法人に関する法人法の規定の特則及び経過措置

　特例無限責任中間法人に関する登記及び登記の手続、定款の記載事項、社員の資格の得喪、業務の執行、法人の代表、定款の変更、解散事由及び解散法人の継続、清算等については、なお従前の例によるとされた（整備法第27条）。

　特例無限責任中間法人については、通常の一般社団法人における機関設計に関する規律及び合併等に関する規定等は適用しないとされた（整備法第29条）。

3　名称の変更による通常の一般社団法人への移行

　(1)　移行の手続

　　ア　名称の変更

　　　特例無限責任中間法人は、施行日から起算して1年を経過するまでの間、その名称中に一般社団法人という文字を用いる名称の変更（以下3及び4において「移行」という。）をすることができるとされた（整備法第30条）。

　　イ　総社員の同意

　　　特例無限責任中間法人は、移行を行う場合には、総社員の同意によって、次の事項を定めなければならないとされた（整備法第31条）。

　　　(ア)　移行後の一般社団法人の目的、名称、主たる事務所の所在地、社員の資格の得喪に関する規定、公告方法及び事業年度

(イ)　(ア)に掲げるもののほか、移行後の一般社団法人の定款で定める事項
　(ウ)　移行後の一般社団法人の理事の氏名
　(エ)　移行後の一般社団法人が監事設置一般社団法人であるときは、監事の氏名
　(オ)　移行後の一般社団法人が会計監査人設置一般社団法人であるときは、会計監査人の氏名又は名称
　ウ　債権者保護手続
　　移行をする特例無限責任中間法人は、イに掲げる事項を定めた日から2週間以内に、移行をする旨及び債権者が一定の期間内（1か月を下ることができない。）に異議を述べることができる旨を官報に公告し、かつ、知れている債権者には、各別に催告しなければならないとされ（整備法第32条第2項）、債権者が当該一定の期間内に異議を述べなかった場合には、移行について承認をしたものとみなされるが（同条第3項）、異議を述べた場合には、移行をしても当該債権者を害するおそれがないときを除き、当該特例無限責任中間法人は、当該債権者に対し、弁済し、若しくは相当の担保を提供し、又は当該債権者に対し弁済を受けさせることを目的として信託会社等に相当の財産を信託しなければならないとされた（同条第4項）。
　エ　効力発生日
　　移行の効力は、登記の日に生ずるとされた（整備法第34条第1項）。
(2)　移行の登記の手続
　ア　登記期間等
　　(1)のウの手続が終了したときは、特例無限責任中間法人は、主たる事務所の所在地においては2週間以内に、従たる事務所の所在地においては3週間以内に、特例無限責任中間法人については解散の登記をし、移行後の一般社団法人については設立の登記をしなければならないとされた（整備法第33条第1項）。
　　これらの登記の申請は、同時にしなければならず、いずれかにつき却下事由があるときは、共に却下しなければならない（整備法第36

条第1項、第3項)。
イ　登記すべき事項

　　移行後の一般社団法人の設立の登記においては、特例無限責任中間法人の成立の年月日、特例無限責任中間法人の名称並びに名称の変更をした旨及びその年月日をも登記しなければならない(整備法第33条第2項)。

　　特例無限責任中間法人の解散の登記の登記すべき事項は、解散の旨並びにその事由及び年月日であり、この登記をしたときは、その登記記録を閉鎖しなければならない(整備省令第10条)。

ウ　一般社団法人についてする設立の登記

㋐　添付書面(整備法第35条)

　　a　(1)のイに掲げる事項を定めたことを証する書面
　　b　定款
　　c　移行後の一般社団法人の理事(監事設置一般社団法人である場合にあっては、理事及び監事)が就任を承諾したことを証する書面
　　d　移行後の一般社団法人の会計監査人を定めたときは、次に掲げる書面
　　　(a)　会計監査人が就任を承諾したことを証する書面
　　　(b)　会計監査人が法人であるときは、当該法人の登記事項証明書
　　　(c)　会計監査人が法人でないときは、公認会計士であることを証する書面(別紙参照)
　　e　債権者保護手続関係書面
　　　整備法第32条第2項の規定による公告及び催告をしたこと並びに異議を述べた債権者があるときは、当該債権者に対し弁済し若しくは相当の担保を提供し若しくは当該債権者に弁済を受けさせることを目的として相当の財産を信託したこと又は当該移行をしても当該債権者を害するおそれがないことを証する書面を添付する。
　　f　cの書面の理事(設立しようとする一般社団法人が理事会設置

　　　　　　一般社団法人である場合にあっては、代表理事）の印鑑につき市
　　　　　　区町村長の作成した証明書（登記規則3条、商登規第61条第2
　　　　　　項、第3項）
　　　　　(イ)　登録免許税
　　　　　　　登録免許税は課されない（税改法附則第27条第2項第1号）。
　　　　エ　特例無限責任中間法人についてする解散の登記
　　　　　　添付書面は、要しない（整備法第36条第2項）。
　　　　　　また、登録免許税は課されない（税改法附則第27条第2項第1号）。
　　4　移行期間の満了による解散
　　　　施行日から1年を経過する日までに3の移行の登記の申請をしなかっ
　　　た特例無限責任中間法人は、当該日が経過した時に解散したものとみなす
　　　とされ、この場合の解散の登記は、登記官が職権でするものとされた（整
　　　備法第37条第1項、第3項、商登法第72条）。
　　　　この場合における清算人は、次に掲げる者がなるとされた（整備法第
　　　37条第2項）。
　　(1)　社員（(2)又は(3)に掲げる者がある場合を除き、定款により業務執行社
　　　　員を定めたときは、当該社員に限る。）
　　(2)　定款に定める者
　　(3)　社員の過半数によって選任された者
　　　　なお、清算の手続及び清算人の登記の手続は、旧中間法人法の規定によ
　　　る（整備法第27条第1号、第16号、旧中間法人法第3章第6節参照）。
第7部　民法法人に関する経過措置
　第1　旧民法法人の存続等
　　　　整備法の施行後も、旧社団法人（整備法による改正前の民法（明治29年
　　　法律第89号。以下「旧民法」という。）第34条の規定に基づいて設立され
　　　た社団法人であって整備法施行の際現に存するもの及び整備法による改正前
　　　の民法施行法（以下「旧民法施行法」という。）第19条第2項の認可を受
　　　けた社団法人であって整備法施行の際現に存するものをいう。整備法第48
　　　条第1項）又は旧財団法人（旧民法第34条の規定に基づいて設立された財
　　　団法人であって整備法施行の際現に存するもの及び旧民法施行法第19条第

2項の認可を受けた財団法人であって整備法施行の際現に存するものをいう。整備法第48条第1項）は、施行日以後は、特段の手続を経ることなく、それぞれ法人法の規定による一般社団法人又は一般財団法人として存続するとされた（整備法第40条第1項、第41条第1項）。

これに伴い、旧社団法人又は旧財団法人（以下「旧民法法人」と総称する。）の定款又は寄附行為については、これらを存続する一般社団法人又は一般財団法人の定款とみなすとされた（整備法第40条第2項、第41条第2項）。

第2　特例民法法人に関する経過措置及び法人法の特則

第1により存続する一般社団法人又は一般財団法人であって整備法第106条第1項又は第121条第1項の移行の登記をしていないもの（以下それぞれ「特例社団法人」又は「特例財団法人」といい、これらを「特例民法法人」と総称する。）について、次の経過措置及び法人法の特則が定められた。

1　定款の記載事項

(1)　特例社団法人

旧社団法人の定款における旧民法第37条第1号から第3号まで及び第6号に掲げる事項（①目的、②名称、③事務所の所在地（主たる事務所の所在地に限る。）及び④社員の資格の得喪）の記載は、それぞれ存続する一般社団法人の定款における法人法第11条第1号から第3号まで及び第5号に掲げる事項の記載とみなすとされた（整備法第80条第1項）。

特例社団法人の定款には、法人法第11条第1項第6号（公告方法）及び第7号（事業年度）の事項は記載することを要しないとされた（整備法第80条第2項）。

旧社団法人の定款における理事会又は会計監査人を置く旨の定めは、それぞれ法人法に規定する理事会又は会計監査人を置く旨の定めとしての効力を有しないとされた（整備法第80条第3項）。

旧社団法人の定款における監事を置く旨の定めは、法人法に規定する監事を置く旨の定めとみなすとされ、また、社員総会の決議によって監事を置く旧社団法人の定款には、監事を置く旨の定めがあるものとみなすとされた（整備法第80条第4項、第5項）。

(2) 特例財団法人

　　旧財団法人の寄附行為における旧民法第37条第1号から第3号までに掲げる事項（①目的、②名称及び③事務所の所在地（主たる事務所の所在地に限る。））の記載は、それぞれ存続する一般財団法人の定款における法人法第153条第1号から第3号までに掲げる事項の記載とみなすとされた（整備法第89条第1項）。

　　特例財団法人の定款には、法人法第153条第1項第8号（評議員の選任及び解任の方法）、第9号（公告方法）及び第10号（事業年度）の事項は記載することを要しないとされた（整備法第89条第2項）。ただし、第3の1の移行期間中に任意に評議員を設置した特例財団法人（評議員設置特例財団法人）の定款には、評議員の選任及び解任の方法を記載する必要がある（整備法第89条第3項）。

　　旧財団法人の寄附行為における評議員、評議員会、理事会又は会計監査人を置く旨の定めは、それぞれ法人法に規定する評議員、評議員会、理事会又は会計監査人を置く旨の定めとしての効力を有しないとされた（整備法第89条第4項）。

　　旧財団法人の寄附行為における監事を置く旨の定めは、法人法に規定する監事をおく旨の定めとみなすとされた（整備法第89条第5項）。

2　登記すべき事項

(1) 特例社団法人

　　特例社団法人の主たる事務所の所在地において登記すべき事項は、次の特則を除き、一般社団法人の設立の登記における登記すべき事項と同様である（法人法第301条第2項、整備法第77条第2項、第3項、第4項、第6項）。

　　ア　整備法の施行の際現に登記されている「設立許可の年月日」の登記（旧民法第46条第1項第4号）については、なお従前の例による。

　　イ　理事及び代表理事の登記については、法人法第77条第3項の規定により代表理事を定め、又は理事会を置く旨の定款の変更をするまでは、従前と同様に、理事の氏名及び住所を登記すれば足り、代表理事の氏名及び住所は登記することを要しない。

ウ　整備法の施行の際現に監事を置くこととしていた特例社団法人については、理事会設置特例社団法人及び会計監査人設置特例社団法人を除き、監事設置一般社団法人である旨及び監事の氏名は登記することを要しない。
　　エ　解散及び清算に関する登記の登記事項については、原則として法人法の規定による。ただし、施行日前に解散をした場合にあっては清算結了の旨は登記することを要せず、また、施行日前に清算人の登記をした場合にあっては清算人の氏名及び住所を登記すれば足り、代表清算人については登記することを要しない。
　(2)　特例財団法人
　　　特例財団法人の主たる事務所の所在地において登記すべき事項については、(1)のア及びエと同様の特則があるほか、一般財団法人の設立の登記における登記すべき事項と同様である（法人法第302条第2項、整備法第77条第5項）。
　　　評議員、理事及び監事の登記の登記事項については、評議員設置特例財団法人を除き、理事の氏名及び住所を登記すれば足りる。また、施行日前に清算人の登記をした場合にあっては、清算人の氏名及び住所を登記すれば足り、代表清算人の氏名及び住所並びに監事を置く旨は登記することを要しない。
3　名称使用制限
　(1)　特例社団法人
　　　特例社団法人は、その名称中に、一般社団法人又は公益社団法人若しくは公益財団法人という文字を用いてはならないとされた（整備法第42条第3項）。
　　　なお、特例社団法人が一般財団法人であると誤認されるおそれのある文字を用いてはならないことについては、通常の一般社団法人の場合と同様である（法人法第5条第2項）。
　(2)　特例財団法人
　　　特例財団法人は、その名称中に、一般財団法人又は公益社団法人若しくは公益財団法人という文字を用いてはならないとされた（整備法第

42条第4項)。

　なお、特例財団法人が一般社団法人であると誤認されるおそれのある文字を用いてはならないことについては、通常の一般財団法人の場合と同様である（法人法第5条第3項)。

4　機関
(1) 機関設計
　ア　特例社団法人

　　特例社団法人は、通常の一般社団法人の場合と同様に、1人又は2人以上の理事（理事会設置特例社団法人にあっては、3人以上の理事）を置かなければならず、また、定款の定めによって、理事会、監事又は会計監査人を置くことができるとされた（法人法第60条、第65条第3項。第2部の第2の1の(1)参照)。

　　ただし、特例社団法人については、大規模一般社団法人における会計監査人の設置義務に関する規定は適用されないとされた（整備法第54条、法人法第62条)。

　　なお、理事会、監事又は会計監査人の設置状況は、登記すべき事項である（第2部の第1の2の(2)のア参照）が、監事については、整備法の施行の際現に監事を置くこととしていない特例社団法人が施行日後監事を置くこととした場合、理事会設置特例社団法人である場合及び会計監査人設置特例社団法人である場合以外の場合は、監事設置一般社団法人である旨及び監事の氏名は登記することを要しない（2の(1)のウ参照)。

　イ　特例財団法人

　　特例財団法人については、通常の一般財団法人の場合と異なり、評議員、評議員会、理事会及び監事を置くことは義務付けられず、1人又は2人以上の理事（理事会設置特例財団法人にあっては、3人以上の理事）を置かなければならないとされ（整備法第91条第1項、第6項)、また、定款の定めによって、通常の一般財団法人と同様の機関構成をとることもできるとされた（整備法第91条第2項から第5項まで。第3部の第2の1の(1)参照)。

また、特例財団法人については、大規模一般財団法人における会計監査人の設置義務に関する規定は適用されないとされた（整備法第54条、法人法第171条）。

　　なお、会計監査人の設置状況は、登記すべき事項である（第3部の第1の2の(2)のア参照）。

(2) 評議員、理事、代表理事及び監事

　ア　最初の評議員の選任

　　特例財団法人が最初の評議員を選任するには、旧主務官庁の認可を受けて理事が定める方法によるとされた（整備法第92条）。

　イ　理事又は監事の存続等

　　整備法の施行の際現に存する旧民法法人に置かれている理事又は監事は、それぞれ法人法の規定によって選任された理事又は監事とみなすとされた（整備法第48条第1項）。

　　旧民法法人が定款若しくは寄附行為、定款若しくは寄附行為の定めに基づく理事の互選又は社員総会の決議によって定めた代表理事は、法人法に規定する代表理事の地位を有しないとされた（整備法第48条第4項）。

　ウ　理事及び監事の選任等

　　特例社団法人又は特例財団法人の理事の選任及び解任、資格並びに任期については、なお従前の例によるとされた。ただし、施行日後に理事会を置く定款の変更をした場合には、法人法の規定に従うとされた（整備法第48条第2項）。

　　整備法の施行の際現に監事を置くこととしていた特例民法法人の監事の選任及び解任、資格並びに任期についても、なお従前の例によるとされた。ただし、施行日後に特例社団法人が理事会若しくは会計監査人を置く定款の変更をした場合又は特例財団法人が評議員を置く定款の変更をした場合には、法人法の規定に従うとされた（整備法第48条第3項）。

5　解散及び清算

(1) 解散

ア　解散事由
　(ｱ)　純資産額に係る解散事由の除外
　　　　特例財団法人については、純資産額が300万円を下回る場合における解散の規定は適用しないとされた（整備法第64条、法人法第202条第2項）。
　(ｲ)　旧主務官庁の解散命令
　　　　特例民法法人については、旧民法法人の設立の許可の取消し及び解散の命令の規定（旧民法第71条、第68条第1項、旧民法施行法第23条）は適用しないとされ（整備法第95条）、これに代わる措置として、旧主務官庁による解散命令の規定が設けられた（整備法第96条）。
　　　　また、特例民法法人については、裁判所による解散命令の規定は適用しないとされた（整備法第74条）。
イ　休眠一般社団法人等のみなし解散
　　　特例民法法人については、休眠一般社団法人又は休眠一般財団法人のみなし解散に関する規定は適用しないとされた（整備法第64条、法人法第149条、第203条）
ウ　一般社団法人等の継続
　　　特例民法法人については、一般社団法人又は一般財団法人の継続に関する規定は適用しないとされた（整備法第64条、法人法第150条、第204条）
(2)　清算
　　特例民法法人の清算については、清算に関する登記の登記事項及び基金の返還に係る債務の弁済に関する規律（法人法第236条）を除き、なお従前の例によるとされた（整備法第65条、第77条第6項）。
6　合併
(1)　合併の手続
　ア　当事法人
　　　特例民法法人は、他の特例民法法人と合併（吸収合併に限る。）をすることができるとされた（整備法第66条第1項）。

吸収合併存続法人となる法人の種類の制限については、通常の一般社団法人又は一般財団法人の場合と同様である（第4部の第1の1参照）。
イ 吸収合併の手続
(ア) 吸収合併契約
特例民法法人の吸収合併契約には、当事法人の名称及び住所を定めなければならないが、効力発生日を定めることは要しないとされた（整備法第66条第1項、法人法第244条第2号参照）。
(イ) 吸収合併契約の承認
a 特例社団法人における承認
合併をする特例社団法人は、(ウ)の認可申請前に、社員総会の決議によって、吸収合併契約の承認を受けなければならないとされた。この場合において、社員総会の決議は、総社員の4分の3（定款の変更の要件についてこれと異なる割合を定款で定めた場合にあっては、その割合）以上に当たる多数をもって行わなければならないとされた（整備法第67条第1項）。
b 特例財団法人（評議員設置特例財団法人を除く。）における承認
合併をする特例財団法人（評議員設置特例財団法人を除く。）は、(ウ)の認可申請前に、定款に定款の変更に関する定めがある場合にあっては当該定め（旧主務官庁の認可を要する旨の定めがあるときは、これを除く。）の例により、定款に定款の変更に関する定めがない場合にあっては旧主務官庁の認可を受けて理事の定める手続により、吸収合併契約の承認を受けなければならないとされた（整備法第67条第2項）。
c 評議員設置特例財団法人における承認
合併をする評議員設置特例財団法人は、(ウ)の認可申請前に、評議員会の決議によって、吸収合併契約の承認を受けなければならないとされた。この場合において、評議員会の決議は、議決に加わることができる評議員の3分の2（これを上回る割合を定款で

定めた場合にあっては、その割合）以上に当たる多数をもって行わなければならないとされた（整備法第67条第3項）。
　(ウ)　旧主務官庁による合併の認可
　　　特例民法法人の合併は、合併後旧主務官庁（合併後存続する特例民法法人の当該合併後の業務の監督を行う旧主務官庁をいう。以下同じ。）の認可を受けなければ、その効力を生じないとされた（整備法第69条第1項）。
　(エ)　債権者保護手続
　　　合併消滅特例民法法人及び合併存続特例民法法人は、(ウ)の認可の通知のあった日から2週間以内に、次に掲げる事項を官報に公告し、かつ、知れている債権者には、各別にこれを催告しなければならないとされ、債権者がcの期間内に異議を述べなかった場合には、当該合併について承認をしたものとみなされるが、異議を述べた場合には、当該合併をしても当該債権者を害するおそれがないときを除き、当該法人は、当該債権者に対し、弁済し、若しくは相当の担保を提供し、又は当該債権者に弁済を受けさせることを目的として信託会社等に相当の財産を信託しなければならないとされた（整備法第70条第4項から第6項まで、第71条）。
　　　a　合併をする旨
　　　b　合併消滅特例民法法人にあっては合併存続特例民法法人の、合併存続特例民法法人にあっては合併消滅特例民法法人の名称及び住所
　　　c　債権者が一定の期間（2か月を下ることができない。整備法第70条第4項）内に異議を述べることができる旨
　(オ)　効力発生日
　　　吸収合併の効力は、登記の日に生ずるとされた（整備法第72条第1項）。
　(2)　合併の登記の手続
　　ア　登記の起算点
　　　特例民法法人の吸収合併の登記の起算点は、合併消滅特例民法法人

において債権者保護手続が終了した日又は合併存続特例法人において債権者保護手続が終了した日のいずれか遅い日であり、その日から2週間以内にその主たる事務所の所在地において登記しなければならない（整備法第72条第1項、法人法第306条第1項）。

イ　添付書面

　主たる事務所の所在地における合併存続特例民法法人の変更の登記の申請書には、次の書面を添付しなければならない（整備法第154条第7項、法人法第322条、第330条、商登法第19条）。

(ｱ)　吸収合併契約書

(ｲ)　吸収合併存続特例民法法人の手続に関する次に掲げる書面

　　a　合併契約の承認に関する書面

　　　整備法第67条の規定による吸収合併契約の承認があったことを証する書面

　　b　債権者保護手続関係書面

　　　整備法第71条において準用する第70条第4項の規定による公告及び催告をしたこと並びに異議を述べた債権者があるときは、当該債権者に対し弁済し若しくは相当の担保を提供し若しくは当該債権者に弁済を受けさせることを目的として相当の財産を信託したこと又は当該吸収合併をしても当該債権者を害するおそれがないことを証する書面を添付する。

(ｳ)　吸収合併消滅特例民法法人の手続に関する次に掲げる書面

　　a　合併消滅特例民法法人の登記事項証明書（当該登記所の管轄区域内に吸収合併消滅特例民法法人の主たる事務所がある場合を除く。）

　　b　合併契約の承認に関する書面

　　　整備法第67条の規定による吸収合併契約の承認があったことを証する書面

　　c　債権者保護手続関係書面

　　　吸収合併消滅法人において整備法第70条第4項の規定による公告及び催告をしたこと並びに異議を述べた債権者があるとき

は、当該債権者に対し弁済し若しくは相当の担保を提供し若しくは当該債権者に弁済を受けさせることを目的として相当の財産を信託したこと又は当該吸収合併をしても当該債権者を害するおそれがないことを証する書面を添付する。

(エ) 合併後旧主務官庁による認可書

7 その他
(1) 定款の変更に関する特則
ア 特例社団法人

特例社団法人の定款の変更については、従前と同様に、定款に別段の定めがある場合を除き、総社員の4分の3以上の同意があるときに限り変更することができ、当該変更については、主務官庁の認可を受けなければその効力を生じないとされた（整備法第88条、第95条、旧民法第38条）。

イ 特例財団法人

(ア) 特例財団法人（評議員設置特例財団法人を除く。以下(ア)から(エ)までについて同じ。）の定款の変更については、その定款に定款の変更に関する定めがある場合に限り、当該定めに従い、これをすることができるとされた（整備法第94条第2項）。

(イ) 定款に定款の変更に関する定めがない特例財団法人は、理事（清算特例財団法人にあっては、清算人）の定めるところにより、定款の変更に関する定めを設ける定款の変更をすることができるとされた（整備法第94条第3項）。

(ウ) 特例財団法人の定款の変更は、旧主務官庁の認可を受けなければ、その効力を生じないとされた（整備法第94条第6項）。

(エ) 特例財団法人が登記すべき事項につき(ア)又は(イ)の手続を要するときは、申請書にこれらの手続があったことを証する書面を添付しなければならない（整備法第154条第6項）。

(オ) 評議員設置特例財団法人は、評議員の決議によって、定款を変更することができる。ただし、定款の定めのうち、目的（法人法第153条第1項第1号）並びに評議員の選任及び解任の方法（同項第

8号)については、これらの事項を評議員会の決議によって変更することができる旨を定款で定めたときに限り、評議員会の決議によって、変更することができるとされた（整備法第94条第4項、法人法第200条）。
- (2) 施行日前に旧民法の設立許可を受けた場合の設立の登記

    施行日前に旧民法第34条に基づく設立許可の申請があった場合において、施行日の前日までに当該申請に対する処分がされない場合には、当該申請は、同日に、却下されたものとみなされるが、施行日前に旧民法第34条の許可を受けた場合における設立の登記については、なお従前の例によるとされた（整備法第43条）。
- (3) 登録免許税

    登録免許税は課されない（税改法附則第27条第2項第2号）。

## 第3　公益法人への移行

### 1　移行の手続

公益目的事業を行う特例社団法人又は特例財団法人は、施行日から起算して5年を経過する日までの期間（以下「移行期間」という。）内に、行政庁の認定を受け、それぞれ認定法の規定による公益社団法人又は公益財団法人となることができるとされた（整備法第44条）。

この認定を受けようとする特例社団法人又は特例財団法人が整備法第106条第1項の登記をすることを停止条件として行った名称の変更その他の定款の変更については、旧主務官庁の認可を要しないとされた（整備法第102条）。

### 2　移行の登記の手続

- (1) 登記期間等

    特例民法法人が1の認定を受けたときは、主たる事務所の所在地においては2週間以内に、従たる事務所の所在地においては3週間以内に、当該特例民法法人については解散の登記をし、名称の変更後の公益法人については設立の登記をしなければならないとされた（整備法第106条第1項）。

    これらの登記の申請は、同時にしなければならず、いずれかにつき却

下事由があるときは、共に却下しなければならない（整備法第159条第1項、第3項）。
   (2) 名称の変更後の公益法人についてする設立の登記
　　ア　登記すべき事項
　　　　登記すべき事項は、一般社団法人又は一般財団法人の設立の登記における登記すべき事項と同一の事項のほか、特例民法法人の成立の年月日、特例民法法人の名称並びに名称を変更した旨及びその年月日である（整備法第157条）。
　　　　名称の変更後の公益法人についてする設立の登記においては、登記官は、職権で、すべての理事につきその就任年月日を記録するものとする。この場合においては、特例民法法人の理事が名称の変更の時に退任しないときにあっては、その就任年月日（法人の成立時から在任する理事にあっては、法人の成立の年月日）を移記し、理事が名称の変更の時に就任したときにあっては、名称の変更の年月日を記録しなければならない。
　　　　また、監事については、理事と同様に、整備法の施行の際現に存する旧社団法人又は旧財団法人に置かれている監事は法人法に基づく監事とみなすとされた（整備法第48条第1項）が、旧民法法人では登記事項とされていないことから、申請に基づき、その就任年月日を記録することとなる。ただし、整備法施行後、名称の変更までの間に新たに監事について登記がされていたときにあっては、登記官は、職権で、その就任年月日を移記し、監事が名称の変更の時に就任したときにあっては、登記官は、職権で、名称の変更の年月日を記録しなければならない。
　　　　会計監査人については、登記官は、職権で、その就任年月日を記録するものとする。整備法施行後名称の変更までの間に会計監査人について登記がされているときにあっては、その就任年月日を移記し、会計監査人が名称の変更の時に就任したときにあっては、就任年月日（名称の変更の年月日）を記録しなければならない。
　　　　特例財団法人における評議員についても、会計監査人の場合と同様

である。
　イ　添付書面
　　　主たる事務所の所在地における移行による設立の登記の申請書には、次の書面を添付しなければならない。
　　(ア)　1の認定を受けたことを証する書面（整備法第158条第1号）
　　(イ)　定款（整備法第158条第2号）
　　(ウ)　定款変更の手続をしたことを証する書面（法人法第317条、整備法第154条第6項）
　　(エ)　新たに選任する評議員、理事、代表理事、監事又は会計監査人がいる場合には、次に掲げる書面
　　　a　選任に関する書面（法人法第317条）
　　　b　就任を承諾したことを証する書面（整備法第158条第3号、法人法第320条）
　　　c　新たに選任する評議員がいる場合は、整備法第92条の認可を受けたことを証する書面（整備法第158条第3号）
　　　d　新たに選任する会計監査人がいる場合には、次に掲げる書面（整備法第158条第4号）
　　　　(a)　会計監査人が法人であるときは、当該法人の登記事項証明書
　　　　(b)　会計監査人が法人でないときは、公認会計士であることを証する書面（別紙参照）
　　(オ)　代表理事の就任承諾書についての印鑑証明書（登記規則第3条、商登規第61条第2項、第3項）
　　(カ)　代表理事の選定に係る書面に押印された印鑑についての印鑑証明書（登記規則第3条、商登規第61条第4項）
　ウ　登録免許税
　　　登録免許税は課されない（税改法附則第27条第2項第2号）。
(3)　特例民法法人についてする解散の登記
　ア　登記すべき事項
　　　登記すべき事項は、解散の旨並びにその事由及び年月日であり、この登記をしたときは、その登記記録を閉鎖しなければならないとされ

た（法人法第308条第2項、整備省令第12条第4項、第3項）。
　　　イ　添付書面
　　　　　添付書面を要しない（整備法第159条第2項）。
　　　ウ　登録免許税
　　　　　登録免許税は課されない（税改法附則第27条第1項）。
　3　認定の取消し
　　　行政庁は、1の認定を受けた特例民法法人が、登記をすべき旨の催告をしたにもかかわらず登記をしないときは、その認定を取り消さなければならないとされた（整備法第109条第1項）。
　　　移行期間の満了後に当該取消処分の通知を受けた特例民法法人は、当該通知を受けた日に解散したものとみなすとされ、旧主務官庁は、遅滞なく、解散の登記を嘱託しなければならないとされた（整備法第109条第4項、第5項）。
第4　通常の一般社団法人又は一般財団法人への移行
　1　移行の手続
　　　特例民法法人は、移行期間内に、行政庁の認可を受け、それぞれ通常の一般社団法人又は一般財団法人となることができるとされた（整備法第45条）。
　　　この認可を受けるために必要な名称の変更その他の定款の変更については、旧主務官庁の認可を要しないとされた（整備法第118条、第102条）。
　2　移行の登記の手続
　　(1)　登記期間等
　　　　　第3の2の(1)と同様である（整備法第121条第1項、第106条第1項、第159条第1項、第3項）。
　　(2)　名称変更後の一般社団法人又は一般財団法人について設立の登記
　　　ア　登記すべき事項
　　　　　第3の2の(2)のアと同様である。
　　　　　なお、名称変更後の一般社団法人について、定款の定めにより監事を置くこととした場合の職権又は申請により、会計監査人を置くこととした場合には職権により、それぞれその就任年月日を登記すること

となる。
　　また、名称変更後の一般財団法人について、定款の定めにより会計監査人を置くこととした場合には、職権により、その就任年月日を登記することとなる。評議員についても同様である。
　　イ　添付書面
　　　第3の2の(2)のイと同様である。
　　　ただし、特例社団法人が理事会設置一般社団法人以外の一般社団法人となる場合にあっては、理事が就任を承諾したことを証する書面の印鑑につき市区町村長の作成した証明書を添付しなければならない（登記規則第3条、商登規第61条第2項）。
　　ウ　登録免許税
　　　登録免許税は課されない（税改法附則第27条第2項第2号）。
　(3)　特例民法法人についてする解散の登記
　　第3の2の(3)と同様である。
3　認可の取消し
　行政庁は、1の認可を受けた特例民法法人が、不正の手段により認可を受けたとき又は登記をすべき旨の催告をしたにもかかわらず登記をしないときは、その認可を取り消さなければならないとされた（整備法第131条第1項、第2項、第109条第1項）。
　移行期間の満了の日後に当該取消処分の通知を受けた特例民法法人は、当該通知を受けた日に解散したものとみなすとされ、旧主務官庁は、遅滞なく、解散の登記を嘱託しなければならないとされた（整備法第131条第4項、第5項、第109条第5項）。
　なお、移行期間の満了前に当該取消処分の通知がされた場合において、既に2の移行の登記がされているときは、移行後の一般社団法人又は一般財団法人の解散の登記及び特例民法法人の回復の登記は、当事者の申請により行われる（法人法第303条、第312条第4項参照）。
第5　移行期間の満了による解散
　移行期間内に、整備法第44条の認定又は同法第45条の認可を受けなかった特例民法法人は、移行期間の満了の日に解散したものとみなすとされ

た。ただし、これらに係る申請があった場合において、移行期間の満了の日までに当該申請に対する処分がされないときは、この限りでないとされた（整備法第46条第1項）。

　移行期間の満了後に整備法第44条の認定又は同法第45条の認可をしない処分の通知を受けた特例民法法人は、当該通知を受けた日に解散したものとみなすとされた（整備法第110条第1項、第121条第2項）。

　これらの場合には、旧主務官庁は、遅滞なく、当該特例民法法人の解散の登記を嘱託しなければならないとされた（整備法第46条第2項、第110条第2項、第121条第2項）。

別紙

（公認会計士・会計監査人用）

公認会計士登録証明事務取扱要領第4号

公認会計士の会計監査人資格証明願

日本公認会計士協会　御中

　　　　　　　　　　申　請　者
　　　　　　　　　　　　（住　　所）
　　　　　　　　　　　　（氏　　名）
　　　　　　　　　　　　（登録番号）

　私は、
1　日本公認会計士協会に備える　公認会計士／外国公認会計士　名簿に登録された　公認会計士／外国公認会計士

であること。
につき証明願います。

平成〇〇年〇〇月〇〇日
　　　　　　　　　　申請者　氏名　　　　　　　㊞

上記のとおり相違ないことを証明する。
公証　第　　　　号
平成　　年　　月　　日

　　　　　　　　　　　　　日本公認会計士協会
　　　　　　　　　　　　　専務理事
　　　　　　　　　　　　　　　　　　　　協会印

不要なものは削除すること

【参考資料②】移行認定又は移行認可の申請に当たって定款の変更の案を作成するに際し特に留意すべき事項について

移行認定又は移行認可の申請に当たって定款の変更の案を作成するに際し特に留意すべき事項について

平成 20 年 10 月 10 日
内閣府公益認定等委員会

# 目　　次

（編集部注：以下のページ表示は原本のものであり、本書のページに該当していません）

Ⅰ　基本的考え方（作成の趣旨）
　1　定款審査の意義 ……………………………………………………………… 1
　2　「移行認定又は移行認可の申請に当たって定款の変更の案を作成するに際し特に留意すべき事項について」の考え方 ………………………………… 1
　3　定款審査における取扱い …………………………………………………… 3

Ⅱ　各論（定款の変更の案を作成するに際し特に留意すべき事項）
　1　役員等（理事、監事及び評議員）以外の者に一定の名称を付すこととする場合の留意事項 ……………………………………………………………… 4
　2　法人の運営上、法律に規定がない任意の機関を設ける場合の取扱い
　　　法律上の名称を定款において通称名で規定する場合の留意事項 ………… 5
　3　代議員制度 …………………………………………………………………… 7
　4　社員総会及び評議員会の決議要件（定足数）及び理事の選任議案の決議方法 ……………………………………………………………………………… 12
　5　社員総会及び評議員会の理事の選任権限と第三者が関与できる範囲 …… 15
　6　評議員の構成並びに選任及び解任の方法 ………………………………… 16
　7　代表理事の選定方法 ………………………………………………………… 21
　8　理事会・評議員会の運営方法 ……………………………………………… 23

## I 基本的考え方（作成の趣旨）

### 1 定款審査の意義

　特例民法法人が移行認定を受けるためには、その定款の内容（定款の変更の案の内容）が、一般社団法人又は一般財団法人に関する法律（平成18年法律第48号。以下「法」又は「一般社団・財団法人法」ということがある。）及び公益社団法人及び公益財団法人の認定等に関する法律（平成18年法律第49号。以下「公益法人認定法」という。）並びにこれらに基づく命令の規定（以下「一般社団・財団法人法等」ということがある。）に適合するものであることが必要である（整備法第100条第1号）[1]。

　移行認定を受ける特例民法法人の定款の内容が、「一般社団・財団法人法等の規定に適合していること」が移行認定の要件とされた趣旨は、旧民法における公益法人制度から大きく変革した新制度の趣旨を新制度に移行する法人に徹底させるため、移行に際しては、その定款の内容を行政庁が審査することにより、移行に伴う定款変更等の手続の確実性及びその内容の明確性を確保するとともに、移行に伴う紛争及び不正行為を防止することを図ったものと解される。

　そのため、新制度の施行後、定款の内容が一般社団・財団法人法等の規定に適合するか否かについての審査（以下「定款審査」という。）を行政庁が行うに際しては、一般社団・財団法人法等の明文の規定に反することとなる定款の定めはもちろん、一般社団・財団法人法等の規定の趣旨に反することとなる定款の定めがある場合についても、定款の内容を新法の趣旨に適合したものにするよう法人に求めていくことが上記の趣旨に適う。

　このような定款審査の意義を踏まえ、行政庁が行う定款審査に際しては、定款の必要的記載事項[2]、相対的記載事項及び任意的記載事項のすべてについて、その内容が一般社団・財団法人法等の規定に適合するものか否かを審査す

---

[1] 特例民法法人が移行認可を受けるためには、その定款の内容が、一般社団・財団法人法及びこれに基づく命令の規定に適合するものであることが必要である（整備法第117条第1号）。

[2] 定款の必要的記載事項のうち、一般社団法人にあっては法第11条第1項第4号に規定する事項（設立時社員の氏名又は名称及び住所）、一般財団法人にあっては法第153条第1項第4号から第7号までに規定する事項（設立者の氏名又は名称及び住所、設立に際して設立者が拠出をする財産及びその価額等）は、審査の対象外となる。

ることとなる。

## 2 「移行認定又は移行認可の申請に当たって定款の変更の案を作成するに際し特に留意すべき事項について」の考え方

　もとより、各法人の組織、運営及び管理はその定款に基づいて行われるところ、「民による自発的な公益活動を促進する」という公益法人制度改革の趣旨に照らせば、法人自治の原則の下、定款の内容は各法人において自主的に定められるべきものである[3]。

　しかし、他方で、公益法人の定款の内容が法令又は法令に基づく行政機関の処分に違反しているものであるときは、公益認定の欠格事由となり（公益法人認定法第6条第3号）、行政庁は、公益認定を取り消さなければならないこととされている（同法第29条第1項第1号）ことからも明らかなように、法人自治による定款内容の決定及びこれに基づく法人の運営は、それらが一般社団・財団法人法及び公益法人認定法の明文の規定やその趣旨を潜脱・没却しないものであることが前提となる。

　そこで、内閣府は、上記のような定款審査の意義[4]を踏まえ、この文書において、新制度の趣旨及び考え方を説明し、新制度の趣旨に沿って定款の変更の案を作成する場合における望ましい一つの在り方を示すとともに、定款審査における、

　　① 一般社団・財団法人法等の明文の規定に反することとなる定款の定め
　　② 一般社団・財団法人法等の規定の趣旨に反することとなる定款の定め

についての考え方を示すこととした。

　特に、「一般社団・財団法人法等の規定の趣旨に反することとなる定款の定め」については、

　　① 特別の利益の提供の蓋然性が高まるもの（公益法人認定法第5条第3号、第4号等参照）

---

[3] 従来は、定款の内容の決定に際して、法人の意向よりも主務官庁の意向が優先しているかのような本末転倒の状況があったとの指摘もあるが、今般の制度改革により、主務官庁の広く強大な裁量権に基づく指導監督は廃止され、定款に関しても、一般社団・財団法人法及び公益法人認定法に基づき、法人の自治にゆだねられる度合いが格段に高まることとなる。

[4] この文書の作成の趣旨として、行政庁が行う定款審査について、国及び都道府県の統一性、地域間の均衡、迅速性の確保を図るという意義もある。

② 第三者に不測の損害を与えるおそれがあるなど、公益法人としての高い社会的信用を損なうおそれがあるもの[5]
　③ 社員の権利を制限するおそれが高いもの（公益法人認定法第5条第14号等参照）
　④ 法が規定した機関相互の権限関係を逸脱し、不適正な法人運営がなされるおそれがあるもの（公益法人認定法第5条第10号、第11号、第14号ハ、第12号、法第35条第4項、第178条第3項、第153条第3項第1号等参照）

などが考えられる[6]。

3　定款審査における取扱い

　以下の「Ⅱ各論」で検討している「定款の変更の案を作成するに際し特に留意すべき事項」においては、新制度下の法人の運営の便宜のために参考として取り上げている事項だけでなく、示されている結論に反する取扱いをした場合には、一般社団・財団法人法等の明文の規定やその趣旨に反することとなり得る事項も取り上げられている。

　そのため、「Ⅱ各論」では、留意事項ごとに、

　① 当該事項に違反している場合には不認定とならざるを得ないもの
　② 当該事項と異なる定め（記載方法）を選択した理由の説明を求め、不適切であれば不認定の対象となり得るもの
　③ あくまでも新制度下の法人の運営の便宜の参考として記載しており、記載どおりの定めが望ましいが、異なる定めであっても不認定の対象と

---

[5] 公益法人認定法は、公益法人の高い社会的信用を保つため、①その名称を保護し、公益法人ではない者が公益法人であると誤認される名称等を使用することを禁止し（公益法人認定法第9条第4項）、②公益法人の理事、代理人、従業者等が迷惑を覚えさせるような方法により寄附の勧誘・要求をすること、寄附をする財産の使途について誤認させるおそれのある行為をすること及び寄附者の利益を不当に害するおそれのある行為をすること等を禁止し（同法第17条第2号から第4号）、③公益法人の社会的信用を維持する上でふさわしくない事業等も禁止する（同法第5条第5号）だけでなく、④所定の機関設計を義務付け（同法第5条第12号・第14号ハ）、役員の構成を規制する（同条第10号・第11号）など、公益法人の高い社会的信用を保ちつつ公益目的事業を適正に実施するための体制（同法第1条）を種々の規律により確保しようとしている。

[6] 公益法人の運営を適正に実施するための体制を確保するという観点から、事業の円滑な推進に支障が及ばない範囲内において、できる限り定款に具体的に規定することが必要な事項もある。

ならないもの

に分類し、各事項の末尾の「定款審査における取扱い」の箇所でこれを示すこととした（併せて、不認可の対象ともなるものについては、その旨を併記することとしている。）[7]。

---

[7] 定款審査の結果、申請当初の定款の変更の案のままではその内容が一般社団・財団法人法等の規定に適合していないと判断される場合には、その箇所及びその理由を指摘して、関係する規定について申請者に促して自主的な修正を待つこととなる。申請者が修正を行わない場合には、不認定又は不認可の処分を行うことがある。

## Ⅱ 各論（定款の変更の案を作成するに際し特に留意すべき事項）

### 1 役員等（理事、監事及び評議員）以外の者に一定の名称を付すこととする場合の留意事項

(問題の所在)

　役員等(理事、監事及び評議員)以外の者に対して、法律上の権限はないが、権限を有するかのような誤解を生じさせる名称（役職）を付す場合には、定款にその根拠を設けることなく、法人関係者（例えば代表理事、理事会）が、自由に、誰にでも上記のような名称（役職）を付すことが許されるか。

(考え方)

　法は、法人のガバナンスを確保するため、理事、監事、社員、評議員、代表理事、業務執行理事及び会計監査人などの法人のガバナンスを担う機関を法定し、これらのものの地位と役割に関し、選任・解任手続、資格、定数、任期、権限、責任、設置義務の範囲、報酬、欠員が生じた場合の措置等についてそれぞれ規律を設けることにより、ガバナンスを担うこととなるものの位置付けを明確化し、併せて機関相互の権限関係をも規定することにより適正な法人運営がなされるよう図っており、対外的にも、法人のガバナンスを担う立場にあるものの地位や役割を明らかにしている。また、特に、法は、法人が事業活動を行うに際して、その相手方が不測の損害を被るのを防止するため、対外的に法人を代表する権限を有する理事を「代表理事」と規定した上で（法第21条、第162条第1項）、代表理事以外の理事に「理事長」その他法人を代表する権限を有するものと認められる名称を付した場合には、当該理事がした行為について、善意の第三者に対して法人がその責任を負う（法第82条（第197条において準用する場合を含む。以下、一般財団法人について準用する場合の条文の引用は省略する。））ものとしている。さらに、公益法人については、公益法人認定法において、その高い社会的信用を保ちつつ、公益目的事業を適正に実施するための体制を確保するための種々の規律が設けられているところである[5]。

　上記のような関係法令の趣旨を踏まえ、公益法人においては、役員等（理事、監事及び評議員）以外の者に対して、法律上の権限はないが、権限を有す

るかのような誤解を生じさせる名称（役職）を付す場合には、原則として、定款に、その名称、定数、権限及び名称を付与する機関（社員総会、理事会など）についての定めを設けることが望ましい[8]。

(定款審査における取扱い)

上記の考え方と異なる運用をすることにより、公益法人の社会的信用を毀損し又は毀損するおそれが高い場合等には、その理由の説明を求め、不適切であれば不認定の対象となり得るものとする[9]。

(注) 1　代表権のない者（代表権を有しない理事を含む。）に対し、「理事長」など法人を代表する権限を有するものと認められる名称を付した場合には、法人が表見代表（法第82条）ないし表見代理（民法第110条等）の責任を負う可能性がある。
　　2　定款の定めの例
　　　第○条　この法人に、任意の機関として、1名以上3名以下の相談役を置く。
　　　2　相談役は、次の職務を行う。
　　　　(1)　代表理事の相談に応じること
　　　　(2)　理事会から諮問された事項について参考意見を述べること
　　　3　相談役の選任及び解任は、理事会において決議する。
　　　4　相談役の報酬は、無償とする。

---

[8] 公益法人の役員等（理事、監事及び評議員）の地位にある者については、その氏名等が記載された役員等名簿により広く閲覧等に供され（公益法人認定法第21条第4項・第2項第2号、第22条第3項）、登記上も公示される（法第301条第2項第5号から第7号、第302条第2項第5号・第6号）。また、公益法人の役員等（理事、監事及び評議員）以外の者であって、法人運営に一定の権限を有するような名称（役職）が付された者については、定款にその根拠が設けられることにより、その権限の内容等が公開されることとなる（公益法人認定法第21条第4項、第22条第2項）。

[9] 公益法人においては、「法律上の権限はないが、権限を有するかのような誤解を生じさせる名称（役職）」を役員等（理事、監事及び評議員）以外の者に付す場合には、原則として、定款にその名称等についての定めを設けることが望ましい。しかし、定款審査においては、「当該名称（役職）等を定款に定めているか否か」が問題となるのではなく、そのような紛らわしい名称（役職）を使用したこと等により、公益法人の社会的信用を毀損し又は毀損するおそれが高いと認められるような例外的な場合に、定款にその根拠を設けることなく紛らわしい名称（役職）を使用していること等が問題となるに過ぎない。

## 2 法人の運営上、法律に規定がない任意の機関を設ける場合の取扱い
## 法律上の名称を定款において通称名で規定する場合の留意事項

(問題の所在)
① 法人の運営に際し、法律に規定がない任意の（合議）機関（会議体）を定款に設けて運営する場合の留意事項。
② 定款において、社員総会を「総会」、代表理事を「理事長」・「会長」などのように略称や通称名で記載することは許容されるか。

(考え方)
　法は、法人のガバナンスを確保するため、法人の重要事項の意思決定、業務執行の決定、職務の執行を行う機関として、社員総会、評議員会、理事会、代表理事、業務執行理事などの機関を法定し、その構成員、招集手続、決議方法、権限、瑕疵ある決議の内容や手続の是正方法等についてそれぞれ詳細な規律を設けるとともに、機関相互の権限関係を規定することにより適正な法人運営がなされるよう図っている。

　上記のような法の趣旨を踏まえ、特例民法法人の移行に当たり、
① 法人の運営に際し、法律に根拠のない任意の機関（会議体）を定款に設けて運営する場合には、当該機関の名称、構成及び権限を明確にし、法律上の機関である社員総会、評議員会又は理事会等の権限を奪うことのないように留意する必要があり（法第35条第4項、第178条第3項等参照）（問題の所在①）、
② 法の名称とは異なる通称名や略称を定款に使用する場合（例えば、社員総会を「総会」、代表理事を「理事長」と表記するような場合）には、「法律上の名称」と定款で使用する名称がどのような関係にあるのかを、定款上、明確にする必要がある（問題の所在②）

こととなる。

(定款審査における取扱い)
　上記の考え方と異なる運用を選択する場合には、その理由の説明を求め、不適切であれば不認定又は不認可の対象となり得るものとする。

(注) 1　任意の（合議）機関（会議体）として、定款の定めにより、例えば、一部の理事と事務局員等で構成する「常任理事会」や「常務会」を設け、当該機関において理事会の審議事項の検討等の準備を行うこととすることは可能であるが、それに加えて、「当該機関の承認がない事項については理事会で決定することができない」旨の定めを設けることは、理事会の権限を制約することとなるため許されない。定款に根拠を設けずに上記のような任意の機関を設けることも可能であるが、当該機関の運用において、法定の機関の権限を制約するような運用をすることは許されない。

　　2　定款の定めの例（問題の所在①）
　　　第○条　この法人に、企画・コンプライアンス委員会を置く。
　　　2　第1項の委員会は、業務執行理事1名、理事1名、事務局員1名で構成する。
　　　3　第1項の委員会は、次に掲げる事項を行う。
　　　　(1)　この法人の業務運営の年間計画案を策定し、理事会に提出すること
　　　　(2)　この法人の理事の職務の執行が法令及び定款に適合することを確保するための体制その他業務の適正を確保するために必要な体制の運用及び改善について、理事会に参考意見を提出すること
　　　　(3)　この法人の事業に従事する者からの法令違反行為等に関する通報に対して適切な処理を行うため、公益通報の窓口を設置・運用し、管理すること
　　　4　第1項の委員会の委員は、理事会において選任及び解任する。
　　　5　第1項の委員会の議事の運営の細則は、理事会において定める。

　　3　定款の定めの例（問題の所在②）
　　　第○条　この法人に以下の会員を置く。
　　　　(1)　正会員　　この法人の事業に賛同して入会した個人又は団体
　　　　(2)　特別会員　○○○
　　　　(3)　賛助会員　○○○
　　　2　前項の会員のうち正会員をもって一般社団・財団法人法上の社員とする。
　　　第○条　この法人に、次の役員を置く。
　　　　(1)　理事　○○名以上○○名以内
　　　　(2)　監事　○○名以内
　　　2　理事のうち1名を理事長、○名を常務理事とする。
　　　3　前項の理事長をもって一般社団・財団法人法上の代表理事とし、常務理事をもって同法第91条第1項第2号の業務執行理事とする。

## 3　代議員制度

(問題の所在)

　「当該社団法人に会費を納めている会員に選挙権を与え、会員の中から社員を選出するための選挙を行い、当該選挙により選出された者を任期付きの社員とする」旨の定めを設け、いわゆる代議員制を採用する場合の定款の定めの在り方。

(考え方)

　社団法人における社員総会は、役員の人事や報酬等を決定するとともに、定款変更、解散などの重要な事項の意思決定をすることができる法人の最高意思決定機関である。そのため、社団法人の実態としては社員となることができる資格のある者が多数いるにも関わらず、社員の範囲を狭く絞って社員総会を運営し、多様な意見を反映する機会を設けることなく、構成員のうちの一部の勢力のみが法律上の「社員」として固定されてしまうような場合には、当該社団法人の実効性のあるガバナンスを確保することができなくなる。

　例えば、社員総会で議決権を行使することとなる「代議員」の選定を理事ないし理事会で行うこととすると、理事や理事会の意向に沿った少数の者のみで社員総会を行って法人の意思決定をすることともなりかねないため（法第35条第4項、公益法人認定法第5条第14号イ参照）、会員の中から社員（代議員）を選定する方法は特に留意する必要がある。また、社員の範囲を狭く絞ることにより、移行に伴い従来から社員の地位にあった者の個別の同意を得ることなくその者の地位（社員たる権利）を奪うこととなるだけでなく、法が社員に保障した各種の権利を行使できる者の範囲が狭まることとなり、社員権の行使により法人のガバナンスを確保しようとした法の趣旨に反することともなりかねない。

　このような問題意識を踏まえ、特例社団法人が、上記の意味の代議員制を採る場合には、定款の定めにより、以下の5要件を満たすことが重要である。

　① 「社員」（代議員）を選出するための制度の骨格（定数、任期、選出方法、欠員措置等）が定款で定められていること
　　→　定款における「社員の資格の得喪」に関する定め（法第11条第1

項第5号）の内容として、少なくとも、定款において、社員の定数、任期、選出方法、欠員措置等が定められている必要がある。
② 各会員について、「社員」を選出するための選挙（代議員選挙）で等しく選挙権及び被選挙権が保障されていること
　　→ 代議員（社員）の選定方法の細部・細則を理事会において定めることとしても、少なくとも、「社員の資格の得喪」に関する定め（法第11条第1項第5号）の内容として②の内容を定款で定める必要がある（公益法人認定法第5条第14号イ参照）[10]。
③ 「社員」を選出するための選挙（代議員選挙）が理事及び理事会から独立して行われていること
　　→ ①で、社員（代議員）の選出方法を定款に定めた場合でも、理事又は理事会が社員を選定することとなるような定めは一般社団・財団法人法第35条第4項の趣旨に反する。定款の定めにおいては、②の内容とともに明記することが考えられる。
④ 選出された「社員」（代議員）が責任追及の訴え、社員総会決議取消しの訴えなど法律上認められた各種訴権を行使中の場合には、その間、当該社員（代議員）の任期が終了しないこととしていること
　　→ 例えば、社員が責任追及の訴えを提起したものの、訴訟係属中に任期満了により当該社員が社員の地位を失った場合には、代表訴訟の原告適格も失うおそれが高い。そのため、比較的短期間の任期の社員を前提とする代議員制においては、事実上、任期満了間際に社員が訴権を行使できなくなるため、社員に各種の訴権を保障した法の趣旨を踏

---

[10] 「社員の資格の得喪」に関する定款の定めにおいて「不当な条件」を付しているかどうか（公益法人認定法第5条第14号イ）については、社会通念に従い判断され、当該法人の目的、事業内容に照らして当該条件に合理的な関連性及び必要性があれば、不当な条件には該当せず、例えば、専門性の高い事業活動を行っている法人において、その専門性の維持、向上を図ることが法人の目的に照らして必要であり、その必要性から合理的な範囲で社員資格を一定の有資格者等に限定したり、理事会の承認等一定の手続的な要件を付したりすることは、不当な条件に該当しないものとされている（公益認定等ガイドライン〔平成20年4月11日〕）。各会員の選挙により「社員」を選出する代議員選挙においてもこの理は妥当し、代議員選挙の運用に際し、会員間の選挙権・被選挙権等に一定の差異を設けることが当該法人の目的、事業内容に照らして合理的な関連性及び必要性があれば許容され得る。

まえ、④の内容を定款に定める必要がある。
⑤　会員に「社員」と同等の情報開示請求権等を付与すること
　→　法は、「社員」によるガバナンスの実効性を確保するため社員たる地位を有する者に各種の権利を付与している。かかる法の趣旨を踏まえ、旧民法では「社員」の地位にあった者を新法下で「会員」として取り扱うこととするような特例社団法人等については、社員の法人に対する情報開示請求権等を定款の定めにより「会員」にも認める必要がある。

(定款審査における取扱い)
　上記の考え方と異なる運用を選択する場合には、その理由の説明を求め、不適切であれば不認定又は不認可の対象となり得るものとする。

(注)　1　新制度の施行前から既に上記のような代議員制を採っている特例社団法人において、移行後も代議員制を採ることとする場合には、本文の考え方の趣旨を踏まえた方法により代議員(社員)を選挙することが必要となる。仮に、従来の運用において、理事(理事会)が代議員(社員)を選出していると評価できるような方法で代議員(社員)を選挙していた特例社団法人については、理事(理事会)から独立した形で代議員(社員)選挙を行った上で新制度に移行する必要がある。
　　　また、新制度の移行に伴って代議員制を新たに採ることとする特例社団法人においては、旧民法上の社員の地位を有していた者に対して代議員の選挙権等を付与しないものとすることは合理的な理由がない限り許されない。新制度の施行前から既に代議員制を採っている特例社団法人においても、旧民法上の社員(代議員)の選挙権を有していた者(会員)に対して、新制度の移行に伴って代議員の選挙権等を付与しないものとすることは合理的な理由がない限り許されない。
　　2　複数の種類の会員資格(例えば、個人会員、法人会員、学生会員、名誉会員、賛助会員など)を設けている特例社団法人にあっては、どの種類の会員が選挙権・被選挙権を有するか(本文②の要件)、情報開示請求権等を付与されるのか(本文⑤の要件)を定款に明示することが必要である[11]。その際には、公益法人認定法第5条第14号ロの趣旨、すなわち、議決権について不当に差別的な取扱いを禁止することにより社員総会における意思決定に偏

りが生じることを防止するとともに、資力を有する一部の社員によって社員総会の運営が恣意的になされることを防止しようとした趣旨を踏まえつつ、当該社団法人の事業活動に関心を持ち、その法人の重要事項の意思決定の過程に関与すべき立場にある種類の会員に選挙権・被選挙権等を付与することとなる（会員の種類間で区別を設けることが、当該社団法人の目的、事業内容に照らして、合理的な関連性及び必要性があれば許容される。）[12]。

3　定款の定めの例
　第○条　この法人に、次の種類の会員を置く。
　　(1)　正会員　○○の資格を有する者
　　(2)　準会員　この法人の活動に賛助する者、○○の資格の取得予定者
　2　この法人の社員（一般社団・財団法人法第11条第1項第5号等に規定する社員をいう。以下同じ。）は、概ね正会員300人の中から1人の割合をもって選出される代議員をもって社員とする（端数の取扱いについては理事会で定める。）。
　3　代議員を選出するため、正会員による代議員選挙を行う。代議員選挙を行うために必要な細則は理事会において定める。
　4　代議員は、正会員の中から選ばれることを要する。正会員は、前項の代議員選挙に立候補することができる。
　5　第3項の代議員選挙において、正会員は他の正会員と等しく代議員を選挙する権利を有する。理事又は理事会は、代議員を選出することはできない。
　6　第3項の代議員選挙は、2年に1度、○月に実施することとし、代議員の任期は、選任の2年後に実施される代議員選挙の終了の時までとする。ただし、代議員が社員総会決議取消しの訴え、解散の訴え、責任追及の訴え及び役員の解任の訴え（法第266条第1項、第268条、第278条、第284条）を提起している場合（法第278条第1項に規定する訴えの提起の

---

11　なお、特例社団法人の社員（代議員）の選挙を他の法人や団体に完全にゆだねることは不相当である。例えば、当該特例社団法人と提携先の法人等（連携法人・連携団体）との間に、法人の目的、社員（構成員）の構成等について密接な共通関係がある場合であっても、当該特例社団法人の社員（代議員）の選出に際しては、本文の考え方が没却されることのないように、当該特例社団法人の責任者による一定の関与の下にその社員（代議員）の選挙が行われることが必要であることに留意すべきである。

12　代議員制を採用する特例社団法人に限らず、複数の種類の会員資格（例えば、個人会員、法人会員、学生会員、名誉会員、賛助会員など）を設けている特例社団法人が、特定の種類の会員のみをもって「社員」とする旨の定款の定めを設ける場合も同様であり、当該社団法人の事業活動に関する重要な事項の意思決定に関心を持ち、これに関与すべき立場にある種類の会員のみを社員とすることが、当該社団法人の目的、事業内容に照らして、合理的な関連性及び必要性があれば許容される。

請求をしている場合を含む。）には、当該訴訟が終結するまでの間、当該代議員は社員たる地位を失わない（当該代議員は、役員の選任及び解任（法第63条及び第70条）並びに定款変更（法第146条）についての議決権を有しないこととする。）。

7　代議員が欠けた場合又は代議員の員数を欠くこととなるときに備えて補欠の代議員を選挙することができる。補欠の代議員の任期は、任期の満了前に退任した代議員の任期の満了する時までとする。

8　補欠の代議員を選挙する場合には、次に掲げる事項も併せて決定しなければならない。
(1)　当該候補者が補欠の代議員である旨
(2)　当該候補者を1人又は2人以上の特定の代議員の補欠の代議員として選任するときは、その旨及び当該特定の代議員の氏名
(3)　同一の代議員（2以上の代議員の補欠として選任した場合にあっては、当該2以上の代議員）につき2人以上の補欠の代議員を選任するときは、当該補欠の代議員相互間の優先順位

9　第7項の補欠の代議員の選任に係る決議が効力を有する期間は、当該決議後2年以内に終了する事業年度のうち最終のものに関する定時社員総会の終結の時までとする。

10　正会員は、一般社団・財団法人法に規定された次に掲げる社員の権利を、社員と同様にこの法人に対して行使することができる。
(1)　法第14条第2項の権利（定款の閲覧等）
(2)　法第32条第2項の権利（社員名簿の閲覧等）
(3)　法第57条第4項の権利（社員総会の議事録の閲覧等）
(4)　法第50条第6項の権利（社員の代理権証明書面等の閲覧等）
(5)　法第52条第5項の権利（電磁的方法による議決権行使記録の閲覧等）
(6)　法第129条第3項の権利（計算書類等の閲覧等）
(7)　法第229条第2項の権利（清算法人の貸借対照表等の閲覧等）
(8)　法第246条第3項、第250条第3項及び第256条第3項の権利（合併契約等の閲覧等）

11　理事、監事又は会計監査人は、その任務を怠ったときは、この法人に対し、これによって生じた損害を賠償する責任を負い、一般社団・財団法人法第112条の規定にかかわらず、この責任は、すべての正会員の同意がなければ、免除することができない。

| 4 　社員総会及び評議員会の決議要件(定足数)及び理事の選任議案の決議方法 |

(問題の所在)
① 　公益社団法人における社員総会の普通決議(理事の選任)の決議要件(定足数)の定款の定めの在り方。
② 　理事の選任議案を社員総会(評議員会)で決議する方法について、例えば、4人の理事の選任議案の決議方法を4人一括で決議する方法は許されるか。例えば、4人の理事候補者のうち、1名については反対、3名については賛成の議決権の行使をしたいと考えている社員(評議員)がいるときに、4人一括で決議する方法が採用された場合には、そのような意思を反映した議決権の行使をすることができないこととなるため、社員総会又は評議員会の議事の運営方法についての定款の定めの在り方が問題となる。

(考え方)
　法は、社員総会又は評議員会に理事の選任権を形式的に付与しているだけでなく、理事の選任過程の適正を確保するため、種々の方策を講じている。
　すなわち、法は、社員(評議員)1人に1議決権を付与する(法第48条第1項本文、第178条第1項、第189条)だけでなく、社員総会(評議員会)を招集するに際しては、理事の選任議案の内容をすべての社員(評議員)に通知するものとし(法第39条第1項、第2項第2号、第4項、第38条第1項第5号、第41条、第42条、一般社団法人及び一般財団法人に関する法律施行規則(平成19年法務省令第28号。以下「施行規則」という。)第4条第1号イ、第3号イ、第5条第1項第1号、第2項、法第182条、第181条第1項第3号、施行規則第58条第1号)、理事及び監事に社員(評議員)への説明義務を課し(法第53条、第190条)、理事を選任(再任)する場合には、社員(評議員)にその理由を説明しなければならないものとしている。さらに、法は、それに納得がいかない社員(評議員)が自分自身で議案の提案権を行使し、別の候補者を役員とする選任議案を提案し、その議案の要領を招集通知に記載することを請求することができることともしている(法第43条から第45条、第184条から第186条)。
　また、その決議に際しても、総社員の議決権(議決に加わることができる評

議員)の過半数を有する社員(評議員)の出席を要することとし(法第49条第1項、第189条第1項)、公益法人においては、所定の理事の合計数が理事の総数の3分の1を超えてはならない(公益法人認定法第5条第10号及び第11号)こととされている。

　このように、法及び公益法人認定法は、あらゆる規律を通して、選任手続を可能な限り慎重ならしめ、社員総会(評議員会)における実質的な審議を経て適正に理事が選任されるための種々の方策を講じている[13]。

　この点、仮に、公益社団法人における社員総会の普通決議の決議要件(定足数)の定款の定めとして、この要件を大幅に緩和したり、あるいは撤廃する定めを設けた場合には、総社員のうち、ごく一部の社員のみで理事の選任が決定されることとなり、上記の法の趣旨が没却されることとなる。

　また、理事の選任議案を社員総会(評議員会)で決議する方法について、例えば、4人の理事の選任議案の決議(採決)を4人一括で決議(採決)することとした場合には、本来、1つ1つの議案(1人1人の理事の選任議案)ごとに賛成又は反対の意思を表明することができるはずの社員[14](評議員)に対して、全議案についてすべて賛成か又はすべて反対かという投票を強制することとなり、上記の法の趣旨が没却されることとなる。

　このような法の趣旨及び考え方を踏まえ、
　　① 公益社団法人が、定款の定めにより、社員総会の普通決議の決議要件(定足数)を大幅に緩和し、あるいは撤廃することは許されない(問題の所在①)
　　② 社員総会又は評議員会で理事の選任議案を採決する場合には、各候補

---

[13] 本文以外にも、例えば、公益社団法人にあっては、社員総会における意思決定に偏りが出ることを防止するため、社員資格の得喪に関する事項や議決権の数等について不当に差別的な取扱いをすることを禁止するとともに、資力を有する一部の社員によって社員総会の運営が恣意的になされることを防止するため、法人に提供した財産の価額に応じて議決権の数や行使の条件等に差異を設けることを禁止(公益法人認定法第5条第14号イ及びロ)、可及的に社員総会における適正な審議の確保を図っている。

[14] 法は、社員に書面又は電磁的方法(電子メール等)による議決権の行使を認める場合(法第38条第1項第3号・第4号)には、議決権行使書面に「各議案についての賛否」を記載する欄を設けなければならない(施行規則第7条第1号)ものとしている。これは、社員が議案ごとに賛成又は反対の意思を表明する機会を確保しようとしたものである。

者ごとに決議する方法を採ることが望ましく[15]、特例民法法人の移行に際し、その定款（の変更の案）に、社員総会又は評議員会の議事の運営方法に関する定めの一つとして、「理事の選任議案の決議に際し候補者を一括して採決（決議）すること」を一般的に許容する旨の定めを設けることは許されない（問題の所在②）こととなる。

(定款審査における取扱い)

　上記の考え方と異なる運用を選択する場合、すなわち、①定款の定めにより、社員総会の普通決議の決議要件（定足数）を大幅に緩和し、あるいは撤廃する場合には、その理由の説明を求め、不適切であれば不認定の対象となり得るものとし、②定款に、社員総会又は評議員会の議事の運営方法に関する定めの一つとして、「理事の選任議案の決議に際し候補者を一括して採決（決議）すること」を一般的に許容する旨の定めを設けた場合には、不認定又は不認可の対象となるものとする。

(注)　1　問題の所在①についての本文の考え方の趣旨を踏まえ、公益社団法人が、定款の定めにより、社員総会の普通決議の決議要件（定足数）を緩和することとする場合には、例えば、普通決議の決議要件（定足数）の定めとして、「総社員の議決権の3分の1を有する社員の出席」を要することとする程度の定めを設けることが考えられる（このような定めを設けた場合には、総社員の議決権の6分の1（約16.7パーセント）を超える賛成さえあれば理事を選任又は解任することができることとなる。）。なお、定款に社員総会の普通決議の決議要件（定足数）についての定めを設けない場合には、法第49条第1項の原則どおり、「総社員の議決権の過半数を有する社員の出席」が必要となる。

---

15　しかし、議決権行使書面による議決権の行使の結果、社員総会の開催前に、複数の役員の選任議案のすべてについて過半数の賛成がそれぞれ得られているような場合であって、社員総会において、議長が複数の役員の選任議案を候補者全員一括で決議（採決）することを出席している議場の社員に諮り、それに異議が出ない等のときは、役員候補者全員の選任議案を一括で決議（採決）することも許容され得る。

2 　社員総会の運営については、理事会及び評議員会とは異なり、代理人により議決権を行使する方法（代理人による社員総会への出席。法第50条第1項）、書面により議決権を行使する方法（法第38条第1項第3号、第51条第1項）、電磁的方法（例えば、電子メール）により議決権を行使する方法（法第38条第1項第4号、第52条第1項）がそれぞれ法の規定により認められており、いずれの方法による場合も、行使された議決権の数が、出席した社員の議決権の数に算入されることとなる（法第51条第2項、第52条第3項）。社員数が多い公益社団法人にあっては、このような方法を併用することにより、円滑に社員総会を運営することができる[16]。

3 　公益財団法人における評議員会の普通決議の決議要件（定足数）については、撤廃することはもちろん、緩和すること自体も認められていない（法第189条第1項）ため、評議員会の普通決議の決議要件（定足数）を緩和する内容の定款の定めは無効となる。

4 　問題の所在②についての本文の考え方の趣旨を踏まえ、定款に社員総会又は評議員会の議事の運営方法に関する定めを設けることとする場合には、下記の定款の定めの例のように、「理事の選任議案の採決は各候補者ごとに採決（決議）する方法とする」旨を定めておくことも考えられる[17]。

5 　定款の定めの例

　第○条　社員総会の決議は、次項に規定する場合を除き、総社員の議決権の過半数を有する社員が出席し、出席した当該社員の議決権の過半数をもって行う。

　　2 　前項の規定にかかわらず、一般社団・財団法人法第49条第2項各号に列挙された事項については、総社員の半数以上であって、総社員の議決権の3分の2以上に当たる多数をもって行う。

　　3 　理事又は監事を選任する議案を決議するに際しては、各候補者ごとに第1項の決議を行わなければならない。理事又は監事の候補者の合計数が第

---

16　これ以外にも、例えば、（定時）社員総会に際し、公益社団法人から社員に提供する必要のある資料である①招集通知、②参考書類、議決権行使書面、③計算書類、事業報告、監査報告及び会計監査報告について、所定の要件を満たす場合には、電磁的方法で社員に提供することが可能とされている（①法第39条第3項、一般社団法人及び一般財団法人に関する法律施行令（平成19年政令第38号。以下「施行令」という。）第1条第1項第1号、②法第42条第2項、③法第125条、施行規則第47条第2項第2号）。また、代理人により議決権を行使する社員は、所定の要件を満たす場合には、公益社団法人に対し委任状をメールで提出することも認められている（法第50条第3項、施行令第2条第1項第1号）。

17　このような定款の定めは、社員総会の議長の議事の整理権限（法第54条第1項）を適切にコントロールするものとしても有効である。

○条に定める員数を上回る場合には、過半数の賛成を得た候補者の中から得票数の多い順に員数の枠に達するまでの者を選任することとする。

### 5 社員総会及び評議員会の理事の選任権限と第三者が関与できる範囲

(問題の所在)

社員総会又は評議員会で理事を選任する際、定款の定めにより、代表理事、理事会、設立者等の第三者を関与させることの可否。

(考え方)

社員総会又は評議員会の理事の選任権限は、定款の定めをもってしても奪うことができないため（法第35条第4項、第178条第3項）、特例民法法人の定款の変更の案において、社員総会又は評議員会以外の機関がその決定をくつがえすこととなるような定款の定めを設けることはできない。

(定款審査における取扱い)

上記の考え方と異なる定款の定めを設けた場合（定款に、社員総会又は評議員会の理事の選任権限を奪うこととなるような定款の定めや注1・2のような定めを設けた場合等）には、不認定又は不認可の対象となるものとする。

(注) 1 「理事の選任は、○○（例えば、代表理事、設立者）が行う」との定めは、社員総会又は評議員会の理事の選任権限を奪っており無効である。
   2 「社員総会（評議員会）において理事を選任する場合には、○○（例えば、代表理事、設立者）の同意を得なければならない」旨の定めは、社員総会又は評議員会以外の者（機関）に拒否権（事実上の決定権）を与えることとなり得るため、上記1に準じた取扱いとなる。
   3 「社員総会（評議員会）が理事を選任又は解任する場合には、○○（例えば、設立者、定款で指定した者）の意見を参考にすることができる」旨の定めは、社員総会又は評議員会以外の者（機関）に拒否権（事実上の決定権）を与えているとまではいえないため、許容される。

| 6　評議員の構成並びに選任及び解任の方法 |

(問題の所在)
「評議員の選任及び解任の方法」に関する定款の定めの在り方。

(考え方)
　新制度（一般社団・財団法人法）における「評議員」は、一般財団法人の運営がその目的から逸脱していないかを監督する重要な立場にある。すなわち、新制度においては、財団法人の運営の適正を確保するため、「評議員」の資格を有している者に対し評議員会の議決権を与え、理事、監事、会計監査人の選解任権、報酬等の決定権を与えて役員等の人事権を独占させた上、決算の承認、定款の変更など法人運営における重要事項の最終的な意思決定権を付与している。さらに、評議員には、理事の違法行為の差止請求権、役員等の解任の訴えの提訴権など法人の適切な業務運営を確保するための種々の権利も付与されている。加えて、評議員は広範かつ強大な権限を有するだけでなく、4年間の任期が保障されており、自らの意思で辞任しない限りは原則としてその地位を失うことはないなど、その独立性も強く保障されている。
　このように、新制度においては、評議員が、人事権等の重要な権利を適切に行使することにより財団法人の適正な運営が確保される仕組みとなっており、税制上の優遇措置を受けることとなる公益財団法人の業務運営が公正に行われるためには、広範で強い権限を付与されている評議員の人選が非常に重要となる。
　そのため、公益財団法人の運営が、特定の団体や勢力の利益に偏るおそれがなく、不特定かつ多数の者の利益のために適正かつ公正に行われるためには、評議員会を構成する評議員が公益法人の一般的な業務運営に一定の知見を有しているだけでなく、当該法人の運営の公正さに疑いを生じさせない立場にある者が評議員会の一定の割合を占めることが法の趣旨に適う。
　この点、例えば、評議員の選任及び解任を「評議員会の決議で行う」こととすると、「（最初の）評議員」の人選が特定の団体や勢力の関係者で占められた場合には、以後の評議員の選任も当該特定の団体や勢力の関係者によって占められることとなり、公正かつ適切な法人の業務運営を確保するために設けられ

た新制度の仕組みが有効に機能しないおそれがあるだけでなく、①当該法人の役員等の人事権等の重要かつ強大な権限を掌握した評議員の人事が評議員で構成される評議員会だけで行われ、いわば最高意思決定機関の人事を最高意思決定機関だけで行うこととなってしまい、②評議員の人事を身内だけで行い、外部の者が関与する余地がなくなるため、当該法人の運営が特定の団体や勢力の利益に偏り、その運営の公正さに疑いを生じさせるおそれがある（公益法人認定法第5条第3号及び第4号等参照）。

　このような考え方を踏まえ、公益財団法人に移行する特例財団法人が評議員の選任及び解任方法を定款に定めるに際しては、当該法人と相互に密接な関係にある者ばかりが評議員に選任されることのないようにする必要があり、これを確実に担保することができる方法を採らなければならない。

　そのような方法としては、
　　①　「評議員の構成を公益法人認定法第5条第10号及び第11号に準じたものにする」旨を定める方法
又は
　　②　評議員の選任及び解任をするための任意の機関として、中立的な立場にある者が参加する機関を設置し、この機関の決定に従って評議員を選任及び解任する方法
が望ましい。

(定款審査における取扱い)

　上記の考え方と異なる運用を選択する場合（評議員の構成を公益法人認定法第5条第10号及び第11号に準じたものにする旨を定款に定めておらず、かつ、評議員の選任及び解任方法として「中立的な立場にある者が参加する任意の機関を設置し、この機関の決定に従って評議員を選任及び解任する方法」以外の方法を定めている場合（特に、「評議員会が評議員を選任及び解任する」旨の定めを設けている場合））にはその理由の説明を求め、不適切であれば不認定の対象となり得るものとする。

(注)　1　評議員の選任及び解任方法として、例えば、「評議員の選任は、評議員会

の推薦を得た上で、理事会が行う」旨の定めのように、理事又は理事会が評議員を選任し、又は解任することを内容とする定款の定めは無効である（法第153条第3項第1号）。

2　「評議員の選任及び解任の方法」が特定の団体や勢力の利益に偏った方法でされた場合には、当該公益財団法人の事業が行われるに当たり、当該特定の団体や勢力に対し特別の利益が与えられるおそれが高いものともなることに留意する必要がある（公益法人認定法第5条第3号及び第4号等参照）。本文の考え方のとおり、評議員の構成は、公益財団法人の事業の適正な運営の重要なポイントとなる。そのため、本文記載の①又は②の方法のいずれを選択したとしても、実際に選任された評議員の構成が特定の団体や勢力に対し特別の利益が与えられるおそれが高いものと認められる場合には、監督の対象となり得る[18]。

3　本文の考え方②の方法を採る場合において、評議員を選任及び解任する任意の機関（評議員選定委員会）に参加する中立的な立場にある者に対しては、当該法人の関係者から、評議員候補者の経歴、評議員候補者とした理由、当該候補者と当該法人及び役員等との関係、兼職状況等、候補者が評議員として適任と判断した理由を説明することとなる。そのため、評議員候補者の原案は理事会において用意した上で、評議員を選任する任意の機関の構成員にそれを諮ることとする運用も差し支えない。

　また、評議員を選任する任意の機関の構成員として、「中立的な立場にある者」のほかに法人関係者（評議員、監事、事務局員等）を加えても差し支えないが、理事又は理事会による評議員の選任を禁止した法第153条第3項第1号の趣旨を踏まえ、理事が構成員となることは許されない。また、本文の考え方の趣旨を踏まえ、評議員が構成員の過半数を占めることとする定款の定めも不相当である。なお、評議員の選任及び解任を、一定の知見を有する中立的な立場の法人（事業体）に委ねることは何ら差し支えない。この場合には、評議員を選任等する任意の機関の構成員のすべてが「中立的な立場にある者」となる。

4　なお、評議員設置特例財団法人以外の特例財団法人については、移行の登記をするまでの間は、一般社団・財団法人法第153条第1項第8号が適用除外とされている（整備法第89条第2項及び第3項）上、最初の評議員の選任方法については主務官庁の認可を受けた方法によることとされているため

---

[18]　任期満了等に伴い新たな評議員の選任が行われた場合には、当該公益財団法人の事業の適正な運営を確保するため、その選任手続や選任結果が定款の定めに従って適正に行われたことを証する書面（議事録等）の提出を求めることなどが考えられる（公益法人認定法第27条第1項）。

(整備法第92条)、本文の考え方②に記載された「評議員の選任及び解任の方法」の定款の定めが実際に適用されるのは、大半の公益財団法人については、2回目の評議員の選任時からとなる(なお、本文記載の①又は②の方法のいずれを選択したとしても、最初の評議員の選任方法については、最高意思決定機関の人事を最高意思決定機関だけで行うことの弊害や評議員の人事を外部の者が関与する余地を封じて行うことの弊害を防止するため、「任意の機関として、中立的な立場にある者が参加する機関を設置し、この機関の決定に従って評議員を選任及び解任する方法」となる場合が通常であろう。)。

5 定款の定めの例①(本文の考え方①の方法による場合)

第○条 この法人の評議員の数は5名以上8名以内とする。
2 評議員の選任及び解任は、一般社団・財団法人法第179条から第195条の規定に従い、評議員会において行う。
3 評議員を選任する場合には、次の各号の要件をいずれも満たさなければならない。
 (1) 各評議員について、次のイからへに該当する評議員の合計数が評議員の総数の3分の1を超えないものであること。
  イ 当該評議員及びその配偶者又は三親等内の親族
  ロ 当該評議員と婚姻の届出をしていないが事実上婚姻関係と同様の事情にある者
  ハ 当該評議員の使用人
  ニ ロ又はハに掲げる者以外の者であって、当該評議員から受ける金銭その他の財産によって生計を維持しているもの
  ホ ハ又はニに掲げる者の配偶者
  ヘ ロからニまでに掲げる者の三親等内の親族であって、これらの者と生計を一にするもの
 (2) 他の同一の団体(公益法人を除く。)の次のイからニに該当する評議員の合計数が評議員の総数の3分の1を超えないものであること。
  イ 理事
  ロ 使用人
  ハ 当該他の同一の団体の理事以外の役員(法人でない団体で代表者又は管理人の定めのあるものにあっては、その代表者又は管理人)又は業務を執行する社員である者
  ニ 次に掲げる団体においてその職員(国会議員及び地方公共団体の議会の議員を除く。)である者
   ① 国の機関
   ② 地方公共団体

③　独立行政法人通則法第2条第1項に規定する独立行政法人
　　④　国立大学法人法第2条第1項に規定する国立大学法人又は同条第3項に規定する大学共同利用機関法人
　　⑤　地方独立行政法人法第2条第1項に規定する地方独立行政法人
　　⑥　特殊法人（特別の法律により特別の設立行為をもって設立された法人であって、総務省設置法第4条第15号の規定の適用を受けるものをいう。）又は認可法人（特別の法律により設立され、かつ、その設立に関し行政官庁の認可を要する法人をいう。）

6　定款の定めの例②（本文の考え方②の方法による場合）
　第○条　評議員の選任及び解任は、評議員選定委員会において行う。
　2　評議員選定委員会は、評議員1名、監事1名、事務局員1名、次項の定めに基づいて選任された外部委員2名の合計5名で構成する。
　3　評議員選定委員会の外部委員は、次のいずれにも該当しない者を理事会において選任する。
　　⑴　この法人又は関連団体（主要な取引先及び重要な利害関係を有する団体を含む。）の業務を執行する者又は使用人
　　⑵　過去に前号に規定する者となったことがある者
　　⑶　第1号又は第2号に該当する者の配偶者、三親等内の親族、使用人（過去に使用人となった者も含む。）
　4　評議員選定委員会に提出する評議員候補者は、理事会又は評議員会がそれぞれ推薦することができる。評議員選定委員会の運営についての細則は、理事会において定める。
　5　評議員選定委員会に評議員候補者を推薦する場合には、次に掲げる事項のほか、当該候補者を評議員として適任と判断した理由を委員に説明しなければならない。
　　⑴　当該候補者の経歴
　　⑵　当該候補者を候補者とした理由
　　⑶　当該候補者と当該法人及び役員等（理事、監事及び評議員）との関係
　　⑷　当該候補者の兼職状況
　6　評議員選定委員会の決議は、委員の過半数が出席し、その過半数をもって行う。ただし、外部委員の1名以上が出席し、かつ、外部委員の1名以上が賛成することを要する。
　7　評議員選定委員会は、第○条で定める評議員の定数を欠くこととなるときに備えて、補欠の評議員を選任することができる。補欠の評議員の任期は、任期の満了前に退任した評議員の任期の満了する時までとする。
　8　前項の場合には、評議員選定委員会は、次に掲げる事項も併せて決定し

なければならない。
(1) 当該候補者が補欠の評議員である旨
(2) 当該候補者を1人又は2人以上の特定の評議員の補欠の評議員として選任するときは、その旨及び当該特定の評議員の氏名
(3) 同一の評議員（2以上の評議員の補欠として選任した場合にあっては、当該2以上の評議員）につき2人以上の補欠の評議員を選任するときは、当該補欠の評議員相互間の優先順位
9 第7項の補欠の評議員の選任に係る決議は、当該決議後4年以内に終了する事業年度のうち最終のものに関する定時評議員会の終結の時まで、その効力を有する。

## 7 代表理事の選定方法

（問題の所在）

代表理事の選定又は解職の過程に社員総会を関与させることとする場合における定款の定めの在り方。

（考え方）

法は、理事会を設置している一般社団法人の代表理事は、理事会で選定及び解職することとしている（法第90条第2項第3号及び第3項）。

代表理事を選定等する権限を理事会に付与した法の趣旨は、理事会による代表理事の職務執行の監督権限の実効性を確保するところにある。すなわち、代表理事から職務の執行の状況の報告を受け、代表理事の職務の執行を監督する責任を負う理事会がその職責を全うするためには、理事会が代表理事の選定及び解職権を有していることが必要であるとの考え方に基づき、法は、一義的に、理事会に代表理事の選定等の権限を付与したものと解される。換言すれば、代表理事が違法又は不当な行為をした場合において、理事会に代表理事を解職する権限が留保されることにより、理事会による代表理事の職務執行の監督権限が機能し、ガバナンスが確保されるということとなる。

特に、税の優遇措置を受ける公益社団法人については、そのガバナンスを適正に確保する要請が強いことから、公益法人認定法は公益社団法人の機関設計として理事会を必置とし（公益法人認定法第5条第14号ハ）、理事会を通し

たガバナンスに期待しているところが大きい。

　他方、代表理事の選定の過程に社員総会を関与させることを望む法人も少なくない。

　そのため、代表理事の選定の過程に社員総会を関与させることとする場合には、上記のような法の趣旨を踏まえ、例えば、定款の定めにより、「理事会は、代表理事を選定及び解職する。この場合において、理事会は、社員総会の決議により代表理事候補者を選出し、理事会において当該候補者を選定する方法によることができる」旨の定めや、「理事会は、代表理事を選定及び解職する。この場合において、理事会は、社員総会にこれを付議した上で、その決議の結果を参考にすることができる」旨の定めを置いた場合には、理事会が最終的に責任を持って代表理事の選定及び解職をすることができることとなる。

　このように、公益社団法人において、理事会のみで代表理事の選定等を行うこととせず、代表理事の選定等の過程に社員総会を関与させることとする場合には、理事会によるガバナンスの確保を図ることとした法の趣旨を踏まえ、理事会の法定の権限である代表理事の選定及び解職権限を実効的に担保することができる内容の定款の定めを設けることが望ましい。

(定款審査における取扱い)
　上記の考え方に沿った定めが望ましいが、本文の考え方に示された定款の定めの例以外の定めであっても不認定の対象とはならない。

(注)　代表理事が欠けた場合の取扱い
　　1　代表理事が欠けた場合又は定款で定めた代表理事の員数が欠けた場合には、任期の満了又は辞任により退任した代表理事は、新たに選定された代表理事が就任するまで、なお代表理事としての権利義務を有することとされている（法第79条第1項）ため、仮に、代表理事が1名のみの法人において、代表理事が任期の満了又は辞任により退任したとしても、当該代表理事は、後任の代表理事が選定されるまでの間、なお代表理事としての権利を有するだけでなく、その義務も負うこととなる。
　　2　代表理事が在任中に死亡し又は所在不明になった場合には、理事会を開催して新たな代表理事を選定することとなる（法第90条第2項第3号）[19]。ま

た、内紛等何らかの事情があってそのような理事会を開催することができない場合には、理事等の利害関係人は、一時代表理事の職務を行うべき者を選任することを裁判所に申し立てることができる（法第79条第2項）。

3　なお、「代表理事に事故がある場合は、代表理事が予め定める順番で理事が代表理事の職務を代行する」旨の定款の定めは、理事会の代表理事の選定権限を奪い、（将来の）代表理事の選定を代表理事が行うことを許容するものとなるため無効である。

4　代表理事を1人ではなく複数名選定することは可能であり[20]、その場合には各自単独で代表権を行使することができるため、例えば、2名の代表理事のうちの1名が死亡したとしても、他の1名の代表権に影響を及ぼすことはない（なお、2名の代表理事につき権限の分担を定めても、その分担は法人内部の関係に止まり、外部に対しては原則としてその権限分担の効力を主張することはできない（法第77条第5項）。）。

## 8　理事会・評議員会の運営方法

（問題の所在）

理事会又は評議員会の決議方法について、定款で、書面投票、代理出席を定めることは認められるか。理事会又は評議員会の運営方法に関する定款の定めの在り方。

（考え方）

理事及び評議員は、その個人的な能力、資質、手腕に信頼を受けて法人の運営を委任された者であることから（法第64条、第172条第1項、民法第644条）、理事又は評議員は自ら理事会又は評議員会に出席し、議決権を行使することが求められる。また、理事会（評議員会）は、理事（評議員）が参集して相互に十分な討議を行うことによって意思決定を行う場である。したがって、

---

19　代表理事が急死したような場合に、新たな代表理事を理事会で選定する際には、新たな代表理事の選定議案に理事の全員が同意すれば現実に理事会を開催する必要はなく（法第96条）、理事会の招集手続（法第94条第1項）も不要となる。

20　代表理事として選定された理事は、当該法人の業務に関する一切の裁判上又は裁判外の行為をする権限を有する理事（法第77条第4項）として、その氏名及び住所が登記され（法第301条第2項第6号、第302条第2項第6号）、代表理事を複数名選定したときは、その全員が代表理事として登記される。

理事会（評議員会）に代理人が出席して議決権を行使することを定めることは認められないし、理事（評議員）が理事会（評議員会）に出席することなく書面等によって理事会（評議員会）の議決権を行使することも認められない。また、理事（評議員）が一堂に会することなく、議案の賛否について個々の理事（評議員）の賛否を個別に確認する方法で、過半数の理事（評議員）の賛成を得て決議するようないわゆる持ち回り決議も認められない[21]（仮に、特例民法法人が、理事会又は評議員会の決議方法として、代理人による議決権の行使、書面による議決権の行使又は持ち回り決議を許容する旨の定款の定めを設けたとしても無効な定めとなる。）。

　もっとも、遠方に所在する等の理由により現に理事会（評議員会）の開催場所に赴くことができない理事（評議員）が当該理事会（評議員会）決議に参加するため、例えば、電話会議やテレビ会議のように、各理事（各評議員）の音声が即時に他の出席者に伝わり、出席者が一堂に会するのと同等に適時的確な意見表明が互いにできることにより、相互に十分な議論を行うことができる方法であれば理事会を開く場所が物理的に同一の場所である必要はなく（施行規則第15条第3項第1号かっこ書き、第60条第3項第1号かっこ書き参照）、このような方法による議決権の行使は、有効な議決権の行使となる。

　また、理事会設置一般社団法人及び一般財団法人は、理事が理事会の決議の目的である事項について提案をした場合において、当該提案につき理事（当該事項について議決に加わることができるものに限る。）の「全員」が書面又は電磁的記録により同意の意思表示をしたとき（監事が当該提案について異議を述べたときを除く。）は、当該提案を可決する旨の理事会の決議があったものとみなす旨を定款で定めることができる（法第96条。評議員会については、定款の定めを設けることなく全員同意による決議の省略が可能である（法第194条第1項）。）。このような定款の定めを設けることにより、例えば、電子メールにより理事会（評議員会）決議を行うことが可能となり、一例として、

---

[21] 理事（評議員）の「全員」が同意の意思表示をしたときは、当該提案を可決する旨の理事会（評議員会）の決議があったものとみなすことができる（法第96条、第194条第1項）ため、理事（評議員）の「全員の同意」が得られる議案の場合には、いわゆる持ち回り決議をすることも可能である。

理事（評議員）が電子メールで他の理事（評議員）に対して議題を提案し、理事（評議員）全員から提案理事（評議員）宛に同意の電子メールが返信され、監事に異議がないことを確認した上で（評議員会の場合は監事の異議の有無は問わない。）、理事会（評議員会）決議の議事録を作成する（施行規則第15条第4項第1号、第60条第4項第1号）ことにより理事会（評議員会）決議を行うといった方法も可能となる(注)。このような方法を活用することにより、すべての理事（評議員）の意向に基づく理事会（評議員会）決議を機動的に行うことが可能となる[22]。

(定款審査における取扱い)
　上記の考え方と異なる定款の定めを設けた場合（定款に、①理事会（評議員会）に代理人が出席して議決権を行使することを許容する定め、②理事（評議員）が理事会（評議員会）に出席することなく書面等によって理事会（評議員会）の議決権を行使することを許容する定め、又は、③理事（評議員）が議案の賛否について個々の理事（評議員）の賛否を個別に確認する方法で過半数の理事（評議員）の賛成を得て決議するようないわゆる持ち回り決議を許容する定め、のいずれかを設けた場合）には、不認定又は不認可の対象となるものとする。

(注)　1　例えば、電子メールにより議案の内容を理事（評議員）の全員に伝達し、事務方が理事（評議員）全員から議案に同意する旨の電子メールを受け取ったような場合には、コンピューターのハードディスクにそのメールの内容が記録されることにより、電磁的記録により同意の意思表示がされたものとなる（法第96条、第194条第1項、施行規則第89条）。なお、すべての理事（評議員）が同意を表明したことを証明できないと決議に瑕疵が生ずるため、電磁的記録による同意がされる場合は、実務的には、他人のなりすましによる同意メールの送信等を防止することも含め、理事（評議員）本人が同意の意思表示をしたことを証明することができる電磁的記録（例えば電子署名のあるもの）を用いる方法、法人と理事（評議員）間の連絡通信に用いるID

---

22　法第96条により理事会の決議を省略する場合には、実際に理事会は開催されないため、その招集手続も不要である。

とパスワードを使って送信する方法、同意表明が本人の意思に基づくものか電話などで確認する方法等によることが考えられる。
2　なお、理事（評議員）の議決権の数は1人1個であり、「可否同数のときは、議長（代表理事、評議員会議長）の決するところによる」とするような定款の定めを設けることにより、特定の理事（評議員）のみ2個の議決権を与えることとなるような定款の定めは無効である。
3　定款の定めの例（全員同意による理事会の書面決議）
　第○条　この法人は、一般社団・財団法人法第96条の要件を満たしたときは、理事会の決議があったものとみなす。

様式第一号（第五条第一項関係）

　　　　　　　　　　　　　　　　　　　　　　　　　年　月　日

　　殿

　　　　　　　　　　　　　　法人の名称
　　　　　　　　　　　　　　代表者の氏名　　　　　　　印

　　　　　　　　　　公益認定申請書

　公益社団法人及び公益財団法人の認定等に関する法律第5条に規定する公益認定を受けたいので、同法第7条第1項の規定により、下記のとおり申請します。

　　　　　　　　　　　　　　記

1　主たる事務所の所在場所

2　従たる事務所の所在場所

3　公益目的事業を行う都道府県の区域

4　公益目的事業の種類及び内容

5　収益事業等の内容

（備考）
　1　用紙の大きさは、日本工業規格A列4番とすること。
　2　3には、定款に定めがある場合にのみ記載すること。

様式第二号(第八条第一項関係)

　　　　　　　　　　　　　　　　　　　　　　　　　年　月　日

　　　　殿
　　　　　　　　　　　　　法人の名称
　　　　　　　　　　　　　代表者の氏名　　　　　　　印

　　　　　　　　　　　変更認定申請書

　公益社団法人及び公益財団法人の認定等に関する法律第１１条第１項に規定する変更の認定を受けたいので、同条第２項の規定により、下記のとおり申請します。

　　　　　　　　　　　記

| 変更に係る事項 | 区分 | 変更後 | 変更前 |
|---|---|---|---|
|  |  |  |  |
| 変更の理由 | | | |
| 変更予定年月日 | | 年　月　日 | |

(備考)
1　用紙の大きさは、日本工業規格Ａ列４番とすること。
2　「変更に係る事項」の欄には、それぞれの変更事項について、変更前及び変更後の事項を記載すること。なお、枠内に記載しきれないときは、当該様式の例により作成した書面に記載し、この申請書に添付すること。
3　「区分」の欄には、変更の区分を以下の分類に従い、その記号を記載すること。
　ア　公益目的事業を行う都道府県の区域(定款で定めるものに限る。)又は主たる事務所若しくは従たる事務所の所在場所の変更
　イ　公益目的事業の種類又は内容の変更
　ウ　収益事業等の内容の変更

様式第三号（第十一条第一項関係）

　　　　　　　　　　　　　　　　　　　　　　　　　　　年　月　日

　　　　殿

　　　　　　　　　　　　　　法人の名称
　　　　　　　　　　　　　　代表者の氏名　　　　　　印

　　　　　　　　　　　　変更届出書

　公益社団法人及び公益財団法人の認定等に関する法律第１３条第１項に掲げる変更をしたので、同項の規定により、下記のとおり届け出ます。

記

| 変更に係る事項 | 区分 | 変更後 | 変更前 |
|---|---|---|---|
|  |  |  |  |
| 変更の理由 |  |  |  |
| 変更年月日 | 　　　　　　年　月　日 ||| 

（備考）
1　用紙の大きさは、日本工業規格Ａ列４番とすること。
2　「変更に係る事項」の欄には、それぞれの変更事項について、変更前及び変更後の事項を記載すること。なお、枠内に記載しきれないときは、当該様式の例により作成した書面に記載し、この届出書に添付すること。
3　「区分」の欄には、変更の区分を以下の分類に従い、その記号を記載すること。
　ア　名称又は代表者の氏名の変更
　イ　公益社団法人及び公益財団法人の認定等に関する法律施行規則（以下「規則」という。）第７条第１号に掲げる都道府県の区域の変更又は事務所の所在場所の変更
　ウ　規則第７条第２号に掲げる事務所の所在場所の変更
　エ　規則第７条第３号に掲げる公益目的事業又は収益事業等の内容の変更
　オ　公益社団法人及び公益財団法人の認定等に関する法律第１３条第１項第３号に掲げる定款の変更
　カ　理事（代表者を除く。）、監事、評議員又は会計監査人の氏名若しくは名称の変更
　キ　理事、監事及び評議員に対する報酬等の支給の基準の変更
　ク　事業に必要な許認可等の変更

様式第四号(第三十七条関係)

　　　　　　　　　　　　　　　　　　　　　　　　　　年　月　日

　　殿
　　　　　　　　　　　　　　　　法人の名称
　　　　　　　　　　　　　　　　代表者の氏名　　　　　　印

　　　　　　　　　事業計画書等に係る提出書

　下記に掲げる事業計画書等について、公益社団法人及び公益財団法人の認定等に関する法律第２２条第１項の規定により、提出します。

　　　　　　　　　　　　　　記

1　事業計画書

2　収支予算書

3　資金調達及び設備投資の見込みを記載した書類

4　１から３までに掲げる書類について理事会(社員総会又は評議員会の承認を受けた場合にあっては、当該社員総会又は評議員会)の承認を受けたことを証する書類

(備考)
　用紙の大きさは、日本工業規格Ａ列４番とすること。

様式第五号（第三十八条関係）

　　　　　　　　　　　　　　　　　　　　　　　　　　　年　月　日
　　殿
　　　　　　　　　　　　　　　　法人の名称
　　　　　　　　　　　　　　　　代表者の氏名　　　　　　　　　印

　　　　　　　　　　　事業報告等に係る提出書

　下記に掲げる財産目録等について、公益社団法人及び公益財団法人の認定等に関する法律第２２条第１項の規定により、提出します。

　　　　　　　　　　　　　　　記

１　財産目録

２　役員等名簿

３　理事、監事及び評議員に対する報酬等の支給の基準を記載した書類

４　社員名簿

５　一般社団法人及び一般財団法人に関する法律第１２９条第１項（同法第１９９条において準用する場合を含む。）に規定する計算書類等

６　キャッシュ・フロー計算書

７　公益社団法人及び公益財団法人の認定等に関する法律施行規則第２８条第１項第２号に掲げる書類

８　公益社団法人及び公益財団法人の認定等に関する法律施行規則第３８条第２号及び第３号に掲げる書類

９　滞納処分に係る国税及び地方税の納税証明書

（備考）
　１　用紙の大きさは、日本工業規格Ａ列４番とすること。
　２　６の提出は、作成している場合又は公益社団法人及び公益財団法人の認定等に関する法律第５条第１２号の規定により会計監査人を設置しなければならない場合に限る。

様式第六号（第四十一条第一項関係）

　　　　　　　　　　　　　　　　　　　　　　　　　　年　月　日

　　　　殿
　　　　　　　　　　　　　　　法人の名称
　　　　　　　　　　　　　　　代表者の氏名　　　　　　　印

　　　　　　　　　　　　合併等届出書

　公益社団法人及び公益財団法人の認定等に関する法律第２４条第１項に掲げる行為を行いたいので、同項の規定により、下記のとおり届け出ます。

　　　　　　　　　　　　　　　記

１　行為を行う日

２　行為の種類

３　行為の内容

（備考）
　１　用紙の大きさは、日本工業規格Ａ列４番とすること。
　２　２には、行為の種類を以下の分類に従い、その記号を記載すること。
　　　ア　公益社団法人及び公益財団法人の認定等に関する法律第２４条第１項第１号に掲げる合併
　　　イ　公益社団法人及び公益財団法人の認定等に関する法律第２４条第１項第２号に掲げる事業の譲渡
　　　ウ　公益目的事業の全部の廃止

様式第七号（第四十二条第一項関係）

年　月　日

殿

　　　　　　　　　　　　　　法人の名称
　　　　　　　　　　　　　　代表者の氏名　　　　　　　印

　　　　　　　　合併による地位の承継の認可申請書

　公益社団法人及び公益財団法人の認定等に関する法律第２５条第１項に規定する認可を受けたいので、同条第４項の規定により、下記のとおり申請します。

　　　　　　　　　　　　　　記

１　新設合併により消滅する公益法人の名称及び代表者の氏名

２　新設法人の名称及び代表者の氏名

３　新設法人の主たる事務所の所在場所

４　新設法人の従たる事務所の所在場所

５　新設法人が公益目的事業を行う都道府県の区域

６　新設法人が行う公益目的事業の種類及び内容

７　新設法人が行う収益事業等の内容

（備考）
　１　用紙の大きさは、日本工業規格Ａ列４番とすること。
　２　１は、当該公益法人が２以上ある場合には、その全てにつき記載すること。
　３　５には、新設法人の定款の案に定めがある場合にのみ記載すること。

様式第八号（第四十四条第一項関係）

年　月　日

　　　殿

　　　　　　　　　　　　　　法人の名称
　　　　　　　　　　　　　　清算人の氏名　　　　　　　印

　　　　　　　　　　　解散届出書

　一般社団法人及び一般財団法人に関する法律第１４８条（第２０２条）に掲げる事由により公益社団法人（公益財団法人）を解散したので、公益社団法人及び公益財団法人の認定等に関する法律第２６条第１項の規定により、下記のとおり届け出ます。

　　　　　　　　　　　　　記

1　解散の日

2　解散の事由

3　清算人の連絡先

（備考）
　1　用紙の大きさは、日本工業規格Ａ列４番とすること。
　2　2には、解散の事由を以下の分類に従い、その記号を記載すること。
　　（公益社団法人の場合）
　　ア　定款で定めた存続期間の満了
　　イ　定款で定めた解散の事由の発生
　　ウ　社員総会の決議
　　エ　社員が欠けたこと。
　　オ　破産手続開始の決定
　　カ　一般社団法人及び一般財団法人に関する法律第１４８条第７号に掲げる解散を命ずる裁判
　　（公益財団法人の場合）
　　キ　定款で定めた存続期間の満了
　　ク　定款で定めた解散の事由の発生
　　ケ　基本財産の滅失その他の事由による一般財団法人の目的である事業の成功の不能
　　コ　破産手続開始の決定
　　サ　一般社団法人及び一般財団法人に関する法律第２０２条第６号に掲げる解散を命ずる裁判

様式第九号（第四十四条第一項関係）

　　　　　　　　　　　　　　　　　　　　　　　　　　　　年　月　日

　　　　殿
　　　　　　　　　　　　　　　法人の名称
　　　　　　　　　　　　　　　清算人の氏名　　　　　　　　印

　　　　　　　　　　　残余財産引渡見込届出書

　　年　月　日付けで解散した（法人の名称）について、一般社団法人及び一般財団法人に関する法律第２３３条第１項の期間が経過したので、公益社団法人及び公益財団法人の認定等に関する法律第２６条第２項の規定により、残余財産の引渡しの見込みについて、下記のとおり届け出ます。

　　　　　　　　　　　　　　　記

１　資産の状況及び回収の見込み

２　債務の状況（基金の返還に係るものを含む）

３　残余財産の見込み額

４　残余財産の引渡しを受ける法人又は国若しくは地方公共団体

（備考）
　１　用紙の大きさは、日本工業規格Ａ列４番とすること。
　２　残余財産の引渡しの見込みに変更があったときも、遅滞なく、この届出書により届け出ること。ただし、変更箇所の変更前及び変更後の記載の違いを明らかにすること。

様式第十号(第四十四条第一項関係)

　　　　　　　　　　　　　　　　　　　　　　　　　　年　月　日

　　　　殿
　　　　　　　　　　　　　法人の名称
　　　　　　　　　　　　　清算人の氏名　　　　　　印

　　　　　　　　　　清算結了届出書

　　年　月　日付けで解散した(法人の名称)の解散に係る清算が結了したので、公益社団法人及び公益財団法人の認定等に関する法律第２６条第３項の規定により、下記のとおり届け出ます。

　　　　　　　　　　　　記
1　残余財産の額

2　残余財産の帰属先

(備考)
　用紙の大きさは、日本工業規格Ａ列４番とすること。

様式第十一号（第四十六条関係）

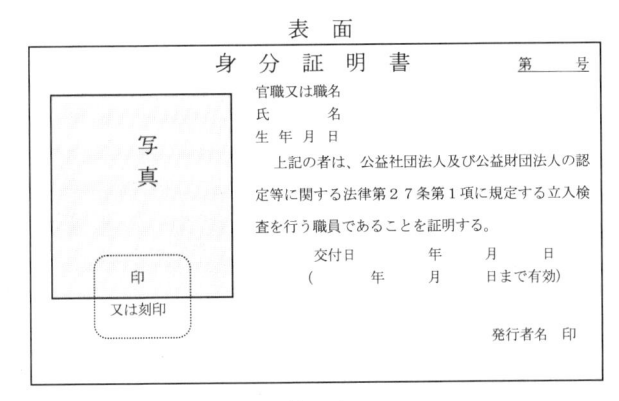

表　面

身　分　証　明　書　　　第　　　号

官職又は職名
氏　　　名
生　年　月　日

　上記の者は、公益社団法人及び公益財団法人の認定等に関する法律第２７条第１項に規定する立入検査を行う職員であることを証明する。

交付日　　　年　　月　　日
（　　　年　　月　　日まで有効）

写真

印
又は刻印

発行者名　印

裏　面

公益社団法人及び公益財団法人の認定等に関する法律抜粋

第二十七条　行政庁は、公益法人の事業の適正な運営を確保するために必要な限度において、内閣府令で定めるところにより、公益法人に対し、その運営組織及び事業活動の状況に関し必要な報告を求め、又はその職員に、当該公益法人の事務所に立ち入り、その運営組織及び事業活動の状況若しくは帳簿、書類その他の物件を検査させ、若しくは関係者に質問させることができる。
2　前項の規定による立入検査をする職員は、その身分を示す証明書を携帯し、関係者の請求があったときは、これを提示しなければならない。
3　第一項の規定による立入検査の権限は、犯罪捜査のために認められたものと解してはならない。
第五十九条　内閣総理大臣は、第二十七条第一項の規定による権限（第六条各号に掲げる一般社団法人又は一般財団法人に該当するか否かの調査に関するものを除く。次項において同じ。）を委員会に委任する。
2　行政庁が都道府県知事である場合には、第二十七条第一項中「行政庁」とあるのは「第五十条第一項に規定する合議制の機関」と、「その職員」とあるのは「その庶務をつかさどる職員」とする。

（備考）　規格は、縦5.4cm×横8.5cmとする。

様式第十二号(第五十条第一項関係)

年　月　日

殿

　　　　　　　　　法人の名称
　　　　　　　　　代表者の氏名　　　　　　印

公益目的取得財産残額の変動額報告書

　公益目的取得財産残額について、財産目録等の最終提出事業年度末日の額から変動したので、公益社団法人及び公益財団法人の認定等に関する法律施行規則第50条第1項により、下記のとおり報告します。

記

|  | 取消し等の日の額<br>(　年　月　日) | 最終提出事業年度末日の額<br>(　年　月　日) | 差引変動額 |
|---|---|---|---|
| 公益目的増減差額 | 円 | 円 | 円 |
| 公益目的保有財産の価額の合計額 | 円 | 円 | 円 |
| 公益目的取得財産残額 | 円 | 円 | 円 |

(備考)
　用紙の大きさは、日本工業規格A列4番とすること。

様式第十三号（第五十一条第一項関係）

　　　　　　　　　　　　　　　　　　　　　　　　　　　年　月　日

　　　殿
　　　　　　　　　　　　　　法人の名称
　　　　　　　　　　　　　　代表者の氏名　　　　　　　　印

　　　　　　　　　　　贈与契約成立報告書

　公益目的取得財産残額について、下記のとおり贈与契約が成立したので、公益社団法人及び公益財団法人の認定等に関する法律施行規則第５１条第１項により、報告します。

　　　　　　　　　　　　　　記

１　取消し等の日

２　贈与契約の相手方
　　　名　称
　　　代表者
　　　住　所
　　　連絡先

３　贈与した公益目的取得財産残額に相当する財産の額

４　履行方法

５　履行期日

（備考）
　用紙の大きさは、日本工業規格Ａ列４番とすること。

様式第一号（第十一条第一項関係）

　　　　　　　　　　　　　　　　　　　　　　　　　　年　月　日

　　殿

　　　　　　　　　　　　　法人の名称
　　　　　　　　　　　　　　代表者の氏名　　　　　　　印

　　　　　　　　　　　　移行認定申請書

　一般社団法人及び一般財団法人に関する法律及び公益社団法人及び公益財団法人の認定等に関する法律の施行に伴う関係法律の整備等に関する法律第44条の規定による認定を受けたいので、同法第103条の規定に基づき、下記のとおり申請します。

　　　　　　　　　　　　　　　記

1　主たる事務所の所在場所
2　従たる事務所の所在場所
3　公益目的事業を行う都道府県の区域
4　公益目的事業の種類及び内容
5　収益事業等の内容
6　認定を受けた後の法人の名称
7　旧主務官庁の名称

（備考）

　1　用紙の大きさは、日本工業規格Ａ列４番とすること。
　2　3には、定款に定めがある場合にのみ記載すること。
　3　6には、公益社団法人・公益財団法人の別を含めて記載すること。
　4　旧主務官庁が複数ある場合にあっては、すべての旧主務官庁を記載すること。

様式第二号（第十二条第一項関係）

　　　　　　　　　　　　　　　　　　　　　　　　　　年　月　日

　　　　殿
　　　　　　　　　　　　　　法人の名称
　　　　　　　　　　　　　　　代表者の氏名　　　　　　印

　　　　　　　　　　　移行登記完了届出書

　　年　月　日付けで解散の登記及び設立の登記を完了したので、一般社団法人及び一般財団法人に関する法律及び公益社団法人及び公益財団法人の認定等に関する法律の施行に伴う関係法律の整備等に関する法律第106条第２項の規定により、届け出ます。

　（備考）
　　用紙の大きさは、日本工業規格Ａ列４番とすること。

様式第三号（第二十七条関係）

　　　　　　　　　　　　　　　　　　　　　　　　　　年　月　日

　　　殿

　　　　　　　　　　　　　　法人の名称
　　　　　　　　　　　　　　　　代表者の氏名　　　　　　印

　　　　　　　　　　　　移行認可申請書

　一般社団法人及び一般財団法人に関する法律及び公益社団法人及び公益財団法人の認定等に関する法律の施行に伴う関係法律の整備等に関する法律第45条の規定による認可を受けたいので、同法第120条の規定に基づき、下記のとおり申請します。

　　　　　　　　　　　　　　記

1　主たる事務所の所在場所
2　従たる事務所の所在場所
3　認可を受けた後の法人の名称
4　旧主務官庁の名称

（備考）

　　1　用紙の大きさは、日本工業規格Ａ列４番とすること。
　　2　3には、一般社団法人又は一般財団法人の区別を含めて記載すること。
　　3　旧主務官庁が複数ある場合にあっては、すべての旧主務官庁を記載すること。

様式第四号(第三十四条関係)

　　　　　　　　　　　　　　　　　　　　　　　　　　年　月　日

　　殿

　　　　　　　　　　　　　　　法人の名称
　　　　　　　　　　　　　　　　　代表者の氏名　　　　　　印

　　　　　　　　　　公益目的支出計画実施完了確認請求書

　公益目的支出計画の実施が下記の日に完了したので、一般社団法人及び一般財団法人に関する法律及び公益社団法人及び公益財団法人の認定等に関する法律の施行に伴う関係法律の整備等に関する法律第124条の規定により、公益目的支出計画の実施が完了したことの確認を請求します。

　　　　　　　　　　　　　　記

　公益目的支出計画の実施が完了した日

(備考)

　用紙の大きさは、日本工業規格Ａ列４番とすること。

資料編　*785*

様式第五号（第三十六条関係）

　　　　　　　　　　　　　　　　　　　　　　　　　　年　月　日

　　　　殿

　　　　　　　　　　　　　　　法人の名称
　　　　　　　　　　　　　　　　　代表者の氏名　　　　　　印

　　　　　　　　　　公益目的支出計画変更認可申請書

　公益目的支出計画の変更の認可を受けたいので、一般社団法人及び一般財団法人に関する法律及び公益社団法人及び公益財団法人の認定等に関する法律の施行に伴う関係法律の整備等に関する法律第125条第1項の規定により、下記のとおり申請します。

　　　　　　　　　　　　　　記

| 変更内容 | | |
|---|---|---|
| 変更に係る事項 | 変更後 | 変更前 |
| | | |
| 変更予定年月日 | 年　月　日 | |

（備考）
1　用紙の大きさは、日本工業規格A列4番とすること。
2　「変更に係る事項」の欄には、それぞれの変更事項について、変更前及び変更後の事項を記載すること。なお、枠内に記載しきれないときは、当該様式の例により作成した書面に記載し、この申請書に添付すること。

様式第六号（第三十七条第一項関係）

年　月　日

　　殿

　　　　　　　　　　　　　　　法人の名称

　　　　　　　　　　　　　　　　　代表者の氏名　　　　　　　印

　　　　　　　　　　公益目的支出計画等変更届出書

　一般社団法人及び一般財団法人に関する法律及び公益社団法人及び公益財団法人の認定等に関する法律の施行に伴う関係法律の整備等に関する法律第125条第3項に掲げる変更をしたので、同項の規定により、下記のとおり届け出ます。

　　　　　　　　　　　　　　記

| 変更内容 | | |
|---|---|---|
| 変更に係る事項 | 変更後 | 変更前 |
| | | |
| 変更年月日 | 年　月　日 | |

（備考）

1　用紙の大きさは、日本工業規格Ａ列４番とすること。

2　「変更に係る事項」の欄には、それぞれの変更事項について、変更前及び変更後の事項を記載すること。なお、枠内に記載しきれないときは、当該様式の例により作成した書面に記載し、この届出書に添付すること。

様式第七号（第三十七条第二項関係）

　　　　　　　　　　　　　　　　　　　　　　　　　　年　月　日

　　　殿

　　　　　　　　　　　　　　法人の名称
　　　　　　　　　　　　　　清算人の氏名　　　　　　印

　　　　　　　　解散届出書
　下記のとおり一般社団法人（一般財団法人）を解散したので、一般社団法人及び一般財団法人に関する法律及び公益社団法人及び公益財団法人の認定等に関する法律の施行に伴う関係法律の整備等に関する法律第125条第3項の規定により、届け出ます。

　　　　　　　　　　記

1　解散の日
2　解散の事由
3　清算人の連絡先

（備考）
　用紙の大きさは、日本工業規格A列4番とすること。

様式第八号（第三十八条第一項関係）

　　　　　　　　　　　　　　　　　　　　　　　　　年　月　日

　殿

　　　　　　　　　　　　　　法人の名称
　　　　　　　　　　　　　　　代表者の氏名　　　　　印

　　　　　　　　　　合併届出書

　下記のとおり合併したので、一般社団法人及び一般財団法人に関する法律及び公益社団法人及び公益財団法人の認定等に関する法律の施行に伴う関係法律の整備等に関する法律第126条第1項の規定により、届け出ます。

　　　　　　　　　　　　　記

| | | |
|---|---|---|
| 合併後存続する法人又は合併により設立する法人 | 名称 | |
| | 主たる事務所の所在場所 | |
| | 従たる事務所の所在場所 | |
| | 代表者の氏名 | |
| | 公益目的財産額 | |
| | 公益目的収支差額 | |
| | 公益目的支出計画の変更の予定の有無 | 有・無　概要（　　　　　　　　） |
| 合併により消滅する法人 | 名称 | |
| | 住所 | |
| | 代表者の氏名 | |
| | 公益目的財産額 | |
| | 公益目的収支差額 | |
| その他 | 合併の種類 | |
| | 吸収合併がその効力を生ずる日 | |
| | 新設合併により設立する法人の成立の日 | |

資料編　789

(備考)
1 　用紙の大きさは、日本工業規格Ａ列４番とすること。
2 　「名称」の欄には、法人の種別（公益社団法人・一般財団法人等）も記載すること。
3 　合併により消滅する法人が複数ある場合にあっては、「合併により消滅する法人」の欄を適宜追加して記入すること。
4 　「合併の種類」の欄には、吸収合併・新設合併の別を記載すること。

様式第九号（第四十条関係）

年　月　日

殿

　　　　　　　　　　　　　　法人の名称

　　　　　　　　　　　　　　代表者の氏名　　　　　　印

　合併により公益目的支出計画の実施が完了したことの確認を受けた
　とみなされた旨の届出書

　下記のとおり合併し、当該合併により消滅した移行法人が公益目的支出計画の実施が完了したことの確認を受けたとみなされたので、一般社団法人及び一般財団法人に関する法律及び公益社団法人及び公益財団法人の認定等に関する法律の施行に伴う関係法律の整備等に関する法律第126条第6項の規定により、下記のとおり届け出ます。

記

| 吸収合併後存続する公益法人 | 住所 | |
| --- | --- | --- |
| | 当該合併がその効力を生ずる日 | 年　月　日 |
| 新設合併により設立する公益法人 | 住所 | |
| | 当該合併がその効力を生ずる日 | 年　月　日 |
| 合併に係る移行法人 | 名称 | |
| | 住所 | |
| | 公益目的財産額 | |
| | 公益目的収支差額 | |

（備考）

1　用紙の大きさは、日本工業規格A列4番とすること。

2　「名称」の欄には、法人の種別も記載すること。

3　合併に係る法人が複数ある場合にあっては、「合併に係る移行法人」の欄を適宜追加して記入すること。

様式第十号(第四十七条関係)

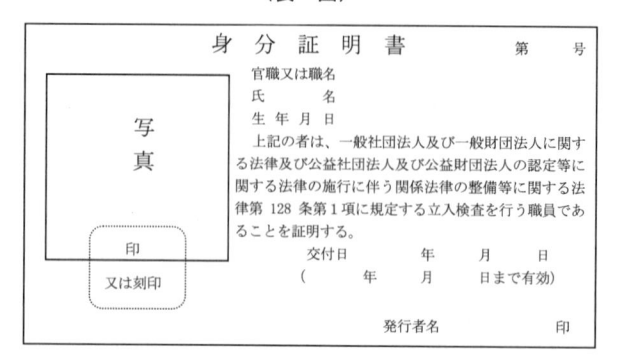

(表 面)

```
┌─────────────────────────────────────────┐
│              身 分 証 明 書      第   号 │
│  ┌─────┐  官職又は職名                    │
│  │     │  氏   名                        │
│  │     │  生 年 月 日                    │
│  │ 写  │  上記の者は、一般社団法人及び一般財団法人に関す │
│  │ 真  │  る法律及び公益社団法人及び公益財団法人の認定等に │
│  │     │  関する法律の施行に伴う関係法律の整備等に関する法 │
│  │     │  律第128条第1項に規定する立入検査を行う職員であ │
│  │     │  ることを証明する。                  │
│  ├┈┈┈┈┈┤       交付日   年   月   日     │
│  │ 印  │      (      年   月   日まで有効) │
│  │又は刻印│                              │
│  └─────┘       発行者名              印  │
└─────────────────────────────────────────┘
```

(裏 面)

一般社団法人及び一般財団法人に関する法律及び公益社団法人及び公益財団法人の認定等に関する法律の施行に伴う関係法律の整備等に関する法律抜粋

第128条 認可行政庁は、移行法人が次のいずれかに該当すると疑うに足りる相当な理由があるときは、この款の規定の施行に必要な限度において、移行法人に対し、その業務若しくは財産の状況に関し報告を求め、又はその職員に、当該移行法人の事務所に立ち入り、その業務若しくは財産の状況若しくは帳簿、書類その他の物件を検査させ、若しくは関係者に質問させることができる。
一 正当な理由がなく、第119条第2項第1号の支出をしないこと。
二 各事業年度ごとの第119条第2項第1号の支出が、公益目的支出計画に定めた支出に比して著しく少ないこと。
三 公益目的財産残額に比して当該移行法人の貸借対照表上の純資産額が著しく少ないにもかかわらず、第125条第1項の変更の認可を受けず、将来における公益目的支出計画の実施に支障が生ずるおそれがあること。
2 前項の規定による立入検査をする職員は、その身分を示す証明書を携帯し、関係者の請求があったときは、これを提示しなければならない。
3 第1項の規定による立入検査の権限は、犯罪捜査のために認められたものと解してはならない。
第143条 内閣総理大臣は、第128条第1項の規定による権限を委員会に委任する。
2 認可行政庁が都道府県知事である場合には、第128条第1項中「認可行政庁」とあるのは「第138条第1項に規定する合議制の機関」と、「その職員」とあるのは「その庶務をつかさどる職員」とする。

(備考)　規格は、縦5.4cm×横8.5cmとする。

様式第十一号(第四十八条第二項関係)

年　月　日

殿

　　　　　　　　　　　法人の名称

　　　　　　　　　　　　清算人の氏名　　　　　　　印

残余財産帰属先承認申請書

　一般社団法人及び一般財団法人に関する法律及び公益社団法人及び公益財団法人の認定等に関する法律の施行に伴う関係法律の整備等に関する法律第130条の規定により残余財産の帰属先に関する承認を受けたいので、下記のとおり申請します。

記

1　解散の届出をした日
2　残余財産の確定した日における公益目的財産残額
3　残余財産の額
4　帰属させる財産の内容
5　残余財産のうち最終事業年度の公益目的財産残額に相当する財産の帰属先に関する次の事項
　(1)　帰属先となる法人の住所
　(2)　対象となる法人の名称
　(3)　対象となる法人の種別

(備考)

　用紙の大きさは、日本工業規格A列4番とすること。

様式第十二号（第四十九条関係）

　　　　　　　　　　　　　　　　　　　　　　　年　月　日

　　殿

　　　　　　　　　　　　　法人の名称

　　　　　　　　　　　　　代表者の氏名　　　　　　　印

　　　　　　　　公益認定届出書

　公益社団法人及び公益財団法人の認定等に関する法律第4条の認定を受けたので、一般社団法人及び一般財団法人に関する法律及び公益社団法人及び公益財団法人の認定等に関する法律の施行に伴う関係法律の整備等に関する法律第132条第2項の規定により、下記のとおり届け出ます。

　　　　　　　　　　　　　記

1　認定を受けた日
2　認定を受ける前の移行法人の名称

（備考）
　用紙の大きさは、日本工業規格A列4番とすること。

---

※参考資料①及び②は法務省、内閣府より転載の許可を得た上で収録している。

## 【著者プロフィール】

### 田口 真一郎
- 平成 12 年　司法書士試験合格
- 平成 14 年　司法書士登録・田口司法書士事務所開設
- 平成 16 年　簡裁訴訟代理等関係業務に係る法務大臣認定
- 東京司法書士会会員
- 同会地域包括支援事業対策委員会委員
- 同会企業法務研修委員会委員
- (社) 成年後見センター・リーガルサポート会員

〔主な著書〕
『最新増補版 会社登記の全実務』(共著) 清文社
『相続登記の全実務』(共著) 清文社

### 黒川 龍
- 平成 13 年　司法書士試験合格
- 平成 14 年　司法書士登録
- 平成 16 年　簡裁訴訟代理等関係業務に係る法務大臣認定
- 平成 19 年　みさき司法書士事務所開設
- 千葉司法書士会会員

〔主な著書〕
『最新増補版 会社登記の全実務』(共著) 清文社
『相続登記の全実務』(共著) 清文社

### 名取 克彦
- 平成 6 年　司法書士試験合格

現在、(株) 法学館司法書士部門において、主任研究員として商業登記法を担当する他、各種出版物等の執筆・監修を行っている。

〔主な著書〕
『最新増補版 会社登記の全実務』(共著) 清文社

### 【連絡先】
東京都小平市花小金井南町 2-18-3-203
TEL　0424-69-1294
FAX　0424-69-1295
s-taguchi@if-n.ne.jp
※電子メールによる登記相談に応じています。

公益法人改革と定款作成・変更・登記の全実務
2009年2月16日 発行

著 者　田口真一郎／黒川 龍／名取克彦©
発行者　小泉定裕
発行所　株式会社 清文社　URL:http://www.skattsei.co.jp/

東京都千代田区神田司町2の8の4(吹田屋ビル)
〒101-0048　電話03 (5289) 9931　FAX03 (5289) 9917
大阪市北区天神橋2丁目北2の6(大和南森町ビル)
〒530-0041　電話06 (6135) 4050　FAX06 (6135) 4059

株式会社廣済堂

■本書の内容に関する御質問は、なるべくファクシミリ(03-5289-9887)でお願いします。
■著作権法により無断複写複製は禁止されています。落丁本・乱丁本はお取り替えいたします。

ISBN978-4-433-33888-6 C2034